Carl Böhret · Werner Jann · Eva Kronenwett

Innenpolitik und politische Theorie

Carl Böhret · Werner Jann · Eva Kronenwett

Innenpolitik und politische Theorie

Ein Studienbuch

3., neubearbeitete und erweiterte Auflage

Westdeutscher Verlag

3., neubearbeitete und erweiterte Auflage, 1988

Der Westdeutsche Verlag ist ein Unternehmen der Verlagsgruppe Bertelsmann.

Umschlaggestaltung: Horst Dieter Bürkle, Darmstadt
Satz, Druck und buchbinderische Verarbeitung: Lengericher Handelsdruckerei, Lengerich
Printed in Germany

ISBN 3-531-11494-8

Vorwort zur 3. Auflage

Die dritte Auflage dieses Studienbuches kann mit Recht als „grundlegend überarbeitet und erweitert" bezeichnet werden. Gegenüber den ersten beiden Auflagen wurden erhebliche Änderungen und Ergänzungen vorgenommen, und der nun umfangreichere Text führte zum Wechsel vom kleinen zum großen Buchformat. Die Überarbeitungen und Erweiterungen waren notwendig, denn seit der ersten Auflage (1979) sind weder die politische Praxis noch die politische Theorie stehengeblieben. Ganz im Gegenteil war das letzte Jahrzehnt geprägt durch tiefgreifende politische Themen- und Richtungswechsel und eine produktive wissenschaftliche Verarbeitung und Reflexion. Die in jüngerer Zeit erschienenen Handbücher, Lexika und Bestandsaufnahmen deuten darüber hinaus darauf hin, daß die Politikwissenschaft in der Bundesrepublik sich in einer Phase der Konsolidierung befindet. Es wird versucht, eine Bilanz der verschiedenen Forschungsgebiete zu ziehen, um – darauf aufbauend – noch offene Problemstellungen und Erkenntnislücken in Zukunft koordinierter und konzentrierter als bisher zu bearbeiten.

In dieser Neubearbeitung wurde an der *grundlegenden Konzeption* des Studienbuches *nichts geändert:* Ausgehend von einem einfachen Vorverständnis von Politik und der Ausgestaltung unseres Gemeinwesens soll eine systematische Orientierungshilfe über aktuelle politikwissenschaftliche Analysen und Theorien vermittelt werden. Dies geschieht in fünf *Lernblöcken* (LB's), die in der Weise aufeinander aufbauen, daß zunächst diskutiert wird, was *„Politik"* eigentlich ist (LB 1), dann *„Grundlagen"* und Entwicklungstendenzen unseres politischen, ökonomischen und gesellschaftlichen Systems repetiert werden (LB 2), dieses Bild der Bundesrepublik sodann *„Problemanalysen"* aus der Sicht unterschiedlicher Positionen unterzogen wird (LB 3), darauf aufbauend *„Konzeptionen"* der Gesellschaftsveränderung und -gestaltung vorgestellt werden (LB 4) und schließlich auf der Grundlage der behandelten Aspekte diskutiert wird, was eigentlich *„Politikwissenschaft* und *Politische Theorie"* ausmacht (LB 5). (Vgl. ausführlicher die „Vorbemerkungen zur Absicht und zum Aufbau des Studienbuches", S. XX.)

Während diese grundlegende Konzeption unverändert bleibt, waren inhaltlich erhebliche Ergänzungen und Veränderungen vorzunehmen:

– Große Teile des Studienbuches sind vollständig neu konzipiert und geschrieben, weil die betreffenden Aspekte verstärkt in den Blickwinkel der Politikwissenschaft rückten (z. B. „Korporatismus"), weil die politische Entwicklung dazu geführt hat, daß Konzepte, die wir in der ersten Auflage noch als „konservative Änderungsvorschläge" behandelt hatten, inzwischen weitgehend akzeptierte Politik sind (z. B. „Monetarismus"), oder auch, weil inzwischen neue gesellschaftspolitische Änderungsvorschläge diskutiert werden (z. B.

„Ökosozialismus"). So mußten z. B. auch die Abschnitte im LB 2 über die Ausgestaltung und Entwicklung zentraler Konzepte der bundesrepublikanischen Wirklichkeit weitgehend neu gestaltet werden;

– Sämtliche Teile des Buches sind gründlich überarbeitet und ergänzt, weil sich die Politikwissenschaft auf vielen Gebieten weiter entwickelt hat (wie z. B. in den Bereichen „Politische Kultur und Wertwandel"), und in allen Teilen haben wir uns bemüht, die neuere relevante Literatur einzuarbeiten, auch wenn dadurch das Literaturverzeichnis inzwischen einen schwer verdaulichen Umfang angenommen hat. Dabei war es notwendig, die richtige Balance zwischen wirklichen Neuerungen und modischen Variationen zu finden. Wie in der ersten Auflage haben wir uns im Zweifel für grundlegende Positionen entschieden, von denen wir annehmen, daß sie zu einem „Grundstock" politikwissenschaftlichen Wissens gehören sollten. Die zentralen Unterschiede zwischen den einzelnen Positionen haben wir versucht, durch Kürzungen und Straffungen der Gliederung noch deutlicher zu machen.

Das Studienbuch hat sich ursprünglich aus Vorlesungen und Kolloquien an der nachuniversitären Hochschule für Verwaltungswissenschaften in Speyer entwickelt. Auch in den Jahren, seitdem das Studienbuch vorliegt, haben wir immer wieder Gelegenheit gehabt, unsere Ideen und Änderungsvorschläge mit den Hörern der Speyerer Hochschule, aber auch mit Studenten anderer Universitäten zu diskutieren. Für zahlreiche Anregungen und Verbesserungsvorschläge sind wir allen Beteiligten zu großem Dank verpflichtet. Zu Teilbereichen des Buches konnten wir wiederum auf Hinweise und Kritik von Kollegen und Freunden zurückgreifen; besonders danken möchten wir Gerhard Maier-Rigaud, Albert Peters, Mathias Reiser und Fritz Vilmar. Bei den vielfältigen Schreib- und Koordinierungsaufgaben, die anfallen, wenn drei Autoren an verschiedenen Orten ein Buch überarbeiten, war uns Frau Doris Andrés de Ronsiek eine unentbehrliche Hilfe.

Die dritte Auflage des Studienbuches wird nur noch von drei Autoren verantwortet, denn Marie Therese Junkers ist aufgrund ihrer beruflichen Belastung als Mitverfasser ausgeschieden. Wir haben es sehr bedauert, daß wir sie nicht dazu überreden konnten, weiter an unserem gemeinsamen „Werk" mitzuarbeiten, denn die ursprüngliche Konzeption und Ausgestaltung des Studienbuches wären ohne sie nicht denkbar gewesen. An Thresi Junkers daher noch einmal unseren herzlichsten Dank für eine produktive, von fruchtbaren und freundschaftlichen Konflikt- und Konsensprozessen geprägte Zusammenarbeit und eine erinnerungswürdige schöne Zeit, in der die erste Auflage dieses Buches entstanden war.

Speyer und Düsseldorf, im Juli 1987
C. B., W. J., E. K.

Gliederung

* LB=Lernblock

Inhalt

Anhang

Verzeichnis der Abbildungen und Überblicke

Vorbemerkungen: Zur Absicht und zum Aufbau des Studienbuches

1. Ausgangspunkt: Eigene Erfahrungen

Ausgangspunkt für Idee und Konzeption dieses Studienbuches waren Erfahrungen, die die Verfasser während ihres eigenen Studiums und bei späteren Lehrverpflichtungen gemacht haben. Zumindest drei davon blieben im Gedächtnis:

- Eine weitgehende *Orientierungslosigkeit* zu Beginn des Studiums. Der Anfänger wird mit einer Fülle von Material und Literatur konfrontiert und verliert schnell die Übersicht. Es dauert einige Semester, bis er auch nur einen groben Überblick über die Politikwissenschaft bekommt und für sich selbst ein Raster zur Identifizierung der Unterschiede, Ähnlichkeiten und Überschneidungen der verschiedenen Positionen und Probleme entwickeln kann.
- Damit zusammenhängend *Unsicherheit* darüber, was eigentlich Sinn und Zweck der Politikwissenschaft sind. Mit Politik, wie sie im alltäglichen Sprachgebrauch verstanden wird, hat sie zumindest für den Anfänger nur sehr wenig zu tun. Häufig wird von „Politischer Theorie" geredet, aber was das eigentlich ist und wie politische Theorie mit so alltäglichen Problemen wie „Parlamentarismus" oder „Verwaltungsreform" zusammenhängt, bleibt dem Anfänger wie dem interessierten Bürger meist total verborgen. Die größte Verwirrung erzeugt wohl die zu frühe Konfrontation mit „Wissenschaftstheorie".
- Anfänger und auch noch viele Fortgeschrittene suchen zunächst nach einem *Grundkanon* vorläufig „gesicherten" Wissens, wie man ihn von der Schule her kennt und wie es ihn in anderen Fächern (z. B. in der Physik, wohl aber auch in der Ökonomie oder in der Rechtswissenschaft) zu geben scheint. Statt dessen hört und liest man bei den Politologen fast nur Gegensätzliches und Widersprüchliches, zu dessen Einordnung kein Rahmen oder ein systematisches Raster verfügbar ist. Dies liegt nicht allein an der geringen Eindeutigkeit des Gegenstandes „Politik", sondern auch an einer Beliebigkeit im Verständnis für das, was Anfänger und interessierte Bürger wissen sollten und wie sie die Vielfalt des politischen Geschehens und der Erklärungen hierzu verarbeiten könnten.

Aus diesen vielfach bestätigten Erfahrungen haben wir für die Konzeption des Buches einige Schlüsse gezogen.

2. Konzeption: Orientierungshilfe und Überblick

In diesem Studienbuch wird versucht, das *politische Geschehen* in der Bundesrepublik und das, was die *Politische Wissenschaft* dazu zu sagen hat, miteinander zu verbinden, daher auch der Titel „Innenpolitik und politische Theorie".

Gleichzeitig soll den Lesern eine *Orientierungshilfe* gegeben werden, die es ihnen ermöglicht, einen zwar groben, aber doch einigermaßen flächendeckenden Überblick über Fragestellungen und Analyseansätze der Politischen Wissenschaft zu bekommen. Da es in der Politischen Wissenschaft keinen allgemein akzeptierten Grundkanon gesicherten Wissens gibt, soll hier statt dessen eine Übersicht über ein breites Spektrum der z. Z. relevanten und kontrovers diskutierten Positionen dargestellt werden. Es ist nicht unsere Absicht, in diesem Studienbuch eine (zusätzliche) eigene Position zu entwickeln und den vielfältigen theoretischen Ansätzen eine weitere Variante hinzuzufügen.

In diesem Buch soll einfach, anschaulich und auf bereits Bekanntem aufbauend begonnen werden. Erst danach wollen wir den Abstraktionsgrad erhöhen – endend mit der betont knappen Darstellung der wissenschaftstheoretischen Grundpositionen, die in engen Zusammenhang mit den vorher erörterten „materiellen Theorien" zu stellen sind. Wir hoffen, auf diese Weise auch einigermaßen zeigen zu können, was Wissenschaftstheorie ist und was sie zu leisten vermag.

Knappe Gliederungen und Systematisierungen, d. h. übersichtliche Darstellungen, Tabellen, „Spiegelstriche", Hervorhebungen im Text und eine möglichst einfache Sprache sollen dieses Studienbuch leicht lesbar und verwertbar machen.

3. Grundaufbau und Hauptinhalte: Fünf Lernblöcke

Ausgehend von diesen Prinzipien ist das Buch in fünf aufeinander aufbauende *Lernblöcke* (LB) eingeteilt:

Lernblock 1: „Einleitung"

versucht ausgehend von einem in der Umgangssprache vorhandenen Vorverständnis zu klären, was eigentlich „Politik" ist, wie sie sich äußert und welche Elemente und Dimensionen bei der Analyse von Politik beachtet werden sollten.

Lernblock 2: „Grundlagen"

soll sowohl Basiswissen über „Wirtschaft", „Gesellschaft" und „Staat" der Bundesrepublik Deutschland vermitteln bzw. wieder wachrufen als auch die

Grundlage für tiefer reichende Analysen und die Darstellung alternativer Konzeptionen (in LB 3 und LB 4) liefern. Ausgangspunkt dieses Lernblocks ist ein noch wenig reflektiertes Bild der Bundesrepublik Deutschland. Geschildert werden also etwa „herrschende Lehre" und „Grundüberzeugungen" zum innenpolitischen Zustand.

Lernblock 3: „Problemanalysen"

unterzieht dann dieses Bild der Bundesrepublik einer vertiefenden kritischen Untersuchung. Zu den verschiedensten Komponenten unseres Gemeinwesens (etwa „Gesellschaftsordnung", „Pluralismus", „Demokratie", „Staat" usw.) werden jeweils relevante politikwissenschaftliche Positionen referiert. Wir bemühen uns in diesem Lernblock, an jeweils zentralen politikwissenschaftlichen Fragestellungen (etwa „Wie demokratisch *ist* und *soll* die Bundesrepublik sein?" oder: „Welchen Handlungsspielraum hat dieser Staat?") konservative Positionen, rechtfertigende, kritische oder marxistische Ansätze in den Grundzügen und möglichst eng angelehnt an die jeweiligen „Sprachmuster" typisierend darzustellen. Der LB 3 bietet so insgesamt ein differenziertes „puzzle":

Es ist zu sehen, wie unterschiedliche politikwissenschaftliche Positionen wichtige Aspekte der bundesrepublikanischen Wirklichkeit beschreiben, erklären, rechtfertigen oder kritisieren. Zugleich läßt sich ablesen, wie heute bestimmte politikwissenschaftliche Ansätze überhaupt argumentieren.

Lernblock 4: „Konzeptionen"

zeigt darauf aufbauend, welche Veränderungsvorschläge von verschiedenen Positionen gemacht werden, d. h. welche mehr oder weniger grundsätzlichen Alternativen bieten die einzelnen theoretischen Positionen an, und in welchen Feldern und wie soll praktische Politik erfolgen.

Vorstellungen zur „Privatisierung", zur Notwendigkeit eines „starken Staates", zur „Verwaltungsreform" und „Aktiven Politik" werden ebenso behandelt wie beispielsweise die alternativen Konzeptionen des „Demokratischen Sozialismus", eines „Rätesystems", des „Anarchismus" oder der „postrevolutionären Gesellschaft".

Wir wählen hierzu eine vierstufige Darstellung und beginnen mit „bewahrenden Konzeptionen". Danach werden „verbessernde" und „überwindende" Konzeptionen referiert und schließlich befassen wir uns mit alternativen Gesellschaftsentwürfen („Konzeptionen des Systemwechsels"). Für jede Konzeption werden Ansatzpunkte, Wege und Einwände vorgestellt.

Lernblock 5: „Politikwissenschaft und Politische Theorie"

versucht schließlich auf der Grundlage der in den Lernblöcken 3 und 4 referierten Ansätze herauszuarbeiten, was nun eigentlich „politische Theorie" ist und in welche wissenschaftstheoretischen Zusammenhänge die unterschiedlichen („materiellen") Positionen gehören. Damit zusammen hängt die Frage nach Erkenntnisziel und Erkenntnisinteresse der heutigen Politikwissenschaft, d. h. also auch die Frage: „Was kann und was soll Politische Wissenschaft?"

4. Darstellungsform: Konzentriert und systematisch

Die Fülle des Materials, die Vielfalt von sich oft nur in Nuancen unterscheidenden Positionen zwingt uns zur schwerpunktbildenden Auswahl. Wir haben uns bemüht, den uns wichtig erscheinenden Positionen und Problembereichen möglichst gerecht zu werden und sie konzentriert darzustellen. Dabei mußten wir selbstverständlich auswählen und vereinfachen. Jede hier referierte Position kann also mit einigem Recht von sich behaupten, sie wäre „verkürzt" oder unzureichend dargestellt worden.

Um dem Charakter eines Studienbuches zu entsprechen, sollen vor allem die zentralen Argumente einer Theorie bzw. eines Konzepts herausgearbeitet, das eigentliche Anliegen der jeweiligen Autoren skizziert werden. Dabei wollen wir aber nahe an der Begrifflichkeit und Sprache der Autoren bleiben, die oft stellvertretend für einen theoretischen Ansatz stehen. Ein konservativer Staatstheoretiker hat eine andere Ausdrucksweise und ein anderes Begriffssystem als ein Vertreter der Pluralismustheorie oder ein sich mit dem „bürgerlichen Staat" auseinandersetzender Marxist. Die indikative (statt der konjunktiven) Ausdrucksform und die Wiedergabe wichtiger Zitate sollen dies zusätzlich verdeutlichen.

Zentrale politikwissenschaftliche Kategorien (etwa „Macht", „Gesellschaftsvertrag" oder „Wahlsysteme"), deren Beschreibung den laufenden Text ungebührlich unterbrechen würde, haben wir jeweils in kurze, schlagwortartige Beschreibungen („Kästchen") gefaßt und in Fußnotenform eingesetzt.

Schließlich wurde ans Ende der meisten Lernblöcke eine *tabellarische Zusammenfassung* gestellt. Diese Zusammenfassungen können und sollen nicht den gesamten Inhalt der jeweiligen Abschnitte wiedergeben; vielmehr mögen sie eine grobe Übersicht vermitteln und vor allem eine Grundlage liefern für *Diskussionen, Ergänzungen* und *Kritik* in Gruppenarbeit oder sonstigen Lehr- und Lernformen. Denn aus Erfahrung wissen wir, daß sich eine Diskussion über ein gelesenes Kapitel oft nur sehr schwer entwickelt und häufig auf Seitenwege ausweicht, daß aber tabellarische Übersichten – mögen sie auch noch so unzulänglich sein – eine anregende Grundlage für fruchtbare Erörterungen liefern.

Die Darstellung ist ferner so angelegt, daß ein vertiefender Einstieg in die im Buch behandelte Materie durch *weiterführende Literatur* auf mehrfachem Weg erreicht werden kann:

– Zu jedem Abschnitt wird getrennt die *grundlegende Literatur* aufgeführt,

wobei wir uns bewußt auf die allerwichtigsten Titel beschränkt haben, ausgehend von der Erkenntnis, daß zu viel Literatur eher verwirrt und abschreckt als nützt;
- im Text ist jeweils *weitere relevante Literatur* zitiert. Hier haben wir uns bemüht, möglichst bekannte – „klassische" – Titel anzuführen, die die politikwissenschaftliche Diskussion deutlich beeinflußt haben;
- um die Erreichbarkeit der Literatur zu erhöhen, haben wir, wenn immer möglich, aus leicht zugänglichen und preiswerten *Sammelbänden* („Readern" u. ä.) zitiert;
- aus der im Text erscheinenden *Kurzform* der Quelle (Name, Jahr) kann mit Hilfe des Literaturverzeichnisses mühelos der Gesamttitel erschlossen werden.

Aus all diesen Gründen handelt es sich um den Versuch, ein übersichtliches, breit verwendbares „Studienbuch" zu erstellen. Es soll nicht in Teilbereiche oder wissenschaftstheoretische oder methodologische Probleme der Politikwissenschaft einführen, sondern es soll einen ersten Überblick über politikwissenschaftliche Analysen und Konzeptionen geben. Das Buch orientiert sich daher an angelsächsischen Vorbildern eines *„textbook"*, obwohl wir uns der Problematik eines solchen Versuchs für die Politikwissenschaft durchaus bewußt sind.

Wer dieses Buch durchgearbeitet hat, soll gewiß nicht meinen, er wisse jetzt auf allen Gebieten der Innenpolitik Bescheid, und er kenne die Theorien der Politikwissenschaft. Aber es sollte ihm nun zumindest möglich sein, politikwissenschaftliche Positionen und theoretische Aussagen in einem größeren Zusammenhang zu sehen und sich in der beinahe unübersehbaren Literaturfülle besser als zuvor zurechtzufinden. Das ausführliche Register erfüllt aber auch die Funktion eines „Nachschlagewerks".

LB 1: Einführung

1. Was ist Politik?

Im alltäglichen Sprachgebrauch wird „Politik“ unterschiedlich verstanden; sie gilt

- als notwendiges Übel,
- als Schicksal (dem „man“ ausgeliefert ist),
- als das, was „die da oben machen“ (Politik verdirbt den Charakter),
- als Kunst („Kunst des Möglichen“),
- als „Schmutzigmachen“ (ein garstig Lied! Pfui! ein politisch Lied!).

Solche landläufigen Beschreibungen ähneln sich darin, daß sie die Politik in ein „Reservat“ verweisen, von dem man ferngehalten wird (Politik ist Kunst) oder sich fernhalten sollte (Politik macht schmutzig). Sie erscheint abgehoben vom eigenen Erlebensbereich und bleibt einigen „Politikern“ als undurchschaubares Geschäft vorbehalten. Bei solchen (Vor-)Urteilen wird nicht erkannt, daß Politik in der Tat ein überaus vielfältiges Phänomen ist. Diese Bandbreite kann durch Beispiele nur angedeutet werden. So handelt es sich um Politik

- wenn sich Betroffene gegen eine bereits gefällte oder anstehende politische Entscheidung aussprechen, sich zur Wehr setzen oder sich zusammenschließen, um Meinungsbilder- und Entscheidungsfindungsprozesse in politischen Gremien überhaupt erst in Gang zu setzen (z. B. Bürgerinitiativen);
- wenn grundsätzliche (ordnungs)politische Konzepte aufeinanderprallen (Beispiele: Die heftigen Diskussionen um eine neue Strukturpolitik oder um Beschäftigungsprogramme, die Bemühungen um eine prinzipielle Reform des Parlamentarismus oder auch nur der Verwaltung);
- wenn mächtige gesellschaftliche Gruppen versuchen, ihre Interessen auf dem Rechtswege durchzusetzen (Beispiel: Klage der Arbeitgeber gegen die Mitbestimmung);
- wenn mit einseitigen Informationen der politische Prozeß in eine bestimmte Richtung gelenkt wird (die Behandlung von Wachstums- und Energieversorgungsfragen wäre ein treffendes Beispiel dafür);
- wenn große Reformpläne nur halbherzig durchgeführt werden oder gar ganz versanden, weil ihre Durchführung auf zu große Widerstände stößt (zahlreiche Beispiele finden sich in der gesamten Bildungspolitik);
- wenn ein offenkundiges Problem nicht „gelöst“, sondern verschoben oder „ausgeklammert“ wird, weil die beteiligten Interessen zu gegensätzlich sind (Beispiel: Reform der Rentenpolitik);

- wenn die „ökonomische Vernunft" bestimmte gleichgerichtete Verhaltensweisen fordert und die Ungleichheit „ökonomischer Interessen" dabei nicht beachtet wird (z. B. Appelle für „mäßige" Lohnerhöhungen zur Wachstumssicherung);
- wenn ein Problem nur unter technischen oder sogenannten „sachlichen" Aspekten diskutiert und gelöst wird, aber ganz ungleiche Nutzen- und Lastenverteilungen einschließt (Beispiel: Streckenführungen im Individual- oder öffentlichen Personennahverkehr);
- wenn Bildungsinhalte diskutiert werden, weil damit auch politische Verhaltensmuster übertragen werden können (Beispiel: der Streit um die Hessischen Rahmenrichtlinien);
- wenn Personalentscheidungen vorbereitet und getroffen werden, weil, Personen auch für Inhalte stehen (Beispiel: die [Voraus-]Wahl von bestimmten Kandidaten in einem Parteivorstand, die Bevorzugung von Juristen in der öffentlichen Verwaltung).

Man könnte leicht noch sehr viele solcher Beispiele aufzählen und dadurch die Vielschichtigkeit des Politikbegriffs noch augenfälliger machen. Diese Aneinanderreihung ganz unterschiedlicher Beispiele veranschaulicht jedenfalls auf einfache Weise, daß es keine eindeutige und einheitliche *Definition der Politik* gibt. *J. W. M. Mackenzie* hat dies provokativ so formuliert: *„Wir wissen eigentlich nicht, was Politik ist, aber wir sehen, daß sie sich ereignet."*

Welchen Begriff und welches Verständnis Menschen von Politik haben, hängt vor allem von ihren Erfahrungen und Erwartungen, ihren Interessen und Bedürfnissen ab. Daraus ergibt sich auch, welche Aufgaben der einzelne als „politisch" *betrachtet,* inwieweit er sich überhaupt von Politik *betroffen* fühlt oder sich gar an Politik *beteiligt.*

Auch *wissenschaftliche Definitionen* kommen im Prinzip so zustande. Sie unterscheiden sich von Alltagsdefinitionen vor allem durch ihren höheren Allgemeinheitsgrad, durch ihr Bemühen um Systematisierung und ihre Einordnung in einen theoretischen Bezugsrahmen (vgl. Abb. 1).

Wenn man versucht, die bunte *Vielfalt* der Politikbegriffe zu ordnen, kann man dies nach verschiedenen Kriterien tun. Orientiert man sich an den mehr oder weniger deutlich ausgeführten theoretischen Bezugsrahmen, lassen sich z. B. unterscheiden

- ein *normativer Politikbegriff,* der sich bezieht auf ein an inhaltlichen Werten orientiertes Handeln und auf Herstellung und Erhaltung einer „guten Ordnung";
- ein *pragmatischer Politikbegriff,* der das Wesen des Politischen in der Macht, in der (instrumentellen) „Machtausübung" und Konfliktverarbeitung sieht;
- ein *politökonomischer* (hier: marxistischer) *Politikbegriff,* der Politik als „Überbau"-Phänomen der ökonomisch-materiellen „Basis", d. h. der kapitalistischen Warenproduktion begreift. Politik bestimmt sich danach vor allem nach „objektiven" Entwicklungstendenzen, nicht nach dem Wollen von politischen Akteuren;

Abbildung 1: Auswahl wissenschaftlicher Politikbegriffe

- Politik ist die Summe der Mittel, die nötig sind, um zur Macht zu kommen und sich an der Macht zu halten und um *von der Macht den nützlichsten Gebrauch zu machen,* ... Politik ist also der durch die Umstände gebotene und von den Vermögen (virtù) des Herrschers oder des Volkes sowie von der spezifischen Art der Zeitumstände abhängige Umgang mit der Macht (*Machiavelli,* um 1515)
- Politik ist die *Kunst des Staatslebens,* die Bewegung des öffentlichen Lebens, die auf Ziele ausgerichtet ist. Politik bestimmt, „was geschehen soll und wie es geschehen soll. Sie bezeichnet die Aufgaben des Staatslebens und ihre Lösung" (*Blunschli* 1864)
- Politik ist das Streben nach *Machtanteil* oder nach Beeinflussung der *Machtverteilung,* sei es innerhalb eines Staates oder zwischen den Menschengruppen, die er umschließt (*Max Weber* 1919)
- Die Politik ist der Ausgangspunkt aller *praktischen Handlungen einer revolutionären Partei,* und sie kommt auch im Verlauf dieser Handlungen und in deren Endergebnis zum Ausdruck. ... – Politik und Taktik sind das Leben der Partei ... (*Mao Tse-Tung* 1948)
- Politik ist der *Kampf um die rechte Ordnung (Suhr/v. d. Gablenz* 1950/1965)
- Politik ist die *autoritative* (von Regierenden, von Herrschenden) verfügte *Verteilung* von materiellen und immateriellen *Werten* in der Gesellschaft (nach *Easton* 1954/1964)
- Politik (ist) gesellschaftliches Handeln, ... welches darauf gerichtet ist, gesellschaftliche *Konflikte über Werte* verbindlich zu *regeln (Lehmbruch* 1968)
- Politik (ist) „der alle Bereiche des gesellschaftlichen Lebens durchdringende *Kampf der Klassen* und ihrer Parteien, der Staaten und der Weltsysteme um die Verwirklichung ihrer *sozialökonomisch bedingten Interessen* und Ziele ..." (Wörterbuch der marxistisch-leninistischen Soziologie 1969)
- Politik ist der *Komplex sozialer Prozesse,* die speziell dazu dienen, das Akzept administrativer (Sach-)Entscheidungen zu gewährleisten. Politik soll verantworten, legitimieren und die erforderliche Machtbasis für die Durchsetzung der sachlichen Verwaltungsentscheidungen liefern (nach *Luhmann*)
- Politik ist *Führung von Gemeinwesen* auf der Basis von Machtbesitz (*Wilkens,* Evangelisches Staatslexikon 1975)
- Politik (ist) der *Kampf um die Veränderung oder Bewahrung* bestehender Verhältnisse (Graf von *Krockow* 1976)

– ein *systemtheoretischer Politikbegriff,* der das politische System als ein gegenüber der „Umwelt" abgegrenztes „Sub-System" begreift, das für eben diese Umwelt „bindende Entscheidungen" trifft und so Steuerungsleistungen erbringt.

2. Dimensionen des Politikbegriffs

Anstatt der einen „wahren" Definition von Politik gibt es, wie gezeigt, eine Vielzahl von Politikbegriffen, die jeweils unterschiedliche Aspekte hervorheben. „Politik" weist offenbar mehrere Dimensionen auf. Politik umfaßt

– die *Formen,* in denen Politik gemacht wird (z. B. Institutionen, Verfassung, Rechtsordnung),

- die *Inhalte,* die durch Politik verwirklicht werden sollen (etwa bestimmte Problemlösungen, Werte oder Ziele) und
- die *Prozesse,* die zwischen den am politischen Geschehen beteiligten Individuen und Gruppen ablaufen (z. B. die Austragung von Interessenkonflikten, der Kampf um Macht und Einfluß).

a) In welchen Formen wird Politik gemacht?

Die *Formen,* in denen Politik abläuft, sind zum Großteil durch die Verfassung und die Rechtsordnung festgelegt. Politik findet im Rahmen dieser Vorgaben, aber auch aus ihnen heraus statt. Sie ist z. B. die Kunst, gesellschaftliche Tendenzen in rechtliche Formen umzuwandeln. Die Formen, in denen Politik gemacht wird, sind quasi „geronnene" Politik. Sie schließen gesellschaftliche Entwicklungen verbindlich ab und halten sie fest (Rechtssystem). Dabei werden Machtverhältnisse festgeschrieben und – in unterschiedlicher Stärke – abgesichert. *Ferdinand Lassalle* hat diesen Sachverhalt vereinfachend, aber anschaulich beschrieben:

„Die tatsächlichen Machtverhältnisse, die in einer jeden Gesellschaft bestehen, sind jene tätig wirkende Kraft, welche alle Gesetze und rechtlichen Einrichtungen dieser Gesellschaft so bestimmt, daß sie im wesentlichen gar nicht anders sein können, als sie eben sind. ... Diese tatsächlichen Machtverhältnisse schreibt man auf ein Blatt Papier nieder, gibt ihnen schriftlichen Ausdruck, und wenn sie nun niedergeschrieben sind, so sind sie nicht nur tatsächliche Machtverhältnisse mehr, sondern jetzt sind sie auch zum Recht geworden ... und wer dagegen angeht, wird bestraft" (*Lassalle* 1863, S. 35 und 40).

Nicht nur Gesetze und Regeln, auch die *Institutionen* sind eine wichtige Form der Politik, also z. B. Parlament, bundesstaatliche Ordnung, Gerichte. Die Form ist nämlich nicht allein der Abschluß oder das *Ergebnis der Transformation gesellschaftlicher Trends* in rechtliche Formen; sie produziert zugleich auch *Weichenstellungen für weitere Umwandlungsprozesse.* Ein illustrierendes Beispiel für diese Funktion der Formen von Politik findet sich im föderalen System der Bundesrepublik. Dieses ist sowohl durch die Differenzierung in Bund u. Länder (sowie Gemeinden) gekennzeichnet als auch durch die Notwendigkeit zur gemeinsamen Erfüllung bestimmter Aufgaben (vgl. auch LB 2, 4.2.1). Von einem solchen System der Institutionalisierung gegenseitiger Abhängigkeiten geht ein starker Einfluß auf die politische Willensbildung aus. Die Realisierung einer politischen Forderung hängt in der Regel von vielen Entscheidungsinstanzen ab, der Entscheidungsweg ist entsprechend lang und immer wieder gefährdet. Wer etwas durchsetzen will, muß deshalb die Verlaufsbedingungen und Probleme dieses Entscheidungssystems kennen und in sein Kalkül einbeziehen. Die Einsicht in die Notwendigkeit von Konzessionen und Kompromissen wird dadurch gefördert. Ein solches System übt deshalb auf die Politik einen mäßigenden und ausgleichenden Einfluß aus (vgl. hierzu *Scharpf* 1976, S. 18 f.).

Claus Offe hat solche Phänomene unter dem Begriff der „Selektivität politischer Institutionen“ zusammengefaßt. Die Struktur politischer Institutionen (z. B. des föderalen Systems oder die Struktur politischer Parteien) wirken wie ein Auswahlmechanismus oder ein Filtersystem „das Handlungsprämissen und Handlungsbarrieren etabliert, die einen mehr oder weniger engen Dispositionsspielraum möglicher ‚Politik‘ erst konstituieren“ (*Offe* 1972, S. 79). Die weiteren Dimensionen von Politik, nämlich *Inhalte* und *Prozeß,* werden also durch die *Form* der Politik tendenziell in bestimmte Bahnen gelenkt. Der politische Handlungsspielraum ist durch die konkrete Form der Politik bereits weitgehend abgesteckt; Änderungen der einmal „geronnenen“ Form sind nicht einfach zu bewerkstelligen. Der Einfluß von Institutionen auf politische Prozesse und Inhalte ist ein klassisches Thema der Politikwissenschaft und wird gerade in letzter Zeit wieder verstärkt als eines ihrer zentralen Erkenntnisziele hervorgehoben (*Scharpf* 1985 a, S. 164 ff.).

b) Welche Inhalte werden durch Politik verwirklicht?

Die zweite Dimension von Politik betrifft ihre *Inhalte,* d. h. die Frage, nach den Gegenständen oder Aufgaben der Politik und der Art und Weise dieser Aufgabenerfüllung. Sie hebt ab auf den Aspekt der *Problemlösung* und der *Gestaltung* gesellschaftlicher Verhältnisse. Im Deutschen wird diese Dimension der Politik vor allem in zusammengesetzten Begriffen deutlich wie Arbeitsmarkt-, Sozial- oder Wohnungsbaupolitik.

Politikinhalte erscheinen zunächst oft neutral, pragmatisch, von „Sachzwängen“ diktiert, und doch berücksichtigen sie immer bestimmte gesellschaftliche *Werte und Ziele* und sie berühren immer gesellschaftliche *Interessen.* Weil gesellschaftliche Werte und Ziele sowie die ihnen zugrunde liegenden Interessen nur selten übereinstimmen, sondern im Gegenteil in der Regel unterschiedlich, oft sogar widersprüchlich und gegensätzlich sind, ist Politik auch immer Ausdruck von *Interessen-* und *Zielkonflikten.* Politische Aufgabenerfüllung, Problemlösung und Gestaltung ist gerade gekennzeichnet durch solche Konflikte. Als Beispiele für viele dieser Zielkonflikte werden genannt: der Konflikt zwischen Erhaltung der Umwelt und Schaffung von Arbeitsplätzen, die Schwierigkeit der Erhaltung von Freiheit bei gleichzeitiger Bekämpfung des Terrorismus, die Interessenabwägung zwischen dem Bau eines Kindergartens und dem einer neuen Straße. Oder allgemeiner ausgedrückt: Konflikte zwischen Freiheit und Gleichheit, zwischen Demokratie und Effizienz oder zwischen Konsumenten- und Produzenteninteressen. Die Liste ist unerschöpflich.

c) In welchen Prozessen verläuft Politik?

Die dritte Dimension von Politik umfaßt jene Prozesse, die zwischen den am politischen Geschehen Beteiligten ablaufen. Bei den vielfältigen gesellschaftlichen Interessen betrifft dies in erster Linie die *Austragung von Konflikten*. Diese Dimension ist oft die sichtbarste, denn sie ist unmittelbar erfahrbar. Die Lösung von Konflikten ist auf bestimmte Mechanismen angewiesen. Die wichtigsten *Konfliktlösungsmechanismen sind Macht und Konsens.*

Während Macht – wie auch immer definiert – einschließt, daß die Konfliktlösung „einseitig", notfalls mit Hilfe von Zwangsmitteln erfolgen kann, strebt Konsensbildung die freiwillige Übereinstimmung der Ziele und Handlungsabsichten der Konfliktbeteiligten an. *Konsens* (oder zumindest Kompromiß) scheint in konkurrenzdemokratisch verfaßten politischen Systemen wie der Bundesrepublik (vgl. LB 2, 4.1.4, LB 3, 8.2 (b)) der vorherrschende Weg der Konfliktlösung zu sein.

Die Kategorie *Macht* gewann jedoch in der neueren Politikwissenschaft unter einem spezifischen Aspekt wieder erhöhte Bedeutung. Die Amerikaner *Peter Bachrach* und *Morton S. Baratz* (1977) entdeckten nämlich ein „zweites Gesicht der Macht". Macht wird demnach nicht nur so ausgeübt, daß man seinen Willen notfalls gegen den Widerstand eines anderen durchsetzen kann, sondern auch derart, daß bestimmte Themen und Konfliktstoffe strategisch aus dem politischen Entscheidungsprozeß herausgehalten werden. Eine solche *Einschränkung der Entscheidungsthematik* nannten *Bachrach/Baratz „non-decision-making"*. Ein Beispiel für „non-decisions" könnte die lange Zeit *nicht* geführte Diskussion über Alternativen zur Atomenergie sein. Die Wege „Mehr Wachstum" und „Mehr Energie" waren von Politikern, Managern und Massenmedien als die scheinbar einzig begehbaren ins öffentliche Bewußtsein eingeprägt worden. Andere Möglichkeiten gelangten überhaupt nicht in die öffentliche Diskussion. Es gibt also Konflikte, die nicht in die „politische Arena" kommen, die quasi unsichtbar bleiben.

Macht/Herrschaft

Macht beruht auf der Möglichkeit, *Zwang* ausüben zu können. Die „klassische" Definition der Macht von *Max Weber* lautet: „Macht bedeutet jede Chance, innerhalb einer sozialen Beziehung den eigenen Willen auch gegen Widerstreben durchzusetzen, gleichviel, worauf diese Chance beruht" (*Weber* 1966, S. 42).

Hingegen ist *Herrschaft* darauf angewiesen, gerade nicht jede Maßnahme mit Macht durchsetzen zu müssen; sie ist „vorhanden", anerkannte oder „hingenommene" aktualisierbare Macht. Für *Weber* ist Herrschaft „die Chance, Gehorsam für einen bestimmten Befehl zu finden". Herrschaft beruht auf *Legitimität*. *Weber* unterscheidet drei reine Typen legitimer Herrschaft, nämlich

- traditionelle Herrschaft, deren Geltung von jeher bestehenden Ordnungen und „Herrengewalten" abgeleitet ist;
- charismatische Herrschaft, die auf der „affektuellen" Hingabe an die Person (den Führer) und deren außergewöhnlichen Qualitäten (Heldenkraft, Vorbildlichkeit) beruht;
- legale Herrschaft, die ihre Rechtfertigung aus der Legalität einer gesetzten Ordnung (Verfassung) gewinnt.

Heute werden idealtypische Geltungsgründe von Herrschaft durch andere ergänzt. Insbesondere soziale und ökonomische Leistungen des Staates sind in modernen Industriegesellschaften ein wichtiger Bestandteil für die Rechtfertigung von Herrschaft geworden (*Max Weber* 1968, S. 151 ff.).

d) Zusammenfassung: Sinnvolle Unterscheidungen?

Versucht man nun, die anfänglich nur grob unterschiedenen Dimensionen von Politik begrifflich schärfer zu fassen, kann man an der Mehrdeutigkeit des deutschen Wortes „Politik" in der englischen Sprache anknüpfen. Diese unterscheidet nämlich – darauf hat vor allem *Fritz W. Scharpf* (1971) aufmerksam gemacht – zwischen „policy" und „politics"; darüber hinaus kennt sie auch noch die Bezeichnung „polity" (vgl. dazu *Rohe* 1978; *Heidenheimer* 1986). Unter Verwendung dieser Termini ergibt sich eine Differenzierung des Politikbegriffs in

- *polity* zur Kennzeichnung der Organisationsform und des Normengefüges,
- *policy* zur Kennzeichnung der Inhalte, der Art und Weise der Bearbeitung der öffentlichen Angelegenheiten bzw. Aufgaben, der gestaltenden Leistung, der Problemlösung und ihrer Instrumente und schließlich in
- *politics* zur Kennzeichnung des konfliktreichen, durch Interessenkonkurrenz geprägten Prozesses der Austragung von Konflikten, der Durchsetzung von Inhalten, Zielen und Interessen.

Abbildung 2: Dimensionen des Politikbegriffes

Dimension	Erscheinungsformen	Merkmale	Bezeichnung
Form	– Verfassung – Normen – Institutionen	– Organisation – Verfahrensregelungen – *Ordnung*	polity
Inhalt	– Aufgaben und Ziele – politische Programme	– Problemlösung – Aufgabenerfüllung – Wert- und Zielorientierung – *Gestaltung*	policy
Prozeß	– Interessen – Konflikte – Kampf	– Macht – Konsens – *Durchsetzung*	politics

Die drei Dimensionen des Politikbegriffs hängen offensichtlich eng zusammen, sie können nicht unabhängig voneinander betrachtet werden. So sind z. B. gesellschaftliche Normen und Institutionen (z. B. Verfassungen, Gesetze, Verhaltensregeln, Organisationen) immer zugleich Ergebnis („geronnene Politik") wie auch Voraussetzung („Weichenstellung") für zukünftige politische Prozesse (Politics) und Inhalte (Policies).

Allerdings kann man mit diesen Begriffen bestimmte Erkenntnisschwerpunkte andeuten. So kann man vereinfacht sagen, daß die bundesdeutsche Politikwissenschaft nach dem Zweiten Weltkrieg sich zunächst vor allem mit der Polity-Dimension beschäftigt hat (Institutionen- und Demokratielehre), danach die Politics-Dimension entdeckte (politische Prozesse und politisches Verhalten) und erst in letzter Zeit Policies, d. h. Politikinhalte, in das Zentrum der Aufmerksamkeit gerückt sind.

Diese Schwerpunktverlagerung ist durchaus nicht unumstritten. In der bundesdeutschen Politikwissenschaft hat es in den letzten Jahren eine angeregte Diskussion gegeben, ob sich Politikwissenschaft überhaupt mit Politik*inhalten* beschäftigen soll. Insbesondere die Hinwendung zur Untersuchung einzelner Politikbereiche, z. B. Arbeitsmarkt-, Gesundheits-, Umwelt- und Bildungspolitik, in der sogenannten Politikfeld- oder Programmforschung ist mit dem Argument kritisiert worden, sie würde zu einer „Aufbröselung der Disziplin in diverse Policy-Bereiche" führen, in denen „je nach (partei)politischem Interesse der beteiligten Wissenschaftler entweder mehr oder weniger gutwillig dilettiert oder vom Ansatz her (. . .) ideologisiert, sprich ‚kapitalistisch' entlarvt wird, oder beides zugleich geschieht" (*Veen* 1982, S. 7f.; ähnlich *J. J. Hesse* 1985).

Die Kritiker der Policy-Orientierung befürchten, die Beschäftigung mit einzelnen Politikbereichen könne dazu führen, daß die klassischen Fragen der Politikwissenschaft z. B. nach Macht und Interesse oder nach den Voraussetzungen und der Durchsetzung einer „guten" Ordnung ignoriert werden und so langfristig die Disziplin ihre Identität verliert. Gleichzeitig drängen sich Politologen in Bereiche, wie z. B. Arbeitsmarkt- oder Umweltpolitik, von denen sie eigentlich nichts verstehen, und in denen sie sich in eine unnötige Konkurrenz mit den „wahren" Fachleuten begeben. In einem Politikbereich fühlen sich auch die traditionellen Politologen allerdings schon länger als Fachleute und schrecken auch nicht vor inhaltlichen Erörterungen zurück: in der Außenpolitik.

Demgegenüber vertreten die Anhänger einer stärkeren Policy-Orientierung der Politikwissenschaft die Meinung, daß nur unter Einbeziehung sowohl der Institutionen und Strukturen (Polity), der Konflikte und Prozesse (Politics) und der Inhalte und Ergebnisse (Policy) von Politik diese erst sinnvoll analysiert werden kann:

„Die beste Politologie ist diejenige, die Fragen der institutionellen Ordnung, der ideengeschichtlichen Grundlagen, der Konflikts-, Konsens- und Machterwerbsprozesse und der Substanz politischer Entscheidungen gleichermaßen berücksichtigt" (*M. Schmidt* 1985, S. 139).

Tatsächlich sei durch die Betonung der Policies, also der Politikinhalte, nicht eine „Aufbröselung" der Disziplin zu befürchten, sondern im Gegenteil eine erneute Hinwendung zu den grundlegenden Fragen zu erwarten. Es geht darum herauszufinden, welche Institutionen, Personen und Verfahren „gute" Politik im Sinne von materiellen Policies möglich machen. Dabei ist die Definition guter Policies selbstverständlich ohne normative Setzung nicht denkbar, gleichwohl sind aber rationale und empirisch informierte Diskussionen über diese Fragen sinnvoll und möglich. (Vgl. zu dieser Kontroverse ausführlich *Hartwich* [Hrsg.] 1985, zur Entwicklung der Policy-Forschung *Jann* 1983.)

Im Zusammenhang mit dieser Diskussion wurde eine Erhebung durchgeführt, in der die in der Bundesrepublik im Hochschulbereich tätigen Politikwissenschaftler gefragt wurden, welche Begriffe sie für „unverzichtbar" für die Politikwissenschaft halten. In Abbildung 3 sind die 25 von Hochschullehrern meistgenannten Begriffe zusammengestellt (vgl. ausführlich *Böhret* 1985).

Abbildung 3: Die 25 meistgenannten (unverzichtbaren) Begriffe der Politikwissenschaft *(Hochschullehrer)*

Begriffe	n
Konflikt(e)	117
Interesse	110
Macht	66
Konsens	58
Herrschaft	46
Willensbildung	37
System	36
Struktur	33
Organisation	30
Entscheidung(en)	30
Bedürfnis	28
Partizipation	27
Konkurrenz	27
Einfluß	26
Legitimität	25
Ideologie(n)	24
Prozeß	24
Gruppe	24
Klasse	23
Staat	22
Verhandlung/Verhandeln/bargaining	22
Wert(e)	21
Demokratie	19
Institution(en)	17
Legitimation	17

aus: *Böhret* 1985, S. 308

Auffallend ist, daß eher „traditionelle" Begriffe am häufigsten genannt werden. Zumindest in den „unverzichtbaren" Begriffen scheint der Konsens über den Kernbestand der Politikwissenschaft nicht gefährdet zu sein. (Dies trifft übrigens sowohl für Hochschullehrer als auch für den „Mittelbau" zu, der in der gleichen Befragung weitgehend dieselben Begriffe nannte.) Tatsächlich überwiegen die traditionell auf Willensbildung, d. h. auf die „Politics-Dimension", bezogenen Begriffe wie Konflikt, Interesse, Macht, Konsens (die vier am meisten genannten Begriffe), gefolgt von eher „systemtheoretischen" (Struktur, Organisation, Entscheidung) und eher „klassischen" Begriffen (wie Herrschaft, Staat, Legitimität, Demokratie).

Im vorliegenden Buch soll der Versuch unternommen werden, die zentralen Aussagen verschiedener wissenschaftlicher Positionen so darzustellen und zusammenzufassen, daß sich der Leser selbst ein Bild vom „Kernbereich" der Politikwissenschaft machen kann, ohne daß wir diesen Bereich vorab definieren und einschränken. Wir gehen dabei in Übereinstimmung mit der Mehrheit der deutschen Politikerwissenschaftler davon aus, daß keine der drei skizzierten Politik-Dimensionen vorrangig ist oder ausschließlich verwendet werden sollte, sondern daß nur bei gleichzeitiger Beachtung aller drei Dimensionen relevante Erkenntnisse über Politik möglich sind. Im LB 3 und 4 werden wir versuchen zu zeigen, wie unterschiedliche Positionen die Dimensionen unterschiedlich gewichten und z. T. sogar zu unvereinbaren Schlußfolgerungen gelangen.

3. Politik als umfassendes Phänomen

Aber nicht nur Politikwissenschaftler sind unsicher, was unter „Politik" verstanden werden soll. Schon mehrmals wurde erwähnt, daß verschiedene Auffassungen über Politik deswegen vorhanden sind, weil viele Bedürfnisse und Interessen mit unterschiedlichen Problemwahrnehmungen und oft kontroversen Vorstellungen über anzustrebende Ziele verknüpft sind. Wo die Ursachen für diese Unterschiede liegen, ist jedoch erst noch zu erfassen und zu begründen. Dazu sind differenzierte Erklärungsansätze heranzuziehen; wir werden uns im LB 3 noch eingehend damit befassen. Zunächst soll hier nochmals an dem bereits gewonnenen „Vorverständnis" von Politik als einem vielfältigen und zugleich umfassenden Phänomen angeknüpft werden.

Von diesem Vorverständnis aus bringt uns die *traditionelle* Politikauffassung, die von einer Trennung von Politischem („Öffentlichem") und Unpolitischem („Privatem") ausgeht, nicht viel weiter. Eine so konsequente Trennung der beiden Bereiche war wohl nie Realität; sie ist es heute gewiß nicht mehr.

Dies gilt im Prinzip auch für die unverbundene *Rollendifferenzierung* des Individuums innerhalb des *Gemeinwesens:*

- in den *„Staatsbürger"* (z. B. als Wähler, als politischer Mandatsträger),
- in den *„Wirtschaftsbürger"* z. B. als Verbraucher, als Berufstätiger) und einfach
- in den *„Bürger"* (z. B. als Angehöriger einer sozialen Schicht oder Klasse, als Mitglied einer gesellschaftlichen Gruppierung),

soweit sie als die „aufspaltende" Zuordnung des einzelnen in relativ deutlich trennbare Sphären interpretiert wird. Bestenfalls ist eine analytische Trennung in zwar verschiedene, aber dennoch eng miteinander verbundene und aufeinander wirkende Verhaltensformen, also in „integrierte Rollen" zulässig.

Galt für die bürgerliche Ideologie der Bereich der Wirtschaft als völlig private, gänzlich unpolitische Sphäre, so kann diese Vorstellung heute nicht mehr uneingeschränkt akzeptiert werden. Der Arbeitnehmer, der Mitglied des Betriebsrates ist, handelt politisch, und der Unternehmer, der sich im Arbeitgeberverband engagiert, nicht minder. Selbst der scheinbar privateste Bereich, die Familie, hat einen enormen politischen Rang. Spätestens die sozialpsychologischen Studien zum Faschismus haben die Bedeutung von familiären Strukturen als Ursache für die „Anfälligkeit" gegenüber bestimmten politischen Richtungen verdeutlicht (autoritäre Familienstrukturen schaffen Dispositionen für autoritäre politische Ideologien).

Die gesellschaftlichen Rollen beeinflussen sich wechselseitig. Die Stellung als „Wirtschaftsbürger“ prägt in hohem Maße die Zuordnung zu einer sozialen Schicht, wie umgekehrt die Herkunft aus einer bestimmten sozialen Schicht immer noch die Position als „Wirtschaftsbürger“ mitbestimmt. Beide wiederum sind ausschlaggebend für das Rollenverständnis als „Staatsbürger“, z. B. für das Wählerverhalten oder die Bereitschaft zum politischen Engagement. Diese verschiedenen Rollen, der Grad der subjektiven Zufriedenheit oder Unzufriedenheit mit ihnen, die Folgerungen, die die „Rollenträger“ aus der „Rollenverteilung“ innerhalb des Gemeinwesens ziehen, prägen entscheidend das politische Denken und Verhalten. Die Zusammenhänge und Austauschbeziehungen zwischen den unterschiedlichen Formen der Existenz eines Mitglieds des Gemeinwesens sind daher für die Wahrnehmung und Analyse von Politik aussagekräftiger als die isolierte Betrachtung der „politischen“ Staatsbürgerrolle.

Was am Beispiel des einzelnen Rollenträgers verdeutlicht werden konnte, gilt erst recht für das *gesamte Gemeinwesen:* Politik kann erst begriffen werden, wenn man über den Staat als den zunächst scheinbar allein „politischen“ Bereich hinausgeht und seine Wechsel- und Austauschbeziehungen mit den anderen Teilbereichen des Gemeinwesens mit einbezieht. Unter Verwendung der verbreitetsten und allgemeinsten Begriffe (und dafür begriffliche Unschärfe vorläufig in Kauf nehmend) lassen sich *drei Teilbereiche* unterscheiden (vgl. Abb. 4):

Abbildung 4: Teilbereiche des Gemeinwesens und „Rollen“ des Individuums

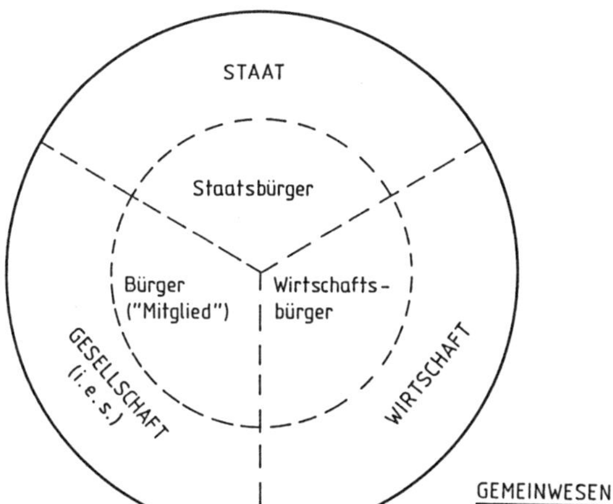

- „*Staat*“ als der verfassungsmäßig konstituierte Bereich des Gemeinwesens, in dem Regeln und Normen gesetzt, Politikinhalte formuliert und durchgesetzt sowie Konflikte legal geregelt werden;
- „*Wirtschaft*“ als der Teilbereich, in dem Güter produziert und verteilt werden, und

– *„Gesellschaft"* als der Teilbereich, der den Mitgliedern des Gemeinwesens persönliche Entfaltungsmöglichkeiten anbietet (Bildung, Kultur etc.), in dem Interessen artikuliert und Motivationen (oder auch „Massenloyalität") erzeugt werden.

Die im LB 2 zusammengestellten „Grundlagen von Staat, Wirtschaft und Gesellschaft" werden diese „Grobstruktur" am Beispiel der Bundesrepublik Deutschland verfeinern und ausfüllen. Auch hier sind die Zusammenhänge zwischen diesen Teilbereichen zu beachten. So funktioniert das Gemeinwesen beispielsweise nur, wenn der Teilbereich „Staat" durch den Teilbereich „Gesellschaft" (i. e. S.) legitimiert wird, d. h. wenn er für sein Handeln dort Zustimmung findet; wenn der „Wirtschaft" von der „Gesellschaft" die Arbeitskräfte in ausreichender Zahl und mit „richtiger" Motivation zur Verfügung gestellt werden; wenn der „Staat" dort eingreift, wo „Wirtschaft" oder „Gesellschaft" Probleme haben, die diese nicht selbst bewältigen können, sondern die spezifischen Aktionsmöglichkeiten des Staates notwendig machen (z. B. die Einführung von Schutzbestimmungen im Arbeitsleben oder gegenüber der Umwelt; Sozialpolitik oder Polizeirecht).

Erst aus dieser Gesamtschau läßt sich das, was als „Politik" innerhalb eines Gemeinwesens geschieht, hinreichend begreifen, lassen sich unterschiedliche Analysen dieser Vorgänge nachvollziehen (vgl. insbes. LB 3) und werden Veränderungsvorschläge einsichtig oder zumindest diskutabel (vgl. insbes. LB 4).

4. Grundlegende Literatur

Hartwich, Hans-Hermann (Hrsg.): Policy-Forschung in der Bundesrepublik Deutschland. Ihr Selbstverständnis und ihr Verhältnis zu den Grundfragen der Politikwissenschaft, Opladen 1985

Rohe, Karl: Politik. Begriffe und Wirklichkeiten, Stuttgart usw. 1978

Scharpf, Fritz W.: Planung als politischer Prozeß, in: Die Verwaltung 1971, S. 1 ff. (abgedruckt in ders.: Planung als politischer Prozeß. Aufsätze zur Theorie der planenden Demokratie, Frankfurt/M. 1973

Weber, Max: Soziologie, weltgeschichtliche Analysen, Politik, Stuttgart 1969

LB 2: Grundlagen von Wirtschaft, Staat und Gesellschaft in der Bundesrepublik Deutschland

1. Einleitung

Der Lernblock 2 (LB 2) behandelt „Grundlagen" im doppelten Sinne

- einmal sollen die Voraussetzungen für die weiteren Lernziele und Lerninhalte des Lehrbuchs geschaffen werden, indem „Grundtatsachen" über Wirtschaft, Gesellschaft und Staat der Bundesrepublik Deutschland referiert werden;
- zum anderen sollen die wirtschaftlichen, gesellschaftlichen und staatlichen Voraussetzungen angedeutet werden, auf denen Innenpolitik in der Bundesrepublik aufbaut und ohne deren Beachtung Politik weder beschrieben noch analysiert und kritisiert werden kann.

Eine beträchtliche Schwierigkeit besteht allerdings darin, festzulegen, welches die wichtigsten Grundlagen der Staats-, Wirtschafts- und Gesellschaftsordnung sind und wie diese zu beschreiben und zu interpretieren sind. Die folgende Darstellung nimmt ihren Ausgangspunkt in einem zumeist unkritischen Vorverständnis, wie es auch in vielen Sozialkundebüchern zum Ausdruck kommt: das gegebene Gemeinwesen wird in seinen äußeren Erscheinungsformen beschrieben.

Es geht also zunächst weniger darum, theoretisch gesicherte „reale" Grundlagen darzustellen, als vielmehr die „herrschende Lehre" von diesen Grundlagen. Als zentrale Konzepte werden somit identifiziert:

- im Bereich der Wirtschaft die *„soziale Marktwirtschaft"*,
- im Bereich der Gesellschaft die *„pluralistische Leistungsgesellschaft"* und
- im Bereich des Staates der *„demokratische und soziale Rechts- und Bundesstaat"*.

Offensichtlich haben diese zentralen Konzepte durchaus eine doppelte Funktion:

- Sie dienen zur *Beschreibung der Wirklichkeit,* indem sie behaupten: so sieht die Bundesrepublik aus, und
- sie dienen als *normatives Konzept,* indem sie sagen: so sollte die Bundesrepublik aussehen.

Im folgenden wird deshalb zu jedem dieser zentralen Konzepte unserer Wirtschafts-, Gesellschafts- und Staatsordnung zuerst das *normative Modell* beschrieben, demzufolge sie dem Anspruch nach organisiert sein sollten. Danach werden Entwicklung und Ausgestaltung dieses Modells in der bundesrepublikanischen Wirklichkeit kurz skizziert. Dabei sollen historische Entwicklungen und Veränderungen, Besonderheiten und typische Erscheinungen der Wirklichkeit eher thesenartig als breit beschreibend dargestellt werden. Wir sind uns darüber im klaren, daß sowohl die normativen Grundlagen wie die empirische Wirklichkeit nicht völlig „objektiv" oder eindeutig „wie sie wirklich sind" geschildert werden können. Wir haben uns deshalb bemüht, nur diejenigen Phänomene zu berücksichtigen, über die weitgehende Einigkeit besteht.

Auf diesen „Grundtatsachen" aufbauend, können dann die Problemanalysen (LB 3) und die Verbesserungsvorschläge (LB 4) besser gewürdigt werden.

2. Wirtschaft: „Soziale Marktwirtschaft"

2.1 Das wirtschaftliche und soziale Ordnungsmodell

2.1.1 Entstehungsbedingungen

Während die politischen Parteien in den ersten Nachkriegsjahren über die staatliche Ordnungsform der Bundesrepublik Deutschland relativ schnell eine Einigung erzielten (nämlich als eine parlamentarische Demokratie auf föderalistischer Grundlage), herrschten grundsätzliche Differenzen über die zukünftige Gestaltung der wirtschaftlichen und sozialen Ordnung. Zwei gegensätzliche *Ordnungsleitbilder für den Wiederaufbau* standen im Mittelpunkt dieser Diskussion: die modifizierte liberale Ordnungskonzeption der *„Sozialen Marktwirtschaft"* und die modifizierte sozialistische Ordnungskonzeption eines *„Freiheitlichen Sozialismus"* (vgl. Abb. 5; vgl. zum folgenden auch *Grosser* 1985).

Abbildung 5: Wirtschaftspolitische Ordnungstypen

Ordnungstyp	Wesentliche Kennzeichen	Vertreter
Soziale Marktwirtschaft	*dezentrale Steuerung* der Wirtschaft über den Markt *Privateigentum* an den Produktionsmitteln *Korrektur* sozial unerwünschter Auswirkungen des freien Marktwettbewerbs durch die *Sozialpolitik*	CDU um Adenauer und Erhard; FDP, DP
Freiheitlicher Sozialismus	vorwiegend *zentrale Steuerung* der Wirtschaft Überführung von Schlüsselindustrien und Großbanken in *Gemeineigentum* *Beteiligung der Arbeitnehmer* an wirtschaftlichen Entscheidungen	vor allem SPD, aber auch christlich-sozialistisch orientierte Teile der CDU (siehe „Ahlener Programm" von 1947)

Mit dem Sieg der CDU bei den ersten deutschen Bundestagswahlen 1949 setzte sich das Konzept der „Sozialen Marktwirtschaft" als offizielles wirtschaftspolitisches Ordnungsleitbild endgültig durch. Die Gründe für das schließliche Scheitern der Bemühungen um eine „neue (sozialistische) Wirtschaftsordnung" waren vielschichtig; unter anderem trugen dazu bei:

- Der *Einfluß der Besatzungsmächte,* vor allem der USA, die ihr eigenes gesellschaftspolitisches Modell direkt durch Entscheidungen (z. B. Verbot von „Wirtschaftsdemokratie" in den Westzonen; westdeutsche Währungsreform von 1948) und indirekt über Wirtschaftshilfen (Marshall-Plan) durchsetzen konnten.
- Die *politische und ökonomische Wirklichkeit in der sowjetischen Besatzungszone,* die Forderungen mit sozialistischer Zielsetzung in den Augen der Bevölkerung der Westzonen diskreditierte.

Der wirtschaftliche Aufschwung der Bundesrepublik in den 50er Jahren (vgl. LB 2, 2.2.1), der zu einem erheblichen Anstieg des Lebensstandards führte, wurde allgemein dem Erfolg der „Sozialen Marktwirtschaft" zugeschrieben und politisch mit hohen Stimmanteilen für die CDU/CSU (1957 absolute Mehrheit der Bundestagsmandate) honoriert. Die nach Kriegsende weit verbreitete antikapitalistische und antimonopolistische Strömung, wie sie z. B. in den Sozialisierungsbestimmungen der Länderverfassungen von Hessen (Art. 38ff. HVerf) und Nordrhein-Westfalen (Art. 27 Verf. NRW) zum Ausdruck kam (vgl. auch die Abstimmungen über Enteignungen, die z. B. in Hessen eine Mehrheit von 70% für die Enteignung der Schlüsselindustrien brachte) hatte ihre Basis in der Bevölkerung verloren.

Angesichts dieser Entwicklung gab die SPD 1959 im *Godesberger Programm* marxistische Grundlagen ihrer wirtschaftspolitischen Vorstellungen auf und trat für eine durch soziale Reformen (Ausbildung, soziale Sicherung, Mitbestimmung, Kontrolle wirtschaftlicher Macht) zu verbessernde kapitalistische Marktwirtschaft ein. Trotz unterschiedlicher Auffassungen über das Instrumentarium der Wirtschaftssteuerung und den Umfang sozialer Maßnahmen stellte nun keine der im Bundestag vertretenen Parteien die privatkapitalistische Struktur der Wirtschaft mehr in Frage. Die „Soziale Marktwirtschaft" wurde zum unbestrittenen ordnungspolitischen Leitbild der Bundesrepublik Deutschland.

2.1.2 Strukturprinzipien der „Sozialen Marktwirtschaft"

Die Konzeption der „Sozialen Marktwirtschaft" wurde von *Alfred Müller-Armack* (Professor für Volkswirtschaftslehre und von 1958–1963 Staatssekretär im Bundeswirtschaftsministerium – auf ihn geht auch der Begriff für diese Ordnungskonzeption zurück), von *Alexander Rüstow* und *Wilhelm Röpke* aus dem Gedankengut des *Neo- oder Ordoliberalismus* entwickelt. Das theoretische Modell des Neo- oder Ordoliberalismus war um 1930 als Reaktion auf die Weltwirtschaftskrise und auf die Herausbildung sozialistischer Wirtschaftssysteme entstanden. Gegen das altliberale Prinzip des laissez-faire (= wirtschaftspolitische Abstinenz des Staates) wandten sich die Neoliberalen (namhafte Vertreter: *Franz Böhm, Walter Eucken* und *Leonard Miksch*), indem sie strukturelle Mängel der marktwirtschaftlichen Wettbewerbsordnung anerkannten und einen starken Staat forderten, der den Wettbewerb organisiert und gegen die Versuche einzelner Marktteilnehmer, diese Ordnung zu umgehen, schützt. Von den zentralwirtschaftlichen sozialistischen Ordnungsmodellen grenzten sie sich ab durch die Bejahung des Privateigentums an den Produktionsmitteln und der freien Marktpreisbildung.

Zentrales Organisationsmittel der Wirtschaft bleibt in der „Sozialen Marktwirtschaft" ebenso wie im liberalen Modell der *Wettbewerb,* der auf der Einkommenseite zu einer gerechten – nämlich leistungsgemäßen (vgl. LB 2, 3.2.1) – Einkommenverteilung und auf der Güterseite zu einer optimalen Zusammensetzung und zu optimalem Wachstum des Sozialprodukts führen soll. Eine wichtige Rolle spielt dabei das Funktionieren des *Marktmechanismus:* Durch Veränderungen im Angebot oder der Nachfrage ergeben sich Preisschwankungen; diese wiederum führen dazu, daß Angebot und Nachfrage sich anpassen.

Bei der „Sozialen Marktwirtschaft" handelt es sich also um eine Wirtschaftsordnung, in der die zentralen Prinzipien des Kapitalismus (Privateigentum an Produktionsmitteln; keine zentrale Steuerung, sondern Regelung über den Markt) bestehenbleiben, für den einzelnen Bürger negative Ergebnisse des freien Wirtschaftsprozesses aber durch staatliche *Sozialpolitik* korrigiert bzw. gemildert werden. Das Ordnungsmodell der „Sozialen Marktwirtschaft" wird deshalb historisch als *„dritter Weg"* verstanden – zwischen den liberalen, möglichst auf Staatseingriffe verzichtenden Wirtschaftsordnungen des 19. und frühen 20. Jahrhunderts und den „Zentralverwaltungswirtschaften" des Dritten Reiches sowie der Sowjetunion in der Stalin-Ära.

Ziel der „Sozialen Marktwirtschaft" ist es, „auf der Basis der Wettbewerbswirtschaft die freie Initiative mit einem gerade durch die marktwirtschaftliche Leistung gesicherten sozialen Fortschritt zu verbinden" (*Müller-Armack* 1956, S. 390ff.). Angestrebt wird also die Synthese zwischen wirtschaftlicher Freiheit und sozialer Gerechtigkeit.

Wirtschaftliche Freiheit umfaßt dabei:

- *Privateigentum*
- freie *unternehmerische Betätigung* (Gewerbefreiheit, Freiheit der Eigentumsnutzung, Produktions- und Handelsfreiheit, aber auch volle Haftung),
- *freie Konsumwahl,*
- *Freiheit der Berufs- und Arbeitsplatzwahl,*
- *Wettbewerbsfreiheit,* d. h. die Freiheit jedes Marktteilnehmers, sich neben anderen um das gleiche Ziel zu bemühen.

Soziale Gerechtigkeit soll erreicht werden durch:

- die *wirtschaftliche Leistungsfähigkeit der Marktwirtschaft,* die die Voraussetzungen eines „Wohlstandes für alle" schaffen soll und wirtschaftliche Freiheitsrechte gewährt, die nur an den Rechten Dritter ihre Schranken finden;
- die *Beschränkung der Marktfreiheit,* wenn sie zu sozial unerwünschten Folgen führt, und

- die *Korrektur der Ergebnisse des freien Wirtschaftsprozesses,* wenn sie sozial unerwünscht sind (wobei die eigenverantwortliche Daseinssicherung prinzipiell vorrangig bleibt, vgl. hierzu *Lampert* 1978, S. 93ff.)

Zentrale Ziele der Wirtschaftspolitik sind:

- Steigerung des Wohlstandes,
- Stabilität des Preisniveaus,
- soziale Gerechtigkeit.

Grundsätzlich gilt für die Maßnahmen der staatlichen Wirtschaftspolitik: Staatliche Lenkung der Formen – ja; staatliche Planung und Lenkung der Wirtschaftsprozesse – nein.

2.1.3 Rechtliche Grundlagen der Wirtschafts- und Sozialordnung

Die zur Zeit der Entstehung des *Grundgesetzes* heftig geführte Auseinandersetzung um das ordnungspolitische Leitbild für den wirtschaftlichen Wiederaufbau der Bundesrepublik Deutschland wurde durch die Verfassungsgebung nicht entschieden. Dies führte in den 50er Jahren zu einem wirtschafts- und verfassungspolitischen Streit um die Auslegung der „Wirtschaftsverfassung des Grundgesetzes“. Während *Hans C. Nipperdey* die Auffassung vertrat, nur die „Soziale Marktwirtschaft“ entspreche dem Grundgesetz, kam *Wolfgang Abendroth* zu dem Schluß, das Grundgesetz lasse sowohl eine liberale als auch eine sozialistische Wirtschaftspolitik und Wirtschaftsordnung zu. *Herbert Krüger* konstatierte demgegenüber die völlige ordnungspolitische Neutralität des Grundgesetzes, die auch die Entscheidung des Gesetzgebers für einen bestimmten Ordnungstyp ausschließe (vgl. hierzu auch *Badura* 1976, S. 206ff.; *von Eynern* 1972, S. 101ff.).

Rechtlich wie politisch durchgesetzt hat sich die Auffassung von der eingeschränkten Neutralität des Grundgesetzes, wie sie vom Bundesverfassungsgericht in seinem Investitionshilfeurteil vom 20. Juli 1954 grundlegend entwickelt und im Mitbestimmungsurteil vom 1. März 1979 bestätigt wurde:

> „Das Grundgesetz garantiert weder die wirtschaftspolitische Neutralität der Regierungs- und Gesetzgebungsgewalt noch eine nur mit marktkonformen Mitteln zu steuernde ‚soziale Marktwirtschaft‘.
>
> Die ‚wirtschaftspolitische Neutralität‘ des Grundgesetzes besteht lediglich darin, daß sich der Verfassungsgeber nicht ausdrücklich für ein bestimmtes Wirtschaftssystem entschieden hat. Dies ermöglicht dem Gesetzgeber die ihm jeweils sachgemäß erscheinende Wirtschaftspolitik zu verfolgen, sofern er dabei das Grundgesetz beachtet.
>
> Die gegenwärtige Wirtschafts- und Sozialordnung ist zwar eine nach dem Grundgesetz mögliche Ordnung, keineswegs aber die allein mögliche. Sie beruht auf einer vom Willen des Gesetzgebers getragenen wirtschafts- und sozialpolitischen Entscheidung, die durch eine andere Entscheidung ersetzt oder durchbrochen werden kann.“ (BVerfGE 4, S. 17f., „Investitionshilfeurteil“.)

Die *Entscheidung für das Ordnungsleitbild der „Sozialen Marktwirtschaft“ besitzt daher den Charakter einer prinzipiell revidierbaren politischen Machtentscheidung.*

Revidierbar im Rahmen des Grundgesetzes allerdings nach Auffassung der „herrschenden Lehre" mit folgenden Einschränkungen: Das Grundgesetz legt zwar keine eindeutige Wirtschafts- und Sozialordnung fest, es enthält aber *Grundrechte* und allgemeine *Verfassungsprinzipien* (Rechts- und Sozialstaat), die sich auch auf die Gestaltung der Wirtschaftsordnung auswirken.

Wichtige verfassungsrechtlich verankerte wirtschaftliche Grundrechte sind nach dieser Auffassung zum Beispiel:

- die *Berufs-, Arbeits- und Gewerbefreiheit* (Art. 12 GG);
- die *Eigentumsfreiheit* (Art. 14 GG), die persönliches und industrielles Vermögen schützt;
- die *Vereinigungs- und Koalitionsfreiheit* (Art. 9, Abs. 1 und 3 GG), wodurch die Bildung von freien Gewerkschaften und Arbeitgebervereinigungen ermöglicht wird;
- die Gewährleistung der *persönlichen Freizügigkeit* (Art. 11 GG);
- die *allgemeine Handlungsfreiheit* (Art. 2, Abs. 1 GG);
- der *Gleichheitsgrundsatz* (Art. 3 GG), der z. B. Forderungen nach Chancengleichheit im Bildungswesen oder gleichen Chancen in der Berufs- und Arbeitsplatzwahl zugrunde gelegt wird und bei staatlichem Eingriff in die Wirtschaft beachtet werden muß.

Diese Grundrechte gewährleisten eine prinzipiell freiheitliche Wirtschaftsordnung auf der Basis des verfassungsrechtlich garantierten Eigentums. Sie werden ergänzt durch Bestimmungen, die das Interesse der Gemeinschaft schützen, wie z. B. die Sozialpflichtigkeitsklausel für das Eigentum (Art. 14, Abs. 2 GG), die Enteignungs- und Sozialisierungsermächtigungen (Art. 14, Abs. 3 und Art. 15 GG) sowie den rechts- und sozialstaatlichen Ordnungsauftrag in den Artikeln 20 und 28 GG. Extreme wirtschaftspolitische Konzeptionen, wie die reine Marktwirtschaft oder die zentrale Verwaltungswirtschaft, sind daher nach herrschender Lehre mit dem GG unvereinbar. Nach dieser Auffassung entspricht die „Soziale Marktwirtschaft" dem im Grundgesetz umrissenen Wirtschaftssystem, ohne daß umgekehrt nur die „Soziale Marktwirtschaft" dem Grundgesetz entsprechen würde.

Die offene Wirtschaftsverfassung des Grundgesetzes wurde im Laufe der Zeit durch eine Vielzahl von *Gesetzen mit Wirtschaftsverfassungscharakter* ausgefüllt, in der Regel im Sinne des ordnungspolitischen Modells der „Sozialen Marktwirtschaft". Wichtige Gesetze, die als Rechtsgrundlagen die Wirtschafts- und Sozialordnung der Bundesrepublik Deutschland prägen, betreffen z. B. folgende Bereiche:

- das *Wettbewerbsrecht* (vor allem das Gesetz gegen Wettbewerbsbeschränkungen von 1957, Novellierung 1973),
- die *Konjunktursteuerung* (Bundesbankgesetz von 1957, Gesetz zur Förderung von Stabilität und Wachstum von 1967),
- die Ordnung des *Arbeitsmarktes* (Tarifvertragsgesetz von 1949; Neufassung 1969; Arbeitsförderungsgesetz von 1969),
- die *Berufspolitik* (Arbeitsförderungsgesetz von 1969; Berufsausbildungsförderungsgesetz von 1971),

- Normen zur Ausgestaltung der *Betriebsverfassung* (Betriebsverfassungsgesetz von 1952, Neufassung 1972),
- Normen zur Ausgestaltung der *Mitbestimmung* (Montanmitbestimmungsgesetze von 1951 und 1956, Mitbestimmungsgesetz von 1976),
- Normen zur Ausgestaltung der *Geld- und Währungspolitik* (Bundesbankgesetz von 1957),
- Normen des *Arbeitnehmerschutzes* (allgemeiner Gefahrenschutz, Arbeitszeitschutz, Kündigungsschutz),
- die *Soziale Sicherung* (Renten-, Unfall-, Krankenversicherung, Sozialhilfe),
- Gesetze zum *Wohnungsmarkt und Mietrecht,*
- Gesetze zur *Eigentumsordnung* (Vermögensbildung, Bodenrecht),
- die *internationale Einbindung* der bundesdeutschen Wirtschaft (Europäische Wirtschaftsgemeinschaft 1957, Außenwirtschaftsgesetz von 1961).

Eine Konkretisierung der Wirtschafts- und Sozialverfassung des Grundgesetzes erfolgte auch durch *richterliche Entscheide.* Dies gilt insbesondere für die Arbeitsverfassung, die nur zum Teil Gesetzesgrundlagen aufweist. Viele Rechtslücken wurden durch die Rechtsprechung des Bundesarbeitsgerichts gefüllt; vor allem das Arbeitskampfrecht besteht fast ausschließlich aus richterrechtlich begründeten Regeln.

Die Arbeitsbedingungen werden in der Bundesrepublik weitgehend autonom durch *Tarifverträge* zwischen Gewerkschaften und Arbeitgeberverbänden bzw. einzelnen Arbeitgebern gestaltet. Das Institut der Tarifautonomie ist allgemein durch Art. 9, Abs. 3 GG gewährleistet und durch das Tarifvertragsgesetz von 1949 (Neufassung 1969) konkretisiert worden. *Den Tarifpartnern wird hierin ein verfassungsrechtlich abgesicherter staatsfreier Raum zur „faktischen Normsetzung" überlassen.* Der Staat bestimmt allerdings die Grenzen und die Bedingungen für die Institutionalisierung der Tarifauseinandersetzung (z. B. Austragungsmodi des Arbeitskampfes); außerdem setzt er durch seine Wirtschafts- und Sozialpolitik allgemeine Daten für die Tarifkontrahenten (z. B. Jahreswirtschaftsberichte, Orientierungsdaten). Die Tarifparteien schaffen mit dem Tarifvertrag objektives Recht; sie dürfen von ihren Vereinbarungen nur zugunsten der Arbeitnehmer abweichen. Die Normen des Tarifvertrags sind also Mindestnormen. Sie können auf Antrag der Tarifparteien vom Bundesarbeitsminister für allgemeinverbindlich erklärt werden, d. h. sie gelten dann auch für solche Arbeitnehmer und Arbeitgeber, die nicht zu den vertragsschließenden Parteien gehören, aber unter den räumlichen, fachlichen und betrieblichen Geltungsbereich des Tarifvertrags fallen.

2.1.4 Zusammenhänge zwischen wirtschaftlichen, staatlichen und gesellschaftlichen Ordnungsformen

Als wesentliche Prinzipien der Wettbewerbsordnung werden u. a. Privateigentum, Vertragsfreiheit und volle Haftung angesehen. Im Konzept der

„Sozialen Marktwirtschaft“ gilt daher wie im klassisch-liberalen Modell der Grundsatz der Privatrechtsgesellschaft. Das *Rechtsstaatsprinzip* (vgl. LB 2, 4.1.2) soll daher die freie wirtschaftliche Betätigung des Individuums auf der Basis des Privateigentums schützen.

Diese Wettbewerbsordnung ist mit sozialen Absicherungen und Ergänzungen zu versehen, d. h. das Prinzip der individuellen Freiheit auf dem Markt soll durch staatliche Fürsorge, Vorsorge und sozialen Ausgleich ergänzt werden. Das *Sozialstaatspostulat* (vgl. LB 2, 4.1.3) erfährt im Konzept der *„Sozialen Marktwirtschaft“* eine restriktive Auslegung. Sozialpolitik soll die Ergebnisse des Wirtschaftsprozesses korrigieren und ergänzen, nicht aber die Wirtschafts- und Sozialordnung umfassend, aktiv und zielbewußt (um-)gestalten.

Schließlich bedeutet Wettbewerb dem Anspruch nach Regelung der Wirtschaftsprozesse über den Markt, d. h. nach den Wünschen der Verbraucher. Das Konzept der „Sozialen Marktwirtschaft“ sieht deshalb das Demokratieprinzip (vgl. LB 2, 4.1.4) für den wirtschaftlichen Bereich in Form der Marktdemokratie verwirklicht. Die Arbeitgeber/Arbeitnehmer-Beziehungen sind hiervon allerdings ausgeschlossen. Mitbestimmung wird nur in sozialen Fragen zugestanden, die wirtschaftlichen Entscheidungen sollen autonom von den Unternehmern gefällt und verantwortet werden. In diesem Punkt haben SPD und Gewerkschaften ihre Gegenposition zur Konzeption der „Sozialen Marktwirtschaft“ nie aufgegeben: Sie verlangen eine paritätische Mitbestimmung der Arbeitnehmer, auch an wirtschaftlichen Entscheidungen.

Die grundsätzliche *Trennung von Staat und Gesellschaft* bleibt im Konzept der „Sozialen Marktwirtschaft“ bestehen. Da sich die Wettbewerbsordnung aber nicht automatisch verwirklicht, sondern institutionell gesichert werden muß, wird in diesem Rahmen ein staatlicher Eingriff in die Wirtschaftsordnung befürwortet (im Gegensatz zum klassischen Liberalismus, der eine völlig „staatsfreie“ Wirtschaft verlangte). Der Staat beschränkt sich jedoch mit seinen wirtschafts- und sozialpolitischen Maßnahmen auf die *Gestaltung der Wirtschaftsordnung,* während die Wirtschaftsprozesse selbsttätig ablaufen sollen. Nur in Ausnahmefällen, z. B. bei Monopolbildung, beim Mißbrauch der wirtschaftlichen Freiheit und zur Verhinderung gesamtwirtschaftlicher Schäden und Verhütung sozialer Härten läßt sich ein staatlicher Eingriff in den Wirtschaftsprozeß rechtfertigen. Auch für diese Maßnahmen gilt das Gebot der Marktkonformität. (Mietstopp wäre z. B. eine markt*in*konforme Maßnahme, da sie den gesamten Wohnungsmarkt ohne Rücksicht auf die Leistungsfähigkeit der Mieter erfaßt, Mietbeihilfen für bedürftige Schichten sind dagegen marktkonform.)

Die Konzeption der „Sozialen Marktwirtschaft“ verdeutlicht und betont die *Zusammenhänge der staatlichen, wirtschaftlichen und gesellschaftlichen Ordnungsformen.* Es werden nicht nur wirtschaftspolitische Ziele formuliert, sondern eine verbindliche „Stilidee“ soll für die verschiedensten Bereiche der gesellschaftlichen Organisation durchgesetzt werden. Freiheit und Wettbewerb werden für das gesamte gesellschaftliche und staatliche Leben angestrebt. Zentrale ordnungspolitische Aufgabe ist daher nicht nur die ständige Verwirklichung und Sicherung eines funktionsfähigen wirtschaftlichen Wettbewerbs, sondern grundsätzlich die einer effizienten *Leistungsgesellschaft* (vgl. LB 2, 3.2.1). Als eine der „Sozialen Marktwirtschaft" entsprechende Organisationsform wird daher für den staatlichen Bereich die *repräsentative Demokratie* (Wahl zwischen konkurrierenden Programmen politischer Parteien) und im gesellschaftlichen Bereich die *pluralistische Gesellschaft* (Konkurrenz heterogener Gruppen mit unterschiedlichen Interessen) angesehen (vgl. LB 2, 3 und 4).

2.2 Die Ausgestaltung der Wirtschafts- und Sozialordnung der Bundesrepublik

Die Neuordnung der deutschen Nachkriegswirtschaft erfolgte weitgehend nach dem Modell der „Sozialen Marktwirtschaft". Vor allem *Ludwig Erhard* trug als Direktor der Bizonenwirtschaftsverwaltung und späterer Bundeswirtschaftsminister entscheidend zur praktischen Umsetzung dieser Konzeption bei. Wie und unter welchen Bedingungen sich die so verfaßte Wirtschaft entwickelt hat, soll im folgenden umrissen werden.

2.2.1 Gleiche Startchancen für alle? – Die Ausgangssituation 1948–1950

Grundlage des wirtschaftlichen Wiederaufbaues der Bundesrepublik Deutschland war die von den westlichen Alliierten durchgeführte *Währungsreform im Jahre 1948*. Die im Krieg und in der Nachkriegszeit erheblich ausgedehnte Geldmenge wurde hiermit deutlich vermindert (in der Regel auf 1/10). Die Schwarzen Märkte der Nachkriegsjahre mit enormen Preissteigerungen verschwanden, das Geld konnte seine Funktion als Zahlungs- und Wertaufbewahrungsmittel wieder erfüllen.

Betroffen waren durch diese Maßnahmen vor allem die Geldvermögen, nicht hingegen die Sachvermögen. Dies gilt auch für den sogenannten *Lastenausgleich* (gleichmäßige Verteilung von Kriegs- und Kriegsfolgeschäden zugunsten Heimatvertriebener und Kriegssachgeschädigter). Das Lastenausgleichsgesetz (1952; zahlreiche Novellierungen) hob die *Bevorzugung der Sachvermögen* nicht auf. Die Zahlungen waren so bemessen, daß sie aus den laufenden Erträgen erstattet werden konnten. Ein Eingriff in die Vermögenssubstanz erfolgte nicht. Insgesamt wurde die alte Besitzstruktur weitgehend erhalten.

Die deutsche Industrie war nach dem Kriege längst nicht in dem Maße zerstört, wie unter dem Eindruck der in Ruinen liegenden Städte, der gesprengten Brücken, der außer Betrieb gesetzten Eisenbahnstrecken zuerst angenommen wurde. Zum einen war die deutsche Industrieproduktion von 1938 bis 1944 kontinuierlich gesteigert worden, zum anderen waren Industrieanlagen durch Verlagerung in ländliche Gebiete und gute Tarnung oft der Zerstörung entgangen. Verläßliche Zahlen zu diesem Zeitraum liegen nicht vor. Es wird jedoch allgemein angenommen, daß die Gesamtkapazität der westdeutschen Industrie 1948 in etwa der von 1939 entsprach. Die unterirdische Infrastruktur (insbes. Leitungsnetze) war weitgehend intakt, nur die überirdischen Anlagen (Wohnungen, Gebäude, Verkehrswege) waren in großem Ausmaß zerstört (so hatten z. B. lediglich ca. 50% der Wohnungen den Krieg unbeschädigt überstanden; vgl. zu diesen Angaben insbes. *Materialien* 1974, S. 308; *Schuster* u. a. 1972, S. 94f.; *Hardach* 1976, S. 118).

Eine größere Reorganisation der Wirtschaft wurde jedenfalls nicht durchgeführt. Die im Potsdamer Abkommen vorgesehene „Dezentralisierung der deutschen Volkswirtschaft" blieb in der Hauptsache auf die Dekartellisierung und Entflechtung des Krupp- und des IG-Farben-Konzerns beschränkt. Die Aufteilung der Großbanken in selbständige Regionalbanken wurde schon nach wenigen Jahren rückgängig gemacht.

Mit dem „European Recovery Program" (ERP) der USA, dem sogenannten Marshall-Plan, flossen der westdeutschen Industrie ab 1948 hohe Kreditsummen bei günstigen Konditionen sowie nicht rückzahlbare Zuschüsse zu (von 1948 bis 1951 insgesamt ca. 1,3 Mrd. Dollar). Demontierte Anlagen konnten mit Hilfe der *Marshall-Plan-Gelder* durch modernere und leistungsfähigere ersetzt werden; außerdem ermöglichte dieser Hilfsfonds die Beseitigung von Produktionsengpässen durch den Import von Rohstoffen und Spezialmaschinen.

2.2.2 *Das deutsche Wirtschaftswunder? – Der wirtschaftliche Wiederaufstieg und die „goldenen 60er Jahre"*

Die Phase des Wiederaufbaus der bundesdeutschen Wirtschaft ist gekennzeichnet durch ein sprunghaftes wirtschaftliches Wachstum. Die Wachstumsrate des Bruttoinlandprodukts betrug im Zeitraum 1950 bis 1960 durchschnittlich 8%. Die Arbeitslosigkeit verringerte sich von 10,4% der Erwerbstätigen (1950) auf 1,2% (1960) bei relativ niedrigen Preissteigerungsraten (ca. 2,2% p. a. im Zeitraum 1950 bis 1960).

Dieses *„Wirtschaftswunder"* der 50er Jahre läßt sich durchaus auf „natürliche" Weise erklären:

- Einerseits konnten aufgrund der relativ geringen Zerstörung der deutschen Industrie häufig *mit geringen Ersatzinvestitionen die Produktionskapazitäten schnell ausgeweitet* werden; andererseits wirkten auch jene Investitionen, die zum Ausgleich von Zerstörung und Demontage dennoch notwendig waren, positiv auf das Wachstum der Kapazitäten – ganz abgesehen von der dadurch bewirkten Verjüngung des Kapitalbestandes.
- Die Struktur der westdeutschen Wirtschaft erhielt in vielen Bereichen wichtige Ergänzungen durch *Firmenneugründungen* von DDR-Abwanderern. Die Neuansiedlungen erfolgten regional breit gestreut, so daß die Industriestandorte nach dem Zweiten Weltkrieg gleichmäßiger verteilt waren als vorher.

- Der Nachkriegsmarkt der Bundesrepublik Deutschland war äußerst günstig: durch den lange gestauten Nachholbedarf an Gebrauchs- und Konsumgütern und die steigende Bevölkerungs- und Konsumentenzahl (Flüchtlinge) ergab sich ein *langanhaltender Nachfrageboom,* der die wachsende Produktion absorbieren konnte. Strukturwandlungen in der Nachfrage vollzogen sich allmählich (Eß-, Bekleidung-, Wohnung- und Einrichtungs-, Auto- und Reisewelle etc.) und hielten lange an, so daß die Produktionsstruktur ohne größere Einbrüche angepaßt werden konnte (insbesondere erleichtert durch die hohe sektorale und regionale Mobilität der Arbeitskräfte).
- Eine für das Wachstum besonders bedeutende Komponente der Gesamtnachfrage war der *Export.* Zwischen 1954 und 1959 entfiel durchschnittlich ein Viertel der Gesamtnachfragesteigerung auf den Export. Bei der Überwindung von Konjunkturschwankungen gingen von der Auslandsnachfrage stets entscheidende Anstöße zu neuem wirtschaftlichen Aufschwung aus.
- In der Zeit des *Korea-Booms* (1950) schaffte die westdeutsche Wirtschaft den Sprung auf den Weltmarkt. Große Kapazitäten der US-amerikanischen, britischen und französischen Industrie waren mit Rüstungsproduktion belastet; der Konsum- und Industriegüterbedarf mußte dort z. T. durch Importe gedeckt werden. Hier bot sich für die westdeutsche Wirtschaft, die ausschließlich für den zivilen Bedarf produzierte, eine Marktlücke. Von Vorteil für die deutsche Industrie waren ihre kurzen Lieferzeiten, aber auch ein auf die Importwünsche der Partnerländer ausgerichtetes Warenangebot. Außerdem wurden westdeutsche Waren durch die *niedrige Bewertung der Deutschen Mark* im Vergleich zum US-Dollar im Ausland erheblich verbilligt.
- Die hohe Gesamtnachfrage hatte in den 50er Jahren eine außerordentlich *günstige Ertragslage* der Industrie zur Folge, zumal die Gewerkschaften mit ihren *Lohnforderungen sehr zurückhaltend* waren und die Wirtschaftsexpansion kaum durch Arbeitskonflikte hemmten. Der Grund dafür dürfte in der zu diesem Zeitpunkt immer noch sehr hohen Arbeitslosigkeit gelegen haben (1950 10,4%!). Die Gewerkschaften kämpften zwar für eine Verbesserung der Arbeitnehmereinkommen, waren jedoch nicht in der Lage, die ungünstige Verteilung der Einkommen auf selbständige und unselbständige Arbeit zu verändern.
- Die für das schnelle Wirtschaftswachstum erforderlichen hohen *Investitionen* konnten zu einem erheblichen Teil aus nicht entnommenen Gewinnen finanziert werden, d. h. durch *Selbstfinanzierung.* (Die Verbraucher bezahlten für die Waren einen „hohen" Preis, der nicht nur die zur Herstellung notwendigen Kosten deckte, sondern gleichzeitig dem Unternehmer erlaubte, weiter zu investieren. Volkswirtschaftlich gesehen wurden die Verbraucher zum „Sparen" gezwungen, aber die daraus folgende Vermögensakkumulation gehörte allein dem Unternehmer, den Verbrauchern erwuchs daraus kein Vorteil.) Die hohe Rate der Selbstfinanzierung (im

Zeitraum 1953 bis 1960 durchschnittlich 64%) wurde einmal ermöglicht durch die gute Ertragslage der Industrie, zum anderen vom Staat finanziert durch *Steuervergünstigungen und Abschreibungserleichterungen* (d. h. auf Kosten der lohnabhängigen Steuerzahler). Engpaßsektoren erhielten seit 1952 weitere staatliche Finanzierungsförderung (Investitionshilfegesetz). Die Selbstfinanzierung hat zwar wesentlich zum Wachstum der 50er Jahre beigetragen, sie hat aber auch die Ungleichheit in der Einkommens- und Vermögensverteilung verschärft.

– Das Wirtschaftswachstum der 50er Jahre ist entscheidend beeinflußt worden durch ein *ständig steigendes Arbeitskräftepotential*. Vertriebene und Flüchtlinge aus den besetzten Gebieten des ehemaligen Reichs und aus der DDR boten der Wirtschaft billige, oft hoch qualifizierte Arbeitskräfte.

2.2.3 Unbegrenztes Wachstum? – Die erste große Krise 1966/67

Die günstigen Anfangsbedingungen, die das schnelle Wachstum der westdeutschen Wirtschaft nach 1949 ermöglicht hatten, veränderten sich – zwar nicht schlagartig, doch unübersehbar in den Konsequenzen für Struktur und Wachstum der bundesrepublikanischen Wirtschaft. Die üblichen Erklärungen dafür sind:

– Die rasche Produktionsausweitung in den 50er Jahren beseitigte die Arbeitslosigkeit der ersten Nachkriegsjahre und führte ab 1961 zur Vollbeschäftigung (Arbeitslosenquote unter 1%), ja zu einem Stellenüberangebot (1960 erstmals mehr offene Stellen als Arbeitslose). *Arbeitskräfte wurden knapp und teuer.* Diese Entwicklung wurde verstärkt durch den Bau der Berliner Mauer (1961), mit dem die DDR-Regierung die Abwanderung qualifizierter Arbeitskräfte in die Bundesrepublik stoppte, sowie durch mehrere Arbeitszeitverkürzungen in den 60er Jahren.

– Aufgefangen und ausgeglichen wurde die Arbeitskräfteverknappung durch die *Zuwanderung von billigen ausländischen Arbeitskräften:* 1960 betrug der Anteil der ausländischen Arbeitnehmer an der Gesamtzahl der beschäftigten Arbeitnehmer erstmals über 1%; er stieg bis 1971 auf 10%. Außerdem wurde die *Erwerbstätigkeit der Frauen* in großem Umfang gefördert.

– Die Verteuerung der menschlichen Arbeit führte gleichzeitig zu einer beschleunigten Substitution von Arbeit durch Kapital, d. h. zu einer erhöhten Investitionstätigkeit. Das *extensive Wachstum der 50er Jahre* (Ausdehnung gleichermaßen des Personals und des vorhandenen Produktionsvolumens) wurde abgelöst durch das *kapitalintensive Wachstum der 60er Jahre.*

– Die hierzu erforderlichen hohen Finanzierungsmittel mußten zu einem großen Teil über den *Kapitalmarkt beschafft werden,* denn der Abbau staatlicher Vergünstigungen, verschärfte Konkurrenz und steigender Lohndruck verringerten die Selbstfinanzierungsmöglichkeiten der Unternehmungen. Dies führte vor allem bei kleineren und mittleren Unternehmungen zu wirtschaftlichen Schwierigkeiten, da sie in der Regel nicht als Kapitalgesellschaften geführt wurden und somit über die für die Expansion notwendigen Finanzierungsmittel nur begrenzt verfügten.

- Mit der Gründung der Europäischen Wirtschaftsgemeinschaft (EWG) 1957 und der Konvertierbarkeit (Umtauschbarkeit in ausländische Währungen) der Deutschen Mark (1958) wurde die westdeutsche Wirtschaft voll in die internationale Wirtschaftsverflechtung einbezogen. Die *Bildung größerer Märkte* wirkte sich zwar mit *hohen Exportüberschüssen* positiv auf das Wirtschaftswachstum aus; vergrößerte Märkte bedeuteten aber auch *erhöhten Konkurrenzdruck* für die westdeutsche Wirtschaft.
- Das wirtschaftliche Wachstum der 50er Jahre war kaum durch Ausgaben für Investitionen in die marktferne (nicht unmittelbar produktivitätssteigernde) Infrastruktur (z. B. Bildung, Grundlagenforschung, Umweltschutz) belastet worden. Um *Versäumnisse im Ausbau der Infrastruktur* und deren negative Auswirkungen auf das Wirtschaftswachstum auszugleichen, waren hohe Investitionsaufwendungen, insbesondere durch den Staat, erforderlich.

Als Folgen der veränderten Wirtschaftsbedingungen stellten sich etwa ab Mitte der 60er Jahre ein:

- *Strukturkrisen* in wichtigen Bereichen der Volkswirtschaft, zum Beispiel in der Textilindustrie und im Steinkohlenbergbau;
- *Konzentrationsprozesse,* vor allem im Bankensektor und in Handel und Industrie, mit dem Zweck, durch höhere Produktivität und größere Marktmacht die Gewinnchancen zu verbessern;
- *konjunkturelle Krisen* (1966/67, 1974/75, 1981/82) mit sehr geringen oder negativen Wachstumsraten des realen Bruttosozialprodukts und hoher Arbeitslosigkeit (vgl. Abb. 6);
- ein *langfristiger Trend zur Preissteigerung,* der sich im Gegensatz zu früheren Zyklen unabhängig vom Konjunkturverlauf entwickelt und trotz hoher Arbeitslosigkeit und niedrigen Wachstums ansteigt (Stagflation);
- schließlich seit Mitte der 70er Jahre eine langanhaltende und nicht nur konjunkturell bedingte *Arbeitslosigkeit,* die durch die herkömmlichen wirtschaftspolitischen Instrumente nicht mehr behebbar scheint.

Diese Entwicklungslinien kulminierten in der ersten tiefgreifenden Rezession der Bundesrepublik in den Jahren 1966/67. Zum ersten Mal gab es ein *„Minus-Wachstum"*. Der ökonomische Optimismus, der Rezessionen allenfalls noch als Abschwächung von Wachstumsraten erwartete und deshalb die Wachstumszyklen zur neuen Form von Konjunkturschwankungen erklärt hatte, wurde zum ersten Mal ernsthaft erschüttert. Aus heutiger Sicht betrachtet, blieben die Dimensionen dieser Wirtschaftskrise moderat, sie schien zudem politisch beherrschbar. Mit einem neuen Politikkonzept (vgl. 2.2.5a) glaubte man, die ökonomische Stabilität wiederherstellen zu können.

2.2.4 Krisen ohne Ende? – Die 70er und 80er Jahre

Der Aufschwung, der der Krise von 1966/67 folgte, sorgte noch einmal für die Vorstellung fortwährender ökonomischer Prosperität. Immerhin wurden schon bald wieder Wachstumsraten zwischen 6% und 8% erzielt, die Arbeitslosigkeit war zwei Jahre nach der Krise faktisch wieder beseitigt. Und doch zeigt eine Betrachtung aus heutiger Sicht, daß sich auch diese Aufschwungphase in den *Trend langfristig abnehmender Wachstumsraten* einreiht.

Abbildung 6: Wachstumszyklen des realen Bruttosozialprodukts in der Bundesrepublik Deutschland

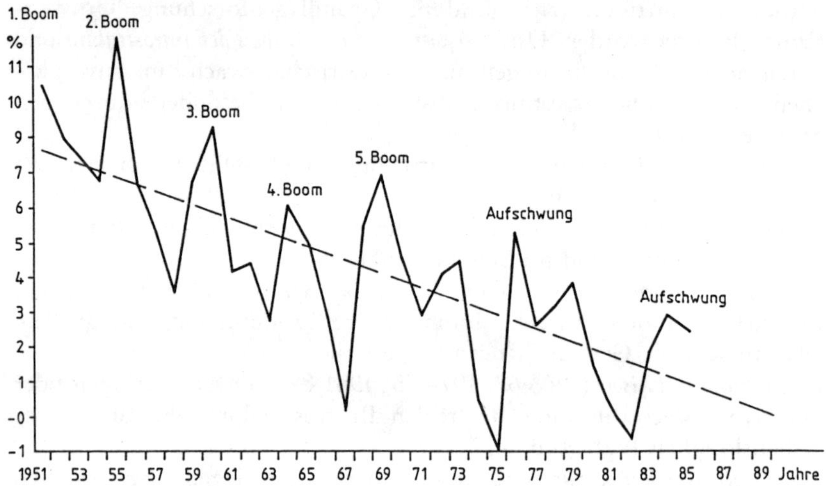

Quellen: Deutsche Bundesbank, Tabellen zur Wirtschaftsentwicklung in der BRD und eigene Berechnungen.

Mit Beginn der 70er Jahre traten zwei exogene „Störfaktoren" auf, die die ökonomischen Rahmenbedingungen entscheidend veränderten:

– Zunächst kam es zwischen 1970 und 1973 zum Zusammenbruch der 1944 in Bretton Woods geschaffenen *Weltwährungsordnung*. Ihre Grundlage, ein System fester Wechselkurse mit dem Dollar als Leitwährung, war u. a. durch die hohen Zahlungsbilanzdefizite der USA unhaltbar geworden. Dies führte zu einer Verunsicherung der internationalen Handels- und Zahlungsbeziehungen.
– Noch gravierender war sicherlich der erste *Ölpreisschock* von 1973. Er verteuerte einen der wichtigsten Rohstoffe und damit die Energiekosten dramatisch. Für die Bundesrepublik als Exportland wurde dieser Effekt dadurch verschärft, daß wichtige Partnerländer durch Zahlungsbilanz- und Wachstumsprobleme in erhebliche Schwierigkeiten kamen.

1975 war die Krise voll ausgebrochen, zum zweiten Mal in der bundesrepublikanischen Geschichte wuchs das Bruttosozialprodukt nicht mehr, sondern schrumpfte. Erstmals seit 1955 überstieg die Zahl der Arbeitslosen im Jahresdurchschnitt wieder die Millionengrenze. Hinzu kam ein ausgeprägter Preisanstieg. Für das neue Phänomen entstand der Begriff der *„Stagflation"*.

Zwar folgte auch diesem Einbruch eine Aufschwungphase, die mit einer Beschäftigungszunahme und sogar einem höheren Grad an Preisstabilität verbunden war. Aber im Vergleich zur Aufschwungphase nach der 67er Krise wies sie zwei entscheidende Unterschiede auf (vgl. *Glastetter/Paulert/Spörel* 1983, S. 38 f.):

- Die Wachstums- und Investitionsdynamik fiel wesentlich schwächer aus als nach 1967 und die Arbeitslosigkeit blieb auf hohem Niveau.
- Zudem ging der Wiederaufschwung einher mit der gravierenden Verschlechterung zweier wichtiger Rahmenbedingungen, nämlich mit einem erheblichen Anstieg der öffentlichen Verschuldung und mit einem hohen Leistungsbilanzdefizit.

Ohne daß also eine echte wirtschaftliche Erholung eingetreten wäre, führte 1981 der zweite Ölpreisschock in die nächste weltweite Rezession. In der Bundesrepublik war nach 1967 nun gleich in zwei Jahren (1981 und 1982) ein „Minus-Wachstum" zu verbuchen, vor allem aber gab es erhebliche Beschäftigungseinbrüche und eine dramatische Zunahme der Arbeitslosigkeit auf ein Niveau von über 2 Mio. Sie erreichte damit höhere Werte als in der unmittelbaren Nachkriegszeit. Hinzu kommt eine verdeckte Arbeitslosigkeit („Stille Reserve") von über 1 Mio.

Die Wachstumsdynamik der folgenden Erholungsphase blieb gedämpft, eine Beschäftigungsexpansion stellte sich nur langsam ein, ohne allerdings die Arbeitslosigkeit entscheidend reduzieren zu können. Die spürbarsten Besserungstendenzen zeigten sich bei der Preisentwicklung. Erstmals nach 27 Jahren wurde im April 1986 das Preisniveau des Vorjahresmonats unterschritten.

Die wirtschaftliche Situation zu Beginn des letzten Drittels der 80er Jahre ist gekennzeichnet durch

- die anhaltende *Massenarbeitslosigkeit:* Sie wird verursacht durch schwache Wachstumsraten und eine hinter dem Stand der 70er Jahre zurückbleibende Arbeitskräftenachfrage bei gleichzeitig steigendem Erwerbspersonenpotential (aufgrund der demografischen Entwicklung und der steigenden Frauenerwerbstätigkeit); so wird selbst ein zusätzliches Angebot an Arbeitsplätzen vollständig oder weitgehend von dem steigenden Arbeitsangebot kompensiert. Die Arbeitslosigkeit wird, sofern nicht entschiedener und erfolgreicher gegengesteuert wird, bis weit in die 90er Jahre hinein hoch bleiben und dann vor allem aus demografischen Gründen zurückgehen (vgl. z. B. *Klauder u. a.* 1985);
- wachsende *ökologische Probleme* durch vergiftete Böden, Gewässer und Luft: Mit dem ständig offenkundiger werdenden Problemdruck setzt sich zumindest die Einsicht durch, daß es keine „gesunde" Wirtschaft mit einer „kranken" Umwelt geben kann. Die Koppelung von Ökologie und Ökonomie verbleibt noch auf der programmatischen Ebene, sie gewinnt

aber Anhänger bei allen politischen Richtungen. Optimistische Protagonisten sehen im ökologischen Wiederaufbau und der dadurch möglichen Schaffung von Arbeitsplätzen die Antriebsfeder für ein zweites, umweltfreundliches Wirtschaftswunder (vgl. z. B. *Wicke* 1986);

- die breite Entwicklung und Anwendung neuer *Schlüsseltechnologien* (insbes. der Mikroelektronik): Thematisiert werden in diesem Zusammenhang in erster Linie die Auswirkungen für den Arbeitsmarkt, aber auch für das Wirtschaftswachstum. Es scheint einen breiten Konsens darüber zu geben, daß neue Technologien die Wirtschaftsentwicklung stimulieren können; der Dissens beginnt rasch bei der Frage, welche Technologien für welche Zwecke und welche Bedingungen unsere Volkswirtschaft braucht. Bezüglich der Arbeitsplatzeffekte scheint weder großer Optimismus noch ausgeprägter Pessimismus berechtigt. Den Produktivitätseffekten neuer Technologien stehen dämpfende Faktoren gegenüber, die gesamtwirtschaftlich auch weiterhin nur relativ moderate Produktivitätszuwächse ermöglichen. Neue Technologien stoßen offenbar bei den Benutzern (als Konsumenten oder Arbeitnehmer) auf Akzeptanzprobleme, neben die technische Machbarkeit tritt zunehmend die Frage nach der sozialen Wünschbarkeit, Beherrschbarkeit und Gestaltbarkeit.

2.2.5 Modifikationen des wirtschaftspolitischen Leitbildes

a) Von der Ordnungspolitik zur Globalsteuerung

Die hohen Wachstumsraten der bundesdeutschen Wirtschaft und die schnelle Verbesserung der Versorgung (z. B. auf dem Wohnungsmarkt) am Anfang der Bundesrepublik sind – wie der kurze Abriß der wirtschaftlichen Entwicklung zeigt – keineswegs ausschließlich dem funktionierenden Marktmechanismus zuzuschreiben, sondern wurden wesentlich beeinflußt durch die staatliche Förderung und Finanzierung der Investitionen.

Schon die Wirtschaftspolitik der 50er Jahre vertraute nicht allein auf die Selbststeuerungsfähigkeit des marktwirtschaftlichen Prozesses, sondern betrieb eine aktive, allerdings marktorientierte Wachstumspolitik: Soweit der Staat die private Investitionstätigkeit allgemein förderte, überließ er es ganz dem Markt, über Ausmaß und Struktur der Investitionen zu entscheiden. Soweit der Staat Finanzhilfen gewährte, wählte er in erster Linie die Schwerpunkte, die der Markt artikuliert hatte. Den Schwerpunkt der wirtschaftspolitischen Aktivitäten bildete jedoch – entsprechend den neoliberalen Vorstellungen – die Ordnungspolitik. Eine bewußte Konjunkturpolitik wurde bis in die Mitte der 60er Jahre nur von der Deutschen Bundesbank bzw. ihrer Vorgängerin, der Bank Deutscher Länder, betrieben, in erster Linie mit dem Ziel der Geldwertstabilisierung.

Der erste stärkere Konjunktureinbruch der Nachkriegszeit – die Rezession der Jahre 1966/67 – führte zu einer Umorientierung der Wirtschaftspolitik. Der Glaube an die Selbstheilungskräfte des Marktes war angesichts der wirtschaftlichen Krise geschwunden und die Notwendigkeit einer *Steuerung des Wirtschaftsablaufs durch den Staat* war deutlich geworden. Die Beteiligung der sozialdemokratischen Partei an der Bundesregierung 1966 ermöglichte dann die Umsetzung der auf *J. M. Keynes* (vgl. z. B. LB 3, 2.3) beruhenden Konzeption der *Globalsteuerung* in die praktische Wirtschaftspolitik (u. a. durch den damaligen Wirtschaftsminister *Karl Schiller).*

Globalsteuerung bedeutet Beeinflussung des Konjunkturablaufs mit gezielten staatlichen Maßnahmen, die sich jedoch lediglich auf die Entwicklung gesamtwirtschaftlicher Größen (wie z. B. Konsum, Investitionen, Staatsausgaben und Außenhandel, daher „global") beziehen, ohne die privaten Entscheidungen direkt zu berühren: „Wettbewerb soweit wie möglich, Planung soweit wie nötig!" Wirtschaftspolitisches Leitbild blieb für die Große Koalition (CDU/SPD) wie auch für die späteren SPD/FDP-Regierungen weiterhin die „Soziale Marktwirtschaft", ergänzt durch das neue Instrumentarium der Globalsteuerung. *Karl Schiller* sprach vom historischen Übergang von der „naiven" zur „aufgeklärten" Marktwirtschaft.

Die Grundlage für die neue Wirtschaftspolitik wurde im Juni 1967 mit dem Gesetz zur Förderung der Stabilität und des Wachstums der Wirtschaft *(Stabilitätsgesetz)* geschaffen, das ein erweitertes konjunkturpolitisches Instrumentarium zur Verfügung stellte und eine bessere Koordination der Maßnahmen von Bundesbank, Gebietskörperschaften und Tarifpartnern ermöglichte (s. Abb. 7; vgl. auch *Möller* [Hrsg.] 1968).

Ziel der Wirtschaftspolitik soll lt. § 1 StabG die gleichzeitige Verwirklichung von Vollbeschäftigung, angemessenem Wachstum, Preisstabilität und außenwirtschaftlichem Gleichgewicht sein. Damit wurden die vier „Ecken" des sog. *„magischen Vierecks"* als Ziele staatlicher Wirtschaftspolitik gesetzlich festgeschrieben. Diese Ziele werden jährlich im Jahreswirtschaftsbericht der Bundesregierung durch konkrete Zahlen präzisiert.

Das *Instrumentarium* der Globalsteuerung ist dabei in erster Linie auf die Verhinderung bzw. Kompensierung von Schwankungen der gesamtwirtschaftlichen Nachfrage ausgerichtet. Auf der Basis besserer Koordinierung der öffentlichen Hände und mittelfristiger Planung versucht der Staat, seine Einnahmen und Ausgaben entsprechend der Konjunkturlage, d. h. antizyklisch zu tätigen und durch verschiedene Instrumente Einfluß auf die privaten Konsum- und Investitionsentscheidungen zu gewinnen. *Antizyklische Finanz- und Steuerpolitik* bedeutet:

- in der Rezession Ankurbelung der Gesamtnachfrage über Ausweitung der staatlichen Ausgaben und Steuererleichterungen; Defizite werden durch Staatsverschuldung gedeckt (deficit spending),
- in der Hochkonjunktur Nachfragedrosselung durch Einschränkung von staatlichen Ausgaben und Steuererhöhungen.

Abbildung 7: Das Gesetz zur Förderung der Stabilität und des Wachstums der Wirtschaft

<table>
<tr><td>ZIELE</td><td colspan="2">Bund und Länder haben bei ihren wirtschafts- und finanzpolitischen Maßnahmen die Erfordernisse des gesamtwirtschaftlichen Gleichgewichts zu beachten. Die Maßnahmen sind so zu treffen, daß sie im Rahmen der marktwirtschaftlichen Ordnung gleichzeitig zur Stabilität des Preisniveaus, zu einem hohen Beschäftigungsstand und außenwirtschaftlichem Gleichgewicht bei stetigem und angemessenem Wirtschaftswachstum beitragen (§ 1 StabG)</td></tr>
<tr><td rowspan="2">INSTRUMENTARIUM</td><td>1. Zur Planung und Koordinierung der Wirtschaftspolitik</td><td>2. Für eine antizyklische Konjunkturpolitik</td></tr>
<tr><td>• Jahreswirtschaftsbericht der Bundesregierung § 8
• Mehrjährige Finanzplanung des Bundes und der Länder §§ 9, 14
• auf der Grundlage mehrjähriger Investitionsprogramme § 10
• Subventionsbericht der Bundesregierung § 12
• Konjunkturrat für die öffentliche Hand § 18
• Einfluß der Länder auf konjunkturgerechte Haushaltsführung der Gemeinden § 16
• Gegenseitige Auskunftserteilung von Bund und Ländern § 17
• Begrenzung der öffentlichen Kreditaufnahme durch die Bundesregierung § 19
• Orientierung für die Konzertierte Aktion § 3
(1968 gebildet: Finanzplanungsrat, § 1 HGrG)</td><td>a) Mehr Spielraum für die Liquiditätspolitik §§ 29, 30
b) Steuerung der öffentlichen Nachfrage
• Beschleunigung bzw. Verzögerung von öffentlichen Investitionen §§ 6, 11
• Konjunkturausgleichsrücklagen des Bundes und der Länder §§ 5–8, 14, 15
• Verschuldung bzw. Entschuldung der öffentlichen Hand §§ 5, 6
c) Einwirkung auf die private Nachfrage
• Aussetzung von Sonderabschreibungen und erhöhter Absetzung bei Hochkonjunktur § 26
• Investitionszulagen bei wirtschaftlichen Krisen § 26
• Herabsetzung bzw. Erhöhung der Einkommen- und Körperschaftssteuer §§ 26, 27</td></tr>
</table>

Die wirtschaftspolitischen Kompetenzen des Bundes, insbesondere der Bundesregierung, wurden durch das Stabilitätsgesetz erweitert (s. Änderung des Art. 109 GG). Darüber hinaus sollte das Verhalten der Tarifpartner im Rahmen der *Konzertierten Aktion* über sogenannte Orientierungsdaten mit der staatlichen Stabilisierungspolitik abgestimmt werden. 1968 wurde ein *Finanzplanungsrat* gegründet, der die Finanzplanung von Bund, Ländern und Gemeinden koordinieren sollte.

b) Die wirtschaftspolitische Wende: Angebotsökonomie

Die Politik der Globalsteuerung hatte zur Überwindung der 67er Krise beigetragen, zur Bewältigung der Probleme Mitte der 70er Jahre schien sie jedoch vielen nicht mehr tauglich. Gegeben war eine *„stagflationäre Konstellation"* (vgl. *Glastetter u. a.* 1983, S. 34f.), nämlich die gleichzeitige Verletzung des Wachstums-, Beschäftigungs- und Preisstabilitätsziels. Später kamen noch die Zahlungsbilanzprobleme hinzu. Damit war die bei der Globalsteuerung vorausgesetzte Annahme vom synchronen Verlauf der Konjunktur- und Preisentwicklung (Konjunkturrückgang = Preisrückgang und umgekehrt) praktisch widerlegt. Die antizyklische Globalsteuerung verfing sich im magischen Viereck. Außerdem setzte sich (vor allem bei der SPD) immer mehr die Einsicht durch, daß die Ursachen der wirtschaftlichen Instabilität auch Folge internationaler Vorgänge in Wirtschaft und Politik seien.

Die damalige sozial-liberale Koalition verfolgte zwar noch eine Politik der Nachfrageankurbelung insbes. durch eine Reihe von Konjunkturprogrammen (wie z. B. dem Zukunftsinvestitionsprogramm (ZIP) oder dem arbeitsmarktpolitischen Sonderprogramm von 1979). Die keynesianisch orientierte Wirtschaftspolitik befand sich jedoch in der Defensive, bald im Rückzug. Die Stagflation, mit der sie konfrontiert war, „bedeutete einen Wendepunkt in der wirtschaftspolitischen Diskussion" (*Meißner/Zinn* 1984, S. 43). Sie geriet politisch insbes. mit dem Argument der Staatsverschuldung (1980 belief sich die Verschuldung des Bundes auf 225 Mrd. DM, 1970 waren es noch knapp 50 Mrd. DM gewesen) und dem umstrittenen Erfolg ihrer Konjunktur- und Beschäftigungsprogramme unter Druck (vgl. *Kühl* 1985). Theoretisch-konzeptionell bestritt ein erstarkter Neoliberalismus die Berechtigung des Keynesianismus. Im Bereich der Politikberatung wurde am prominentesten vom Sachverständigenrat ein neues wirtschaftspolitisches Leitbild empfohlen. Er propagierte jene Variante des Neoliberalismus oder auch der Neoklassik (vgl. dazu LB 3, 2.1), die unter dem Begriff *Angebotsökonomie* für die Wirtschaftspolitik der 80er Jahre zum bestimmenden Konzept wurde.

Im politischen Bereich wurde die Bundesbank zum Vorreiter einer wirtschaftspolitischen Umorientierung. Sie folgte schon seit Mitte der 70er Jahre mit ihrer *Geldmengenpolitik* einer anderen Variante des Neoliberalismus oder der Neoklassik, dem *Monetarismus* (vgl. LB 3, 2.1).

Für die gesamte Wirtschaftspolitik wurde jedoch in der Bundesrepublik wie in den USA die sog. Angebotsökonomie zur beherrschenden Doktrin. Allen neoliberalen wirtschaftspolitischen Konzepten ist gemeinsam, daß sie grundsätzlich die Stabilität marktwirtschaftlicher Systeme postulieren. Das sichtbare Ausmaß der Wirtschaftsprobleme wird von ihnen vor allem auf die staatlichen Interventionen zurückgeführt. Gäbe es sie nicht, gäbe es insbes. keine keynesianisch orientierte Konjunkturpolitik, würden Turbulenzen im marktwirtschaftlichen System zwar nicht ausbleiben, sie wären jedoch weniger gravierend; vor allem aber würden die Marktkräfte aus sich heraus den Pfad der Stabilität wieder erreichen. Die Vitalität der Marktkräfte steht außer Frage, sie haben sich lediglich in „überzogenen staatlichen Regulierungen verfangen" (*Fels* 1983, S. 35). Für eine „Redynamisierung der Wirtschaft" wird eine angebotsorientierte Politik empfohlen.

Die Angebotsökonomie lokalisiert die Hemmnisse und Beschränkungen für das freie und letztlich immer erfolgreiche Spiel der Marktkräfte auf der Angebotsseite der Gütermärkte, d. h. bei den Produzenten oder Unternehmen. Dort, so lautet die zentrale Annahme, stimmen die Bedingungen nicht, die „Anreizmechanismen" sind gestört. Es gilt also, eine günstigere Konstellation für die Angebotsseite zu schaffen.

Diese angebotsorientierte Diagnose und Rezeptur, vorgetragen vom Sachverständigenrat und der Mehrheit der ökonomischen Fachwelt in Wissenschaft und Medien, politisch getragen von den konservativen und liberalen Parteien, löste die „Wende" der Jahre 1981/82 aus und bestimmt seither die Wirtschaftspolitik. (Tatsächlich war auch schon die Spätphase der sozialliberalen Koalition von der Angebotsökonomie beeinflußt, insbes. das Thema „Abbau der Staatsverschuldung" und die hierfür ergriffenen Maßnahmen waren schon eine Vorwegnahme der späteren Politik nach der „Wende").

Sehr prägnant und politisch am folgenreichsten wurden die Grundzüge einer angebotsorientierten Politik 1982 vom Wirtschaftsminister der damaligen sozial-liberalen Koalition *Otto Graf Lambsdorff* formuliert, andere Grundsatzpapiere zur wirtschaftspolitischen „Wende" hin zur Angebotsökonomie stammen von *Ernst Albrecht* und *Haimo George* (für Beiträge aus dem Bereich der Wissenschaft vgl. z. B. *Giersch* [Hrsg.] 1983 und die Sachverständigenratsgutachten insbes. der Jahre 1976–78. Diese Politik wird als „Austeritätspolitik" kritisiert; vgl. *Esser/Fach* 1981).

Lambsdorff entwickelte ein „Gesamtprogramm für eine Politik zur Überwindung der Wachstumsschwäche und zur Bekämpfung der Arbeitslosigkeit", das insbes. folgende 4 Aktionsbereiche umfaßte:

- *Wachstums- und beschäftigungsorientierte Haushaltspolitik:*
  Lambsdorff empfahl eine Haushaltskonsolidierung, die zwar einige zusätzliche investive Ausgaben vorsah, vor allem aber drastische Einschränkungen von Ausgaben empfahl. Einsparungen sollten vor allem im Personalbereich, bei den Subventionen, bei den Leistungen nach dem Arbeitsförderungsgesetz (z. B. Verringerung der Leistungssätze für Arbeitslosengeld, bei den Stipendien nach dem BAFöG, Wohngeld und Mutterschaftsurlaubsgeld) erfolgen.
- *Investitions- und leistungsfördernde Steuerpolitik:*
  Lambsdorff machte Vorschläge zur Reduzierung der Steuerquote insbes. durch eine schrittweise Abschaffung der Gewerbesteuer, Reduzierung der Vermögenssteuer und Entlastungen bei der Lohn- und Einkommenssteuer. Als Ausgleich empfahl er eine Anhebung der Mehrwertsteuer.
- *Konsolidierung der sozialen Sicherheit sowie beschäftigungsfördernde Sozial- und Arbeitsmarktpolitik:*
  Lambsdorff empfahl Veränderungen bei der Renten- und Krankenversicherung, der Lohnfortzahlung im Krankheitsfall sowie im Schwerbehinderten- und Sozialhilferecht, die vor allem eine „stärkere Berücksichti-

gung der Prinzipien Selbstvorsorge und Eigenbeteiligung sowie der Subsidiarität . . . in allen Bereichen der Sozialpolitik" propagierten.

– *Politik zur Förderung von Marktwirtschaft, Wettbewerb und wirtschaftlicher Selbständigkeit:*
  Hier ging es vor allem um die Themen „Deregulierung" und „Entbürokratisierung", d. h. Abbau und Rücknahme von staatlichen Vorschriften und Einflußnahmen z. B. im Mietrecht, aber auch um die Förderung der beruflichen Selbständigkeit und der Existenzgründung.

Die 1983 von Haimo George und Ernst Albrecht vorgelegten Thesenpapiere gingen in einer Reihe von Punkten über die Lambsdorffschen Vorschläge hinaus und machten die Stoßrichtungen angebotsorientierter Wirtschaftspolitik nach der „Wende" noch deutlicher. Sie stellten dezidierter wesentliche Bereiche des *Sozial- und Arbeitsrechts* zur Disposition, vor allem aber nahmen sie den Faktor „Lohnkosten" noch direkter ins Visier. Schon der Sachverständigenrat hatte in seinem 76er Gutachten die Arbeitslosigkeit als „Mindestlohnarbeitslosigkeit" deklariert, die durch ein zu hohes Lohnniveau bedingt sei. George knüpfte an diese Diagnose an und empfahl tarifvertragliche Öffnungsklauseln, um auch Arbeit unterhalb der Tarifbedingungen zu ermöglichen. Aus der Diagnose *„Mindestlohnarbeitslosigkeit"* folgte das Rezept „Reallohnsenkung". Auch der Staat ist gefordert, hier seinen Teil beizutragen. Er soll die lohnbezogenen Abgaben, also die sog. Lohnnebenkosten senken, um so die Anreize zu Neueinstellungen zu vergrößern. Die als zu hoch empfundenen tarifvertraglichen und gesetzlichen Lohn- und Lohnnebenkosten entziehen der legalen, kontrahierten Arbeit den Boden und fördern die Expansion der *Schattenwirtschaft,* insbes. ihrer Variante Schwarzarbeit (vgl. als gute Überblicke zu Schattenwirtschaft *Cassel/Caspers* 1984 und *Graß* 1984).

Zusammenfassend heißt also angebotsorientierte Wirtschaftspolitik vor allem Entlastung der Unternehmer (oder neutraler der Angebotsseite) von monetären und sonstigen Belastungen. Die Beseitigung von Investitions- und Beschäftigungshemmnissen ist oberstes Gebot. Wenn erst die Bedingungen auf der Angebotsseite stimmen, dann wird wieder mehr investiert, gehen die Wachstumsraten wieder nach oben und wird wieder eingestellt.

Die angebotsorientierte Politik nach der „Wende" kulminierte nicht wie die nachfrageorientierte keynesianische Wirtschaftspolitik der Globalsteuerung in *einem* Gesetz, sondern fand ihren Niederschlag in einer Fülle von Einzelgesetzen. Die wichtigsten und programmatischsten unter ihnen waren

– das „Beschäftigungsförderungsgesetz" vom 1. Mai 1985 und
– das „Steuersenkungsgesetz" von 1985, dessen 1. Stufe am 1. 1. 1986 in Kraft trat.

Überblick 1: Entwicklung des wirtschaftspolitischen Leitbildes in der Bundesrepublik Deutschland

		Kurze Kennzeichnung des wirtschaftspol. Konzepts	Theoretische Entwicklung	Wirtschafts- politische Realisierung	Menschenbild
Historischer Ursprung	*Liberalismus*	Das „*freie Spiel der Kräfte*“: Der freie Wettbewerb gewährleistet die beste (weil effizienteste und leistungsgerechte) Verteilung der knappen Güter und Dienstleistungen. „*Invisible hand*“ führt zu Marktgleichgewicht.	*Ca. 1770,* vor allem durch Adam *Smith.*	Im deutschen Obrigkeitsstaat *nie Leitbild* im reinen Sinne (z. B. Schutzzollpolitik).	*Homo oeconomicus:* individualistisch, überwiegend auf egoistische ökonomische Interessen ausgerichtet.
Wirtschaftspolitische Leitbilder in der Bundesrepublik seit 1950	*Soziale Marktwirtschaft*	*Synthese zwischen freier Marktwirtschaft und sozialer Gerechtigkeit:* Lenkung des Wirtschaftsprozesses durch den Markt, ergänzt durch politische Korrektur sozial unerwünschter Ergebnisse des Wirtschaftsprozesses.	*In der Nachkriegszeit* weiterentwikkelt aus Neoliberalismus (Franz *Böhm,* Walter *Eucken,* Leonard *Miksch)* durch Alfred *Müller-Armack,* Alexander *Rüstow,* Wilhelm *Röpcke.*	*Bis Mitte der 60er Jahre durch CDU/CSU* (vor allem Ludwig Erhard) und FDP.	*Homo oeconomicus ergänzt durch sozialen Ausgleich.*
	Soziale Marktwirtschaft mit Globalsteuerung	Verbindung von keynesianischer Botschaft (=makroökonomische Nachfragelenkung) und Freiburger Imperativ (=Wettbewerb): *Wettbewerb soweit wie möglich, Planung soweit wie nötig!*	*Ca. 1936* durch John Maynard *Keynes.*	Seit 1967 durch alle Parteien, *vor allem durch die SPD* (besonders pointiert mit Karl *Schiller).*	*Homo oeconomicus bei starker Berücksichtigung sozialer Gerechtigkeit.* Ziel: *Soziale Symmetrie*= gleichmäßige Verteilung des Einkommens- bzw. Vermögens*zuwachses* auf Kapital und Arbeit.
	Angebotspolitik	Staat soll sich so weit wie möglich aus dem *freien Spiel der Kräfte* heraushalten, er soll allenfalls die Angebotsseite der Ökonomie (insbes. Unternehmen) stärken und entlasten und Eigenverantwortung und -initiative unterstützen (s. a. Liberalismus)	Renaissance liberaler bzw. neoklassischer Theorien, zunächst in den USA durch Milton Friedman, George Gilder.	Seit Ende der 70er Jahre zunehmender Einfluß zunächst Sachverständigenrat, Bundesbank, dann FDP und CDU.	„. . . die Tugenden, die am meisten zählen, sind Fleiß, Disziplin, Ehrgeiz und Risikobereitschaft“ (Gilder 1981), s. a. Liberalismus.

Verhältnis Staat – Ökonomie	Verhältnis Staat – organisierte Interessen	Ziele der Wirtschaftspolitik	Wirtschaftspolitische Maßnahmen
Nachtwächterstaat: Nichteinmischung in die Ökonomie, nur Setzung eines allgemeinen rechtlichen Rahmens *(Politik des laissez-faire)*	*Atomistische Wirtschaftsgesellschaft von Bürgern* im Sinne des klugen und eigennützigen *Bourgeois,* nicht des politisch-aktiven Citoyen. *Vorrang des Privaten, Schutz vor Einmischung des Staates* (liberale Grundrechte)	Steigerung des Wohlstands	Keine: die wirtschaftspolitischen Ziele werden automatisch durch den freien Wettbewerb verwirklicht.
Starker ordnender Staat, der für die Errichtung einer Wettbewerbsordnung und deren Beachtung verantwortlich ist (*Wettbewerb als „staatliche Veranstaltung").*	Zielvorstellung einer „*Formierten Gesellschaft*", in der der Einfluß partikularer Interessen auf den über Parteien und Gruppen stehenden Staat beschränkt ist und die auf dem freien Zusammenwirken aller Gruppen und Interessen in Unterordnung unter gesamtgesellschaftliche Ziele beruht.	Steigerung des Wohlstands Stabilität des Preisniveaus Soziale Gerechtigkeit	Ordnung, Ergänzung, Stabilisierung und Korrektur des Wettbewerbs durch gezielte *Ordnungspolitik,* vor allem Wettbewerb- bzw. Antimonopolpolitik.
Steuernder Staat: Sicherung einer krisenfreien Wirtschaftsentwicklung durch staatliche Steuerung makroökonomischer Größen, wie Konsum, Investitionen, Staatsausgaben, Einkommen, Außenhandel.	*Konzertierte Aktion* (=Dialog zwischen Staat und Verbänden), Grundlage für rationale Austragung sozialer Konflikte. Existenz der organisierten Gruppen wird anerkannt, sie erhalten eine öffentliche Funktion als Transformatoren staatl. Wirtschaftspolitik.	Vollbeschäftigung Stetiges Wachstum Preisstabilität Außenwirtschaftliches Gleichgewicht.	Ergänzung staatlicher Ordnungspolitik durch eine umfassende *Prozeßpolitik* (Koordination durch Marktmechanismus im Mikrobereich, Globalsteuerung im Makrobereich).
zurückhaltender Staat: Entlastung der Wirtschaft durch Sanierung der öffentl. Finanzen, Erhöhung der Handlungsspielräume der Wirtschaft (Deregulierung etc.)	Weitgehend *autonomer Staat,* der sich auch gegenüber starken Interessengruppen (i. d. R. Gewerkschaften) durchsetzen kann.	Sanierung der Finanzen, Verstetigung der Wirtschaftspolitik, dadurch Gewährleistung von Wachstum, Geldwertstabilität und daraus folgend auch Vollbeschäftigung.	Steuerentlastung, Kürzung staatlicher Ausgaben, v. a. sozialer Bereich und Subventionen, Privatisierung, restriktive Geldpolitik.

2.3 Grundlegende Literatur

Arbeitsgruppe Alternativen der Wirtschaftspolitik: Memoranden zu Alternativen der Wirtschaftspolitik, Köln 1975ff. (jährlich).

Giersch, Herbert (Hrsg.): Wie es zu schaffen ist. Agenda für die deutsche Wirtschaftspolitik, Stuttgart 1983.

Glastetter, Werner/Paulert, Rüdiger/Spörel, Ulrich: Die wirtschaftliche Entwicklung in der Bundesrepublik Deutschland 1950–1980. Befunde, Aspekte, Hintergründe, Frankfurt/M. 1983.

Gutmann, Gernot (Hrsg.): Die Wirtschaftsverfassung der Bundesrepublik Deutschland, Stuttgart 1979.

Müller-Armack, Alfred: Genealogie der Sozialen Marktwirtschaft, Bern usw. 1981.

Pilz, Frank: Die soziale Marktwirtschaft. Konzeptionen – Wirklichkeit – Perspektiven, München 1973.

Sachverständigenrat zur Begutachtung der gesamtwirtschaftlichen Entwicklung: Jahresgutachten, Stuttgart 1965ff. (jährlich).

Simmert, Diethard B. (Hrsg.): Wirtschaftspolitik – kontrovers, Köln 1979.

3. Gesellschaft: „Pluralistische Leistungsgesellschaft"

3.1 Das Konzept der „pluralistischen Leistungsgesellschaft"

Wenn man analog zu dem unsere Wirtschaftsordnung weitgehend bestimmenden Konzept der „Sozialen Marktwirtschaft" eine ähnlich grobe Charakterisierung unserer Gesellschaftsordnung sucht, bietet sich das Konzept der „pluralistischen Leistungsgesellschaft" an. Es bezeichnet eine sehr verbreitete und weitgehend akzeptierte Einschätzung unserer Gesellschaft und wird deshalb, gemäß der vorrangig darstellenden Absicht dieses Lernblocks, im folgenden anderen Charakterisierungen wie „kapitalistische Klassengesellschaft" oder „nivellierter Mittelstandsgesellschaft" vorgezogen.

Innerhalb der „pluralistischen Leistungsgesellschaft" als Ordnungsprinzip oder allgemeinem Modell des bundesrepublikanischen Gemeinwesens können zumindest drei zentrale Konzepte oder Strukturprinzipien unterschieden werden, die den allgemeinen Charakter dieser Gesellschaftsordnung bestimmen und beschreiben: das *Leistungsprinzip*, die *soziale Schichtung* und der *Pluralismus*.

3.1.1 Leistungsprinzip

Jede Gesellschaft weist ihren Mitgliedern einen sozialen Ort, einen Status, zu (*von Krockow* 1974). In modernen arbeitsteiligen Gesellschaften soll dies in Abhängigkeit von der erbrachten *„Leistung"* geschehen. Die Bundesrepublik gilt zumindest dem Anspruch nach als eine Leistungsgesellschaft. Nicht durch Abstammung, Vermögen oder Titel sollen die in der Gesellschaft vorhandenen

Unterschiede begründet werden, sondern aus der unterschiedlichen individuellen Leistung. Der Wert der Leistung wird „gesellschaftlich" bestimmt. Aus ihm begründen und rechtfertigen sich eine ungleiche Belohnung (Entlohnung) und die ungleiche Positionsverteilung in der Gesellschaft.

Es ist offensichtlich, daß der Leistungsbegriff eng mit der jeweiligen Wirtschaftsordnung, in unserem Fall einer kapitalistischen, sozial gebremsten Marktwirtschaft, zusammenhängt. Leistung ist hier in erster Linie ein *produktionsbezogener, ökonomisch-technischer Begriff*. Er bezeichnet Arbeit (auch „geistige" und „dispositive") in bestimmten Zeiträumen für angegebene Zwecke bzw. den effizienten Einsatz knapper Mittel in begrenzter Zeit. Wer z. B. in einem bestimmten Zeitraum mehr produziert als jemand anderer, leistet mehr, bringt mehr Leistung. Genauso derjenige, der für eine bestimmte Produktionsmenge weniger Zeit braucht. So gesehen bedeutet Leistung nichts anderes, als daß ein in der Produktion bzw. generell in der Wirtschaft akzeptiertes Prinzip auf die ganze Gesellschaft übertragen wird.

Das Konzept sieht dann folgendermaßen aus: Der erreichte gesellschaftliche Status wird durch Leistung legitimiert, und Leistung bringt einen bestimmten Status, d. h. soziale Rangdifferenzen können als Folge individueller Leistungsunterschiede erklärt werden. Wer viel leistet, verdient mehr, hat mehr Prestige, wird schließlich einer anderen sozialen Schicht zugerechnet als der weniger Verdienende, was zu neuen Leistungen anreizen kann.

Leistung wird zum Selektions- und Legitimationsprinzip bei der sozioökonomischen Differenzierung, indem die Privilegierungen, die berechtigenden wie die zurückzuweisenden Ansprüche durch den *Leistungsbeitrag* Einzelner oder sozialer Gruppen gerechtfertigt werden. Wohlstand und soziales „Überleben" werden durch die *funktionale Gerechtigkeit* des Leistungsprinzips gewährleistet. Individuelle Tüchtigkeit wird – bei ansonsten (formal) gleichen Chancen – „zu Recht" belohnt. Die wegen der unterschiedlichen „Leistungsfähigkeit" sich herausbildende *Belohnungshierarchie* spiegelt die unterschiedliche Gewichtung der – wie auch immer festgestellten – Belastungen, Verantwortungen und Anforderungen an einzelne Positionen wider:

> „Eine Gesellschaft versteht sich selbst als Leistungsgesellschaft, wenn sie die in ihrer tatsächlichen Ordnung vorfindbaren Typen sozialer Ungleichheit ... legitimiert, indem sie all diese Ungleichheiten als Folge differenzieller Leistungen ihrer Mitglieder rechtfertigt" (*Hahn* 1976, S. 260).

Damit ergeben sich für die Gesellschaftsordnung einige entscheidende Folgerungen:

- das *Konkurrenzprinzip* wird nicht nur als wirtschaftliches Ordnungsprinzip angesehen (Marktwirtschaft), sondern als Ordnungsprinzip auf die gesamte Gesellschaft (und auch auf die Politik) übertragen,
- Leistung wird zum zentralen *Steuerungsprinzip* der Gesellschaft, von dem gesellschaftliche Vor- und Nachteile und der soziale Status abhängen,
- und schließlich werden auch die *Selbsteinschätzung* der Menschen und ihre Versuche der Selbstverwirklichung durch das Leistungsprinzip bestimmt.

Leistung läßt sich allerdings nur in den seltensten Fällen objektiv messen. Was als Leistung anerkannt wird (und in welcher Höhe belohnt wird), hängt von den nicht vergleichbaren Wertungen der einzelnen Beteiligten ab. So sind z. B. Einzelleistungen in komplexen Organisationen nur sehr schwer Individuen zurechenbar, und auch die Frage, wer mehr leistet, der Facharbeiter am Hochofen, der Angestellte in der Buchhaltung, der Aufsichtsrat oder der Professor für Politikwissenschaft, ist durchaus kontrovers. Leistung wird deshalb oft an äußeren Merkmalen und im nachhinein gemessen, also am Erfolg (z. B. am erreichten Preis für eine Leistung [Lohn, Gehalt usw.] oder an der erreichten Position, die als solche einen Wert darstellt [z. B. Titel oder Dienstposten]). Wer solchermaßen erfolgreich war, hat vermutlich auch etwas dafür geleistet. Doch gerade diese Argumentation scheint in einem Zirkelschluß gefangen: wer viel leistet, verdient viel Geld; wer viel Geld verdient, hat viel geleistet.

Nicht nur die Gesellschaft, auch die einzelnen Individuen akzeptieren Leistung als zentrales Regulativ der Gesellschaft. Selbstverwirklichung der Individuen findet in unserer Gesellschaft in erster Linie durch Leistung statt:

- durch *Arbeit,* die für viele Menschen der eigentliche Lebenszweck ist, oder, wenn die Arbeit unbefriedigend ist, zumindest
- durch *Konsum,* da durch ihn die erreichte Leistung (bzw. das dafür erhaltene Entgelt) am besten nach außen dokumentiert werden kann.

Das Selbstwertgefühl bestimmt sich also in hohem Maß durch die in der Gesellschaft zumindest dem Anspruch nach durch Leistung erreichte Position.

Zusammenfassend können folgende *Grundprinzipien des Konzepts der Leistungsgesellschaft* aufgestellt werden:

- das Leistungsprinzip ist ein *zentrales Regulativ* in unserer Gesellschaft;
- dem Anspruch nach kann in offener *Konkurrenz* jeder das erreichen, was seiner Leistung entspricht;
- daraus folgt, daß es eine funktionale und leistungsgerechte Ausstattung der Individuen mit Einkommen, Kompetenz und Macht gibt. Die im individuellen Wettbewerb entstehende *soziale Differenzierung* und Ungleichheit sind daher funktional und gerecht;
- Leistungsgesellschaften *legitimieren Ungleichheiten* als Folgewirkung unterschiedlicher Leistungen ihrer Mitglieder bei Eröffnung gleicher Chancen zur Verbesserung des jeweiligen Status.

Die *historische Entwicklung des Leistungsprinzips* kann hier nicht im Detail nachvollzogen werden. Offensichtlich ist, daß in der stabilen, nach Ständen geordneten feudalen Gesellschaft des Mittelalters das Leistungsprinzip keine annähernd so bedeutende Rolle spielte wie heute. Gesellschaftliche Positionen waren festgelegt, Leistung und Konkurrenz als gesellschaftliche Mechanismen weitgehend unbekannt. (So war z. B. in den mittelalterlichen Zunftordnungen der Städte sowohl festgelegt, wie viele Mitglieder eine Zunft haben durfte, als auch zum Teil, zu welchem Preis die Waren verkauft werden durften. Dies u. a., um zu verhindern, daß sich die einzelnen Zunftmitglieder gegenseitig Konkurrenz machen würden.)

Der Aufstieg des Leistungsprinzips als zentrales gesellschaftliches Regulativ (oder zumindest als ideologische Rechtfertigung gesellschaftlicher Ungleichheit) sind eng mit dem Entstehen der bürgerlichen Gesellschaft und der kapitalistischen Produktionsweise verbunden. In dem Maße, in dem das Bürgertum den Adel nicht mehr als „natürlich" übergeordneten Stand akzeptierte, mußte eine neue Begründung für gesellschaftliche Positionen geschaffen werden. Dies war das Leistungsprinzip. (So auch die Philosophie des klassischen Liberalismus: nicht mehr der gesellschaftliche *Stand*, sondern das *Individuum* sollte das bestimmende Element der Gesellschaft sein.)

Beachtenswert ist in diesem Zusammenhang die These von *Max Weber*, daß die Herausbildung der kapitalistischen Produktionsweise mit der calvinistischen Variante des christlichen Glaubens zusammenhängt. Nach ihrer Überzeugung zeigt sich die Gnade Gottes, die jedem vorgegeben und durch persönliche Anstrengungen nicht beeinflußbar ist (Prädestination), durch Erfolg im täglichen Leben. „Christus leben" bedeutet daher zu versuchen, möglichst viel Erfolg im Leben zu haben, ohne dessen Ergebnisse („Gewinn") jedoch zu verprassen. Die sich daraus ergebende *„protestantische Arbeitsethik"* (mit „innerweltlicher Askese") wird von *Max Weber* als entscheidender Anstoß zur Entwicklung der kapitalistischen Produktionsweise mit ihrem inhärenten Drang zur Akkumulation von Kapital angesehen (*Max Weber* 1956, S. 357, zuerst 1905). Nach dieser These ist daher das Leistungsprinzip als religiöses Postulat im Protestantismus, insbesondere im Calvinismus enthalten und hat sich dann, mit der Entwicklung des Kapitalismus, auf die gesamte Gesellschaft ausgedehnt. Auch wenn man dieser These nicht folgen mag, ist doch deutlich, daß Leistungsprinzip, bürgerliche Gesellschaft, Liberalismus und Kapitalismus historisch und aktuell eng miteinander verbunden sind.

3.1.2 Soziale Schichtung

Die bundesrepublikanische Leistungsgesellschaft ist durch *Ungleichheit* (etwa im Einkommen, im Ansehen usw.) gekennzeichnet. Diese gesellschaftliche Ungleichheit wird im Rückgriff auf verschiedene Prinzipien begründet und gerechtfertigt, z. B.:

- durch natürliche Ungleichheit (Menschen sind von Natur aus ungleich),
- durch die Stellung im Produktionsprozeß (Ungleichgewicht zwischen Arbeit und Kapital),
- durch das Machtgefüge (einige Menschen müssen die Geschicke des Gemeinwesens leiten, und diese sind eben „gleicher als gleich") (vgl. hierzu *Hradil* 1981).

In der Bundesrepublik wird Ungleichheit – wie erörtert – in erster Linie durch das Leistungsprinzip begründet und gerechtfertigt. Die offensichtliche Ungleichheit z. B. zwischen Arbeitern und Unternehmern wird aus ihrem unterschiedlichen Beitrag zur Verwirklichung der gesellschaftlichen Ziele (zumeist: Wohlstand, Sicherheit) erklärt. Es wird angenommen, daß in Industriegesellschaften kapitalistischer Prägung die Eigentümer und/oder die Verfügungsberechtigten über die Produktionsmittel („Manager") den herausragenden Beitrag zur Verwirklichung dieser Ziele leisten. Da dieser Beitrag also am höchsten bewertet wird, wird er auch am höchsten belohnt.

Es wird weiter argumentiert, daß in der vom eigenen Verständnis her offenen Leistungsgesellschaft für jeden die Chance des Aufstiegs durch Leistung besteht. Sozialer Auf- und Abstieg gelten in der Leistungsgesellschaft als möglich, ja sogar als erwünscht. Diese als *vertikale Mobilität* bezeichnete Bewegung zwischen „höheren" und „tieferen" gesellschaftlichen Positionen ist von einer bestimmten sozialen Wertschätzung begleitet: Sozialer Abstieg wird als Versagen, sozialer Aufstieg dagegen als Erfolg bewertet und auch so empfunden.

Das Konzept der *sozialen Schichtung* verdeutlicht und beschreibt diese durch Beobachtung und empirische Forschungen feststellbare gesellschaftliche Ungleichheit, indem die einzelnen Individuen jeweils bestimmten Gruppen oder Schichten zugeordnet werden oder sich selbst zuordnen (z. B. Oberschicht, mittlere Unterschicht usw.). Soziale Schichtung ist daher die *Untergliederung der Gesellschaftsmitglieder nach bestimmten Merkmalen.* Als Merkmale, die den Status eines Gesellschaftsmitgliedes, d. h. seine Position innerhalb der „Gesellschaftspyramide" bestimmen, sind mehrere, miteinander verbundene Komponenten des Gesamtstatus feststellbar, so vor allem:

- materieller Wohlstand in der Form von Einkommen und Vermögen: *Einkommenstatus;*
- im Verlauf der Erziehung erreichte Qualifikationen und erworbene Bildung: *Bildungsstatus;*
- sozial geprägtes, d. h. von anderen Gesellschaftsmitgliedern anerkanntes bzw. eingestuftes Ansehen: *Prestigestatus;*
- sozial begründete Macht oder Ohnmacht, über die eigene Umgebung und Mitmenschen zu disponieren: *Machtstatus.*

Darüber hinaus können auch verschiedene *Verhaltensunterschiede* (etwa Lebensstil, Sprache, Lesegewohnheiten, Selbstbewußtsein) zur Untergliederung der Bevölkerung in soziale Schichten herangezogen werden.

Historisch sind das Konzept und die Beobachtung, daß die Gesellschaft in ungleiche Gruppen unterteilt ist, anscheinend so alt wie es entwickelte, d. h. durch Arbeitsteilung gekennzeichnete Gesellschaften gibt. Schon die ältesten Gesellschaften kannten zumindest „Oben" und „Unten" (Adel und Geistlichkeit gegenüber dem gemeinen Volk), und auch alle späteren Gesellschaften sind durch unterschiedlichste Differenzierung gekennzeichnet (Bürger, Zugereiste, Freigelassene und Sklaven in Rom und Athen; Adel, Geistlichkeit, Bürger und Bauern im Mittelalter). Fast alle diese gesellschaftlichen Differenzierungen in Stände, Zünfte usw. wurden als konstant und durch persönlichen Einsatz nicht veränderbar angesehen. Sie wurden kaum reflektiert und als natürlich (z. T. als gottgewollt) hingenommen. Diese Auffassung änderte sich erst mit der Herausbildung der bürgerlichen Gesellschaft.

Aus der kapitalistischen Produktionsweise und der Auflösung der hergebrachten Sozialordnung entwickelte sich jetzt eine neue Grundlage für die Unterscheidung der einzelnen Mitglieder der Gesellschaft, und zwar zunächst nach *Klassen,* als einem besonders einfachen und einleuchtenden Modell der Indentifizierung ungleicher sozialer Gruppen. Danach bestimmt sich die Stellung des Individuums in der Gesellschaft nach seiner Stellung im Produktionsprozeß bzw. nach seinem Verhältnis zu den Produktionsmitteln (Werkzeuge, Maschinen, Fabriken usw.). Die Analyse der Gesellschaft auf der Grundlage von unterschiedlichen Klassen wurde insbesondere von *Karl Marx* entwickelt (basierend auf älteren, vor allem englischen Nationalökonomen). Nach marxistischem Verständnis gibt es im Prinzip nur zwei Klassen:

- die Besitzer von Produktionsmitteln, die andere für sich arbeiten lassen (Kapitalisten) und
- diejenigen, die nur ihre Arbeitskraft besitzen und diese an die Kapitalisten verkaufen müssen, um leben zu können (Ausgebeutete, Lohnabhängige, Proletariat).

In der *marxistischen Gesellschaftsanalyse* hat diese Aufteilung der Gesellschaftsmitglieder in zwei gegensätzliche Klassen einen zentralen Stellenwert, wobei allerdings nicht geleugnet wird, daß es auch „Mittelschichten" gibt (vgl. hierzu LB 3, 3.4). Die „Klassenanalyse" wird zur Erklärung und Beschreibung der grundsätzlichen („antagonistischen") gesellschaftlichen Konflikte herangezogen.

Für eine detaillierte Beschreibung der sozialen Ungleichheit in entwickelten Industriegesellschaften erwies sich die Unterteilung in Klassen aber als sehr grob. Es wurden daher insbesondere von der „bürgerlichen" Sozialwissenschaft differenziertere Modelle der sozialen Schichtung bzw. der Sozialstruktur entwickelt, in die die oben erwähnten eher objektiven Merkmale (Einkommen, Bildung) und die eher subjektiven Kriterien (Statusmerkmale, Verhaltensunterschiede, Einschätzungen) einbezogen wurden.

3.1.3 Pluralismus

Neben die Prinzipien „Leistungsgesellschaft" und „soziale Schichtung" tritt als weiteres Element der gesellschaftlichen Ordnung der Bundesrepublik das Prinzip der *pluralistischen Gesellschaft*. Ähnlich wie Leistungsgesellschaft und Sozialstruktur hängt das Konzept der pluralistischen Gesellschaft mit der anerkannten Existenz gesellschaftlicher Unterschiede zusammen (vgl. insgesamt LB 3, 4).

Pluralismus ist ein sehr allgemeines und zugleich *umfassendes Konzept:*

- auf der einen Seite ist damit eine besondere Form der Austragung gesellschaftlicher Konflikte und der Organisation konfligierender Interessen gemeint, d. h. vor allem ein *gesellschaftliches* Prinzip;
- auf der anderen Seite umschreibt Pluralismus aber auch eine besondere Form der Legitimation politischer Entscheidungen, der Mitwirkung an der politischen Willensbildung und der Bestimmung des Gemeinwohls, d. h. ein *politisches* Prinzip;
- schließlich kann dieses Prinzip auch auf die Wirtschaft übertragen werden: als Rechtfertigung der Teilnahme einer Vielzahl selbständiger Akteure am ökonomischen Prozeß im Rahmen der Marktwirtschaft; damit wird es zu einem *ökonomischen* Prinzip.

Pluralismus als Ausdruck gesellschaftlicher Vielfalt kann also in den unterschiedlichsten Ausprägungen aufgefunden werden (vgl. *von Beyme* 1979), z. B.:

- im Parteiensystem (Mehrparteiensystem),
- in der Presse (Meinungsfreiheit),
- in der territorialen Gliederung (Föderalismus),
- im Regierungssystem (System der „checks and balances"),
- im Wissenschaftssystem (Wissenschaftspluralismus)

usw.

Es kommt also sehr auf die konkrete, bereichsspezifische Ausgestaltung des generellen Konzepts an.

Nach pluralistischem Verständnis ist gesellschaftliche Differenzierung erwünscht. Völlige oder auch nur weitgehende Einheitlichkeit (Homogenität) der Gesellschaftsmitglieder wird abgelehnt. Folge der gesellschaftlichen *Differenzierung* ist die Existenz von gesellschaftlichen *Gruppen* mit unterschiedlichen *Interessen*, von denen viele in *Verbänden* organisiert sind. Der Begriff pluralistische Gesellschaft bezeichnet daher in erster Linie das Vorhandensein unterschiedlicher, oft kontroverser Interessen. Diese gesellschaftliche Vielfalt wird *positiv* bewertet. Jeder soll seine Interessen artikulieren, sich mit anderen in Gruppen und Verbänden zusammenschließen und seine Interessen vertreten (*von Beyme* 1980).

Implizit wird häufig angenommen, daß sich die vielfältigen Interessen dann gegenseitig ausbalancieren: Wenn ein Interesse zu stark und mächtig wird, bilden sich schon „von selbst" Gegenkräfte, die ihr eigenes Interesse verteidigen und durchzusetzen versuchen. Wichtig ist, daß alle Interessen und damit alle gesellschaftlichen Gruppen als legitim und berechtigt angesehen werden. Die gesellschaftliche Vielfalt ist das zentrale Prinzip der Gesellschaftsordnung, sie darf nicht unterdrückt und schon gar nicht abgeschafft werden. Die entstehenden *Konflikte* wirken sich positiv für die Gesamtgesellschaft aus, es ist falsch, diese zu leugnen oder zu unterdrücken. Dies bedeutet auch, daß eine allgemein verbindliche, einheitliche politisch-weltanschauliche Orientierung abgelehnt wird und dafür die Pluralität der gesellschaftlichen Ideen und Konzepte hoch geschätzt ist.

Wie die übrigen Prinzipien ist das Konzept der pluralistischen Gesellschaft sowohl als Beschreibung als auch als Rechtfertigung der gesellschaftlichen Wirklichkeit gedacht. Die *Grundannahmen* dieses Konzepts lauten zusammengefaßt:

- es existieren unterschiedliche *Interessen* in der Gesellschaft, und es ist legitim und sogar erwünscht, daß diese artikuliert und vertreten werden;
- die Interessen der autonomen gesellschaftlichen *Gruppen* können am wirkungsvollsten *organisiert*, also in *Verbänden*, vertreten werden;
- der Ausgleich der verschiedenen Interessen erfolgt als konfliktreicher Prozeß, wobei am Ende ein *Kompromiß* der beteiligten Gruppen steht;
- Voraussetzung ist, daß *Konsens* über die *Spielregeln* besteht, unter denen der *Konflikt* der verschiedenen Interessen ausgetragen wird. Diese Regeln müssen von allen Beteiligten akzeptiert werden; und es ist wichtig, daß

kein relevantes Interesse vom „Markt des Ausgleichs“ ausgeschlossen ist (vgl. ausführlich die Position von *Fraenkel*, in LB 3, 4.2).

Es besteht eine enge Beziehung zwischen dem Konzept des Pluralismus und dem der Marktwirtschaft. Hat man in der Marktwirtschaft die Unternehmen, die gegeneinander konkurrieren und dadurch weitgehend unbewußt die optimale Leistungsfähigkeit der Wirtschaft und die Bedürfnisbefriedigung der Bevölkerung sicherstellen, so gibt es im Pluralismus die Konkurrenz der gesellschaftlichen Interessen und Gruppen, die im Ergebnis einen optimalen Interessenausgleich und damit die Befriedigung der gesellschaftlichen Bedürfnisse sichern.

Bei *historischer* (und ideengeschichtlicher) *Betrachtung* wird deutlich, daß das Konzept des Pluralismus auf dem des Liberalismus aufbaut. Das liberale Modell der Gesellschaft geht vom einzelnen, freien und mündigen Bürger aus, der seine Interessen in Konkurrenz mit den Interessen der anderen Bürger vertritt und durchsetzt. Nachdem offenkundig wurde, daß das liberale Modell der einzeln gegeneinander um das allgemeine Wohl ringenden Individuen kaum der Realität moderner komplexer Industriegesellschaften und Massendemokratien entspricht, wurde der Konkurrenzkampf der Individuen, der zur Erreichung des Allgemeinwohls führen sollte, ersetzt durch das Konzept des Konkurrenzkampfes der gesellschaftlichen *Gruppen* der im Ergebnis ebenfalls zum gesellschaftlichen Besten führen soll. Nach der pluralistischen Vorstellung werden Interessen nicht mehr allein von den Individuen, sondern in erster Linie von den zu diesem Zweck sich organisierenden Personen (Gruppen, Verbände) vertreten, und der am Ende sich ergebende Gruppenkompromiß verkörpert die gesellschaftlich optimale Lösung des Konfliktes.

Deutlich sind aber auch Ähnlichkeiten zwischen den wirtschaftlichen und gesellschaftlichen Konzeptionen (vgl. Abb. 8). Während das Modell des Liberalismus dem reinen Konkurrenzkapitalismus entspricht, in dem die Individuen und Unternehmen untereinander konkurrieren, und dadurch – weitgehend unbewußt – die größte Leistungsfähigkeit der Wirtschaft, die Bedürfnisbefriedigung der Bevölkerung und optimale politische Entscheidungen garantiert werden, entspricht das Modell des Pluralismus eher dem des organisierten Kapitalismus. Zu größeren Einheiten zusammengefaßte Unternehmen bzw. Gruppen sollen im Ergebnis weiterhin mittels Konkurrenz einen optimalen Interessenausgleich und damit die Befriedigung der gesellschaftlichen Bedürfnisse sichern, gleichzeitig wird aber schon – und das ursprüngliche Konzept „erweiternd“ – dem Staat eine entscheidende Rolle zur Aufrechterhaltung und z. T. zur Herstellung dieser Konkurrenzsituation zugewiesen. Auf wirtschaftlichem Gebiet soll er im konkretisierten Modell der „sozialen Marktwirtschaft“ (vgl. LB 2, 2.1) eine ordnungspolitische Rolle, auf gesellschaftlichem Gebiet die Vertretung unterprivilegierter Interessen (etwa Verbraucher, Rentner, Kinder usw.) übernehmen und verhindern, daß einzelne Interessengruppen (z. B. Unternehmerverbände, Gewerkschaften) zu mächtig werden (vgl. hierzu LB 3, „Pluralismus“). Gelegentlich wirkt der Staat sogar bei der Entstehung *organisierter* Interessen mit („Geburtshelferfunktion“, z. B. beim Konsumenten- und Umweltschutz) oder *integriert* systemkritische Organisationen, indem er Autonomie-, Partizipations- und Vertretungsrechte gewährt (z. B. den Gewerkschaften). In diesem Zusammenhang werden korporatistische Tendenzen diskutiert (vgl. LB 3, 5 „Korporatismus").

Abbildung 8: Ähnlichkeiten von wirtschaftlichen und gesellschaftlichen Konzepten

„Wirtschaft"		„Gesellschaft"	
Kennzeichnung des Konzepts	Beschreibung	Kennzeichnung des Konzepts	Beschreibung
– Konkurrenz-kapitalismus (ökonomischer Liberalismus) – laissez-faire	– Kapitalisten/ Unternehmer konkurrieren	Liberalismus	– Individuen konkurrieren
– Organisierter Kapitalismus – Soziale Markt-wirtschaft	– Unterneh-mensgruppen konkurrieren – Arbeitnehmer schließen sich zu Gewerkschaf-ten zusammen – Staat setzt Rahmen-bedingungen	Pluralismus	– Gruppen konkurrieren – Staat sorgt für „Waffengleich-heit"

3.1.4 Politische Kultur

Neben den bisher behandelten gesellschaftlichen Grundlagen der Politik in der Bundesrepublik Deutschland (Leistungsprinzip, soziale Schichtung, Pluralismus) gibt es eine weitere Dimension unserer gesellschaftlichen Realität, die für die Ausgestaltung des politischen Systems und der darin ablaufenden Prozesse wie auch für die darin möglichen und durchsetzbaren politischen Inhalte von besonderer Bedeutung ist. Gemeint sind die in unserer Gesellschaft vorherrschenden *Orientierungen und Werthaltungen* gegenüber dem politischen System, aber auch gegenüber der „pluralistischen Leistungsgesellschaft" oder der „sozialen Marktwirtschaft". Es werden Fragen gestellt wie:

- Inwieweit ist das politische System in den Wahrnehmungen, Gefühlen und Wertvorstellungen seiner Bürger verankert?
- Sind die Bürger bereit, am öffentlichen Leben teilzunehmen oder reagieren sie apathisch und ziehen sich in Privatheit und andere unpolitische Betätigungsbereiche zurück?
- Gibt es ökonomische und/oder religiöse Orientierungen die für die politischen Einstellungen der Bürger von besonderer Bedeutung sind?
- Gibt es politisch relevante Persönlichkeitsstrukturen, z. B. „autoritäre Persönlichkeit", Untertanenmentalität?

Diese spezifischen Muster von Orientierungen und Einstellungen und von mehr oder weniger bewußt akzeptierten Werten und Normen gegenüber dem politischen System und den politischen Aktivitäten werden in der wissenschaftlichen Literatur mit dem Begriff *politische Kultur* bezeichnet, der von dem amerikanischen Politikwissenschaftler *Gabriel A. Almond* geprägt wurde (vgl. grundlegend *Almond/Verba* 1963; zum Konzept der politischen Kultur auch *Berg-Schlosser* 1972; *Reichel* 1981, die Diskussion in PVS 1980/81, *Greiffenhagen/Greiffenhagen/Prätorius* 1981).

Obwohl über das Konzept immer noch gestritten wird, besteht doch weitgehende Einigkeit darüber, daß mit dem sozialwissenschaftlichen Terminus „Politische Kultur" die wert- und orientierungsmäßigen Grundlagen des politischen Systems gemeint sind. Er umfaßt die Gesamtheit aller Meinungen, Einstellungen und Werte, die in einer gegebenen Gesellschaft zu einem gegebenen Zeitpunkt anzutreffen sind und die für die darin vorhandenen politischen Institutionen, Prozesse und Inhalte, d. h. die Polity-, Politics- und Policy-Dimension (vgl. LB 1) relevant sind.

Politische Kultur kann daher als Verbindungsglied zwischen dem, was in den Köpfen der Individuen vorgeht und den Strukturen und Funktionen des politischen Systems aufgefaßt werden. Die in einer Gesellschaft vorherrschenden Meinungen, Einstellungen und Werte beeinflussen, so wird angenommen, das Verhalten der Individuen in ihren politischen Rollen, die Inhalte und Formen politischer Auseinandersetzungen und Prozesse sowie die Form und die Ausgestaltung staatlicher Leistungen in Gesetzen und Programmen.

In diesem Zusammenhang ist in Anlehnung an *Rokeach* die Unterscheidung zwischen *Meinungen* („beliefs"), *Einstellungen* („attitudes") und *Werten* („values") üblich geworden. Dabei sind Meinungen die oberflächlichsten, Werte die am tiefsten gehenden „Prädispositionen zu Handlungen" während Einstellungen eine mittlere Position einnehmen. Nach diesem Verständnis ist ein „Wert" z. B. das grundlegende Bekenntnis zur „freiheitlichen Gesellschaftsordnung", eine „Einstellung" die über einen längeren Zeitraum konstante Präferenz für eine politische Partei und eine „Meinung" eine bestimmte Auffassung zu einem tagespolitischen Ereignis (vgl. hierzu *Rokeach* 1969, zusammenfassend *Berg-Schlosser* 1972, S. 33).

Außerdem werden verschiedene Dimensionen der politischen Orientierung unterschieden, und zwar

- wissensmäßige (kognitive),
- gefühlsmäßige (affektive) und
- bewertende (evaluative)

Meinungen, Einstellungen und Werte. Alle drei Dimensionen zusammen, d. h. sowohl das Wissen über politische Sachverhalte, die diesen entgegengebrachten Gefühle und die als *Kombination* von Wertgrundsätzen, Information und Gefühlen verstandene Bewertung, ergeben zusammen erst die politische Kultur einer Gesellschaft.

Politische Kultur ist eine *kollektive Eigenschaft,* d. h. das Konzept bezieht sich auf abgrenzbare Gruppen, z. B. Nationen (die politische Kultur der Deutschen), aber auch auf Schichten bzw. Klassen (Arbeiter), Regionen (z. B. Bayern) oder andere abgrenzbare Einheiten (z. B. Studenten).

Solche politisch relevanten Orientierungen können eine beachtliche Kontinuität und Homogenität aufweisen:

- *Kontinuität,* indem sie sich über einen langen Zeitraum kaum ändern, obwohl gesellschaftliche Umwälzungen stattfanden (Beispiel: Deutschland nach 1918, nach 1945);
- *Homogenität,* indem in bestimmten Gruppen „typisierend" deutlich voneinander unterscheidbare Orientierungen festgestellt werden können.

Die politische Kultur einer Nation ist insbesondere durch ihre Geschichte geformt worden und wird durch die laufenden sozialen, politischen und ökonomischen Prozesse – oft unmerklich – verändert. Eine besondere Bedeutung kommt in diesem Zusammenhang der *Sozialisation* zu, d. h. dem Prozeß der Strukturierung von sozialen Verhaltensweisen, des Erlernens der Verinnerlichung von Werten und Normen. Mit der Sozialisation werden Kenntnisse, Glaubensüberzeugungen, Gefühlshaltungen, Werte, Normen und Symbole, die das politische Handeln orientieren, regeln und deuten, von den sog. Sozialisationsagenten (z. B. Eltern, Lehrer, Freunde) in sog. Sozialisationsinstanzen (z. B. Familie, Schule, Bundeswehr, Betrieb) an die Sozialisationssubjekte (d. h. die Individuen, die den Sozialisationsprozeß durchlaufen) vermittelt, von diesen erlernt und zum Teil verinnerlicht (vgl. hierzu *Behrmann* 1979; *S. Greiffenhagen* 1981).

Die Erforschung der politischen Kultur eines Landes kann daher in zweifacher Form vorgenommen werden:

- als *historischer Längsschnitt:* Was sind die Grundmerkmale der gewordenen Kultur? Wie haben sich traditionelle Einstellungen und Orientierungen verändert oder auch erhalten? Oder als
- *internationaler Querschnitt:* Wie zeigt sich die deutsche politische Kultur im Vergleich zu anderen Nationen? Wodurch zeichnen wir uns aus? Mit welchen anderen Ländern sind wir zu vergleichen?

Es besteht weitgehende Einigkeit darüber, daß das politische Verhalten bzw. die politischen Institutionen selbst, nicht als Element der politischen Kultur aufgefaßt werden sollen, sondern nur deren wert- und orientierungsmäßigen Grundlagen. Es gibt allerdings auch Autoren, die das Verhalten von Individuen ausdrücklich als ein Element der politischen Kultur ansehen und damit für eine Ausweitung des Konzepts plädieren (vgl. *Reichel* 1981, S. 26).

Die Unterscheidung zwischen politischer Kultur (also politischen Orientierungen) und politischem *Verhalten* wird auch in der Umgangssprache immer wieder verwischt. Wenn Politiker einander oder bestimmten Gruppen (z. B. Jugendlichen) einen „Verfall" an politischer Kultur vorwerfen, dann ist damit meistens nicht die Wertorientierung als Basis dieses Verhaltens gemeint, sondern dieses Verhalten selbst.

In diesem Zusammenhang ist auch eine weitere Problematik des Begriffs zu erkennen. Kultur wird (häufig) nämlich im Sinne eines „höheren Entwicklungsstandes" oder eines „anzustrebenden Zustands" benutzt. Wenn jemand keine „Kultur“ hat, ist dies ein bedauernswerter Zustand, und es wird dann ein „Mangel an politischer Kultur in Deutschland“ beklagt (vgl. *Brüggemann* u. a. 1978). Bei diesem Verständnis wird das Konzept der Politischen Kultur *normativ* gebraucht, es wird von einer bestimmten, erstrebenswerten Vorstellung „demokratischer“ oder „partizipativer“ Orientierung ausgegangen. Die Politikwissenschaft hat demgegenüber das Konzept als analytisches Instrument entwickelt, mit dessen Hilfe gesellschaftliche Werthaltungen und Voraussetzungen von Politik angemessener untersucht und besser erklärt werden sollten (vgl. zum Konzept *Kaase* 1983).

Es gibt daher bisher kein allgemein anerkanntes normatives Konzept, wie denn die demokratische politische Kultur der Bundesrepublik aussehen könnte oder sollte; es gibt nur Beschreibungen des derzeitigen Zustands und eine darauf aufbauende Kritik unserer politischen Kultur. So wird das am Beispiel der angelsächsischen Länder entwickelte Modell der „Civic Culture“ (Bürgerkultur), in der auf politische Teilnahme ausgerichtete Einstellungen mit traditionellen Werten und einer hohen Identifikation mit dem politischen System kombiniert werden, für die Bundesrepublik aufgrund der unterschiedlichen historischen Entwicklung, nicht als vorbildlich angesehen (vgl. *Almond/Verba* 1965, S. 11f., zusammenfassend *Reichel* 1981, S. 26ff.).

Aus der fast einhelligen Kritik an der bestehenden politischen Kultur wird allerdings deutlich, wie die politische Kultur auf keinen Fall aussehen *sollte*. Abgelehnt wird z. B. eine *Untertanenkultur,* wie sie in der deutschen Geschichte aufzufinden ist und von Heinrich Mann treffend beschrieben wurde („Der Untertan“). Diese Untertanenkultur kann u. a. durch folgende Merkmale gekennzeichnet werden

- der Staat wird in erster Linie als *Obrigkeit,* nicht als eine gemeinsame Einrichtung der Bürger angesehen,
- *Politik* wird als etwas dem Bürger Fremdes, ihn eigentlich nicht Berührendes, aufgefaßt,
- das politische System wird in erster Linie aufgrund seiner *Leistungen* für den einzelnen, nicht aufgrund von dessen Mitwirkungsmöglichkeiten, eingeschätzt.

Inwieweit die politische Kultur der Bundesrepublik sich tatsächlich von dieser Untertanenkultur entfernt hat, wie die politische Kultur der Bundesrepublik im historischen Längsschnitt und im internationalen Querschnitt zu beschreiben ist und welche Entwicklungstendenzen absehbar sind, wird im nächsten Abschnitt behandelt. Dabei sind, insbesondere bei der Diskussion der Traditionen der politischen Kultur in Deutschland, gewisse Ähnlichkeiten mit der Untertanenkultur nicht zu übersehen (s. 3.2.4).

3.2 Ausgestaltung und Entwicklung der „pluralistischen Leistungsgesellschaft“

Bisher wurden die zentralen Konzepte und Dimensionen zur Analyse der „pluralistischen Leistungsgesellschaft“ grob dargestellt. Wie diese in der Wirklichkeit der Bundesrepublik tatsächlich aussieht, wie die normativen Vorstellungen „umgesetzt“ und empirisch feststellbar sind, soll im folgenden erörtert werden. Dazu werden die bisher dargestellten Konzepte in der gleichen Reihenfolge behandelt. Auch hier wollen wir versuchen, möglichst unumstrittene Beobachtungen und weitgehend akzeptierte Interpretationen mitzuteilen.

3.2.1 Die Leistungsgesellschaft in der Bundesrepublik

a) Das verwirklichte Leistungsprinzip

Es ist offensichtlich, daß das Leistungsprinzip in vielen Bereichen unserer Gesellschaft eine große Rolle spielt, und daß die Bedeutung, die der persönlichen Leistung beigemessen wird, eher noch wächst. Einige Beispiele mögen dies erläutern:

- Schon in der Schule – wie dann in der Ausbildung – werden Kinder und Jugendliche generell auf maximales Leisten gedrillt. Konkurrenzmentalität breitet sich aus, der Schulstreß nimmt zu, zumal da Zeugnisnote und „Abschlüsse“ unverhältnismäßig stark über den Eingang in die nächsten „Karrierestufen“ und die Chancen auf Arbeitsplätze bestimmen.
- Ein eher abgelegeneres Beispiel scheint der *Sport* zu sein. Das Interesse am Sport richtet sich immer mehr auf die Leistung, imer weniger auf die Teilnahme. Die olympische Idee: Teilnehmen sei wichtiger als Siegen, ist längst nicht mehr typisch für Sportaktivitäten in der Bundesrepublik. Konkurrenzvorstellungen des Sportes werden auf die Gesellschaft übertragen: Im Leben ist es wie im Sport, nur einer kann gewinnen!
- Ein sehr aktuelles Beispiel ist schließlich der *Arbeitsmarkt*. Gesucht werden „dynamische“ Leute, die volle Leistung bringen, möglichst keine von der beruflichen Leistung ablenkenden Interessen haben, die „belastbar“ und „einsatzfreudig“ sind. Wer aber über 50 Jahre alt ist, vielleicht nicht mehr so leistungsstark ist wie ein jüngerer Kollege, wer gar noch gesundheitlich beeinträchtigt ist, hat weniger Chancen. Wer dann keine Arbeit hat, wird noch als Drückeberger verleumdet, denn auch unverschuldete Arbeitslosigkeit gilt bei vielen als Schande.

Diese Beispiele veranschaulichen, daß das Leistungsprinzip eine wichtige Rolle in unserer Gesellschaft spielt. Gerade die in den letzten Jahren wieder zu beobachtende Entwicklung hin zu einer verstärkten *Ellenbogengesellschaft* macht dies deutlich. (Vgl. auch die Diskussion über die „leistungshemmenden“ Steuern oder die „ungerechtfertigte“ Sozialhilfe.)

b) Die unvollkommene Leistungsgesellschaft

Die Bundesrepublik ist indessen keine reine Leistungsgesellschaft. Die Stellung in der Gesellschaft wird in vielen Fällen nicht durch Leistung sondern eher durch Herkunft (ein Professorensohn wird selten Fließbandarbeiter) oder Vermögen (wer drei große Wohnhäuser erbt, kann von den Mieten leben) bestimmt. Jeder weiß, daß es praktisch unmöglich ist, durch „eigener Hände Arbeit" Millionär zu werden. Bei ihren Träumen vom sozialen Aufstieg vertrauen die Leute in der Regel nicht auf das Leistungsprinzip, sondern eher auf Lotto und Toto.

Neben diesen „eingebauten" Ungleichheiten der Leistungsgesellschaft, gibt es aber auch bewußte und gewollte Abweichungen vom Leistungsprinzip. An erster Stelle ist dabei an das *Sozialstaatsprinzip* (vgl. auch LB 2, 4.1.3) zu denken. Neben die leistungsbezogene Verteilung des Sozialproduktes (konkurrenzwirtschaftliches Prinzip) tritt hier

- die Sicherung der Minimalversorgung für die wegen geringerer oder nicht erbringbarer Leistung Unterprivilegierten (z. B. Behinderte) und
- die Gewährleistung eines angemessenen Lebensstandards für leistungswillige, aber sozial benachteiligte Gesellschaftsmitglieder (z. B. Unterstützung für Kinderreiche, Wohngeld usw.).

Für die weniger Leistungsstarken oder für die, deren Leistung nicht (mehr) nachgefragt wird (z. B. Rentner/Arbeitslose) wird ein soziales Netz bereitgehalten, allerdings in der Regel nur als letzter Ausweg („Bedürftigkeitsprinzip" z. B. in der Sozialhilfe). Das Sozialstaatsprinzip orientiert sich an statusausgleichenden Werten, und wirkt so als ein Korrektiv der Leistungsgesellschaft. Die grundsätzliche Anerkennung des Leistungsprinzips wird dadurch aber nicht angetastet. Soziale Hilfe soll in erster Linie „Hilfe zur Selbsthilfe" sein, es wird so lange „unterstützt", bis man wieder fähig ist, selbst in der Leistungsgesellschaft mitzumachen.

Ähnliche Abweichungen vom Leistungsprinzip lassen sich z. B. in noch vorhandenen christlichen Traditionen (Nächstenliebe) oder im öffentlichen Dienstrecht finden: der Beamte wird ausdrücklich nicht für seine Leistung bezahlt, sondern wird als Staatsdiener „alimentiert" (versorgt). Vereinzelt werden bestimmte Positionen auch durch Alter (Lebensalter, Dienstalter) erworben oder zugeteilt (Anciennitäts- oder Senioritätsprinzip; z. B. Eröffnung eines neugewählten Bundestages durch den/die Alterspräsidenten/Alterspräsidentin).

Beachtenswert sind auch die in den letzten Jahren zunehmend zu registrierenden Ansätze zur Praktizierung *alternativer Lebensformen* bzw. zur Etablierung einer *Gegenkultur*. Ihr gemeinsamer Nenner ist eben die Ablehnung eines Lebensstils, der vom traditionellen Leistungsprinzip (Leistung für *fremd*bestimmte Zwecke) diktiert wird. Gefragt sind Alternativen, die Raum für Selbstentfaltung und Selbstverwirklichung lassen. Die Beispiele reichen von den verschiedensten Protestbewegungen der Jugend (Provos, Hippies, antiautoritäre Bewegung) über die im Verlauf der Studentenbewegung entwickelte neomarxistische Kritik an der Leistungsgesellschaft bis hin zu den neuesten Versuchen alternativer Lebensformen (etwa Landkommunen, selbstversorgende und autarke Lebensgemeinschaften). Hier öffnet sich ein „emanzipatorisches Leistungsprinzip“: Leisten für selbstbestimmte Zwecke in selbstgewählter Zeit.

Allerdings konnte sich bisher eine generelle Revision des traditionellen Leistungsprinzips nicht durchsetzen. Ansätze aus jenen alternativen Bewegungen wurden durch die Rezession der späten 70er und der 80er Jahre gestoppt und durch eine neue Stärkung des traditionellen Leistungsprinzips zurückgedrängt. Dennoch: Es hat sich etwas verändert, ein partieller Einstellungswandel ist unverkennbar. So verbindet sich für viele Menschen mit der Erwerbsarbeit nicht mehr die Erfüllung psychosozialer Bedürfnisse (*von Klipstein/Strümpel* 1985). Daraus resultieren neue Ansprüche an Inhalte und Organisation von Erwerbsarbeit, aber auch die Zuwendung zu anderen Arbeitsformen wie „Eigenarbeit“ (vgl. z. B. *Huber* 1984). Personen erbringen in der „zweiten Lebenswelt“ (Freizeit, Zweitbeschäftigung) ein beachtliches Maß an direkt „(intrinsisch-)motivierter“ Leistung (*Bolte* 1985); sie folgen dabei durchaus einem emanzipatorischen Leistungsprinzip (vgl. zu potentiellen Änderungen der Arbeitsethik *Noelle-Neumann/Strümpel* 1984; s. a. 3.2.4 (c)).

3.2.2 Soziale Schichtung in der Bundesrepublik

Zur Beschreibung der gesellschaftlichen Unterschiede in der Bundesrepublik ist eine Reihe von Modellen der sozialen Schichtung (vgl. vor allem *Hradil* 1981; *Bolte* u. a. 1974; *Bolte/Hradil* 1984) und auch der Klassenanalyse (vgl. *Projekt Klassenanalyse* 1973/74) entwickelt worden. Ein grobes aber viel zitiertes Schichtungsmodell (Abb. 9) stammt von *Ralf Dahrendorf* (1965), der folgende Schichten unterscheidet:

– *Eliten,* deren Mitglieder in den verschiedensten institutionellen Bereichen Führungsaufgaben wahrnehmen (Politiker, hohe Regierungsbeamte, Manager);
– *Dienstklasse,* die jenen Teil des neuen Mittelstandes umfaßt, der kraft beruflicher Stellung im eigentlichen Sinne bürokratisch tätig ist, also den Herrschenden dient (Beamte, Verwaltungsangestellte aller Ränge in Staat und Wirtschaft);
– *Mittelstand,* der aus den verschiedensten Selbständigen besteht (Bauern, Einzelhändler, Handwerker, freie Berufe, Ärzte, Rechtsanwälte, mittlere Unternehmer);
– *Arbeiterelite,* die aus arrivierten sozial gesicherten, aber auch gesellschaftlich und politisch arrivierten Arbeitern besteht. Vormals galt diese Arbeiterelite als politisch besonders bewußt, während sie sich heute eher durch den Hang zur Verbürgerlichung auszeichnet (unselbständige Handwerker, besonders qualifizierte Facharbeiter, Meister);

- *falscher Mittelstand,* der aus den nominellen Angestellten, in Wirklichkeit aber Arbeitern des Dienstleistungssektors, besteht (Kellner, Verkäuferin, Schaffner; aber auch selbständige Kleingewerbetreibende, wie Kiosk-Besitzer u. a.);
- *Arbeiterschicht,* deren Existenz zwar oft geleugnet wird, die sich aber doch deutlich durch Lebens- und Konsumgewohnheiten und ihr Gesellschaftsbild abgrenzen läßt (Teile der Facharbeiterschaft, angelernte Arbeiter, Hilfsarbeiter, Landarbeiter) und schließlich
- *Unterschicht,* die aus den sozial Verachteten, dem sog. „Bodensatz" der Gesellschaft besteht (Dauererwerbslose, Rückfallkriminelle, Stadt- und Landstreicher).

Abbildung 9: Schichtungsmodell

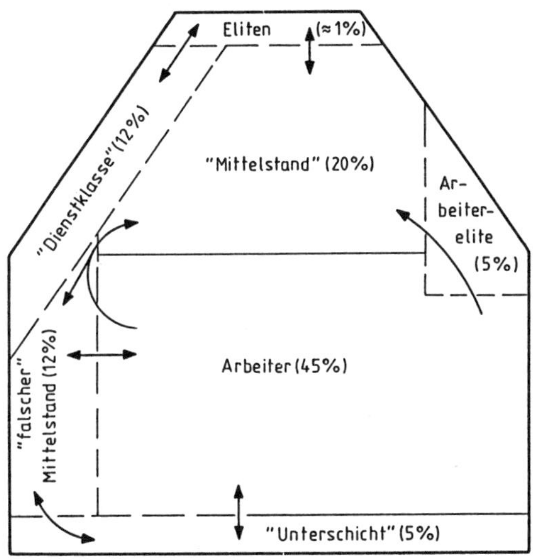

nach *Dahrendorf* 1965

Es gibt Schichtungsmodelle, die hiervon abweichen, insbesondere in der Zuweisung der Anteile zu den einzelnen Schichten oder in der mehr oder weniger differenzierenden Schichtenbestimmung (z. B. obere Mittelschicht, untere Unterschicht). Die Anzahl der beachteten Merkmale (z. B. Einkommen, Bildung) wie unterschiedliche Erhebungsmethoden verändern den „Aufbau" der Schemata (z. B. statistische Erfassung sozialer Merkmale wie Einkommen oder aber soziale Selbsteinstufung der Befragten). Dennoch kristallisiert sich bei den verschiedensten Ansätzen ein *Schichtungstypus* heraus, der demonstriert, daß
- deutlich unterscheidbare soziale Schichten existieren,
- die Mehrheit der Bevölkerung (um 60%) der unteren Mittel- und oberen Unterschicht zuzurechnen ist,

- die (obere und mittlere) Mittelschicht mit ca. 18% angenommen werden kann,
- eine kleine Oberschicht (1–2%) und
- die Unterschicht mit rund 16–18% erfaßt wird (dabei werden 2–4% „sozial Verachtete" mitgezählt).

Es ist zu beachten, daß auch hier die Definition der Schichtgrenzen und die Einstufung der Personen (methodisch) nicht unproblematisch ist, als „Tendenzaussage" können diese Daten jedoch hingenommen werden.

Die *vertikale Mobilität,* also der Auf- und Abstieg zwischen den sozialen Schichten, ist in der Bundesrepublik grundsätzlich möglich, aber zugleich faktisch begrenzt. Die „Zirkulation in Eliten" (vgl. *Zapf* 1965) ist typischer als ein ausgeprägter Austausch zwischen den Schichten: die Aufstiegsmobilität ist gering. Die meisten Untersuchungen zeigen (vgl. auch Bolte/Hradil 1984 S. 184 ff., 267 ff.)

- einen ziemlich hohen Selbstrekrutierungsanteil der oberen und der unteren Schichten (Berufs- und Positions„vererbung"), also eine geringe „Inter-Generationen-Mobilität";
- die eher in den Mittelschichten festzustellenden Auf- und Abstiegsbewegungen vollziehen sich überwiegend nur zwischen den benachbarten Bereichen,
- es gibt selten extreme „Sprünge", z. B. einen Aufstieg von der Unterschicht direkt in die Oberschichten. Die „Tellerwäscher/Millionär"-Chance gilt auch in den USA nicht mehr: „Wer ist, der bleibt!"

Die soziale Schichtung in der Bundesrepublik Deutschland läßt sich etwas genauer bestimmen, wenn die verschiedenen Ausprägungen und Zuordnungen *einzelner Statusmerkmale* hervorgehoben werden, nämlich: Bildung, Einkommen, Prestige und Macht.

Die *Ungleichheit der Bildungschancen* ist ein wichtiges Phänomen für die Erklärung der sozialen Schichtung. Arbeiterkinder sind in allen höheren Bildungsstufen unterrepräsentiert. Rund 63% besuchen die Hauptschule. Die Kinder von Selbständigen, Beamten und Angestellten besuchen in überproportionalem Ausmaß Gymnasien und Hochschulen (rund 60% der Studenten stammen aus diesen Schichten, 14% sind Arbeiterkinder [1979]).

Zwar haben in den vergangenen 15 Jahren die höheren Bildungsabschlüsse zahlenmäßig zugenommen, haben neuartige Bildungseinrichtungen (Abendgymnasien, Gesamtschulen) zusätzliche Chancen für Unterprivilegierte eröffnet. Die schichtenspezifischen Relationen haben sich dennoch nicht wesentlich verändert. Entscheidend bleibt letztlich noch immer, aus welcher sozialen Schicht man stammt (vgl. auch Abb. 10).

Es gibt viele Gründe für diese immer noch vorhandene Ungleichheit, u. a.: unterschiedliche Einkommenshöhe, von vornherein mehr oder weniger Anleitung und Hilfen für den Schüler, andere Sprachniveaus, Schulabschluß und Berufsbild des Vaters, unterschiedliche Erziehungspraxis, nicht zuletzt auch die tendenzielle Mittelschichtenorientierung des Schulsystems.

Abbildung 10: Soziale Herkunft und Schulbesuch
Wieviel % der 13 bis 14jährigen besuchten welche Schularten?

Schulart	Berufliche Stellung des Familienvorstands							
	Selbständiger*		Beamter		Angestellter		Arbeiter	
	1972	1979	1972	1979	1972	1979	1972	1979
Hauptschule	49,2	39,2	28,7	20,7	36,0	26,3	73,0	62,7
Realschule	22,3	26,7	22,5	24,2	24,5	29,0	16,3	20,5
Gymnasium	24,6	28,7	45,7	49,6	36,1	38,2	6,3	9,5

* große Spannweite der Gruppe, v. a. Kinder aus Handwerkerfamilien, die hohen Anteil an Hauptschule ausmachen; Vermutung: spätere Übergänge (duales System) wahrscheinlich.
Quelle: Bundesminister für Bildung und Wissenschaft (Hrsg.) 1981, S. 12f.

Nach wie vor gilt: je „höher" die Bildungsabschlüsse der Eltern, um so besser die Bildungschancen der Kinder; der *berufliche* Status des Vaters beeinflußt die „Bildungsbeteiligung" (auch einfache Angestellte eröffnen ihren Kindern bessere Bildungschancen als Arbeiter).

Die *Höhe des Einkommens* ist ein bedeutsames Merkmal für den sozialen Status. Wer Geld hat, besitzt häufig Vermögen, Prestige und Macht. Die erzielbaren Einkommen sind zu einem beachtenswerten Teil von der erreichten Bildungs- bzw. Ausbildungsstufe abhängig: Erwerbstätige mit Hochschulabschluß (rund 4% der Bevölkerung) verdienen in der Bundesrepublik durchschnittlich das 2,5fache wie Erwerbstätige mit Volksschulabschluß (rund 60% der Bevölkerung). Es besteht also auch eine Verknüpfung zwischen Bildungsniveau und Einkommen. Abbildung 11 zeigt die unterschiedliche Einkommensschichtung der privaten Haushalte in der Bundesrepublik 1980.

Abbildung 11: Einkommensverteilung und soziale Schichtung (1980)

Haushalts-einkommen in DM/Monat	Anteil der jeweiligen Berufsgruppe in v. H.					
	Selb-ständige*	Beamter	Ange-stellter	Arbeiter	Rentner**	Insgesamt
unter 1000	–	0,1	0,2	1,1	21,1	7,3
1000–2000	–	11,6	19,6	23,6	46,2	29,2
2000–3000	0,8	25,1	28,4	30,4	19,0	23,6
3000–4000	7,1	22,5	21,8	23,0	9,2	17,0
4000–5000	15,3	17,7	13,5	11,0	3,3	9,5
5000–6000	17,3	11,1	7,7	5,4	1,1	5,5
6000 u. mehr	59,5	12,0	8,8	3,8	0,1	7,9

* ohne Land- und Forstwirte
** ohne Versorgungsempfänger öffentlicher Dienst
Quelle: *Bolte/Hradil* 1984, S. 122f. (verdichtet)

An den grundlegenden Strukturen der Einkommensverteilung hat sich seit Bestehen der Bundesrepublik nichts Wesentliches geändert: Der Anteil des einkommensschwächsten Fünftels der Bevölkerung am Gesamteinkommen in der Bundesrepublik stieg zwischen 1950 und 1980 nur ganz leicht von 5,4% auf 6,8%, das einkommensstärkste Fünftel der Bevölkerung vereinnahmt hingegen 1980 mit 43,3% immer noch einen weit überproportionalen Anteil (1950: 45,4%; vgl. *Bolte/Hradil* 1984, S. 135).

In der sog. „Lorenz-Kurve" werden die Verteilungsunterschiede optisch deutlich (vgl. Abb. 12). Die Diagonale repräsentiert die theoretische Gleichverteilung, die durchhängende Kurve die tatsächliche Ungleichheit der Einkommensverteilung, die wiederum ein Indiz für die soziale Schichtung darstellt. Beispiel: Die unteren Schichten der Bevölkerung (30% der Haushalte) erhielten nur 12,5% des verfügbaren Einkommens; 50% (70%) der Haushalte bezogen nur 30% (50%) aller Einkommen. Trotz unterschiedlicher Erhebungs- und Berechnungsarten werden diese Verteilungen prinzipiell bestätigt (*transfer 1* 1975, *Hauser/Engel* 1985). Die Höhe des Einkommens beeinflußt auch die Vermögensbildung. 1973 besaßen rund 3% der privaten Haushalte 38% des inländischen Privatvermögens, 80% der Haushalte teilten sich 22% des Vermögens, die ärmsten 20% der Haushalte besaßen 0,8% (*Hradil* 1981, S. 33).

Wie bei der Einkommensschichtung gibt es auch bei der Vermögensverteilung in jüngerer Zeit keine nennenswerten Verschiebungen: „wer hat, dem wird gegeben!"

Abbildung 12: Die Verteilung des für die Haushalte verfügbaren Einkommens *(Lorenzkurve)*

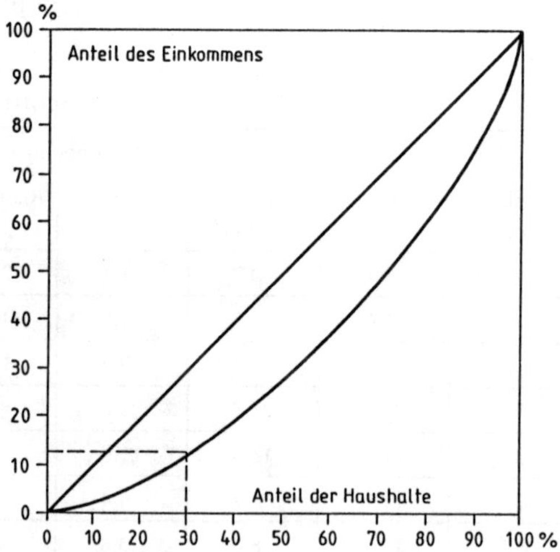

nach *transfer 1*, 1975

Außerdem lassen sich *neue* Aspekte sozialer Ungleichheit ermitteln, die mit verschiedenen Erscheinungsformen des *Risikos* (Arbeitsplatz- oder Gesundheitsrisiken) beschrieben werden. Als sozial relevante Differenzierungen der Sicherheit gelten vor allem Arbeitsplatzrisiken sowie Risiken der Gesundheits- und Alterssicherung. Beispiele wären: Die ungleiche *Infrastrukturversorgung* (z. B. Verkehrsanbindungen oder Kulturangebote im ländlichen Raum), Ungleichheit der *Wohnverhältnisse* und der *Freizeitbedingungen:* Selbständige haben weniger Freizeit als Schichtarbeiter, diese aber können sie oft schlecht nutzen (vgl. auch *Bolte/Hradil* 1984, S. 224ff.).

Gesellschaftlich vorgeprägte Bewertungsmuster sind mit bestimmten sozialen Positionen verbunden: Ansehen, *Prestige* hat man, weil man gesellschaftlich aufgrund des Berufes, der (vermuteten) Einkommenshöhe oder der (bekanntgegebenen) Bildung bewertet und schichtenspezifisch eingeordnet wird. Mehrere Untersuchungen (vgl. insbesondere *Bolte* u. a. 1974, *Wegener* 1984) vermitteln ein Bild von der Prestigelage bestimmter (ausgewählter) Berufspositionen in der Bundesrepublik. An der Spitze der Prestigeskala befinden sich Minister und höchste Regierungsbeamte, Vorstandsmitglieder (Industrie, Banken), Chefärzte großer Kliniken und (in den 70er Jahren vorübergehend zurückgestuft!) Professoren. Die traditionelle deutsche Prestige-Skala der Oberschichten hat Thomas Mann einst treffsicher ausgedrückt: „General Dr. von Staat".

In den oberen Mittelschichten werden sonstige akademische Berufe, höhere Beamte und Direktoren/Abteilungsleiter größerer Unternehmen eingestuft (für Frauen dann ausdrücklich: Ärztinnen, Studienrätinnen, Universitätsdozentinnen). Es folgen Volksschullehrer und Fachschulingenieure. In der mittleren Mittelschicht findet man selbständige Einzelhändler, mittlere Beamte, Bauern, Krankenschwestern, Werkmeister und hochqualifizierte Facharbeiter. Die unteren Ränge der Prestigeskala werden von Maurern, Kellnern, Verkäuferinnen, Seeleuten und schließlich von Hilfsarbeitern, Landarbeitern, Straßenreinigern und Reinmachefrauen besetzt. Diese Einordnung steht oft aber nicht unbedingt in engem Zusammenhang mit dem Einkommen: Ein steinreicher Schrotthändler bleibt in der Prestigeskala unten.

Andere Erhebungen (z. B. *Wildenmann* 1977) zeigen, daß in der Bevölkerung durchaus eine deutliche – die soziale Schichtung widerspiegelnde – Einschätzung von Privilegierung und Unterprivilegiertsein vorhanden ist. Die ersten vier Positionen verteilen sich nach dieser Erhebung prozentual wie folgt:

privilegiert:		*unterprivilegiert:*	
Politiker	17,1	Arbeiter	12,4
Verwaltungsbeamte	11,2	Arbeitslose	9,6
Ärzte	8,7	Rentner	8,9
Kapitalisten	8,0	Gastarbeiter	3,4

Statussymbole (von Wohnung über Autotyp und Kleidung bis zum Sprachstil) dienen der zusätzlichen Orientierung: sie lassen erkennen „wer wer ist"; Zugehörigkeit und Abgrenzung werden erleichtert.

Auch in der Bundesrepublik gibt es eine *Machthierarchie*. Bestimmten Positionsinhabern (z. B. Managern, Spitzenfunktionären, leitenden Beamten) wird ein größerer gesellschaftlicher Einfluß zugerechnet *und* eingeräumt als anderen Personen (z. B. Arbeitern, Studenten, Kioskbesitzern). Es gibt zwar keine auf bestimmte Positionen festgelegte Macht*elite*, dafür aber eine Art „Koalition der Spitzenvertreter" aus Politik und Verwaltung, Wirtschaft und Kultur (Elite-Koalition). Elitepositionen werden zum größeren Teil innerhalb der Koalition weitergegeben, also quasi „vererbt".

Für die unteren sozialen Schichten gibt es deshalb nur schmale direkte Zugänge zu den echten Spitzenpositionen, am ehesten noch durch eine politische Karriere in Linksparteien, in den Gewerkschaften oder über die Priesterlaufbahn (vgl. zum ganzen auch *Zapf* 1965).

Als ein sichtbarer Ausdruck für die Herausbildung von Machteliten gilt im übrigen die *Konzentrationsbewegung* in der Wirtschaft, aber auch im Medienbereich: Die ökonomische Basis der „Macht" für immer weniger Personen wird vergrößert. Schon 1967 beschäftigten ca. 7% der Industriebetriebe nahezu 70% aller in der Industrie Tätigen; die 50 größten Unternehmen erzielten einen Anteil von rund 42% am gesamten Industrieumsatz. In einzelnen Branchen sind diese Werte noch höher. Mitte der 80er Jahre ist eine neue Konzentrationswelle bei den ohnehin schon Großen zu beobachten: beispielsweise fanden Mercedes-Benz und AEG (1986) zueinander und bilden jetzt das größte deutsche Unternehmen. Der Konzentrationsgrad in der chemischen Industrie steigt; die drei Branchenführer (Bayer, BASF, Höchst) werden immer stärker, sprich „mächtiger". Auch im besonders wichtigen Bankenbereich gibt es drei „ganz Große" (Deutsche Bank, Dresdner Bank, Commerzbank). Auf knapp 10% aller Zeitungsverlage entfallen fast ²/₃ der gesamten Auflage. Die Anzeigenerlöse sind enorm gestiegen und machten 1981 (1984) bereits 66% (86%) der Gesamterlöse aus (1954: 46,6%; vgl. *Arndt/Schütz* 1978, ferner: Das Parlament 37/1984).

Die soziale Struktur der Bundesrepublik ist – alles in allem – nicht nach simplen Mustern zu erfassen. Sie ist weder eine Klassengesellschaft noch eine nivellierte Mittelstandsgesellschaft. *Bolte/Hradil* (1984, S. 351ff.) charakterisieren die vielfältig geschichtete und gegliederte Gesellschaft denn auch als eine „multidimensional differenzierte, mittelschichtdominante Wohlstandsgesellschaft", in der vorherrschen:

- mehrdimensionale Statusabstufungen
- milieuspezifische Lebensstile
- individualisierte Lebenskarrieren und
- spezifische Randgruppenerscheinungen.

3.2.3 Pluralismus in der Bundesrepublik

a) Sonderbedingungen nach 1945

Nach dem Ende des Zweiten Weltkrieges und der nationalsozialistischen Gewaltherrschaft wurde der Wiederaufbau in Deutschland weitgehend von unten, von kleinsten sozialen Einheiten aus betrieben. War zunächst das Hauptinteresse auf das bloße physische Überleben gerichtet und „Zusammenstehen" oder spontane lokale, ja nachbarschaftliche Organisation (heute würde man Bürgerinitiative sagen), das übliche Muster der Interessenwahrnehmung, so verdeutlichen sich mit dem beginnenden ökonomischen Wiederaufbau auch wieder die Existenz gegensätzlicher, während des nationalsozialistischen Regimes „gleichgeschalteter" und reglementierter Interessen, die wieder zu mehr oder weniger straffer Organisation in Verbänden drängten: Arbeitnehmer und Arbeitgeber, Unternehmer, Landwirte, Beamte u. v. m. Es wurde an eine lange Tradition des Verbandswesens angeknüpft (vgl. dazu *v. Beyme* 1980, S. 54ff.). Neue Interessen entstanden aus den Folgen der Kriegs- und Nachkriegszeit, z. B. die der Vertriebenen, der Kriegsopfer und Hinterbliebenen und der Heimkehrer. Auch sie organisierten sich in Verbänden. Schwierig – wie schon in der Weimarer Republik – war und blieb die organisierte Vertretung der Konsumenten; wenig durchschlagend gestaltete sich auch die Organisation sozial benachteiligter Gruppen, wie z. B. der Sozialrentner, der Armen i. w. S., oder der psychisch Kranken.

So entstand wieder (vgl. zur Geschichte *Jürgen Weber* 1981, S. 59ff.) eine wachsende Anzahl von Verbänden, die Interessen gesellschaftlicher Teilbereiche untereinander und gegenüber Parlament und Regierung vertraten. Sie wurden zum ersten sichtbaren Ausdruck der pluralistischen Gesellschaft der Bundesrepublik.

Zusammenfassend läßt sich die Entwicklung der pluralistischen Gesellschaft im westlichen Nachkriegsdeutschland einerseits kennzeichnen als eine

– *Reaktion auf* die gerade zu Ende gegangene *nationalsozialistische Herrschaft* mit ihrem totalitären Staatsverständnis, wie auf den praktizierten *stalinistischen Totalitarismus,* wobei an die pluralistische Gesellschaft der Weimarer Republik angeknüpft werden konnte: es ging um die erneute „Freisetzung" der gesellschaftlichen Vielfalt;

und andererseits als

– das gesellschaftliche *Pendant zur* sich allmählich immer deutlicher herausbildenden *marktwirtschaftlichen Verfassung* im ökonomischen Bereich
– sowie gleichzeitig als ein wichtiges Strukturprinzip der Demokratie in der industriellen Gesellschaft, die breite Vertretung von oft konkurrierenden Interessen bei der politischen Willensbildung („Einfluß") erfordert.

b) Verbände als sichtbarster Ausdruck der pluralistischen Gesellschaft der Bundesrepublik

Die *verbandsmäßige Organisation* der zahlreichen verschiedenen und oft gegensätzlichen Interessen, die sich im Zusammenhang mit den zunehmenden ökonomischen und sozialen Differenzierungsprozessen herausgebildet haben, ist heute das zentrale Element der pluralistischen Gesellschaft in der Bundesrepublik. Nach üblicher *Definition der Verbände* (organisierte Interessen, Interessengruppen, pressure groups) sind diese Vereinigungen von natürlichen oder juristischen Personen und Vereinigungen von Mitgliedsverbänden (Spitzenverbände), die ideelle oder materielle Interessen ihrer Mitglieder organisieren und auf gewisse Dauer vertreten, ohne selbst staatliche Machtpositionen einnehmen zu wollen.

Es ist beinahe unmöglich, auch nur einen groben Überblick über die Vielfalt der in der Bundesrepublik Deutschland bestehenden Verbände und deren Aktivitäten zu bekommen. Die neueste Liste über die beim Bundestag registrierten Verbände und deren Vertreter, die auf Beschluß des Bundestages seit 1972 jährlich erstellt wird, enthält (1985) über 1200 Verbände, vom „Bundesverband Deutscher Kartoffelbrenner" über die „Ordensgemeinschaft der Ritterkreuzträger des Eisernen Kreuzes", „Bund der Aufrechten", dem „Verband der Wollfilzfabriken" bis hin zum „Deutschen Gewerkschaftsbund" und zur „Bundesärztekammer". Die genaue Anzahl der in der Bundesrepublik Deutschland bestehenden Verbände ist unbekannt. Schätzungen gehen davon aus, daß es deutlich über 5000 sind.

Einen ersten Einblick in die Vielfalt der Verbandsinteressen verschafft die Systematisierung von *Jürgen Weber,* der fünf verschiedene Organisationsbereiche unterscheidet (vgl. 1981, S. 84ff.; ähnlich *von Alemann* 1985, S. 6):

- Vereinigungen innerhalb des Wirtschafts- und Arbeitssystems (Bundesverband der Deutschen Industrie, Industriegewerkschaft Metall usw.);
- Vereinigungen im sozialen Bereich (Deutsches Rotes Kreuz, Arbeiterwohlfahrt usw.);
- Vereinigungen im Freizeitbereich (Deutscher Fußballbund, ACE Auto Club Europa usw.);
- Vereinigungen im Bereich von Kultur, Religion, Politik und Wissenschaft (Zentralkomitee der Deutschen Katholiken, Deutsche Vereinigung für Politische Wissenschaft usw.);
- Vereinigungen von Gebietskörperschaften und anderen Körperschaften des öffentlichen Rechts (Deutscher Städtetag, Deutscher Landkreistag usw.).

In vielen Fällen ist auch der Staat auf der Ebene der organisierten Interessen tätig (so als Tarifpartei im öffentlichen Dienst). In anderen Fällen soll er die Rolle des Schiedsrichters übernehmen (z. B. Politiker als „neutraler Dritter" bei Tarifkonflikten im gewerblichen Sektor oder auch als „Treuhänder" der nicht organisierbaren Interessen).

Ganz allgemein kann es als *Aufgabe der Verbände* im pluralistischen System bezeichnet werden, (spezifische) Interessen für den einzelnen wahrzunehmen und Gruppeninteressen in den politischen Entscheidungsprozeß einzubringen, indem sie

- Arbeits- und Wirtschaftsbedingungen fördern,
- Einzelinteressen kollektiv organisieren und Freiheitsrechte der Mitglieder gegen staatliche Eingriffe schützen,
- auf die Gestaltung der öffentlichen Meinung Einfluß nehmen.

(Vgl. hierzu und zum folgenden *Kremendahl* 1973; auch *J. Weber* 1981.)

Wie wirksam sie diese Aufgaben wahrnehmen, hängt von einer Reihe von Faktoren ab, insbesondere von

- ihrer Schlüsselstellung im gesellschaftlichen, wirtschaftlichen oder politischen Bereich,
- einer beständig hohen Mitgliederzahl,
- beträchtlichen finanziellen Mitteln,
- einem hohen Organisationsgrad.

Solche Merkmale treffen sicher auf so bekannte Verbände wie den Bundesverband der Deutschen Industrie (BDI), die Bundesvereinigung der deutschen Arbeitgeberverbände (BDA), die Gewerkschaften im Deutschen Gewerkschaftsbund (DGB), den Allgemeinen Deutschen Automobilclub (ADAC), den Deutschen Sportbund (DSB) u. a. zu. Sie können deshalb zu den „mächtigen" organisierten Interessengruppen innerhalb der Bundesrepublik gezählt werden. Allerdings darf auch nicht übersehen werden, daß relativ kleine Interessengruppen innerhalb eines begrenzten Sachbereichs oder auf lokaler Ebene oft nicht weniger „mächtig" sind, z. B. der örtliche Einzelhandelsverband, ja gerade ein „harmloser" (Schützen-, Gesangs-, Tierschutz-)Verein kann begrenzte Interessen wirksam vertreten.

c) Aktions- und Einflußmöglichkeiten der Verbände

Die Aktionsmöglichkeiten der Verbände reichen von der *Werbung* bis zu massivem *politischen Druck*. Solche Möglichkeiten sind

- Öffentlichkeitsarbeit (z. B. offene Briefe, Pressekonferenzen, Versammlungen, Kundgebungen usw.);
- Einwirkung auf das Parlament (z. B. Entsendung von Abgeordneten („Verbandsfärbung"), Anhörung in Ausschüssen, Abgabe von Stellungnahmen usw.);
- Einwirkung auf die Regierung (z. B. Petitionen an Bundeskanzler bzw. Minister; Besuche, Ausspielung des Stimmpakets);
- Einwirkung auf die Ministerien (z. B. Briefe, Beschwerden; Besuche, Beteiligung bei der Gesetzesvorbereitung und an verschiedenen Anhörungen, Mitwirkung in Beiräten und Fachausschüssen, Bereitstellung spezieller Informationen, personelle Verflechtungen und Übergänge; ehemalige Verbandsfunktionäre werden Ministerialbeamte und umgekehrt usw.);
- Einfluß auf Parteien (z. B. Spenden, Wahlwerbung, Drohung mit Entzug der bisherigen Unterstützung usw.).

Diese Aktionsmöglichkeiten sind rechtlich abgesichert durch allgemeine Vorschriften der Verfassung, wie der Vereinigungs- und Koalitionsfreiheit (Art. 9 GG), der allgemeinen Handlungsfreiheit (Art. 2 GG), dem Gleichheitsgrundsatz (Art. 3 GG) und dem Petitionsrecht (Art. 17 GG). Darüber hinaus gibt es spezielle Bestimmungen, die insbesondere die Beteiligung organisierter Interessen bei der Vorbereitung von Gesetzentwürfen, aber auch andere Formen der Beratung regeln. Parlamentsausschüsse können Vertreter von Interessenverbänden anhören (GO BT § 73) und an Enquetekommissionen beteiligen (§ 74a). Soweit davon die Bundesregierung und die Bundesministerien betroffen sind, sind die Zugangsmöglichkeiten der Verbände in der Gemeinsamen Geschäftsordnung der Bundesministerien (GGO I, insbes. §§ 61 f., 77 und GGO II, insbes. § 24) und in der Geschäftsordnung der Bundesregierung (vgl. insbes. § 10) festgelegt. Sie regeln z. B. die Heranziehung von Sachverständigen, die Bildung von Beiräten (§§ 61 und 62 GGO I) und den Verkehr der Ministerien mit den Fach- und Berufsverbänden. Von nicht zu unterschätzender Bedeutung ist u. a. die Einbeziehung der Verbände (ausdrücklich auch der kommunalen Spitzenverbände) in den Gesetzentwurfsprozeß (§§ 24 und 25 GGO II) und sogar in das Entwurfsverfahren von Rechtsverordnungen und Verwaltungsvorschriften (§§ 67 und 78 GGO II).

d) Entwicklungen und Veränderungen der pluralistischen Struktur

Die jeweils aktuelle Entwicklung der pluralistischen Ausprägung der bundesrepublikanischen Gesellschaft ist offensichtlich verbunden mit der jeweiligen *ökonomischen Situation*. Während die Krise von 1966/67 bei den hauptsächlich betroffenen Interessengruppen eher kooperative Verhaltensweisen auslöste (typisch: Konzertierte Aktion, keine Arbeitskämpfe), war die ökonomische Krise in der Mitte der 70er Jahre mit einer erhöhten Konfliktbereitschaft der Verbände, insbesondere der Tarifparteien, verbunden (typisch: die Aufkündigung der Konzertierten Aktion, Streiks und Aussperrungen). In den 80er Jahren scheinen beide Verhaltensweisen gemischt aufzutreten: um einen eher korporatistischen Trend schwanken kurzfristige, aber durchaus konfliktäre Auseinandersetzungen (vgl. hierzu die theoretische Konzeption des „Neo-Korporatismus", LB 3, 5).

Die aufs Ganze gesehen – und trotz aller Mängel (vgl. LB 3.4 „Pluralismus") – feststellbare Tendenz zur Stärkung des pluralistischen Aufbaus der bundesrepublikanischen Gesellschaft hat auch im kulturellen und im wissenschaftlichen Bereich ihr Pendant gefunden. In den Hochschulen konnte sich während und in der Folge ihrer „Konfliktzeiten" zu Beginn der 70er Jahre der *Wissenschaftspluralismus* als das Neben- und Gegeneinander verschiedener wissenschaftstheoretischer Ansätze als Konzept entwickeln und allmählich etablieren. Die i. w. S. „linken" wissenschaftlichen Positionen sind in den 80er Jahren jedoch wieder in die Defensive gedrängt worden. Uneingeschränkter Wissenschaftspluralismus ist – bei allen Beteiligten – noch keine Selbstverständlichkeit.

Die pluralistische Struktur der *gesellschaftlichen* Interessen schien lange Zeit ziemlich festgefügt. In den letzten Jahren ist jedoch eine dreifache Bewegung zu beobachten:

- Wachstum der Verbände
- verstärkte Kooperation der großen gesellschaftlichen Organisationen
- neue Formen der Interessenwahrnehmung (Initiativen).

Verschiedene *Verbandsneugründungen* und Differenzierungen haben die organisierte Interessenvertretung politisch noch bedeutender gemacht. Zwischen 1977 und 1985 haben allein die beim Bundestag registrierten Verbände um 25% zugenommen (von 900 auf 1200).

Gleichzeitig hat sich die Macht der „Großen", z. B. durch Konzentrationsbewegungen: Angliederung bisher selbständiger Verbände, Verstärkung der Geschäftsstellen und Zunahme der Funktionäre, konsolidiert. Die Verbände haben sich jedenfalls in der Bundesrepublik Deutschland etabliert. Ihr Einfluß auf die Politik ist weithin akzeptiert, was nicht ausschließt, daß manche bereits ein *Übermaß des Verbandseinflusses* befürchten. Das Stichwort *Verbändestaat* kennzeichnet diese Sorge. In jüngster Zeit wurde es oft eingeengt auf das Schlagwort vom „Gewerkschaftsstaat". Es suggeriert, die Gewerkschaften würden im pluralistischen Konzert der Interessengruppen mit Hilfe neuer Instrumente wie der Mitbestimmung und durch den forcierten Einsatz „alter" Taktiken wie des Streiks andere (dritte, allgemeine) Interessen übertönen und übermächtig werden. Die Auseinandersetzungen um die ökonomischen und sozialen Fernwirkungen von Schwerpunktstreiks (1985/86) und um die angemessenen Reaktionen des Staates (Unterstützungszahlungen und gesetzliche Regelungen) haben die Diskussion neu aufleben lassen (vgl. hierzu ausführlich LB 3, 4 „Pluralismus").

Die Gewerkschaften halten dagegen, daß sie ihre Rolle im Interesse und mit voller Legitimation ihrer Mitglieder spielen. Für Arbeitnehmer komme es mit Hilfe gewerkschaftlicher Politik überhaupt erst darauf an, ihre Gleichberechtigung im Wirtschaftsleben gegenüber der Kapitalseite durchzusetzen. Dies könne nur derjenige als Übergewicht bezeichnen, der die *überkommene* ungleiche Macht- und Einflußverteilung als Gleichgewicht betrachte.

Zur Bekämpfung des als übermächtig empfundenen Verbandseinflusses wurde in der FDP im Jahre 1976 der Vorschlag eines *Verbändegesetzes* zur Diskussion gestellt (abgedruckt bei *v. Alemann/Heinze* [Hrsg.] 1981, S. 214ff.). Die Verbände sollen stärker an das „Gemeinwohl" gebunden und ihre internen Willensbildungsprozesse transparenter gemacht werden; die Einrichtung eines „Beauftragten für das Verbändewesen" wurde vorgeschlagen. Abgesehen von der politischen Wertung dieses Vorstoßes (Kritiker sagen, seine Stoßrichtung ziele vor allem auf die Gewerkschaften) liegt ein Grundproblem in der weiteren Ausdehnung staatlicher oder gerichtlicher Kompetenzen auf freie gesellschaftliche Vereinigungen.

Als zweites Phänomen wird zunehmend ein *verstärktes Zusammenwirken* der gesellschaftlichen und vor allem ökonomisch relevanten Verbände (z. B. DGB, BDI) untereinander und zugleich mit staatlichen Instanzen konstatiert.

Dies wird von der neueren Politikwissenschaft dahingehend interpretiert, daß sich neokorporatistische Tendenzen bemerkbar machen (vgl. ausführlich LB 3, 5).

Es ist heute kaum vorstellbar, daß staatliche Politikinhalte ohne intensivste Zusammenarbeit mit den davon betroffenen Interessengruppen formuliert und immer mehr auch durchgeführt werden. Diese Kooperation findet nicht mehr nur punktuell statt, sondern wird zunehmend in mehr oder weniger offiziellen Zusammenarbeitsgremien verstetigt und institutionalisiert. Dies geschieht, obwohl die erste, offizielle Form einer solchen Zusammenarbeit, nämlich die sog. „konzertierte Aktion", sehr umstritten war und schließlich nicht weitergeführt wurde.

Trotzdem ist diese zunehmende faktische Zusammenarbeit und Übereinstimmung des Handelns unverkennbar, damit allerdings oft auch eine Übereinstimmung des Nicht-Handelns, z. B. bei der Ausklammerung bestimmter Themen (Abbau von Subventionen) oder dem Ausgrenzen bestimmter Gruppen aus diesem formalisierten Interessenabklärungsprozeß (Arbeitslose).

In der pluralistischen Struktur der Gesellschaft in der Bundesrepublik entstanden schließlich *neue Formen der Interessenwahrnehmung und -durchsetzung,* für die sich inzwischen die Bezeichnung *„Neue soziale Bewegungen"* als Oberbegriff herausgebildet hat. Zeitgeschichtlich betrachtet verknüpfen sich ihre Anfänge mit der Auflösung der außerparlamentarischen Opposition und der „antiautoritären Bewegung" der 60er Jahre. Die politische Mobilisierung eines Teils der Bevölkerung – insbesondere der jungen und der besser ausgebildeten –, die erhöhte Bereitschaft zu politischer Artikulation und Engagement fanden neue Ausdrucksformen, weit über den studentischen Bereich hinaus. Das Entstehen der Neuen sozialen Bewegungen ist auch Ausdruck und Ergebnis des „Wertwandels" (vgl. 3.2.4 (c)), der Einstellungen, Werthaltungen und Verhaltensweisen förderte, die u. a. die Bereitschaft zu politischem und sozialem Engagement vergrößerten.

Stark vergröbert lassen sich *2 Formen* oder Ausprägungen der Neuen sozialen Bewegungen unterscheiden.

- *Bürgerinitiativen* als die politische Form der Neuen sozialen Bewegungen, deren Aktionen und Forderungen sich primär an das politische System richten;
- *kollektive Selbsthilfe* als die soziale Form der Neuen sozialen Bewegungen, die die Lebensbedingungen der Betroffenen unmittelbar und aus eigener Kraft verändern will.

Bürgerinitiativen greifen Interessen auf, die im pluralistischen System bisher nicht wirkungsvoll organisiert waren, sei es, weil das Interesse zu allgemein und keiner spezifischen sozialen Gruppe zuzuordnen war und/oder weil die betroffene Gruppe nur über eine geringe oder gar fehlende Organisationsfähigkeit verfügte. Die theoretische Begründung der Bürgerinitiativen-Bewegung lieferte die sog. *„Disparitätentheorie"*, die u. a. von Claus Offe entwickelt wurde und die auf der zuvor insbesondere in den USA formulierten Pluralismuskritik aufbaut (vgl. LB 3, 3.4.3). Danach gibt es Lebensbereiche (z. B. Wohnen, Bildung, Gesundheit), die für den einzelnen in seinen Lebens- und

Arbeitszusammenhängen zwar immer wichtiger werden, in denen aber gleichwohl politisch nicht mehr geleistet und zugestanden wird als zur Erhaltung (Reproduktion) der Arbeitskraft und ihrer Verwertung im Produktionsprozeß gerade notwendig ist. Ihnen stehen andere Bereiche gegenüber, die für die Produktionssphäre wichtiger sind (z. B. Rüstung) und entsprechend üppiger ausgestattet werden. Es gibt deshalb Ungleichheiten (Disparitäten) zwischen den Teilbereichen einer kapitalistischen Gesellschaft.

All jene Aktionen, die sich auf eine Verbesserung der disparitären Bedürfnisbereiche richten, wurden von Offe als Bürgerinitiativen bezeichnet (vgl. *Offe* 1971, S. 159). Er verlangte von Bürgerinitiativen, daß sie „weder bloße Formen kollektiver Selbsthilfe sind noch sich darauf beschränken, den offiziösen Instanzenzug des politischen Systems zu mobilisieren; sie bringen vielmehr Formen der Selbstorganisation der unmittelbar Betroffenen hervor, die ebenso wie ihre Aktionsformen im System der politischen Institutionen nicht vorgesehen sind" (ebd.).

Bürgerinitiativen richten sich normativ wie real primär auf Veränderungen des politischen Systems, sie wollen eine andere Politik. Viele „frühe" Bürgerinitiativen konzentrierten sich auf lokale, häufig kommunalpolitische Themen (z. B. Stadtsanierung), ihre politische Bedeutung gewann die Bürgerinitiativen-Bewegung aber durch das Aufgreifen überregionaler Themen, wie insbesondere Umwelt-, Energie-, Frauen- und Friedenspolitik. Trotz ihres überregionalen Charakters blieb für alle diese „Einzelbewegungen" ihre dezentrale Verankerung, ihre Vielfalt und ihre fehlende organisatorische Vereinheitlichung charakteristisch. Lediglich im Umweltschutzbereich kam es zu einer „Verbandsgründung", dem Bundesverband Bürgerinitiativen Umweltschutz (BBU).

Bürgerinitiativen sind Formen der Selbstorganisation im vor- oder außerparlamentarischen Raum. Lange war umstritten, ob man nicht zur effektiven Wahrnehmung und Durchsetzung der eigenen politischen Ziele auch über ein „parlamentarisches Standbein" verfügen müsse. Dieser Konflikt ist nicht zuletzt durch den Erfolg der *„Grünen"* entschieden. Die ursprüngliche parlamentarische Vielfalt von alternativen, grünen und bunten Listen hat sich reduziert und weitgehend unter dem Dach der „Grünen" zusammengefunden. Die Tatsache, daß es der Parteigründung „Die Grünen" offenbar als erster gelang, sich neben den etablierten Parteien dauerhaft in den Parlamenten zu etablieren, zeigt die politische Stärke der Neuen sozialen Bewegungen einschl. ihrer Attraktivität für weitere Kreise der Bevölkerung. Sie haben das pluralistische und parlamentarische System der Bundesrepublik spürbar verändert.

Bürgerinitiativen sind in vielen Fällen zugleich auch praktische Selbsthilfe, z. B. im Bildungsbereich (Vorschulerziehung, Gründung „freier" Schulen usw.). Bei der *Selbsthilfebewegung* steht dagegen diese praktische Eigeninitiative, das soziale Engagement eindeutig im Vordergrund. Der Selbsthilfebewegung geht es sowohl darum, die eigenen, als unbefriedigend empfundenen Lebensbedingungen zu verändern als auch darum, durch soziales Engagement anderen beizustehen und konkret zu helfen.

Selbsthilfe entwickelt sich insbesondere in Bedarfsbereichen, die von öffentlichen oder privaten Dienstleistungen und Gütern überhaupt nicht oder nur unzulänglich erreicht werden (vgl. als guten Überblick *Vilmar/Runge* 1986). So entstanden z. B. „alternative" Zeitungen und Läden und viele andere Projekte insbesondere im sozialen und kulturellen Bereich. Mit der anhaltenden Massenarbeitslosigkeit gewinnt daneben das Motiv, über Selbsthilfe auch wirtschaftliche Existenzgrundlagen zu schaffen, an Bedeutung (vgl. z. B. *Bolle/Grottian* [Hrsg.] 1983). Häufig packen Selbsthilfeinitiativen Aufgaben an, die im traditionellen wohlfahrtstaatlichen Sinne öffentliche Aufgaben und damit Aufgaben z. B. professioneller Sozialarbeiter hätten sein können (z. B. Häuser für mißhandelte Frauen und Kinder, Vorschulprojekte, Arbeitsloseninitiativen). Speziell solche Projekte, insbesondere im sozial-kulturellen Bereich, sind für eine dauerhafte und qualitativ gute Arbeit auf öffentliche Unterstützung angewiesen. Teile der Selbsthilfebewegung lehnen dies jedoch rigoros ab, sie wollen nicht durch „Staatsknete" in Abhängigkeiten geraten. Innerhalb des politisch-administrativen Systems nimmt offenbar die Bereitschaft zur Unterstützung der Selbsthilfeprojekte zu, wie nicht zuletzt die Einrichtung von Beratungsstellen und die Auflage von Förderprogrammen in verschiedenen Bundesländern zeigt. Diese grobe Skizzierung der Selbsthilfebewegung macht deutlich, daß sie nicht nur ein neues Element der pluralistischen Struktur der Bundesrepublik ist, sondern daß sie auch deren sozialstaatlichen Charakter verändern könnte (vgl. LB 2, 4.3.2).

3.2.4 Die politische Kultur der Bundesrepublik

Die Ausgestaltung und Entwicklung der politischen Kultur in der Bundesrepublik Deutschland soll in drei Abschnitten dargelegt werden. Zunächst werden im historischen Längsschnitt allgemeine Traditionen unserer politischen Kultur diskutiert, daran anschließend wird gefragt, inwiefern wir uns tatsächlich von anderen, vergleichbaren Staaten unterscheiden. Abschließend soll versucht werden zu klären, inwiefern sich unsere politische Kultur in einem Prozeß des Umbruchs befindet.

Aus der inzwischen recht umfangreichen Literatur werden dabei eher grundsätzliche, weitgehend anerkannte Ergebnisse und Interpretationen herausgegriffen, die insbesondere auch für das Verständnis der politischen Institutionen und Prozesse von Bedeutung sind. Damit soll die besondere Stellung des Konzepts der politischen Kultur als Bindeglied zwischen den Sphären der „Gesellschaft" und der „Politik" noch einmal verdeutlicht werden. (Als Überblick über die politische Kultur in der Bundesrepublik Deutschland siehe insbesondere *Greiffenhagen/Greiffenhagen* 1979; *Reichel* 1981 und *Greiffenhagen/Greiffenhagen/Prätorius* [Hrsg.] 1981.)

a) Die fünf Traditionen der politischen Kultur in Deutschland

Traditionen der politischen Kultur in Deutschland sind besonders von *Kurt Sontheimer* (1974) und *Ralf Dahrendorf* (1965) beschrieben worden. *Sontheimer* weist darauf hin, daß das unter dem Einfluß der westlichen Besatzungsmächte etablierte System undemokratische oder sogar antidemokratische Traditionen nicht sogleich beseitigt hat; diese tradierten Einstellungen und Orientierungen wirken nach und sie äußern sich in vielen politischen Ereignissen und Verhaltensweisen. Im tieferen Grunde erscheinen die Deutschen hinsichtlich der vorherrschenden demokratisch-pluralistischen Ideen mindestens als „noch unfertig". *Sontheimer* nennt vier dieser „deutschen Traditionen": die etatistische, die unpolitische und die formalistische Tradition sowie die Tradition der Konfliktscheu. Hier sei eine fünfte hinzugefügt: die reduktionistische Tradition.

- *Etatistische Orientierung:* In Deutschland wird dem Staat traditionell eine besondere Bedeutung zugemessen. Er gilt als „sittliche Idee" *(Hegel),* er verkörpert das Gemeinwohl, er steht schließlich über der Gesellschaft; ja er ist sogar der „Zuchtmeister der ungeordneten Gesellschaft". Dies bedeutet u. a., daß dem Staat eine von Parteien und Interessen abgehobene, ja übergeordnete eigene Qualität zugestanden wird. Der Staat ist etwas Höheres als die „kleinlichen" Interessen der einzelnen Gesellschaftsmitglieder. Der Staat wird als Obrigkeitsstaat aufgefaßt, die Bürger als Untertanen. Pflicht und Gehorsam sind erste Bürgerpflicht. *Martin Greiffenhagen* hat diese Staatsfixierung am Beispiel der „staatstragenden" SPD einmal ironisch deutlich gemacht: „Seitdem Sozialdemokraten von Wilhelm II in den Rang von Deutschen erhoben wurden, halten sie in politisch bewegten Zeiten immer mehr vom Staat als von der Demokratie . . ." (*Greiffenhagen* 1976, S. 25 f.). Auch heute noch zeichnet sich im Meinungsbild der Deutschen der gute Staatsbürger dadurch aus, daß er Gesetze beachtet, seine aktive Beteiligung ist nachrangig (vgl. Abb. 13).

Abbildung 13: Das Bild des guten Staatsbürgers in der Bundesrepublik

Frage: Hier auf einer Karte steht eine Reihe von Verhaltensweisen. Sagen Sie mir bitte jedesmal: Gehört das zu einem guten Staatsbürger oder nicht?

– Beachtet die Gesetze und Vorschriften	95
– Erzieht seine Kinder zu anständigen Menschen	94
– Zahlt seine Steuern	92
– Geht seinem Beruf ohne viel Aufsehens nach	87
– Geht regelmäßig zur Wahl	85
– Informiert sich über das Staatsleben	80
– Ist Gewerkschaftsmitglied	25
– Ist Parteimitglied	14
	n=1080
	(Mehrfachnennungen)

Quelle: infas 1971, zitiert nach *Greiffenhagen/Greiffenhagen* 1979, S. 337.

- *Unpolitische Einstellung:* Politik ist nach weitverbreiteter Auffassung Angelegenheit derer, die dazu „berufen“ sind, nicht Sache des ganzen Volkes. Sie ist nichts für den „anständigen Bürger“, dessen Hauptinteresse Ruhe und Ordnung ist. Die „privaten Tugenden“ (*Dahrendorf*) sind weitaus wichtiger als die aktive Teilnahme am politischen Prozeß. Da der Staat über der Gesellschaft steht, braucht sich der normale Bürger auch nicht weiter mit ihm zu beschäftigen. In dieser Einstellung zeigt sich u. a. auch die Tradition der fehlenden oder unvollendeten bürgerlichen Revolution, die in Deutschland nie die Politik zur Angelegenheit aller gemacht hat. Vorzug hat eher das „Privatleben“; in Parteien sind nur 4% der erwachsenen Bevölkerung organisiert.
- *Konfliktscheu:* Harmonie gilt auch im politischen Bereich als Ideal. Konflikte werden nicht als produktiv, sinnvoll und unvermeidlich angesehen, sondern als unerwünscht und vermeidbar. Das offene Austragen von Konflikten gilt nicht als Stärke des demokratischen Systems, sondern als Schwäche, die möglichst vertuscht werden sollte (z. B. interne Parteikonflikte). Ein Zustand vollkommen ohne Konflikte wird angestrebt; daher besteht auch die latente Bereitschaft, die Utopie einer oft sehr verschwommenen konfliktfreien Ordnung (wenn nötig mit Gewalt) durchzusetzen. Konflikte gehören abgeschafft (Beispiel: *Ludwig Erhard*s Idee der „formierten Gesellschaft“, vgl. auch Abb. 14).
- *Formalismus:* Politische Probleme werden gern und schnell in formale Rechtsfragen gepreßt; selbst Politiker tendieren dazu, politische Entscheidungen gerichtlich klären zu lassen. Juristen bilden das Rückgrat der Verwaltung und der Verbände. Der juristische Formalismus wird von Nicht-Juristen oft übertroffen (Geschäftsordnungsdebatten in Vereinen, Verbänden, akademischen Sitzungen). Generell gilt: informelle politische Regelungen (z. B. durch Aushandlungsprozesse) erwecken Unbehagen; vorgezogen wird eine formelle Regelung durch das (vermeintlich) über den Parteien stehende Recht (Beispiel: Gerichte entscheiden über Kernkraftwerke). Die „Verrechtlichung“ nimmt zu (*Voigt* [Hrsg.] 1980; zur in der deutschen Verwaltung vorherrschenden „formalisierten Regelungskultur“ siehe auch *Jann* 1983a).
- *Reduktionistische Tradition:* Es besteht ein Hang zu vereinfachenden Erklärungen und zu reduzierten Alternativen. Das „Entweder-Oder“ ist typischer als das abwägende „Sowohl-als-Auch“. Es wird angenommen, daß es für schwierige Probleme eine wahre Lösung gibt. Wer im Besitz dieser Lösung ist, verteufelt die Andersdenkenden bestenfalls als Dummköpfe (die zu beschränkt sind, die Wahrheit zu erkennen), schlimmstenfalls als Verräter oder Lügner (die die Wahrheit einfach nicht erkennen wollen). Diese deutsche „Sucht nach Wahrheit“ *(Dahrendorf)* verhindert nicht selten den politischen und wissenschaftlichen Disput darüber, was richtig und gut ist. Die Meinung des anderen wird nicht angehört, sondern sie wird von vornherein abgelehnt. „Unbeirrt“ sein gilt als Tugend. Nahtlos in diese Tradition paßt das gern gepflegte Freund/Feind-Schema, das Andersdenkende nicht toleriert, sondern ausschließt (Beispiele: wissen-

schaftliche Auseinandersetzungen an deutschen Universitäten; „Freiheit oder/statt Sozialismus").

Neuere Erhebungen zeigen, daß es inzwischen in der Bundesrepublik eine breitere Zustimmung zu den demokratischen Prinzipien gibt, aber daß auch das Spannungsverhältnis zwischen dem abstrakten Bekenntnis zu den Funktionsprinzipien der Demokratie und dem unzulänglichen Verständnis für die damit verbundenen Verhaltensimplikationen (z. B. Akzeptanz von Konflikt) weiter besteht (vgl. Abb. 14 und ausführlich *Gabriel* 1987 m. w. A.).

Abbildung 14: Die Akzeptanz demokratischer Prinzipien in der Bundesrepublik 1968, 1979 und 1982 in Prozentpunkten
(Angaben beinhalten die „demokratisch" ausgerichteten Antworten)

	1968	1979	1982	Differenz 1968 bis 1982
Jeder sollte das Recht haben, für seine Meinung einzutreten, auch wenn die Mehrheit anderer Meinung ist (+)	93	95	94	+ 1
Eine lebensfähige Demokratie ist ohne politische Opposition nicht denkbar (+)	89	93	92	+ 3
Jeder Bürger hat das Recht, für seine Überzeugung notfalls auf die Straße zu gehen (+)	74	86	87	+13
In jeder demokratischen Gesellschaft gibt es bestimmte Konflikte, die mit Gewalt ausgetragen werden müssen (−)	73	81	83	+10
Aufgabe der politischen Opposition ist es nicht, die Regierung zu kritisieren, sondern sie in ihrer Arbeit zu unterstützen (−)	28	31	34	+ 6
Die Auseinandersetzungen zwischen verschiedenen Interessengruppen in unserer Gesellschaft und ihre Forderungen an die Regierung schaden dem Allgemeinwohl (−)	27	37	29	+ 2
Der Bürger verliert das Recht zu Streiks und Demonstrationen, wenn er damit die öffentliche Ordnung gefährdet (−)	30	26	21	− 9
Die Interessen des ganzen Volkes sollten immer über den Sonderinteressen des einzelnen stehen (−)	6	5	8	+ 3
N	1889	2012	2991	

Quelle: *Gabriel* 1987, S. 41 m. w. A.

b) Die politische Kultur der Bundesrepublik im internationalen Vergleich

Auf der Grundlage von je 1000 intensiven Interviews in fünf Ländern (USA, Großbritannien, Bundesrepublik Deutschland, Italien, Mexiko), die 1959 durchgeführt wurden, haben *Gabriel Almond/Sidney Verba* (1965, 1. Aufl. 1963) die bisher umfassendste und schon „klassische" vergleichende Studie zur politischen Kultur vorgelegt. Dabei wurden einige typische Orientierungen und Einstellungen der Deutschen zur Politik und zu den politischen wie ökonomischen Institutionen gerade im Vergleich zu den Auffassungen in anderen Ländern deutlich:

- Die Bürger der Bundesrepublik Deutschland sind in erster Linie an den „outputs" (Leistungen) des politischen und ökonomischen Systems interessiert, ohne sich mit dem System selbst eindeutig und vorbehaltlos zu identifizieren.
- Das politische System wird weniger mit Stolz betrachtet als das Wirtschaftssystem und auch weniger als die (zumeist der ziemlich fernen Vergangenheit zuzurechnenden!) kulturellen Leistungen (vgl. Abb. 15).
- Der Bürger fühlt sich als Nutznießer der Segnungen des politischen Systems, aber als Teilnehmer am politischen Prozeß ist er passiv. Er kommt lediglich seinen politischen Verpflichtungen (vor allem in Wahlen) nach. Die formalen Elemente der Politik werden betont; das Verhältnis zur Bürokratie ist (trotz, ja gerade wegen manch abfälliger Bemerkung) am wenigsten distanziert.
- Die Überzeugung, daß die Deutschen im großen und ganzen tüchtiger und begabter als andere Völker sind, ist vorhanden (1960=42%; 1976=48% – *Allensbach/Stern* 1976).

Abbildung 15: Stellung zum politischen System (Identifikation): Auf welche Eigenschaften ist die jeweilige Nation besonders stolz?

Stolz auf:	Land 1959					1978
	USA	GB	Italien	Mexiko	BRD	BRD
Verfassung, pol. Institut.	85	46	3	30	7	31
Sozialgesetzgebung	13	18	1	2	6	18
Internationale Position	5	11	2	3	5	9
Wirtschaftssystem	23	10	3	24	33	40
Nationalcharakter	7	18	11	15	36	25
Geistige Tugenden, Religion	3	1	6	8	3	6
Beitrag zu den Künsten	1	6	16	9	11	23
Beitrag zur Wissenschaft	3	7	3	1	12	
Schönheit des Landes	5	10	25	22	17	14
Nichts, weiß nichts	4	10	27	16	15	10
Sonstige	9	11	21	14	3	

Quelle: *Almond/Verba* 1965, S. 64; *Conradt* 1980, S. 230.

– Die Kooperations- und Gesprächswilligkeit der Bürger ist im Vergleich mit anderen Nationen gering. Das generelle „sozialhumane Klima“ (gegenseitiges Vertrauen, Aufgeschlossenheit gegenüber Nachbarn und Fremden) ist relativ „kalt“. Vorsicht und latentes Mißtrauen schlagen sich auch in politischen Einstellungen und Verhaltensweisen nieder (vgl. Abb. 16).

Abbildung 16: Sozial-humanes Klima im internationalen Vergleich

Prozentsatz der Zustimmung	USA	GB	BRD	Italien	Mexiko
Aussagen des Mißtrauens: „Eigentlich ist niemand daran interessiert, was einem widerfährt“	38	45	72	61	78
„Wenn man nicht aufpaßt, wird man nur ausgenutzt“	68	75	81	75	94
Aussagen des Vertrauens: „Den meisten Menschen kann man vertrauen“	55	49	19	7	30
„Die meisten Menschen neigen eher dazu, anderen zu helfen, als zuerst an sich zu denken“	31	28	15	5	15
„Die Menschen sind im Grunde genommen hilfsbereit“	80	84	58	55	82

Quelle: *Almond/Verba* 1965, S. 213.

Während Almond/Verba aufgrund ihrer Zahlen aus dem Jahr 1959 tatsächlich noch eher „Untertanenmentalität“ als selbstbewußte „Bürgerkompetenz“ (civic competence) feststellten, zeigen neuere Daten, daß sich die politische Kultur der Bundesrepublik in den letzten 25 Jahren doch geändert hat. In einem Überblick über die Veränderungen seit dem Erscheinen von Almond/Verbas grundlegender Untersuchung kommt David P. *Conradt* (1980) zu dem methodisch begründeten Schluß, daß sich die politische Kultur in der Bundesrepublik in wichtigen Bereichen geändert hat (vgl. Abb. 17):

Abbildung 17: Bürgerkompetenz (Civic Competence) 1959–1974

Prozentsatz der Befragten, der angibt, etwas gegen ungerechte lokale oder nationale Entscheidungen unternehmen zu können

	lokale Kompetenzen			nationale Kompetenzen		
	1959	1974	Diff. %	1959	1974	Diff. %
USA	77	77	0	75	82	+ 7
Großbritannien	78	74	– 4	62	66	+ 4
Bundesrepublik	62	70	+8	38	59	+21

Quelle: *Conradt* 1980, S. 232 m. w. A.

- das Vertrauen in die Regierung ist gestiegen,
- die Unterstützung des politischen Systems ist nun größer als beispielsweise in Großbritannien,
- das generelle Niveau gesellschaftlichen Vertrauens und der Offenheit gegenüber anderen ist erheblich höher geworden, und auch
- die Beteiligung am politischen Prozeß und an politischen Konflikten ist gestiegen.

Während allerdings einige die wachsende Beteiligung und das erhöhte Konfliktniveau als Zeichen einer aufkommenden Krise interpretieren (Bonn ist doch Weimar), sehen andere darin eher ein Anwachsen der Akzeptanz und der Identifikation mit dem demokratischen System und daher Anzeichen für die „Gesundheit" und die „Vitalität" unseres politischen Systems.

c) Wertwandel: Ändert sich die politische Kultur?

In den beiden letzten Abschnitten wurde deutlich, daß die politische Kultur der Bundesrepublik Deutschland nicht vollkommen festgelegt und unveränderlich ist, sondern sich, wie jede politische Kultur, in einem ständigen (wenngleich langsamen) Wandel befindet. Unklar blieb allerdings, in welche Richtung diese Änderungen stattfinden und wie sie zu interpretieren sind.

Inzwischen besteht in der wissenschaftlichen Literatur weitgehend Einigkeit darüber, daß tatsächlich in den letzten Jahren ein erheblicher Wertwandel stattgefunden hat. In einer Sekundäranalyse von Meinungsumfrageergebnissen für den Zeitraum von 1951 bis 1974 kommt z. B. Peter *Kmieciak* zu dem Ergebnis, daß langfristig Werte, die traditionell mit unserer Leistungsgesellschaft identifiziert werden, eher im Abnehmen begriffen sind, während individuelle, hedonistische Werte und Ziele, die mehr auf Selbstverwirklichung und persönliches Glück gerichtet sind, eher zunehmen (vgl. hierzu *Kmieciak* 1976, S. 384 ff.; s. a. *Raschke* 1980, S. 40 f.).

An Bedeutung verlieren so
- Arbeitstugenden wie Fleiß, Disziplin usw.,
- Folgebereitschaft gegenüber fremdgesetzten Ordnungs- und Leistungserwartungen,
- Erwerbsstreben, d. h. materielle Sicherheit durch harte Arbeit,
- Aufstiegsstreben, das Interesse am beruflichen Erfolg und am Sichtbarmachen von Statusdifferenzierungen.

Gleichzeitig nehmen zu
- das Interesse an Selbstverwirklichung und persönlichem Glück,
- das Verlangen nach Gleichberechtigung in sozialen Beziehungen,
- der Wunsch nach Mitbestimmung und Teilhabe an sozialen Entscheidungen,
- verbunden mit einem einschneidenden Wandel der traditionellen Rollen von Mann und Frau in der Gesellschaft.

Ganz allgemein spricht *Klages* davon, daß das „protestantische Arbeitsethos" (*Max Weber*, vgl. auch LB 2, 3.1.1), d. h. das auf Arbeit und Pflichterfüllung als zentrale Voraussetzungen menschlichen Glücks aufbauende Gesellschaftsverständnis im Abklingen ist. Es findet eine tendenzielle Rangminderung derjenigen Werte statt, die die

„pflichtethisch begründete Fügsamkeit und Folgebereitschaft gegenüber fremdgesetzten Ordnungs- und Leistungserwartungen unter Verzicht auf Chancen eigener Antriebserfüllung betreffen. . . . Eine Rangerhöhung erfahren demgegenüber alle diejenigen Werte, welche die Geltendmachung von Selbstentfaltungsbedürfnissen und von Bedürfnissen nach selbstbezogenen Erfüllungserlebnissen begünstigen" (*Klages* 1983, S. 341; außerdem *Klages* 1984).

Uneinigkeit besteht allerdings darüber, inwieweit dieser vermutliche „Wertwandel" tatsächlich stattgefunden hat, ob es sich nicht vielleicht um einen „Wertverlust" oder um eine „Wertergänzung" handelt, und inwieweit sie positiv oder negativ zu bewerten sind. Diskutiert wird also z. B., ob die Veränderung zentraler Werte problematische Auflösungstendenzen der gegenwärtigen gesellschaftlichen Strukturen enthält (wie Klages annimmt) oder ob nicht ein Beitrag zur Fortentwicklung unseres politischen und gesellschaftlichen Systems geleistet wird. Von besonderer Bedeutung in der wissenschaftlichen Diskussion ist in diesem Zusammenhang ein von Ronald *Inglehart* eingeführter Erklärungsversuch (vgl. hierzu ausführlich *Inglehart* 1977, *ders.* 1979 a). Inglehart sieht in den westlichen Gesellschaften eine Entwicklung von „materialistischen" Werten hin zu „post-materialistischen" Werten. Seine Interpretation des Wertwandels beruht dabei auf zwei zentralen Hypothesen:

- einer *Mangelhypothese,* d. h. die Prioritäten eines Individuums reflektieren seine sozio-ökonomische Umwelt; man schätzt jene Dinge subjektiv am höchsten ein, die verhältnismäßig knapp sind,
- und einer *Sozialisationshypothese,* nach der das Verhältnis zwischen sozioökonomischer Umwelt und Wertprioritäten nicht eines der unmittelbaren Anpassung ist, sondern erst mit beträchtlichen zeitlichen Verzögerungen wirksam ist, da die Grundwerte einer Person zum größten Teil jene Bedingungen reflektieren, die während ihrer Jugendzeit vorherrschten.

Die Mangelhypothese stimmt überein mit dem wirtschaftstheoretischen Begriff des sich vermindernden Grenznutzens, d. h., je mehr ich von einer Sache zur Verfügung habe (z. B. Schokolade), desto weniger „Genuß" habe ich davon (die dritte Tafel wird mir kaum noch schmecken). Diese Hypothese wird ergänzt durch eine weitere Hypothese über die Priorität, die hinsichtlich spezifischer nicht-materieller Bedürfnisse zu erwarten ist. Und zwar wird hier die Annahme eingeführt, daß es eine motivationsbeeinflussende Bedürfnishierarchie gebe (*Maslow* 1954). Danach ist der Mensch zunächst an der Befriedigung seiner physischen Bedürfnisse interessiert, bevor er daran denken kann, soziale Bedürfnisse der Selbstverwirklichung zu realisieren:

„In seiner einfachsten Form wird der Gedanke einer dem menschlichen Verhalten zugrunde liegenden Bedürfnishierarchie wahrscheinlich beinahe allgemeine Zustimmung finden. Die Tatsache, daß unbefriedigende physiologische Bedürfnisse Priorität vor sozialen, intellektuellen oder ästhetischen Bedürfnissen haben, hat sich in der Geschichte der Menschheit nur allzuoft gezeigt. Hungernde Menschen geben der Beschaffung von Nahrungsmitteln höchste Priorität, und Menschen, die kein Wasser haben, werden beinahe jede Maßnahme ergreifen, die zu seiner Erlangung führt" (*Inglehart* 1979 a, S. 282).

Abbildung 18: Items zur Messung von Wertprioritäten und die Bedürfnisse, die sie abdecken sollen, nach *Inglehart*

Soziale Bedürfnisse und Selbstverwirklichung (postmaterialistisch)	Ästhetisch:	Schöne Städte/Natur
	Intellektuell:	Ideen zählen mehr als Geld Freie Rede
	Zugehörigkeit und Achtung:	Weniger unpersönliche Gesellschaft Mehr Mitbestimmung am Arbeitsplatz Mehr politische Mitbestimmung
Physische Bedürfnisse (materialistisch)	Sicherheitsbedürfnisse:	Starke Verteidigungskräfte Verbrechensbekämpfung Öffentliche Ordnung
	Versorgungsbedürfnisse	Stabile Wirtschaft Wirtschaftswachstum Kampf gegen steigende Preise

Quelle: *Inglehart* 1979a, S. 286.

Ausgehend von diesen Hypothesen entwickelt Inglehart nun eine Skala zur Messung von Wertprioritäten und den Bedürfnissen, die diese abdecken sollen (vgl. Abb. 18). Demnach können physische Bedürfnisse in Versorgungs- und Sicherheitsbedürfnisse unterschieden werden, während die sozialen Bedürfnisse in Zugehörigkeit und Achtung bzw. ästhetische und intellektuelle Bedürfnisse eingeteilt werden. Diesen Bedürfnissen werden nun verschiedene Aussagen (‚items') zugeordnet, z. B.

- wenn jemand „Wirtschaftswachstum" oder „Kampf gegen steigende Preise" für besonders wichtig hält, dann sind ihm die physischen Bedürfnisse besonders wichtig, und Inglehart bezeichnet ihn dann als einen *Materialisten;*
- wenn jemand aber „mehr Mitbestimmung am Arbeitsplatz" oder „freie Rede" für besonders wichtig hält, nehmen bei ihm soziale oder Selbstverwirklichungs-Bedürfnisse einen besonders hohen Stellenwert ein, und Inglehart bezeichnet ihn dann als *Postmaterialisten.*

Ausgehend von der zweiten, der generationsspezifischen Sozialisationshypothese wird nun angenommen, daß Personen, in deren Jugend die Befriedigung physischer Bedürfnisse problematisch war, eher materialistische Werte für wichtig halten werden, während Menschen, deren physische Bedürfnisse schon immer weitgehend gesichert waren, eher an postmaterialistischen Werten interessiert sind. Vereinfacht: ältere Leute werden eher materialistische Werte hochhalten, jüngere eher postmaterialistische.

Inglehart kann auf der Basis von Befragungen zeigen, daß die in Abb. 18 aufgeführten Werte tatsächlich in dieser Art geordnet werden können und daß es in der Bevölkerung verschiedener westlicher Länder Bevölkerungsteile gibt, die eher als Materialisten bzw. Postmaterialisten bezeichnet werden können, weil sie jeweils eine entsprechende Präferenz in ihren Werten aufweisen.

Im Rahmen einer international vergleichend durchgeführten Untersuchung zeigt sich, daß die verschiedenen Hypothesen, mit denen der beobachtbare Wertwandel erklärt werden soll, sich bestätigen:

- In allen untersuchten Ländern haben jüngere Menschen eher postmaterialistische Wertprioritäten als ältere.
- Die Unterschiede zwischen den Generationen sind am größten in dem Land, in dem die materielle Lage sich am meisten verändert hat, und am geringsten dort, wo die materielle Lage am stabilsten geblieben ist. D. h., die altersbedingten Unterschiede sind am größten in Deutschland, das in den letzten Jahrzehnten sowohl schnelles wirtschaftliches Wachstum als auch die Entwicklung von einer Vergangenheit mit wiederholter Zerstörung und Zusammenbruch der Ordnung zu einer von sozialer und politischer Stabilität geprägten Gegenwart erfahren hat. Sie sind am geringsten in Großbritannien, das schon zu Anfang des 20. Jahrhunderts relativen Wohlstand und militärische Sicherheit genoß, dafür aber in der Zwischenzeit relativ geringere Fortschritte machte (vgl. Abb. 19, *Inglehart* 1979a, S. 296ff., sowie weitere Arbeiten des gleichen Autors 1977 und 1979b).

Abbildung 19: Wertprioritäten nach Altersgruppen in fünf westlichen Ländern 1974 (Prozentualer Anteil der materialistischen oder postmaterialistischen Kategorie)

Altersgruppen	Niederlande		Großbritannien		USA		BRD		Österreich	
	Mat.	P-Mat.	Mat.	P-Mat.	Mat.	P.-Mat.	Mat.	P-Mat.	Mat.	P-Mat.
16–29	11%	28%	21%	13%	28%	17%	32%	15%	25%	9%
30–39	18	27	27	8	38	11	50	8	41	6
40–49	21	13	25	9	49	4	56	5	44	3
50–59	26	17	29	10	45	8	64	2	40	1
60–69	23	11	40	6	51	3	65	1	52	3
70+	38	11	46	2	42	4	74	2	–	–

Quelle: *Inglehart* 1979 a, S. 296.

Zusätzliche empirische Belege, die Inglehart zur Stützung seiner Hypothesen anbringt, sollen hier nicht referiert werden, aber die Zusammenfassung seiner Thesen ergibt einige interessante Einblicke:

- In den westlichen Ländern ist ein Wertwandel zu beobachten, der als Entwicklung von materialistischen hin zu postmaterialistischen Werten beschrieben werden kann.
- Anhänger postmaterialistischer Werte sind vor allem jüngere, aus sog. „besseren Kreisen" stammende Bürger, die in ihrer Jugend keinen Mangel an materialistischen Bedürfnissen gekannt haben, und daher postmaterialistische Bedürfnisse besonders hoch bewerten.
- Anhänger materialistischer Werte sind insbesondere diejenigen, in deren Jugend die Erfüllung materialistischer Bedürfnisse problematisch war und die daher auch im weiteren Verlauf ihres Lebens die Erfüllung dieser Sicherheits- und Versorgungsbedürfnisse für sehr wichtig halten.
- Mit steigendem materiellen Wohlstand ist daher eine Entwicklung hin zu mehr postmaterialistischen Werten zu erwarten.

*Inglehart*s Beschreibung und Erklärungsversuch des in den westeuropäischen Industriestaaten zu beobachtenden Wertwandels gehört sicherlich zu den in den letzten Jahren am meisten diskutierten und kritisierten sozialwissenschaftlichen Theorien. Sowohl seine Annahmen (insbesondere die Maslowsche Bedürfnishierarchie und die Stabilität von einmal erworbenen Werthierarchien), die von ihm verwendeten Methoden (Auswahl und Hierarchisierung der Werte) und die theoretische Reichweite des Konzepts (Zusammenhang von Wertorientierung und politischem Verhalten) sind umfassend kritisiert worden (vgl. zu einer Zusammenfassung der Kritikpunkte *Müller-Rommel* 1983).

Insbesondere ist bestritten worden, daß tatsächlich ein *Wandel* der Werte stattgefunden hat und daß es eindeutig Gruppen mit festgelegten Wertprioritäten gibt. *Klages/Herbert* vermerken, daß nicht von einem eindeutigen Wertwandel gesprochen werden kann, sondern daß in unserer Gesellschaft *gleichzei-*

tig die folgenden Wertveränderungen sichtbar werden (vgl. *Klages/Herbert* 1983, S. 113ff.):

- Wert*synthese,* d. h. ältere, traditionelle und neue, unkonventionelle Werte werden integriert; gleichzeitig wird der Einstellungs- und Verhaltensspielraum ausgeweitet;
- Wert*verlust,* d. h. die Menschen fallen aus traditionellen Wertvorstellungen heraus, ohne daß neue Werte vorhanden sind, die das Verhalten eindeutig steuern würden; Einstellungen und Verhaltensweisen können nicht mehr von fundierten Wertdispositionen her verstanden werden, sondern sind in starkem Maße von situationsgebundenen Einflüssen bestimmt;
- Wert*umsturz,* d. h. alte, traditionelle Werte werden vollständig durch neue, entgegengesetzte Werte ersetzt, wie es z. B. die These von Inglehart impliziert.

Außerdem ist umstritten, ob die zu beobachtenden Wertveränderungen auch zu Wandlungen in den politischen Einstellungen und im politischen Verhalten führen. So wird auf der einen Seite vermutet, daß die klassische links/rechts-Aufteilung des politischen Spektrums, die sich vor allem an der Interpretation der zentralen Werte Freiheit, Gleichheit und Brüderlichkeit festmachen läßt, durch eine neue Dimension zwischen materialistischen und postmaterialistischen Werten überlagert wird. Auf der anderen Seite wird vermutet, daß die links/rechts-Dichotomie nur einen neuen, „moderneren" Inhalt erhält.

So kann z. B. versucht werden, neuere politische Entwicklungen in der Bundesrepublik auf diese Weise zu interpretieren:

- die Wahlerfolge der „Grünen" beruhen auf dem Erstarken einer postmaterialistischen Bevölkerungsgruppe, die im traditionellen Parteiensystem nicht ausreichend repräsentiert wurde;
- die Probleme der SPD, zu eindeutigen Aussagen in umstrittenen Politikbereichen (z. B. Kernenergie) zu gelangen, sind aus dem Vorhandensein eines traditionellen (materialistischen) Flügels (klassische SPD-Arbeitnehmer) und eines unkonventionellen (postmaterialistischen) Flügels (Intellektuelle, Jusos) zu interpretieren;
- das „Wendemanöver" der FDP beruht danach in erster Linie darauf, daß die Partei nach einer Zeit der Beschäftigung mit „neuer Politik", d. h. postmaterialistischen Problemen, sich wieder der klassischen „alten", d. h. materialistischen Politik zuwendet, und zwar auf der rechten Seite des Parteien-Spektrums.

(Vgl. hierzu u. a. *Bürklin* 1981; die Kontroverse zwischen *Murphy et al., Klingenmann* und *Bürklin* in der PVS 1982 und *Inglehart* 1983.)

Überblick 2: Pluralistische Leistungsgesellschaft

Merkmale	Wichtige Kategorien			
	Zentrale Annahmen/Aussagen/Begriffe	Historischer Ursprung/ideolog. Begründung	Verwirklichung in der Bundesrepublik	Entwicklung in der Bundesrepublik
Leistungsprinzip	– reguliert *Status* in der Gesellschaft – legitimiert *Ungleichheit* – *Konkurrenzprinzip* in der Gesellschaft	– Entwicklung des Kapitalismus und der bürgerlichen Gesellschaft – protestantische Arbeitsethik	*Verwirklicht* z. B. in – Schule/Ausbildung – Sport – Arbeitsmarkt („Ellbogengesellschaft") *nicht rein verwirklicht* durch – Vorteile aus gesellsch. Status – Sozialstaat – Beamtenstatus usw.	gleichzeitig – Ausdehnung des Leistungsprinzips (vor allem Schule, Arbeitsmarkt) und – Infragestellung (z. B. alternative Lebensformen = Gegenkultur)
Soziale Schichtung	– es gibt *Ungleichheit* in der Gesellschaft – zeigt sich in verschiedenen sozialen *Schichten* – mehrere *Merkmale* (insbesondere Einkommen, Bildung, Prestige, Macht)	– „natürliche" Ungleichheit – notwendige *soziale* Differenzierung, Arbeitsteilung – Entwicklung der kapit. Gesellschaft: „Klassen" (mit folgenden Differenzierungen)	– *Schichtenpyramide* mit Begründungen: ● Ungleichheit der Bildungschancen ● ungleiche Einkommensverteilung ● Prestige ● Machtpositionen	– traditionelle „Ungleichheit" (wird nach 1945 beibehalten) – Verstärkung durch Dominanz des Leistungsprinzips bei ungleichen Startbedingungen – Konzentrationsbewegung

Pluralismus	– es gibt unterschiedliche *Interessen,* – sie organisieren sich in *Gruppen* und *Verbänden* – *Konflikte* entstehen, werden nach akzeptierten Regeln ausgetragen, führen zum *Kompromiß*	– Liberalismus – Schutz des Eigentums vor Staat – Marktwirtschaft – Entwicklung zur „Gruppengesellschaft"	– es gibt eine große Anzahl *Verbände* – diese üben erheblichen *Einfluß* aus – trotzdem noch unorganisierte (unberücksichtigte) Interessen	– Ausweitung des organisierten Interessenspektrums – Konzentrationsprozesse – Verbändestaat – Korporatismus? – neue soziale Bewegungen
Politische Kultur	– grundlegende Einstellungen, Meinungen und Werte gegenüber dem polit. System, – oft unterschwellige emotionale Orientierungen und Werthaltungen (mit Kontinuität und relativer Homogenität) – Bereitschaft zur polit. Partizipation – Art der Wahrnehmung und Verarbeitung von „Politik"	– obrigkeitsstaatliche Geschichte („Kaiserreich") – keine „gelungene" Revolution – allgemeine und spezielle Sozialisation	– unpolitische Einstimmung auf Demokratie – Nachwirken etatistischer und reduktionistischer Traditionen – positive Einschätzung des Ökonomischen – Passivität gegenüber Politik – geringes „Vertrauen"	– größeres Vertrauen in Demokratie – Angleichung an westeuropäische Länder – Wertwandel bzw. Wertumsturz oder Wertsynthese

3.3 Grundlegende Literatur

Bolte, Karl Martin/Hradil, Stefan: Soziale Ungleichheit in der Bundesrepublik Deutschland, Opladen 1984.

Dahrendorf, Ralf: Gesellschaft und Demokratie in Deutschland, München 1965.

Greiffenhagen, Martin/Greiffenhagen, Sylvia/Prätorius, Rainer (Hrsg.): Handwörterbuch zur politischen Kultur der Bundesrepublik Deutschland. Ein Lehr- und Nachschlagewerk, Opladen 1981.

Klages, Helmut: Wertorientierungen im Wandel, Frankfurt/M. etc. 1984.

Klages, Helmut/Kmieciak, Peter (Hrsg.): Wertwandel und gesellschaftlicher Wandel, Frankfurt/M. 1979 (darin u. a. Beiträge von Inglehart u. a.).

Schäfers, Bernhard: Sozialstruktur und Wandel der Bundesrepublik Deutschland. Ein Studienbuch zu ihrer Soziologie und Sozialgeschichte, Stuttgart 1979 (2. Aufl.).

Statistisches Bundesamt (Hrsg.) in Zusammenarbeit mit dem Sonderforschungsbereich 3 der Universitäten Frankfurt und Mannheim: Datenreport 1985. Zahlen und Fakten über die Bundesrepublik Deutschland, Bonn 1985.

Weber, Jürgen: Die Interessengruppen im politischen System der Bundesrepublik Deutschland, München 1981.

4. Staat: „Demokratischer und sozialer Rechts- und Bundesstaat“

4.1 Normativ verfassungsrechtliche Grundprinzipien der Bundesrepublik

Im Unterschied zu den übrigen westeuropäischen Verfassungsstaaten, in denen sich die geschriebenen oder ungeschriebenen Grundlagen staatlichen Lebens nach und nach entwickelten, entstand in den westlichen Besatzungszonen die Verfassung, das „Grundgesetz“, bevor es die Bundesrepublik gab. Nicht ein Staat hat sich eine Verfassung gegeben, sondern eine verfassunggebende Versammlung hat einen Staat „geschaffen“.

Obwohl das Grundgesetz von fast allen beteiligten Schöpfern als Neuanfang oder zumindest als Chance zum Neuanfang gesehen wurde, handelt es sich zweifellos nicht um eine radikale Neuschöpfung. Die Grundprinzipien dieser Verfassung sind nicht in einem geschichtslosen Vakuum entstanden, sondern sie beruhen auf historischen Gegebenheiten, auf Erfahrungen und Traditionen. Am Anfang stand zwar das Grundgesetz, wenn man jedoch seine geistigen, politischen, wirtschafts- und sozialgeschichtlichen Fundamente nicht zur Kenntnis nimmt, wird man es nur unzulänglich verstehen können. Als *wichtigste Prinzipien der im Grundgesetz (GG) entworfenen staatlichen Ordnung* sind allgemein anerkannt

- das Republikprinzip,
- das Bundesstaatsprinzip,
- das Rechtsstaatsprinzip,
- das Sozialstaatsprinzip,
- das Demokratieprinzip.

Diese Prinzipien sind in verschiedenen Artikeln des Grundgesetzes festgelegt und ausgestaltet. In allgemeinster Form sind sie in Art. 20, Abs. 1, und Art. 28 Abs. 1 GG benannt:
- Die Bundesrepublik Deutschland ist ein demokratischer und sozialer Bundesstaat (Art. 20, Abs. 1 GG);
- Die verfassungsmäßige Ordnung in den Ländern muß den Grundsätzen des republikanischen, demokratischen und sozialen Rechtsstaates im Sinne dieses Grundgesetzes entsprechen (Art. 28, Abs. 1 GG).

Von diesen Prinzipien ist das Republikprinzip sicher das eindeutigste und deshalb auch unumstritten. Daß die Bundesrepublik keine Monarchie sein soll, ergibt sich bereits aus dem Namen. Wir wollen deshalb auf die Erörterung dieses Verfassungsgrundsatzes verzichten und uns auf die vier anderen Prinzipien konzentrieren; zumal diese – wie die politische und theoretische Diskussion immer wieder zeigt – durchaus Raum für kontroverse Ansichten lassen. Sie sollen in den folgenden Abschnitten jeweils kurz erläutert und hinsichtlich ihrer Ausgestaltung im Grundgesetz beschrieben werden.

Vorab sollen einige generelle Bedingungen und Wurzeln des Grundgesetzes kurz erläutert werden. Dabei sind zunächst 1945 aktuell wirksame Faktoren anzuführen, nämlich
- die Erfahrungen mit der Weimarer Demokratie und der nationalsozialistischen Diktatur (die etwa bei der konkreten Ausgestaltung des Rechtsstaates oder bei der Stellung des Bundespräsidenten eingeflossen sind) und
- die Einflußnahmen der Alliierten (die zum Beispiel bei der Ausformung des Föderalismus, aber auch bei der frühzeitigen Verhinderung wirtschaftsdemokratischer Vorstellungen bemerkbar waren).

Noch wichtiger erscheinen aber die längerfristig bedeutsamen Grundlagen des Grundgesetzes, die dieses entscheidend vorgeformt und mitgestaltet haben: So einerseits die 1949 bereits nicht mehr ernsthaft zur Disposition stehende Vorentscheidung für einen sozialen Kapitalismus und eine pluralistische Leistungsgesellschaft. Andererseits aber auch das vielfältige Gemenge von eher auf den Staat bezogenen Traditionen, wie etwa
- die Entwicklung des preußisch-deutschen Obrigkeitsstaates,
- die Entwicklung der liberalen parlamentarischen Demokratie angelsächsischer Prägung,
- die Ideen einer direkten und identischen Demokratie im Gefolge *Jean Jacques Rousseaus*,
- die Erfahrungen und Erfolge der Arbeiterbewegung in den vergangenen einhundert Jahren.

Die Beziehungen zwischen diesen im Grundgesetz scheinbar zeitlos festgesetzten normierenden Grundprinzipien und ihren historischen Bedingungen und Wurzeln werden hier nur kurz beschrieben. Die knappe Darstellung soll die Grundlage für eine eingehende Analyse der Bedingungen und Praxis der Innenpolitik in der Bundesrepublik Deutschland liefern.

4.1.1 Bundesstaatsprinzip

Das zentrale Grundprinzip der bundesstaatlichen Organisation der Bundesrepublik Deutschland ist die *Eigenstaatlichkeit der Länder.* Länder sind nach diesem Verständnis nicht einfach Teile oder Untergliederungen des Staates, vielmehr ist die Ausübung der Staatsgewalt (traditionell: Legislative, Exekutive, Judikative) auch noch zwischen „Gesamtstaat" (Bund) und „Gliedstaaten" (Ländern) aufgeteilt. Die Verfassung gestaltet also das Verhältnis von Bund und Ländern nach dem Grundsatz der Gleichberechtigung oder zumindest Gleichgewichtigkeit:

„*Föderalismus* bezeichnet als politisches Grundprinzip die freie Einung von differenzierten, grundsätzlich gleichberechtigten, in der Regel regionalen politischen Gesamtheiten, die auf diese Weise zu gemeinschaftlichem Zusammenwirken verbunden werden sollen" (*K. Hesse* 1984, S. 85).

Genau hierin unterscheidet sich die Stellung der Länder von der der Gemeinden im staatlichen Aufbau der Bundesrepublik Deutschland. Die *Gemeinden* haben zwar das Recht, „alle Angelegenheiten der örtlichen Gemeinschaft im Rahmen der Gesetze in eigener Verantwortung zu regeln" (Art. 28, Abs. 2 GG), sind jedoch *Teile der Länder,* keine eigenständigen staatlichen Subjekte.

Praktische Bedeutung hat diese verfassungsrechtlich besondere Stellung der Länder vor allem im Rahmen der unterschiedlichen Zuständigkeiten und Kompetenzen von Bund und Ländern für Gesetzgebung, Verwaltung und Rechtsprechung. Grob zusammengefaßt enthält das Grundgesetz hier folgende normative Festlegungen:

- Für die *Gesetzgebung* sind sowohl Bund als auch Länder zuständig. Die Aufzählungen des Grundgesetzes geben aber dem Bund die Möglichkeit, fast alle Gesetzgebungsmaterie als ausschließliche (Art. 71 und 73 GG), konkurrierende (Art. 72, 74 und 74a GG) oder zumindest rahmensetzende (Art. 75 GG) an sich zu ziehen. Die Länder haben Zustimmungs- und Einspruchsrechte durch den Bundesrat, der formal ein Bundesorgan ist. Bei bestimmten, im Grundgesetz festgelegten „Zustimmungsgesetzen" müssen die Länder zustimmen und können außerdem nicht überstimmt werden (z. B. Kultur, Umweltschutz).
- Für die *Verwaltung* sind grundsätzlich die Länder zuständig (Art. 83 GG). Der Bund hat für die Durchführung seiner Gesetze normalerweise nur die Rechtsaufsicht; nur in ganz begrenzten Bereichen hat der Bund einen eigenen Verwaltungsunterbau (z. B. Bundeswehr).
- In der *Rechtsprechung* überwiegen quantitativ die Gerichte der Länder; entscheidend sind aber die obersten Bundesgerichte, da sie die Entscheidungen der anderen Gerichte aufheben können und auch rechtschöpfend wirken.

Diese sehr abstrakten Festlegungen sind in den einzelnen Politikbereichen unterschiedlich ausgestaltet. Es gibt reine Bundesangelegenheiten (etwa Verteidigung) und reine Länderangelegenheiten (etwa Kommunalgesetzgebung) und dazwischen eine Vielzahl von Mischformen. Besonders wichtig sind z. B.

die Regelungen der *Finanzverfassung*. Dort ist festgelegt, daß sowohl Bund wie Länder und Gemeinden über eigene Finanzquellen verfügen. Die Länder haben aber kaum eigene Befugnisse zur Kontrolle über diese Quellen, umgekehrt kann der Bund – abgesehen von wenigen Steuerarten (z. B. Mineralöl- oder Tabaksteuer) – seinerseits nicht ohne die Zustimmung der Länder im Bundesrat über die Quellen entscheiden.

Gerade das letzte Beispiel macht eine zentrale Eigenschaft der Ausgestaltung des Föderalismus im Grundgesetz deutlich: Es besteht ein *Spannungsverhältnis* zwischen umfassend geregelten *getrennten Kompetenzen* und der überall angelegten Notwendigkeit zur *Zusammenarbeit* zwischen Bund und Ländern. Obwohl beide im Grundgesetz ihren eigenen Bereich staatlicher Tätigkeit zugewiesen bekommen haben, sind sie darauf angewiesen, in fast allen Bereichen zusammenzuarbeiten (vgl. Abb. 20).

Abbildung 20: Kompetenzverteilung nach dem Grundgesetz

	Bund	Länder
Gesetzgebung	– fast alle Gesetzgebungskompetenzen (ausschließliche, konkurrierende, rahmensetzende)	– wenig eigene Gesetzgebungskompetenzen (Polizei, Kultur, Kommunales . . .) – Zustimmungs- und Einspruchsrechte
Verwaltung	– kaum eigene Verwaltungskompetenz – meistens nur Rechtsaufsicht bei der Durchführung	– fast alle Verwaltungskompetenz – Durchführung fast aller Gesetze
Rechtsprechung	– oberste Bundesgerichte	– quantitatives Übergewicht der Landesgerichte

Begründet wird das Bundesstaatsprinzip gewöhnlich auf zwei verschiedenen Wegen, nämlich historisch und funktional:

– Die *historische Begründung* geht in erster Linie von der Existenz ursprünglich unabhängiger Regionen mit unterschiedlicher Tradition, Geschichte, Sprache oder anderen Besonderheiten aus, die zwar in einem Bundesstaat zusammengefaßt werden, trotzdem aber ein gewisses Maß an Eigenständigkeit bewahren. Der Föderalismus gilt als die angemessene Staatsform für den *Zusammenschluß ursprünglich eigenständiger Teile.*
  Historisch war dieses Argument für die Begründung der deutschen bundesstaatlichen Tradition sicher das ausschlaggebende. Ob es allerdings für die Bundesrepublik noch Berechtigung hat, ist zweifelhaft, denn kaum ein Bundesland (mit Ausnahme der Stadtstaaten und Bayern) kann sich auf die historische Tradition einer der „vorföderalen“ deutschen Staaten berufen; sie sind mindestens Zusammenschlüsse von mehreren Kleinstaa-

ten oder überhaupt nur nach der Ratio von Besatzungszonen relativ bunt zusammengewürfelt.

- Verbreiteter ist heute eine *funktionale Begründung*, die den Föderalismus als politisch erwünschte und sinnvolle Organisationsform erklärt (z. B. mit der Größe des Landes). Zentrales Element ist hierbei die *Ausdifferenzierung von staatlichen Aktivitäten.*

  So bestehen die gängige Erklärung und Rechtfertigung des bundesdeutschen Föderalismus in dem Hinweis auf dessen demokratiesichernde und -verstärkende Funktion der zusätzlichen Gewaltenteilung zwischen Bund und Ländern. Die bundesstaatliche Ordnung sorgt nach dieser Argumentation für eine erwünschte politische Differenzierung, ermöglicht die bessere Vertretung von regionalen und anderen Minderheitsinteressen, dient der politischen Profilierung und dem „Regierungstraining" der Opposition und führt darüber hinaus zu größerer Bürgernähe von Politik und Verwaltung, als es in einem Zentralstaat möglich wäre.

Es ist im nachhinein kaum belegbar, welche Faktoren entscheidend dazu geführt haben, daß eine föderalistische Ordnung der Bundesrepublik Deutschland nie ernsthaft umstritten war. Zwar hatten die Alliierten ausdrücklich die Anweisung gegeben, der zu schaffende Staat sollte föderalistisch sein (nicht zuletzt, um von vornherein das Entstehen eines neuen starken deutschen Zentralstaates zu verhindern), aber an einem starken Zentralstaat waren auch die Mitglieder des Parlamentarischen Rates nicht interessiert. Wichtig dürften die Erfahrungen mit der Machtfülle von Zentralgewalt und Partei im Nationalsozialismus gewesen sein. Doch darf auch nicht verkannt werden, daß der Aufbau des neuen Staates mit der Gründung der Länder begann, die sich dann erst „ihren" Bund schufen. Außerdem versprach man sich von einer föderalen Struktur auch eine erleichterte spätere Aufnahme der damaligen sowjetischen Besatzungszone in den Bund. Wie so oft, sind also auch hier für die Erklärung von Verfassungsbestimmungen die in sie eingegangenen Interessenstandpunkte und Ideologien vielgestaltig und kaum eindeutig zu erfassen.

4.1.2 Rechtsstaatsprinzip

Von den in diesem Lernblock vorgestellten verfassungsrechtlichen Grundprinzipien ist das Rechtsstaatsprinzip im Grundgesetz mit der größten Perfektion ausgestaltet. Dies ist auf dessen spezifisch deutsche Tradition und historische Erfahrungen zurückzuführen.

Die „überkommene deutsche Doktrin" vom Rechtsstaat *(Konrad Hesse)* umfaßt allerdings nur einen Teil des heutigen Rechtsstaatsverständnisses, nämlich die *formalen Elemente,* die in erster Linie die *Freiheit des Individuums* schützen sollen. Sie finden sich in einer Reihe von grundgesetzlichen Vorschriften:

- Das Grundgesetz garantiert *Grundrechte,* die in der rechtsstaatlichen Tradition zunächst als Abwehrrechte gegen staatliche Eingriffe in die Rechtssphäre des einzelnen zu verstehen sind.

- Das Grundgesetz normiert die *Bindung aller staatlichen Gewalt an Recht und Gesetz* (Art. 20, Abs. 3 GG). Kein staatlicher Akt darf gegen das Gesetz erfolgen (Vorrang des Gesetzes); die Verwaltung bedarf zum Tätigwerden einer gesetzlichen Ermächtigung (Vorbehalt des Gesetzes).
  Der hergebrachte *Grundsatz der Gewaltenteilung* ist im Grundgesetz in ein *System der Funktionszuordnung* eingegangen, das nicht nur die Trennung von Gesetzgebung, vollziehender Gewalt und Rechtsprechung umfaßt (Art. 20, Abs. 2, Satz 2 GG), sondern auch das bundesstaatliche Gefüge sowie die Regelung der Rechtssetzungsbefugnis der Exekutive (Art. 80, Abs. 1 GG). Die Unabhängigkeit der Rechtspflege wird als institutionelle Verselbständigung der entsprechenden Organe (Art. 92 GG) und als sachliche und personelle Unabhängigkeit der Richter (Art. 97 GG) über die allgemeine Gewaltenteilungsdoktrin hinaus mit besonderen Sicherungen versehen.
- Der *individuelle Rechtsschutz* wird garantiert (Art. 19, Abs. 4 GG). Die gerichtliche Kontrolle aller staatlichen Handlungen umfaßt auch die Sicherung der verfassungsmäßigen Ordnung (Art. 93 GG).
- Durch die Rechtsprechung des Bundesverfassungsgerichts (BVerfG) wurden als *weitere Elemente der Rechtsstaatlichkeit* entwickelt: Rechtsklarheit und Rechtssicherheit, d. h. Rationalität und Berechenbarkeit der Rechtsnormen und der Grundsatz der Verhältnismäßigkeit.

Fast einhellig wird die Meinung vertreten, daß das Grundgesetz in der Bestimmung der Rechtsstaatlichkeit über die formalen Elemente hinausgeht. Es will den *materiellen Rechtsstaat,* jedoch wird hierfür keine eindeutige Definition geboten. Konsens besteht darüber, daß im Grundgesetz der Begriff der Rechtsstaatlichkeit mit dem der Gerechtigkeit und dem der Gleichheit oder umfassender: mit den zentralen Inhalten der Verfassung unlösbar verknüpft ist (vgl. dazu Art. 1, Abs. 3 GG; Art. 19, Abs. 2 GG; Art. 20, Abs. 3 GG, und Art. 79, Abs. 1 und 3 GG). *Materieller Rechtsstaat heißt danach: Gleichheit nicht nur vor dem Gesetz, sondern auch Gleichheit durch das Gesetz, Freiheit nicht nur vom Staat, sondern auch Freiheit im Staat.*

Rechtsstaatlichkeit kann demnach nicht abgehoben sein von der sozialen Realität, die durch Ungleichheiten gekennzeichnet ist, sondern muß auch die Schaffung der sozialen Voraussetzungen zur Inanspruchnahme der allen „gleich“ gewährten Rechte und Freiheiten umfassen. So können in diesem Rechtsstaatsverständnis *Grundrechte* nicht nur im Sinne von negativen Abwehrrechten interpretiert werden; sie sind auch Anspruchsrechte, um ihrer Aktualisierung willen gegeben und insofern ein *Auftrag für den Staat* (vgl. *K. Hesse* 1984, § 9).

Die *Herausbildung des Rechtsstaatsbegriffs* ist wie der Begriff selbst ein typisch deutsches Phänomen. Er hat mit den lange vorher entwickelten Theorien des bürgerlichen Staates nur den materiellen Ursprung gemein, nämlich die Beschränkung der staatlichen Zentralgewalt (die sich im Zuge des Übergangs vom Feudalismus auf die industrielle Warenproduktion herausgebildet hatte) auf Schutz und Sicherung des Eigentums, der Freiheit und der vertraglichen Beziehungen der Bürger.

Nach Ansicht der *Naturrechtstheoretiker* des 17. Jahrhunderts (*Thomas Hobbes, John Locke)* entstehen Gesellschaft und Staat als eine freiwillige und vernünftige vertragliche Übereinkunft, durch die der Wille des einzelnen mit dem Willen der Allgemeinheit in Übereinstimmung gebracht wird. Die Menschen treten einen Teil ihrer Rechte an den Staat ab. Der Staat übernimmt dafür Schutzfunktionen und setzt den Rahmen für den Verkehr innerhalb der sich entwikkelnden Eigentümer-Marktgesellschaft durch Normen, denen seine Macht und Autorität zur allseitigen Anerkennung verhelfen. Für die *englische Entwicklung* ist entscheidend, daß diese Normsetzung (Gesetzgebung) vom Bürgertum selbst qua Mehrheitsentscheid im Parlament ausgeübt wurde und daß vor allem die ausführende Regierung auf das Vertrauen dieser Mehrheit angewiesen war. Die Identität von Staatsfunktion und bürgerlichen Interessen wurde so gewährleistet. Repräsentation, Parlamentarismus und Wahlrecht erwiesen sich als die wichtigsten Transformationsinstrumente.

Vertragstheorien

Die *Vertragstheorien* erreichten ihre größte Verbreitung im Laufe des 17. Jahrhunderts, als die bürgerlichen Individuen sich aus den feudalen Ordnungen lösten. Sie interpretierten die Entstehung der Gesellschaft und des Staates als eine freiwillige und vernünftige vertragliche Übereinkunft. Politische Herrschaft wird also nicht mehr durch eine göttliche Weltordnung legitimiert, sondern als selbstgeschaffenes Rechtsverhältnis, dem man sich freiwillig unterwirft. Dabei werden zwei Vertragsformen unterschieden: der *Gesellschaftsvertrag* (unabhängige Individuen verbinden sich zu einem Gemeinwesen) und der *Herrschaftsvertrag* (zwischen Gemeinschaft und Souverän wird ein – an die Einhaltung bestimmter gegenseitiger Pflichten gebundenes – Vertragsverhältnis geschaffen). Die Notwendigkeit des Vertragsabschlusses ergibt sich aus einem unerträglichen (Thomas Hobbes, 1588–1679) bzw. unerträglich gewordenen (John Locke, 1632–1704; Jean-Jacques Rousseau, 1712–1778) Naturzustand.

Der Gesellschaftsvertrag wird von *Hobbes* als gegenseitige Verpflichtung der Individuen konzipiert, auf das eigene (ursprünglich umfassende) Recht zugunsten eines Dritten, des Souveräns, zu verzichten. Diese Souveränität wird zur schrankenlosen Ermächtigung des zum „Leviathan" gewordenen Staates. Er ist nicht Partner des Vertrages, sondern nur sein Ergebnis und ist deshalb durch den Vertrag auch nicht gebunden. Gesellschaftsvertrag und Herrschaftsvertrag fallen bei Hobbes zusammen. Die Auflösung des Vertrages bedeutet Rückfall in den unbefriedigenden Naturzustand. Für *Locke* sind Gesellschaftsvertrag und Herrschaftsvertrag dagegen voneinander getrennt. Die einzelnen vereinigen sich zu einem Vertrag zwischen der Gesellschaft und dem Souverän. Die Bürger können daher die Macht, die sie dem Souverän übertragen haben, zurücknehmen, ohne zum Naturzustand zurückzukehren. Bei *Rousseau* gibt jeder einzelne im Gesellschaftsvertrag sich selbst und alles, was er vermag, unter die oberste Leitung eines gemeinsamen Willens; dadurch entsteht das Volk, das einziger Träger der Souveränität ist. Der Wille des Souveräns, der Gemeinwille, orientiert sich am Ziel der Aufrechterhaltung des Gemeinwesens. Er kann durch Abstimmung ermittelt werden, allerdings nur dann, wenn die Mehrzahl der Staatsbürger bestimmte sittliche Voraussetzungen erfüllt. Der Gemeinwille (volonté générale) darf also nicht unbedingt gleichgesetzt werden mit dem Willen einer Mehrheit des Volkes (volonté de tous) (siehe ausführlich LB 3, 8.2).

Die *deutsche Entwicklung* verlief dagegen grundlegend anders: Die gegen feudalistische Strukturen gewandte Emanzipationsbewegung des deutschen Bürgertums entwickelte sich nur zögernd und traf daher im 19. Jahrhundert zusammen mit der sich herausbildenden innenpolitischen Macht der Arbeiterbewegung. Durch dieses Zusammenfallen von bürgerlicher Revolution (des „dritten Standes") und sozialer Revolution (des „vierten Standes") gelang es dem deutschen Bürgertum nicht, einen bürgerlichen Staat zu etablieren, also die staatliche Gewalt an sich zu reißen. Sie fiel wie eh und je dem Monarchen zu:

> „In der Revolution von 1849 definierte sich das Bürgertum als die eigentlich herrschaftstragende Klasse, es lehnte folgerichtig auch die Ausdehnung des Wahlrechts auf die Unterschichten ab. Seine Argumente verhüllten nur schlecht die Angst davor, daß die nachdrängenden Unterschichten ihm den gerade real begründeten Herrschaftsanspruch wieder streitig machen würden. In der Sorge um die Erhaltung von Eigentum und Ordnung machte man deshalb der alten herrschenden Klasse Konzessionen auf Kosten der eigenen Emanzipationsvorstellungen; in seiner überwiegenden Mehrheit war das Bürgertum in Deutschland durchaus einverstanden und zufrieden mit der monarchisch-autoritären Ordnung der Gesellschaft und des Staates, da sie Sicherheit, Schutz und Freistellung von der Politik für Wirtschaft und Kultur bot" (*Grebing* 1971, S. 58).

Das aufstrebende Bürgertum erreichte lediglich die formelle rechtliche Bindung der Staatsgewalt und nur einen parlamentarischen Anteil an der Gesetzgebung, eben den „deutschen" Rechtsstaat. In ihm war das Parlament nicht ein Organ des Staates zur Ausübung der Staatsgewalt wie in England, sondern eine „Vertretung des Volkes", d. h. der Untertanen gegenüber der Staatsgewalt. Die Regierung blieb in Deutschland weiter vom Parlament (und damit vom Bürgertum) unabhängig; sie war nur dem Monarchen verpflichtet. Erst aus diesem Sachverhalt entstand das spezifisch deutsche Konstrukt der Trennung von Staat und Gesellschaft im Rechtsstaat.

Die Mehrzahl der oben erwähnten formalen Elemente des Rechtsstaates galt bereits (andeutungsweise) im Obrigkeitsstaat preußisch-deutscher Prägung. Als prinzipiell neues Element wurde im Grundgesetz die Verfassungsgerichtsbarkeit eingeführt. Eine richterliche Normenkontrolle dieser Art gab es vorher nicht. Der Rechtsstaat realisierte sich im formalen Rechtsstaatsverständnis bereits durch die Einhaltung der Legalität. Die in der Weimarer Republik eingeleitete und von den Nationalsozialisten vollendete „legalistische Verfassungspervertierung" *(Denninger)* zeigte drastisch die Möglichkeit des Auseinanderfallens von Recht und Gesetz auf. Im Grundgesetz schlugen sich diese Erfahrungen in der Installierung der Verfassungsgerichtsbarkeit und in der Erweiterung der traditionell formalen Rechtsstaatsidee um die materielle Dimension nieder.

4.1.3 Sozialstaatsprinzip

Obgleich das Grundgesetz im Gegensatz zur Weimarer Reichsverfassung keine sozialen Grundrechte kennt, ist die Qualifizierung der Bundesrepublik als „sozialer Rechtsstaat" (Art. 20 und 28 GG) eindeutig, wenngleich auch unscharf. Das Sozialstaatsprinzip ist lediglich als Postulat ohne nähere Bestimmungen im Grundgesetz verankert. Die *Weite der Formel* macht ihren Inhalt strittig; zumindest über zwei Punkte besteht jedoch weitgehender Konsens:

– Das Sozialstaatsprinzip kennzeichnet den Staat als mitverantwortlich für soziale und wirtschaftliche Prozesse, die nach streng liberalem Selbstverständnis ausschließlich der Gesellschaft überlassen wären.
– Die Realisierung dieses Auftrags ist dem Gesetzgeber aufgegeben.

Die konkrete Ausgestaltung des Sozialstaats ist also letztlich eine politische Entscheidung, eine Frage der politischen und gesellschaftlichen Kräfteverhältnisse (vgl. LB 2, 4.2.3). Die Verfassung läßt für diese Entscheidungen einen großen Interpretationsspielraum zu, der hier durch die Positionen von *Ernst Forsthoff* und *Wolfgang Abendroth* verdeutlicht werden soll (vgl. *Forsthoff* [Hrsg.] 1968):

– *Forsthoff* postuliert, daß die Entscheidung für den Rechtsstaat im Grundgesetz die grundlegende sei und das damit verbundene *gewährleistende* Element folglich dominiere. Da man jedoch nur Bestehendes gewährleisten könne, sei eine grundlegende Änderung des Status quo in Wirtschaft und Gesellschaft ausgeschlossen. *Forsthoff* interpretiert folglich Sozialstaatlichkeit lediglich als *Notwendigkeit zur sozialen Korrektur des Bestehenden;* sie reduziert sich auf Schutz und Hilfe für den einzelnen durch den Staat.
– *Abendroth* sieht dagegen das Sozialstaatsprinzip als Kompromiß der Verfassungsgeber, die sich auf einheitliche Wertvorstellungen im gesellschaftlichen Bereich weitgehend nicht hatten einigen können. Folglich gebe es die Möglichkeit alternativer Sozialstaatskonzeptionen. Er geht bei der Entwicklung seines Modells davon aus, daß die umfassende Formel „demokratischer und sozialer Rechtsstaat" kein Sein, sondern lediglich ein Sollen ausdrücken könne. Er begründet dies mit dem Charakter der Grundrechte, die nicht nur im ausgrenzenden (*Forsthoff*schen) Sinne interpretiert werden dürfen, sondern vielmehr gerade als Teilhaberechte. So begreift er z. B. die Art. 2 (Freiheit der Person), 12 (Freie Berufswahl) und 14 (Eigentum) GG nicht als Garantien der hergebrachten Wirtschafts- und Sozialordnung, sondern als „Einfalltore", die dem demokratischen Staat die Möglichkeit eröffneten, die *Umformung der Wirtschafts- und Gesellschaftsordnung* zu betreiben.

Diese konträren Anschauungen verdichten sich im jeweiligen *Freiheitsbegriff.* Die konservative Sozialstaatsinterpretation hängt einem Freiheitsbegriff an, der sich insbesondere in der Abwehr von staatlichen Eingriffen realisiert und der folglich auch gesellschaftspolitischen Aktivitäten immer „freiheitliche" Schranken entgegenstellt. Hingegen geht die alternative Interpretation von der gesellschaftlichen Bedingtheit individueller Freiheit aus und meint, daß der Verzicht auf staatliche Eingriffe auch Verzicht auf die Verwirklichung größerer gesellschaftlicher Freiheit bedeuten könne (vgl. Abb. 21 und ausführlicher LB 3, 9. „Sozialer Rechtsstaat").

Abbildung 21: Unterschiedliche Sozialstaatsinterpretationen

Modell	wesentliche Kennzeichen	Vertreter
Konservatives Sozialstaatsmodell	– Aus Grundgesetz wird *eindeutiges Sozialstaatsmodell* abgeleitet. – Rechtsstaatliche Bestimmungen des Grundgesetzes gewährleisten den *Status quo;* Sozialstaat dann lediglich zur Korrektur des Bestehenden (Anspruch auf Schutz und Hilfe durch den Staat). – Die *individuelle Freiheit* wird durch Ausgrenzung gegenüber dem Staat gesichert.	*Ernst Forsthoff, Werner Weber*
Progressives Sozialstaatsmodell	– Grundgesetz gilt als offen für *alternative Sozialstaatsinterpretationen.* – Qualifizierung der Bundesrepublik als „demokratischer und sozialer Rechtsstaat" stellt *Wirtschafts- und Sozialordnung zur Disposition der Gesellschaft;* Formel drückt kein Sein, sondern Sollen aus. – Individuelle Freiheit ist bereits gesellschaftlich eingeschränkt; erst *staatliche Eingriffe* schaffen die Möglichkeit größerer gesellschaftlicher Freiheit.	*Hermann Heller, Wolfgang Abendroth, Hans-Hermann Hartwich*

Gerade für das Sozialstaatsprinzip gilt in besonderem Maße, daß die Verfassungsnormen nicht Ausgangspunkt von sozialen und ökonomischen Entwicklungen, sondern lediglich deren konstitutioneller Niederschlag („geronnene" Machtverhältnisse) sind. Die Verantwortung des Staates für und seine Einbindung in gesellschaftliche Prozesse stellen ja kein bundesrepublikanisches Novum dar, sondern haben eine lange, wenn auch häufig verschleierte Tradition.

Den mit theoretischem und ideologischem Eifer und Aufwand gezeichneten liberalen „Nachtwächterstaat", der die Gesellschaft sich zur Selbstregulierung überläßt, hat es in der historischen Realität allenfalls – und dann auch nie in reiner Form – in einer kurzen Phase des funktionierenden Konkurrenzkapitalismus gegeben. Mit den ersten Problemen der sich selbst regulierenden Wirtschaft und Gesellschaft – und diese traten jeweils schon bald nach der vollen Entfaltung der industriellen Produktionsweise auf – sind auch staatliche Eingriffe und Regulierungsversuche zu verzeichnen; nichts anderes war z. B. die Bismarcksche Zoll- und Sozialversicherungspolitik.

Der „soziale" Staat, der in die Gesellschaft eingreift (Interventions-Staat), ist auch – und hieraus gewinnt er seinen fortschrittlichen Charakter – ein Erfolg der Arbeiterbewegung. Dies gilt bereits – wenn auch indirekt – für die obrigkeitsstaatliche Sozialpolitik im Kaiserreich. Die *Herausbildung des Interventionsstaates* diente ja nicht nur der Sicherung der wirtschaftlichen Entwicklung und Stabilität, sondern stellt auch den Versuch dar, mit Hilfe des Staates und über die staatliche Gesetzgebung die Ausübung von gesellschaftlicher und wirtschaftlicher Macht zu zügeln und Abhängigkeiten, Ungleichheit und Unfreiheit abzubauen. Als weitere historische Beispiele sei an die Einführung der Arbeitslosenversicherung, an Regelungen des kollektiven Arbeitsrechts, an die Herausbildung des Mietrechts u. a. m. erinnert. Der erste, der die Idee vom sozialen Rechtsstaat offensiv als Konzept der gesellschaftlichen Veränderung ausformulierte, war der Staatsrechtler *Hermann Heller*. Er entwickelte das Verständnis vom sozialen Rechtsstaat während der Weimarer Republik und danach im holländischen Exil von 1933 (vgl. auch LB 3, 9.3).

4.1.4 Demokratieprinzip

Zentrales Prinzip der staatlichen Ordnung der Bundesrepublik Deutschland ist das Demokratieprinzip.

Alle Staatsgewalt geht vom Volke aus. Sie wird vom Volke in Wahlen und Abstimmungen und durch besondere Organe der Gesetzgebung der vollziehenden Gewalt und der Rechtsprechung ausgeübt (Art. 20, Abs. 2 GG).

Der Begriff „Demokratie“ ist schillernd und nicht präzise definierbar, da abhängig vom jeweiligen Theorie- und Interessenhintergrund (vgl. LB 3, 8. „Demokratie“). Im folgenden soll es nur darum gehen, die im Grundgesetz normierten Bestandteile der staatlichen Demokratie zu erläutern. Dabei lassen sich vier Elemente unterscheiden: Das *Demokratieverständnis des Grundgesetzes* geht aus von einer

- *repräsentativen* Willensbildung
- mit besonderer Betonung der *Parteien,* bei der
- durch das *Parlament*
- die *Regierung* demokratisch legitimiert und kontrolliert wird.

Volksherrschaft wird im Demokratiemodell des Grundgesetzes nicht unmittelbar hergestellt, sondern bedarf besonderer *Organe* oder *politischer Institutionen.* Solche Institutionen sind nach dem Verständnis des Grundgesetzes insbesondere die Parteien und Parlamente, die Regierung und die Verwaltung. Sie haben in einem modernen pluralistischen Gemeinwesen wie dem der Bundesrepublik mit seinen unterschiedlichen Meinungen, Interessen und vielfältigen Konflikten innerhalb des Volkes die Aufgabe, die politische Einheit herzustellen.

Die demokratische Ordnung des Grundgesetzes soll Raum lassen für die Verfolgung unterschiedlicher politischer Ziele und die Austragung von Konflikten. Um die reale Austragung von Konflikten zu gewährleisten, sieht das Grundgesetz auch den Schutz von Minderheiten vor. Denn: „Wenn in einem pluralistischen Gemeinwesen der politische Prozeß Sache des ganzen Volkes sein soll, dann kommt es nicht nur auf die Mehrheit, sondern auch auf die Minderheiten an“ (*K. Hesse* 1984, S. 61).

Das Demokratiemodell des Grundgesetzes soll deshalb zweierlei garantieren:

- einmal, daß die jeweiligen Inhaber der staatlichen Herrschaft vom Volk mit der Ausübung dieser Macht auf Zeit beauftragt sind (Problem der staatlichen *Legitimation*),
- zum anderen, daß die jeweiligen Machthaber auch tatsächlich den Willen des Volkes ausführen (Problem staatlicher *Willensbildung* bzw. der *Kontrolle* staatlicher Macht).

Beide Prinzipien sind eng miteinander verflochten; staatliche Legitimation ist ohne demokratische Willensbildung und Kontrolle nicht denkbar, umgekehrt dienen Willensbildung und Kontrolle gerade der demokratischen Legitimation.

a) Unmittelbare politische Willensbildung

Willensbildung, Kontrolle und Legitimation werden im Demokratiemodell des Grundgesetzes in erster Linie durch *Wahlen* gewährleistet. Das Volk regiert

---

Wahlsysteme

Grundsätzlich lassen sich zwei Wahlsysteme unterscheiden: *Mehrheitswahl,* d. h. der Kandidat gewinnt, der die meisten Stimmen (relative Mehrheitswahl) oder mehr als die Hälfte der Stimmen (absolute Mehrheitswahl) auf sich vereinigt, und *Verhältniswahl,* d. h. die Kandidaten stehen auf Listen der Parteien, und je nach Stimmenanteil der Liste (Partei) sind die höchstplazierten Kandidaten gewählt.

Das Bundeswahlgesetz (BWahlG) von 1956 sieht vor, daß die 518 Abgeordneten des Deutschen Bundestages nach den Grundsätzen einer *mit der Personenwahl verbundenen,* d. h. leicht modifizierten *Verhältniswahl* gewählt werden (§§ 1, 4–6 BWahlG Ausnahme Berlin, vgl. § 54). Jeder Wähler hat zwei Stimmen. Mit der Erststimme kann Einfluß genommen werden auf die personelle Zusammensetzung des Bundestages, da mit ihr in 259 Wahlkreisen Abgeordnete in relativer Mehrheitswahl gewählt werden. Mit der entscheidenden Zweitstimme für die Landesliste einer Partei bestimmt der Wähler die Stärke der Parteien im Bundestag, denn nach dem Zweitstimmenanteil werden die 518 Sitze im Parlament auf die Parteien verteilt. Eine *Sperrklausel* – bei Verteilung der Sitze werden nur Parteien berücksichtigt, die mindestens 5% der gültigen Zweitstimmen erhalten oder in mindestens drei Wahlkreisen einen Sitz errungen haben (§ 6, Abs. 4, Satz 1 BWahlG) – soll Parteienzersplitterung und die damit häufig verbundenen Schwierigkeiten der Regierungsbildung (wie z. B. in der Weimarer Republik) verhindern (vgl. zur Diskussion über Wahlsysteme in der Bundesrepublik ausführlich *Jesse* 1985).

Bei den Kommunalwahlen werden u. a. in Bayern und Baden-Württemberg weitere Wahlverfahren angewandt. Der Wähler hat mehrere Stimmen, die er auf Kandidaten konzentrieren (kumulieren) oder auf Kandidaten verschiedener Listen verteilen (panaschieren) kann. Diese relativ komplizierten Wahlverhalten geben mit ihren vielfältigen Variationsmöglichkeiten dem Wähler größeren Entscheidungsspielraum: Er beeinflußt z. B. nicht nur das relative Gewicht einer Partei, sondern kann auch Einfluß nehmen auf die Chancen einzelner Personen und die Stärke der verschiedenen Untergruppen innerhalb der Parteien. Hieraus wird ersichtlich, daß mit der Festlegung eines bestimmten Wahlverfahrens entscheidende Einflüsse auf das Parteien- und Regierungssystem genommen werden.

sich nach dieser Vorstellung nicht selbst, ist dazu prinzipiell überhaupt nicht in der Lage, sondern wählt Repräsentanten, die diese Aufgabe für das Volk wahrnehmen. Wahlen zu den politischen Vertretungskörperschaften in der Bundesrepublik Deutschland müssen allgemein, unmittelbar, frei, gleich und geheim sein (Art. 38, Abs. 1, Satz 1 GG und Art. 28, Abs. 1, Satz 2 GG). Neben diesen allgemeinen Bestimmungen überläßt das Grundgesetz die Ausgestaltung des Wahlrechts dem Gesetzgeber (Art. 38, Abs. 3 GG).

Für die unmittelbare politische Willensbildung durch das Volk in *Abstimmungen* (Art. 20, Abs. 2, Satz 2 GG) hat das Grundgesetz einen engen Rahmen gesetzt. Volksentscheide (bei denen das Volk über eine vorgelegte Sachfrage entscheidet) und Volksbegehren (durch die eine bestimmte Anzahl von Bürgern die Schaffung einer bestimmten Regelung verlangen kann) sind vom Verfassungsgeber – vor allem als Reaktion auf die Erfahrungen in der Weimarer Republik und die Machtergreifung Hitlers – auf den Fall der Neugliederung des Bundesgebietes beschränkt worden (Art. 29 und 118 GG); zusätzliche Möglichkeiten gibt es allerdings auf Länder- und Gemeindeebene.

Abbildung 22: Möglichkeiten demokratischer Willensbildung

	permanente Organisation	keine permanente Organisation
den gesamten politischen Bereich umfassend	– Parteien	– Wahlen – öffentliche Meinung – außerparlamentarische Aktivitäten
nur Teilbereiche umfassend	– Verbände – Interessengruppen – Betriebsräte – z. T. Bürgerinitiativen	– Einzelaktionen – Demonstrationen – Bürgerinitiativen

nach *Zeuner* 1970

Neben der politischen Willensbildung durch Wahlen und in gewisser Weise auch durch Abstimmungen gibt es vielfältige weitere Möglichkeiten für die Staatsbürger, ihren Willen zu artikulieren und ihm Nachdruck zu verschaffen (vgl. Abb. 22). Meinungsfreiheit (Art. 5 GG), Demonstrationsrecht (Art. 8 GG), Vereinigungsfreiheit (Art. 9 GG) bilden z. B. die grundgesetzlich gewährleistete Basis für weitere Ansatzpunkte unmittelbarer politischer Willensbildung.

b) Parteien

Im Bereich dieser „unmittelbaren" Institutionen der politischen Willensbildung – im Unterschied zu den „mittelbaren" Repräsentanten des Volkswillens in Parlamenten, Volksvertretungen, Regierungen und den von ihnen beauftragten, beaufsichtigten und kontrollierten Vollzugsorganen (vgl. zu dieser Unterscheidung *Ellwein* 1973, S. 108ff.) – werden vom Grundgesetz die Parteien ausdrücklich hervorgehoben (Art. 21 GG). Damit wurde ein typisch deutsches juristisches Problem der Weimarer Zeit beseitigt: daß nämlich Parteien nicht in der Verfassung erwähnt waren und daher ihre starke Stellung als Widerspruch zur Verfassung galt.

Die *Aufgaben der Parteien* als Träger und Mittler des freien, demokratischen politischen Prozesses (vgl. hierzu und zum folgenden *Zeuner* 1970) werden außer in Art. 21 GG auch im *Parteiengesetz* (PartG) vom 24. Juli 1967 festgelegt. In § 1, Abs. 2 heißt es:

„Die Parteien wirken an der Gestaltung des politischen Willens des Volkes auf allen Gebieten des öffentlichen Lebens mit, indem sie insbesondere

- auf die Bildung der öffentlichen Meinung Einfluß nehmen,
- die politische Bildung anregen und vertiefen,
- die aktive Teilnahme der Bürger am politischen Leben fördern,
- zur Übernahme öffentlicher Verantwortung befähigte Bürger heranbilden,
- sich durch Aufstellung von Bewerbern an den Wahlen in Bund, Ländern und Gemeinden beteiligen,
- auf die politische Entwicklung in Parlament und Regierung Einfluß nehmen,
- die von ihnen erarbeiteten politischen Ziele in den Prozeß der staatlichen Willensbildung einführen und
- für eine ständige lebendige Verbindung zwischen dem Volk und den Staatsorganen sorgen."

Zur Erfüllung dieser Aufgaben werden die Parteien vom Staat finanziell unterstützt (Wahlkampfkostenerstattung), sofern sie mindestens 0,5% der abgegebenen Zweitstimmen erreicht haben.

Der Katalog der Aufgaben der Parteien im Parteiengesetz kann folgendermaßen zusammengefaßt werden:

- sie integrieren die unterschiedlichen gesellschaftlichen Interessen *(Gruppenintegration)*,
- sie sind das zentrale Bindeglied zwischen „Staatsvolk" und „Staatsapparat" *(Transmissionsriemen)*,
- sie rekrutieren und sozialisieren das politische Personal *(Führerauswahl)*,
- ihre zentrale Aufgabe ist schließlich die Teilnahme am Konkurrenzkampf um Wählerstimmen und daran anschließend eventuell die Besetzung öffentlicher Machtpositionen *(Konkurrenz um Macht*, vgl. hierzu LB 3, 8.2 [b]).

c) Parlamente

Während die Parteien vor allem den Aspekt der Willensbildung im demokratischen Modell abdecken, ist für die mittelbaren Institutionen der Volksherrschaft, d. h. insbesondere für Parlamente und Regierungen mehr der Aspekt der Legitimation entscheidend. *Parlamente* sind nach heutigem Verfassungsverständnis nicht mehr primär die Organe der Gesetzgebung. Ihre *Hauptaufgaben* sind vielmehr

- *Bildung der Regierung:* indem die Mehrheitsfraktion(en) (normalerweise) den Regierungschef und damit die Regierung wählt und gegebenenfalls abwählt;
- *Kontrolle der Regierung:* z. B. durch die parlamentarische Verantwortlichkeit, Anfragen, Untersuchungsausschüsse, Budgetrecht. Da Regierung und Parlamentsmehrheit in der Bundesrepublik prinzipiell dieselben politischen Kräfte verkörpern, sind die Kontrollrechte in erster Linie Mittel der Kritik und Kontrolle durch die Opposition und weniger Mittel der Kontrolle durch das Parlament als Ganzem;
- *Schaffung von Öffentlichkeit:* Durch Aktivitäten im Parlament (kleine und große Anfragen, aktuelle Stunden, Debatten) können Alternativen formuliert und artikuliert werden (Selbstdarstellung), die Öffentlichkeit kann informiert, mobilisiert oder eventuell sogar belehrt werden (z. B. durch Fernsehübertragungen);

Historische Wurzeln der Demokratie

Die *historischen und theoretischen Wurzeln des Demokratieprinzips* sind vielschichtig und können hier nur angedeutet werden (siehe hierzu LB 3, 8.). *Zusammengefaßt* lassen sich vor allem zwei Komplexe unterscheiden:

- Zum einen die eher *theoretisch* angeleitete von *Jean-Jacques Rousseau* (1712–1778) geprägte Vorstellung von Demokratie als *Identität* von Herrschern und Beherrschten. Demokratie wird hier nicht nur als Methode zur Herstellung und Kontrolle legitimierter Herrschaft angesehen, sondern sowohl als Mittel als auch als Ziel der Politik, nämlich der freien Selbstbestimmung aller Menschen.
- Neben dieser eher theoretischen Wurzel ist als weitere Grundlage insbesondere das *historische* Modell der liberalen, parlamentarischen Demokratie vor allem angelsächsischer Prägung in das Grundgesetz (wie vorher schon in die Weimarer Verfassung) eingegangen. In diesem Modell wird in erster Linie die effektive Vertretung der Interessen des aufstrebenden Bürgertums garantiert. Dessen Interessen werden durch gewählte *Repräsentanten* im Parlament und durch die von der Parlamentsmehrheit gebildete Regierung wahrgenommen; Entscheidungen werden nach rationalen Auseinandersetzungen getroffen. Diese liberale Demokratieauffassung geht davon aus, daß es die „beste" Lösung gibt, und daß diese durch rationalen Diskurs gefunden werden kann.

Voraussetzung der traditionellen, repräsentativen und parlamentarischen Demokratieauffassung war u. a. eine Begrenzung des Wahlrechts (auf bestimmte begüterte Schichten) und daraus folgend eine weitgehende Interessenübereinstimmung zwischen Wählern und deren Repräsentanten. Gerade diese Voraussetzungen entfielen im Laufe der Erstarkung der Arbeiterbewegung. Durch die Etablierung von Parteien (die dann auch die Vertretung der Interessen bisher unterprivilegierter Klassen und Schichten wahrnehmen) und die Forderung unmittelbarer, allgemeiner, freier, geheimer und gleicher Wahlen wurden diese Grundlagen ausgehöhlt. Durch Einbeziehung gewisser Elemente klassischer Demokratievorstellungen entwickelte sich die moderne Form der „repräsentativen Konkurrenzdemokratie", die auch dem Demokratieverständnis des Grundgesetzes zugrunde liegt.

- *Gesetzgebung:* Die Parlamente sind zwar das letzte, das entscheidende Glied in einem Gesetzgebungsprozeß; ihre Bedeutung hat beim Gesetzentwurf aber durch Arbeitsüberlastung, Informationsvorsprung der Exekutive u. ä. stark abgenommen.

Aufgabe des Parlaments ist demnach weniger die politische Führung, sondern vor allem die *Legitimation dieser Führung*. Der politische Wille wird nicht im Parlament gebildet (so das typisch repräsentativ-liberale Demokratieverständnis), er wird dort ebenfalls *artikuliert* (vgl. hierzu LB 3, 7.2).

d) Regierung

Die politische Führung ist Aufgabe der demokratisch, d. h. im vorgestellten Demokratiemodell parlamentarisch gewählten Regierung: „Sie ist das politisch bestimmende Verfassungsorgan der Staatsleitung" (*Püttner/Kretschmer* 1978, S. 108).

Ihre Legitimation gewinnt die Regierung aus ihrer *Wahl auf Zeit,* ihrer *Verantwortlichkeit* gegenüber dem Parlament, der *Kontrolle* durch das Parlament. Sie ist somit in das demokratische System eingebunden, steht also nicht neben, außer- oder oberhalb der demokratischen Institutionen, sondern ist wie diese eine Einrichtung in der Gesellschaft und selbst eine demokratische Institution (Näheres in der einschlägigen Literatur, insbes. *Ellwein* 1970, *Hesse* 1984 und *Püttner/Kretschmer* 1978).

Die Bundesregierung ist nach einem gleichgewichtigen Mischprinzip organisiert: Kanzler-, Ressort- und Kabinettsprinzip ergänzen sich (Art. 65 und Art. 62 GG). „Starke" Regierungschefs können über eine extensive Handhabung ihrer „Richtlinienkompetenz" dem Kanzlerprinzip mehr Gewicht verleihen („Kanzlerdemokratie" unter *Konrad Adenauer;* vgl. auch LB 3, 10. „Regierung und Verwaltung").

4.1.5 Freiheitlich-demokratische Grundordnung (fdGO)

Zur Charakterisierung der staatlich-demokratischen Ordnung der Bundesrepublik Deutschland wird oft der Begriff der freiheitlich-demokratischen Grundordnung (fdGO) angeführt.

Das Grundgesetz enthält den Begriff freiheitliche demokratische Grundordnung an mehreren Stellen (insbesondere Art. 18, Abs. 2, und Art. 91, Abs. 1 GG). Dort werden die Konsequenzen für den Fall einer Bedrohung des von der Verfassung gewollten und vorgeschriebenen politischen Systems festgelegt. Die Einführung des Sammelbegriffs fdGO in diesem Zusammenhang macht deutlich, daß er nicht alle Verfassungsbestimmungen abdecken, sondern nur die unverzichtbaren Verfassungsgrundsätze umfassen soll. Obwohl das Grundgesetz für die Beeinträchtigung, die Gefährdung und den Mißbrauch der fdGO gravierende Maßnahmen vorsieht (Verwirkung von Grundrechten, Parteienverbot), unterläßt es eine juristische Verifizierung dieses zentralen Begriffs; es gibt *keine Legaldefinition*.

Die Auseinandersetzung mit diesem Defizit kam bei der ersten Anwendung der oben genannten Artikel auf das Bundesverfassungsgericht (BVerfG) zu. Konkreter Anlaß waren die Verbotsprozesse 1952 gegen die (neonazistische) Sozialistische Reichspartei (SRP) und 1956 gegen die Kommunistische Partei Deutschlands (KPD). Das Gericht führte in diesem Zusammenhang zum Begriff der fdGO folgendes aus:

„So läßt sich die freiheitliche demokratische Grundordnung als eine Ordnung bestimmen, die unter Ausschluß jeglicher Gewalt- und Willkürherrschaft eine rechtsstaatliche Herrschaftsordnung auf der Grundlage der Selbstbestimmung des Volkes nach dem Willen der jeweiligen Mehrheit und der Freiheit und Gleichheit darstellt. Zu den grundlegenden Prinzipien dieser Ordnung sind mindestens zu rechnen: die Achtung vor den im Grundgesetz konkretisierten Menschenrechten, vor allem vor dem Recht der Persönlichkeit auf Leben und freie Entfaltung, die Volkssouveränität, die Gewaltenteilung, die Verantwortlichkeit der Regierung, die Gesetzmäßigkeit der Verwaltung, die Unabhängigkeit der Gerichte, das Mehrparteienprinzip und die Chancengleichheit für alle politischen Parteien mit dem Recht auf verfassungsmäßige Bildung und Ausübung einer Opposition" (BVerfGE 2, 12f.).

Das Bundesverfassungsgericht hat mit diesem Urteilsspruch eine im Zusammenhang mit den Beschlüssen des Bundes und der Länder über die Pflicht zur Verfassungstreue im öffentlichen Dienst („Radikalenerlaß") großen Bevölkerungskreisen nachhaltig bekannt gewordene Begriffsumschreibung der freiheitlichen demokratischen Grundordnung geliefert.

Der Terminus „Begriffsumschreibung" ist nicht zufällig gewählt, denn dem Grundproblem der fehlenden Legaldefinition ist mit dem Karlsruher Richterspruch nicht abgeholfen. Bei den Darlegungen des Bundesverfassungsgerichts handelt es sich „nun einmal eben nicht um eine authentische Definition, sondern um einen Interpretationsversuch", aus den man „keine ‚Bibelstelle' machen darf", wie *Günter Dürig* nachdrücklich feststellt (*Maunz/Dürig* 1964, Art. 18, Randnr. 52).

Dürig verweist auch auf einen anderen, damit zusammenhängenden Punkt: Die vom Bundesverfassungsgericht genannten Prinzipien sind durchaus nicht unbedingt in der Form, wie sie in der Bundesrepublik Deutschland institutionalisiert sind, geschützt, sondern weisen z. T. beträchtliche „Toleranzquoten" auf. So verträgt die „Verantwortlichkeit der Regierung" auch Präsidialsysteme, die „Gewaltenteilung" mag vielfach modifiziert werden, und das oft bemühte Begriffspaar „Freiheit und Gleichheit" wird von einer fdGO in verschiedensten Akzentsetzungen verkraftet (*Maunz/Dürig* 1964, Art. 18, Randnr. 56). Der Spielraum, den eine offene, nicht dogmatische fdGO-Interpretation läßt, wird auch von *Peter von Oertzen* betont. Er argumentiert, daß selbst das Rätesystem, unter der Voraussetzung einer Vergesellschaftung der Produktionsmittel nach Art. 15 GG, möglicherweise eine bessere Verwirklichung der fdGO darstellt als der gegenwärtige Parlamentarismus, zumindest jedoch unzweifelhaft mit der freiheitlichen demokratischen Grundordnung vereinbar ist (*von Oertzen* 1977, S. 221).

Läßt sich nun einerseits feststellen, daß die fdGO-Interpretation – im Gegensatz zu der in der politischen Diskussion oft suggerierten Eindeutigkeit –

doch relativ weit ist, so fällt andererseits vor dem Hintergrund der anfangs dargestellten wichtigen Prinzipien des Grundgesetzes auf, daß das Bundesverfassungsgericht in seinem Umschreibungsversuch nur Elemente nennt, die dem Rechtsstaats- und Demokratieprinzip zuzuordnen sind. Bundesstaats-, Sozialstaats- und Republikprinzip werden nicht miteinbezogen, obwohl sie doch nach Art. 79, Abs. 3 GG zu den unveränderbaren Bestandteilen der Verfassung zählen (vgl. Abb. 23).

Abbildung 23: FdGO-Interpretation des Bundesverfassungsgerichtes

Rechtsstaatsprinzip	Demokratieprinzip	Bundesstaatsprinzip	Sozialstaatsprinzip
Menschenrechte, insbesondere Recht der Persönlichkeit auf Leben und freie Entfaltung Gewaltenteilung Gesetzmäßigkeit der Verwaltung Unabhängigkeit der Gerichte	Volkssouveränität Verantwortlichkeit der Regierung Mehrparteienprinzip Chancengleichheit für alle politischen Parteien Recht auf verfassungsmäßige Bildung und Ausübung einer Opposition		

Die Abbildung zeigt, daß die vom BVerfG unter dem Begriff „freiheitliche demokratische Grundordnung" summierten Grundsätze ausschließlich zu jenen Merkmalen des modernen Staates gehören, die die bürgerliche Gesellschaft in der Auseinandersetzung mit dem feudalen und absoluten Staat im liberalen Rechtsstaat und in der repräsentativen Demokratie durchgesetzt hat. *Ulrich K. Preuss* (1973) sieht daher die Gefahr gegeben, daß durch eine solche Interpretation nur ein Teil der Verfassung des modernen Staates, nämlich der „bürgerliche", der die persönliche Freiheit primär gegen den Staat gerichtet sieht, überhöht und zu einer Art „Superlegalität" erklärt wird. Implizit wird dadurch jenen Rechten und Freiheiten, deren Beschränkung ein gesellschaftliches Phänomen ist und deren Verwirklichung nur mit dem Staat möglich ist, ein nachgeordneter Rang zugewiesen.

4.1.6 Zusammenhänge zwischen wirtschaftlichen, gesellschaftlichen und staatlichen Ordnungsformen

Oben wurde schon auf Ähnlichkeiten und Zusammenhänge zwischen der wirtschaftlichen, gesellschaftlichen und staatlichen Ordnung der Bundesrepublik hingewiesen (vgl. LB 2, 2.1.3 und 3.3.1). Offensichtlich bestehen zwischen den Konzepten der „Sozialen Marktwirtschaft", der „pluralistischen Gesellschaft" und der „repräsentativen Demokratie" Verbindungen und

Übereinstimmungen, die nicht zufällig sind. Abb. 24 zeigt noch einmal diese groben Zusammenhänge auf (vgl. auch Abb. 8).

Sicherlich sehr vereinfachend kann man argumentieren, daß diese Konzepte jeweils auf liberalen und individualistischen Vorstellungen aufbauen:

- Im Bereich der *Wirtschaft* wird die Phase des ungehemmten Konkurrenzkapitalismus („laissez faire") durch den organisierten Kapitalismus abgelöst, in dem größere Unternehmensgruppen konkurrieren, die Arbeiterschaft organisiert dem Kapital gegenübersteht, und der Staat für die rechtlichen und wirtschaftlichen Rahmenbedingungen sorgt sowie generell für die durch das Wirtschaftssystem erzeugten Probleme zuständig ist (Soziale Marktwirtschaft).
- Im Bereich der *Gesellschaft* entwickelt sich die individualistische bürgerliche Gesellschaft zur organisierten pluralistischen Gesellschaft. Nicht nur die Arbeiterklasse, sondern jedes nur denkbare Gruppeninteresse wird organisiert, und nur organisierte Interessen haben im Prinzip die Chance, beim großen pluralistischen Interessenausgleich auch berücksichtigt zu

Abbildung 24: Ähnlichkeiten von wirtschaftlichen, gesellschaftlichen und staatlichen Konzepten

„Wirtschaft"		„Gesellschaft"		„Staat"	
Kennzeichnung des Konzepts	Beschreibung	Kennzeichnung des Konzepts	Beschreibung	Kennzeichnung des Konzepts	Beschreibung
Konkurrenzkapitalismus (ökonomischer Liberalismus) laissez-faire	Kapitalisten/ Unternehmer konkurrieren unorganisierte Arbeitnehmer	Liberalismus	Individuen konkurrieren	Liberale Demokratie	Individuelle Repräsentation
Organisierter Kapitalismus Soziale Marktwirtschaft	Unternehmensgruppen konkurrieren, Arbeitnehmer schließen sich zu Gewerkschaften zusammen, Staat setzt Rahmenbedingungen	Pluralismus	organisierte Gruppen konkurrieren Staat sorgt für „Waffengleichheit"	Parteien- und Massendemokratie	Parteien konkurrieren, Verbände nehmen Einfluß, Staat setzt Rahmenbedingungen

werden. Auch hier ist der Staat wiederum gefordert, das Funktionieren dieses pluralistischen Modells zu gewährleisten, z. B. indem er für eine gewisse Waffengleichheit im pluralistischen Prozeß sorgen soll (Neo-Pluralismus).

- Im Bereich der demokratischen Organisation des *Staates* entwickelt sich schließlich die bürgerliche Demokratie, in der individuelle Repräsentanten im Parlament um die Geschicke des Staates ringen, zur Parteien- und Massendemokratie, in der große Mitgliederparteien um Wählerstimmen konkurrieren, während der Staat wiederum nur für die Rahmenbedingungen des politischen Konkurrenzkampfes zuständig ist.

Es spielt für unsere Argumentation zunächst keine Rolle, ob es „laissez faire"-Kapitalismus und bürgerliche Demokratie in dieser „reinen" Form je gegeben hat, oder ob es sich lediglich um ideologische Vereinfachungen handelt. Wichtig ist allein, daß diese Vorstellungen die historisch bedeutsamsten Konzepte für die Ordnung von kapitalistischen Industriegesellschaften darstellen, die einander ganzseitig ergänzen und aufeinander aufbauen. In allen drei Bereichen spielt Konkurrenz eine große Rolle, findet eine Ausweitung und Organisation dieser Konkurrenz statt und ist der Staat für die Herstellung von Rahmenbedingungen und die Beseitigung unerwünschter Konsequenzen zuständig. Im weiteren Verlauf des Buches (vor allem LB 3) wird zu zeigen sein, daß sowohl die Konstruktion wie die Gültigkeit dieser Konzepte und Entwicklungen umstritten ist, und daß vielleicht in allen drei Bereichen eine Weiterentwicklung hin zu einem neuen Konzept („Korporatismus", LB 3, 5.) zu erkennen ist.

4.2 Entwicklung der staatlichen Ordnung der Bundesrepublik Deutschland

Nachdem bisher die normativen Grundlagen der politischen Ordnung der Bundesrepublik Deutschland eher statisch beschrieben wurden, soll es im folgenden darum gehen, die Dimension der Entwicklung in die Darstellung einzubeziehen. Es soll gezeigt werden, wie sich einige der beschriebenen Normen verändert haben bzw. wie sie ausgestaltet wurden. Dabei ist nicht beabsichtigt, das fragwürdige Verfahren des Gegeneinanderausspielens von Verfassungstext und Verfassungswirklichkeit anzuwenden; vielmehr geht es um die Benennung von eindeutigen und erkennbaren Entwicklungen, die bei einer Analyse von Innenpolitik zu berücksichtigen sind (vgl. zur Geschichte der Bundesrepublik insgesamt *Morsey* 1987). Allerdings sind einige *Einschränkungen* zu machen:

- Entwicklungen der politischen Wirklichkeit der Bundesrepublik Deutschland sind normalerweise nicht unumstritten. Jegliche Interpretation der Wirklichkeit muß von normativen Prämissen ausgehen, die Bewertung wird immer unterschiedlich sein. Wir haben uns bemüht, möglichst unumstrittene Phänomene aufzulisten, trotzdem handelt es sich um *Thesen,* die zur Diskussion anregen sollen.
- Selbstverständlich gibt es im politischen Bereich kaum einschneidende Änderungen oder markante Strukturbrüche, statt dessen handelt es sich

meistens um zunächst unbemerkte, schleichende Entwicklungen. Aus diesem Grund versuchen wir in den folgenden Thesen jeweils eine Entwicklungstendenz deutlich zu machen, es handelt sich also um *Tendenzaussagen.*

4.2.1 *Zur Entwicklung des Bundesstaats: Zunehmend normierte Politikverflechtung*

a) Entwicklung zum „unitarischen Bundesstaat"

Grundsätzliche Änderungen hat es im föderativen Aufbau und dessen formaler Ausgestaltung der Bundesrepublik Deutschland nicht gegeben, nicht einmal die im Grundgesetz vorgesehene Länderneugliederung hat (außer in Baden-Württemberg) stattgefunden – trotzdem hat sich die Praxis des bundesdeutschen Föderalismus entscheidend gewandelt.

Grundlage dieser Entwicklung war eine verbreitete Unzufriedenheit und Kritik am Föderalismus. Die Argumente, die in den verschiedensten Politikbereichen artikuliert wurden und die auf Änderung der jeweils bestehenden Aufgaben- und Kompetenzverteilung abzielten, konzentrierten sich zumeist auf zwei Punkte:

- einmal wurde eingewandt, die föderale Aufgabenwahrnehmung führe dazu, daß Aufgaben nicht *effektiv* genug erfüllt werden (Beispiel: Wirtschaftsförderung),
- zum anderen wurde argumentiert, daß die föderale Struktur *ungewollte und unannehmbare Unterschiede und Ungleichheiten,* etwa in der Versorgung der Bürger zur Folge habe (Beispiel: Bildungspolitik).

Resultat dieser verbreiteten Förderalismuskritik war die Entwicklung des Bundesstaatsprinzips in eine ganz bestimmte Richtung:

- Von besonderer Bedeutung wurde die *Zusammenarbeit und Selbstkoordination der Länder* (sog. „Dritte Ebene") auf den verschiedensten Bereichen. Um eine Einheitlichkeit und Gleichmäßigkeit der Leistungen der Länder zu erreichen und um ihre Anstrengungen zu koordinieren und aufeinander abzustimmen, schlossen die Länder eine Reihe von Staatsverträgen (z. B. über Rundfunkgebühren) und Verwaltungsabkommen und bildeten ständige Konferenzen (z. B. auf dem Gebiet der Bildungspolitik).
- Gleichzeitig schöpfte der Bund seine *Gesetzgebungskompetenz* so weit wie möglich aus, und zwar sowohl auf dem Gebiet der konkurrierenden (z. B. Ausbildungsbeihilfen, Bodenrecht) wie der Rahmengesetzgebung (z. B. Hochschulen, Raumordnung). Den Ländern blieb außer Kultur, Polizei- und Kommunalgesetzgebung kaum Spielraum, und auch in diesen Bereichen war ein immer stärkeres Engagement des Bundes zu spüren.
- Um die Einheitlichkeit der Lebensverhältnisse im ganzen Bundesgebiet zu garantieren, griff der Bund zunehmend zum Instrument der *bilateralen Abmachungen und Hilfen für einzelne Länder.* Auf diesem Wege konnte der Bund einem Land, von dem er annahm, daß es auf einem bestimmten

Gebiet einen Nachholbedarf hatte oder finanzielle Belastungen nicht alleine tragen konnte, ganz gezielt helfen (Beispiel: Beseitigung wirtschaftlichen Notstands und Wirtschaftsförderung).

- Eine besondere Bedeutung erlangte schließlich auch die *Bund-Länder-Kooperation* (die sog. „Vierte Ebene"). Zu den institutionalisierten Formen gehören u. a. die Besprechungen zwischen Fachministern der Länder und des Bundes bzw. zwischen Spitzenbeamten der verschiedenen Häuser. Durch rechtliche Vereinbarungen sind Koordinationsgremien mit planerischen Funktionen geschaffen worden (z. B. der Wissenschaftsrat 1957), gleichzeitig beschäftigen sich auf einer eher informellen Ebene Hunderte von ständigen Bund-Länder-Ausschüssen mit der Angleichung von Gesetzen und Verordnungen sowie mit der Abstimmung der Verwaltungspraxis.

Die hier kurz angedeuteten Entwicklungen der föderativen Struktur der Bundesrepublik sind in der staats- und verfassungsrechtlichen Literatur mit den Begriffen „unitarischer Bundesstaat" (*K. Hesse* 1962a) und „kooperativer Föderalismus" (Kommission für die Finanzreform 1966) umschrieben worden (für eine Übersicht über Entstehung und Entwicklung der bundesstaatlichen Ordnung *Klatt* 1982). Sie können selbstverständlich nicht isoliert von der gleichzeitig stattfindenden Ausweitung und Neuschaffung staatlicher Aufgaben gesehen werden (vgl. LB 2, 4.2.3). Unabhängig von Erklärungen oder theoretischen Begründungen ist aber festzustellen, daß sich nach und nach eine umfassende Änderung im bundesstaatlichen Kompetenzgefüge durchsetzte, mit der die ursprünglich relativ strikte Aufgaben- und Ausgabentrennung zwischen Bund und Ländern bzw. zwischen den Ländern durch ein enges Zusammenwirken auf praktisch allen Gebieten abgelöst wurde.

b) Verfestigung des „kooperativen Föderalismus"

Die sich im Laufe der Zeit entwickelnden Kooperationsformen, insbesondere im Bereich der Mischfinanzierung (sog. Fondswirtschaft), wurde durch die Finanzreform und die Grundgesetzänderungen des Jahres 1969 verfassungsmäßig festgeschrieben. Zu den damit verfassungsrechtlich institutionalisierten Instrumenten der Bund-Länder-Kooperation zählten

- das Institut der *Gemeinschaftsaufgabe* nach Art. 91 a GG nach dem der Bund auf bestimmten Gebieten „bei der Erfüllung von Aufgaben der Länder" mitwirkt (z. B. Ausbau und Neubau von Hochschulen, regionale Wirtschaftsförderung Agrarstruktur und Küstenschutz),
- die Zusammenarbeit im *Bildungsbereich* und bei der Förderung von Einrichtungen und Vorhaben der *wissenschaftlichen Forschung* nach Art. 91 b GG (z. B. Bund-Länder-Kommission für Bildungsplanung und Forschungsförderung), sowie
- die *Investitionshilfen* des Bundes für Länder und Gemeinden nach Art. 104a GG, nach denen der Bund Finanzhilfen für „besonders bedeut-

same Investitionen" gewähren kann, die „zur Abwehr einer Störung des gesamtwirtschaftlichen Gleichgewichts oder zum Ausgleich unterschiedlicher Wirtschaftskraft im Bundesgebiet" erforderlich sind (z. B. Städtebauförderung, sozialer Wohnungsbau, Gemeindeverkehrsfinanzierung, Krankenhausfinanzierung).

Gleichzeitig wurden durch einfaches Gesetz der *Finanzplanungsrat* und der *Konjunkturrat für die öffentliche Hand* errichtet, die die Abstimmung der Haushalts- und Finanzpolitik von Bund und Ländern gewährleisten sollten.

Bei oberflächlicher Betrachtung mag diese Entwicklung als eine *Tendenz der Machtverlagerung zum Bund* innerhalb des föderalistischen Systems interpretiert werden. Eine solche Interpretation unterschätzt aber die gewichtige Stellung der Länder, die diese durch ihre fast ausschließliche Zuständigkeit für die Durchführung von Gesetzen haben, und die durch diese Entwicklung eher noch verstärkt wurde. Entgegen dem ersten Anschein können die Änderungen die Stellung der Länder stärken anstatt zu schwächen: Gemeinschaftsaufgaben und Finanzhilfen legalisierten nur den schon vorhandenen Zustand der Mischfinanzierung; durch die Normierung bekamen jedoch die Länder ein größeres Mitbestimmungsrecht. Ohne die Zustimmung der Länder kann der Bund in beiden Fällen nicht mehr tätig werden.

So hat sich ein System entwickelt, in dem in immer mehr Bereichen Bund und Länder Politik gemeinsam planen, verhandeln, abstimmen und durchführen müssen und in dem Gesetze und Verordnungen keine eindeutige Klarheit mehr darüber verschaffen, wer zu Entscheidungen befugt und fähig ist und wer sie zu verantworten hat – auch und gerade in Politikbereichen (wie beispielsweise Verkehr und Gesundheit), von denen man eigentlich annimmt, daß die Zuständigkeiten zwischen Bund und Ländern eindeutig geregelt sind (vgl. hierzu *Zeh* 1977).

c) Kritik an der zunehmenden „Politikverflechtung"

Dieser neue Zustand des Föderalismus, in dem weder Bund noch Länder in der Lage sind, ohne den anderen zu handeln, und in dem dadurch Handlungsspielräume auf allen staatlichen Ebenen eingeschränkt werden, wird in der Literatur zunehmend unter den Stichworten *Politikverflechtung* oder auch *Spätföderalismus* abgehandelt (vgl. *Scharpf/Reissert/Schnabel* 1976, *dies.* [Hrsg.] 1977, *Zeh* 1977. Zusammenfassend *Klatt* 1982). Insbesondere werden folgende Kritikpunkte genannt:

- Da in den meisten Fällen die Konfliktlösung zwischen Bund und Ländern auf dem Einstimmigkeitsprinzip beruht oder zumindest durch das „Gesetz des Wiedersehens" bestimmt ist, findet Konsensbildung i. d. R. auf der Basis von *Minimallösungen* statt.
- Die Verteilung der Mittel erfolgt daher nach dem Prinzip der *Gleichbehandlung* und *Besitzstandswahrung*, weil diese noch am ehesten konsensfähig sind. Es ist allerdings zu bezweifeln, ob staatliche Problembewälti-

gung, die nach diesen Maximen verfährt, auch tatsächlich zur Beseitigung der jeweiligen Probleme beiträgt.

- Unter Effizienzgesichtspunkten ist weiter der *Verwaltungsaufwand,* der durch die gleichzeitige Bearbeitung auf mehreren staatlichen Ebenen anfällt, zu beklagen.
- Gleichzeitig ist eine Tendenz zum *Exekutivföderalismus* zu befürchten. Die Fachbeamten in den korrespondierenden Bundes- und Landesministerien, die hochspezialisiert sind, arbeiten auf horizontaler und vertikaler Ebene zusammen, dieser Willensbildungs- und Entscheidungsprozeß vollzieht sich aber weitgehend unter Ausschluß der Öffentlichkeit.
- Die sektorale Kooperation und Koordination in bestimmten Politikbereichen führt außerdem dazu, daß sich die Fachleute der einzelnen Ressorts untereinander abstimmen und ihre Interessen gegen andere Ressorts (und andere Experten) verteidigen. Das Ergebnis ist eine verschärfte „Herrschaft der Experten" die von *Frido Wagener* mit den Schlagworten von der *„vertikalen Ressort-Kumpanei"* bzw. den *„vertikalen Fachbruderschaften"* kritisiert worden ist (vgl. *Wagener* 1975, S. 134).
- Ergebnis dieser verschiedenen Mechanismen ist eine *Einschränkung des Gestaltungsspielraumes* sowohl auf der Ebene der Länder als auch des Bundes. Handlungsmöglichkeiten werden auf allen Ebenen verkompliziert, ohne daß Gestaltungsmöglichkeiten gewonnen würden.
- Gleichzeitig ist eine *mangelnde Transparenz* dieser Art der Politikformulierung und -durchführung zu beklagen:

  „Die politischen Entscheidungen werden im Grunde genommen durch die Vorlagen und Vorarbeiten der Fachbürokratie vorweggenommen. (...) An die Stelle politischer Entscheidungen durch Regierung und Parlament tritt die bürokratische Steuerung der Politik" (*Klatt* 1982, S. 8f.).

- Schließlich ist eine *Ausschaltung der Parlamente und* dadurch auch *der Wähler* zu befürchten. Parlamente haben keinen Einfluß mehr auf die Entscheidungen und Verhandlungsergebnisse der Exekutive, gleichzeitig haben die Wähler keine Möglichkeit mehr, die Verantwortung für politische Entscheidungen bestimmten politischen Kräften bzw. Parteien zuzuordnen und entsprechende (Wahl-)Konsequenzen zu ziehen (vgl. hierzu besonders *Klatt* 1982, S. 9ff.).

Aufgrund dieser und ähnlicher Kritikpunkte wird sowohl von Wissenschaftlern wie auch von Praktikern ein Abbau der „Politikverflechtung" und eine „Entfeinerung" der vielfältigen Zusammenarbeits- und Koordinierungsgremien gefordert. Dabei ist allerdings nicht zu übersehen, daß diese Vorstellungen oft parallel laufen zu generellen Forderungen nach der Einschränkung staatlicher Leistungen, wie sie in der veränderten Interpretation des Sozialstaates besonders deutlich werden (vgl. 4.2.3).

4.2.2 Zur Entwicklung des Rechtsstaats: Bürger und Staat

„Es ist natürlich ein unmäßiges Unterfangen, . . ., die Entwicklung des demokratischen Rechtsstaats in der Bundesrepublik aufzuzeigen" stellte – sicher nicht zu Unrecht – der Staatsrechtler Jürgen Baumann fest (*Baumann* 1985). Diesen Anspruch wollen wir deshalb für die folgende Darstellung auch gar nicht erheben, aber gleichwohl doch den Versuch wagen, einige markante Punkte oder Phasen der rechtsstaatlichen Entwicklung der letzten Jahrzehnte zu skizzieren.

Jeder Ansatz, sich – zumal in Deutschland – mit der rechtsstaatlichen Entwicklung auseinanderzusetzen, muß zunächst das Verhältnis von Bürger und Staat, oder umfassender von Gesellschaft und Staat im Auge haben. Ehe dieses Verhältnis in Deutschland in historischer Sicht durch demokratische Institutionen geregelt wurde, war es bereits rechtsstaatlich bestimmt. Das deutsche Bürgertum konnte im 19. Jahrhundert nicht die demokratisch-parlamentarische Kontrolle der politischen Macht erlangen, sondern nur (im Verein mit einer aufgeklärten Verwaltungselite) die Bindung der Staatsgewalt an Rechtsnormen erreichen. Ihren wichtigsten Ausdruck fand diese Entwicklung im Begriff des generellen und abstrakten Gesetzes, das ausnahmslos für alle Personen Gültigkeit hat und nicht auf konkrete Fälle zugeschnitten ist. Innerhalb der von Gesetzen festgeschriebenen Grenzen durfte und darf die Exekutive handeln, sie wird dadurch für den Bürger berechenbar und (falls sie dem Gesetz zuwiderhandelt) verklagbar (vgl. ausführlicher 4.1.2).

Diese Tradition bestimmt auch heute noch das rechtsstaatliche Verständnis und Empfinden in der Bundesrepublik. Rechtsstaat ist bei uns vor allem Gesetzes- oder Gesetzgebungsstaat. Der Staat, die Exekutive, bedarf für seine Handlungen der gesetzlichen Grundlage. Nicht alles ist aber durch das allgemeine und abstrakte Gesetz regelbar, deshalb hat sich der Gesetzesbegriff notgedrungen erweitert. Der moderne Rechtsstaat kennt eine Vielfalt von Gesetzestypen.

Rechtsstaat in Deutschland heißt einmal die Neigung, soziale, ökonomische und insbesondere politische Fragen rechtlich zu regeln. Viele meinen, daß wir im Vergleich zu anderen Ländern politische Konflikte lieber mit Gesetzen und Verordnungen als in der politischen Auseinandersetzung lösen. Der Umgang mit „Verfassungsfeinden" in den 70er und 80er, aber auch schon in den 50er Jahren ist hierfür ein Beispiel.

Rechtsstaat in Deutschland war aber auch immer schon die Frage nach der Rolle des Rechts in der Krise, im Notstand, im Ernstfall. Konservative Theoretiker (und Politiker) neigen tendenziell eher dazu, den Inhabern der politischen Macht einen über(verfassungs)gesetzlichen Notstand zuzubilligen, d. h. zu akzeptieren, daß in bestimmten Situationen nicht das Recht, sondern nur die Zweckmäßigkeit das politische Handeln legitimieren könne. Kritiker werfen dieser Auffassung vor, daß sie nicht mit der Verfassung übereinstimme und nur den Verfassungsbruch kaschiere. Wenn die „alltägliche" Verfassung im Notfall nicht ausreicht, man aber zugleich keinen rechtsfreien Raum im Notfall akzeptieren will, kann man rechtsstaatliche Notstandsbefugnisse schaffen. Dies war das beherrschende rechtsstaatliche Thema der 60er Jahre.

Die 70er Jahre lieferten Anschauungsmaterial für die Frage, wie der Rechtsstaat mit besonderen Formen politisch motivierter Gewaltkriminalität umgeht. Reichen die vorhandenen Instrumente oder brauchen besondere Herausforderungen auch besondere Gesetze und verändern solche Gesetze nicht in unangemessener, weit über den Anlaß hinausgehender Form den „normalen" Rechtsstaat?

Rechtsstaat in Deutschland heißt auch die Verarbeitung der Erkenntnis, daß die Pervertierung und Auslöschung des Rechtsstaats in legaler Form möglich war. Eine Konsequenz dieser bitteren Erkenntnis war die Schaffung des Bundesverfassungsgerichts mit dem hohen Anspruch eines „Hüters der Verfassung". Es kann auf dem Wege der Normenkontrollklage, der Verfassungsbe-

---

Vielfalt von Gesetzestypen

Der *„klassische" rechtsstaatliche Gesetzesbegriff* macht sich vor allem an den Begriffen der Allgemeinheit und Vernünftigkeit, der Abstraktheit und der Dauer fest. Diese Gesetze regeln traditionell Eingriffe in Freiheit und Eigentum der Bürger (z. B. Strafgesetzgebung, Polizeirecht). Zur gesetzgeberischen Bewältigung bestimmter gesellschaftlicher Problemlagen und Aufgabenstellungen scheint dieser Typ nicht mehr geeignet. So haben sich neue Gesetzestypen herausgebildet, deren Andersartigkeit sich vor allem in den sozialstaatlichen Funktionen des Staates begründet (vgl. zum folgenden *Denninger* 1973, S. 110–134; *Hugger* 1983; *Hill* 1982).

Der bekannteste und „früheste" Typ dieser interventionsstaatlichen Gesetze ist das *Maßnahmengesetz*. Es ist gerade nicht allgemein und auf Dauer angelegt, sondern zeichnet sich durch seine konkrete Zweckbezogenheit aus einem bestimmten Anlaß und in einer konkret einmaligen Situation aus. Beispiel für diesen Typus sind das Investitionshilfegesetz, das Lastenausgleichsgesetz, Amnestiegesetze etc.

Als weiteren Typ kann man *„Systemsteuerungs- oder kybernetische Lenkungsgesetze"* identifizieren. Hier formuliert der Gesetzgeber auf der einen Seite ein kompliziertes, u. U. widersprüchliches Zielsystem als Systemgleichgewicht, auf der anderen Seite legt er eine Reihe von Zweck-Mittel-Relationen fest, die bei einer Störung dieses Systemgleichgewichts zur Anwendung kommen sollen. Der entscheidende Unterschied sowohl zum klassisch-statischen Gesetz als auch zum punktuell-konkreten Maßnahmengesetz stellt die Verbindung der beiden genannten Elemente – Zielsystem und Zweck-Mittel-Mechanismen – zu einer nach dem kybernetischen Regelkreisprinzip arbeitenden Systemsteuerung dar. Das wichtigste und bekannteste Beispiel dieses komplizierten Typus ist das „Stabilitätsgesetz" von 1967 (vgl. LB 2, S. 29f.).

Der vierte Typ, die *Planungsgesetze,* normieren, meist recht vage, einen anzustrebenden Endzustand und formulieren auf einer in der Regel abstrakten Ebene Aktionsprogramme und Verwaltungsmaßnahmen, wenn sie sich nicht mit der Aufsummierung von Planungsgrundsätzen begnügen. Gesetze dieses Typus sind z. B. das Raumordnungsgesetz, die Landesplanungsgesetze, Landesentwicklungspläne und -programme, soweit sie in Gesetzesform verabschiedet wurden.

Charakteristisch für die beiden zuletzt genannten Typen ist auch eine veränderte Art des Gesetzesvollzugs. Sie können nicht mehr mit den Mitteln der herkömmlichen Eingriffsverwaltung durchgesetzt werden. Ihre Realisierung bedient sich nicht der staatlichen Zwangsmittel, sondern setzt auf die *Kooperation mit den Betroffenen.* Beispiele für diese neue Strategie finden sich im Stabilitätsgesetz mit der „Konzertierten Aktion" und im novellierten Bundesbaugesetz mit der Beteiligung der Bürger an Planungsprozessen.

schwerde oder der Organklage angerufen werden (Art. 93 ff. GG und BVerfGG), um zu überprüfen, ob Gesetze der Verfassung entsprechen oder nicht. Insofern ist es sicher auch wiederum Ausdruck der Neigung, politische Konflikte durch rechtliche, scheinbar unpolitische Entscheidungen abschließend klären zu lassen. Gleichzeitig wird aber auch deutlich, wie verwoben Justiz und Politik sind, d. h. wie sehr die Justiz in die Gestaltung des Gemeinwesens eingreifen kann. Damit ist die Rolle des Bundesverfassungsgerichts auch Symbol für zwei Linien, die die Entwicklung des Rechtsstaates in der Bundesrepublik prägten. Einerseits die Verrechtlichung der Politik (*Voigt* [Hrsg.] 1980, *ders.* 1983 a und 1983 b), andererseits aber auch die Politisierung des Rechts.

Rechtsstaat in Deutschland heißt schließlich auch immer wieder zu problematisieren, wieweit der Staat in die Privatsphäre der Bürger eindringen darf. Was darf oder muß der Staat wissen und regeln, was nicht? In der rechtsstaatlichen Entwicklung der Bundesrepublik wurde dieser latente Konflikt an alten wie neuen Themen deutlich. Brennpunkte waren z. B. die uralte Frage, ob der Staat das Recht hat, einen Schwangerschaftsabbruch zu verbieten, aber auch die erst im Computerzeitalter aktuell gewordene Frage, welche Daten der Staat über seine Bürger erheben, speichern und verarbeiten darf.

Wir wollen im folgenden versuchen zu zeigen, wann und wie diese rechtsstaatlichen Generalthemen in der Entwicklung des „Rechtsstaates Bundesrepublik" eine Rolle spielten. Die chronologische Darstellung muß dabei notwendigerweise an vielen Stellen verkürzen.

a) Der Rechtsstaat im „Kalten Krieg"

Die Bundesrepublik war dank Geschichte, Geographie und aktueller Politik besonders stark in den bald nach Ende des Zweiten Weltkriegs einsetzenden sog. „Kalten Krieg" zwischen Ost und West eingebunden. Innenpolitisch bildete sich der „Kalte Krieg" in der Staatsschutzgesetzgebung von 1951 und den darauf basierenden Prozessen ab. Man kann im nachhinein sagen, daß hier mit rechtspolitisch fragwürdigen, teilweise verfassungswidrigen strafrechtlichen Bestimmungen tatsächliche und vermeintliche Staats- und Verfassungsfeinde ausgeschaltet wurden. Es ging darum, die inneren Verbündeten des äußeren Feindes zu bekämpfen. „Ein Verfassungsfeind war als Parteigänger des Sowjetbolschewismus definiert und galt als verlängerter Arm des außenpolitischen Feindes klar ausgemacht. ... Innere und äußere Sicherheit gehörten perspektivistisch zusammen" (*Greiffenhagen/Greiffenhagen* 1979, S. 91). Eine Bedrohung von „rechts" ging in diesem Feindbild weitgehend unter.

Das erste Strafrechtsänderungsgesetz fügte 1951 in das Strafgesetzbuch Abschnitte über

- Hochverrat,
- Staatsgefährdung und
- Landesverrat

ein (die früher einschlägigen Bestimmungen waren vom Alliierten Kontrollrat aufgehoben worden).

Die Kritik richtete sich vor allem dagegen, daß in den einzelnen Bestimmungen politische Generalklauseln als Straftatbestände herhalten mußten und damit die notwendige Bestimmtheit des Straftatbestands fehlte (vgl. hierzu *Hannover,* 1977, S. 903ff.). Drastisch verschärft wurden diese rechtsstaatlichen Mängel durch die Rechtsprechung des BGH, der für die wichtigsten Fälle einzigen Instanz und daneben noch Revisionsinstanz für Urteile der Staatsschutzstrafkammern. Seine extensive Auslegung der unscharfen Bestimmungen veranlaßte selbst einen der Mitverfasser der Strafrechtsänderung, *Adolf Arndt,* zu folgender Feststellung: „Was als Schutz der Freiheit unserer Verfassung gedacht war, wächst sich nach und nach zu einer Bedrohung der Freiheit aus" (zit. nach *Hannover* 1977, S. 904).

„Die nach rechtsstaatlichen Maßstäben bedenklichsten Entwicklungen politischer Strafjustiz" (*Denninger* [Hrsg.] 1977, S. 767) fielen in die Zeit nach dem KPD-Verbotsurteil des Bundesverfassungsgerichts bis etwa 1962. Neben zahlreichen anderen Punkten richtete sich die Kritik vor allem gegen zwei Komplexe:

- Mitglieder der verbotenen KPD konnten nach dem Wortlaut des § 90a Abs. 3 StGB nach der Feststellung der Verfassungswidrigkeit für ihre davor liegenden Aktivitäten für die Partei bestraft werden. Dem wurde erst durch ein Urteil des Bundesverfassungsgerichts vom März 1961 ein Ende gesetzt, das diese Passage des StGB wegen Verstoßes gegen Art. 21 GG („Parteienprivileg") für nichtig erklärte.
- Nach dem KPD-Verbotsurteil des Bundesverfassungsgerichts von 1956 waren auch Ersatzorganisationen für die KPD verboten. Die Rechtsprechung des BGH legte den Begriff der Ersatzorganisation so weit aus, daß Kritiker ihr vorwarfen, „durch Auflösung gesetzlicher Tatbestände die Bestrafung politischer Oppositionshaltung – und zwar gerade auch nichtkommunistischer Oppositionen – möglich" zu machen (*Hannover,* 1977, S. 907).

Dieses Verfolgungsklima erreichte mit der sog. „Spiegel-Affäre" 1962 einen Höhepunkt, in der der damalige Bundeskanzler Adenauer wegen der Veröffentlichung eines kritischen Bundeswehrartikels einen „Abgrund von Landesverrat" wähnte und Polizei und Staatsanwaltschaft entsprechend tätig wurden.

Erste Einschränkungen des politischen Strafrechts in der Epoche des „Kalten Krieges" brachte die erwähnte sowie eine weitere einschlägige Entscheidung des Bundesverfassungsgerichts. Mit dem Ende des „Kalten Krieges" und dem Beginn der Politik der „Entspannung" verlor dieses Strafrecht seine politische Funktion und störte zudem das außenpolitische Renommee. Es wurde 1968/69 weitgehend eingeschränkt, entschärft und präzisiert. Die kämpferische Ausrichtung des Rechtsstaates auf den inneren Feind wurde zurückgenommen.

b) Der Rechtsstaat wappnet sich für den „Notstand"

Fast parallel zur Einschränkung des politischen Strafrechts und der politischen Justiz entwickelte sich ein anderes beherrschendes rechtsstaatliches Thema, wie nämlich der demokratische und soziale Rechtsstaat des Grundgesetzes mit dem „Staatsnotstand", d. h. einem Angriff von außen und/oder einer Bürgerkriegssituation im Innern fertig werden könne. Die ersten von der Adenauer-Regierung ausgearbeiteten Entwürfe einer „Notstandsverfassung" räumten der Exekutive im Ernstfall erhebliche, über die Verfassung weit hinausgehende Rechte ein. Sie folgten dem Grundgedanken, daß die „Ausnahmestunde die Stunde der Exekutive" sei und griffen damit eine rechtstheoretische Schule auf, die die politische Macht als eine Gewalt begreift, die letztlich über dem geschriebenen Staatsrecht steht.

Die Gegenposition wurde prononciert vom SPD-Politiker Adolf Arndt vorgetragen:

„Alles Spekulieren mit einem ‚übergesetzlichen Notstand' als einer Erlaubnis zu Maßnahmen, die nicht von der urkundlichen Verfassung gerechtfertigt werden, sind nichts als eine verwerfliche Beschönigung des Verfassungsbruchs, des Verfassungsverrats. Wer mit solchen Spekulationen umgeht, ist unter allen Verfassungsgegnern der ärgste und gefährlichste. In der Maske des Freundes ist er schlimmer als jeder andere Feind" (*Arndt* 1962, S. 13).

Arndt ging davon aus, daß für den Notfall zwar Vorsorge, aber eben verfassungsgemäße Vorsorge zu treffen sei. *Ernst Benda,* der engagierteste Verfechter einer Notstandsverfassung in der CDU und zunächst als parlamentarischer Staatssekretär, dann als Innenminister unmittelbar für die Materie verantwortlich, argumentierte ähnlich:

„Gegen den Notstand muß Vorsorge getroffen werden; aber das darf nicht so geschehen, daß hierdurch die freiheitliche demokratische Ordnung, deren Schutz alle Verteidigungsmaßnahmen dienen sollen, verloren geht. Sonst könnte der Rechtsstaat in der Stunde der Gefahr vielleicht nach außen erfolgreich verteidigt werden, würde aber zugleich im Inneren tödlich getroffen werden und müßte so auch dann untergehen, wenn der äußere Angriff abgewehrt werden könnte" (*Benda* 1968, S. 12).

Dies war der Rahmen, innerhalb dessen CDU und SPD nunmehr als Partner in der „großen Koalition" am 24. 6. 1968 als 17. Gesetz zur Ergänzung des Grundgesetzes die „Notstandsverfassung" verabschiedeten. Sie enthält Vorschriften für den Verteidigungsfall (insbes. Art. 12a und Art. 115a–l), aber auch für den sog. „Spannungsfall" sowie zur Abwehr einer drohenden Gefahr für den Bestand oder die freiheitlich-demokratische Grundordnung des Bundes. Für diese Fälle sind insbes. Einschränkungen des Brief- und Postgeheimnisses und der Freizügigkeit, die Heranziehung zu zivilen Dienstleistungen, aber auch der Einsatz von Polizei, Bundesgrenzschutz und Streitkräften im Inneren geregelt (Art. 10, 11, 12a, 35, 87a, 91a GG). Art. 20, Abs. 4 GG gibt schließlich allen Deutschen das Recht zum Widerstand gegen jeden, der die verfassungsmäßige Ordnung beseitigen möchte.

Die heftigste Kritik entzündete sich neben anderen Fragen, wie z. B. dem Einsatz der Streitkräfte auch in anderen Notfällen als dem Verteidigungsfall, an der Einschränkung des Brief-, Post- und Fernmeldegeheimnisses nach Art. 10, Abs. 2 GG, und der Möglichkeit der Geheimhaltung vor dem Betroffenen und des ausdrücklichen Ausschlusses des Rechtsweges. Kritiker klassifizieren diese Bestimmungen, die vom Bundesverfassungsgericht im sog. „Abhörurteil vom 15. 12. 1970" grundsätzlich als verfassungskonform eingestuft wurden, als „Durchbrechung des Rechtsstaatsprinzips" (vgl. z. B. *Staff* 1980, S. 31).

c) Reformen im Rechtsstaat

Mit dem Regierungsantritt der SPD in der „großen Koalition" seit 1966 überschnitten sich zwei rechtspolitische Entwicklungsphasen. Mit der Notstandsgesetzgebung wurde ein zentrales Thema der rechtsstaatlichen Diskussion der 60er Jahre abgeschlossen. Je nach Sichtweise war damit der Rechtsstaat auch für den Krisenfall gewappnet und funktionsfähig oder aber im Krisen- wie Normalfall empfindlich demontiert.

Gleichzeitig wurde eine Phase der rechtspolitischen Reformen eingeleitet, die den „Rechtsstaat Bundesrepublik" von obrigkeitsstaatlichen Relikten im Verhältnis Bürger und Staat befreien, und dem Leitbild eines demokratischen und sozialen Rechtsstaates anpassen sollte. Diese Absicht drückt sich exemplarisch in der Präambel zur rechtspolitischen Plattform der SPD von 1968 aus. Sie verlangte zum einen, daß die (sozialdemokratische) Rechtspolitik Konsequenzen aus dem erreichten Stand der gesellschaftlichen Entwicklung ziehen müsse, daß sie zum anderen aber auch die Aufgabe habe, „das soziale Leben mit den Mitteln des Rechts nach den Leitbildern einer besseren sozialen Ordnung zu gestalten und die in der Verfassung niedergelegten Menschen- und Bürgerrechte zur vollen Geltung zu bringen" (zit. nach *Wassermann* 1977, S. 158f.).

Die in diesem Sinne beabsichtigten Reformen sollten sich vor allem auf folgende Bereiche beziehen:

- *Strafrecht:* es sollte nur noch dann greifen, wenn der Gesellschaft oder einzelnen Schaden zugefügt wurde, nicht jedoch, wenn „nur" sittliche Normen eines Teils der Gesellschaft verletzt werden (Beispiele: Reform des § 175 StGB – Straffreiheit für homosexuelle Beziehungen unter Erwachsenen –; oder des § 218 StGB – Straffreiheit für Schwangerschaftsabbrüche innerhalb der ersten 3 Monate – „Fristenlösung" –).
- *Resozialisierung von Straftätern:* die Reform des Strafvollzugs wurde in Angriff genommen mit dem Ziel der Wiedereingliederung von Rechtsbrechern in die Gesellschaft. Das so konzipierte Strafvollzugsgesetz trat am 1. 1. 1977 in Kraft.
- *Zivilrecht:* wie das StGB durchzieht auch das bürgerliche Gesetzbuch noch an vielen Stellen der Geist des autoritären Obrigkeitsstaates. Als dringliche reformbedürftige Materien wurden das Familiengericht (Scheidungsrecht, Recht des unehelichen Kindes) ebenso wie der Verbraucherschutz angesehen.
- *Demonstrationsrecht:* seit Beginn der „großen Koalition" 1966 gewann die insbesondere aus dem Hochschulbereich kommende „außerparlamentarische Opposition" (APO) zunehmend an politischer Kraft und Bedeutung. Sie verwandte vielfältige Formen des politischen Protestes (Straßendemonstrationen, Sit-ins, Go-ins usw.), die schnell mit einem Demonstrationsrecht kollidierten, das noch vom „autoritären Geist der Kaiserzeit" (*Müller-Emmert*) geprägt war. Die erhebliche Bandbreite, die sich bei der Anwendung des vordemokratischen Demonstrationsrechtes auf eine, wenn auch z. T. extensive, Ausübung des demokratischen Grundrechts der Versammlungsfreiheit in der Rechtsprechung der

Gerichte ergab, führte 1970 zu einer Reform des Demonstrationsstrafrechts und zur Verabschiedung eines Amnestiegesetzes.

Andere als reformbedürftig empfundene Materien waren z. B. eine umfassende Reform der Justiz einschließlich der Richterausbildung.

Viele der Reformabsichten blieben schon im Ansatz stecken (z. B. die Reform der Rechtspflege) oder wurden verwässert (Strafvollzugsreform), andere Reformen wurden durch das Bundesverfassungsgericht (exemplarisch § 218 StGB) oder durch veränderte politische Machtverhältnisse wieder kassiert (Teile des Scheidungsrechts). Die Reformpolitik stieß auf Grenzen, die Wassermann für den Bereich der Rechtspflege so charakterisiert:

„Rechtspolitische Reformen stoßen dann auf Grenzen, wenn fundamentale ökonomische oder soziale Interessen der herrschenden Schichten oder Gruppen berührt werden. Sobald an solchen Strukturen gerüttelt, soziale Besitzstände angetastet und Interessen anders bewertet werden, wächst der Reformwiderstand, u. U. in einem solchen Maße, daß die reformatorischen Ansätze in kurzer Zeit zunichte gemacht werden" (*Wassermann* 1977, S. 163).

d) Der Rechtsstaat und die Erhaltung der „Inneren Sicherheit"

Der Reformschwung der späten 60er und frühen 70er Jahre ließ bald nach, ohne aber zunächst ganz zu versanden, immerhin trat noch 1977 das resozialisierungsorientierte Strafvollzugsgesetz in Kraft. Dafür war nicht nur der zunehmende Widerstand jener Kritiker verantwortlich, die sich in ökonomischen und/oder sozialen Interessen tangiert fühlten, sondern auch eine enorme Verhärtung des politischen Klimas als Reaktion auf den politischen Terrorismus. Die rechtsstaatliche Reformphase wurde so bald überlagert und zu einem guten Teil verdrängt von einer Politik der „inneren Sicherheit" zum Schutz des Rechtsstaates. Kritiker haben darin eine „Überreaktion" gesehen, die eine deutsche Tradition wieder aufnimmt:

„Kennzeichnend für die Geschichte der Bundesrepublik ist ... die Überschätzung einer Bedrohung mit der Folge der Überreaktion, die dann selbst zur eigentlichen Gefahr für den Rechtsstaat wird: Das Recht wird durch den Ausnahmezustand bestimmt, die streitbare Demokratie kehrt sich gegen sich selbst" (*Hege* 1982, S. 20).

Im Interesse der „inneren Sicherheit" wurden wichtige Veränderungen des rechtsstaatlichen Institutionengefüges vorgenommen, zwei zentrale Bereiche seien kurz näher skizziert:

- Durch den „Beschluß der Regierungschefs des Bundes und der Länder vom 28. 1. 1972" wurden Grundsätze für die Einstellung von Beamten, Angestellten und Arbeitern in den öffentlichen Dienst festgelegt. Eingestellt werden durfte danach nur noch, „wer die Gewähr dafür bietet, daß er jederzeit für die freiheitliche demokratische Grundordnung im Sinne des Grundgesetzes eintritt". Nicht dieser Grundsatz, sondern die Art und Weise wie er in die Praxis umgesetzt wurde, produzierte erhebliche politische Konflikte, viel internationale Kritik und ein enormes Maß an

Rechtsunsicherheit. Die Überprüfungspraxis selbst wie ihre möglichen Folgen („Berufsverbot“) waren und sind Gegenstand heftigster Kontroversen; insbes. der schwammige Begriff des „Verfassungsfeinds“, der im Grundgesetz nicht vorkommt, sowie die Orientierung am Begriff der „freiheitlichen demokratischen Grundordnung“, der inhaltlich ja nicht so eindeutig festgelegt ist (vgl. 4.1.5.), haben erhebliche Rechtsunsicherheiten geschaffen. Obwohl die SPD-regierten Länder inzwischen vom „Radikalenerlaß“ des Jahres 1972 abgerückt sind und sich an liberalisierten „neuen Grundsätzen für die Prüfung der Verfassungstreue“ orientieren, stellen sich „die Überprüfungsverfahren ... zu Beginn der 80er Jahre als Bestandteil des politischen Lebens dar, der sich von seinem aktuellen Ursprung gelöst hat und zur staatlichen Routine geworden ist, einer Routine, die eine demokratiewidrige Praxis als rechtsstaatliche Normalität erscheinen läßt (*Söllner* 1982, S. 100; vgl. auch *Denninger* [Hrsg.] 1977, S. 487 ff.).

– Die Verbrechen politischer Terroristen in den 60er und 70er Jahren waren Anlaß für zahlreiche „Anti-Terrorismusgesetze“. Man hielt das vorhandene rechtsstaatliche Instrumentarium nicht für ausreichend, um der besonderen Lage zu begegnen. Ganz grob lassen sich folgende Bereiche der gesetzgeberischen Aktivitäten unterscheiden (vgl. *Söllner* 1982, S. 100 ff.; *Berlit/Dreier* 1984; *Denninger* [Hrsg.] 1977, S. 991 ff.):

- Schaffung neuer Straftatbestände insbes. durch § 129 a StGB (Terroristische Vereinigung) und § 88 a StGB (Befürwortung verfassungsfeindlicher Straftaten).
- Einschränkung der Verteidigungsmöglichkeiten im Strafprozeß durch Verbot der Mehrfachverteidigung (§ 146 StPO), Beschränkung der Höchstzahl der Verteidiger (§ 137, Abs. 1 Satz 2 StPO) und erweiterte Möglichkeiten zum Verteidigerausschluß (§§ 138 a ff. StPO).
- Das „Kontaktsperregesetz“ ermöglicht die vollständige Isolierung von Gefangenen, die Straftaten nach § 121a StGB (Terroristische Vereinigung) begangen haben (sollen), von der Außenwelt einschließlich ihres Verteidigers für maximal 14 Tage.

Kritiker werfen dieser rechtsstaatlichen „Bewältigung“ des politischen Terrorismus durch allgemeine Gesetze eine „Veralltäglichung des Ausnahmezustands“ (*Berlit/Dreier* 1984, S. 297) vor, d. h. der Durchsetzung der Normalsituation mit Elementen der Ausnahmesituation: „Wer meint, Ausnahmelagen nur dadurch begegnen zu können oder zu dürfen, daß er sie gesetzlich normiert, schafft schließlich ein Recht der Normallage, das vom Ausnahmerecht her bestimmt ist“ (*Böckenförde* 1978, S. 1888).

e) Rechtsstaat und technologische Entwicklung

Veränderungen im rechtsstaatlichen Institutionengefüge entstehen als Reaktion auf Veränderungen und Herausforderungen seiner Umwelt, vor allem der politischen, ökonomischen und sozialen. Seit einigen Jahren zeichnet sich ab, daß erstmals der technische Wandel zu einer zentralen rechtsstaatlichen Herausforderung wird. Das dahinter liegende Problem allerdings ist alt: Was muß und darf der Staat von seinen Bürgern wissen und wie muß er mit diesem Wissen umgehen? Die riesigen Potentiale der modernen Informations- und Kommunikationstechnik machen den Bürger tendenziell transparent, nicht nur, weil mehr Informationen über ihn erhoben und verarbeitet werden können, sondern vor allem dann, wenn die an einer Vielzahl von Stellen vorliegenden Daten über ihn „verknüpft" werden. Der durchsichtige Bürger wäre der unfreie, der kontrollierte, der manipulierbare Bürger.

Es gibt zwei entscheidende Ansätze zur Wahrung rechtsstaatlicher Grundsätze angesichts technologischer Bedrohungen:

- die Datenschutzgesetzgebung von Bund und Ländern einschließlich der Ernennung von Datenschutzbeauftragten und
- das Urteil des Bundesverfassungsgerichts zum Volkszählungsgesetz vom 15. 12. 1983.

Das BVerfG postuliert ein „Recht auf informationelle Selbstbestimmung". Es schuf damit kein neues Grundrecht, sondern erweiterte die Interpretation der Art. 1 und 2 GG von der Würde des Menschen und seinem Recht auf freie Entfaltung der Persönlichkeit. Die Grundgesetzinterpretation durch das BVerfG reagiert damit auf neue Gefährdungen der Menschen- und Bürgerrechte durch moderne Informationstechnologien. Exekutive und Legislative haben allerdings offenbar noch Probleme mit der angemessenen Berücksichtigung des informationellen Selbstbestimmungsrechts des Bürgers, wie exemplarische Vorhaben wie die „Sicherheitsgesetze" oder die Ermöglichung der „Schleppnetzfahndung" zeigen.

4.2.3 Zur Entwicklung des Sozialstaats: Gesamtgesellschaftliche oder Eigenverantwortung

a) Zurückhaltung des Sozialstaats

Die politischen Machtverhältnisse in der Frühphase der Bundesrepublik verhalfen einer eher restriktiven Sozialstaatsinterpretation (vgl. LB 2, 4.1.3) zum Durchbruch. Der Sozialstaat der Ära Adenauer sah seine Aufgabe nicht in vorausschauenden, steuernden Eingriffen in wirtschaftliche und gesellschaftliche Prozesse; sofern er intervenierte, tat er das in einem die ökonomischen und sozialen Bedingungen als vorgegeben betrachtenden und diese lediglich fördernden, absichernden und unterstützenden, allenfalls nachträglich korrigierenden Sinne. Es war ein „zurückhaltender" Sozialstaat, der den Aufbau der Wirtschaft nach dem Kriege möglichst wenig „stören" wollte. Von der Entfaltung der Marktwirtschaft erhoffte man sich auch die Lösung sozialer Probleme, sie hatte deshalb Vorrang.

Eine *wirtschaftliche Variante* dieser Politik war die *Steuergesetzgebung*, die mit den Stichworten „Förderung der Selbstfinanzierung" und „Förderung des Mittelstandes" umrissen werden kann (vgl. LB 2, 2). Sie war nicht darauf angelegt, die Ungleichheit der Startbedingungen Besitzender und Nichtbesitzender, hoher und niedriger Einkommensempfänger abzubauen; im Gegenteil, sie potenzierte diese Disparitäten (*Hartwich* 1970, S. 272).

Als *gesellschaftliche Variante* dieses sozialstaatlichen Engagements gilt die *Eigentumspolitik*. Neben die Restauration und Erhaltung des Status quo ante der Besitzverhältnisse trat die Förderung der Vermögensbildung und des Eigenheimbaues. Ohne den sozial-politischen Rang dieser Maßnahmen zu leugnen, steht auch außer Frage, daß diese sozialstaatlichen Aktivitäten nur korrigierend auf die gegebene Einkommensverteilung wirkten und darüber hinaus eine nicht zu unterschätzende politische Stabilisierungsfunktion ausübten.

b) Ausbau des sozialen Rechtsstaats: Gesamtgesellschaftliche Verantwortung

Mit der ersten größeren ökonomischen Krise der Bundesrepublik 1966/67 und dem Regierungseintritt der SPD erfuhr der soziale Rechtsstaat in Praxis und Selbstverständnis spezifische Korrekturen. Während Konservative schon Grenzen des Sozialstaats sahen, ging es der SPD, aber auch Teilen der CDU und – später – fortschrittlichen Liberalen um den Ausbau des sozialen Rechtsstaates. Vereinfachend kann man sagen, daß Mitte der 60er Jahre ein Wechsel von einem „konservativen Sozialstaatsmodell" zu einem „progressiven Sozialstaatsmodell" (vgl. 4.1.3) stattfand. Der Staat übernahm nun explizit und gezielt Verantwortung für die Steuerung von Entwicklungen im sozialen und wirtschaftlichen Bereich (vgl. zum wirtschaftlichen Bereich LB 2, 2).

Dieser Übergang kann hier nicht im Detail nachgezeichnet werden. Wichtig ist die Herausarbeitung der Grundlinien dieses Modells in der politischen Praxis. Das große wohlfahrtsstaatliche Ziel, mehr soziale Gerechtigkeit, wurde auf drei Wegen angestrebt:

(1) Ausdehnung der sozialen Leistungen des Staates,
(2) Befreiung von Abhängigkeit (Emanzipation, Selbstbestimmung),
(3) Verbesserung des Planungs- und Steuerungsinstrumentariums.

(1) Ausdehnung der sozialen Leistung des Staates:
Die in der Großen Koalition und verstärkt in der Frühphase der sozial-liberalen Koalition entfaltete Sozialstaatspolitik ging von der Einsicht aus, daß für die Mehrheit der Bevölkerung Freiheit und Selbstbestimmung an Voraussetzungen geknüpft sind, die sie nicht allein schaffen und erhalten kann, für die statt dessen größere Einheiten und damit häufig der Staat sorgen müssen. Die so inspirierte Sozialstaatspolitik ging über das herkömmliche Ziel der Sozialpolitik, der Schaffung einer Mindestsicherung als Schutz vor Verelendung, hinaus. „Das alte sozialpolitische Ziel einer Mindestsicherung wich zunehmend dem modernen Ziel der Sicherung des Lebensstandards" (*Alber* 1983, *Schellenberg* 1969).

Wesentliche Elemente einer an diesem Ziel ausgerichteten Politik waren die Erhöhung bzw. Dynamisierung bereits bestehender Leistungen (insbesondere Geldleistungen, z. B. Renten) und die Einrichtung zusätzlicher sozialer Sicherungen und Dienste (z. B. Lohnfortzahlung, medizinische und berufliche Rehabilitation), aber auch die Einbeziehung weiterer Personengruppen (z. B.

Selbständiger) in das System der sozialen Sicherheit (vgl. *Strasser* 1983, S. 35 und 14). Der soziale Fortschritt wurde vor allem an der Höhe des Etats des Sozialministers gemessen.

(2) Befreiung von Abhängigkeit:
Dieser Teil der sozialstaatlichen Politik greift über Sozialpolitik i. e. S. als Hilfe in und Vorbeugung gegen Krisensituationen im Leben des einzelnen Bürgers hinaus und umfaßt seine volle Existenz in der Gesellschaft; er verläßt damit auch die Ressortgrenzen des Sozialministeriums und bezieht andere Politikbereiche mit ein. Intention dieser Sozialstaatspolitik ist die Beseitigung von Abhängigkeitsverhältnissen und die Eröffnung der Möglichkeit zu Freiheit und Selbstbestimmung auch für jene, die nicht über Eigentum und Vermögen, den klassischen bürgerlichen Fundamenten der individuellen Freiheit, verfügen. Drei Felder seien exemplarisch für diesen *emanzipatorischen Ansatz* der Sozialstaatspolitik genannt:

- Die *Bildungspolitik* wurde im Verlauf der 60er Jahre gleich doppelt inspiriert: *Georg Picht* beschwor 1964 die „Bildungskatastrophe in der Bundesrepublik im Vergleich zu anderen Industrieländern; fortschrittliche Bildungspolitiker propagierten ein Recht auf Bildung zur Erreichung von sozialer Mobilität und zur Ermöglichung von mehr Selbstbestimmung. Damit begann ein Jahrzehnt des Ausbaus des Bildungssystems auf allen Ebenen. Der durch die größere räumliche Nähe von weiterführenden Schulen und Hochschulen verbesserte Zugang zu „mehr Bildung" wurde durch BAFÖG zusätzlich erleichtert. Bisher „bildungsferne" Gruppen und Schichten (Arbeiterkinder und Mädchen) kamen dadurch tatsächlich in größerer Zahl in den Genuß einer Bildung, die traditionell bürgerlichen Schichten vorbehalten war (vgl. LB 2, 3.2.2). Die aktuellen Bildungsstatistiken deuten darauf hin, daß dieser Prozeß zumindest vorläufig einen Abschluß gefunden hat, eher wieder rückläufig ist.
- Ein vordringliches Anliegen der sozialstaatlich geprägten Rechtspolitik war die weitere Realisierung der *Gleichberechtigung der Frau,* Beendigung ihrer Bevormundung durch Männer und Männer-dominierte Institutionen und Abbau ihrer ökonomischen Abhängigkeit insbesondere vom eigenen Ehemann. In zwei Rechtsreformen kommen diese Intentionen besonders deutlich zur Geltung: in der Aufhebung bzw. – nach dem Karlsruher Urteil – Neufassung des Paragraphen 218 des StGB sowie in der Reform des Scheidungsrechts, die u. a. die materielle Stellung der geschiedenen Frau verbessern sollte.
- Schließlich sind *Mitbestimmung* und *Demokratisierung der Wirtschaft* Schlüsselworte für die Strategie der deutschen Arbeiterbewegung nicht erst seit Bestehen der Bundesrepublik, sondern auch schon in der Weimarer Republik. In der Frühphase der Bundesrepublik wurden auf massiven Druck der Gewerkschaften im Montanbereich die paritätische Mitbestimmung eingeführt sowie durch das Betriebsverfassungsgesetz das Betriebsrätesystem für die gesamte Wirtschaft installiert. Beide Gesetze blieben weit hinter den Erwartungen der Befürworter zurück. Erst in den 70er

Jahren wurden dann weitere Schritte zur „Demokratisierung der Wirtschaft" unternommen (vgl. Gewerkschaften und Mitbestimmung 1977): die Reform des Betriebsverfassungsgesetzes von 1972 erweiterte die Rechte des Betriebsrats in sozialen und personellen Angelegenheiten und stärkte seine wirtschaftlichen Beteiligungsrechte (z. B. durch Kompetenzerweiterung für den Wirtschaftsausschuß). 1976 trat schließlich ein die gesamte Wirtschaft umfassendes Mitbestimmungsgesetz in Kraft, das in Betrieben mit mehr als 20000 Beschäftigten den Arbeitnehmern eine Vertretung im Aufsichtsrat in gleicher Stärke wie den Arbeitgebern zuspricht.

(3) Verbesserung des Planungs- und Steuerungsinstrumentariums:
Der Übergang zum entwickelten Sozialstaat schlug sich auch innerhalb des politischen und administrativen Systems in spezifischen Veränderungen nieder. Ein Staat, der Verantwortung für wirtschaftliche und soziale Prozesse übernimmt, der versucht, steuernd und regulierend einzugreifen, braucht mehr Informationen, muß vorausschauend planen und benötigt ein angemessenes Steuerungsinstrumentarium. Auf Bundesebene sollte ein System der *politischen Planung* installiert werden. Im Selbstverständnis der Initiatoren bedeutete politische Planung eine qualifizierte Form politisch-administrativer Willensbildungs- und Entscheidungsprozesse, die sich von der herkömmlichen krisen- und interessengesteuerten Tagespolitik vor allem durch den Versuch unterscheiden sollte

- künftige Entwicklungen und gesellschaftliche Bedürfnisse und Interessenlagen systematisch und längerfristig zu erfassen und in flexiblen Zielsystemen nach Prioritäten zu ordnen,
- krisenhafte Verknappungen wichtiger Ressourcen wie Finanzmittel, Information, Personal und schließlich auch breite Zustimmung („Massenloyalität") von vornherein zu vermeiden,
- Handlungsziele und Ressourcen einander in komplexen, gegenseitig abgestimmten und in bezug auf Kosten und Zielerreichungsgrad überprüfbaren Programmen zuzuordnen und schließlich
- die Entscheidungsstruktur und -verfahren des Regierungsapparates so zu verbessern, daß sie den aus Aufgaben- und Ressourcenstruktur herrührenden Anforderungen gerecht werden konnten (*Schatz* 1978, S. 242; vgl. auch LB 4, 3.3).

Die zentralen Elemente dieses Steuerungssystems waren (vgl. *Wagener* 1975, *Schatz* 1978):

- *Globalsteuerung,*
- *mittelfristige Finanzplanung,*
- *sektorale Programm(=Fach)planungen,*
- *„Frühkoordinierungssystem"* der Bundesregierung,
- *Entwicklungsplanung* in Ländern und Kommunen sowie
- gemeinsame *Rahmenplanung* von Bund und Ländern.

Im folgenden sollen die genannten Elemente des bundesrepublikanischen *Planungssystems* kurz skizziert werden (zur Globalsteuerung vgl. LB 2, 2.3).

– *Mittelfristige Finanzplanung:* Die Krise von 1966/67 war nicht nur ein volkswirtschaftliches, sondern auch ein finanzwirtschaftliches Debakel. Die kurzfristig orientierten und auf einem bescheidenen Informationsniveau basierenden einjährigen Haushaltspläne boten kaum politischen Spielraum. Zudem deckten die konjunkturellen Probleme tiefsitzende strukturelle Mängel sowie langfristige Finanzierungslücken auf. Diesen Schwierigkeiten wollte man mit der Umstellung auf eine mehrjährige Finanzplanung abhelfen, die Bund und Ländern durch das „*Stabilitätsgesetz*" verbindlich vorgeschrieben wurde. Die auf fünf Jahre angelegte mittelfristige Finanzplanung stellt eine „gesetzlich nicht verbindliche, zukunftsorientierte, vollständige Zusammenstellung aller voraussichtlichen Ausgaben und der zur Deckung dieser Ausgaben vorgesehenen Einnahmen . . . des Bundes und der Länder unter Berücksichtigung der Wechselbeziehungen zur jeweiligen Wirtschaftsentwicklung dar" (*Hansmeyer/Rürup* 1975, S. 32). Die Verbindung zur gesamtwirtschaftlichen Entwicklung wird durch die Abstimmung der Projektion der Finanzentwicklung (Finanzprojektion) und der gesamtwirtschaftlichen Zielprojektion im Rahmen der Globalsteuerung hergestellt. Zur Koordinierung der Wirtschafts- und Finanzpolitik von Bund, Ländern und Gemeinden wurden ein „Konjunkturrat für die öffentliche Hand" und ein „Finanzplanungsrat" geschaffen.
Die mittelfristige Finanzplanung war mit hochgespannten Erwartungen installiert worden. Man sprach davon, daß sie „ein in Zahlen gekleidetes Regierungsprogramm" sei, in dem „die zeitlichen Prioritäten und die positiven und negativen Schwerpunkte nach den Vorstellungen der Regierung sichtbar gemacht werden" (nach *Schatz* 1973, S. 25). Diese Erwartungen wurden enttäuscht. Weder konnte die Finanzplanung, wie es hier anklingt, die Rolle der Aufgabenplanung spielen, noch gelang es, ein eigenes Aufgabenplanungssystem zu installieren. Trotzdem stellt die Finanzplanung (neben der Globalsteuerung) das programmatisch am weitesten entwickelte Planungs- und Koordinierungsinstrument auf der Ebene der Bundesregierung dar.

– *Sektorale Programm- oder Fachplanungen:* Die sektorale Planung, d. h. die Planungen der einzelnen Ressorts, war ein Reflex auf die sich offenbarenden Probleme in verschiedenen materiellen Politikbereichen, insbesondere auf dem Gebiet der Infrastruktur. Systematische Infrastrukturpolitik gewann nicht nur per se, sondern auch als notwendige Voraussetzung für ein stetiges Wirtschaftswachstum an Bedeutung. Programmplanung gibt es inzwischen auf allen Ebenen und in fast allen Aufgabenbereichen der öffentlichen Hand – allerdings höchst unterschiedlich entwickelt und ausgestaltet. Auf Bundesebene ist die sektorale Planung im Verteidigungsbereich und im Verkehrswesen (z. B. Bundesverkehrswegeprogramm) sowie in der Raumordnung (Bundesraumordnungsprogramm) relativ weit fortgeschritten. Die zunehmende sektorale Planung dokumentiert sich auch im Ausbau des Berichtwesens (z. B. Städtebaubericht und Sozialbericht).

- *Rahmenplanung von Bund und Ländern:* Von Rahmenplanung zwischen Bund und Ländern spricht man dann, wenn sie gemeinsam Programm- oder Fachplanung betreiben (z. B. regionale Strukturpolitik). Die Durchführung dieser Planung ist dann Länderangelegenheit. Rahmenplanung wurde insbesondere als Folge der Finanzreform von 1969 zur Erfüllung der Gemeinschaftsaufgaben (vgl. LB 2, 4.2.1) installiert, wurde aber auch schon vorher, z. B. in der Bildungsplanung, praktiziert. Gerade deren leidvolle Geschichte ist zugleich augenfälligster Hinweis auf die Potenzierung der Probleme im Mehr-Ebenen-Planungsverbund, wie sie in der schwerfälligen Arbeitsweise der besonderen Koordinierungsgremien aus Vertretern von Bund und Ländern (z. B. gemeinsame Planungsausschüsse im Rahmen der Gemeinschaftsaufgabe) deutlich zum Ausdruck kommt.
- *Entwicklungsplanung von Ländern und Kommunen:* Abgesehen von Vorläufern (wie z. B. dem „Hessenplan") begannen auch Länder und Kommunen erst in der zweiten Hälfte der 60er Jahre politische, d. h. nicht nur technische Planungskapazitäten aufzubauen. Mit der Entwicklungsplanung versuchten sie – in unterschiedlichem Maße –, die sektoralen Fachplanungen zusammenzufassen und untereinander abzustimmen, d. h. zu integrieren. Das „Maximalprogramm" dieses Planungstyps sieht vor, daß die Ziele für die längerfristige Entwicklung in allen politischen Aufgabenbereichen abgesteckt, die dazu notwendigen Maßnahmen festgelegt sowie mit dem finanziellen Rahmen abgestimmt werden.
- *Frühkoordinierungssystem der Bundesregierung:* Auf Bundesebene kam aus einer Reihe von Gründen (Reserve gegenüber Planung, „Machtangst" in den Ressorts u. a. m.) ein integriertes System der Entwicklungsplanung trotz einiger Anläufe nicht zustande. Es blieb bei dem als ersten Schritt gedachten „Frühkoordinierungssystem". Damit sollten in einem frühen Stadium der Bearbeitung Informationen über die Vorhaben der einzelnen Ressorts mit Hilfe von „Datenblättern" und „Planungsbeauftragten" gesammelt werden. Selbst diese Intentionen konnten jedoch vor allem wegen des Widerstandes der Ressorts gegenüber einem „zentralen" Informationssystem auf die Dauer nicht durchgehalten werden. Das „Frühkoordinierungssystem" entwickelte sich zu einer „Meldestelle" für kabinettsreife, jetzt kaum noch mit anderen Ressorts koordinierbaren Vorhaben der einzelnen Ministerien.

c) Desillusionierung

Die Art und Weise, in der insbesondere in den 70er Jahren in der Bundesrepublik das Sozialstaatsprinzip in Politik umgesetzt wurde, stieß auf massive Kritik aus unterschiedlichen politischen Richtungen, die um so lauter wurde, je mehr mit den ökonomischen Krisen seit 1974/75 die Basis des sozialen Leistungssystems, das Wirtschaftswachstum, brüchig wurde. Geringere, teilweise sogar negative Wachstumsraten ließen den Verteilungsspielraum schrumpfen. Vor diesem realen Hintergrund gewannen vor allem folgende Vorwürfe an Wirksamkeit:

- *Grenzen der Finanzierbarkeit:* Überall dort, wo soziale Leistungen in monetärer Form erbracht werden, steigt die Inanspruchnahme bei z. T. hinter den Erwartungen bleibenden Einnahmen; die Ursachen für diese Schere liegen neben dem schwachen oder fehlenden Wirtschaftswachstum vor allem in der langanhaltenden Arbeitslosigkeit. Insbesondere die klassischen sozialen Sicherungssysteme – Renten-, Kranken- und Arbeitslosenversicherung – kamen in finanzielle Bedrängnis, aber auch die Städte mußten mehr Mittel für die Sozialhilfe aufbringen.
- *Mißbrauch:* Von vielen Kritikern werden die Ursachen der Finanzierungsprobleme nicht zuletzt in wachsenden Mißbräuchen gesehen: der Arbeiter, der regelmäßig seine Krankheitstage „nimmt", der schwarz-arbeitende Arbeitslose, der Frührentner, der bewußt seine Entlassung in Kauf nahm, um vorzeitig Rente zu beziehen, der Sozialhilfeempfänger, der „eigentlich" gar nicht bedürftig ist. Sie alle sind wiederkehrende Argumentationsfiguren, um den Nachweis des Mißbrauchs und damit auch gleichzeitig der Irrationalität des Sozialsystems zu führen.
- *Sozialetatismus:* Der Ausbau des Sozialstaates habe zu aufgeblähten Bürokratien mit zentralistischem Charakter geführt, die inzwischen mehr auf ihre Selbsterhaltung und -beschäftigung bedacht seien, als auf Leistungsfähigkeit.

  Großen, professionalisierten, anonymisierten Systemen wird nicht mehr zugetraut, auf die Probleme des einzelnen oder kleiner Gruppen angemessen zu reagieren. Die Art und Weise, wie in diesen Systemen Sozialleistungen erbracht werden, wird vielmehr als einengend, bevormundend und wenig zweckmäßig empfunden.

Selbst bei vielen, die den Ausbau des Sozialstaates gewünscht und mitgetragen haben, ist „die Zuversicht, daß mit Hilfe immer perfekterer wohlfahrtsstaatlicher Institutionen und Methoden für immer mehr Menschen ein immer größeres Maß an Wohlstand, sozialer Sicherheit und Möglichkeiten freier Entfaltung geschaffen werden könnte, heute erschüttert" (*Strasser* 1983, S. 38).

Spätestens seit Beginn der 80er Jahre (nicht erst seit dem 6. März 1983) befindet sich das politik-bestimmende Sozialstaatsmodell in Bewegung. Das Sozialstaatsverständnis der 70er Jahre, das durch Begriffe wie „Gesamtgesellschaftliche Verantwortung", „Ausbau der sozialen Leistungen", „Abbau von (geschlechts- oder schichtspezifischen) Nachteilen" geprägt wurde, wird abgelöst durch neue Konzepte, deren Slogans „Eigenverantwortung", „Wettbewerb", „Privatisierung" und „Leistung" heißen.

d) Begrenzung des Sozialstaats

Die Phase des Ausbaus des Sozialstaats, insbesondere über ein ständiges Mehr an Leistungen endete mit dem Bewußtsein, daß ökonomisches Wachstum in den früheren Zuwachsraten nicht mehr möglich sei. Wer sagt: „Wirtschaftswachstum ist eine unerläßliche Grundvoraussetzung der Sozialpolitik" (Walter *Arendt,* zitiert nach *Strasser* 1983, S. 71) stellt eine Abhängigkeit her, die

Sozialpolitik bei Null oder gar „Minuswachstum" enden läßt (und die Sozialpolitik auf die Verteilung von Zuwächsen beschränkt und die vorgefundenen Eigentums- und Einkommensverhältnisse grundsätzlich unangetastet läßt). Konsequenterweise stieß die so konzipierte Sozialpolitik auf *finanzielle Grenzen,* sobald andauernde „Wachstumsstörungen" auftraten; spätestens seit 1978 besteht Sozialpolitik vor allem in der Frage, wo was gekürzt werden kann. Das in den späten 60er und frühen 70er Jahren konzipierte System sozialer Leistungen wurde gerade dann brüchig, als es von immer mehr Menschen benötigt wurde.

Diese eher defensive Begrenzung des Sozialstaats wird nun unter veränderten politischen Verhältnissen zu einer Offensivstrategie; der *Abbau der sozialen Leistungen* wird zum Programm mit einer materiellen und einer normativ-ideologischen Komponente:

– die materielle Dimension liegt in der bereits von der sozial-liberalen Koalition eingeleiteten *Ausgabenkürzung,* die in praktisch allen Bereichen durchgeführt wird, und zwar durch Kürzung der finanziellen Transfers des Staates und seiner Para fisci (z. B. Streichung des „Schüler-BAFÖG", Reduzierung des Anspruchs auf Arbeitslosengeld/Arbeitslosenhilfe bei Kinderlosen, Verschiebung der Rentenerhöhung usw.), durch Personaleinsparung und/oder „Rückzug" aus bestimmten Aufgaben oder Vorhaben usw.
– Diese materielle Dimension wird fundiert durch eine normativ-ideologische Komponente. Ausgabenkürzung und Leistungsabbau werden nicht mehr nur finanziell begründet, vielmehr wird darin auch eine Chance zur Wiederbelebung von *Eigeninitiative, Eigenverantwortung* und *Leistungsbereitschaft* gesehen, Tugenden, die in dieser Sicht durch zu viele und zu große Sozialleistungen verschüttet wurden. Bezogen auf die Arbeitslosenversicherung bedeutet dies z. B. die Forderung, die Lohnersatzleistung bei Arbeitslosen spürbar zu reduzieren, um damit wieder den Arbeitswillen zu stärken.

Die Bundesrepublik steht möglicherweise am Anfang einer Phase der Begrenzung staatlicher Sozialpolitik zugunsten einer Wiederbelebung des *Subsidiaritätsprinzips.* Die konservative Interpretation des Sozialstaatsprinzips geht davon aus (vgl. *Brück* 1981, S. 45 f.), daß zunächst der einzelne sich selbst helfen solle, kann er dies nicht, muß ihm Hilfe im Familienverband zuteil werden; falls dieser dazu nicht in der Lage ist, treten der nächst höhere Sozialkörper, z. B. die Kommune, aber auch kirchliche oder sonstige (Hilfs-)Einrichtungen als Helfer auf; erst an letzter Stelle ist der Staat zur Hilfe aufgefordert.

In der praktischen Umsetzung des Subsidiaritätsprinzips haben freiwillige, ehrenamtliche, nicht-professionalisierte Hilfe (z. B. Nachbarschaftshilfe) einerseits und die Familie andererseits einen sehr hohen Stellenwert. Exemplarisch wird dies deutlich in der Hervorhebung der Familienpolitik von seiten christlich-konservativer Politiker und Parteien. Nach ihren Vorstellungen soll die Funktion der Familien (und damit in der gesellschaftlichen Realität der Frauen) vor allem in bezug auf die Erziehung der Kinder, aber auch in bezug auf das Zusammenleben, die Pflege und Betreuung der älteren Familienmitglieder wieder gestärkt werden, während der Staat bei diesen Aufgaben sein Engagement beschränken sollte.

In dieser Tendenz, den Sozialstaat zu begrenzen und statt dessen Selbsthilfe durch die Familie oder andere nicht-professionalisierte Einrichtungen und Organisationen zu verstärken, treffen sich in der Bundesrepublik konservative Strömungen durchaus mit anderen, die man unter dem Sammelbegriff *„alternativ“* zusammenfassen könnte. Aus der Kritik an sozialen Großorganisationen, an Zentralisierung und Bürokratisierung entwickelten sich zahlreiche „Selbsthilfe-Organisationen“, die in eigener Verantwortung in so unterschiedlichen Bereichen wie der Rehabilitation von Drogensüchtigen oder der Betreuung von Kleinkindern arbeiten (vgl. *Windhoff-Hèretier* 1982).

Die von ihnen propagierte „Strategie der Laisierung“ und „Selbststeuerung in kleinen sozialen Netzen“ bauen „auf der spontanen Hilfsbereitschaft und dem Innovationspotential der Bürger auf und fördern den Rückzug der öffentlichen Hand aus Aufgaben, die von kleineren sozialen Einheiten besser erfüllt werden können. Damit ist der Wille verbunden, sich aus der Bevormundung durch anonyme, bürokratische Großorganisationen und der Abhängigkeit von professionellen Beratern zu lösen und – eingebettet in Gruppenbeziehungen, die auf Gleichheit und wechselseitiger Anerkennung gründen – gemeinsam soziale Ziele zu verfolgen und sich bei der Bearbeitung von Problemen zu unterstützen“ (ebd., S. 50 mit zahlreichen Verweisen).

Trotz unterschiedlicher Ursprünge stellen sich mithin beachtliche Überschneidungen zwischen der konservativen und alternativen Sozialstaatskritik einerseits und den daraus entwickelten Veränderungsstrategien andererseits heraus. Zentral ist in beiden Richtungen die antistaatliche, zumindest entstaatlichende Tendenz bei der Bewältigung sozialer Probleme und die Hinwendung zu privaten Lösungen. Diese „Bündnisimplikationen“ (*Elsner* 1982, S. 51) sind sicherlich rasch erschöpft, wenn es um die Formulierung konkreter Konzepte geht; aber es ist nicht ausgeschlossen, daß unter den gegebenen politischen Kräfteverhältnissen die alternative, radikale Kritik am Sozialstaat mithilft, konservativen Rezepten Akzeptanz zu verschaffen.

4.2.4 Zur Entwicklung der Demokratie: Mehr Demokratie wagen?

Eindeutige Entwicklungen der staatlich-demokratischen Struktur der Bundesrepublik Deutschland in den vergangenen 30 Jahren lassen sich auch nur sehr schwer identifizieren. Ob die Bundesrepublik etwa demokratischer geworden ist oder ob gerade das Gegenteil der Fall ist, läßt sich ohne Offenlegung der normativen Prämissen nicht feststellen; diese Wertungen sind zum Teil heftig umstritten (vgl. LB 3, 8. „Demokratie“). Trotz dieser Schwierigkeiten soll im folgenden versucht werden, einige relativ unkontroverse Entwicklungen zu skizzieren.

a) Etablierung der Demokratie

In der ersten Phase der Bundesrepublik standen die Etablierung der Demokratie und die Einübung in ihre geschriebenen und vor allem ungeschriebenen Regeln im Zentrum der Aufmerksamkeit der politischen Öffentlichkeit. Das Demokratiemodell des Grundgesetzes und insbesondere die demokratische Struktur der Bundesrepublik wurden, von einigen wenigen extremen Parteien abgesehen, kaum in Frage gestellt. Die Ausgestaltung des Regierungssystems als parlamentarische Demokratie führte zwar noch zu staatsrechtlichen und theoretischen Kontroversen (vgl. insbesondere die durch *Leibholz* inspirierten Diskussionen über den [vermeintlichen] Gegensatz zwischen „repräsentativer Demokratie" und „Parteienstaat", *Leibholz* 1967; zusammenfassend *Haungs* 1980), aber insgesamt fand die Gewöhnung an diese Regierungsform und ihre erste Ausgestaltung als „Kanzlerdemokratie" überraschend schnell und unproblematisch statt (vgl. *Bracher* 1974; *Hennis* 1974).

Für diese These spricht auch die Entwicklung des Parteiensystems in der Bundesrepublik Deutschland. Die Demokratie wurde bei uns praktisch von und durch Parteien aufgebaut; es gab nach dem Kriege politische Parteien, bevor es staatliche Organe der Willensbildung und Regierung gab.

Das Parteiensystem machte dabei allerdings erhebliche Veränderungen durch, die als Konzentrations- und Entideologisierungsprozeß beschrieben werden können (vgl. *Jesse* 1977, S. 12ff.).

Zum einen hat sich die Zahl der politisch relevanten Parteien seit Anfang der Bundesrepublik Deutschland drastisch reduziert. Während es 1949 noch 11 verschiedene Parteien im Bundestag gab, waren es seit 1961 nur noch vier und seit 1983 fünf. Im Zusammenhang mit der *Stabilisierung des Parteiensystems,* die nicht zuletzt auch durch die 1953 eingeführte und 1956 verstärkte 5%-Klausel des Wahlgesetzes forciert wurde, steht auch der stetige Anstieg der in Parteien organisierten Bundesbürger. 1952 gab es weniger als 1 Million Parteimitglieder, 1976 waren es fast 2 Millionen (Zahlen aus *Flechtheim* 1973, S. 398f.; Gesellschaftliche Daten 1977).

Gleichzeitig ist eine *Veränderung der Struktur der einzelnen Parteien* festzustellen, am deutlichsten wohl bei der SPD. Vom Typ einer „Weltanschauungspartei", die auf der Grundlage einer gefestigten Ideologie Klasseninteressen vertrat, entwickelte sie sich zum Typ einer modernen „Volkspartei", die ohne theoretische Handlungsanleitung ganz unterschiedliche Interessen vertreten will und daher quasi für alle Bürger wählbar ist. Ähnliche Entwicklungen sind bei der FDP zu konstatieren, die allerdings ihre Herkunft als „Honoratiorenpartei" (Zusammenschluß „wichtiger" und interessierter Bürger) nicht verleugnen kann. CDU/CSU sind eigentlich aus der Erfahrung und dem Fiasko der unterschiedlichen, auf begrenzte Interessenvertretung ausgerichteten bürgerlichen und konfessionell orientierten Parteien der Weimarer Republik entstanden. Ihr langanhaltender Erfolg bestätigt, daß sie das Konzept der umfassenden Volkspartei lange Zeit am erfolgreichsten vertrat. Als Folge dieser Entwicklung wird eine Annäherung der Parteien festgestellt (vgl. ausführlich zu dieser Diskussion LB 3, 6.3 [b]).

b) Zunehmende Kritik und Forderungen nach Demokratisierung

Die Zeit der ziemlich *unkritischen Akzeptanz* ging etwa Mitte der sechziger Jahre zu Ende. Parallel zu der oben beschriebenen Verschlechterung der ökonomischen Situation (vgl. LB 2, S. 24ff.) wurden zum erstenmal umfassendere Kritik und Unzufriedenheit mit den demokratischen Strukturen der Bundesrepublik Deutschland sichtbar. Als Stichworte seien genannt:
– Erstarken der Nationaldemokratischen Partei Deutschlands (NPD),
– Kontroverse um die Notstandsgesetze,
– Politisierung der Studenten,
– Legitimationsverlust durch die Große Koalition,
– Entwicklung zur „außerparlamentarischen Opposition (APO)".

Im engen Zusammenhang mit der Entwicklung der Kritikfähigkeit und -willigkeit stand die Diskussion um eine umfassendere *Demokratisierung von Staat und Gesellschaft.* Die Forderung, demokratische Strukturen über den engeren staatlichen Bereich hinaus zu verwirklichen, war insbesondere von den Gewerkschaften schon seit langer Zeit erhoben worden und konnte von ihnen auch – gestützt durch die überwiegend antimonopolistische Stimmung nach den Erfahrungen des Dritten Reiches – 1951 zumindest im Bereich der Montanindustrie ansatzweise durchgesetzt werden. Im Gefolge der Studentenbewegung wurde verstärkt gefordert, sämtliche Teilbereiche der Gesellschaft zu demokratisieren. Universitäten, Schulen, aber auch Krankenhäuser oder Gefängnisse wurden als gesellschaftliche Institutionen benannt, in denen autoritäre Strukturen durch demokratischere Verhältnisse, zumindest durch eine teilweise Partizipation der Betroffenen, abgelöst werden sollten.

Diese Forderung nach mehr Demokratie und Partizipation, die bisher undemokratisch strukturierte staatliche Bereiche einschloß (etwa: Stadtplanung, Bildungspolitik), wurde zum Teil von den Parteien übernommen (*Willy Brandt*: Mehr Demokratie wagen!) und führte in Ansätzen zu einer stärkeren Bürgerbeteiligung an staatlichen Willensbildungs- und Entscheidungsprozessen. So verpflichteten z. B. das Städtebauförderungsgesetz (1971) und das novellierte Bundesbaugesetz (1977) die Gemeinden, bei einschlägigen Planungen die Bürger mitwirken zu lassen bzw. zu beteiligen.

c) Staatsverdrossenheit?

Während in der „Reformphase" Kritik an den demokratischen Institutionen der Bundesrepublik und an gesellschaftlichen Strukturen in erster Linie zu Forderungen nach Reform dieser Gegebenheiten führte, besteht seit einiger Zeit die Vermutung, daß eine grundsätzliche Entfremdung zwischen den demokratischen Institutionen und den Bürgern unseres Staates zu beobachten ist. Diese Vermutung wird mit verschiedenen Schlagworten belegt, z. B.
– Staatsverdrossenheit,
– Verwaltungsverdrossenheit,
– Politikverdrossenheit oder auch
– Parteienverdrossenheit.

Obwohl diese Begriffe oft synonym und meistens mit unklarer Bedeutung verwendet werden, soll kurz versucht werden, ihren jeweiligen Gehalt herauszuarbeiten.

Wenn man unter *Staatsverdrossenheit* Unzufriedenheit mit der Staatsform, also der repräsentativen parlamentarischen Demokratie versteht, so fehlen die Belege, daß diese Haltung zunimmt, obwohl dies immer wieder behauptet wird (vgl. hierzu und zum folgenden *Küchler* 1982). Verschiedene Umfragen zeigen sogar, daß die Zustimmung zur Demokratie seit den sechziger Jahren noch gestiegen ist (vgl. *Conradt* 1980, S. 233ff.). Zu unserer Staatsform wird im Prinzip keine Alternative gesehen; über 90% sind mit ihr zufrieden.

Auch *Verwaltungsverdrossenheit* ist, trotz des Schlagworts von der zunehmenden Bürokratiekritik, nicht gewachsen. Tatsächlich zeigen empirische Untersuchungen, daß die Beurteilung der Verwaltung um so positiver ausfällt, je stärker an konkreten Verwaltungserfahrungen der Bürger angeknüpft wird (nur sehr wenige Befragte sind mit der konkreten Behandlung durch die Verwaltung unzufrieden). Allerdings, je abstrakter gefragt wird (z. B. „wie denken Sie im allgemeinen über Behörden?"), um so negativer wird das Urteil. Man hat dafür den Begriff des „gespaltenen Verwaltungsbildes" geprägt, d. h. die Befragten geben in erster Linie Klischees wieder (vgl. *Schäfer* 1982; *Feick/Mayntz* 1982).

Differenzierter wird das Bild, wenn man sich mit der *Politikverdrossenheit* beschäftigt und darunter Unzufriedenheit mit der konkreten Art und Weise, wie Politik bei uns gemacht wird, versteht. Immerhin stimmten 1980 2/3 aller Befragten dem Statement zu:

„Die Politiker kümmern sich nicht viel darum, was der kleine Mann denkt und sagt."
(zitiert nach *Küchler* 1982, S. 52)

Wahrscheinlich werden hier auch Traditionen der deutschen politischen Kultur (vgl. LB 2, 3.2.4) mit ihren starken Vorbehalten gegenüber allem „Politischen" abgebildet; immerhin zeigt sich, daß Politik immer noch als „schmutziges Geschäft" angesehen wird (Zustimmung 1980: 55%, ebd.).

Wenn überhaupt, kann bei uns am ehesten von einer *Parteienverdrossenheit* gesprochen werden. Immerhin stimmte wiederum 1980 ein Viertel der Befragten dem Statement zu, „unsere Parteien sind nicht mehr fähig, die zahlreichen Probleme in unserer Gesellschaft zu lösen" und „deshalb müsse es eine ganz neue Partei geben" (nach *Küchler* 1982, S. 48f.). Aber für eine zunehmende Unzufriedenheit mit der Interessenvertretung durch die etablierten Parteien gibt es auch „härtere" und eindeutigere Anzeichen als Umfrageergebnisse.

Zunächst sind hier die seit Mitte der sechziger Jahre wichtiger werdenden *Bürgerinitiativen* zu nennen. Obwohl das Ausmaß der Bürgerinitiativbewegung empirisch schwierig zu bestimmen ist, scheinen doch folgende Daten unumstritten (vgl. *Guggenberger* 1982, S. 190f.):

– es gibt in der Bundesrepublik zur Zeit wahrscheinlich 20000 Bürgerinitiativen,

- mittlerweile sind ebenso viele Bürger in Initiativen tätig bzw. waren es, wie alle im Bundestag vertretenen Parteien zusammen an Mitgliedern aufweisen,
- über 60% der Bevölkerung sind verschiedenen Erhebungen zufolge bereit, sich auf seiten der Bürgerinitiativen zu engagieren,
- die Bereitschaft, in einer Bürgerinitiative mitzuarbeiten, ist daher mehr als dreimal so groß wie die Motivation zur Parteimitgliedschaft,
- in vielen Bereichen wird den Bürgerinitiativen eine größere Kompetenz zur Problemlösung und eine höhere Glaubwürdigkeit zugemessen als den etablierten Parteien.

Die Rolle der etablierten Parteien als entscheidende und unangefochtene Institution der Wahrnehmung und Artikulation von Interessen wird in Frage gestellt. Häufig werden Interessen und Bedürfnisse der Bürger (z. B. Umweltschutz) erst durch private Initiativen in die politische Diskussion gebracht; die Parteien hängen sich bestenfalls an. Das die meisten Bürgerinitiativen auslösende staatliche Handeln bzw. Nicht-Handeln wird zudem von einem großen Teil von den Parteien mitbestimmt und mitverantwortet. Bürgerinitiativen verstehen sich deshalb oft als Alternativen zu den Parteien und werden offensichtlich von vielen Bürgern auch als solche empfunden.

Die Kritik an den etablierten Parteien, denen u. a.

- strukturelle Erstarrung,
- Verlust an Glaubwürdigkeit,
- ideologische Schein- und Flügelgefechte,
- vorgetäuschte innerparteiliche Demokratie,
- unqualifiziertes und unglaubwürdiges Führungspersonal,
- Loslösung gewählter Amts- und Mandatsträger von ihrer Basis,
- Verselbständigung und Zentralisierung von Entscheidungssituationen und ähnliche Defizite mehr

vorgeworfen werden, hat auf der einen Seite zu ersten selbstkritischen Reflexionen der Parteien geführt (vgl. insbesondere *Scheer* 1979 und die Übersicht bei *Sarcinelli* 1980). Deutlich wurde die Unzufriedenheit mit den etablierten Parteien aber vor allem durch die Wahlerfolge grün-alternativer Parteien seit 1979.

Diese Parteien, die zum Teil aus der Bürgerinitiativbewegung hervorgegangen sind, versuchen, dem Demokratieverständnis der etablierten Parteien ein eigenes Konzept der ,,*Basisdemokratie*" gegenüberzustellen (vgl. hierzu *Huber* 1983). Elemente dieser Basisdemokratie sind u. a.

- parteiinterne Öffentlichkeit,
- imperatives Mandat,
- Ämterrotation,
- keine Ämterhäufung und
- Ehrenamtlichkeit, d. h. Ablehnung von Berufspolitikern.

Die ersten Erfahrungen „grüner" Parlamentarier haben gezeigt, wie schwierig es ist, diese Ansprüche einzulösen. Deutlich wurde aber auch, daß die Wähler gewillt sind, Anstrengungen für ein verändertes Demokratieverständnis zu honorieren.

Fraglich ist allerdings, ob die verstärkte Kritik an den etablierten Parteien und deren Politikverständnis tatsächlich als

„. . . krisenhafte Grundkonstellation in Gestalt der Struktur- und Funktionsschwäche des zentralen politischen Subsystems, des Parteiensystems" (*Guggenberger* 1982, S. 198)

interpretiert werden können oder ob nicht vielmehr eher positiv ein verändertes Demokratieverständnis in der Bevölkerung sichtbar wird.

In einer umfangreichen international-vergleichenden Untersuchung sind die politischen Aktivitäten der Bürger in acht Ländern untersucht worden (vgl. *Barnes/Kaase* u. a. 1979, für einen deutschsprachigen Überblick *Allerbeck/Kaase/Klingemann* 1979/1980 und *Kaase* 1982), ausgehend von der These, daß die entwickelten Industriegesellschaften des Westens sich zunehmend einer umfassenden Forderung der Bürger nach Ausweitung ihrer sozialen und politischen Beteiligungsrechte gegenübersehen (vgl. *Kaase* 1982, S. 177ff., vgl. auch den Abschnitt über „Wertwandel" 3.2.4). Tatsächlich hat die Untersuchung auch für die Bundesrepublik gezeigt, daß 60% der Bevölkerung unkonventioneller politischer Betätigung (z. B. Demonstration, Sit-In) zumindest positiv gegenüberstehen. *Kaase* faßt dieses Ergebnis folgendermaßen zusammen:

„Vor diesem Hintergrund stellt sich die Frage, ob der gesellschaftlichen Differenzierung, zu der auch die Veränderung von Wertstrukturen gehört, nicht eine entsprechende politisch-institutionelle Ausdifferenzierung folgen muß, um die demokratischen postindustriellen Gesellschaften lebens- und handlungsfähig zu erhalten. Konkret müßte das bedeuten, daß neben die politischen Parteien, die ihre bisherigen Hauptfunktionen auch in Zukunft beibehalten würden, neue politische Akteure und Institutionen treten müssen, die den partizipatorischen Impetus der Bürger aufzunehmen und zu kanalisieren hätten" (*Kaase* 1982, S. 186).

Aber auch in diesem Fall sind Prognosen sehr unsicher, denn Forderungen nach Demokratisierung und Partizipation werden nicht mehr so umfassend erhoben wie noch vor einigen Jahren, und autoritäre Strukturen werden wieder weniger in Frage gestellt. Anpassung scheint, vor allem bei der Jugend, wieder verbreiteter als Kritik, und auch extrem rechtsgerichtete Ansichten erhalten wieder Zulauf. Tatsächlich scheinen auch neuere Untersuchungen zu bestätigen, daß zwischen 1974 und 1980 keine Steigerung, sondern eher eine leichte Abnahme des Potentials für direkte Formen der politischen Beteiligung stattgefunden hat (vgl. *Kaase* 1982, S. 187).

Überblick 3: Demokratischer und sozialer Rechts- und Bundesstaat

Merkmale	Wichtige Kategorien		
	Zentrale Annahmen/ Aussagen/Begriffe	Historischer Ursprung/ ideologische Begründung	Entwicklung in der Bundesrepublik
Bundesstaat	– Eigenstaatlichkeit der Länder/ Gleichgewichtigkeit von Bund und Ländern – Spannungsverhältnis zwischen getrennten Kompetenzen und Notwendigkeit der Zusammenarbeit	– historische Ursprünge in deutschen Kleinstaaten, in landsmannschaftlicher Zusammengehörigkeit – funktionale Begründung: herrschaftbeschränkend (föderative Gewaltenteilung) und demokratieverstärkend	– zunächst Entwicklung der bundesstaatlichen Ordnung zum kooperativen Föderalismus (z. B. Zusammenarbeit der Länder, bilaterale Abkommen zwischen Bund und einzelnen Ländern) – dann Verfestigung der Kooperation (Politikverflechtung) insbesondere durch „Gemeinschaftsaufgaben" und zunehmende Kritik
Rechtsstaat	– formaler Rechtsstaat, insbesondere Grundrechte als Abwehrrechte gegen den Staat – materieller Rechtsstaat, insbesondere Grundrechte als Auftrag für den Staat, die Bedingungen zu ihrer Realisierung zu schaffen	– Rechtsstaat ist historisch der Weg, die absolutistische Allgewalt des Staates gegenüber der Gesellschaft zu begrenzen – Rechtsstaat typisch deutsches Phänomen; Bürgertum gab sich mit rechtlicher Bindung der Staatsgewalt zufrieden; erreichte nicht, wie im angelsächsischen Bereich, die parlamentarische Demokratie	– nach einer restriktiven Auslegung des Rechtsstaats im „Kalten Krieg" und kontroversen Diskussion über seine Ausgestaltung bei einem möglichen „Notstand", zunehmende rechtspolitische Reform im Sinne einer Abkehr von traditionellen obrigkeitsstaatlichen Vorstellungen – in letzter Zeit wieder auflebender Konflikt über die Rolle des Rechtsstaats bei der Erhaltung der „inneren Sicherheit" und der Bewältigung des technischen Fortschritts

Sozialstaat	– Sozialstaat in der Verfassung nicht durch soziale Grundrechte, sondern als umfassendes „Sozialstaatspostulat" festgelegt – Staat soll als Sozialstaat in bestimmte soziale und ökonomische Prozesse eingreifen – weite Formel mit großem Interpretationsspielraum, konkrete Ausgestaltung bleibt offen	– historischer Gegensatz zum Sozialstaat: liberaler „Nachtwächterstaat", den es allerdings eher in der Ideologie als in der Wirklichkeit gab – Auch der Obrigkeitsstaat hat bereits wirtschafts- und sozialpolitische Interventionen zugunsten bestimmter ökonomischer Interessen (z. B. Zollpolitik) oder sozialer Gruppen (z. B. Arbeiter) gekannt	Elemente der sozialstaatlichen Entwicklung: – Sozialstaat zunächst nur wirksam als soziales Korrektiv – dann ausdrückliche Übernahme gesamtwirtschaftlicher und -gesellschaftlicher Aufgaben bis hin zur – „emanzipatorischen" Auffassung des Sozialstaats – mit zunehmenden sozialstaatlichen Aufgaben Ausbau des staatlichen Planungs- und Informationssystems – in letzter Zeit wachsende Kritik am Sozialstaat
Demokratieprinzip	Zentrale Elemente des Demokratieverständnisses des Grundgesetzes: – repräsentative Willensbildung durch Wahlen und freies Mandat – besondere Rolle der Parteien in der politischen Willensbildung – Parlament insbesondere zur Bildung, Legitimation und Kontrolle der Regierung	unterschiedliche theoretische Wurzeln: – neben klassischen Vorstellungen identitäre und parlamentarisch-repräsentative Demokratie – vor allem Erfahrungen der Weimarer Republik – sowie Einfluß der verschiedenen Besatzungsmächte	– zunächst relativ unkritische Akzeptierung der demokratischen Institutionen und Prozesse, die in der Mitte der 60er Jahre von einer (bereits beendeten?) Phase zunehmender Kritik abgelöst wurde – Veränderungen im Parteiengefüge: Verengung des ursprünglich weiten Parteienspektrums auf ein (scheinbar) festgefügtes 4-Parteiensystem; neuerdings jedoch Erweiterungstendenzen – in letzter Zeit Diskussion über (vermeintliche) Staats-, Verwaltungs-, Politik- und Parteienverdrossenheit

4.3 Grundlegende Literatur

Denninger, Erhard (Hrsg.): Freiheitliche demokratische Grundordnung. Materialien zum Staatsverständnis und zur Verfassungswirklichkeit in der Bundesrepublik, Frankfurt/Main 1977.

Ellwein, Thomas: Das Regierungssystem der Bundesrepublik Deutschland, 5. Aufl., Opladen 1983.

Fraenkel, Ernst: Deutschland und die westlichen Demokratien, 6. Aufl., Stuttgart u. a. 1974.

Hesse, Konrad: Grundzüge des Verfassungsrechts der Bundesrepublik Deutschland, 14. erg. Aufl., Heidelberg/Karlsruhe 1984.

Jesse, Eckhard: Die Demokratie der Bundesrepublik Deutschland, 7. Aufl., Berlin 1986.

Sontheimer, Kurt: Grundzüge des politischen Systems der Bundesrepublik Deutschland, 8. Aufl., München 1980.

Beyme, Klaus von: Das Politische System der Bundesrepublik Deutschland, 4. Aufl., München 1985.

LB 3: Problemanalysen aus der Sicht politischer Theorien

1. Einleitung

Nachdem bisher in einem Überblick und als Grundlage für das weitere Vorgehen die normativen Konzepte von Wirtschaft, Gesellschaft und Staat in der Bundesrepublik sowie deren Ausgestaltung und Entwicklung in ihren Grundzügen beschrieben wurden, soll in diesem Lernblock 3 die gesellschaftliche Realität der Bundesrepublik analysiert und problematisiert werden. Eine solche Analyse und Kritik der für Innenpolitik wichtigen wirtschaftlichen, gesellschaftlichen und staatlichen Strukturen kann an verschiedenen Fragen ansetzen, z. B.

- wie die im LB 2 beschriebenen Konzeptionen (etwa: Marktwirtschaft, pluralistische Leistungsgesellschaft, Demokratieprinzip) in der Wirklichkeit aussehen („empirisch“),
- wie sie aussehen sollten („normativ“),
- welche Funktion sie in einem gesamtgesellschaftlichen Zusammenhang einnehmen („funktionalistisch“),
- inwieweit Anspruch und Wirklichkeit auseinanderklaffen,
- welche Schwierigkeiten bei der Verwirklichung der einzelnen Konzepte auftreten,
- wo und warum bestimmte Erscheinungen der Wirklichkeit zu kritisieren sind („kritisch“).

Diese Fragen werden von verschiedenen wissenschaftlichen Positionen durchweg unterschiedlich beantwortet. Es besteht beispielsweise *keine* Einigkeit darüber, inwieweit die bundesrepublikanische Gesellschaft marktwirtschaftlich oder pluralistisch oder demokratisch gestaltet ist oder inwieweit sie es überhaupt sein soll. Man ist sich allenfalls einig darüber, daß es eine ganze Anzahl kritikwürdiger Phänomene gibt, aber was im jeweiligen konkreten Fall als Problem und als kritikwürdig anzusehen ist, darüber besteht *prinzipielle Uneinigkeit*. Wäre die Bundesrepublik Deutschland ein perfektes Gemeinwesen, würde es keine wissenschaftlichen Kontroversen über sie geben; allein die Anzahl der Kontroversen zeigt, daß sie es nicht ist.

Nach unserer Auffassung soll und kann es nicht Aufgabe eines Studienbuches sein, den verschiedenen Deutungen, Analysen und Kritiken der Bundesrepublik eine weitere „wahre“ hinzuzufügen. Statt dessen möchten wir einen Überblick liefern über unterschiedliche Analysen, Wertungen und Interpretationen. Die jeweilige Position soll kurz und prägnant referiert werden, damit der Leser einen Eindruck erhält von der Vielzahl der als problematisch und kritikwürdig angesehenen Phänomene und gleichzeitig einen Überblick bekommt über die Vielfalt der wissenschaftlichen Vorgehensweisen und Positionen und deren wichtigste Aussagen. Dabei ist zu betonen, daß es sich hier um eine Synopse *politikwissenschaftlicher Analysen und Kritiken des politischen* Systems der Bundesrepublik handelt. Es geht also

- nicht um eine *politische* Problemanalyse, bei der die Kritik an der Ausgestaltung bestimmter materieller Politikbereiche (z. B. Sozial-, Verteidigungs- oder Bildungspolitik) anhand unterschiedlicher politischer Positionen herausgearbeitet wird, sondern um
- eine *politikwissenschaftliche* Problemanalyse, bei der Kritik und/oder Rechtfertigung des politischen Systems der Bundesrepublik (z. B. Pluralismus, Parteiensystem, Handlungsspielräume des Staates) auf der Grundlage unterschiedlicher wissenschaftlicher Positionen dargestellt werden sollen.

Gliederungsprinzip dieser „tour de force" durch relevante Analysen der bundesrepublikanischen Wirklichkeit sind zentrale innenpolitische und politikwissenschaftliche Konzepte und Problembereiche, zu denen von den einzelnen wissenschaftlichen Positionen divergierende Untersuchungen und Wertungen vorgelegt werden. Behandelt werden sollen hier die *Bereiche*

- Wirtschaftssystem,
- Gesellschaftsordnung,
- Pluralismus,
- Korporatismus,
- Parteiensystem,
- Parlamentarismus,
- Demokratie,
- Sozialer Rechtsstaat,
- Regierung und Verwaltung,
- Handlungsspielräume und Bedeutung des Staates,
- Krise der Gesamtgesellschaft.

Die sicherlich diskussionswürdige Auswahl dieser keineswegs einheitlichen Aspekte orientiert sich an drei *Kriterien::*

- an den schon bei der Darstellung der allgemeinen Grundlagen sichtbar gewordenen *Problemen,*
- am Vorhandensein relevanter und illustrativer *wissenschaftlicher Kontroversen* und nicht zuletzt
- am *Vorverständnis der Verfasser* darüber, welche gesellschaftlichen Problembereiche für die Analyse unseres politischen Systems besonders relevant erscheinen.

Damit die Darstellung der vielfältigen Analysen zu diesen einzelnen Problembereichen nicht vollkommen unübersichtlich wird, sollen die einzelnen Ansätze zunächst vier ganz grob unterschiedenen Positionen zugeordnet werden. Wir unterteilen in

- konservative Positionen,
- rechtfertigende Positionen,
- kritische Positionen und
- marxistische Positionen.

Dieses sicherlich nicht unproblematische Verfahren erscheint uns vertretbar, weil nur so der Sinn dieses Lernblocks, nämlich einen *Überblick über wissenschaftliche Ansätze* zu liefern, erreicht werden kann. (Vgl. zu einem ähnlichen didaktischen Vorgehen *Günther* 1975 und *von Alemann* 1975). Dabei sind allerdings einige *Einschränkungen* zu beachten:

– Die grobe Zusammenfassung und Benennung der Positionen mit diesen vier Begriffen bedeutet nicht, daß etwa konservative Positionen nicht auch rechtfertigen oder kritisieren, oder daß marxistische Positionen die Wirklichkeit weder beschreiben noch kritisieren. Es geht nur darum, die generelle Richtung der jeweiligen Positionen durch *Schlagworte* zu kennzeichnen, d. h. wir bewegen uns hier bewußt auf der Ebene von „Überschriften".
– Es wird nicht der Anspruch erhoben, einzelne Positionen in ihren oft sehr differenzierten Aussagen genau wiederzugeben, vielmehr sollen die *zentralen Aussagen* und Annahmen erfaßt werden. Die Darstellung ist daher bewußt „holzschnittartig".
– Offensichtlich sind die unter diesen Überschriften zusammengefaßten Positionen keineswegs homogen. So gibt es eher „etatistische" oder eher „technokratische" Konservative, die z. T. von uns auch so unterschieden werden. Bei den „rechtfertigenden" Positionen sind einige eher beschreibend, andere eher rechtfertigend (beschreibende und rechtfertigende Positionen wäre daher vielleicht eine angemessenere Bezeichnung). Schon gar nicht einheitlich sind „marxistische" Positionen. Aus diesem Grund werden im weiteren Verlauf des LB 3 auch verschiedene marxistische oder zumindest marxistisch inspirierte Positionen (z. B. „Staatsmonopolistischer Kapitalismus") unterschieden. Es handelt sich generell also um *grobe Zuordnungen*. Aber auch bei der zunehmenden Differenzierung bleibt die Charakterisierung notwendig grobmaschig.
– Schließlich sind die Übergänge alles andere als eindeutig. Konservative Positionen rechtfertigen *und* kritisieren und gehören vielleicht schon zur „herrschenden Lehre", und es ist häufig auch unmöglich, genau zu bestimmen, ob eine Position nun eher als „kritisch" oder als „marxistisch" eingeordnet werden soll (z. B. „Krisentheorie").

Dennoch halten wir eine solche Vorgehensweise für vertretbar. Sie soll helfen, ein ansonsten für den Anfänger chaotisches und unübersehbares Feld zu strukturieren. Unsere Etiketten sind sicherlich grob, vielleicht manchmal sogar problematisch, indem sie eine geordnete wissenschaftliche Welt vortäuschen, die es in Wirklichkeit nicht gibt. Aber gerade die Kritik unserer Einordnungen gehört zu diesem Lehrbuch dazu. Wer in der Lage ist, die Schwachpunkte und „Verkürzungen" unserer Einordnungen zu erkennen, hat schon viel gelernt.

Durch die Darstellung der verschiedensten Positionen soll nicht nur das breite Spektrum möglicher wissenschaftlicher Fragestellungen und Ansätze herausgearbeitet werden, sondern gleichzeitig ein Überblick über Formen und Inhalte *politischer Theorien* geliefert werden. Der Begriff „politische Theorie" wird also nicht abstrakt anhand wissenschaftstheoretischer Überlegungen

Abbildung 25: Struktur des LB 3

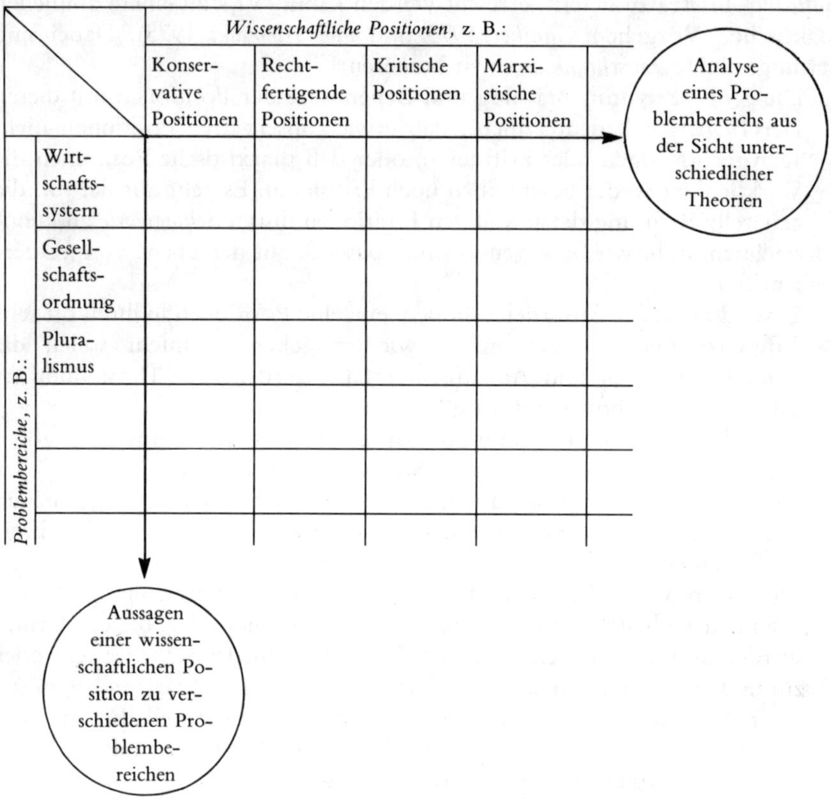

entwickelt (vgl. dazu LB 5), sondern wird durch die Aussagen unterschiedlichster Theorien zu den verschiedenen Problembereichen illustriert. Am Ende des dritten Lernblocks sollte ein zusammengesetzes Bild verschiedener politikwissenschaftlicher Problemkreise und deren unterschiedlicher Analyse herauskommen, das die Form einer Matrix hat (vgl. Abb. 25). Für den Leser ergibt sich dann die Möglichkeit zu sehen

- was unterschiedliche wissenschaftliche Positionen zu *einem bestimmten Problembereich* (z. B. zum „Pluralismus") zu sagen haben (waagerechte Betrachtung) und
- was *eine wissenschaftliche Position* zur Analyse unterschiedlicher Problemebreiche beiträgt bzw. durch welche zentralen Aussagen bestimmte Ansätze (z. B. „konservative Positionen") besonders gekennzeichnet sind (senkrechte Betrachtung).

2. Wirtschaftssystem

Wirtschafts- und Sozialordnung sind gesellschaftliche Subsysteme, die die Innenpolitik stark beeinflussen. Vor einer Analyse von innenpolitischen Problembereichen sollen daher die unterschiedlichen Ansichten über die Rahmenbedingungen für Innenpolitik aufgezeigt werden. Die wissenschaftlichen Positionen werden hier allerdings noch relativ grob unterschieden. Eine Differenzierung der theoretischen Ansätze erfolgt erst bei den spezifisch innenpolitischen Problembereichen.

Mit der Erörterung unterschiedlicher theoretischer Ansätze zur Realität wie zur Veränderung der wirtschaftlichen Ordnung der Bundesrepublik soll hier kein hinreichender Überblick über das Spektrum volkswirtschaftlicher Theorien gegeben werden. Für die jeweiligen wissenschaftlichen Positionen wurden vielmehr Vertreter ausgewählt, deren Argumentation konkreten Bezug zur Innenpolitik aufweist. Dies war je nach theoretischer Nähe bzw. Distanz der Autoren zur bestehenden Wirtschaftsordnung der Bundesrepublik für die einzelnen Positionen mehr (z. B. konservative Positionen) oder weniger (z. B. marxistische Positionen) möglich.

Zentrales Problem aller im folgenden referierten Ansätze ist die Funktions- und Leistungsfähigkeit der marktwirtschaftlichen Ordnung (wie die einen sagen) bzw. des kapitalistischen Systems (so nennen es die anderen). Diese Fähigkeiten müßten sich vor allem beweisen an vier entscheidenden Punkten, an der Frage nach

- Stabilität bzw. Krisenhaftigkeit des kapitalistischen Systems
- Funktionsfähigkeit oder Versagen des Wettbewerbs
- Art der Einkommens- und Vermögensverteilung
- Vollbeschäftigung bzw. Arbeitslosigkeit.

Die grundsätzlichen Positionen reichen von der Annahme, daß das marktwirtschaftliche System per se stabil und sozial sei, bis zur Aussage, das kapitalistische System sei aus sich heraus instabil und ausbeuterisch und produziere deshalb zwangsläufig seine Überwindung durch den Sozialismus. Wie die unterschiedlichen Positionen ihre z. T. widersprüchlichen Thesen begründen und ggf. mit Daten belegen, soll die folgende Darstellung zeigen.

2.1 Konservative Positionen: Überlegenheit des Marktes

Es gibt derzeit in der Bundesrepublik keine genuin konservative ökonomische Theorie. Ein letzter Ansatz war möglicherweise die Fortentwicklung des Konzepts der sozialen Marktwirtschaft im Gedanken der formierten Gesellschaft (vgl. S. 35 u. 171), in dem marktwirtschaftliche Vorstellungen mit der Idee eines starken, die gesellschaftlichen Gruppen führenden Staates verknüpft wurden. Die heute im konservativen Spektrum dominierenden theoretischen Ansätze greifen enger, also „dogmatischer“ auf das klassische marktwirtschaftlich-liberale Theoriegebäude zurück, in dem die Rolle des Staates äußerst restriktiv definiert wird. Während Konservative grundsätzlich geneigt sind, die Staatsgewalt für Ordnungszwecke einzusetzen, um gesellschaftliche wie wirtschaftliche Abläufe zu beeinflussen, setzt das liberale Credo darauf, daß die selbstregelnden Kräfte des Marktes notwendige Anpassungen und Veränderungen hervorbringen werden (vgl. z. B. *von Hayek* 1971, S. 481 ff., besonders S. 484).

Diese liberale – Kritiker sagen auch „paläo-liberale" (vgl. *Krupp* 1982, S. 1011) – Anschauung prägt heute auch das Wirtschaftsdenken jener, die sich selbst als konservativ empfinden. „Die heutigen Konservativen sind auf wirtschaftlichem Gebiet liberal" (*Engels* 1982, S. 1060). Präzisierend sollte man allerdings hinzufügen: Für die praktische Tagespolitik gilt dies allenfalls eingeschränkt, dort ist konservatives Wirtschaftsdenken und -handeln doch durch deutliche, wenn auch unsystematische etatistische Interventionen gekennzeichnet.

Jene wirtschaftswissenschaftliche(n) Schule(n), die wir nach dieser relativierenden Vorbemerkung im folgenden unter der Überschrift „Konservative Ansätze" darstellen wollen, werden üblicherweise mehr oder minder präzise unter dem Oberbegriff *Neoklassik* zusammengefaßt. Auch die Bezeichnung *Neoliberalismus* wird weitgehend deckungsgleich verwandt. Ein gewisser Unterschied könnte darin bestehen, daß mit Neoklassik eher die wissenschaftliche und mit Neoliberalismus eher die praktisch-politische Seite der gleichen „Schule" angesprochen ist.

Neoklassische Ansätze sind insbesondere die sog. *Angebotsökonomie* sowie der damit verwandte *monetaristische Ansatz*. Die Neoklassik ist derzeit in den westlichen Industrieländern das beherrschende konservative ökonomische Paradigma, ja das dominante ökonomische Paradigma überhaupt. Historisch betrachtet hat die Neoklassik seit den 70er Jahren ihre zeitweilige Verdrängung durch das nachfrageorientierte Keynesianische Paradigma (vgl. S. 142 ff.) überwunden. Milton Friedman sprach deshalb zu Recht von einer „Gegenrevolution" der Neoklassik gegen die „Keynessche Revolution". Das neoklassische Konzept steht in der Sicht seiner Vertreter für eine „Renaissance der Marktwirtschaft" und für eine entschiedene Absage an jede Form eines staatlichen Interventionismus.

a) Sozialphilosophischer Hintergrund

Die Neoklassiker greifen auf die Lehren der klassischen Ökonomen, deren prominenteste Vertreter *Adam Smith* und *David Ricardo* waren, zurück. Insbesondere „der sozialphilosophische Hintergrund der klassischen Ökonomie kann nahezu uneingeschränkt auf die moderne Neoklassik übertragen werden" (*Soltwedel* 1979, S. 29).

Im Zentrum dieser klassischen Sozialphilosophie steht die Forderung nach *individueller Freiheit*. Ihr Bemühen gilt der „Schaffung einer Welt freier Menschen", wo Fortschritt und Wohlstand auf der Basis der „Freiheit für den Einzelmenschen" (Hayek) beruhen. Freiheit wird verstanden als „die Abwesenheit von Zwang von seiten anderer Menschen" (*von Hayek* 1971, S. 26).

Individuelle Freiheit gilt als das adäquate Organisationsprinzip für eine Gesellschaft, über deren Funktionieren wir früher wie heute viel zu wenig wissen: „Das Argument für die individuelle Freiheit beruht hauptsächlich auf der Erkenntnis, daß sich jeder von uns in Unkenntnis eines eher großen Teils der Faktoren befindet, von denen die Erreichung unserer Ziele und unserer Wohlfahrt abhängt" (*von Hayek* 1971, S. 38). Nur wenn alle Menschen frei und ungehindert ihren Zielen und Vorteilen nachstreben können, wird sich auch die größtmögliche Wohlfahrt für alle einstellen.

Der freie *Wettbewerb* ist die geeignete Methode, deren sich die Menschen bei ihrem Handeln bedienen sollten. Auch seine Überlegenheit resultiert aus der grundsätzlichen Begrenztheit des Wissens von Menschen: „Weil jeder einzelne so wenig weiß und insbesondere weil wir selten wissen, wer von uns am besten weiß, vertrauen wir darauf, daß die unabhängigen und wettbewerblichen Bemühungen vieler die Dinge hervorbringen, die wir wünschen werden, wenn wir sie sehen" (ebd.). Der *Markt* wird als der überlegene Koordinationsmechanismus betrachtet, weil damit der Erkenntnis Rechnung getragen wird, „daß kein menschlicher Verstand das Wissen umfassen kann, das das Handeln der Gesellschaft lenkt und das daher ein unpersönlicher, nicht vom individuellen Urteil abhängiger Mechanismus erforderlich ist, der die individuellen Bemühungen koordiniert" (ders. S. 4).

Der Markt, auf dem der einzelne sich nur von Eigeninteressen leiten läßt, stellt durch die Reaktionen der Marktteilnehmer auf Anreiz (Gewinne) und Sanktionen (Verluste) einen „Rückkoppelungsmechanismus" dar, den die Klassiker als das Wirken der „unsichtbaren Hand" beschrieben (*von Hayek* 1977, S. 32; *Soltwedel* 1979, S. 31).

b) Markt und Preis

Der entscheidende Vorzug eines marktwirtschaftlichen Systems wird in seiner Eigenschaft gesehen, daß es immer wieder quasi wie von selbst einen Zustand herbeiführt, bei dem Angebot und Nachfrage ausgeglichen sind. Die Erreichbarkeit dieses *Gleichgewichtszustands* ist allerdings an die Voraussetzung geknüpft, daß sich der Preis als das zentrale marktliche Regulierungsinstrument frei bilden kann und weder durch politische Eingriffe noch durch marktwidrige Oligopol- oder Monopolbildungen beeinflußt oder gar bestimmt wird. Nur wenn sich *Preise* als Ergebnis eines Wettbewerbsprozesses frei bilden, können sie ihre *Führungsposition* erfüllen. „Nur Preise, die sich auf dem freien Markt bilden, bringen den Ausgleich zwischen Angebot und Nachfrage zustande" (*von Hayek* 1977, S. 30). Das Preissystem stellt dann ein System von Signalen, d. h. von Anreizen oder Sanktionen dar, das den einzelnen Menschen leitet und ihm sagt, was er tun soll. Preise, die sich nicht frei bilden, setzen falsche Signale und begründen falsche Entscheidungen der Marktteilnehmer. Wo Märkte sich im Ungleichgewicht befinden, wird das Preissystem gehindert, seine Führungsfunktion zu erfüllen.

Übertragen auf den *Arbeitsmarkt* als jenen Markt, der sich in den 80er Jahren am offensichtlichsten weit entfernt von einem Gleichgewichtszustand befindet, heißt dies: auf dem Arbeitsmarkt findet keine „Markträumung" statt, weil der Preis für das Arbeitsangebot zu hoch ist, die Nachfrage bleibt hinter dem Angebot zurück. „Arbeitslosigkeit ist immer und überall eine Folge überhöhter Löhne" (*Vaubel* 1984, S. 90).

Als Problem wird gesehen, daß Löhne sich in unserem Wirtschaftssystem nicht frei auf dem Markt, sondern am Verhandlungstisch bilden und daß dabei nicht-„marktkonforme" Kriterien eine Rolle spielen wie Macht und soziale Gerechtigkeit. Am Markt hingegen, so argumentieren Neoklassiker, gibt es „ein Lohnniveau, zu dem alle angebotenen Arbeitskräfte nachgefragt werden" (ebd.). „Arbeitslosigkeit ist kein Marktversagen, und es kann auch keine ‚Selbstheilungskräfte' des Marktes geben, solange es keinen Arbeitsmarkt gibt, auf dem die Preise (Löhne) durch Angebot und Nachfrage zustande kommen, so lange also solche Selbstheilungskräfte überhaupt nicht zugelassen werden" (*Engels* 1984, S. 44). Deshalb muß „das Tabu der tariflichen Mindestlöhne" (*Giersch*) beseitigt werden als grundlegende Voraussetzung zur Verringerung der Arbeitslosigkeit. „Wer zu den tariflichen Mindestlöhnen keinen Arbeitgeber findet, muß das Naturrecht auf Arbeit beanspruchen dürfen zu einem Lohn, der ihm persönlich angemessen erscheint, unabhängig von jedem Tarifvertrag" (*Giersch* 1983a, S. 27).

Löhne oder allgemeine Preise sollen nur die Knappheitsrelationen auf dem (Arbeits-)Markt widerspiegeln, sonst nichts; sie bilden sich anonym, unpersönlich, automatisch auf dem Markt und jeder Versuch, in ihnen auch Bedürfnisse, Verdienste, ja soziale Gerechtigkeit abzubilden, muß den Markt in Unordnung bringen, Löhne/Preise sind kein Instrument der (Einkommens-) Umverteilung, wobei strenge Neoklassiker wie Hayek überhaupt jeden Gedanken an eine Korrektur der sich aus dem Markt ergebenden Einkommensverteilung weit von sich weisen (*von Hayek* 1977, S. 36).

In der Angebotspolitik, wie sie z. B. vom Sachverständigenrat konzipiert wird, haben verteilungspolitische Korrekturen jedoch einen gewissen Stellenwert (vgl. *Sievert* 1980, S. 23; *Lipp/Pfister* 1984, S. 18), allerdings nicht als Aufgabe der Lohn-, sondern der Finanzpolitik.

c) Aufgaben des Staates

Der Staat spielt in neoklassischen Ansätzen gegenüber dem Markt nur eine *Nebenrolle*. Insbesondere lehnen Neoklassiker staatliche Eingriffe in den Wirtschaftsprozeß ab, weil dadurch keine Verstetigung der wirtschaftlichen Abläufe erreicht wird, sondern nur zusätzliche Friktionen und unerwartete Probleme produziert werden.

„Eine staatliche Stabilisierungspolitik der fallweisen Eingriffe führt nicht zu einer Verstetigung des Wirtschaftsablaufs, sondern beschleunigt und vergrößert die Zielverfehlungen sogar . . . Der Verstetigung des Wirtschaftsprozesses dient der Staat nach Ansicht der Neoklassiker am ehesten, wenn er auf fallweise Eingriffe verzichtet, seine Politik stetig, vorhersehbar und glaubhaft betreibt" (*Soltwedel* 1979, S. 55).

Es sind vor allem Eingriffe des Staates in das Steuerungssystem der relativen Preise, die Störungen und Fehlentwicklungen verursachen, weil Preise nun die Knappheitsrelationen auf dem Markt nicht mehr adäquat wiedergeben. „Als die Regierungen anfingen, die Signale der Preise zu verfälschen, über deren Angemessenheit sie kein Mittel der Beurteilung haben (. . .), mußten die Dinge unvermeidlich schiefgehen" (*von Hayek* 1977, S. 31). Damit sind die beiden zentralen Argumente gegen staatliche Interventionen genannt:
- Regierungen sollen nicht eingreifen, weil sie nicht über die notwendigen Informationen verfügen (Informationsproblem),
- Regierungen sollen nicht eingreifen, weil ihre Interventionen nicht die angestrebten, sondern ungeplante, ja gegenläufige Resultate hervorbringen (Kontraproduktivitätsproblem).

Das Hauptargument der Neoklassiker gegen ökonomische Interventionen des Staates besteht also in einem systematischen Informationsdefizit des Staates. Die Regierungen verfügen weder über eine ausreichende Diagnose- noch Prognosekapazität (vgl. *Lipp/Pfister* 1984, S. 13f.).

„Der zentrale markoökonomische Einwand gegen direkte staatliche Eingriffe in den Wirtschaftsablauf ist mithin nicht in erster Linie theoretisch-analytisch, sondern betrifft vielmehr die empirische Ungewißheit über den Zeitpunkt des Einsatzes und des erforderlichen Umfangs (das richtige „Timing und Tuning") der staatlichen Maßnahmen" (*Soltwedel* 1971, S. 48).

Wenn der Staat aber dennoch in ökonomische und gesellschaftliche Prozesse interveniert, anstatt sie der marktlichen Steuerung zu überlassen, ist sein Mißerfolg absehbar. Neoklassiker interpretieren deshalb die gegenwärtigen Verwerfungen auf den Märkten in erster Linie als *„Staatsversagen"*. „Statt Knappheitsgesetzen wurde das wirtschaftliche Handeln marktfremden, politischen oder ethischen Kriterien unterworfen. In einigen Teilbereichen . . . ist nunmehr augenfällig geworden, daß eine Politik staatlicher Eingriffe in relative Preise zur Fehlorientierung der Wirtschaftssubjekte beigetragen hat" (*Soltwedel* 1981, S. 38). Dies gilt in der Sicht von Neoklassikern ganz besonders für den Arbeitsmarkt.

Die zentrale neoklassische Hypothese zur Erklärung von Arbeitslosigkeit ist, das wurde oben deutlich, eine Verzerrung des Systems der relativen Preise, d. h. die Preise für Güter und Dienstleistungen entsprechen nicht den Knappheitsverhältnissen auf den Märkten (vgl. *Soltwedel* 1971, S. 51 unter Verweis auf *von Hayek*). Die marktwidrige Überhöhung der Preise nicht nur in Gestalt „überhöhter Löhne", sondern auch insbesondere durch hohe Lohnnebenkosten (z. B. hohe Sozialversicherungsabkommen, 13. Monatsgehalt usw.) und zahlreiche Schutzvorschriften (Kündigungsschutz für Ältere und Behinderte, Mutterschutz usw.) bewirken jedoch nicht nur eine allgemein hohe Arbeitslosigkeit, sie betreffen benachteiligte Bevölkerungsgruppen besonders, vor allem auch jene, für die Schutzvorschriften ins Werk gesetzt wurden, sie sind also sogar kontraproduktiv. „Der Versuch bestimmte Personengruppen mit einer relativ schlechten Wettbewerbsposition durch Eingriffe in den Lenkungsmechanismus des Marktes (d. h. die Funktion der Preise als Knappheitsindikatoren) zu schützen, führt häufig dazu, daß Beschäftigungsprobleme nicht beseitigt, sondern eher verschärft, zumindest aber auf andere, weniger oder nicht geschützte Gruppen verlagert werden" (*Soltwedel* 1975, S. 55). Weniger staatliche Eingriffe wären sozialer als eine interventionistische Politik, die zwar sozial motiviert ist, tatsächlich aber unsoziale Folgen bewirkt.

Wenn also staatliche Interventionen in den Funktionsmechanismus des Marktes wegen unlösbarer Informationsprobleme und ihrer Tendenz zur Hervorbringung unsozialer Folgen abgelehnt werden, welche Rolle soll der Staat dann in der Sicht von Neoklassikern spielen? Er hat die *Rahmenbedingungen* für das Funktionieren des Marktes zu schaffen. Hierzu gehört insbesondere eine aktive *Wettbewerbspolitik*, denn neben staatlichen Eingriffen wird der Funktionsmechanismus des Marktes vor allem durch oligopolistische und monopolistische Tendenzen gefährdet.

Als legitime Staatstätigkeiten gelten die Bereitstellung von Infrastruktur, z. B. Verkehrswege und Bildung, für die ein privatwirtschaftliches Angebot

---

Neoklassik

Die Neoklassik wurde im letzten Drittel des 19. Jahrhunderts begründet und verbindet sich insbesondere mit den Namen Léo Walras/Alfred Marshall und Vilfredo Pareto. Die wichtigste Gemeinsamkeit aller neoklassischen Theorien liegt in einer mehr oder weniger starken Verankerung im *Modell des allgemeinen Gleichgewichts,* nach dem auf jedem Markt so lange Anpassungsprozesse stattfinden, bis das Angebot gleich der Nachfrage ist und sich alle Märkte im Gleichgewichtszustand befinden. Die Signale für diese Anpassungsprozesse gehen von den Preisen aus.

Das „Basistheorem" dieser Ansätze geht auf Jean-Baptiste Say (1767–1832), einen französischen Nachfolger des „Klassikers" Adam Smith, zurück. Er lehrte, daß jedes Angebot von Gütern über die damit verbundene Einkommensentstehung auch zu einer entsprechenden Güternachfrage führt. Die Produktion von Gütern und Dienstleistungen bildet also über das darüber entstehende Einkommen die Grundlage für die Entfaltung von Nachfrage. Güter werden danach nur deswegen angeboten, weil die Anbieter mit dem Erlös wieder andere Güter nachfragen wollen. In seiner populären Kurzfassung lautet deshalb das *„Saysche Gesetz":* Das Angebot schafft sich seine eigene Nachfrage.

Die derzeit wichtigsten und bekanntesten neoklassischen Theorien sind die *Angebotsökonomie* und der *Monetarismus.* Die Bezeichnung Angebotsökonomie besagt, daß die Anhänger dieser Schule die Ursache für ökonomische Instabilitäten auf exogene Störungen der Angebotsseite der Wirtschaft, d. h. bei den Güterproduzenten, zurückführen (z. B. auf zu hohe Kosten oder zu viele staatliche Vorschriften). In der Bundesrepublik wird die Angebotsökonomie am öffentlichkeitswirksamsten von der Mehrheit des Sachverständigenrates vertreten. Beginnend mit seinem Jahresgutachten 1976 hatte er seine Konzeption einer Angebotspolitik in mehreren Gutachten dargestellt (vgl. zur Angebotsökonomie LB 2, 2.2.5).

Der von Milton Friedman geprägte „Monetarismus" empfiehlt dem Staat, sich auf die Geldpolitik und speziell auf die Steuerung der Geldmenge zu beschränken. Gerade dadurch, daß der Staat auf wirtschaftliche Interventionen verzichtet und lediglich ein möglichst stetiges Wachstum der Geldmenge garantiert, werden Konjunkturstörungen vermieden. Die öffentliche Hand hat in Friedmans Konzeption gerade nicht die Aufgabe der kurzfristigen Konjunktursteuerung. Sie soll sich vielmehr auf eine stetige, langfristig ausgerichtete und damit berechenbare und vertrauenschaffende Geldmengensteuerung beschränken.

nicht zustande käme, sowie der Ausgleich externer Effekte privatwirtschaftlichen Handelns, z. B. im Umweltschutz (vgl. z. B. *von Hayek* 1971, S. 285). Selbst diese Bereiche sind inzwischen allerdings umstritten.

Milton Friedman umreißt die staatlichen Aufgaben so:

Eine Regierung, die für Ruhe und Ordnung sorgt, die Eigentumsrecht definiert, die ein Instrument vorsieht, mit dem wir die Eigentumsrechte und andere Gesetze im Spiel der Wirtschaftskräfte ändern können, eine Regierung, die Kontroversen über die Auslegung von Gesetzen entscheidet, die Einhaltung von Verträgen erzwingt, den Wettbewerb fördert, ein monetäres System schafft, sich für die Bekämpfung technischer Monopole und die Beseitigung ihrer Folgewirkungen einsetzt, wenn dies angebracht erscheint, und die private Wohlfahrt und die Familie bei der Fürsorge der Unzurechnungsfähigen, seien es Geisteskranke oder Kinder, unterstützt, eine solche Regierung hat zweifellos eine Reihe wichtiger Funktionen zu erfüllen" (*Friedman* 1976, S. 59f.).

Die Bundesrepublik gleicht in den Augen ihrer konservativen Kritiker diesem Staat nicht. Sie muß sich deshalb von vielen Aufgaben trennen, auf Eingriffe in unterschiedliche Bereiche (insbesondere aber in die Wirtschaftspolitik) verzichten, d. h. insgesamt eine Politik der „Deregulierung" einschlagen (vgl. dazu LB 2, S. 33 u. 35).

2.2 Rechtfertigende Positionen: Vielfalt von Steuerungssystemen

Rechtfertigende Positionen zur Analyse, Erklärung und Gestaltung des Wirtschaftssystems vertreten (wie die oben dem konservativen Spektrum zugeordneten Ansätze) liberales Gedankengut. Sie vertrauen ebenfalls auf die Wirksamkeit des Marktmechanismus zur Steuerung wirtschaftlicher Beziehungen in einer Gesellschaft. Im Unterschied aber zur Neoklassik, der es ja vor allem um eine „Renaissance der Marktwirtschaft" geht, suchen empirisch-rechtfertigende Positionen nach *Ergänzungen des Marktmechanismus.*

Ihr Anliegen ist nicht die Anwendung von Marktprinzipien auf möglichst viele Bereiche des Zusammenlebens von Menschen, sondern die Betonung der Berechtigung und Sinnhaftigkeit auch von nicht-marktlichen Steuerungsformen. Ein stures Beharren auf omnipotente Marktmechanismen erscheint ihnen zum einen nicht mehr ausreichend wirklichkeitsnah, zum anderen stellen sie die politische Vernünftigkeit eines solchen Verhaltens in Frage. Als empirisch ausgerichtete Wissenschaftler kalkulieren sie auch politische Kosten der Anwendung politisch-ökonomischer Theorien mit ein (vgl. *Dettling* 1982, S. 4; *Herder-Dorneich* 1984, S. 40).

Als Beispiel einer empirisch-rechtfertigenden Analyse des Wirtschaftssystems sollen im folgenden solche Ansätze dargestellt werden, die meist als *Nicht-Markt-Ökonomik* und *Neue politische Ökonomie* bezeichnet werden. Ihr Anliegen ist der Entwurf einer den heutigen gesellschaftlichen Bedingungen adäquaten Ordnungstheorie und -politik, d. h. also nicht Renaissance, sondern „Erneuerung liberaler Ordnungspolitik" (*Dettling* 1980, S. 316).

Die Vertreter dieser empirisch-rechtfertigenden Position ordnen sich selbst zwischen den Neoliberalen, „reinen" Marktwirtschaftlern und den von ihnen sog. „Etatisten" (gemeint sind wohl vor allem Keynesianer, vgl. 2.3) ein (*Kirsch* u. a. 1982, S. 7; *Dettling* 1982, S. 5).

a) Ideengeschichtlicher Hintergrund

Vor allem *Philipp Herder-Dorneich* hat in mehreren Veröffentlichungen den zumindest für die deutsche Variante der „Neuen politischen Ökonomie" wichtigen ideenpolitischen Hintergrund dargelegt (vgl. zum folgenden vor allem *Herder-Dorneich* 1979, S. 13ff.; *ders.* 1980, S. 107ff.; *ders.* 1984, S. 14ff.; *Kirsch* 1980, S. 163ff.). Herder-Dorneich schlägt dabei einen Bogen von mittelalterlichen Ordnungstheorien bis in die Moderne. Mittelalterliche Ordnungsvorstellungen nennt er *monistisch,* weil sie nur eine einzige „göttliche" oder später „natürliche" Ordnung kannten. Auch der klassische Liberalismus ist noch den monistischen Ordnungsvorstellungen zuzuordnen. Denn für Adam Smith war es der Wettbewerb allein, der die Harmonie zwischen Einzel- und Gesamtinteresse, zwischen Einzelwohl und Gemeinwohl herbeiführte.

Dieser klassische Liberalismus wurde entscheidend durch den Neoliberalismus der *„Freiburger Schule"* (Ordoliberalismus) mit dem wichtigsten Vertreter Walter Eucken erweitert (vgl. LB 2). Die Neoliberalen entwickelten ihr System seit den späten 30er Jahren in der geistigen Auseinandersetzung mit der Weltwirtschaftskrise einerseits und dem Vordringen der totalitären Staatsform andererseits sowie der darin deutlich werdenden Schwäche, ja Ausschaltung des Wettbewerbsmodells. Sie erkannten, daß die Marktordnung nicht von selbst funktionsfähig ist, keine quasi von der Natur garantierte Ordnung darstellt, sondern daß der Wettbewerb als menschliche Errungenschaft zu betrachten ist, die immer wieder neu durchgesetzt werden muß. Es bedarf einer Wettbewerbsordnung, einer konsequenten Ordnungspolitik, um die Lenkungsfunktion des Wettbewerbsmarktes zu erhalten. Der klassische „Gedanke von der Steuerungskraft des Marktes (...) war erweitert worden durch den Gedanken der Ordnung des Marktes" (*Herder-Dorneich* 1979, S. 15).

Die Neoliberalen stellten der Marktordnung die *Zentralverwaltungswirtschaft* als eine kontrastierende Ordnung gegenüber, Herder-Dorneich spricht deshalb vom Dualismus der Neoliberalen. Warum aber soll es nur eine (die gottgewollte oder natürliche) oder zwei (die Marktwirtschaft oder die Zentralverwaltungswirtschaft) Ordnungen geben, warum nicht mehr? Herder-Dorneich knüpft an ein Modell an, das von den Amerikanern Dahl und Lindblom 1953 vorgestellt wurde. Sie unterscheiden pragmatisch, ohne weitere Begründungen, vier Steuerungssysteme, nämlich Markt (Preissystem), Hierarchie (Verwaltung), Polyarchie (Wahl) und Bargaining (Gruppenverhandlungen), also ein „quarternalistisches" Ordnungssystem.

Die Idee, auch Wahlen nach dem Wettbewerbsmodell zu interpretieren, hatte schon Joseph Schumpeter (1942) entwickelt. Er stieß das bis dahin geltende Paradigma, welches Politiker als reine Vertreter eines Volkswillens ansah, um. Nach dem Schumpeterschen Gedankengang handelt der Politiker im Wahlmechanismus ebenso nach dem Maximierungsprinzip wie der wirtschaftliche Unternehmer im Marktmechanismus. Im Gegensatz zu diesem verfolgt er allerdings nicht Gewinn-, sondern Stimmenmaximierung" (*Herder-Dorneich* 1980, S. 109). In der Politikwissenschaft wurde dieser Gedanke später vor allem von Anthony Downs aufgegriffen (vgl. LB 3, 8.3). Auf den Verbändewettbewerb wurde die Politikwissenschaft noch später als auf den politischen Wettbewerb in Wahlen aufmerksam. Vor allem von den Amerikanern Olson (1968) und Hirschman (1970) wurde die Verbandsökonomik entscheidend beeinflußt.

Die Kernthese der Neuen politischen Ökonomie ist deshalb das Postulat der *Vielfalt der Steuerungssysteme*, des Pluralismus der Wettbewerbsformen, der grundsätzlich noch weit über die aufgezeigten 4 Formen hinausgehen kann. Gefordert ist mithin auch eine pluralistische Ordnungstheorie. Denn eine lediglich auf den Markt beschränkte Wettbewerbsordnung reicht nicht mehr aus. Eine Wettbewerbsordnung der Wahlen und eine Wettbewerbsordnung der Verbandsauseinandersetzungen müssen hinzugefügt werden.

b) Kollektiv-orientierte Ordnungstheorie und -politik

Die Neue politische Ökonomie betrachtet die Ordnungstheorie des Marktwettbewerbs als zu einseitig, denn diese sucht die Regelung der sozialen Beziehungen in einer Gesellschaft ausschließlich in der Gestaltung der interindividuellen Beziehungen. Der Marktmechanismus soll in diesem Modell garantieren, daß aus dem unkoordinierten, individuellen, ja egoistischen Streben der einzelnen auch zugleich die größtmögliche Wohlfahrt für alle resultiert.

Vertreter der Neuen politischen Ökonomie werfen dem klassischen Altliberalismus wie auch dem Neoliberalismus ein verengtes, eindimensionales Leitbild vom Menschen vor. Dieser ist mehr als nur ein homo oeconomicus, folglich liegt die Aufgabe einer umfassenden Ordnungspolitik auch nicht nur in der Ordnung ökonomischer Märkte, sondern in der Gestaltung der Gesellschaft (*Dettling* 1980, S. 316). Einer solchen Ordnungstheorie und -politik kommen neben den (inter)individuellen Beziehungen auch die (inter)kollektiven in den Blick, weil sie akzeptieren, daß die einzelnen sich zur Realisierung ihrer Ziele nicht damit begnügen können, sich quasi als „Einzelkämpfer" auf dem Markt zu begegnen, sondern daß sie auch in Zusammenschlüssen kollektiv miteinander und gegeneinander wirken müssen.

Während die Neoklassik letztlich immer noch von der Vorstellung des mündigen, selbstverantwortlichen Bürgers, der seine eigenen Interessen durchzusetzen in der Lage ist und daher keine Kollektive braucht, ausgeht, hat die Neue politische Ökonomie die Entwicklung der Gesellschaft in eine pluralistische Gesellschaft der *Gruppenkonkurrenz* nachvollzogen und akzeptiert. „Neben das Gesellschaftsmitglied als Marktpartner tritt der Bürger, das Kollektivmitglied. Neben den Markt treten Zusammenschlüsse, Kollektive verschiedenster Art" (*Kirsch* 1980, S. 164). Solange also liberale Wirtschaftspolitik und -theorie nur auf interindividuelle Beziehungen abstellt, bleibt sie verkürzt und einseitig, sie bedarf der Ergänzung durch die Analyse und Gestaltung der interkollektiven Beziehungen. Sie muß mit anderen Worten vor Adam Smith zurückgehen und wieder an die Anfänge liberalen Denkens erinnern, das für das Freiheitsproblem kollektive Regelungen suchte (z. B. Montesquieus Idee der Gewaltenteilung). „Es geht darum, nach einer 200jährigen auf die Gestaltung des marktlichen Wettbewerbs abstellenden Auseinandersetzung den Anschluß an die vorklassische kollektivorientierte Ordnungspolitik zu finden und diese für die Bewältigung unserer Probleme in liberalem Geist nutzbar zu machen" (*Kirsch* 1980, S. 165). Diese Einsicht bedeutet, daß Vertreter der Neuen politischen Ökonomie zwar auch, aber weit weniger als Neoklassiker, auf rein marktliche Lösungen setzen. Einige *Beispiele* sollen dies verdeutlichen:

Neoklassiker fordern, daß der Staat sich aus zahlreichen Bereichen zurückziehen solle, d. h. sie wollen die Ablösung staatlich-bürokratischer Steuerung durch den Marktwettbewerb. Die Stichworte hierzu heißen „Mehr Markt" und „Privatisierung" (Beispiel: „Die Sozialversicherung ist zu privatisieren", *Suhren/Walter* 1985, siehe auch LB 4, 2.3). Die empirisch orientierten Nicht-Marktökonomen halten dem zweierlei entgegen: zum einen sind solche Reformen zu aufwendig und politisch kaum durchsetzbar. „Reformen, die, konsequent durchgedacht, aber schließlich dazu führen müßten, daß z. B. die gesamte Sozialversicherung erst einmal abzuschaffen und in private Versicherungen zu überführen wäre, sind dem Reformer in der Tat wenig hilfreich, weil zu aufwendig. Politische Kosten und ordnungspolitischer Ertrag stehen in einem zu ungünstigen Verhältnis" (*Herder-Dorneich* 1984, S. 40). Zum anderen ist es nicht ausreichend, Bürokratie nur durch Marktwettbewerb ersetzen zu wollen. Solche Veränderungen sind zu eng angelegt, weil sie unter allen denkbaren Wettbewerbsformen nur den Marktwettbewerb ins Kalkül ziehen. „Wenn man den Wettbewerb nur als Marktwettbewerb organisiert erkennt, ist das ordnungspolitische Repertoire rasch erschöpft. Aber Wettbewerb ist eben nicht nur als Marktwettbewerb organisierbar, sondern auch als Verbandswettbewerb, als Wettbewerb unter Selbstverwaltungen und in vielen anderen Formen sonst noch. Alle diese Formen gilt es zu aktivieren" (*Herder-Dorneich* 1979, S. 153).

Aber auch im engeren Bereich der Marktwirtschaft erkennt die „Neue politische Ökonomie" Nicht-Marktmechanismen und hält sie für legitim. Als Beispiel sei der Arbeitsmarkt genannt, der sich in der Sicht der Nicht-Markt-Ökonomik so darstellt (vgl. *Herder-Dorneich* 1980, S. 118; *ders.* 1984, S. 20): Obwohl der Arbeitsmarkt sicherlich der Sozialen Marktwirtschaft zuzurechnen ist, organisiert er sich gegenwärtig in der Tat nicht nur in „Märkten". Freie Preisbildung kommt lediglich im Bereich der außertariflichen Zahlungen zustande (außertarifliche Angestellte, übertarifliche Effektivlöhne). Das Tariflohnniveau selbst aber wird nicht durch Märkte, sondern durch Tarifverhandlungen zwischen Verbänden bestimmt. Hier handeln Akteure im Auftrag von Gruppen, Gemeinschaften, Verbänden (Gewerkschaften). Sie sind dabei von interner Wissensbildung (Wahlen, innerverbandlicher Wissensbildung) abhängig, aber auch von den Politikern und der öffentlichen Meinung. Dieses Verhandlungssystem umfaßt so eine Vielzahl von Verhandlungspartnern und Willensbildungsprozessen, die insgesamt das Etikett des „Arbeitsmarktes" tragen, obwohl die reinen Marktprozesse nur ein Element im Gesamten dieses Systems ausmachen. Der Arbeitsmarkt ist deshalb ein komplexes System aus Märkten, Gruppenverhandlungen, Wahlen und anderen Willensbildungsprozessen. Daß dieses komplexe System als „Markt" bezeichnet wird, erinnert an Zeiten, in denen der Arbeitsmarkt tatsächlich nach den marktlichen Regeln von Angebot und Nachfrage gesteuert wurde. Erst im Verlauf eines mehr als 100 Jahre dauernden Entwicklungsprozesses ist aus diesem „Markt" ein komplexes System aus Märkten und Verbänden und Politik entstanden.

Entscheidend ist, daß die Nicht-Markt-Ökonomik, im Gegensatz zur Neoklassik, diese Entwicklung nicht zurückdrehen will. Das komplexe System des Arbeitsmarktes ist in ihrer Sicht der Situation moderner Gesellschaften durchaus adäquat. Die Überlegungen von Nicht-Markt-Ökonomen gehen eher dahin, alle legitimen Wettbewerbsformen funktionsfähig zu erhalten. Notwendig ist deshalb in ihrer Sicht eine Ordnungspolitik für alle Wettbewerbsformen. Hier gilt es noch zahlreiche „ordnungspolitische lags" (Herder-Dorneich) zu überwinden, insbesondere eine Ordnungspolitik der Verbände wird vermißt:

So ist z. B. auf dem Gebiet des Verbandswesens noch kaum akzeptiert worden, daß auch für die Verbände eine Wettbewerbsordnung durch Ordnungspolitik gesetzt werden muß. Man beruft sich auf Verbandsautonomie und beansprucht dabei volle Selbstbestimmung. ... Gerade in den jüngsten Streiks (gemeint sind die Streiks in der Druck-, Metall- sowie Eisen- und Stahlindustrie 1978, die Verfasser) wurde die Tarifautonomie wieder in einer Weise betont, wie in der Zeit des Paläoliberalismus die Autonomie der Marktpartner einseitig hervorgehoben worden wäre. Das Verbandswesen steht damit ordnungstheoretisch und ordnungspolitisch etwa da, wo zu Beginn des 19. Jahrhunderts die Märkte geistig und politisch gestanden haben (*Herder-Dorneich* 1979, S. 23 und 145).

2.3 Kritische Positionen: Unzulänglichkeit des Marktes

Kritische Analysen des Wirtschaftssystems verbinden sich mit dem Namen des Engländers *John Maynard Keynes* (1883–1946) und dessen Werk. Keynes' Hauptwerk, die „General Theory of Employment, Interest and Money" erschien 1936 und löste eine „Revolution" gegen die bis dahin allein die ökonomische Theorie und Politik beherrschende Neoklassik aus. Die 30er Jahre waren bekanntlich geprägt durch eine langanhaltende Wirtschaftskrise und eine bedrückende Massenarbeitslosigkeit. Die Wirtschaftspolitik der Regierungen in Deutschland wie in anderen westlichen Ländern folgte lange der Doktrin des „laissez faire" der Klassiker und Neoklassiker, d. h. sie setzten auf die Entfaltung der Marktkräfte und ihre Selbstheilungsfähigkeiten und folgten dem Gebot, der Staat solle sich möglichst zurückhalten (vgl. dazu LB 2, 2.2.5).

„Ausgehend von dem totalen Bankrott der orthodoxen Theorie angesichts der Wirtschaftskrise, erhob sich eine neue wirtschaftstheoretische Bewegung. Gunnar Myrdal in Schweden, der sich von Wicksell leiten ließ, Michael Kalecki in Polen und Maynard Keynes in England fanden neue Bestimmungsgründe für die Instabilität des Kapitalismus, obwohl sie unabhängig voneinander arbeiteten. Diese Bewegung wurde als die Keynessche Revolution bekannt, denn Keynes war der redegewandteste und der bekannteste Verfechter" (*Robinson/Eatwell* 1980, S. 84).

Auch die Wirtschaftspolitik wandte sich im Laufe der 30er Jahre von der (neo-) klassischen Orthodoxie ab. In den USA setzte Roosevelt 1933 die keynesianisch inspirierte staatsinterventionistische Politik des „New Deal" ein. In Deutschland folgten die Nationalsozialisten mit der Überführung der kapitalistischen Marktwirtschaft in eine staatlich dirigierte Rüstungswirtschaft einem ganz anders inspirierten wirtschaftspolitischen Konzept, das in der Praxis gleichwohl Gemeinsamkeiten mit dem Keynesschen hatte.

a) Die Keynessche Revolution

Worin besteht die Keynessche Revolution gegen die (neo-)klassische Lehre (vgl. zur Neoklassik Abschnitt 2.1). Keynes attackierte das Herzstück der marktwirtschaftlichen Orthodoxie, die Preistheorie (vgl. hierzu und zum folgenden vor allem *Landmann* 1976, *Preiser* 1969 und *Rothschild* 1979). Sie besagt, daß der marktwirtschaftliche Preismechanismus wie eine „unsichtbare Hand" dafür sorgt, daß die Pläne einer Vielzahl von Marktteilnehmern koordiniert werden, daß Angebot und Nachfrage in Einklang kommen, also ein Gleichgewicht auf den Märkten entsteht. Keynes stellte diese Fähigkeit des Preissystems zur permanenten Koordination in Frage. „Wichtigstes, wenn nicht einziges Ziel der ‚General Theorie' ist der Nachweis, daß ein Vertrauen in die Fähigkeit der Marktwirtschaft, jederzeit von allein aus einem Zustand globaler Non-Koordination herauszufinden, nicht gerechtfertigt ist" (*Landmann* 1976, S. 137). Es kann also *Marktungleichgewichte* geben, die nicht durch marktliche Anpassungsprozesse beseitigt werden. Auf das für Keynes zentrale Thema der Beschäftigung angewandt heißt dies, daß es *„unfreiwillige Arbeitslosigkeit"* geben kann, d. h. daß Personen, die zum herrschenden Lohnsatz zu arbeiten bereit wären, keine Arbeit finden. Warum?

Keynes analysierte und begründete Arbeitslosigkeit von der *gesamtwirtschaftlichen Güternachfrage* her. Es ist die effektive, für den Produzenten spürbare Nachfrage, die nach Keynes über das Produktionsangebot und damit über die Beschäftigung entscheidet. Während die klassische Lehre dem „Sayschen Gesetz" (vgl. S. 136) vertraut, wonach alle im Produktionsprozeß hergestellten Güter mit den dabei verdienten Einkommen auch aufgekauft werden, bezweifelt Keynes, daß die im Produktionsprozeß entstandenen Einkommen auch tatsächlich zu faktischen Güterkäufen führen. Er behauptet, es fehle dem marktwirtschaftlichen System ein Automatismus, der für jede Produktionsmenge genügend Absatz garantiere. Die Keynessche Theorie ist eine Theorie der gesamtwirtschaftlichen Nachfrage. Ihr zentrales Postulat heißt, daß Produktion und Beschäftigung von der Nachfrage abhängen. Keynes drehte also das Credo der (Neo-)Klassiker, das Angebot schaffe sich seine Nachfrage, geradezu um.

Keynes' Zweifel an den Selbstregulierungskräften des Marktes machte auch zum ersten Mal die Vollbeschäftigung zum Problem.

„Während nach klassischer Vorstellung das Spiel von Angebot und Nachfrage auf dem Arbeitsmarkt immer zur Vollbeschäftigung hinführen müßte, erklärt Keynes' Theorie die Beschäftigung ganz vom Gütermarkt her: Beschäftigt werden nur so viele Arbeitskräfte, wie die Unternehmer zur Produktion brauchen können, und produziert wird nur so viel, wie auf den Gütermärkten abgesetzt werden kann. Warum aber sollte die Güternachfrage gerade so groß sein, wie es die Vollbeschäftigung erfordert?"(*Landmann* 1976, S. 144).

Die gesamtwirtschaftliche Nachfrage setzt sich zusammen aus der Nachfrage nach Konsumgütern und der Nachfrage nach Investitionsgütern. Den Unsicherheitsfaktor für das Niveau der Gesamtnachfrage sieht Keynes weniger im privaten Konsumverhalten als in den unternehmerischen Investitionsentscheidungen. Bekanntlich müssen in einer ausgeglichenen Wirtschaft die Investitionen immer so groß sein wie die Ersparnisse. Ersparnisse bedeuten ja Nachfrageausfall, gäbe es für sie keinen Ersatz in Form von Investitionsausgaben, würde die Gesamtnachfrage sinken, Depression und Unterbeschäftigung wären die Folge.

Für die vorkeynessche Wirtschaftstheorie war die Übereinstimmung zwischen Sparen und Investition kein Problem, der Ausgleich wurde vom Zins, oder allgemeiner vom Preismechanismus, erwartet (der Zins ist ja der „Preis" auf dem Kapitalmarkt). Ein Ansteigen der Ersparnis senkt in diesem Modell den Zins, und ein sinkender Zins reizt zu vermehrter Investitionstätigkeit an. Keynes glaubte nicht an diesen Zinsautomatismus. Zwar meinte er durchaus, daß ein Unternehmer so lange investieren würde, wie der Ertrag, den er erwartet, noch über der Verzinsung liegt, die er durch eine alternative Anlage in Wertpapieren erzielen könnte. Der Zins bestimmt also auch bei Keynes über den Umfang der Investitionen. Er bezweifelte jedoch, daß der Zins immer gerade so ausfalle, um jenes Maß an Investitionen zu induzieren, das notwendig ist, um den Nachfrageausfall durch Ersparnisse auszugleichen.

Mit Hilfe einer eigenen Zinstheorie, der sog. „Theorie der spekulativen Liquiditätspräferenz", begründete Keynes, daß der Zins entgegen der klassischen Annahme nicht vom Sparen abhängig sei, sondern von anderen Einzelfaktoren, u. a. eben, wie in der Bezeichnung seiner Zinstheorie angedeutet, von dem Bedürfnis der Wirtschaftssubjekte nach Kassenhaltung (=Liquiditätspräferenz). Die Einzelheiten brauchen hier nicht weiter dargelegt zu werden (vgl. dazu z. B. *Landmann* 1976, S. 145 f.), wichtig ist: Wenn der Zins eben nicht vom Sparen abhängt, sondern von ganz anderen Faktoren, warum sollte er dann gerade so ausfallen, daß die von ihm beeinflußten Investitionsausgaben gerade die Ersparnisse in einer Volkswirtschaft ausgleichen, und warum sollte gerade die Gesamtnachfrage aus Konsum- und Investitionsausgaben dem Gesamtangebot entsprechen bzw. warum sollte sie gerade so groß ausfallen, daß Vollbeschäftigung herrscht?

Die Vollbeschäftigung kann selbst dann verfehlt werden, wenn auf dem Gütermarkt ein Gleichgewicht zwischen Angebot und Nachfrage herrscht. Denn in einer Situation des Nachfragemangels kann sich die Produktion und mit ihr das Einkommen so lange zurückbilden, bis ein neues Gleichgewicht zwischen den strategischen Größen Sparen und Investitionen entsteht, das dann allerdings durch Arbeitslosigkeit und Unterauslastung der Produktionskapazität gekennzeichnet ist. Ein Gleichgewicht auf dem Gütermarkt kann also sowohl mit Vollbeschäftigung wie mit Unterbeschäftigung verbunden sein. „Vollbeschäftigung ist lediglich ein Spezialfall, der zwar zufällig möglich, aber nicht die Regel ist" (*Bolle* 1977, S. 216).

Der Arbeitsmarkt findet nicht „von selbst" über den Preismechanismus (sprich: Löhne) zu einem Ausgleich, wie es die (Neo-)Klassik erwartet. Keynes hält dieser Erwartung vor allem zwei Argumente, ein politisches und ein theoretisches, entgegen:

- Löhne weisen in einer Welt mit Gewerkschaften, Tarifverträgen, Arbeitsverträgen usw. nicht jene Flexibilität auf, die die klassische Gleichgewichtstheorie unterstellt.
- Selbst wenn es diese Flexibilität gäbe, wäre sie keine Basis für eine erfolgversprechende Beschäftigungspolitik. „Mit den Löhnen geht auch die Nachfrage nach Gütern zurück, und was der Unternehmer an den Lohnkosten einspart, verliert er gleichzeitig am Erlös, sei es weil der Absatz schrumpft, sei es weil der Preis seiner Produkte sinkt. Eine Mehrbeschäftigung kommt daher nicht zustande" (*Preiser* 1969, S. 103).

b) Rolle des Staates

Keynes' Therapie für eine unzureichende Nachfrage ist einfach: Der Staat muß die markwirtschaftlichen Koordinationsmängel ausgleichen und das marktwirtschaftliche System stabilisieren.

„Da die ‚unsichtbare Hand' des Marktes Vollbeschäftigung nicht sicherstellt, wird von Keynesianern der bewußte Eingriff wirtschaftspolitischer Willensträger zur Stabilisierung des Beschäftigungsgrades gefordert. In dieser Konsequenz liegt die eigentliche Bedeutung der Keynesschen Theorie. Bei Unterbeschäftigung wird eine Politik der Nachfragesteigerung und bei inflatorischen Prozessen eine Politik der Nachfragedrosselung gefordert" (*Bolle* 1977, S. 216).

Das Schwergewicht liegt dabei auf der Fiskalpolitik (Einnahmen und Ausgaben des Staates) und nicht auf der Geldpolitik. Dem Staat wird eine *antizyklische Fiskalpolitik* empfohlen, d. h. eine Politik der Budgetüberschüsse und Budgetdefizite.

„So werden zur Anhebung des Beschäftigungsgrades eine Ausweitung der staatlichen Ausgaben, eine Politik der Investitionsförderung durch steuerliche Maßnahmen und Steuersenkungen zur Steigerung der Konsumgüternachfrage gefordert. Bei sinkenden Staatseinnahmen und steigenden Staatsausgaben ist das entstehende Defizit durch Staatsverschuldung zu decken (deficit spending). Entsprechendes gilt bei inflatorischen Entwicklungen: Nachfragedrosselung bei inflatorischen Prozessen bedeutet Einschränkung von staatlichen Ausgaben, Steuererhöhungen zum Zwecke der Senkung der Konsumgüternachfrage und steuerpolitische Maßnahmen zur Einschränkung der Investitionsgüternachfrage; der entstehende Budgetüberschuß wird gespart, also dem Kreislauf entzogen und stillgelegt (surplus saving)" (*Bolle* 1977, S. 217).

Möglicherweise ist eine solche rein fiskalisch ausgerichtete Keynesianische Wirtschaftspolitik aber zu einseitig. Der „naive Fiskalismus" der Keynesianer, zuweilen auch diskreditierend als „Vulgärkeynesianismus" etikettiert, wird sowohl mit theoretischen als auch empirischen Argumenten kritisiert. Der theoretische Einwand lautet, daß Keynes selbst durchaus auch geldpolitische Strategien im Blick gehabt habe. Im authentischen Keynesschen Sinne könne eine Stimulierung der gesamtwirtschaftlichen Nachfrage auch über eine *expansive Geldpolitik* erfolgen (vgl. *Maier-Rigaud* 1985). Empirisch zeigt Scharpf anhand eines Vergleichs der Wirtschaftspolitik in der Bundesrepublik Deutschland und Österreich, daß eine fiskalische Politik der Nachfrageausweitung scheitert, wenn die Geldpolitik vernachlässigt bzw. sogar eine gegenläufige Geldpolitik zugelassen wird (*Scharpf* 1985).

c) Postkeynesianische Entwicklung

Die Lehre von Keynes wurde in den letzten Jahrzehnten in verschiedene Richtungen weiterentwickelt. Es gibt inzwischen eine Vielzahl keynesianischer Ansätze. In teilweise bildhaft-ironisierenden Umschreibungen finden sich Bezeichnungen wie

- „hydraulischer" Keynesianismus
- „kaleidoskopischer" Keynesianismus oder
- Postkeynesianismus

(vgl. *Hickel* 1985, S. 1ff., *Rothschild* 1979, S. 196).

Die wichtigste Rolle unter ihnen spielt in der Bundesrepublik zweifellos der sog. *Postkeynesianismus,* der vor allem von der „Arbeitsgruppe alternativer Wirtschaftspolitik", einem Zusammenschluß von Wissenschaftlern, die seit 1977 mit ihrem jährlichen „Memorandum" ein „alternatives Gutachten" zum neoklassisch geprägten Sachverständigenrat abgibt, vertreten wird. Bekannte Mitglieder der *„Memorandum-Gruppe"* sind u. a. die Professoren *Hickel, Schui* und *Huffschmid.* Mit der Bezeichnung Postkeynesianismus soll verdeutlicht werden, daß sich die Vertreter dieses Ansatzes zwar an zentralen Aussagen Keynes' orientieren, wie z. B. der Instabilität von Märkten und der Rolle der gesamtwirtschaftlichen Nachfrage, aber auch strukturelle Veränderungen des kapitalistischen Wirtschaftssystems berücksichtigen, die sich in aller Schärfe erst in den letzten Jahrzehnten herausgebildet haben. Dieser Ansatz will die Keynessche Ökonomik weiterentwickeln und erweitern, indem er die Tatsache berücksichtigt, „daß durch Ausdifferenzierung eines Finanzsektors mit einzelnen Institutionen, Internationalisierung der Produktion und Monopolisierung der Wirtschaft veränderte Prozeßbedingungen zustande kommen" (*Hickel/Schui* 1983, S. 293).

Die Entwicklung des Postkeynesianismus ist auch eine Reaktion auf die Schwächen und Mißerfolge des in der Bundesrepublik praktizierten „Globalsteuerungs-Keynesianismus“ der 70er Jahre (vgl. LB 2, 2.2.5), der eben diese strukturellen Veränderungen moderner kapitalistischer Marktwirtschaften außer acht ließ und nicht zuletzt deshalb nach Meinung von Postkeynesianern scheiterte.

Eine der zentralen Weiterentwicklungen der Keynesschen Analysen im Postkeynesianismus liegt in der Berücksichtigung des Kapazitätseffektes von Investitionen. Keynes sieht in seiner kurzfristig orientierten Betrachtungsweise nur den Einkommenseffekt: Investitionen schaffen Einkommen und erhöhen so die gesamtwirtschaftliche Nachfrage und damit die Beschäftigung. Postkeynesianer dynamisieren die Analyse und heben hervor, daß Realinvestitionen zu einem quantitativen und qualitativen Anstieg der Produktionskapazität führen:

„Im konjunkturellen Aufschwung, der vor allem durch einen überproportionalen Anstieg der volkswirtschaftlichen Gewinnsumme gekennzeichnet ist, bilden sich Produktionskapazitäten heraus, deren Auslastung durch die nachhinkende Lohnentwicklung und damit den privaten Konsum systematisch auf Grenzen stößt. Die Disproportionalität der Produktionskapazitäten gegenüber der konsumptiven Nachfrage erzwingt schließlich einen Rückgang der Investitionen, der den konjunkturellen Niedergang auslöst. ... Zu hohe Gewinne, die in die Einkommensschaffung und damit den Kapazitätsausbau gelenkt werden, sind die Ursache eines nachfolgenden Investitions- und Gewinnverfalls“ (*Hickel* 1984, S. 29f.).

Konjunkturzyklen entstehen also, weil steigende Unternehmensgewinne im Aufschwung Überkapazitäten schaffen, deren Auslastung über eine adäquate Nachfrage wegen der nachhinkenden Löhne („Konsumschranke“) nicht gesichert wird. Diese Neuinterpretation der Konjunkturzyklen erklärt auch, warum nach Meinung der Postkeynesianer der herkömmliche „Globalsteuerungs-Keynesianismus“ verpufft.

„Während die Keynessche Theorie, die lediglich den Einkommenseffekt der Investitionen betrachtet, eine Stabilisierung der privaten Investitionen über Finanz- und Geldpolitik nahelegt, zeigt die hier vorgenommene Erweiterung um den Gedanken einer Überkapitalisierungskrise die Unmöglichkeit, die anhaltende Wachstumskrise mit einem Mehr an privatwirtschaftlichen Investitionen ... zu überwinden“ (*Hickel* 1984, S. 30).

Diese Analyse hat Folgen für die staatlichen Interventionen: „Verlangt ist deshalb eine fundamentale Revision der Keynesschen Wirtschaftspolitik. Will die Wirtschaftspolitik sich aus der Abhängigkeit krisenhafter Entwicklungen herausbegeben, dann müssen – so das Fazit – ihre Maßnahmen deutlich in die Struktur wirtschaftlicher Entscheidungen eingreifen“ (*Hickel* 1979, S. 151).

Zwei weitere Kritikpunkte am „Keynesschen Keynesianismus“, die sich vor allem aus der zunehmenden wirtschaftlichen Konzentration ergeben, seien abschließend knapp skizziert (vgl. zum folgenden insbes. *Hickel* 1979, S. 151ff.):

– *Preisbildung und Inflation:* Traditionelle Keynesianer erklären Inflation aus überschüssiger gesamtwirtschaftlicher Nachfrage und sie therapieren folglich inflationistische Tendenzen durch Nachfragedrosselung (z. B.

Einschränkung staatlicher Ausgaben, Steuererhöhungen). Fast alle westlichen Länder haben fast schon traumatische Erfahrungen mit dieser Art von Antiinflationspolitik gesammelt. Ihr Ergebnis stellte sich als „Stagflation" dar, d. h. Fortdauer der inflationären Tendenzen bei gleichzeitiger wirtschaftlicher Stagnation. Postkeynesianer erklären diese ungewollte Folge keynesianischer Antiinflationspolitik damit, daß sie die Realität „administrierter Preise" übersah: Preise, vor allem die Preise in oligopolistisch, also hochkonzentrierten Wirtschaftsbereichen, orientieren sich nicht primär an der Nachfrage, sondern dienen der Durchsetzung von Gewinn-, d. h. Verteilungsansprüchen. Eine rückläufige Nachfrage führt hier nicht zu sinkenden Preisen, sondern zur Reduzierung der Produktion. Staatliche Restriktionspolitik als keynesianische Antiinflationspolitik produziert in einer hochkonzentrierten Wirtschaft und deren Preispolitik nicht die gewünschten Effekte. Fatalerweise gilt dies auch für den umgekehrten Fall der staatlichen Expansionspolitik: Bei der Realisierung von Ausgabenprogrammen in der Situation unter-ausgelasteter Kapazitäten versickern Beschäftigungseffekte aufgrund der konjunkturellen Entkoppelung von Preis- und Produktionsmengensystem teilweise in Form von darüber durchgesetzten Preisschüben. Die postkeynesianische Variante einer antizyklischen staatlichen Wirtschaftspolitik bezieht folglich auch die Beeinflussung der unternehmerischen Preispolitik ein.

– *Gewinnverwendung und Beschäftigung:* Im monopolistischen und oligopolistischen Bereich der Wirtschaft zeigt sich ein verändertes Gewinnverwendungsverhalten. Großunternehmen sind zurückhaltend mit Erweiterungsinvestitionen, die bei unveränderter Nachfrage zur Verschlechterung der eigenen Absatzsituation führen können. Die vorhandenen Gewinne werden dafür anders verwandt, nämlich für Auslands- und Rationalisierungsinvestitionen oder für den Ankauf lukrativer Finanzaktiva (nicht nur Siemens ist Mitte der 80er Jahre eine Großbank mit angeschlossener Elektroabteilung). „Nicht die relative Knappheit auf der Nachfrageseite, sondern die alternative, beschäftigungsunwirksame Gewinnverwendung charakterisiert das Investitionsverhalten im monopolistischen Bereich" (*Hickel* 1979, S. 153). Für die Wirtschaftspolitik bedeutet dies, daß eine Beschäftigungspolitik nach der Formel: steuerliche und lohnpolitische Entlastung der Unternehmen = höhere Gewinne = höhere Investitionen, nicht mehr greift, ja über Rationalisierungsinvestitionen beschäftigungspolitisch sogar kontraproduktiv wirkt. Eine postkeynesianisch ausgerichtete Wirtschaftspolitik muß deshalb auch die Beeinflussung der Gewinnverwendungsstrategien miteinbeziehen.

Ohnehin gehen die Postkeynesianer der „Memorandumgruppe" davon aus, daß ein zu hoher Gewinnanteil am Volkseinkommen die Nachfrage nach Konsum-, aber auch Investitionsgütern lähmen könne. Sie fordern deshalb eine Politik der Einkommensumverteilung zur Steigerung des privaten, aber auch des „öffentlichen" Konsums (z. B. durch eine Ausweitung öffentlicher Leistungen in Bereichen wie Umweltschutz, Für- und Vorsorge usw.). Eine Möglichkeit zur Umsetzung dieser Forderungen ist die Konzipierung und

Durchführung von groß dimensionierten öffentlichen Beschäftigungsprogrammen, mit denen einerseits die Produktionsstruktur zugunsten bisher vernachlässigter Felder (Umwelt, öffentliche Dienstleistungen) verändert und „qualitatives Wachstum" ermöglicht sowie andererseits eine Erhöhung des gesamten Einkommensniveaus erreicht werden soll (vgl. dazu auch LB 4, 4.4).

2.4 Marxistische Positionen: Widersprüche des Kapitalismus

Im Unterschied zur „bürgerlichen Wissenschaft", deren Analysen ihrer Meinung nach – ob konservativ oder kritisch – mehr oder weniger auf die isolierte Betrachtung von Oberflächenerscheinungen der kapitalistischen Wirtschaft beschränkt bleiben, wollen die marxistischen Positionen die grundlegenden Widersprüche und Bewegungsgesetze des Kapitalismus herausfinden, die für die Gesamtgeschichte dieser Produktionsweise gültig sind (*Altvater* 1972, S. 49 ff.). Charakteristikum marxistischer Positionen ist deshalb nicht eine detaillierte Beschreibung, sondern eine grundsätzliche Erklärung und Kritik dieses Wirtschaftssystems.

Im folgenden sollen die Grundzüge der marxistischen Wirtschaftstheorie kurz dargestellt werden, auf Differenzierungen zwischen unterschiedlichen marxistischen Positionen wird dabei noch verzichtet. Sie sollen anhand der nachfolgenden speziellen innenpolitischen Problembereiche, insbesondere bei der Frage nach Handlungsspielraum und Bedeutung des Staates sowie nach der Existenz von gesamtgesellschaftlichen Krisen herausgearbeitet werden (vgl. LB 3, 11. und 12.). *Grundlagen* der marxistischen Kapitalismusanalyse und -kritik sind

- die *materialistische Interpretation der Geschichte,* nach der die soziale Gliederung einer Gesellschaftsordnung ebenso wie das gesellschaftliche Bewußtsein der in dieser Ordnung lebenden Menschen vom Entwicklungsstand und Charakter einer historisch gegebenen Produktionsweise abhängen (zum dialektischen und historischen Materialismus vgl. LB 4, 5.5),
- die *Arbeitswerttheorie* (ursprünglich entwickelt von den klassischen Nationalökonomen *Adam Smith* und *David Ricardo*) nach der der Tauschwert einer Ware bestimmt wird von der Quantität der Arbeit, die gesellschaftlich notwendig ist, um sie herzustellen; das *Wertgesetz* bedeutet dann, daß die Austauschverhältnisse zwischen Waren durch die relativen Mengen gesellschaftlich notwendiger Arbeitszeit bestimmt werden,
- die *Mehrwertlehre,* die besagt, daß die Lohnarbeiter nicht gemäß dem von ihrer Arbeitskraft produzierten Wert entlohnt werden, sondern entsprechend dem Wert ihrer eigenen Arbeitskraft, d. h. entsprechend den Reproduktionskosten, den Unterhaltskosten, die im kapitalistischen System bei hoher Arbeitsproduktivität immer niedriger sind als der Wert der neu produzierten Güter. Der Mehrwert ist also die Differenz zwischen dem vom Arbeiter produzierten Wert und dem Wert seiner Arbeitskraft. Der Kapitalist eignet sich den Mehrwert an; hierin besteht die *Ausbeutung* des Lohnarbeiters im Kapitalismus.

Kapital definiert als Wert, der durch einen Mehrwert größer wird, existierte lange vor der kapitalistischen Produktionsweise, im wesentlichen in Form des Wucher- und Handelskapitals: Schon in der einfachen Warenproduktion wurde nicht nur Ware verkauft, um mit dem Erlös eine andere Ware zu erwerben, deren Wert gleich, deren Gebrauchswert aber dem Käufer nützlicher war als der der eigenen Ware (Ware-Geld-Ware, W-G-W). Es wurde auch Ware gekauft, um sie zu einem höheren Preis weiter zu verkaufen (Geld-Ware-Geld', G-W-G').

Der Übergang der vorkapitalistischen Gesellschaft in die kapitalistische (vor ca. 200 Jahren) ist gekennzeichnet durch das Vordringen des Kapitals in die Sphäre der Produktion. Der Vorgang, daß ein Wert durch einen Mehrwert größer wird (G wird G') spielt sich dann im wesentlichen nicht mehr innerhalb der Warenzirkulation ab, sondern in der Produktion. „Die kapitalistische Produktionsweise ist die erste Produktionsweise und die erste gesellschaftliche Organisationsform, in der das Kapital nicht mehr nur eine vermittelnde Rolle spielt oder Nutznießer nichtkapitalistischer Produktionsformen ist, die noch auf der einfachen Warenproduktion gründen. In ihr hat sich das Kapital der Produktionsmittel bemächtigt und die Produktion selbst durchdrungen" (*Mandel* 1970, S. 26). Die vorkapitalistischen Gesellschaften kennen nur zwei Arten, von erworbenem Geldreichtum Gebrauch zu machen: Verbrauch oder Schatzbildung; was ihnen aber fremd bleibt, ist die Kapitalakkumulation, der Nichtverzehr des Gewonnenen und sein systematischer Wiedereinsatz für Zwecke der erweiterten Produktion (*Hofmann* 1969, S. 49). Die *kapitalistische Produktionsweise* ist – so die klassische marxistische These – *gekennzeichnet* durch

- die Trennung der Produzenten von ihren Produktionsmitteln,
- die monopolartige Konzentration der Produktionsmittel in den Händen einer einzigen Klasse, der Bourgeoisie,
- das Auftreten einer Klasse, die nichts anderes besitzt als ihre Arbeitskraft, das Proletariat, das gezwungen ist, seine Arbeitskraft an die Besitzer der Produktionsmittel zu verkaufen, um Grundbedürfnisse zu befriedigen.

Der Lohnarbeiter ist also in doppeltem Sinn frei: frei von Produktionsmitteln und frei, seine Arbeitskraft zu verkaufen.

Die Gesamtheit der kapitalistischen Produktion kann ihrem Wert nach durch folgende Formel dargestellt werden: Konstantes Kapital (c = Maschinen, Werkzeuge etc.) + variables Kapital (v = Masse der eingesetzten Arbeit) + Mehrwert (m = Teil des vom Arbeiter neu geschaffenen Wertes, der nicht als Lohn (v) ausgezahlt, sondern vom Kapitalist ohne Gegenleistung angeeignet wird). Das variable Kapital ist also der einzige Teil des Kapitals, der es dem Kapitalisten ermöglicht, sein Kapital um den Mehrwert zu vergrößern.

Die *Konkurrenz* ist notwendige Voraussetzung einer kapitalistischen Gesellschaft: „Eine Gesellschaft, aus der die Konkurrenz total, radikal und endgültig entfernt wäre, könnte insofern keine kapitalistische Gesellschaft mehr sein, als ihr der entscheidende ökonomische Beweggrund fehlen würde, nämlich der, Kapital zu akkumulieren" (*Mandel* 1970, S. 34). Jedes kapitalistische Unternehmen wird von der Konkurrenz gezwungen, nach Erhöhung der

Profite zu streben, denn nur unter dieser Bedingung kann es ständig seine technischen Einrichtungen, seine Arbeitsproduktivität, verbessern und damit seinen Profit sichern.

Mechanisierung und der Zwang zur Steigerung der Arbeitsproduktivität führen zu einem starken Wachstum des Sachkapitals (c) im Verhältnis zum variablen Kapital (v), mit anderen Worten zu einer Erhöhung der *organischen Zusammensetzung des Kapitals* (das Verhältnis von c zu v wird größer). Dieser Prozeß verursacht auf lange Sicht einen *tendenziellen Fall der Profitrate,* d. h. ein ungünstiger werdendes Verhältnis des Mehrwerts zum Gesamtkapital (das Verhältnis von m zu c+v wird geringer), denn der Mehrwert wird ausschließlich vom variablen Kapital (v) produziert und nicht vom konstanten Kapital (c). Technischer Fortschritt und Intensivierung der Arbeit können diesem Prozeß entgegenwirken, ihn jedoch nicht endgültig aufhalten.

Eine sinkende Profitrate hat eine Verlangsamung der Investitionen zur Folge. Die Akkumulation kann erst dann wieder aufgenommen werden, wenn die organische Zusammensetzung des Kapitals gewaltsam reduziert wird. Dies geschieht in erster Linie durch die *wertmäßige Kapitalvernichtung in regelmäßig auftretenden Überproduktions-/Überakkumulationskrisen.* Periodische Wirtschaftskrisen sind daher dem kapitalistischen System inhärent und in diesem unüberwindbar (vgl. hierzu *Altvater* 1978, S. 373ff., auch LB 3, 12.4). Marxistische Positionen halten deshalb den neoklassischen Ansatz zu einer Krisenüberwindung durch Lohnzurückhaltung für falsch und unseriös, denn die Krisenprozesse ergeben sich „periodisch aus einem Absinken der Rentabilität des fungierenden Kapitals . . ., das durch die Kapitalakkumulation selbst verursacht wird" (*Altvater* 1978, S. 381). Auch die an Keynes orientierte These von der die Massenkaufkraft steigernden Wirkung der Löhne ist einseitig und deshalb problematisch. Die Krise macht vielmehr deutlich, „daß sich das Bedingungsgefüge einer expansiven Reallohnpolitik geändert hat und Steigerungen der Massenkaufkraft nur im Zusammenhang mit einem alternativen gesellschaftlichen Konzept Abhilfe gegenüber der kapitalistischen Krise schaffen können" (*Altvater* 1978, S. 381).

Der kapitalistische Konkurrenzkampf ist begleitet von einer ständigen *Konzentration des Kapitals.* Je größer die organische Zusammensetzung des Kapitals in einem Industriezweig ist, um so stärker ist die Konzentration. Die seit Ende des 19. Jahrhunderts feststellbare Tendenz zur Konzentration der Unternehmen hat jedoch nicht zur völligen Ausschaltung der Konkurrenz geführt, sondern zu einer neuen Form des Kapitalismus. Die kapitalistische Produktionsweise hat in ihrer Entwicklung unterschiedliche Stufen durchlaufen. Die vorkapitalistische Produktionsweise des Feudalismus wurde zunächst abgelöst durch die kapitalistische Manufaktur, in der noch das Handwerk dominierte und sich eine handwerkliche Lohnarbeiterschicht herausbildete. Der industrielle Kapitalismus entwickelte sich vom Konkurrenzkapitalismus über den monopolistischen Kapitalismus oder Imperialismus (*Lenin*) zum heutigen *Spät- oder auch Neokapitalismus (Altvater, Mandel)* bzw. zum *staatsmonopolistischen Kapitalismus* (orthodoxer Marxismus). Dieses Stadium, in dem sich die kapitalistische Produktionsweise der Bundesrepublik – trotz aller sonstigen Differenzierungen – nach übereinstimmender Ansicht aller marxistischen Positionen z. Z. befindet, ist vor allem gekennzeichnet durch

- *Institutionalisierung des technischen Fortschritts.* Der Neokapitalismus ist eine Epoche permanenter technologischer Umwandlungen in der Produktion. Dies ist vor allem Folge des Rüstungswettlaufs seit Ende des Zweiten Weltkrieges und dem hieraus resultierenden Anreiz zu fortwährender, ununterbrochener Forschung bei der ökonomische Aspekte (wie Abschreibung und Rentabilität vorhandener Anlagen) praktisch keine Rolle mehr spielen. Forschung und Entwicklung werden mit massiver staatlicher Hilfe systematisch organisiert und breiten sich als besondere Form von Kapitalanlage aus.
- *Organisierung des Marktes.* Permanente technische Revolution bedeutet Verkürzung der Umschlagszeit des fixen Kapitals. Hieraus resultiert ein Zwang zur langfristigen Profitstabilisierung durch konzerninterne Finanz-, Investitions- und Kostenplanung, aber auch durch die Eliminierung von Preiskonkurrenz. Der Prozeß der Zentralisierung des Kapitals wird beschleunigt, wie die Verbreitung der multinationalen Konzerne zeigt.
- *Staatliche Regulierung des kapitalistischen Gesamtsystems.* Zentrale Aufgabe des Staates im Neokapitalismus ist die Behebung der Verwertungsschwierigkeiten des Kapitals, die sich aus der technischen Revolution und der damit einhergehenden wachsenden organischen Zusammensetzung des Kapitals ergeben. Der Staat übernimmt in zunehmendem Maße die Rolle des Garanten des kapitalistischen Profits, z. B. durch Eindämmung der zyklischen Fluktuationen, durch militärische und paramilitärische Staatsaufträge oder durch Stabilisierung der Lohnkosten (Einkommenspolitik, konzertierte Aktion).

Auch im neokapitalistischen System der Bundesrepublik wirken jedoch die von Marx entdeckten Bewegungsgesetze des Kapitals fort, die Widersprüche des Kapitalismus sind nicht aufgehoben: „Der Kapitalismus hat kein Mittel zur Gewährleistung eines ununterbrochenen, mehr oder weniger harmonischen Wachstums gefunden; aber Ausmaß und Schwere der Krise werden – zumindest zeitweise und im Rahmen einer Periode langfristigen beschleunigten Wachstums und um den Preis einer permanenten Inflation – vermindert" (*Mandel* 1970, S. 64). Der *notwendige Übergang zum Sozialismus,* der den Kapitalimus ablösenden Gesellschaftsform, kann durch den Staatsinterventionismus nur aufgeschoben werden. Der im Neokapitalismus erreichte Stand der objektiven Vergesellschaftung und Verwissenschaftlichung der Arbeit bildet vielmehr eine wichtige Voraussetzung für den Übergang zum Sozialismus (vgl. LB 4, 5.5). Die tatsächliche Überwindung des Kapitalismus erfolgt allerdings nicht automatisch, sondern durch die bewußte Aktion der Arbeiterklasse (vgl. LB 3, 8.4 (b)).

Bei Übereinstimmung in der Analyse der Grundstruktur des kapitalistischen Wirtschaftssystems der Bundesrepublik bestehen innerhalb der marxistischen Positionen doch wichtige theoretische Kontroversen hinsichtlich der langfristigen Entwicklungstendenzen des Spätkapitalismus, insbesondere über die Möglichkeiten des Staates, durch seine Interventionen die Bewegungsgesetze des Kapitals abzubauen. So teilen sich die Meinungen vor allem bei der Einschätzung des Verhältnisses von Politik und Ökonomie und bei der Einschätzung von Möglichkeiten der Krisenüberwindung und Systemstabilisierung. Auf diese Differenzierungen innerhalb der marxistischen Positionen wird bei den nachfolgenden innenpolitischen Problembereichen eingegangen werden.

2.5 Grundlegende Literatur

Dettling, Warnfried (Hrsg.): Die Zähmung des Leviathan. Neue Wege der Ordnungspolitik, Baden-Baden 1980

Engels, Wolfram: Soziale Marktwirtschaft. Verschmähte Zukunft? Streitschrift wider falsche Propheten mit Bart und Computer, Stuttgart 1972

Giersch, Herbert (Hrsg.): Wie es zu schaffen ist: Agenda für die Deutsche Wirtschaftspolitik, Stuttgart 1983

Simmert, Diethard B. (Hrsg.): Wirtschaftspolitik – kontrovers, Bonn 1979 (darin Beiträge von *Soltwedel, Hickel, Vaubel* u. a.)

Landmann, Oliver: Keynes in der heutigen Wirtschaftstheorie, in: *G. Bombach/H. J. Ramser/M. Timmermann/W. Wittmann* (Hrsg.): Der Keynesianismus I, Theorie und Praxis. Entwicklung und Stand der Diskussion, Berlin u. a. 1976, S. 135ff.

Mandel, Ernest: Einführung in die marxistische Wirtschaftstheorie, 8. Auflage, Frankfurt/Main 1970

3. Gesellschaftsordnung

Es gibt unterschiedliche Auffassungen darüber, wie die bundesrepublikanische Gesellschaftsordnung ist oder gar, wie sie sein sollte oder auch nur sein kann. Sie kreisen um die prinzipielle Bewertung des empirisch feststellbaren oder des normativ zu fordernden Verhältnisses von *Gleichheit* und *Ungleichheit* oder um die unterschiedlich interpretierten Beziehungen zwischen Freiheit, Gerechtigkeit und Gleichheit. Wie empirisch feststellbare Ungleichheiten zu beurteilen sind, nämlich

- rechtfertigend aus „natürlichen" oder „funktionalen" Gründen,
- kritisch als dem demokratischen Gemeinwesen letztlich inadäquat oder
- objektivistisch aus der behaupteten Klassenstruktur der Gesellschaft,

bleibt – von einhellig feststellbaren Phänomenen wie „krasser Armut" abgesehen – weitgehend offen.

Damit wird auch die Frage nach dem Auftrag der *Gesellschaftspolitik* auf verschiedene Weise interpretiert:

- Soll sie aktiv Ungleichheiten beseitigen und damit erst individuelle Freiheit erzeugen, oder
- ist die Freiheit nur durch eigenverantwortliche Gestaltung der Lebensverhältnisse (auf der Basis von Privateigentum) zu sichern – auch um den Preis relativer Ungleichheit, oder

– ist eben in einer auf Privateigentum und kapitalistischer Produktionsweise aufgebauten Klassengesellschaft Unfreiheit *und* Ungleichheit unvermeidliches Kennzeichen und alle „ausgleichenden" gesellschaftspolitischen Bemühungen bleiben letztlich „Sozialstaatsillusion"?

Im folgenden sollen Auffassungen verschiedener theoretischer Positionen zur Realität wie zur wünschenswerten Gestaltung der sozialen Ordnung der Bundesrepublik dargestellt werden.

3.1 Konservative Positionen: Vorgegebene Ordnung

Für die gesellschaftliche Entwicklung der Bundesrepublik waren aus konservativer Sicht das Gesellschaftsbild der christlichen Soziallehren und die neo- bzw. ordoliberalen Entwürfe einer Wirtschafts- und Sozialordnung von besonderer Bedeutung. In den praktischen Ausprägungen und Folgerungen (z. B. Sozial- und Eigentumspolitik, Familienpolitik) weisen beide Konzepte deutliche Gemeinsamkeiten auf. In dieser Übereinstimmung dürfte ein wichtiger Grund für die Dominanz konservativer Vorstellungen in der Gesellschaftspolitik zumindest der ersten beiden Jahrzehnte der Bundesrepublik liegen. Zwei zentrale Elemente, *Ungleichheit* der Gesellschaftsmitglieder und Unverzichtbarkeit von *Privateigentum* kennzeichnen die konservativen Positionen. Allerdings sind in der Begründung beider Kernbereiche deutliche Unterschiede festzustellen.

a) Gesellschaftliche Ungleichheit

Die als *ordoliberal* bezeichneten Autoren, insbesondere *Wilhelm Röpke,* orientieren sich an traditionellen (und eigentlich gar nicht liberalen) Vorstellungen von der *„Natur des Menschen"* und der *„natürlichen Ordnung der Gesellschaft"*. Der Status des einzelnen bemißt sich nicht nur nach seiner Leistung, auch andere Kriterien werden als wichtig angesehen, insbesondere die familiäre Tradition. In der natürlich geordneten Gesellschaft sind oben und unten, Führer und Geführte unterscheidbar. Sie gliedert sich in die familiäre Urgemeinschaft und andere Gemeinschaften wie Nachbarschaft, Gemeinde, Betrieb. Diese Gesellschaft ist *organisch-hierarchisch strukturiert* und an mittelständischen Verhaltensmustern orientiert. Sie ist dem Ursprung nach keine Industriegesellschaft, sondern viel eher eine handwerklich-bäuerliche, geführt von einer „Leistungs- und Elitehierachie", die sich durch Sparsamkeit, Bereitschaft zum Konsumverzicht, Wille zum Eigentum und einfache Lebensart auszeichnet.

In dieser Gesellschaftsordnung ist Ungleichheit ein positiver Wert, ja sie baut geradezu auf ihr auf. Gleichheit führt zur „Vermassung" und „Proletarisierung". Die geordnete Gesellschaft weist jedem den ihm gemäßen Platz zu, an dem er Verantwortung tragen kann; die Forderung nach Chancengleichheit ist in dieser Gesellschaftsordnung nicht nur überflüssig, sondern würde auch Glück und Zufriedenheit zerstören.

„Man kann sich in der Tat kein furchtbareres Attentat auf die Gesamtsumme des Glücks vorstellen als diese ‚Gleichheit der Startbedingungen', denn nach der aristokratischen Art, in der nun einmal die höheren Gaben des Geistes und des Charakters auf wenige verteilt sind, wird nur eine Minderheit daran profitieren, die Mehrheit aber um so unglücklicher sein" (*Röpke* 1958, S. 317; in der Sache ähnlich *Müller-Armack* 1966, S. 277).

Hier wird der konservative Charakter der sich selbst als (ordo)liberal bezeichnenden Anschauungen deutlich: Die Masse bedarf der Leitung und Herrschaft durch die Elite. Die Aufhebung dieses Sachverhalts, vor allem die Forderung nach Selbstbestimmung und Selbstherrschaft (also Emanzipation) werden – weil sie anthropologischen und soziologischen Konstanten zuwiderlaufen – nur Unglück, Zerstörung und Auflösung hervorbringen. Über- und Unterordnung, verschiedene Qualität der Menschen, die Unabdingbarkeit der Herausbildung des Charakters und traditionelle Formen des Umgangs werden gefordert. Qualitätsbildung soll in Elite-Universitäten stattfinden (*Steinbuch* 1973, S. 46ff., und *ders.* 1985, S. 233ff., S. 257).

Neuere Ansätze liberal-konservativer Theoriebildung (z. B. *Biedenkopf* 1974, 1985) verzichten auf das Bild der „geordneten Gesellschaft" und setzen wieder vorrangig auf das Leistungsprinzip zur Lösung gesellschaftlicher Verteilungsprobleme und zur Herstellung von relativer Verteilungsgerechtigkeit. Sie stehen dabei in der Tradition konservativer Autoren liberaler Prägung wie *Friedrich August von Hayek*. Dieser sieht Ungleichheit unter Bezugnahme auf die marktwirtschaftliche Ordnung in *ungleichen Fähigkeiten und Leistungen* begründet. Zentrales Merkmal seines Gesellschaftsbildes ist die *individuelle Freiheit,* die als Abwesenheit von Zwang und Befehl, vom Dreinreden fremder Menschen und des Staates begriffen wird. Wenn diese Freiheit zur eigenverantwortlichen Gestaltung der Lebensverhältnisse gegeben ist, in der jeder seine Leistungsfähigkeit entfalten kann, wird sich Gerechtigkeit von selbst einstellen. Jeder Versuch, diese Resultate, die sich notwendigerweise als Ungleichheit darstellen, zu korrigieren, wird abgelehnt: „Wir müssen der Tatsache ins Auge schauen, daß die Erhaltung der individuellen Freiheit mit einer völligen Befriedigung unseres Sinnes für verteilende Gerechtigkeit nicht vereinbar ist." (*von Hayek* 1952, S. 35). Diese „nach Leistung und Fähigkeit gestaffelte Gesellschaft" ist notwendigerweise ungleich und setzt auf die *Verteilungsgerechtigkeit des Wettbewerbs.* Eine außerökonomische, d. h. soziale Korrektur geht auf Kosten der individuellen Freiheit und ist deshalb prinzipiell abzulehnen. Ungleichheit ist somit letztlich der Preis für Freiheit.

„Moderne" Konservative, wie *Kurt Biedenkopf,* gehen allerdings davon aus, daß Leistung nur dann gesellschaftliche Ungleichheit akzeptabel rechtfertigen kann, wenn sie mit Chancengleichheit verbunden ist:

„Wer die Ungleichheit der Resultate als die Folge unterschiedlicher Leistungen aufgrund unterschiedlicher menschlicher Voraussetzungen akzeptiert, muß dafür Sorge tragen, daß die Leistungsgerechtigkeit durch Chancengleichheit gewährleistet bleibt. Das Leistungsprinzip als Prinzip der Verteilung knapper Güter nach dem Umfang persönlicher Leistung und damit als gesellschaftliche Anerkennung des geleisteten Beitrags des einzelnen – und damit auch unterschiedlicher Anerkennung unterschiedlicher Leistungen – hat die Gleichheit der Chancen, Leistungen zu erbringen, zur Voraussetzung" (*Biedenkopf* 1974, S. 150f.).

Wie diese Chancengleichheit letztlich zu interpretieren ist, wird beispielsweise in der Begriffsbildung des CDU-Grundsatzprogramms (1978) sichtbar. Dort wird – der Eindeutigkeit zuliebe – auf das Wort Gleichheit gänzlich verzichtet und dafür lieber nur der Begriff *Chancengerechtigkeit* verwandt. Chancenausgleich ist die Möglichkeit für alle Menschen, sich entsprechend ihrer unterschiedlichen Begabung zu entfalten. Gerechtigkeit wird nicht am Prinzip der Gleichheit bemessen, sondern an der Gleich*wertigkeit* der Menschen. Die „neue Sicht der Dinge" (Biedenkopf 1985) ändert daran nichts Wesentliches: „Wir müssen – wenn wir die Begrenzungskrise des Sozialstaats überwinden wollen – ungeachtet aller Widerstände zugunsten der verantworteten Freiheit in der sozialen Ordnung entscheiden" (ebd. S. 394).

Im Unterschied zu diesen überwiegend auf ökonomische Ordnungsvorstellungen zurückgehenden Positionen beziehen die *christlichen Soziallehren* ihre Basisaussagen aus der jeweiligen Glaubenslehre und aus speziellen Interpretationsversuchen der Kirchen (z. B. evangelische Weltkirchenkonferenzen; päpstliche Enzykliken). Die *evangelische Sozialethik* ist – nicht zuletzt wegen des weniger stringenten gesellschaftlichen Ordnungsbildes der Kirche – nur in den Grundzügen entwickelt und wenig einheitlich. (Vgl. dazu *Rudolph* 1963, Evangelisches Soziallexikon 1980). Immerhin läßt sich aus einigen *Denkschriften* und Erklärungen so etwas wie eine kirchenamtliche Position zur Gesellschaft erkennen. Wir wollen uns im folgenden ausführlicher mit der *katholischen Soziallehre* als der traditionelleren und zugleich eindeutigeren Position befassen. Ihre Subsumierung unter „konservative Positionen" soll jedoch nicht verleugnen, daß auch hier progressive Ansätze vorhanden sind (vgl. z. B. *Oswald von Nell-Breuning* 1974, ders. 1985).

Grundlegend für die traditionelle katholische Soziallehre sind verschiedene Enzykliken der Päpste (insbesondere „Rerum Novarum" 1891, „Quadrogesimo Anno" 1931; vgl. *Sozialenzyklika* 1961). Wichtige deutschsprachige Vertreter einer eher konservativ gestimmten katholischen Soziallehre sind *Gustav Gundlach, Johannes Messner, Anton Rauscher* und *H. B. Streithofen.* Ähnlichkeiten und Überschneidungen mit dem ordoliberalen Gesellschaftsbild sind unverkennbar. Auch hier wird die natürliche hierarchische Gliederung der Gesellschaft positiv hervorgehoben:

> „Ein Volk ist eben nie, wie alle Rationalisten das gerne haben möchten, eine Summe gleicher Individuen; es ist immer einem wohlgegliederten Organismus zu vergleichen, in dem es Über- und Unterordnung gibt und geben soll . . ." (*Löwenstein SJ,* zit. nach *Grebing* 1972, S. 215).

Gesellschaft ist „naturbegründete sittliche Ordnungseinheit" (*Messner,* vgl. auch die konservativen Grundlagen des Korporatismus LB 3, 5.1); ihre Glieder sind Ehe, Familie (als Urprinzip aller Ordnung), Gemeinde, Berufsgemeinschaft, Volk, Nation, Staat, Völkergemeinschaft, Kirche sowie die freien Vereinigungen zu kulturellen, sozialen, politischen, wirtschaftlichen u. a. Zwecken. Jede dieser Gemeinschaften ist gekennzeichnet durch *Autorität,* verstanden als der Vorrang des einen über den anderen, verbunden mit dem Recht, die Gemeinschaft zu leiten (z. B. elterliche, betriebliche, staatliche Autorität). Sie ist die im Guten gründende und dadurch auch begrenzte Ordnungs- und Befehlsgewalt einer Person über die andere (vgl. *Cormann* OP 1963, S. 68f.).

Grundlage der Gesellschaftsordnung ist die „*Personenhaftigkeit* der sozialen Anlage des Menschen" *(Gundlach)*. Der Mensch ist als „einmalige Person" (*Streithofen* 1979) sowohl befähigt und verpflichtet, selbständig, d. h. gemäß seiner Vernunft und in freien Willensentscheidungen zu handeln wie auch die Verantwortung zu tragen für sein Handeln (*Cormann* OP 1963, S. 64). Dieses Menschenbild kann nur in einer Gesellschaft realisiert werden, in der die *zentralen Prinzipien der katholischen Soziallehre* geachtet werden, nämlich

- *Gemeinwohlprinzip,* nach dem das allgemeine Wohl als Ergebnis tugendhaften Zusammenwirkens Sinn und Zweck allen Gemeinschaftslebens ist. Dabei ist zu beachten, daß im Unterschied zum pluralistischen Gemeinwohlbegriff (vgl. LB 3, 4.2) von einem inhaltlich bestimmten und erkennbaren Gemeinwohl ausgegangen wird.
- *Subsidiaritätsprinzip,* nach dem jeweils die kleinstmögliche gesellschaftliche Einheit ihr gemäße Aufgaben übernehmen soll. Wo Hilfe und Beistand der größeren und umfassenderen Einrichtung notwendig sind, soll dadurch die Eigentätigkeit und Selbständigkeit der kleineren Gruppe nicht aufgehoben werden (Beispiel: Soziale Probleme sollen zunächst von der Familie gelöst werden; erst wenn diese überfordert ist, darf der Staat eingreifen). Das Subsidiaritätsprinzip wird auch außerhalb der katholischen Soziallehre als ein gesellschaftspolitisch relevantes Ordnungsprinzip angesehen; beispielsweise wird es nahtlos in das ordoliberale Gesellschaftsbild integriert (vgl. auch LB 2, 4.2.3).
- *Solidaritätsprinzip,* nach dem jeder seinen Beitrag dazu leisten soll, daß die Gemeinschaft für den einzelnen einstehen kann, sobald und soweit er aus eigener Kraft nicht mehr in der Lage ist, sein Leben menschenwürdig zu gestalten. Zwischen Subsidiaritäts- und Solidaritätsprinzip besteht ein gewisses „Spannungsverhältnis"; zumindest ist die Frage der Gewichtung nicht eindeutig. Betont konservative Vertreter der katholischen Soziallehre stellen das Subsidiaritätsprinzip in den Vordergrund, während progressive Vertreter eher das Solidaritätsprinzip als Leitmotiv betrachten.

b) Privateigentum

Neben der Feststellung und Bejahung der natürlichen Ungleichheit stellt die Institution des *Privateigentums ein weiteres gemeinsames Merkmal aller konservativen Gesellschaftsbilder* dar. Es ist die Grundlage und unverzichtbare Voraussetzung einer konservativen Sozialordnung. Allerdings lassen sich auch hier wieder durchaus differenzierte Ansichten feststellen:

- Für Liberale wie *Friedrich A. von Hayek* beruht die individuelle Freiheit auf Eigentum. Erst dadurch eröffnet sich dem einzelnen der Freiheitsspielraum, die Selbständigkeit und Verantwortlichkeit, die bürgerliche Existenz ermöglichen. *Eigentumsstruktur und -verteilung* sind *unantastbar;* andernfalls würde die Basis der Gesellschaftsordnung zerstört werden.

– Für das ordoliberale Gesellschaftsbild ist das Privateigentum als solches zwar auch unverzichtbar, gleichwohl werden bestimmte Korrekturen in der Verteilung für notwendig erachtet. Denn die Basis der angestrebten natürlich geordneten Gesellschaft ist ja gerade ein *breit gestreutes Eigentum.* Daraus resultiert die Forderung nach staatlicher Eigentums- und Vermögensbildungspolitik (typisches Beispiel: Förderung des Eigenheimbaus; 624-DM-Gesetz).
– Auch hier kann man wieder deutliche Berührungspunkte mit den Vorstellungen der *katholischen Soziallehre* feststellen. Ihr gilt das Privateigentum neben Ehe, Familie und Staat als eine der wesentlichen Organisationsformen der Gesellschaft. Eigentum muß privat sein, weil nur so dem Grundprinzip der Personenhaftigkeit Genüge getan ist. Über Eigentum verfügen, es besitzen, gebrauchen sind *ursprünglich personenhafte Tätigkeiten. Joseph Kardinal Hoeffner* behandelt in seiner „Christlichen Gesellschaftslehre" (8. Aufl. 1983; S. 195ff.) das *Privateigentum als Grundlage der Wirtschaftsordnung im Sinne der christlichen Soziallehre:*

> „Nach dem Sündenfall läßt sich die Gütergemeinschaft ohne verderbliche Folgen nur in den Familien und in den zönobitischen Gemeinschaften der Klöster, die ein ‚Abbild der heiligen Gemeinde' von Jerusalem sind . . ., verwirklichen. (. . .) Im gegenwärtigen Äon – nach dem Sündenfall – kommt für die Gesamtwirtschaft nur die Privateigentumsordnung in Frage" (S. 196).

– *Hoeffner* hält es allerdings in Anlehnung an bedeutende Kirchenväter für möglich, „daß ohne den Sündenfall eine paradiesisch-kommunistische Gütergemeinschaft verwirklicht worden wäre" (S. 195). Er hebt die Doppelseitigkeit des Eigentums, d. h. die *Individual- und die Sozialfunktion des Eigentums,* hervor. Letztere fordert,

> „daß *alle* Schichten einen menschenwürdigen Lebensunterhalt und die ‚konkrete Möglichkeit' haben, auch Eigentum an bleibenden Gütern (Eigenheim, Produktionsmittel und dgl.) zu erwerben (Pius XII.). Im Dienst dieser Ziele kann der Staat nicht nur den Eigentumsgebrauch, z. B. durch Anordnung der ‚gebundenen Nutzung' regeln (Pius XII.), sondern auch das Eigentumsrecht näher umschreiben (Quadragesimo anno, 49)" (S. 208).

– Gleichzeitig wird von *Hoeffner* eine Krise der Ordnungsfunktionen des Privateigentums in der modernen Gesellschaft konstatiert (Eigentumslosigkeit, fehlende Selbstverantwortung, fehlende wirtschaftliche Sicherheit, Trennung von Eigentum und Verfügungsmacht, Abhängigkeit der Arbeitnehmer vom Kapital als gesellschaftlicher Macht) (S. 210).
– Auch aus dieser Begründung für die Notwendigkeit des Privateigentums in der Gesellschaft folgt die Forderung nach dessen Streuung. Vertreter der *evangelischen Sozialethik* bejahen ebenfalls die Existenz des Privateigentums, soweit es der Erhaltung und Förderung der menschlichen Gesellschaft dient. Es wird betont, daß eine sehr ungleiche Verteilung des Produktivvermögens den sozialen Konsens gefährdet und deshalb eine einseitige Begünstigung der Großeigentümer durch staatliche Maßnahmen marktwirtschaftskonform zu korrigieren sei. Breite Vermögensbildung und -streuung werden befürwortet und politisch gefordert (*Heßler*

[Hrsg.] 1978, insbes. S. 115 ff.). Der Mensch soll *mein* sagen können, um *frei* zu sein. Der Mensch muß aber auch *dein* sagen können, sich also zu Opfer und Verzicht gegenüber Hab und Gut bereit finden. Hierin drückt sich der Grundsatz der Solidarität aus. Es gibt kein Naturrecht auf Eigentum. Als „Lehen Gottes" ist es ein *Mittel* zur Lebensgestaltung und zur Übernahme sozialer Verantwortung. Es gibt also *kein unbedingtes Recht auf Eigentum,* denn letztlich ist es dem Menschen „zum Dienst" anvertraut (*Rudolph* 1963, S. 195; Eigentums-Denkschrift des Rats der Evangelischen Kirche in Deutschland von 1962).

Zusammenfassend lassen sich als Grundprinzipien konservativer Vorstellungen zur Gesellschaftsordnung festhalten:

– Grundlegendes Merkmal der Gesellschaftsordnung ist die *Ungleichheit* der Gesellschaftsmitglieder. Diese Ungleichheit wird bejaht als *Basis des normativen Menschen- und Gesellschaftsbildes.*
– Weiteres zentrales Merkmal ist die Unverzichtbarkeit des *Privateigentums.* Es ermöglicht dem einzelnen *Selbständigkeit und Eigenverantwortlichkeit.*

3.2 Rechtfertigende Positionen: Notwendigkeit der Ungleichheit

Rechtfertigende Ansätze stehen im Spektrum normativ orientierter Theorien zwischen den konservativen und den kritischen Positionen. Neben gewissen Ähnlichkeiten sind doch auch spezifische Unterschiede vorhanden.

In den einschlägigen Arbeiten *Ralf Dahrendorfs,* auf den wir uns hier konzentrieren, kommt dies exemplarisch zum Ausdruck. *Dahrendorf* ist zweifellos – und so bezeichnet er sich auch selbst – ein Liberaler. Er unterscheidet sich jedoch deutlich von den liberalkonservativen Positionen, wenngleich beim Problem der Ungleichheit Rückbindungen zu entdecken sind. So begründet er soziale Ungleichheit nicht mit der „Natur des Menschen", dessen Leistungsfähigkeit oder mit historisch begrenzten Faktoren wie dem Eigentum, sondern führt sie letztlich auf die *ungleiche Teilhabe an Macht und Herrschaft* zurück. Die Begründung erfolgt über zwei Schritte: über Normen und Sanktionen sowie über (denen zugrunde liegende) Herrschaftsstrukturen:

– „Der Ursprung der Ungleichheit unter den Menschen liegt in der Existenz von mit Sanktionen versehenen Normen des Verhaltens in allen menschlichen Gesellschaften" ... „Wertende Differenzierung, also die Anordnung sozialer Positionen und ihrer Träger auf den Skalen des Prestiges und des Einkommens, wird erst bewirkt durch die Sanktionierung sozialen Verhaltens am Maßstab normativer Erwartungen. Weil es Normen gibt und Sanktionen nötig sind, um ihre Einhaltung zu erzwingen, muß es Ungleichheit des Ranges unter den Menschen geben" (*Dahrendorf* 1966, S. 26, S. 29).
– „Die Erklärung der Unterschiede des Ranges aus der Notwendigkeit von Sanktionen ist keine Erklärung der Herrschaftsstruktur von Gesellschaften; sie ist vielmehr eine Erklärung der Schichtung aus der Sozialstruktur von Macht und Herrschaft" (ebd., S. 31).

Gesellschaftliche Ungleichheit ist danach also eine Konsequenz der Herrschaftsstruktur einer Gesellschaft. *Dahrendorf* läßt allerdings offen, wie diese Herrschaftsstruktur ihrerseits entsteht, die dann erst die Einhaltung/Nichteinhaltung der Normen belohnt oder bestraft (sanktioniert). Immerhin ist sie nicht unveränderlich. Es wird nicht unterstellt, daß die herrschenden Normen und die sie garantierende Macht und Herrschaft von allen Gesellschaftsmitgliedern als gerecht empfunden werden könnten. Vielmehr wird erwartet, daß diejenigen, die die herrschenden Normen nicht erfüllen, danach streben werden, ein Normensystem durchzusetzen, das ihren Kräften und Wünschen eher entspricht und ihnen folglich einen höheren Rang zuweisen wird. *Ungleichheit produziert Konflikte,* sie wird „zum Stachel, der soziale Strukturen in Bewegung hält"; sie ist damit aber auch grundsätzlich „ein Moment der Freiheit" (*Dahrendorf* 1966, S. 36f.). Dies deswegen, weil sie den Keim zur Überwindung des Systems der Ungleichheit bereits in sich trägt. *Gerecht,* so könnte man folgern, ist ein gesellschaftliches System danach dann, wenn es diese *Möglichkeit des Konflikts und der Bewegung der Strukturen* zuläßt.

Die Bejahung gesellschaftlicher Ungleichheit wird dadurch relativiert, daß sie durch die *staatsbürgerliche Gleichheit* begrenzt werden soll, d. h., die (etwas verkürzte) konservative Gleichung „Ungleichheit=Freiheit" wird abgelehnt. Staatsbürgerliche Gleichheit wird nicht als Faktum angesehen, das z. B. im gleichen Wahlrecht abschließend definiert und verwirklicht ist, sondern als Prozeß, der nicht abgeschlossen ist. Dies liegt an den weitreichenden Implikationen staatsbürgerlicher Gleichheit, denn diese schließt ein (vgl. *Dahrendorf* 1974, S. 7; ders. 1972, S. 269):

- *rechtliche Gleichheit* (Gleichheit vor dem Gesetz); sie führt notwendigerweise im nächsten Schritt zu jener Gleichheit, die sich auf das Machen von Gesetzen bezieht, d. h. auf die
- *politische Gleichheit* (insbesondere gleiches Wahlrecht). Die Gleichheitsbewegung setzt sich fort in der Erringung von Elementen
- *sozialer Gleichheit,* die der Einsicht Rechnung tragen, daß soziale Abhängigkeiten rechtliche und politische Gleichheit zur Farce werden lassen können.

Mit Bedacht spricht *Dahrendorf* von Elementen sozialer Gleichheit oder an anderer Stelle von einer „Angleichung gewisser sozialer Chancen" (1972, S. 269) und nicht (wie Vertreter einer kritischen Position) einfach und ohne Einschränkung von sozialer Gleichheit. Er möchte die „innere Dynamik" des Begriffs sozialer Gleichheit kontrollieren, dafür sorgen, daß *trotz „Gleichheit in unserer Gesellschaft dennoch Unterschiede* bleiben" (1974, S. 8). Er konstatiert „die Tendenz, den Sozialbereich im Interesse der Gleichheit zu entstrukturieren, zu entdifferenzieren" (ebd., S. 9) und nennt als Beispiele dafür Forderungen nach proportionaler Gruppenvertretung etwa der Farbigen in den USA oder der Frauen in politischen Gremien. Im Gegensatz zu konservativen Auffassungen wird Gleichheit also nicht schlechthin als Gefahr für die Freiheit empfunden, sondern nur „ein Übermaß" an Gleichheit. Das Problem wird dabei auf zwei Ebenen gesehen:

- Gleichheit hat eine *Entdifferenzierung und Reduzierung von Wahlmöglichkeiten* zur Folge. (Beispiel: Während früher Eltern zwischen einer Vielzahl von Schultypen wählen konnten, sollen zukünftig alle Kinder in die Gesamtschule. Damit wird die Freiheit des einzelnen beschränkt.)

- Gleichheit beschränkt die *Möglichkeiten dynamischer Fortentwicklung.* Da soziale Systeme sich in erster Linie durch die Austragung von Konflikten entwickeln, könnte durch Abschaffung von Ungleichheit auch deren Funktion, die Auslösung von Konflikt, und damit *Bewegung verlorengehen.*

Neuerdings erweitert Dahrendorf die eher formalen Analysen der gesellschaftlichen Dynamik um den inhaltlichen Aspekt der „*Lebenschancen*" (als „Gegenstand menschlicher Sozialentwicklung").

„Es geht bei sozialen Konflikten um mehr Lebenschancen bzw. um die Verteidigung ihres einmal erreichten Niveaus" (Dahrendorf 1979, S. 91).

Das bedeutet:

- vom Standpunkt der Herrschenden „die Sicherung der zu Privilegien gewordenen *Optionen* im Rahmen obwaltender Bindungen oder *Ligaturen*";
- vom Standpunkt der Beherrschten aber „die Durchsetzung neuer Optionen auch auf Kosten bekannter Bindungen, wenn nicht um eine neue Qualität der Bindungen selbst" (ebd., S. 91 f.).

Dahrendorf versteht unter Lebenschancen die Summe der Möglichkeiten oder Gelegenheiten, die durch soziale Bedingungen bereitgestellt werden, damit die Fähigkeiten, Wünsche und Hoffnungen der Menschen realisiert werden können. Lebenschancen sind die „Backformen" menschlichen Lebens in der Gesellschaft. Sozialer Fortschritt bedeutet Erweiterung der Lebenschancen für möglichst viele Menschen, was der Verwirklichung des (liberalen) Anspruchs auf individuelle Freiheit und Gleichheit in einer „offenen Gesellschaft" am nächsten kommt.

„Es ist der Wunsch nach realen Verbesserungen der menschlichen Lebensbedingungen, der mich dazu führt, für die Ungleichheit zu argumentieren . . . Heute entspringt Hoffnung aus der Unterschiedlichkeit der Menschen und nicht aus ihrer Gleichartigkeit, und Freiheit aus der Ungleichheit und nicht aus der Gleichheit" (ebd., S. 192 f.).

Zusammenfassend kann festgehalten werden:

- Gesellschaftliche Ungleichheit ist Folge der Existenz gesellschaftlicher Normen einschließlich der Macht, für ihre Einhaltung zu sorgen. Letztlich ist sie damit Konsequenz einer – nicht weiter bestimmten – gesellschaftlichen Herrschaftsstruktur.
- Ungleichheit ist im Prinzip positiv zu bewerten, weil sie Konflikte verursacht und die sozialen Strukturen in Bewegung hält.
- Sie ist damit auch grundsätzlich ein Moment der Freiheit. Gleichwohl sind Freiheit und Gleichheit damit nicht schon definitionsgemäß ein Gegensatzpaar.
- Aus der staatsbürgerlichen Gleichheit folgt notwendigerweise politische, rechtliche und eine „gewisse" soziale Gleichheit. Solche Gleichheit ist sogar Bedingung der Möglichkeit von Freiheit.
- Erst die unkontrollierte Dynamik der Gleichheitsbewegung, die den Sozialbereich entdifferenziert, wird zu einem Problem der Freiheit.
- Solch unkontrollierte gesellschaftliche Ungleichheit ist Ausdruck eines gestörten Verhältnisses zwischen den strukturellen Wahlmöglichkeiten in

der Gesellschaft (Optionen) und den sozialen Beziehungen oder Bindungen (Ligaturen).
- Sozialer Fortschritt ist durch Erweiterung der *Lebenschancen* zu erreichen, wobei individuelle Ungleichartigkeit förderlich ist.

3.3 Kritische Positionen: Ungerechte Ungleichheit

Das Thema „Gesellschaftsordnung der Bundesrepublik" kreist immer wieder um das *Grundproblem der gesellschaftlichen Gleichheit bzw. Ungleichheit.* Kritische Positionen nehmen dieses Phänomen auf zwei – miteinander verbundenen – Ebenen wahr:
- als *vertikale Ungleichheit:* die Klassen- oder Schichtenzugehörigkeit bestimmt und stabilisiert die verschiedenen Zugangsmöglichkeiten (z. B. Zugang zum Bildungssystem und Aufstiegschancen),
- als *horizontale Ungleichheit:* einige gesellschaftliche Bereiche (z. B. Rüstung) oder Gruppen (z. B. Ärzte) sind deutlich privilegiert gegenüber anderen.

Auf empirischer Grundlage werden diese Ungleichheiten der bundesrepublikanischen Gesellschaft dargestellt und kritisch analysiert. Dabei besteht eine breite Übereinstimmung darüber, daß sich Gleichheit, verstanden als Chancengleichheit, vor allem im Bildungssystem und in der Möglichkeit des sozialen Aufstiegs verwirklicht. Die Frage nach der Ungleichheit in unserer Gesellschaftsordnung wird deshalb hier exemplarisch unter vier Gesichtspunkten beleuchtet:
- *vertikale Mobilität* sowie
- Angebot und Nutzung von *Bildungsmöglichkeiten* als „Indikatoren" für Chancengleichheit,
- *Armut* als „Indikator" für – krasse – gesellschaftliche Ungleichheit und schließlich
- *horizontale Disparitäten* (Ungleichheiten) zwischen den verschiedenen Lebensbereichen.

Andere kritische Positionen setzen sich primär normativ mit unserer Gesellschaft auseinander und bemängeln deren Orientierung auf Besitz und Konsum.

a) Vertikale Mobilität

Die Möglichkeit gesellschaftlichen Aufstiegs (und Abstiegs) wird als vertikale Mobilität bezeichnet. Wenn man diese vertikale Mobilität als Kennzeichen für das Maß an Ungleichheit in einer Gesellschaft betrachten will, ist die sogenannte „Intergenerationsmobilität", d. h. der Statusvergleich zwischen Eltern und Kind (Vater und Sohn) besonders aussagefähig.

Empirische Sozialforscher weisen darauf hin, daß die entsprechende Mobilitätsquote relativ hoch ist. Etwa 55% aller Männer nehmen nicht den gleichen grob definierten beruflichen Status ein wie ihre Väter. Unter dem Aspekt der (Chancen-)Gleichheit interessiert aber vor allem, inwieweit in dieser Quote auch Aufstiege von „unten nach oben" enthalten sind. Hier zeigt sich, daß die relativen Aufstiegschancen von Kindern mit einer Arbeiterherkunft und Kindern aus der gehobenen Mittelschicht durch eine krasse Ungleichheit zuungunsten der Arbeiterkinder gekennzeichnet sind. Selbst hinsichtlich der Aufstiegschancen von Kindern aus der qualifizierten Arbeiterschicht (und der unteren Mittelschicht) ist eine Barriere erkennbar (vgl. *Mayer* 1978, S. 191 und 102). Das Gesamtbild weist somit eine deutliche Grenze zwischen Arbeitern und Nicht-Arbeitern auf. Zwar gibt es zahlreiche Mobilitätsprozesse *innerhalb* dieser Bevölkerungsteile, zwischen den Schichten findet jedoch nur ein geringer Austausch statt; (*Ballerstedt/Glatzer* 1975, S. 416 auch *Wallner* u. a. 1980, S. 22ff.).

Zur Einschätzung solcher Mobilitätsbarrieren muß man sich verdeutlichen, daß in der Bundesrepublik (unter Berücksichtigung der Rentnerhaushalte) noch immer die Hälfte aller Personen zur „Arbeiterbevölkerung" gehört, daß also m. a. W. die Bundesrepublik von ihrer Sozialstruktur her noch immer eine „Arbeitergesellschaft" ist. In der bislang umfangreichsten Studie zu den „Lebensbedingungen in der Bundesrepublik" (1978, 1982 und 1984 hrsg. von *Zapf* u. a.), auf die wir uns in diesem Abschnitt beziehen, wird daraus der Schluß gezogen: „Die beschwichtigende politische Rhetorik der Gleichheit dient damit der Rechtfertigung des status quo und zum Teil des status quo ante der bestehenden Ungleichheit" (*Mayer* 1978, S. 201f.).

b) Bildung

Die empirischen Untersuchungen verweisen populäre Vorstellungen, wonach das Bildungssystem die benachteiligenden und privilegierenden Einflüsse der sozialen Herkunft ausgleiche, weitgehend in das Reich der politischen Träume: Dem Schulsystem kommt nur in geringem Maße eine mobilitätsfördernde Funktion zu (vgl. *Ballerstedt/Glatzer* 1975, S. 417). Selbst bei identischen schulischen und berufsqualifizierenden Leistungen wirkt die soziale Herkunft nach. „Der Zugang zur oberen Mittelschicht für Kinder aus dieser Schicht ist 1 1/2mal wahrscheinlicher als nach der Norm, während Arbeiterkinder nur halb so viele Chancen haben" (*Mayer* 1978, S. 197; *Wallner* u. a. 1980, S. 26f.).

Bildung kann also Herkunftsvor- bzw. -nachteile nicht aufheben, nur mildern. Ist Bildung zumindest, wie normativ gefordert wird, ohne Rücksicht auf die soziale Herkunft möglich? Auch hier geben die empirischen Ergebnisse (immer noch) eine eher negative Antwort. Der Besuch höherer Schulen wie vorschulischer Bildungseinrichtungen, beides wohl für das Ziel Chancengleichheit die „sensibelsten" schulischen Institutionen, hängt nach wie vor stark vom Bildungsgrad und der beruflichen Stellung der Eltern ab (vgl. *Ruge* 1978, S. 773f. und S. 780). Ungleiche Bildungschancen sind dabei nicht nur ein Problem des *Zugangs* zu solchen Bildungsinstitutionen. Zumindest für das Gymnasium ist eine überproportionale *Auslese* zuungunsten der Unterschicht feststellbar, die selbst dann noch wirksam ist, wenn die Kinder in der „Schulkarriere" relativ weit fortgeschritten sind.

Häufig wird die Ungleichheit der Bildungschancen durch den Anteil von Arbeiterkindern an allen Studierenden – gleichsam stellvertretend für eine feinere Analyse der sozialen Zusammensetzung der Studentenschaft – zu dokumentieren versucht. Zwar hat sich nach Berechnungen von *Kath* der Anteil der Studierenden aus Arbeiterfamilien seit 1952/53 von 4,4% auf 11,5% im Jahr 1973 erhöht (vgl. *Ruge* 1978, S. 795). Im übrigen wirkt zusätzlich eine Art „Konjunkturfaktor": wirtschaftlich schlechte Zeiten drücken auf die Startchancen von Arbeiterkindern. Jugend- und Akademikerarbeitslosigkeit scheint wieder einen Trend zu abnehmenden Anteilen einzuleiten. Dies alles zeigt sich auch im direkten Vergleich mit anderen Bevölkerungsgruppen (vgl. auch LB 2, 3.2.2 „Soziale Sicherung"). Die Chance eines Arbeiterkindes, die Universität zu besuchen, beträgt mit 0,8% (0,5% für Mädchen und 1,6% für Jungen) nur ein Fünfzehntel der Chance eines Beamtenkindes: „Ein trefflicher Beleg für diese These des Fortbestehens dramatisch ungleicher Bildungschancen" (*Ruge* 1978, S. 795).

c) Armut

Lange Zeit schien Armut für die Bundesrepublik kein Problem mehr zu sein; in den letzten Jahren gewinnt das Thema jedoch wieder an Aufmerksamkeit. Selbst wenn man ganz schematisch Armut dann als gegeben ansieht, wenn die Voraussetzungen zur Gewährung von Sozialhilfe vorliegen, sind viele Haushalte (je nach Haushaltstyp bis zu 3,6%) „arm". Legt man diese Armutsgrenze nicht absolut fest, also nach einem definierten Grundbedarf, wie dies auch bei der Sozialhilfe gemacht wird, sondern begreift Armut relativ, d. h. bezogen auf das Durchschnittseinkommen aller Haushalte, wird die Zahl der von Armut Betroffenen deutlich größer.

Wird von einer „strengen" relativen *Armutsgrenze* (40% des durchschnittlichen Haushaltseinkommens) ausgegangen, dann muß mit rund 5% „Armenhaushalten" gerechnet werden (Mitte der 80er Jahre). Bei einer „milden" relativen Armutsgrenze (60% des durchschnittl. Haushaltseinkommens) fallen rund 20% in diese Kategorie. Die relativen Armutsgrenzen haben sich seit 1975 ausgedehnt (vgl. *Krupp* 1975, S. 71, *Hauser/Engel* [Hrsg.] 1985, S. 363).

Solche Grenzverschiebungen werden unterstützt durch die Erhöhung der Erwerbslosenzahlen im Zusammenhang mit der ökonomischen Gesamtlage. Es entstehen Formen einer *„neuen Armut"*:

– die *Armut der Arbeitslosen* ohne Arbeitslosenunterstützung (1983 stellten die Arbeitslosen schon 25% aller Sozialhilfeempfänger, 1984 wurden nur noch 40% der registrierten Arbeitslosen versicherungsunterstützt). „Ohne Arbeit und außerdem fast ohne Geld" wird als diskriminierend empfunden (*Balsen* u. a. 1984, passim);

– die *Armut der „Stillen Reserven“* (1983 über 1 Mill. „entmutigter Arbeitsloser“). Zu ihnen gehören vor allem: Ältere, Behinderte, bestimmte Frauengruppen, Jugendliche ohne Ausbildungs- und Arbeitsplatz, Schul- und Hochschulabsolventen (die noch keine Anwartschaftszeiten auf Versicherungsleistungen erwerben konnten), zugezogene Ausländer usw.

Bei gleichzeitiger Verschlechterung der finanziellen Unterstützungen durch die *Spargesetze* (Arbeitsförderungskonsolidierungsgesetz 1982 und Haushaltsbegleitgesetz 1983) verschärft sich die Lage der „neuen Armen“ weiter (zum ganzen *Lompe* 1986).

d) Horizontale Disparitäten

Ergänzend zu der bisher behandelten „vertikalen“ Ungleichheit macht *Claus Offe* auf Ungleichheiten aufmerksam, die nicht primär auf Schichten- oder Klassenzugehörigkeit zurückführbar sind. Er beobachtet *„horizontale Disparitäten“* (Ungleichheiten) *zwischen verschiedenen gesellschaftlichen Lebensbereichen:* Diejenigen Bereiche (z. B. Rüstung) bzw. diejenigen gesellschaftlichen Gruppen (z. B. Tarifparteien), die den Bestand des gegebenen Systems gefährden könnten – die m. a. W. systemrelevante Risiken zu provozieren in der Lage sind –, gelangen bevorzugt an staatliche Hilfen und Subventionen. Andere Lebensbereiche werden bei der Vergabe von öffentlichen Leistungen benachteiligt. Als Beispiele nennt *Offe* die alle Bürger betreffenden Bereiche Bildung, Verkehr, Wohnung und Gesundheit.

Betroffen von Ungleichheit ist in dieser Analyse nicht mehr eine Klasse, sondern eine *„Situationsgruppe“* (d. h. all jene, die z. B. auf öffentliche Bildungsanstrengungen angewiesen sind). Das traditionelle Verhältnis klassenbedingter Ungleichheit ist durch das neue Verhältnis politisch vermittelter Disparität allerdings nur überlagert. Im unteren Bereich der Einkommensskala werden sowohl die Folgen der überkommenen klassenmäßigen vertikalen Ungleichheit wie die der horizontalen Disparitäten spürbar (vgl. *Offe* 1972, S. 159f.).

e) Haben oder Sein?

Mit der Kritik an der auf Privateigentum aufgebauten *Erwerbsgesellschaft*, ihrem Vorrang des Habens, Habenwollens (Habgier), warnt Erich *Fromm* (1976) vor der krankmachenden Gesellschaftsordnung. Der vom System hervorgebrachte Egoismus (Gewinnsucht, Neid, Aggression) veranlaßt die Menschen dazu, den individuellen materiellen Erfolg höher zu bewerten als die gesellschaftliche Verantwortung für Menschen *und Dinge*.

„Ich bin, was ich habe und konsumiere“ (S. 36). Autorität basiert in dieser Gesellschaft zu Unrecht auf erworbenem oder zugestandenem sozialen Status. Viele Menschen fühlen in der habgierigen Gesellschaft instinktiv die Leere des neidischen Zusammenlebens und die Öde der innergesellschaftlichen Isolation.

Diese Haben-Orientierung ist nach Fromm durch eine *Sein*-Orientierung abzulösen, in der Geben, Teilen und Helfen weit vor Ausbeuten, Horten und Verbrauchen rangieren.

Fromm schlägt vor, über eine grundlegende Umorientierung zum „Seins-Modus" die Gesellschaft zu verändern. Er fordert, den pathologischen Konsum abzubauen, objektive Informationen für alle zu verteilen, die individuelle Initiative in die nicht-ökonomischen Sektoren zu übertragen, eine neue Ethik zu schaffen, die gekennzeichnet ist von einer neuen (neo-asketischen) Einstellung zur Natur und zur zwischenmenschlichen Solidarität. Dazu muß die industrielle Produktionsweise modifiziert werden (ähnliche Vorstellungen bei *Eppler* 1975, *Jonas* 1979 und *C. F. von Weizsäcker* 1981).

f) Folgerungen: Was sind Freiheit und Gleichheit?

Auf der Basis der skizzierten empirischen wie normativen Kritik ergibt sich ein anderes Verständnis der zentralen Begriffe Gleichheit und Freiheit.

> „Freiheit ist keine gesellschaftliche Gegebenheit, die erst durch sozialstaatliche Intervention oder durch öffentliche Bindung bzw. Pflichtigkeit beeinträchtigt wird. Die individuelle Freiheit ist schon infolge gesellschaftlicher und wirtschaftlicher Abhängigkeiten, Sachzwänge, Macht- und Manipulationsunterworfenheit eingeschränkt. Hier kann der einzelne seinen Freiraum nicht allein erweitern. Der Verzicht auf staatliche Einwirkung bedeutet deshalb auch den Verzicht auf die Verwirklichung größerer gesellschaftlicher Freiheit" (*Hartwich* 1970, S. 352).

Der einzelne Mensch gilt nicht wie in den konservativen Theorien als autoritäts- und herrschaftsbedürftig, sondern der Selbstbestimmung fähig. *Gleichheit und Freiheit bedingen sich in dieser Sicht.* Freiheit kann nicht auf Ungleichheit aufbauen, sondern bedarf der sozialen Verankerung, der Schaffung einer für alle gleichen sozialen Basis.

Während für Konservative der Leistungsbegriff die Vereinbarkeit von gesellschaftlicher Ungleichheit und individueller Freiheit herstellt, wird die herausragende Gültigkeit des Leistungsprinzips von den Vertretern des kritischen Ansatzes bestritten. Sie verweisen darauf, daß mit zunehmender gesellschaftlicher Arbeitsteilung immer weniger die Einzelleistung von Bedeutung ist, weil jeder einzelne wiederum von der Leistung anderer abhängt:

> „Die Leistung des einzelnen wird in Zusammenarbeit mit anderen zu einer gemeinsamen Leistung, wobei das Ergebnis auf der gleichwertigen Leistung jedes einzelnen aufbaut. Als gleichwertig muß eine Leistung anerkannt werden, wenn ohne ihr Vorhandensein das Gesamtergebnis nicht zustande gekommen wäre. Es ist daher nur schwer verständlich, warum eine unbestritten gesellschaftlich notwendige oder wertvolle Leistung höher bewertet werden soll als eine andere, ebenso unbestritten gesellschaftlich notwendige oder wertvolle Leistung" (*Hugo Brandt* 1975, S. 55).

Aus diesen Überlegungen wird die *Forderung nach einer neuen, gerechteren Leistungsbewertung* erhoben, die an sozialen Verhaltensweisen, d. h. sozialen Leistungen anknüpfen sollte. Dieser neue Leistungsbegriff ist eine wesentliche Voraussetzung für *soziale Gleichheit in der Gesellschaft.* Zwei weitere Aspekte zur genaueren Erfassung von (realer) Gleichheit müssen berücksichtigt werden:

- Zum einen geht es um die Realisierung *rechtlicher Gleichheit*. Sie schließt zugleich den Auftrag ein, auch die Bedingungen ihrer Nutzung zu schaffen, d. h. bewußt gegen Ungleichheit vorzugehen. „Gerechtigkeit bedeutet Gleichheit vor den Gesetzen, aber auch Gesetze unter dem Anspruch der Gleichheit" (*Hugo Brandt* 1975, S. 54). Der Staat ist aufgerufen, diese Bedingungen zu schaffen, z. B. durch Verteilungs- und Umverteilungsstrategien oder durch Bildungspolitik, d. h. durch eine umfassende sozialstaatliche Politik;
- zum anderen ist eine solche Strategie jedoch nur dann freiheitssichernd, wenn sie mit der Erweiterung der Demokratie einhergeht. „Dies ist das einzige Mittel, die bei zunehmender Verflechtung von Gesellschaft und Staat unvermeidliche Beschränkung der Freiheit von öffentlichen Entscheidungen durch gleichzeitigen Ausbau der Freiheit zur Mitgestaltung dieser Entscheidungen zu kompensieren" (*Löwenthal* 1974, S. 14). Die Gleichheitsvorstellung wird damit durch politische Gleichheit vervollständigt. Damit ist ein weiterer Aspekt berührt, nämlich die *politische Gleichheit*, verstanden als Gleichheit an Macht und Einfluß: „Politische Gleichheit besteht nicht nur in der Ausübung eines allgemeinen und gleichen Stimmrechts, sondern darüber weit hinaus in der prinzipiellen Gleichheit an Macht und Einfluß" (*Hugo Brandt* 1975, S. 53).

Zusammenfassend lassen sich die kritischen Einschätzungen der Gesellschaftsordnung der Bundesrepublik mit folgenden Stichworten umreißen:

- Prägendes Merkmal der Gesellschaft ist eine tiefgreifende vertikale und horizontale *Ungleichheit*, die vor allem aus der Struktur der kapitalistischen Wirtschaftsordnung resultiert.
- Mit der Ungleichheit korrespondiert ein *Mangel an persönlicher Freiheit*, der sich in Abhängigkeiten und fehlender Selbstbestimmung ausdrückt.
- Das normative Gesellschaftsbild der „Freien und Gleichen" kann nur über ein *verstärktes staatliches Engagement* im Sinne dieser Zielsetzung erreicht werden.
- Weitere normative Ansatzpunkte sind die Neudefinition des Leistungsbegriffs sowie die Ablösung der Habgier durch den „Seinsmodus".

3.4 Marxistische Positionen: Antagonistischer Klassengegensatz

Im folgenden soll versucht werden, einige Grundbegriffe und Grundlinien der marxistischen Gesellschaftsanalyse zu umreißen. Kern jeder marxistischen Gesellschaftsanalyse ist die Identifizierung der Gesellschaft als *Klassengesellschaft*. Die grundlegendste Unterscheidung der Klassen bestimmt sich nach dem Besitz oder Nicht-Besitz an den Produktionsmitteln. Die Gesellschaft spaltet sich damit in zwei große, einander direkt gegenüberstehende („antagonistische") Klassen: *Bourgeoisie und Proletariat*: Unter Bourgeoisie wird die Klasse der modernen Kapitalisten verstanden, die Besitzer der gesellschaftlichen Produktionsmittel sind und Lohnarbeit ausnutzen (Ausbeutung). Das Proletariat ist die Klasse der modernen Lohnarbeiter, die, da sie keine eigenen Produktionsmittel besitzen, darauf angewiesen sind, ihre Arbeitskraft zu verkaufen, um leben zu können (nach *Marx/Engels* 1848). *Lenin* formulierte später allgemeiner:

„Klassen sind Gruppen von Menschen, von denen sich die eine die Arbeit einer anderen aneignen kann infolge der Verschiedenheit ihres Platzes in einem bestimmten System der gesellschaftlichen Wirtschaft" (zitiert nach Philosophisches Wörterbuch 1962, Bd. 1, S. 567).

Die von „bürgerlichen" Theoretikern festgestellte gesellschaftliche Ungleichheit, die Marxisten als Klassenantagonismus, d. h. als unversöhnlichen Gegensatz fassen, hat ihren Ursprung damit letztlich in den materiellen Lebensverhältnissen. Das aber heißt, *daß die Anatomie der bürgerlichen Gesellschaft nur in der politischen Ökonomie zu suchen und zu finden ist*, wie es *Marx* ausdrückte. Eine Gesellschaftstheorie, die von dieser materiellen ökonomischen Basis absieht, ist untauglich.

Die Ungleichheitsstruktur oder besser: die antagonistische Struktur der Gesellschaft kann im Grunde nur durch *Überwindung der kapitalistischen Basis* der Gesellschaft aufgehoben werden. Innerhalb des kapitalistischen Systems wird sich die Ungleichheit weiter verschärfen: Mit der Entwicklung der Produktivkräfte wird das „Fixkapital" (insbesondere Maschinen) stetig an Bedeutung zunehmen und dabei Arbeitskraft fortschreitend substituieren. Parallel vergrößern sich die Produktionseinheiten, d. h. verstärkt sich die Konzentration und Zentralisation des Kapitals. *Marx* ging davon aus, daß diese Entwicklung zu einer strikten gesellschaftlichen *Polarisierung* führen muß, in der der schrumpfenden Klasse der Kapitaleigentümer ein sich durch das Verschwinden von „Zwischenschichten" wie kleinen Unternehmern und Handwerkern vergrößerndes Proletariat gegenüberstehen wird. Weiterhin legte er in seiner *„Verelendungstheorie"* dar, daß das Proletariat an der steigenden wirtschaftlichen Produktivkraft nicht teilhat, sondern im Gegenteil verelendet. Strittig ist, ob *Marx* an eine absolute oder „nur" relative Verelendung dachte.

Diese materiellen Bedingungen prägen das Bewußtsein des Proletariats als „revolutionärem Subjekt", sie führen zur Bildung von *„Klassenbewußtsein"*. Dieser Vorgang ist jedoch nicht einfach als Folge ökonomischer Entwicklungsprozesse zu erwarten, sondern sollte zusätzlich erzeugt bzw. gefördert werden, z. B. durch die Partei des Proletariats oder durch die konkrete Aktion. In der Aktion (z. B. Arbeitskampf) entwickelt sich die Klasse an sich (d. i. die objektive feststellbare Klasse) zur Klasse für sich (d. i. die bewußt organisierte, handlungsfähige Klasse).

Die tatsächliche Entwicklung kapitalistischer Gesellschaften hat nicht zu dieser strikten sozialen Polarisierung geführt. Heutige „Klassenanalysen" (z. B. IMSF 1972, Projekt Klassenanalyse 1975 und 1977) beschäftigen sich gerade mit der Herausbildung neuer Zwischen- und Nebenschichten. Sie gehen jedoch davon aus, daß durch diese Differenzierungsprozesse der wachsende Widerspruch zwischen wenigen Kapitalisten und der Mehrheit der Proletarier nicht aufgehoben wird, daß sich allerdings der Prozeß der Herausbildung der revolutionären Klasse erschwert. Für neuere marxistische Analysen stellt sich daher die Aufgabe einer Neudefinition der „Konstitutionsbedingungen" einer revolutionären Klasse, d. h. der Entstehungsbedingungen einer „Klasse für sich".

Zusammenfassend ergeben sich daraus für die Möglichkeiten gesellschaftlicher Veränderungen folgende Schlußfolgerungen:

- Eine klassenlose Gesellschaft ist auf der Basis der kapitalistischen Produktionsweise nicht möglich. Ihre Aufhebung, insbesondere die Abschaffung des Privateigentums als konstitutivem Merkmal einer Klassengesellschaft, ist unabdingbar.
- „Bürgerliche" Gleichheitsvorstellungen (rechtliche, politische, soziale Gleichheit) sind somit in einem kapitalistischen System nicht realisierbar. Entsprechende gesellschaftspolitische Strategien dienen nur der Befriedung und konterkarieren das Entstehen von Klassenbewußtsein. Schon *Marx* hat darauf hingewiesen, daß eine Klasse um so fester in ihrer Herrschaft etabliert ist, je mehr es ihr gelingt, die fähigsten Individuen der unterdrückten Klasse in sich zu integrieren. Das Problem des individuellen Aufstiegs, der „sozialen Mobilität" hat also mit der Aufhebung der Klassengesellschaft nichts zu tun (nach *Fetscher* 1976, S. 65).
- Auch der Sozialstaat ist demnach pure „Sozialstaatsillusion" (*Müller/Neusüss* 1971), d. h. es ist illusionär, den Staat als eigenständiges gesellschaftliches Element zu sehen, über das sich gesellschaftliche Veränderungen durchsetzen lassen. Klassenbewußtsein kann sich nur im ökonomischen Bereich bilden und zwar in der unmittelbaren Auseinandersetzung von Lohnarbeit und Kapital.

3.5 Grundlegende Literatur

Biedenkopf, Kurt: Fortschritt in Freiheit. Umrisse einer politischen Strategie, München 1974

Dahrendorf, Ralf: Über den Ursprung der Ungleichheit unter den Menschen, 2. überarbeitete und erweiterte Auflage, Tübingen 1966 (=Recht und Staat, Heft 232)

Offe, Claus: Politische Herrschaft und Klassenstrukturen, in: Politikwissenschaft, hrsg. von Gisela Kress/Dieter Senghaas, Frankfurt/Main 1969, S. 155ff.

Röpke, Wilhelm: Jenseits von Angebot und Nachfrage, Erlenbach, Zürich 1958

Projekt Klassenanalyse: Klassen in der BRD. Analysen verschiedener Standpunkte, Berlin/West 1975

Zapf, Wolfgang (Hrsg.): Lebensbedingungen in der Bundesrepublik. Sozialer Wandel und Wohlfahrtsentwicklung (2. Aufl.), Frankfurt/M. 1978. (Sozialpolitisches Entscheidungs- und Indikatorensystem für die Bundesrepublik Deutschland. Schriftenreihe Bd. 10.)

4. Pluralismus

Die wissenschaftliche Diskussion und Auseinandersetzung um Konzeptionen des Pluralismus (vgl. auch LB 2) kreist im Prinzip um zwei Fragen:

- Gibt es in einer hochentwickelten Industriegesellschaft wie der Bundesrepublik überhaupt einen funktionierenden Pluralismus?
  und
- soll die Bundesrepublik pluralistisch sein?

Die verschiedenen theoretischen Positionen zum Pluralismus argumentieren vor allem *pluralismuskritisch*, d. h. sie wollen keine oder nur bestimmte Formen des Pluralismus, oder sie weisen dem Pluralismus schwerwiegende Mängel und Schwachstellen nach und stellen damit seine Funktionsfähigkeit in Frage. „Rechte“ wie „linke“ Positionen, also Konservative und Marxisten, äußern sich aufgrund ihres theoretischen Vorverständnisses grundsätzlich *ablehnend.* Eine weitere Richtung der Kritik, die kritischen Positionen, orientiert sich an der „pluralistischen Realität“ und mißt diese am pluralistischen Anspruch; dabei werden erhebliche Defizite festgestellt. Die unter der Bezeichnung „rechtfertigende Positionen“ vorgestellte „eigentliche“ Pluralismustheorie würde solche Kritik z. T. durchaus akzeptieren. Sie versucht jedoch dem Argument der unvollkommenen Realisierung, ja sogar Pervertierung der pluralistischen Idee, die *grundsätzliche Gültigkeit* (zumindest „historische Zweckmäßigkeit“) *des Pluralismus* entgegenzuhalten.

4.1 Konservative Positionen: Der gefährliche Pluralismus

Konservative Aussagen zum Pluralismus sind traditionell pluralismuskritisch bis hin zum strikten Antipluralismus. Die pluralistische Vorstellung, daß sich der einheitliche Wille des Staates und das Gemeinwohl aus der Konkurrenz der Gruppen bilden, widerspricht einer Reihe von Prämissen, die grundlegend für konservatives Denken sind und deshalb immer wieder aufgegriffen werden:

- Der zentrale Ansatz konservativer Pluralismuskritik beruht auf der Vorstellung der Trennung von Staat und Gesellschaft und der gleichzeitigen *Überordnung des Staates über die Gesellschaft* (hierzu ausführlicher: LB 3, 11. „Staat“). Eine Einflußnahme von gesellschaftlichen Kräften und Interessen auf den Staat wird abgelehnt, da eine solche „Vergesellschaftung des Staates“ dazu führt, daß nicht mehr der Staat selbst, sondern die „Machtverhältnisse im Ringen der organisierten gesellschaftlichen Gruppen das staatliche Handeln bestimmen“ (*Forsthoff* 1971, S. 119). Der Staat ist dann nur noch „Juniorpartner der Verbände“. Die entschiedenste und bis heute einflußreichste Pluralismuskritik wurde in der Spätphase der Weimarer Republik von *Carl Schmitt* formuliert. Er setzte die pluralistische Einflußnahme auf den Staat mit dessen Auflösung gleich (*Schmitt* 1931). Die *staatliche Einheit und Autorität* stehen auf dem Spiel, denn die gesellschaftlichen Gruppen machen dem Staat die ihm gebührende uneingeschränkte Autorität streitig; er wird dadurch zum autoritätsarmen, „entkernten" Staat, zum Beuteobjekt partikularer Interessen, zerfällt schließlich; Anarchie steht am Ende dieser Entwicklung.

- Der Pluralismus kollidiert auch mit dem individualistischen konservativen Menschenbild: zwar mag es jetzt die Souveränität der einzelnen Gruppe geben, aber nicht Freiheit und Autonomie des Individuums (*Schmitt* 1930). Weil Konservative grundsätzlich davon ausgehen, daß nur der Staat das *Gemeinwohl* kennen und realisieren kann, erscheint ihnen die pluralistische Vorstellung, daß aus dem Zusammenwirken der gesellschaftlichen Gruppen Gemeinwohl entsteht, abwegig und gefährlich. Sie verneinen entschieden die Frage, „ob in diesem Pluralismus der Verbände ein eigenständiges, gesellschaftsformendes und auf das Gemeinwohl zielendes Prinzip beschlossen ist. . . Der Daseinsgrund dieser Organisationen sind nämlich eindeutig Sonderinteressen" (*Briefs* 1972, S. 141). Können und wollen gesellschaftliche Organisationen aufgrund ihrer *Sonderinteressen* nicht für das Gemeinwohl eintreten, so verhindern sie durch ihre Einflußnahme gleichzeitig noch, daß der Staat dieses tut: „Das Eindringen pluralistischer Kräfte in den Staat macht es diesem immer „schwerer, das Gemeinwohl zu bestimmen und zu bewahren" (*Briefs* 1972, S. 142).
- Konservative wenden sich auch gegen die in pluralistischen Konzeptionen bewußt vorgesehenen und für notwendig erachteten gesellschaftlichen *Konflikte*. Sie betonen demgegenüber den *Harmoniegedanken* im gesellschaftlichen Zusammenleben. *Götz Briefs* sieht z. B. im Pluralismus eine Gefährdung der „harmonischen Zuordnung der pluralen Kräfte". Wenngleich die Formulierung „plurale Kräfte" zeigt, daß auch Konservative von Differenzierungen in der Gesellschaft ausgehen, dominiert in ihrer Vorstellung dennoch die „Einheit der Gesellschaft"; gesellschaftliche Unterschiede sind demgegenüber eher von nachgeordneter Bedeutung. Dies gilt auch für „moderne" Konservative, die den Pluralismus durchaus als Strukturprinzip industrieller Gesellschaften akzeptieren (vgl. z. B. *Biedenkopf* 1974). In ihrem Pluralismusverständnis spielt die – auch von Neopluralisten (vgl. LB 2, S. 174f.) postulierte – Notwendigkeit des Grundkonsenses eine zentrale Rolle, denn die Hervorhebung dieser pluralistischen Selbstverständlichkeit birgt die Möglichkeit in sich, der Austragung von gesellschaftlichen Konflikten durch den Verweis auf den Grundkonsens die pluralistische „Legitimation" zu entziehen. Die Vertretung bestimmter gesellschaftlicher Interessen ist dann mit diesem Grundkonsens nicht mehr vereinbar.

Diese neuere Tendenz in der konservativen Pluralismus-Argumentation deutet einen grundlegenden Wandel an. Heutige konservative Pluralismuskritik lehnt den Pluralismus nicht mehr prinzipiell ab; dazu ist der Pluralismus in der westdeutschen Gesellschaft zu sehr Gegebenheit. Strikter Antipluralismus findet sich nur noch im Lager traditioneller etatistischer Konservativer (z. B. bei *Werner Weber*, z. T. auch bei *Ernst Forsthoff*). Moderne Liberal- und Neokonservative haben diesen Standpunkt aufgegeben; sie kritisieren heute eher die *Überentwicklung des Pluralismus" (Rüdiger Altmann)* und suchen nach Wegen zu seiner „Bändigung" oder Korrektur.

Ein Ergebnis dieses Wandels in der konservativen Pluralismuskritik war das von *Rüdiger Altmann* hauptsächlich entwickelte und von *Ludwig Erhard* Mitte der 60er Jahre politisch propagierte *Konzept der formierten Gesellschaft.* Dort wurde die Idee des starken, möglichst unbeeinflußt handelnden Staates offensiv ausgeformt. Der Einfluß der Interessenverbände auf die staatliche Willensbildung sollte begrenzt, die Wirtschafts- und Sozialpolitik „gemeinwohlorientiert" gestaltet werden. Dabei blieb der Gemeinwohlbegriff inhaltlich nebulös, in die Vorstellung des „über den Parteien und Gruppen stehenden Staates" flossen konservativ-korporative Ideen ein, die den gesellschaftlichen Teilbereichen (Gruppen und Verbänden) einen festen, umgrenzten Raum zuweisen und sie dem „Ganzen" des Staates unterordnen.

Während dieses Konzept sich politisch nicht durchsetzen konnte, sind andere theoretische Argumentationen auf erheblich mehr Resonanz gestoßen. Dies gilt insbesondere für die konservative Kritik an der *Übermacht der Verbände,* die unter dem Stichwort *„Gewerkschaftsstaat"* immer wieder auflebt. Den Gewerkschaften wird vorgeworfen, zunehmend einen Totalanspruch auf die Gestaltung von Wirtschaft, Staat und Gesellschaft zu erheben und mit ihrem Anspruch auf Allzuständigkeit eine Gefahr für die freiheitliche Lebensordnung darzustellen (vgl. *B. Rauscher* 1976; *Institut der deutschen Wirtschaft* [Hrsg.] 1974; kritisch dazu insbesondere *WSI-Mitteilungen* 1976 und 1977). Es gilt, diesen zerstörerischen Einfluß von Partikularinteressen zu begrenzen, damit das „wirkliche", vom Staat erkannte Gemeinwohl sich durchsetzen kann (vgl. hierzu auch die von konservativen Positionen entwickelten Vorstellungen für eine Veränderung im Verhältnis von Staat und Gesellschaft in LB 4, insbes. das Konzept der „Neuen sozialen Frage", 2.2).

In jüngerer Zeit hat es vor allem *Hans Herbert von Arnim* unternommen, ausgehend von der „mangelnden Durchsetzungkraft in der pluralistischen Demokratie", ein „verfassungstheoretisches Gemeinwohlkonzept" vorzustellen und die Möglichkeiten seiner Durchsetzung zu skizzieren. Für von Arnim impliziert die Bezeichnung „Zukurzkommen allgemeiner Interessen" ein Abweichen von einem Optimum, das wir „Gemeinwohl" nennen, und es ist offensichtlich, daß pluralistisch bedingte Gemeinwohldefizite nicht ohne klare Vorstellung von diesem Gemeinwohl erfaßt, beurteilt und bekämpft werden können" (*von Arnim* 1977, S. 2).

Der Begriff des Gemeinwohls ist für ihn ein „wertausfüllungsbedürftiger Begriff",

> „man kann ihn deshalb mit rein empirischen Methoden nicht erfassen, sondern es bedarf der Einbeziehung von und der Orientierung an Werturteilen; für den Juristen und Staatsrechtler, dessen Tätigkeit notwendig und legitimerweise auch in der Abwägung von Werten besteht, kann das natürlich kein Hinderungsgrund sein, mit dem Begriff des Gemeinwohls zu arbeiten" (ebd. S. 8).

Von Arnim entwickelt daher eine „Gemeinwohllehre", die sich in zwei Hauptbereiche, eine Wertelehre und eine Lehre von den Verfahren und Methoden zur möglichst weitgehenden Verwirklichung („Optimierung") dieser Werte, unterteilt. Die Grundlagen seiner „Wertelehre" erhält von Arnim aus dem Grundgesetz, insbesondere aus dessen Betonung der Menschenwürde:

„Die Menschenwürde entfaltet sich ihrerseits in den Werten Freiheit, Gerechtigkeit, (Rechts-) Sicherheit, Frieden und Wohlstand, die sich teilweise überlagern, aber auch häufig in einem Spannungsverhältnis zueinander stehen. (...) Diese ‚Gemeinwohlgrundwerte' liegen dem Grundgesetz – *z. T. unausgesprochen* – zugrunde und lassen sich aus den Grundrechten, den Prinzipien des Rechtsstaates, des Sozialstaates, der Demokratie und der Verpflichtung der öffentlichen Hand auf das *gesamtwirtschaftliche Gleichgewicht* ableiten" (ebd. S. 410, ausführlich S. 22ff. und 35ff.; Hervorhebungen d. V.)

Nachdem somit die allgemeine Richtung von „Gemeinwohlentscheidungen" festgelegt ist, werden dann zwei Grundtypen der Gewinnung „gemeinwohlkonformer" Entscheidungen unterschieden, und zwar
– die macht- und interessendeterminierten
– und die wert- und erkenntnisorientierten Verfahren.

Die ersteren sind dadurch gekennzeichnet, daß die Intentionen der Verfahrensbeteiligten nicht auf das Gemeinwohl gerichtet sind, sondern auf möglichst weitgehende Befriedigung der eigenen Interessen. Dazu gehören die wettbewerbliche Marktwirtschaft, das „bargaining" und Entscheiden im Rahmen eines Macht-Gegenmacht-Gefüges, wie es z. B. in der Tarifautonomie verankert ist, und zumindest teilweise der pluralistische politische Prozeß. In diesem Prozeß *kann* sich das Gemeinwohl durchsetzen, es *muß* aber nicht so sein. Demgegenüber wird die zweite Verfahrensart nicht von Interessenten und ihrer relativen Durchsetzungskraft, sondern vom Normativen und Erkenntnismäßigen bestimmt. Die Intention der Verfahrensbeteiligten geht auf die Ermittlung des „Gemeinwohlrichtigen":

„Das machtbestimmte Ausbalancieren der eigennützigen Interessen verschiedener Interessenträger findet hier seine (gedankliche) Entsprechung in einem wert- und erkenntnisorientierten Abwägen und Auspendeln verschiedener Interessen durch einen (oder eine Gruppe von) ‚decision maker(s)' oder seinen (ihre) Ratgeber. Es braucht theoretisch also nur ein einziger Verfahrensbeteiligter dazusein, in dessen Innerem der Interessenkonflikt seinen Austrag findet. (...) Wesentlich ist aber, daß es auf die sach- und wertorientierte Richtigkeit, nicht auf die möglichst weitgehende Berücksichtigung eigennütziger Interessen ankommt. Das Verfahren erfordert Unparteilichkeit und innere Unbefangenheit; es ist – idealtypischerweise – das des Richters" (ebd. S. 51).

Was Gemeinwohl ist, wird also von Personen bestimmt, bei denen „Unabhängigkeit und Unparteilichkeit, Sachlichkeit und Wertbewußtsein" soweit wie möglich gewährleistet sind. Neben den Richtern setzt von Arnim sein besonderes Vertrauen in die Wissenschaft, insbesondere in die juristische Staatsrechtslehre. Es ist also nicht mehr der Beamtenstand an sich, dem zugetraut wird, das Gemeinwohl zu erkennen und durchzusetzen (vgl. LB 3, 10.1 und 11.1).

Den Vorrang des „wert- und erkenntnisorientierten" vor dem „machtorientierten Entscheidungsverfahren" zur Festlegung dessen, was Gemeinwohl ist, womit u. a. auch der pluralistische politische Prozeß gemeint ist, faßt von Arnim in die, wie er etwas entschuldigend anmerkt, „leicht mißverständliche Formel" vom *Primat des Rechts vor der Politik:*

„Gerade die Staatsrechtslehre darf, wenn sie sich nicht selbst preisgeben und zur Dirne erniedrigen will, ‚die sich dem jeweiligen Machthaber an den Hals wirft', auf ein wert- und erkenntnisorientiertes Gemeinwohlverständnis nicht verzichten" (ebd. S. 52).

Diese sach- und wertausgerichteten Verfahren, die ja ausdrücklich dem politischen Prozeß entzogen sind, bezeichnet von Arnim als „repräsentative Entscheidungsverfahren", und als solche „repräsentativen Komponenten der Willensbildung, deren es mangels ausreichender ‚faktischer Repräsentation' des politischen Kräftespiels bedarf", nennt er vor allem

„die Wissenschaft, die unabhängigen Sachverständigengremien, die Rechtsprechung (insbesondere das Bundesverfassungsgericht), der Bunderpräsident, die weisungsfreie Bundesbank und die unabhängige Finanzkontrolle" (ebd. S. 192).

All diese Institutionen sieht er als geeignet an, die durch das Erstarken der Verbände bewirkte „Veränderung der Staatswillensbildung" im Pluralismus zu korrigieren und dem wahren Gemeinwohl zur Durchsetzung zu verhelfen.

4.2 Rechtfertigende Positionen: Der notwendige Pluralismus

Rechtfertigende Positionen zum Thema „Pluralismus" gehen von der Beobachtung aus, daß es offensichtlich unterschiedliche gesellschaftliche Interessen gibt. Diese können bestimmten gesellschaftlichen Gruppen zugeordnet werden und sind z. T. in Verbänden organisiert. Pluralismuskonzeptionen entwikkeln nun Argumente und Theorien, die diese vorgefundene gesellschaftliche Realität begründen und rechtfertigen.

Der Begriff Pluralismus, mit dem eine solche Gesellschaftsform belegt wird, ist ursprünglich mit dem Namen des Briten *Harold Laski* verknüpft. Sein *Konzept der pluralistischen Gesellschaft* baute z. T. auf der Genossenschaftslehre *Otto von Gierkes* auf. Im Zentrum der Theorie *Laskis* steht die Feststellung, daß mit dem Anwachsen spezieller ökonomischer und weltanschaulicher Organisationen und mit deren zunehmendem Einfluß auf Regierung und Parlament der unbedingte Souveränitätsanspruch des Staates verlorengeht. Der Staat ist mithin nur noch eine spezifische Form innerhalb der Pluralität gesellschaftlicher Organisationen. Diese erste ausformulierte Pluralismustheorie wurde in den USA von *David B. Truman* weiterentwickelt. Seine Theorie ist insbesondere durch die Vorstellung eines Gruppengleichgewichts gekennzeichnet. Politik wird als „Gruppenprozeß" erfaßt (vgl. zu den genannten Autoren *Nuscheler/Steffani* [Hrsg.] 1972 und Abb. 26).

Diese Theorien wurden in der deutschen politikwissenschaftlichen Diskussion zwar zur Kenntnis genommen, sie wurden jedoch nicht bestimmend. Vielmehr entwickelte *Ernst Fraenkel* eine spezielle deutsche Variante der Pluralismustheorien. Er übernahm von der amerikanischen Gruppentheorie die

Vorstellung, daß die Vielfalt der Gesellschaft dem Staat vorgegeben sei, lehnte jedoch die tendenzielle Unterbewertung der Rolle des Staates in den angelsächsischen Auffassungen ab. Daß er den Staat nicht unberücksichtigt ließ, sondern ihn gerade an exponierter Stelle in seine Theorie einbaute, erklärt sich aus dem historischen und wissenschaftlichen Hintergrund, vor dem *Fraenkel* die zentralen Gedanken seiner Konzeption entwickelte. Seine Theorie entstand als Gegenkonzept zum Modell des totalen Staates des erklärten Antipluralisten *Carl Schmitt*. Stellt diese, in konservativer Tradition, gerade die Überlegenheit eines der Gesellschaft übergeordneten Staates dar, so bemühte sich *Fraenkel* um eine Neubestimmung des Verhältnisses von Staat und Gesellschaft. Er stellt den Staat jedoch nicht wie *Laski* den gesellschaftlichen Gruppen gleich, sondern wies ihm eine spezifische, nämlich ordnende Rolle zu. Deshalb bezeichnete er seine Theorie auch als *Neopluralismus*. Zentrale Aussagen dieses Konzepts sind (vgl. z. B. *Fraenkel* 1973, S. 424ff.):

Abbildung 26: Wichtige Pluralismuskonzeptionen

Konzeption	Interpretation der Verbände	Stellung des Staates	Vertreter
Genossenschaftslehre	reale Rechtssubjekte	höherwertiges Recht	Otto von *Gierke*
englischer Pluralismus	Gleichberechtigung Verbände/Staat	keine staatliche Souveränität	Harold *Laski*
US-Pluralismus, Gruppentheorie	gesellschaftliche Gruppen mit Gleichgewicht	Pluralismus dem Staat vorgegeben	David *Truman*
Neopluralismus	soziale Interessen in staatlicher Willensbildung gerechtfertigt	Einheitsbildung aus der Vielfalt	Ernst *Fraenkel*

in Anlehnung an *Kremendahl* 1975

– Moderne industrielle Massengesellschaften sind von einer „Kette von *Interessengegensätzen*" durchzogen. Diese Heterogenität ist zu akzeptieren; eine homogene Gesellschaft ist nicht als Ziel anzustreben.
– Das *Gemeinwohl* ist nicht a priori feststellbar, sondern bildet sich jeweils aus den Konflikten und Kompromissen der gesellschaftlichen Gruppen a posteriori heraus, d. h. die Verwirklichung des Gemeinwohls ist das Resultat des politischen Wettbewerbs. Das Gemeinwohl wird also als Summe des von den vielen gleichwertigen Interessen erstrebten (individuellen) Nutzens gebildet. Wenn dieses Prinzip funktioniert, dann wirken die Interessen nicht konzentriert gegen den Staat, sondern sie neutralisieren sich gegenseitig („countervailing powers", *Galbraith* 1956).
– Gemeinwohl als Resultat des Ausgleichs von Gruppeninteressen wird sich jedoch nur dann ergeben, wenn dabei Minimalerfordernisse einer allgemein gültigen Wertordnung beachtet werden. Insbesondere muß es einen *„nicht-kontroversen Sektor"* geben, der die pluralistischen Verfahrens- und Spielregeln enthält.

– Dem *Staat* kommt in der pluralistischen Gesellschaft eine besondere Rolle zu. Er ist der Ort des pluralistischen Interessenausgleichs und hat u. a. dafür zu sorgen, daß die notwendigen Spielregeln eingehalten werden und daß bestimmte Interessen nicht so mächtig werden, daß sie andere dominieren („Widerlager"-Funktion).

Fraenkels Neopluralismus will das *gesellschaftliche* Prinzip der Vielfalt (Pluralismus) mit dem *staatlichen* Prinzip der Einheit (Monismus) versöhnen. Dabei ist der pluralistische Staat eben kein gleichrangiger Verband unter anderen (wie bei *Laski*), sondern eine mit den speziellen Mitteln des insoweit noch souveränen Staates geschützte Ordnung, in der allerdings die organisierten Gruppen untereinander um Machtchancen konkurrieren und diese dann auch bei der staatlichen Willensbildung geltend machen können. Der Staat wird zum „Katalysator" des pluralistischen Interessenausgleichs (vgl. zur Rechtfertigung des Pluralismuskonzepts insbesondere *Kremendahl* 1977; *Steffani* 1980; *Oberreuter* [Hrsg.] 1980).

4.3 Kritische Positionen: Der unvollständige Pluralismus

Während die konservative Pluralismuskritik und die rechtfertigenden Positionen sich vor allem mit dem Problem beschäftigen, ob Staat und Gesellschaft pluralistisch strukturiert und organisiert sein sollen, interessieren sich kritische Analysen und Theorien mehr für die Frage, ob sie es überhaupt sind, d. h. ob unsere Gesellschaft überhaupt pluralistisch genannt werden kann bzw. welche Unterschiede und Abweichungen sich zwischen normativem Konzept des Pluralismus und der bundesrepublikanischen Wirklichkeit ergeben. Zentraler Ansatzpunkt dieser „empirischen Kritik" am Pluralismus ist die Frage nach der *Interessenvertretung* im Pluralismus oder, mit einem komplizierten Wort, nach seinem Interessenberücksichtigungspotential. Welche Interessen spielen im Pluralismus überhaupt eine Rolle, und wie können sie vertreten werden?

Aufgrund von Untersuchungen pluralistisch organisierter Gesellschaften (vor allem USA und Bundesrepublik Deutschland) werden folgende Ergebnisse festgestellt:

– *Schwache Interessen* spielen im pluralistischen Meinungsspektrum kaum eine Rolle, lassen sich nur ungenügend organisieren und haben keine Durchsetzungsmöglichkeiten (Beispiel: Kinder, psychisch Kranke).
– *Langfristige Interessen* ziehen im pluralistischen Konkurrenzkampf – soweit sie überhaupt bekannt sind – regelmäßig den kürzeren (Beispiel: Umwelt- und Energieerhaltungsinteressen gegenüber Arbeitsplatzinteresse).
– *Neue Interessen* haben es sehr schwer, in die relevante Gruppe zu berücksichtigender Interessen aufgenommen zu werden (Beispiel: das neuerwachte Interesse für Fußgänger oder Stadterhaltung).
– *Allgemeine, übergreifende Interessen*, die „eigentlich" jeder hat, lassen sich gegenüber spezielleren Interessen nur sehr schwer vertreten (Beispiel: Verbraucherinteressen oder das Interesse an Volksgesundheit).

Die empirische Bestandsaufnahme kommt also zu dem Schluß, daß in pluralistisch strukturierten Gesellschaften

- längst *nicht alle* Interessen vertreten werden,
- weil nicht alle *organisierbar* sind,
- die organisierbaren Interessen nicht alle *konfliktfähig* sind,
- und schließlich die konfliktfähigen nicht alle *chancengleich* und gleich mächtig sind.

So ist ganz offensichtlich ein kurzfristiges, spezielles und etabliertes Interesse (z. B. Lohnforderungen von Müllwerkern und Fluglotsen) leichter zu organisieren, konfliktfähiger und damit stärker als ein langfristiges, noch nicht etabliertes und allgemeines Interesse (wie z. B. Erhaltung der natürlichen Umwelt), falls es überhaupt vertreten wird. Diese Unterschiede führen dazu, daß im Pluralismus ganz bestimmte Interessen eher und stärker berücksichtigt werden als andere.

Für die am pluralistischen Interessenkonflikt und -ausgleich beteiligten Gruppen ist das Maß ihrer *Konfliktfähigkeit* von entscheidender Bedeutung. Diese wiederum beruht auf zwei Faktoren, nämlich

- der *Organisationsfähigkeit,* die dann hoch ist, wenn sich die betreffende Gruppe leicht abgrenzen läßt und wenn sie zudem noch ein Spezialinteresse verfolgt, sowie vom
- *Sanktions- und Drohpotential* einer Gruppe. Dieses richtet sich danach, ob eine Interessengruppe bestimmte Sanktionen androhen kann, die dann auch von ihren Mitgliedern befolgt werden, falls es zum Konflikt kommt. So ist es offensichtlich, daß die angedrohte Leistungsverweigerung (z. B. bei Lohn- oder Investitionsstreik) einen größeren Droheffekt hat als die unwahrscheinliche und zum größten Teil sogar unmögliche Kaufweigerung aller Verbraucher. Auch ökonomisch begründete Macht, der Machtvorsprung des Kapitaleigners gegenüber dem Lohnabhängigen bei Auseinandersetzungen, wird hier als Problem gesehen.

Damit wird der Pluralismus auch zu einem Klassen- und Schichtenproblem, denn offensichtlich werden in einem solchen Modell die Interessen derjenigen, die die entscheidenden Posten besetzen und sich zu artikulieren verstehen, eher und stärker vertreten als die Interessen unterprivilegierter und wenig gebildeter Schichten. Empirische Untersuchungen zeigen, daß in pluralistischen Gesellschaftsordnungen bestimmte Interessen auf Kosten anderer bevorzugt berücksichtigt und auch befriedigt werden. In Wirklichkeit ist der Pluralismus also ein (bevorzugender) Minderheiten-, nämlich ein *Mittel- und Oberschichtenpluralismus.* Die große Mehrheit dagegen verfügt im pluralistischen Spiel nicht über die richtigen Karten. *Schattschneider* hat diese Kritik in einem bekannten Zitat zusammengefaßt: „The flaw in the pluralist heaven is that the heavenly chorus sings with a strong upper-class accent. Probably about 90 per cent of the people cannot get into the pressure system“ (*Schattschneider* 1960, S. 35).

Kritische Pluralismusanalysen heben auch hervor, daß Interessengruppen, wenn sie wirklich die Interessen ihrer Mitglieder vertreten wollen, selbst demokratisch strukturiert sein sollten. Wenn dies nicht der Fall ist, handelt es sich allenfalls um einen Interessenpluralismus von Eliten. Die Frage, ob diese

Verbandseliten die Interessen der Mitglieder vertreten, ist dann höchst ungeklärt und zweifelhaft.

Zu den wichtigsten Vertretern dieser an der Wirklichkeit orientierten Pluralismuskritik gehören in den USA *E. E. Schattschneider* (1960), *Robert P. Wolff* (1968), *Peter Bachrach* (1970) und für den deutschen Sprachkreis die Autoren *Fritz W. Scharpf* (1970), *Wolf-Dieter Narr* (1969) und *Claus Offe* (1972), die zum größten Teil auf amerikanischen Quellen aufbauen (vgl. hierzu auch *Nuscheler/Steffani* [Hrsg.] 1972 mit verschiedenen Beiträgen dieser Autoren).

4.4 Marxistische Positionen: Der verschleiernde Pluralismus

Die letzte hier zu referierende Auseinandersetzung mit dem Pluralismuskonzept fragt weder, ob die bundesrepublikanische Gesellschaft pluralistisch strukturiert sein soll, noch ob sie es ist, sondern danach, welche *Funktion* Konzept und Wirklichkeit des Pluralismus in der Bundesrepublik Deutschland bzw. generell in kapitalistisch organisierten Gesellschaften haben. Mit diesen Fragen hat sich in der Bundesrepublik insbesondere eine marxistische Strömung auseinandergesetzt, die man als neomarxistisch bezeichnen kann. Sie prägte große Teile der Studentenbewegung der 60er und 70er Jahre. Auch mit der Charakterisierung als neomarxistisch ist allerdings immer noch ein relativ breites Spektrum an marxistischen Positionen angesprochen (vgl. z. B. die italienische KP, die sich ausdrücklich für einen Interessenpluralismus einsetzt, so *Lombardo-Radice* 1972). Auch eine andere marxistische Strömung, die Theorie des staatsmonopolistischen Kapitalismus (Stamokap) setzt sich mit dem Pluralismus auseinander und kommt zu ähnlichen Einschätzungen wie die Neomarxisten (vgl. zum Stamokap ausführlicher LB 3, 7.4 (b)). Hier wollen wir uns auf die Analyse von *Johannes Agnoli* beschränken, weil er sich in der westdeutschen wissenschaftlichen Diskussion aus marxistischer Perspektive am entschiedensten mit dem Pluralismus auseinandergesetzt hat.

Grundannahme dieser Position ist, daß die kapitalistische Gesellschaftsordnung (z. B. auch in der Bundesrepublik Deutschland) von einem alle anderen Interessengegensätze überlagernden und prägenden Interessengegensatz (Grundwiderspruch) zwischen Kapital und Arbeit geprägt ist. Zwar ist tatsächlich eine Vielzahl von unterschiedlichen Interessen in der gesellschaftlichen Wirklichkeit festzustellen, aber alle diese Interessen sind letztlich nur Ausfluß des alles bestimmenden antagonistischen Grundwiderspruchs. Die Konzeption der kapitalistischen Gesellschaft als pluralistischer Gesellschaft dient letztlich nur der Erhaltung und *Systemstabilisierung* des Kapitalismus, indem

- durch die pluralistische Interessenvertretung sowohl dafür gesorgt wird, daß sich die *Interessen des Kapitals* jeweils durchsetzen können,
- und gleichzeitig diese *einseitige Interessenwahrnehmung* im Kapitalismus durch die scheinbare Vielfalt widersprüchlicher Interessen *verschleiert* wird. „Der soziale Friede (d. h. die Praxis des Pluralismus, d. Verf.) greift

die oligarchische Ordnung der Gesellschaft ebensowenig an, wie die Praxis der Human Relations die Befehlsgewalt der Produktion antastet" (*Agnoli* 1968, S. 21).

Die *Übermacht der Kapitalinteressen,* die begründet ist in der privaten Verfügungsgewalt über die Produktionsmittel, wird u. a. durch die hierarchische Struktur der Betriebe, die Geldreserven und die Manipulationsmöglichkeiten des Kapitals durch Zeitungen, Werbung u. ä. illustriert. Insbesondere die Vorstellung, daß Konflikte zwischen Kapital und Arbeit nach „pluralistischem Muster" ablaufen könnten, wird strikt abgelehnt, weil es beim Arbeitskampf kein Machtgleichgewicht zwischen Arbeit und Kapital gibt. Die Machtreserven der Kapitaleigner sind denen der Arbeiter in jedem Fall überlegen.

Die *Verschleierung* dieser Übermacht wird vor allem mit Hinweisen auf die befriedende Funktion der scheinbaren Interessenvielfalt und Interessengleichheit belegt. Für den Arbeiter (Nicht-Produktionsmittelbesitzer) sieht es so aus, als gebe es eine große Anzahl Interessen und jedes habe auf dem Markt des Interessenausgleichs die gleiche Chance. Dadurch wird eine Mobilisierung der Arbeiterklasse und ihre Bewußtwerdung als „Klasse für sich" verhindert. Gleichzeitig wird eine Integration der Arbeiterklasse und ihrer Organisationen in die kapitalistische Gesellschaft erreicht und damit die radikale Infragestellung dieser Gesellschaft verhindert. „Die Pluralität der Interessen – eine Wirklichkeit – und der damit zusammenhängende – ebenso wirkliche – Pluralismus auf der Distributionsebene wirken politisch der Polarität entgegen, die nach wie vor an der Basis der Gesellschaft besteht" (*Agnoli* 1968, S. 23).

4.5 Grundlegende Literatur

von Beyme, Klaus: Interessengruppen in der Demokratie, München 1980 (5. Aufl.)

Fraenkel, Ernst: Deutschland und die westlichen Demokratien, 6. Aufl. Stuttgart usw. 1974

Kremendahl, Hans: Pluralismustheorie in Deutschland, Leverkusen 1977

Nuscheler, Franz/Steffani, Winfried (Hrsg.): Pluralismus, Konzeptionen und Kontroversen, München 1972 (darin Beiträge von: Carl Schmitt, Werner Weber, Rüdiger Altmann, Götz Briefs, Johannes Agnoli, Wolf-Dieter Narr, Fritz W. Scharpf, Robert Wolff u. a.)

Oberreuter, Heinrich (Hrsg.): Pluralismus. Grundlegung und Diskussion, Opladen 1980

5. Korporatismus

In den letzten Jahren ist von verschiedenen Wissenschaftlern die Erklärungskraft des Pluralismuskonzepts zunehmend in Frage gestellt worden. Statt dessen wurde, aufbauend auf Anregungen aus Großbritannien, den USA und Schweden, ein neues theoretisches Konzept formuliert: das des *Korporatismus* oder auch *Neokorporatismus* (vgl. hierzu grundlegend *von Alemann/Heinze* [Hrsg.] 1981 und *von Alemann* [Hrsg.] 1981). Ausgangspunkt dieses neuen Erklärungsversuchs ist die These, daß das Verhältnis zwischen Staat und Verbänden nicht, wie beim Pluralismus, allein unter dem Aspekt der „Einflußnahme" auf den Staat untersucht werden darf, sondern daß gleichzeitig eine zunehmende Verflechtung zwischen Staat und Verbänden zu beobachten ist, ja eine „Instrumentalisierung" der Verbände für den Staat. Postuliert wird also gleichzeitig eine Vergesellschaftung des Staates und eine Verstaatlichung der Verbände:

„Die skizzierte enge Verknüpfung von Staat und Verbänden darf nicht als einseitiger Druck (*‚Pressure'*) der Verbände interpretiert werden, sondern stellt eine *wechselseitige Beziehung*, die beiden Seiten Vorteile bringt, dar: der staatlichen Verwaltung, aufgrund der besseren Information durch die Verbände und deren Beitrag zur Kanalisierung und Selektion gesellschaftlicher Interessen; den Verbandsspitzen eine wirksamere Durchsetzung ihrer Interessen" (*von Alemann/Heinze* 1981, S. 29).

Allerdings besteht bisher über die Reichweite und auch die zentralen Aussagen des Konzepts einige Unklarheit. Korporatismus wird gleichzeitig aufgefaßt als

- *gesellschaftliches* Prinzip, d. h. als eine neue Form zur Organisation von Interessen und zur Interessenvermittlung; als
- *politisches Prinzip*, d. h. als eine neue Art der Formulierung und Durchführung von Politik und der Integration von Interessengruppen in westlichen Demokratien; und als
- *ökonomisches* Prinzip, d. h. als eine neue Möglichkeit der ökonomischen Steuerung und Regulierung, und sogar als neue Form der Besitzverhältnisse in kapitalistischen Gesellschaften.

Offen ist auch, ob der Korporatismus jeweils eine *Variante* der bestehenden Prinzipien ist oder ob damit eine Weiterentwicklung der bestehenden gesellschaftlichen, politischen und ökonomischen Strukturen, vielleicht gar eine *Alternative* zu ihnen gemeint ist. Der Korporatismus läßt sich deshalb betrachten als verändernde Variante bzw. als in Frage stellende Alternative

- der pluralistischen Gesellschaft,
- der parlamentarischen Demokratie und
- der privatkapitalistischen Ökonomie.

Im folgenden wird versucht, die Aussagen verschiedener wissenschaftlicher Positionen zu diesen komplexen Problemen kurz zu referieren. Dabei zeigt sich wieder, daß unterschiedliche Positionen auch unterschiedliche Fragen beantworten. Diskutiert wird u. a.:

- Was ist überhaupt mit dem Konzept gemeint?
- Gibt es Korporatismus in der Bundesrepublik?
- Soll es ihn geben, hat er positive oder negative Auswirkungen?
- Warum gibt es ihn, wem nützt er?

Daß (Neo-)Korporatismus, zumindest in der jetzt diskutierten Form, ein verhältnismäßig neues Konzept ist, zeigt sich u. a. darin, daß bisher mehr über seine theoretischen Ausprägungen als über die empirische Tragfähigkeit diskutiert wurde. Gleichzeitig wird deutlich, daß das Konzept vor allem aus empirisch ausgerichteten internationalen Vergleichen entwickelt wurde, und daß (daher) konservative und marxistische theoretische Ansätze dazu bisher kaum entwickelt wurden. Trotzdem sollen hier wiederum vier unterschiedliche Ausprägungen des Konzepts dargestellt werden, um auch historische

Wurzeln, die aus der konservativen Staats- und Gesellschaftstheorie stammen, und die mögliche Einpassung in marxistische Theorie zu skizzieren.

5.1 Konservative Positionen: Der klassische Korporatismus

Es gibt bisher noch keine konservative Theorie des Korporatismus in der Bundesrepublik Deutschland. Die konservative Diskussion kreist noch immer um den als unzulässig angesehenen Einfluß der Verbände auf den Staat und die mangelnde Souveränität des Staates gegenüber den gesellschaftlichen Verbänden (vgl. den vorherigen Abschnitt über konservative Pluralismustheorie), ohne sich der zweiten Seite dieser Medaille, der zunehmenden „Inkorporierung" der Verbände in den Staat, bisher gewidmet zu haben. Wenn diese Seite überhaupt wahrgenommen wird, schiebt man sie damit beiseite, daß das „klassische Modell" des Korporatismus, die Partnerschaft von Staat und Kirchen in der Bundesrepublik nach 1945, schon längst von den Juristen ausdiskutiert sei (vgl. *Quaritsch* 1980, S. 53 FN 39).

Hier soll allerdings unter dem „klassischen Modell" des Korporatismus etwas anderes verstanden werden, nämlich die ständestaatlich organisierten, normativen Gesellschaftsentwürfe konservativer Theoretiker aus der ersten Hälfte dieses Jahrhunderts, die zwar heute in der Bundesrepublik nicht mehr offiziell vertreten werden, die aber trotzdem zum Verständnis der heutigen Diskussion beitragen können.

Ausgangspunkt ständestaatlicher und berufsständischer Theorien sind oft „Wunschbilder einer zu einer Einheit zurückgeführten arbeitsteiligen, pluralistischen Industriegesellschaft (. . .), die aus romantisch-idealisierenden Rückverweisungen (Romantik) auf vergangene, nicht selten entlegene Herrschaftssysteme gewonnen werden" (*Kaiser* 1962, S. 655; vgl. zur Übersicht auch *Kaiser* 1956 und *Mayer-Tasch* 1971). Schon von Nell-Breuning weist auf die Vieldeutigkeit und den umfassenden Anspruch ständestaatlicher Ideologie hin:

> „Stand, Ständewesen, ständische Ordnung bezeichnen bald ein Politicum, bald ein Sociologicum, bald ein Oeconomicum. Im *politischen* Bereich erscheint das Ständische uns Heutigen vorzugsweise als das Gegenstück zum Parteipolitischen: Abkehr vom Parteienstaat strebt hin zu irgendeiner Art von Ständestaat. Im *gesellschaftlichen* Bereich dagegen bildet der Stand den Gegenbegriff zur Klasse; die kritische Auseinandersetzung mit der Klassengesellschaft entwickelt das Ordnungsbild einer ständisch geordneten Gesellschaft. Im *wirtschaftlichen* Bereich neigen Gruppen, die aus irgendwelchen Gründen zur individualistisch-kapitalistischen Wirtschaftsweise und zu einer in Katallaktik und Denken in Marktformen sich erschöpfenden Auffassung der Wirtschaft in Gegensatz stehen, vielfach dazu, sich ständischer Gesinnung zu berühmen und ihre Einrichtungen als ständische Institutionen zu preisen" (von *Nell-Breuning* 1959, S. 6).

Während in den alten herrschaftsständischen Ordnungen, z. B. des Mittelalters (Feudalismus), die verschiedenen Ebenen noch miteinander verwoben waren, zeichnen sich die neueren ständischen Entwürfe, wie sie vor allem in Deutschland insbesondere seit der Romantik entwickelt wurden, dadurch aus, daß sie meistens nur einen Aspekt der komplexen Ständeproblematik betonen (vgl. als historischen Überblick auch *Nocken* in: *von Alemann* [Hrsg.] 1981, S. 17ff.).

Der *ständestaatliche Gedanke,* wie er in der Weimarer Republik vor allem von *Othmar Spann* (1921) entwickelt wurde, nimmt seinen Ausgangspunkt in der politischen Sphäre, und zwar in der grundsätzlichen Ablehnung der politischen Parteien. Ziel ist, das parteipolitische Parlament zu ersetzen durch eine „Körperschaft reiner Sachverständigkeit". In diese Körperschaft sollen die verschiedenen kulturellen, sozialen und wirtschaftlichen Gruppen, eben die „Stände", ihre besten Sachverständigen entsenden: also in eine *Ständekammer.* Dahinter steht ein romantisch-verklärtes Verständnis von einer Gesellschaft, in der der einzelne noch seinen festen „Stand" hatte, d. h. verwurzelt, beheimatet und nicht zuletzt rechtlich gebunden und abgesichert war, verbunden mit einer immanenten Kritik der Massengesellschaft hochindustrialisierter Prägung:

„Hier steht nichts mehr ‚dahinter'; hier wird auch im Menschlichen alles oberflächenhaft, was die zugeordnete Soziologie mit Schichtung, Umschichtung und, psychologisierend, mit ‚Verhaltensweise' kategorisiert. Vor allem steht nicht mehr dahinter der Mensch früherer Zeiten, der durch Stand und Zusammen der Stände seine Gesellschaftlichkeit und die Einheit der Gesellschaft institutionell ausprägte, ihren wesentlichen Institutionen wie Staat, Familie und Eigentum eine differenzierende Ausrichtung ihrer jeweiligen Regelungsaufgabe gegenüber menschlicher Gesellschaftlichkeit gab, durch Gebilde wie Geburts-Stand, Berufs-Stand als Leistungsgemeinschaft, Lebens-Stand Vorgänge wie Konkurrenz, Einkommensbildung, Sicherung im Eigentum, Lebenshaltung, Berufs- und Bildungswege, Sorge für die noch nicht oder nicht mehr Leistungsfähigen gesellschaftlich beeinflußt (*Gundlach* 1962, S. 653).

Die Ausprägung der ständestaatlichen Theorie, der *berufsständische Gedanke,* der vor allem durch die katholische Soziallehre vertreten wurde (vgl. die Enzyklika Quadragesimo Anno 1931, auch *Rauscher* 1958), nimmt daher ihren Ausgang in der Problematik des Massenproletariats, d. h. in der gesellschaftlichen Sphäre:

„Heute liegt ein echtes ständestaatliches Problem darin, wie die ‚organisierten Interessenhaufen' geordnet zusammenzufügen und im Interesse des Staates zu leiten sind, so daß sie den Bestand der Demokratie nicht gefährden, sondern sichern" (*von Nell-Breuning* 1959, S. 9).

Zu diesem Zweck sollten Leistungsgemeinschaften oder Berufsstände gebildet werden, die in der modernen Gesellschaft tatsächlich immer vorhanden sind, aber als solche weder ansprechbar noch handlungsfähig sind, weil sie nicht organisiert sind. Berufsstände sollten daher eine öffentlich-rechtliche körperschaftliche Verfassung erhalten:

„Den Leistungsgemeinschaften (Berufsständen) obliegen alle mit der Erstellung und Darbietung ihrer Leistung verbundenen Aufgaben; sie erfüllen sie in echter Selbstverwaltung (‚autonom'). Damit entfiele die heutige Hypertrophie des Staates und mit ihr das für die Demokratie tödliche Übergewicht der Exekutive über das Parlament. (. . .) Eine solche berufsständische Ordnung würde als *funktioneller Pluralismus* im gesellschaftlichen Raum sozusagen das Gegenstück bilden zum regionalen Pluralismus (zur föderalistischen Struktur) im politischen Raum" (*von Nell-Breuning* 1959, S. 9f.).

Diese normativen korporatistischen Ideen haben in der Bundesrepublik seit dem Zweiten Weltkrieg keine entscheidende Rolle gespielt, obwohl sie in der

Diskussion und auch in der gesellschaftlichen Wirklichkeit niemals ganz verschwunden sind (vgl. z. B. die Institution des bayerischen Senats und die Kammern). Der geringe Einfluß dieses Konzepts hängt wahrscheinlich damit zusammen, daß korporatistische und ständestaatliche Ideen durch den deutschen Nationalsozialismus und den italienischen Faschismus gründlich diskreditiert wurden, obwohl Anhänger, wie z. B. von Nell-Breuning, immer wieder darauf hingewiesen haben, daß das System des Nationalsozialismus, trotz der ständestaatlichen Anklänge (Reichsnährstand), undemokratisch war und daher dem „funktionellen Parallelismus" keinen Raum ließ. Darüber hinaus steht die von den westlichen Siegermächten nach dem Krieg in der Bundesrepublik zumindest stark favorisierte und unterstützte liberale Demokratie dem Ständegedanken sehr fern. Von Nell-Breuning weist ausdrücklich darauf hin, daß sich der Neoliberalismus im schärfsten Gegensatz zur berufsständischen Ordnung befindet, während zum fortschrittlichen Sozialismus durchaus Verbindungen bestehen.

5.2 Rechtfertigende Positionen: Vom Neopluralismus zum Neokorporatismus

Die moderne Korporatismusdiskussion ist nicht eine Fortsetzung oder Erwiderung auf die normativen konservativen Vorstellungen, sondern nimmt ihren Ausgangspunkt in der derzeit beobachtbaren Wirklichkeit westeuropäischer Industriestaaten. Ihre zentrale These lautet, daß die wichtigsten ökonomischen, gesellschaftlichen und politischen Prinzipien der westlichen Industriestaaten nicht mehr adäquat mit dem Konzept des Pluralismus beschrieben und erklärt werden können, sondern daß statt dessen ein neues System, das „liberaler Korporatismus" oder „Neokorporatismus" genannt wird, zu erkennen ist.

Als einer der ersten und am systematischsten hat der amerikanische Politikwissenschaftler *Philippe G. Schmitter* diese These formuliert (vgl. *Schmitter* 1974, *ders.* 1981a):

1. *Pluralismus* kann definiert werden als ein System der Interessenvermittlung, dessen wesentliche Bestandteile in einer nicht näher bestimmten Anzahl verschiedener, freiwilliger, in Wettbewerb stehender, nicht hierarchischer und autonomer (was die Art und den Umfang des Interesses betrifft) Gruppen organisiert sind. Diese Gruppen besitzen weder eine besondere staatliche Lizenz, Anerkennung oder Unterstützung, noch sind sie auf staatliche Initiative hin gebildet worden oder unterliegen staatlicher Kontrolle hinsichtlich der Rekrutierung von Führungspersonal oder der Interessenartikulation. Außerdem können sie kein Repräsentationsmonopol innerhalb der von ihnen vertretenen Bereiche in Anspruch nehmen.

2. *Korporatismus* kann definiert werden als ein System der Interessenvermittlung, dessen wesentliche Bestandteile organisiert sind in einer begrenzten Anzahl singulärer Zwangsverbände, die nicht miteinander in Wettbewerb stehen, über eine hierarchische Struktur verfügen und nach funktionalen Aspekten voneinander abgegrenzt sind. Sie verfügen über staatliche Anerkennung oder Lizenz, wenn sie nicht sogar auf Betreiben des Staates hin gebildet worden sind. Innerhalb der von ihnen vertretenen Bereiche wird ihnen ausdrücklich ein Repräsentationsmonopol zugestanden, wofür sie als Gegenleistung bestimmte Auflagen bei der Auswahl des Führungspersonals und bei der Artikulation von Ansprüchen oder Unterstützung zu beachten haben" (*Schmitter* 1981a, S. 94f.).

Entscheidend ist nun, daß Korporatismus sowohl „von oben", d. h. vom Staat, der Gesellschaft aufgezwungen sein kann als auch sich als mehr oder weniger spontane Antwort auf vorangegangenen Wandel innerhalb der Gesellschaft „von unten" her gebildet haben kann, d. h. es gibt zwei verschiedene Ausprägungen des Korporatismus:

– eine *staatliche* oder *autoritäre* Version, bei der die zentralen Merkmale staatlich durchgesetzt wurden: staatliche Begrenzung der Zahl der Verbände, Zwangsmitgliedschaft, staatliche Zentralisierung und Anerkennung der Verbände, des Repräsentationsmonopols usw., und
– eine *gesellschaftliche* oder *liberale* Version, bei der sich zwar ähnliche Merkmale durchgesetzt haben, aber eher de facto als de jure. Bei dieser Version sind die Zentralisierungs- und Begrenzungstendenzen eher das Ergebnis spontaner gesellschaftlicher Monopolisierungstendenzen als autoritärer staatlicher Festsetzungen.

Lehmbruch, auf den die Unterscheidung zwischen autoritärem und liberalem Korporatismus zurückgeht, betont daher:

> „Im Gegensatz zu autoritär-korporativen Experimenten bildet sich der liberale Korporatismus auf der Grundlage von Vereinigungsfreiheit, Koalitionsfreiheit und Verbandsautonomie aus und hält prinzipiell daran fest" (*Lehmbruch* 1981, S. 53).

Insbesondere bleibt im liberalen Korporatismus den beteiligten Verbänden immer noch die Möglichkeit des „exit", d. h. des Rückzugs aus der korporatistischen Organisation der Interessenverbände. In Abbildung 27 sind die zentralen Merkmale dieser verschiedenen Konzeptionen zusammengefaßt.

Schmitter betont den *gesellschaftlichen* Aspekt des liberalen, oder wie er zur besseren Unterscheidung zum autoritären Korporatismus auch genannt wird, *Neokorporatismus*. Er hält ihn in erster Linie für eine besondere Form zur Organisierung konfligierender funktionaler Interessen, egal ob diese auf sozialen Klassen, ökonomischen Sektoren oder professionellem Status beruhen (*Schmitter* 1981b, S. 66ff.).

Demgegenüber betonen andere Autoren die *politischen* Aspekte des Neokorporatismus, d. h. sie sehen in ihm eine besondere Form zur Formulierung und Ausführung von Politik; er ist die Antwort auf die Probleme der staatlichen Steuerung komplexer Industriegesellschaften. Die Verbände

> „nehmen nicht mehr bloß aus ‚Partialinteresse' Einfluß auf politische Entscheidungen (wie im Vektorensummenspiel der ‚pressure politics'), sondern sind an der Mitformung und Mitdurchsetzung der staatlichen Steuerungsleistungen beteiligt. Dabei kann diese Beteiligung so weit gehen, daß die Konzertation der Verbände als das Kernelement der Steuerung erscheint und die Rolle des staatlichen Apparats demgegenüber zurücktritt . . ." (*Lehmbruch* 1981, S. 54).

Gleichzeitig werden die Verbände

> „dermaßen in den Staat ‚inkorporiert', daß ihre institutionalisierte Abstimmung Funktionen der Interessenaggregation übernehmen kann, die herkömmlicherweise dem traditionellen Staatsapparat oblagen" (ebd. S. 55).

Von anderen, insbesondere angelsächsischen Autoren ist vor allem der *ökonomische* Aspekt des Korporatismus betont worden (vgl. *Winkler* 1976). Für sie ist

Abbildung 27: Merkmale von Pluralismus, autoritärem und liberalem Korporatismus

	Zahl der Verbände	freiwillige Mitgliedschaft	Wettbewerb zwischen Verbänden	hierarchische Strukturen	funktionale Abgrenzung	staatliche Anerkennung	Repräsentationsmonopol	Beschränkung der Interessenartikulation	Wahrnehmung von Regierungsaufgaben
PLURALISMUS	unbestimmt	ja	ja	nein	nicht notwendig	nein	nein	nein	nein
AUTORITÄRER KORPORATISMUS	durch die Regierung begrenzt	Zwangsmitgliedschaft	durch staatlichen Eingriff beschränkt	ja, durch staatliche Zentralisierung	ja, durch staatliche Festlegung	ja, Voraussetzung des Verbands	ja, durch den Staat gewährt	ja, durch staatliche Vorgabe	ja, durch staatlichen Auftrag
LIBERALER KORPORATISMUS	freiwillig oder durch Abmachung begrenzt	de facto Zwangsmitgliedschaft	durch Vereinbarung beschränkt	ja, durch zunehmende Bürokratisierung	ja, durch freiwillige Abmachung	ja, Folge seiner Machtstellung	ja, durch den Verband erobert	ja, durch stillschweigende Übereinkunft	ja, durch Übereinkunft

Korporatismus ein ökonomisches System, in dem der Staat die im Privateigentum befindlichen Unternehmen öffentlich kontrolliert und steuert (vgl. die Zusammenfassung bei *von Alemann/Heinze* 1981a, S. 44/45).

Neokorporatismus zeichnet sich weiter dadurch aus, daß insbesondere die Großorganisationen der Produktionssphäre, also die Unternehmervertretungen und die Gewerkschaften, „inkorporiert" werden, und daß dieser „tripartism" zwischen Staat, Unternehmen und Gewerkschaften insbesondere bei der Regulierung von Verteilungskonflikten von Bedeutung ist:

„Stabilisierungs- und Wachstumspolitik erfordern, so die zugrunde liegende Überlegung, eine Koordination nicht nur zwischen den verschiedenen staatlichen Akteuren (etwa des Bundes mit den Ländern und Gemeinden oder der Fachressorts miteinander), sondern auch mit den ‚privaten' Großorganisationen, die auf die Einhaltung ‚gesamtwirtschaftlich' orientierter Zielvorgaben verpflichtet werden sollen" (ebd. S. 51).

Neokorporatismus stellt daher nach dieser Auffassung in erster Linie eine neue Form der staatlichen gelenkten Regulierung des Klassenkonflikts dar, d. h. eine neue und wahrscheinlich effektivere Spielart des Reformismus.

Als Beispiele für diese Art von Neokorporatismus wird gern auf die institutionalisierte Verbandsbeteiligung in Österreich und Schweden verwiesen. In der Bundesrepublik ist das klassische Modell die von Karl Schiller installierte „konzertierte Aktion". Das Scheitern dieses Gremiums kann als Beleg für den funktionierenden „liberalen" Aspekt des Korporatismus herhalten, denn „exit" ist offensichtlich bei uns immer noch möglich.

Aber auch in anderen Politikbereichen, wie in der Gesundheits-, Sozial-, Energie- und Agrarpolitik, sind korporatistische Beteiligungs- und Steuerungsversuche auszumachen (vgl. *Heinze* 1981b). Diese Form der Beteiligung und Steuerung wird vor allem von den Sozialdemokraten und den Gewerkschaften favorisiert, wie z. B. die Diskussionen über Wirtschafts- und Sozialräte oder über Strukturräte und deren mögliche Aufgaben zeigen (vgl. hierzu LB 4, 3.3 sowie *Otto* 1971, *DGB* 1977 und *DGB* 1984).

Bei den meisten Autoren wird Neokorporatismus inzwischen nicht mehr nur als gesellschaftliches, ökonomisches oder politisches Prinzip gesehen, sondern als eine Kombination dieser verschiedenen Elemente. Von bemerkenswertem Interesse ist dabei die Beziehung, die zur *„Regierbarkeit"* moderner westlicher Demokratien hergestellt wird. Als Hypothese wird dabei davon ausgegangen, daß politische Systeme,

„in denen Interessen durch formale Vereinigungen hindurchgeschleust werden, die die größte Vielfalt potentieller Interessen mit einem national verzweigten Geflecht von Organisationen vertreten, die einen maximalen Prozentsatz der potentiell Betroffenen als Mitglieder erfassen, deren Beziehungen zum Staat monopolistisch spezialisiert und hierarchisch sind und auf unauffällig verschwiegener Zusammenarbeit basieren" (*Schmitter* 1981b, S. 113),

regierbarer, stabiler und effektiver sind, z. B. bei der Überwindung der gegenwärtigen ökonomischen Krise. Erste international vergleichende empirische Untersuchungen scheinen diese Hypothese zu bestätigen (vgl. *von Beyme* 1981, S. 88ff.).

5.3 Kritische Positionen: Kosten des Neokorporatismus

Wissenschaftler, die sich kritisch mit dem Konzept des Neokorporatismus auseinandergesetzt haben, stimmen i. d. R. mit seinen empirischen Aussagen überein. Auch sie gehen davon aus, daß Interessenvermittlung und gesellschaftliche Steuerung in westlichen, kapitalistischen Staaten besser mit dem Konzept des liberalen Korporatismus als z. B. mit dem des Neopluralismus beschrieben werden kann. So hat z. B. *Claus Offe* für diese Art des Zusammenwirkens die Bezeichnung „prozedurale Steuerung" geprägt und als „modernste Problemlösungsstrategie des Staates" bezeichnet; z. T. wird auch der Terminus „strukturelle Steuerung" verwendet (vgl. *Offe* 1975, S. 26ff.; zusammenfassend *Jann* 1983a, S. 142ff.).

Die Besonderheit dieser Positionen besteht weniger in der empirischen Analyse, sondern eher in der kritischen Bewertung der Realität des gegenwärtigen Neokorporatismus und seiner Auswirkungen. Außerdem werden seine Möglichkeiten zur Steuerung und Stabilisierung der ökonomischen und gesellschaftlichen Entwicklung eher skeptisch beurteilt. Es geht diesen Positionen weniger um die Erklärung von Stabilitätsbedingungen kapitalistischer Industriegesellschaften, sondern um die Aufdeckung der dahinterliegenden Machtstrukturen und der damit verbundenen Verteilung gesellschaftlicher Privilegien und Kosten.

Gegen die schon etablierten neokorporatistischen Aushandlungs- und Steuerungssysteme wird u. a. vorgebracht, daß in ihnen kurzfristiges Krisenmanagement dominieren würde, während die eigentlichen Ursachen der Krisenphänomene, die in diesen korporatistischen Gremien bearbeitet werden, aus dem Blickfeld verschwinden. Beim „politischen Krisenkartell", wie es z. B. aufgrund der Stahlkrise im Saarland etabliert wurde, oder auch bei der „Konzertierten Aktion im Gesundheitswesen" wird gemeinsam an Symptomen „herumgedoktert", ohne daß die entscheidenden strukturellen Ursachen thematisiert und einer Lösung zugeführt würden.

Außerdem bevorteilen korporative Aushandlungssysteme diejenigen, die direkt daran beteiligt sind, d. h. meist die „Kerntruppen des Arbeitsmarktes" (vgl. hierzu und zum folgenden *Heinze* 1981a, S. 135ff.). Andere Gruppen, d. h. die schon von der Pluralismuskritik benannten, schwer organisierbaren und nicht konfliktfähigen Interessen werden weiter benachteiligt. Es zeichnet sich daher

> „eine weitere *Selektion* und *Marginalisierung* derjenigen Gruppen ab, die ohnehin auf dem Arbeitsmarkt benachteiligt sind (Alte, Behinderte, Jugendliche, Frauen etc.) und sowohl in den Gewerkschaften kaum organisiert sind als auch von deren Politik nur unzureichend repräsentiert werden" (*Heinze* 1981a, S. 135).

Wegen dieser schon ungleichen und sich wahrscheinlich noch verschärfenden einseitigen Verteilung von „Kosten des Korporatismus" wird auch seine stabilisierende und steuernde Funktion in Frage gestellt. Tatsächlich könnte sich aus dieser einseitigen Bevorteilung ein neues gesellschaftliches Konfliktpotential ergeben, das die sowieso schon konstatierte Abkehrung von den etablierten Parteien und die Favorisierung außerparlamentarischer politischer Aktivitäten noch verstärkt.

In diesem Zusammenhang ist auch die mangelnde Legitimität korporatistischer Systeme hervorzuheben. Bei der „funktionalen Repräsentation" des Neokorporatismus bleibt nämlich umstritten, und ist auch durch kein universalistisches, d. h. allseits anerkanntes Verfahren festzulegen,

– wer in welchem Unfang und
– für welche Bereiche

an der korporatistischen Aushandlung und Steuerung teilnimmt. Welche organisierten Interessen mit welchen Mehrheitsverhältnissen und Verfahrensrechten und mit welchem sachlichen Zuständigkeitsbereich jeweils teilnehmen können, wird immer wieder zu Konflikten und damit zu Legitimationsverlusten führen (vgl. *Offe* in *von Alemann/Heinze* 1981 a, S. 87).

Hier zeigt sich die charakteristische „Unvollständigkeit" korporatistischer Verbundsysteme zwischen Staat und Gesellschaft:

> „Es mehrt sich, schlicht gesagt, in korporatistisch organisierten Politikfeldern die Zahl jener sprichwörtlichen ‚Dritten', auf deren Kosten die Einigung stattfindet" (*Offe*, zit. nach *Heinze* 1981 a, S. 8 f.).

Schließlich ergeben sich Legitimations- und Steuerungsprobleme daraus, daß die an den Aushandlungsprozessen beteiligten Verbände auch in der Lage sein müssen, ihre Mitglieder auf die Ergebnisse zu verpflichten. Dies scheint nur so lange unproblematisch zu sein, wie alle Beteiligten sichtlich profitieren. Problematisch ist aber, ob z. B. Arbeitgeberverbände überhaupt in der Lage sind, ihre Mitglieder auf ein den „Marktgesetzen zuwiderlaufendes" Verhandlungsergebnis zu verpflichten, bzw. ob Arbeitnehmer schwer durchschaubare Verhandlungsergebnisse ihrer Führungen akzeptieren würden (vgl. hierzu auch *Helfert* 1982). Die Gefahr eines Elitenkartells auf dem Rücken der einfachen Mitglieder ist zumindest nicht auszuschließen, und allein der Verdacht eines solchen Kartells würde den Erfolg der Verhandlungen in Frage stellen. Kritische Korporatismustheoretiker konstatieren daher, abgesehen von der normativen Wünschbarkeit oder Ablehnung korporatistischer Strategien, ein Dilemma:

> „einerseits können sie den Handlungsspielraum erweitern, andererseits verstärken sie den Trend zu außerparlamentarischen sozialen Bewegungen, die das politische System insgesamt in Frage stellen" (*Heinze* 1981 a, S. 140).

5.4 Marxistische Positionen: Der korporatistische Block

Auch zum Korporatismus gibt es – wie zum Pluralismus – nicht eine marxistische oder neomarxistische Theorie, sondern allenfalls verschiedene Interpretationsmuster. Die eher orthodoxe marxistische Theorie (wie sie z. B. in der DDR offiziell vertreten und in der Bundesrepublik als „Stamokap" bezeichnet wird) analysiert das Verhältnis Staat – Verbände immer noch allein aus dem Blickwinkel der Einflußnahme von Verbänden auf den Staat und diagnostiziert dann, in Übereinstimmung mit ihren theoretischen Prämissen, einen Unternehmerstaat (vgl. *Simon* 1976 und die kritische Zusammenfassung bei *Heinze* 1981a, S. 74ff.. Vgl. hierzu auch die Bemerkungen zur Stamokap-Theorie unter 7.5 und 8.5).

Eine eigenständige Interpretation der neokorporatistischen Tendenzen liefern neomarxistische Wissenschaftler, die diese Entwicklung im Kontext der „Transformation bürgerlicher Klassenherrschaft in der BRD" interpretieren (vgl. *Esser/Hirsch* 1982, S. 115f., auch *Esser/Fach* 1981, S. 158ff.).

Ausgehend von einem weitgehend gleichen empirischen Befund des Neokorporatismus in der Bundesrepublik Deutschland, wie ihn auch die rechtfertigenden Positionen darstellen, wird diese Entwicklung als notwendige Folge der Kapitalverwertungsprobleme gesehen. Um den aufgrund der nicht mehr vorhandenen Wachstumsdynamik drohenden Fall der Kapitalrentabilität oder, anders ausgedrückt, der Profitraten, möglichst aufzufangen, ist seit Mitte der 70er Jahre eine veränderte gesamtgesellschaftliche Strategie notwendig:

„Sollte die Wettbewerbsfähigkeit der deutschen Wirtschaft auf dem Weltmarkt erhalten bleiben und die immer mehr erkennbare technologische Lücke zu den USA überwunden werden, war eine politisch zentralisierte, ökonomisch soziale Strukturanpassung des Weltmarktsektors, flankiert von verbesserter Sozialkontrolle, unumgänglich" (*Esser/Hirsch* 1982, S. 117).

Die aufgrund dieser Anpassungsprozesse „resultierenden Veränderungen für kapitalfraktionelle Kompromißbildung, Modus der Massenintegration und politische Klassenherrschaft" (ebd.) werden mit den Schlagworten
- korporatistischer Block und
- selektiver Korporatismus

charakterisiert.

Mit dem *korporatistischen Block* gemeint ist die

„immer effizienter ausgebaute ‚Direktschaltung' von Staatsapparaten und ökonomischem Machtblock einerseits, Staatsapparat und funktionalen Gruppen (Gewerkschaften, Unternehmerverbänden) andererseits ... Während wichtige wirtschafts- und strukturpolitische Entscheidungen einschließlich der damit verbundenen Planungsprozesse von den parlamentarischen Entscheidungsinstanzen abgekoppelt werden, findet auch die Interessenvermittlung immer weniger in Parlament und Parteien, sondern in kooperativen Verbundsystemen zwischen Staat, Gewerkschaften und Unternehmerverbänden statt" (ebd. S. 118).

Diese haben die Aufgabe, die zentraladministrativ ausgehandelten „Sachzwänge" weltmarktbestimmter Strukturanpassung zu den Betroffenen hin zu vermitteln.

Gleichzeitig findet im Rahmen der durch den korporatistischen Block legitimatorisch gesicherten ökonomischen Anpassung an die Bedingungen des Weltmarkts eine „Gesellschaftsspaltung" statt. Sowohl auf der Seite des Kapitals, d. h. der Unternehmen, wie besonders natürlich auf der Seite der Arbeit, d. h. der Arbeitnehmer, fallen weniger leistungsfähige, nicht anpassungsbereite Marktteilnehmer „aus dem Markt heraus", d. h. sie verlieren ihre Existenzberechtigung im dominierenden ökonomischen „Weltmarktsektor". Die ökonomisch bedingten Anpassungsprozesse an die Bedingungen des Weltmarkts (z. B. besonders deutlich im Stahlsektor) führen daher zu einer

„ökonomisch konstituierten *Gesellschaftsspaltung:* im Zentrum der volkswirtschaftlich gesunde Kern aus international wettbewerbsfähigen Industriesektoren mit den dazugehörigen Dienstleistungsfunktionen (bis hin zur Polizei); am Rande die politisch kontrollierte, ideologisch isolierte Überschußbevölkerung: arbeitslose Männer und in die Hausarbeit entlassene Frauen, berufslose Jugendliche und vorzeitig ausgemusterte Alte, berufliche Absteiger und psychisch Verelendete, akademische ‚Ausflipper' und proletarische Kriminelle, heimgeschickte Gastarbeiter und abgeschobene Behinderte, politische ‚Extremisten' und Gewerkschaftsfeinde, natürlich auch etliche Bankrotteure" (*Esser/Fach* 1981, S. 167).

Dieses „Modell Deutschland" hat seine materielle Basis in der ökonomischen Interessenidentität verschiedener Klassen bzw. Klassenfraktionen, nämlich die Sicherung der Spitzenpositionen der deutschen Wirtschaft auf dem Weltmarkt. Die davon profitierenden Bereiche nehmen am korporatistischen Block teil und sichern damit die Anpassungsprozesse ab, die übrigen werden marginalisiert. Dies ist der tiefere Sinn des selektiven Korporatismus: Die „korporativistisch abgestützte Spaltung der Gesellschaft" mit *Ver*staatlichung der Parteien und Gewerkschaften unterstützt die *Durch*staatlichung des Gemeinwesens und führt zur Herausbildung des „autoritären Sicherheitsstaates" (*Hirsch* 1980, S. 103ff.).

5.5 Grundlegende Literatur

von Alemann, Ulrich/Heinze, Rolf G. (Hrsg.): Verbände und Staat. Vom Pluralismus zum Korporatismus. Analysen, Positionen, Dokumente, Opladen 1981 (1. Aufl. 1979)

von Alemann, Ulrich (Hrsg.): Neokorporatismus, Frankfurt/New York 1981
(In beiden Sammelbänden wichtige Beiträge von u. a. Schmitters, Lehmbruch, von Beyme; außerdem in: *von Alemann/Heinze* [Hrsg.]: Verbände und Staat 1981, Stellungnahmen aus Parteien und Verbänden)

Esser, Josef/Hirsch, Joachim: Materialistische Staatstheorie und Verwaltungswissenschaft, in: *Hesse, Joachim-Jens* (Hrsg.): Politikwissenschaft und Verwaltungswissenschaft, Opladen 1982 (=PVS-Sonderheft 13/1982)

von Nell-Breuning, Oswald: Ständischer Gesellschaftsaufbau, in: Handbuch der Sozialwissenschaften, Bd. 10 Stuttgart 1959

6. Parteiensystem

Die Parteien sind fester Bestandteil des westlichen Demokratieverständnisses. Ihre Aufgabe ist es, zur politischen Willensbildung des Volkes beizutragen (vgl. auch LB 2, 4.1.4 (b)); sie sind „Transmissionsriemen" zwischen dem – wie auch immer definierten – „Staat" und der Gesellschaft. Die im folgenden dargestellten Positionen beschäftigen sich daher alle mit der Frage nach dem *Wertberücksichtigungspotential* des Parteiensystems, d. h. inwieweit ist ein Parteiensystem in der Lage, die Werte und Interessen der Bevölkerung aufzunehmen, zu aggregieren und umzusetzen bzw. inwieweit soll es das überhaupt tun? Dabei werden jeweils andere Gesichtspunkte hervorgehoben.

In der wissenschaftlichen Diskussion über das Parteiensystem in der Bundesrepublik Deutschland lassen sich zwei inhaltliche Schwerpunkte unterscheiden (vgl. zu unterschiedlichen Ansätzen der Parteienforschung auch *Wiesendahl* 1980, der Parteien als Integrations-, Wettbewerbs- und Willensbildungsinstrumente unterscheidet):

- Einmal die Ansätze, die sich überwiegend mit der *Stellung der Parteien* im Gesamtsystem befassen und fragen, für welche Ziele und Interessen sich Parteien einsetzen, wie sie das tun und welche Aufgaben ihnen grundsätzlich zukommen;
- dann die Positionen, die in erster Linie die *Binnenstruktur* der Parteien problematisieren, d. h. ihr Thema ist die innerparteiliche Demokratie, das Maß ihrer Realisierung und die Gründe für mögliche Einschränkungen. Diese Fragestellung geht – offen ausgesprochen oder nicht – von dem Verständnis aus, daß Parteien in einem demokratischen System ihre Aufgaben nur erfüllen können, wenn sie selbst demokratischen Prinzipien genügen.

6.1 Konservative Positionen: Gefahren des Parteienstaats

Die Trennung von Staat und Gesellschaft ist Grundbestandteil konservativer Positionen. Diese Vorstellung wird dann besonders wichtig, wenn es um die konkrete Gestaltung des Verhältnisses von Staat und Gesellschaft geht, z. B. um „Demokratie", „Pluralismus", „Parlamentarismus", und nicht zuletzt um die Parteien. Aus diesem Vorverständnis heraus ordnen konservative Positionen die Parteien „eigentlich" dem gesellschaftlichen Bereich zu. Daß Parteien mit dem Übergang vom kaiserlichen Obrigkeitsstaat zur modernen Massendemokratie offensichtlich diesen rein gesellschaftlichen Status verloren haben (vgl. z. B. Art. 21 GG), wird mit Bedauern festgestellt. In der Weimarer Republik wurde der Machtzuwachs der Parteien von konservativer Seite noch aufs heftigste bekämpft. Daß die Parteien ihren Charakter als spezifisch nichtstaatliche Organisationsformen der Gesellschaft verloren haben und zu „Teilhabern der staatlichen Macht" (*Joseph H. Kaiser*) geworden sind, wird heute zumindest von konservativen Positionen mit technokratischen Elementen eher als Moment der gesellschaftlichen Stabilität interpretiert. Stärker etatistisch orientierte Konservative sehen jedoch im Statuswandel der Parteien nach wie vor eine massive Gefahrenquelle (z. B. *Werner Weber*).

Forsthoff (vgl. 1971, S. 82ff.) analysiert das moderne Parteiensystem als geschlossen und festgefügt. Einen Grund dafür sieht er insbesondere in der Fünf-Prozent-Klausel (vgl. LB 2, S. 89 u. 119). Zwar bedauert er, daß dadurch der Wähler kaum mehr die Möglichkeit hat, *die* Partei zu wählen, die *genau* seine Interessen vertritt, sondern sich mit Volksparteien begnügen muß, die vielen Interessen gerecht werden wollen. Das parteidemokratische System hat solchermaßen an Überzeugungskraft eingebüßt, ungeachtet dessen aber an *Stabilität* nichts verloren. Und dies ist für die *Industriegesellschaft* von größerer Bedeutung. Denn: Ein *festgefügtes Parteiensystem* ist berechenbar und wird sich den Sachzwängen der Technik nicht verschließen. „Ein solches institutionalisiertes Parteiwesen entspricht in hohem Maße den Bedürfnissen der Industriegesellschaft, der an einem rational funktionierenden Staat gelegen sein muß" (*Forsthoff* 1971, S. 93). Parteien wären gerade *dann* eine Gefährdung der industriegesellschaftlichen Stabilität, wenn sie *nicht* so stark in den staatlichen Bereich hineingewachsen wären und nicht „in der Hegung durch den Staat" stünden.

Werner Weber sieht hingegen im Wandel der Parteien von Organisationen des gesellschaftlichen Bereichs in solche des staatlichen Bereichs eher ein destabilisierendes und schwächendes Element. Sein Thema ist der *Parteienstaat.* Der Staat wird von den Parteien usurpiert; es gibt keine staatlichen Institutionen und Autoritäten mehr, die nicht von den Parteien kontrolliert werden. Der Parteienstaat wird als unerwünschte Entwicklung betrachtet. Als Alternative werden demgegenüber staatliche Institutionen herausgestellt, die mit dem Parteienstaat unverträglich sind. Hierzu zählen:

„Erbmonarchie, sei es auch nur in der Rolle eines pouvoir neutres, ein Staatspräsidentenamt, das seine Autorität auf ein demokratisches Mandat ohne Vermittlung der Parteien stützen kann, eine Regierung, die nicht von den Parteien abhängig ist, auch ein Beamtentum, dem wichtige Bereiche der Staatsordnung zu eigener Sachverantwortung anvertraut sind" (*W. Weber* 1970, S. 239).

Erst das Fehlen solcher Elemente macht die Parteien „gefährlich" und den „Parteienstaat" möglich. Das bloße Vorhandensein von Parteien, selbst politisch einflußreicher, spielt dagegen für den Übergang zum Parteienstaat keine entscheidende Rolle. Allerdings: Parteien im Nicht-Parteienstaat unterscheiden sich grundsätzlich von den Parteien des Parteienstaates. Der Parteienstaat hebt nämlich erst die Parteien aus ihrem rein gesellschaftlichen Status heraus und immer stärker an die institutionalisierte Staatlichkeit heran; er begreift sie als Teile der Verfassungsordnung. Das „Bonner Grundgesetz" bietet in seinem Art. 21 einige Handhaben dazu.

Die Bundesrepublik befindet sich zumindest schon ein weites Stück auf dem Weg zu einem solchen Parteienstaat und muß damit der drohenden Folgen einer Usurpation ihrer Staatlichkeit durch die Parteien gewärtig sein. Denn der Parteienstaat ist schwach und instabil (z. B. durch Instabilitäten beim Wechsel von einer Partei zur anderen, durch permanenten Kampf um die Wählermehrheit); ein stabilisierendes Element (z. B. ein direkt gewählter Präsident) steht ihm nicht zur Verfügung. Dieser Staat ist so in Krisen überaus anfällig: „Ihm droht dann entweder der wirtschaftliche und politische Verfall oder der kommunistische Machtzugriff oder die Ablösung durch autoritäre – nicht notwendig undemokratische – Regime" (*W. Weber* 1970, S. 243).

6.2 Rechtfertigende Positionen: Notwendigkeit der Parteien

In vorrangig rechtfertigenden Analysen und Theorien bezeichnen die Begriffe *Repräsentation* und *Konkurrenzdemokratie* die notwendigen und hinreichenden

Bedingungen eines demokratischen Parteiensystems. Demokratie wird hier im Anschluß an *Joseph Schumpeter* (vgl. LB 3, 8.2 (b)) als Methode der periodischen Bestätigung oder Ablösung der politischen Führer durch das Volk definiert. Parteien haben nach dieser Vorstellung in erster Linie die Aufgabe, dem Volk zu diesen Wahlen jeweils *konkurrierende Teams von Führern* zu präsentieren und diese möglichst bei ihren Bemühungen, gewählt zu werden, zu unterstützen. Wichtigste Funktion der Parteien ist also die *Mitwirkung und Beteiligung an den Wahlen*; neben der Wahlfunktion treten andere Aufgaben, wie etwa programmatische oder ideologische Betätigung, zurück oder verschwinden ganz. Parteien sind dazu da, für den Wähler die Vielzahl der denkbaren politischen Handlungsalternativen zu reduzieren. Auf diese Weise ermöglichen sie die *Vorformung des politischen Willens*.

Wenn Parteien diesen Ansprüchen genügen, erfüllen sie ihre Funktion im demokratischen Prozeß. Innerparteiliche Demokratie und Willensbildung sind dann keine relevanten Fragen mehr, da es in erster Linie nicht auf innerparteiliche Demokratie (intra party democracy), sondern auf zwischenparteiliche Demokratie (inter party democracy) ankommt (*Jäger* 1973). Nicht die Parteimitglieder sind für das Funktionieren des Parteiensystems wichtig, sondern die *Wähler*. Sie, nicht die Mitglieder, sind die eigentliche *Basis* der Partei (vgl. in diesem Zusammenhang die derzeitige Diskussion der „GRÜNEN", in der die „Realos" in der Partei in der Minderheit sind, aber davon ausgehen, die meisten Wähler zu repräsentieren). Wichtigstes Organ der Partei sind nach diesem Verständnis die *Fraktionen* in den Parlamenten und sonstigen Vertretungskörperschaften. Diskussionen über innerparteiliche Demokratie zeugen von einem „fortwirkenden Unverständnis für die im Grund bescheidene und dienende Funktion, die der ‚Parteibasis' in einem regierungsfähigen, repräsentativ-demokratisch parlamentarischen System zukommen muß" (*Hennis* 1977, S. 173).

Die *Aufgaben der Parteibasis* ähneln denen von konstitutionellen Königen (*Robert McKenzie*): Sie dürfen beraten, bestärken und warnen. In erster Linie dient die Parteibasis aber als

- „vote getting agency" (Stimmenbeschaffungsagentur),
- Hilfsmittel bei der Auswahl der Führer,
- Transmissionsriemen zwischen Regierung und Bevölkerung,
- als Trainingsfeld für Jungpolitiker und schließlich
- Beschäftigungstherapie für wild gewordene Parteiaktivisten, die so am ehesten unschädlich gehalten werden können.

Da die Fraktion das entscheidende Organ für ein funktionierendes demokratisches Parteiensystem ist, hat innerparteiliche Demokratie nur in bezug zu diesem Organ einen Sinn. Dem Parteitag und damit der *Parteibasis* kommt es zu, die entscheidenden Sachalternativen der Partei herauszuarbeiten (die *Perspektive des Wünschenswerten*) und durch eine entsprechende Kandidatenauslese zu konkretisieren. Die von diesen Kandidaten durch den Wähler ausgewählte *Fraktion* ergibt dann die *Perspektive des Möglichen*.

Die hier knapp referierte, an der Leistung für das Regierungssystem orientierte Einschätzung des Parteiensystems wurde in erster Linie in den USA und Großbritannien entwickelt (herausragender Vertreter *Robert McKenzie*). In Deutschland haben sich hierzu vor allem *Wolfgang Jäger, Wilhelm Hennis* und in letzter Zeit *Heinrich Oberreuter* geäußert.

6.3 Kritische Positionen: Defizite der Parteien

Während die dargestellten rechtfertigenden Positionen sich normativ mit den Parteien auseinandersetzen und auf dieser Basis Anforderungen an Parteien in demokratischen Staaten formulieren, geht es den folgenden Ansätzen vorwiegend um die *kritische Durchleuchtung der vorhandenen Parteien*. Sie versuchen dies auf zwei Wegen: Zum einen werden die innerparteilichen Strukturen und Prozesse vor allem unter dem Aspekt der Realisierung innerparteilicher Demokratie erörtert, zum anderen geht es um die Parteien insgesamt, d. h. ihre Aufgaben, ihre Entwicklungen und Veränderungen in und im Zusammenhang mit dem gesamten politischen System. Diese beiden Ansätze kritischer Analyse und Theorieentwicklung sollen im folgenden skizziert werden.

a) Innerparteiliche Demokratie: Oligarchisierung

Die erste Untersuchung zur innerparteilichen Demokratie wurde schon 1911 von *Robert Michels* als historisch-empirische Beschreibung demokratischer Massenparteien am Beispiel der SPD vorgelegt. *Michels* kam darin zu dem Schluß, daß Massenparteien nicht, wie sie es für sich in Anspruch nehmen, demokratisch organisiert sind, sondern von einer kleinen Führungsclique oder Elite kontrolliert werden. Nicht die Mitglieder bestimmen, was die Partei will, sondern die Führung. Diese Erkenntnisse, die nach *Michels* für alle Massenorganisationen gelten, faßte er in seinem berühmt gewordenen „*ehernen Gesetz der Oligarchie*" zusammen:

> „Das soziologische Grundgesetz, dem die politischen Parteien – das Wort Politik hier im weitesten Sinne angenommen – bedingungslos unterworfen sind, mag – auf seine kürzeste Formel gebracht – etwa so lauten: Die Oganisation ist die Mutter der Herrschaft der Gewählten über die Wähler, der Beauftragten über die Auftraggeber, der Delegierten über die Delegierenden.
>
> Die Bildung von Oligarchien im Schoße der mannigfaltigen Formen der Demokratien ist eine organische, also eine Tendenz, der jede Organisation, auch die sozialistische, selbst die libertäre, notwendigerweise unterliegt . . . Somit stellt jede Parteiorganisation eine mächtige auf demokratischen Füßen ruhende Oligarchie dar. Allüberall Wähler und Gewählte. Aber auch allüberall Macht der gewählten Führerschaft über die wählenden Massen. Die oligarchische Struktur des Aufbaus verdeckt die demokratische Basis. Hier ein Sollen, dort ein Sein" (*Michels* 1957, S. 370 f., 1. Aufl. 1911).

Als Begründungen für dieses „eherne Gesetz" (das eher einer Hypothese entspricht) nannte *Michels* insbesondere technisch-administrative Faktoren

(Notwendigkeit einer Organisation zur Willensbildung, Erfordernisse des politischen Kampfes) und psychologische Momente (Eigenschaften und Verhaltensweisen von Führern und Massen).

Das *Michelssche* „Gesetz" hat bis heute viele Untersuchungen inspiriert, die alle herausfinden wollten, ob oligarchische Strukturen tatsächlich das Merkmal moderner Parteien sind. Die Ergebnisse einiger solcher Studien (vor allem von *Ulrich Lohmar, Heino Kaack, Bodo Zeuner, Renate Mayntz* und *Jürgen Dittberner;* vgl. zu weiteren Untersuchungen die Zusammenfassung von *Hartmann* 1979, S. 35 ff.) sollen im folgenden in geraffter Form wiedergegeben werden. Als Gliederungsprinzip wird die *Parteiorganisation* (vgl. Abb. 28) herangezogen:

– die untere Ebene der Parteimitglieder und Ortsvereine,
– die mittlere Ebene der Funktionäre, der Organisation im Bereich der Kreise und Bezirke,
– die oberste Ebene der Parteiführung, des Vorstandes und der Fraktionen sowie schließlich
– die Parteitage.

Die *unterste Ebene der Parteien,* die *Ortsvereine* und die in ihnen organisierten „gewöhnlichen" *Mitglieder* üben fast keinen Einfluß auf die Gestaltung der Politik der Gesamtpartei aus. Die einschlägigen Untersuchungen weisen als ihre Hauptaufgaben vielmehr aus:

– Durchführung von Wahlkämpfen,
– Rekrutierung der lokalen Eliten und
– Gestaltung der Kommunalpolitik.

Während die Gestaltung der Kommunalpolitik noch den größten Spielraum erlaubt, ist die Art der Rekrutierung der lokalen Eliten über Loyalitätsverpflichtungen, Kooptation (Zuwahl neuer durch die alten Mitglieder) und vorbereitende Wahlvorschläge schon der erste Schritt zur Oligarchisierung. Weitgehend bestimmt wird dieser Vorgang durch

– *geringe Partizipation* der Mitglieder (höchstens 15% nehmen an den Mitgliederversammlungen teil, die dazu oft noch unpolitisch sind), und daraus folgend
– ein *geringes personelles Reservoir* der Parteien.

Die unterste Ebene ist somit durch weitgehende *Apathie* und *subalterne Hilfsdienste* der Mitglieder gekennzeichnet. Gleichzeitig ist zu beobachten, daß sich ganz bestimmte soziale Schichten in Parteien vorrangig organisieren und dadurch ein sozialer „bias" (Einseitigkeit) der Mitgliederstruktur entsteht. Vor allem Angehörige des öffentlichen Dienstes (Beamte, Lehrer usw.) und Freiberufliche (z. B. Rechtsanwälte), sind in den Parteien zu finden. Betrachtet man die aktiven Parteimitglieder, erhalten diese Berufe ein noch größeres Gewicht. Die nachgeordnete Bedeutung der „einfachen" Mitglieder dokumentiert sich auch darin, daß nach weitverbreitetem Verständnis nicht sie, sondern die *Funktionäre* (diejenigen, die in eine Funktion gewählt wurden, z. B. Vorstandsmitglieder, Kassierer usw.) als die eigentlichen Parteibürger gelten.

Abbildung 28: Schema der Gliederungen und Organe der Parteien

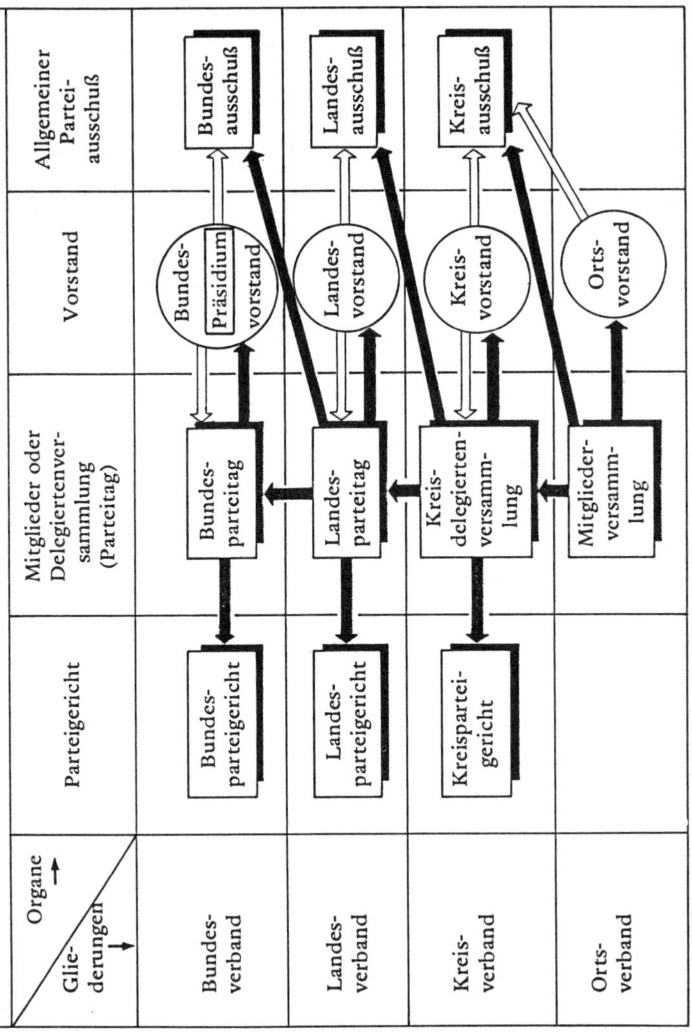

= wählt ⟹ = entsendet ex-officio-Vertreter

Zeuner 1970, S. 53

Das zeigt sich deutlich auf der *mittleren Ebene,* auf der über mögliche politische Karrieren entschieden wird. *Ämterhäufung* und *Übergewicht der Vertretungskörperschaften* (Gemeinderat, Kreis, Land und Bundestag) sind typische Kennzeichen. Dabei besteht weitgehend Einigkeit darüber, daß auch die meisten der „untergeordneten" Funktionäre wenig Einfluß auf die Geschicke ihrer Partei haben: So stellt z. B. der ehemalige Bundestagsabgeordnete der SPD, *Ulrich Lohmar,* fest, daß „der Einfluß des Funktionärs der unteren und mittleren Ebene auf die Formulierung der Politik der Partei ... so unerheblich ist wie die der Ortsgruppen" (1963, S. 51).

Die Bedeutung der Funktionäre wird in der Regel nach der Anzahl ihrer (Partei-)Ämter bemessen. Daraus entsteht der zweite Oligarchisierungsschritt. Wenige Funktionäre kontrollieren möglichst viele Ämter, gleichzeitig stellen die Funktionäre der jeweils nachgeordneten Ebenen fast immer auch die Delegierten für die nächsthöhere Ebene. Neben der Zahl der Parteiämter bestimmt sich der Einfluß der Funktionäre nach dem Besitz eines öffentlichen Mandats. Einflußreiche Funktionäre ohne Mandat in einer lokalen, regionalen oder landesweiten Vertretungskörperschaft sind eine Ausnahme. Das große Gewicht der „Parlamentarier" beginnt so schon auf der lokalen und mittleren Ebene (Gemeinderat, Kreistagsmitglied u. a.). Während des aufsteigenden Weges der Funktionäre durch die hierarchische Struktur der Partei werden immer mehr die unteren sozialen Schichten herausgefiltert: „So sind die Parteien – personell gesehen – eher Karriereinstrument privilegierter Schichten als demokratisches Emanzipationsvehikel" (*Dittberner* 1973, S. 480).

Charakteristisch für die nächsthöhere und damit *oberste Ebene* im Parteiaufbau (Parteiführung, Vorstand, Fraktionen) sind

- die *personelle Verflechtung und Verschränkung zwischen Parteivorstand und Fraktion,*
- das *Übergewicht der Parlamentarier* und
- die Überlegenheit der *Experten.*

Diese drei Phänomene sind eng miteinander verbunden. Da in den modernen „Arbeitsparlamenten" (vgl. LB 3, 7.3) Spezialwissen gefragt ist, gewinnen die „Fachleute" an Einfluß. Wer nicht als Experte für irgendeine Materie ins Parlament kam, wird versuchen, sich ein Fachgebiet zu suchen. Wegen der engen Verflechtung von Parteiführung und Fraktion wird sich das parlamentarische Expertentum auch im Vorstand Gewicht verschaffen. Der oft thematisierte Gegensatz zwischen Parteivorstand und Fraktion, kommt deshalb kaum zum Vorschein. Die skizzierte Tendenz (Dominanz der parlamentarischen Experten) legt jedoch die Annahme nahe, daß im Zweifelsfalle wohl eher die Fraktion den Parteivorstand bindet und nicht umgekehrt (vgl. hierzu auch *Köser* 1975).

Die Parteieliten treffen ihre Entscheidungen in erster Linie mit Rücksicht auf die Wähler bzw. auf „Sachzwänge"; erst an zweiter Stelle steht die Rücksichtnahme auf die Parteibasis. Entscheidend für die Führungsgruppen ist darüber hinaus ihre personelle Zusammensetzung. Neben der schon auf allen Ebenen wirksamen schichtenspezifischen Selektion ist hier vor allem die

Kontrolle der Zusammensetzung der Führungsgruppen durch die etablierte Führung von Bedeutung:
- Personalentscheidungen werden häufig in kleinen Kreisen *vorgeklärt,*
- sie sind oft bestimmt durch *parteiinternen Proporz* und Rücksichtnahme auf Gruppen („Flügel"),
- in der Regel findet *Wiederwahl* statt,
- Kandidatenaufstellung erfolgt zumeist durch *eliteninterne* Selektion,
- charakteristisch ist oft ein *schrittweises Aufrücken* nach Bewährung.

Abweichend von *Michels* wird festgestellt, daß die Macht der (angestellten) Bürokratie, d. h. des Apparates i. e. S., gering ist. Die Parteibürokratie hat im Verhältnis zur gewählten Parteispitze eher dienende als herrschende Funktionen.

Wenn nun auf den verschiedenen Parteiebenen zumindest mangelhafte Informationsflüsse und unbefriedigende Willensbildungsprozesse zu beobachten sind, könnten diese Versäumnisse immer noch auf den großen parlamentarischen Veranstaltungen der Parteien, den Parteitagen „geheilt" werden. Die *Parteitage* sind deshalb auch ein aussagekräftiges Objekt der empirischen Untersuchung innerparteilicher Demokratie. Die Parteitage der „etablierten" Parteien weisen eine Reihe von Gemeinsamkeiten auf. Eine dieser offensichtlichen Übereinstimmungen liegt darin, daß die jeweiligen *Parteivorstände* die Regie und Kontrolle ihrer Parteitage ziemlich fest in Händen halten (vgl. zum folgenden insbesondere *Dittberner* 1973, S. 82ff.). Die Parteivorstände
- berufen die Parteitage ein und *bereiten* sie *technisch und auch inhaltlich vor,*
- haben einen *Informationsvorsprung* vor den meisten Delegierten,
- *dominieren* die Diskussion
- und sind schließlich in der Lage, *Anträge* in vielen Fällen *„abzuschmettern"* oder in Sammelanträgen untergehen zu lassen.

Die starke Stellung der Parteivorstände gegenüber den Parteitagen ergibt sich einmal schon dadurch, daß permanent tagende Gremien gegenüber den selten zusammentretenden Parteitagen immer einen Vorsprung haben; zum anderen stehen den politischen „Profis" in den Vorständen zumindest zum Teil politische Dilettanten als Delegierte gegenüber. Außerdem sind diese Delegierten durch ein System der mehrstufigen Repräsentation (Ortsverein wählt zum Unterbezirk, Unterbezirk zum Bezirk, Bezirk zum Bundesparteitag) gefiltert, so daß von einer direkten Beteiligung der Basis kaum die Rede sein kann.

Wenn die Parteivorstände eine solch starke Rolle spielen, muß man sich fragen, welchen Einfluß die Delegierten als die „eigentlichen" Hauptakteure dann noch ausüben. Man kann davon ausgehen, daß es *fünf zentrale Aufgaben der Parteitage* gibt, nämlich
- personelle Auswahlen und/oder Bestätigungen vorzunehmen,
- sachliche Entscheidungen zu treffen,
- die zukünftige Politik zu planen,
- die Werbe- und Wahlkampffunktion der Partei zu stärken und
- die Mitglieder in die Partei zu integrieren.

Diese Aufgaben werden von den Parteitagen allenfalls zum Teil erfüllt. Mit *Jürgen Dittberner* läßt sich – vielleicht etwas überzeichnet – feststellen,
- daß die personellen Entscheidungen gekennzeichnet sind durch eliteninterne Selektion, im Extremfall Kooptation (Zuwahl neuer durch die alten Mitglieder),
- daß die sachlichen Entscheidungen vom Parteivorstand kontrolliert werden,
- daß die Planungsfunktion kaum wahrgenommen wird,
- daß die Werbe- und Wahlkampffunktion disziplinierend und damit im Sinne der Vorstände auf die Mitglieder wirkt,
- daß bestenfalls die Integrationsfunktion ohne Einschränkungen stattfindet, wobei aber zu beachten ist, daß auch sie eher die Führung stärkt, als daß sie zur inneren Demokratisierung beiträgt.

Gerade die Werbe- und Wahlkampffunktion hat bei Volksparteien, die vor allem darauf angewiesen sind, keine Wähler zu verlieren, den Effekt, daß *Kontroversen* auf den Parteitagen *unterdrückt* werden. Parteitage sind eher dazu da, die Geschlossenheit der Partei darzustellen, als politische Alternativen zu diskutieren: Denn erfahrungsgemäß werden von den Wählern innerparteiliche Diskussionen als Schwäche, oberflächliche und leerformelhafte Einigkeit aber als Stärke interpretiert (vgl. dazu LB 2, 3.2.4 „Politische Kultur"). So stellt z. B. *Ulrich Lohmar* fest, daß Parteitage gekennzeichnet sind durch „eine Ausblendung wirksamer politischer Willensbildung zugunsten einer Festigung der Partei als Gemeinschaft und der politischen Stabilisierung ihrer Führung" (1963, S. 86).

b) Stellung der Parteien im Gesamtsystem: Volkspartei

Der zweite „Strang" der kritischen Untersuchungen zum Parteiensystem befaßt sich mit der Stellung der Parteien im politischen Gesamtsystem. Er interpretiert die von ihm beobachteten Entwicklungen im Parteiensystem als Ergebnis der veränderten Funktionen der Parteien im gesamten politischen System. Ein bekannter Vertreter dieses Ansatzes ist *Otto Kirchheimer*. Generell – so die These dieses Ansatzes – läßt sich in der Bundesrepublik Deutschland schon seit längerem eine Veränderung des Charakters der bestehenden Parteien beobachten. Früher konnte zumindest eine grobe Unterscheidung zwischen *individuellen Repräsentationsparteien* (insbesondere bürgerliche Parteien; auch Patronage- oder Honoratiorenparteien genannt) und *Massenparteien* (auf der Grundlage von bestimmten Weltanschauungen oder Klasseninteressen; auch Programmparteien genannt) getroffen werden.

Seit dem Ende des Zweiten Weltkrieges zeigt sich hingegen in allen westlichen Demokratien, vor allem in der Bundesrepublik, die Tendenz zur Herausbildung nur noch eines einzigen Parteityps: dem der *Volkspartei*. Eine Volkspartei ist dadurch gekennzeichnet, daß sie die ideologische Durchdringung grundsätzlicher gesellschaftlicher Probleme und die Orientierung an den politischen Werten und den Interessen einer Wählerschaft auf Klassenbasis (oder doch großer Funktionsgruppen), wie sie zumindest für einen Teil der älteren Parteien typisch waren, aufgibt, zugunsten der Fixierung auf eine möglichst große Wählerschaft. Hauptziel der Volkspartei ist die Erlangung einer *großen Anzahl von Stimmen* bei den nächsten Wahlen, d. h. sie muß möglichst alle Bevölkerungskreise ansprechen und darf keine potentiellen Wähler abschrecken. *Otto Kirchheimer,* der als einer der ersten diese Entwicklung der westeuropäischen Parteien analysiert hat, prägte die Bezeichnung *Allerweltspartei,* „catch all party" oder auch „Omnibuspartei" für diesen neuen Parteityp. Dessen charakteristischen Merkmale sind: Orientierung an der *Wählerschaft* und prinzipielle Ausrichtung auf *alle Wähler.*

Für die Parteien hatte diese Entwicklung *einschneidende Änderungen* zur Folge (vgl. zum folgenden *Kirchheimer* 1965; als umfassende Aufarbeitung der gesamten theoretischen Diskussion siehe *Mintzel* 1984):

- Die Politik der Parteien wird nicht mehr auf der Grundlage umfassender Theorien und Ideologien gestaltet, vielmehr überwiegt die *Vorrangigkeit taktischer Überlegungen.* Nicht mehr politische Ziele werden von den Parteien in Angriff genommen, sondern die Bewältigung begrenzter und vorgegebener politischer Aufgaben.
- Aufgrund der Wählerorientierung werden *kontroverse Fragen aus der politischen Diskussion ausgeklammert,* da potentielle Wähler durch die Betonung bestimmter Positionen eventuell abgehalten werden, diese Partei zu wählen.
- Die *Ausweitung der Wählerbasis* wird das wichtigste Ziel. Nicht mehr die Frage, wer sie wählt, sondern wer sie nicht wählt, ist das zentrale Problem der Parteien.
- Gleichzeitig wird die *Spitze der Parteien gegenüber den einfachen Mitgliedern gestärkt.* Wahlen werden wegen der fehlenden politischen Substanz zunehmend personalisiert und die Parteiorganisationen degenerieren immer mehr zur Wahlkampfmaschinerie.
- Schließlich treten die Parteien in ein *Abhängigkeitsverhältnis zu den mächtigen Interessenverbänden,* denn diese verfügen über ein wichtiges Wählerreservoir. Auf der einen Seite dürfen keine relevanten Interessengruppen verprellt werden, gleichzeitig dürfen aber auch nicht offensichtliche Sonderinteressen über Gebühr bevorzugt werden, weil beide Phänomene gleichermaßen Wähler abschrecken können. Auf der anderen Seite müssen sich aber auch die Interessenverbände immer mit sämtlichen Parteien arrangieren, denn die jetzige Oppositionspartei könnte ja demnächst wieder an der Regierung sein.

Volksparteien sind nach diesem Verständnis in erster Linie *„Phänomene des Wettbewerbs" (Kirchheimer).* Der Parteienwettbewerb reicht allerdings zur Erklärung der Entstehung der Volksparteien noch nicht aus. Hinzu kommt eine gesellschaftliche Entwicklung, die durch soziale Sicherheit und wirtschaftlichen Wohlstand charakterisiert ist. Die abnehmende Bedeutung der Klassengegensätze und die damit einhergehende Entideologisierung der Gesellschaft begünstigen, ja ermöglichen erst die Entstehung der Volksparteien.

Für den *demokratischen Anspruch des Parteiensystems* hat diese Entwicklung entscheidende Folgen:

- Die Parteien bekommen den Charakter von „überall gebrauchten standardisierten, weithin bekannten *Marken- und Massenartikeln*", ähnlich wie diese, müssen sie verkauft und vermarktet werden. Damit zusammenhängend ist die gleichmachende Annäherung der Parteien zu sehen:

  „Wenn die Partei eine Organisation ist, die weder Schutz für eine gesellschaftliche Position bietet, noch als ein Ankerplatz für intellektuelle Anliegen gilt und kein Bild für die Gestaltung der Zukunft besitzt, wenn sie statt dessen eine Maschine für kurzfristige und nur von Fall zu Fall auftauchende politische Alternativen wird, dann setzt sie sich den Risiken aus, denen sich alle Hersteller von Verbrauchsgütern gegenüberstehen: die Konkurrenz bringt fast den gleichen Artikel heraus – in noch besserer Verpackung" (*Kirchheimer* 1965, S. 366).

- Der *Wettbewerb zwischen den Parteien wird zufällig und unkontrollierbar.* Faktoren, die von den Parteien überhaupt nicht bestimmt werden können (*Kirchheimer* nennt Stil und Erscheinung des Parteiführers, Ferienordnung, Wetter und Ernte) werden wahlentscheidend anstelle der politischen Programme der Parteien.
- Die Parteien stellen schließlich keine für den Wähler erkennbaren Handlungsprogramme mehr auf und sie legen keine Handlungspräferenzen fest. Dafür versprechen sie in möglichst allgemeinen Wendungen allen Wählern möglichst viel Gutes, wobei gleichzeitig keinem irgendwie geschadet werden soll. Damit wird aber das Wertberücksichtigungspotential der Parteien fraglich: Parteien erfüllen kaum noch die Funktion, die Wertpräferenzen der Bevölkerung zu aggregieren und umzusetzen, sondern ihre Aufgabe besteht nur noch darin, für die *Legitimation der jeweiligen Regierung* zu sorgen. Durch das von Volksparteien bestimmte Parteiensystem wird formale Übereinstimmung und Konsens erzeugt, mehr nicht.

c) Erfüllen die Parteien ihre Funktionen?

In letzter Zeit wird daher von kritischen Positionen zunehmend die Frage gestellt, ob die Parteien in unserem System tatsächlich in der Lage sind, die ihnen zugeschriebenen Funktionen zu erfüllen. Dabei ist die Bestimmung „notwendiger Funktionen" natürlich ein problematisches Unterfangen und beruht auf einem normativen Bild von Demokratie und der Rolle, die Parteien darin spielen sollten. *Klaus von Beyme* unterscheidet vier Funktionen, die Parteien im politischen System erfüllen bzw. erfüllen sollten:

- die *Zielfindungsfunktion,* d. h. Parteien haben Ideologien und Programme, sie bemühen sich um handlungsrelevante Strategien und klären die Bürger über alternative Handlungsmöglichkeiten auf (Ideologie- und Progammebene);
- die *Elitenrekrutierungs- und Regierungsbildungsfunktion* d. h. Parteien rekrutieren und sozialisieren das politische Personal und besetzen damit, falls sie

die Mehrheit haben, Regierungspositionen (Regierungs- und Machtsystemebene);
- die *Artikulation und Aggregation gesellschaftlicher* Interessen, d. h. Parteien bündeln und artikulieren bestimmte, sich in der Partei organisierende oder ihr nahestehende Interessen (Mitgliederebene); und
- die *Mobilisierung und Sozialisation der Bürger,* d. h. Parteien mobilisieren Wähler zu ihrer Unterstützung und leisten gleichzeitig permanente politische Erziehungsarbeit (Wählerebene).

(Vgl. hierzu *von Beyme* 1982a, S. 24ff.; *ders.* 1982b, S. 87ff.; siehe auch die Unterscheidung von Aufgaben der Parteien nach dem Parteiengesetz im LB 2, 4.1.4. Zu weiteren „Funktionskatalogen" von Parteien siehe *Mintzel/Schmitt* 1982 und *Thränhardt/Uppendahl* [Hrsg.], 1982.)

Von Beyme kommt zu dem Schluß, daß einige Funktionen nur noch unzureichend wahrgenommen werden, während andere sich stark gewandelt haben bzw. in anderen gesellschaftlichen Bereichen wahrgenommen werden.

Die *Zielfindungsfunktion* wird heute von den Parteien, insbesondere auch auf der rechten Seite des Spektrums, eher mehr wahrgenommen, als noch vor 20 Jahren. Die Parole vom „Ende der Ideologien" stimmt offenkundig nicht, denn Parteien besinnen sich wieder vermehrt auf ihre progammatischen Grundlagen. Eine verstärkte „Ideologisierung" sieht *von Beyme* auch in folgenden Aspekten:
- die Bedeutung der Parteitage, insbesondere bei konservativen Parteien, hat zugenommen;
- genauso die Bedeutung der Partei außerhalb des Parlaments; es wird immer mehr versucht, Einfluß auf das Handeln der Fraktionen zu gewinnen;
- die Auffassung vom Mandat hat sich gewandelt, auch wenn das imperative Mandat abgelehnt wird, orientieren sich Mandatsträger doch notgedrungen stark an der Meinung der Parteimitglieder;
- schließlich hat die Fraktionierung der Parteien stark zugenommen und die Meinungsunterschiede zwischen verschiedenen Gruppen werden verhältnismäßig offen ausgetragen.

„Die behauptete Annäherung der Parteien in der Mitte, weil sie zunehmend um das gleiche mittelständische Wählerpotential ringen, läßt sich nicht für alle Perioden verallgemeinern. Sie scheint für Zeiten der Prosperität zu gelten. In Zeiten der Krise rücken die Parteien gelegentlich wieder auseinander und profilieren sich fast am extremen Ende ihrer eigenen Positionen (Großbritannien seit 1979, USA seit 1980" (*von Beyme* 1982b, S. 91).

Die *Elitenrekrutierungs- und Regierungsbildungsfunktion* wird demgegenüber fast zu perfekt wahrgenommen. Parteien haben bei der Besetzung von Regierungsämtern inzwischen ein Monopol. Zunehmend wird gefragt, ob diese Rekrutierungsfunktion vielleicht nicht sogar zu exzessiv wahrgenommen wird, z. B. bei der Besetzung von Beamtenpositionen. Besonders problematisch wird das Monopol der Parteien bei der Besetzung von „Machtpositionen", wenn es auf alle möglichen gesellschaftlichen Bereiche ausgedehnt wird:

„Warum müssen die Parteien auch die Kommunalpolitik kontrollieren, warum in Bürgerinitiativen präsent sein? Warum müssen die Präsidenten von Fußball- und anderen Vereinen Parteifunktionäre und Abgeordnete sein? Warum muß der Parteienproporz ein zentrales Auswahlkriterium in den Sendeanstalten sein, warum sind die Darstellungsformen dort so stark parteienfixiert?" (Raschke 1982, S. 28).

Einem besonders starken Wandel ist die *Artikulation und Bündelung von Interessen* unterworfen. Die modernen Volksparteien haben ihre alte Basis weitgehend verloren. Dies gilt nicht nur für die SPD, die längst nicht mehr im Geflecht der alten Arbeiterkultur vom Sportverein bis zur „Verbrennungskasse" verankert ist, sondern gleichermaßen für die bürgerlichen Parteien, die auch ihr klassisches Milieu (z. B. Kleinbürgertum oder konfessionell stark geprägte Gruppen) verloren haben. Das Nachlassen der Identifikation mit der Partei, die einst schon durch Sozialisation in der Familie erworben wurde und ein Leben lang anhielt, hängt eng zusammen mit der Schwächung der traditionellen Klassen- und Schichtenbindung und nicht zuletzt mit dem übergreifenden „Wertwandel" (vgl. LB 2, 3.2.4 (c)).

Insgesamt ist von einer Auflösung traditioneller sozio-kulturellen Milieus auszugehen. Bedürfnisse nach Geselligkeit, Freundschaft, kontinuierlichem, offenen Meinungsaustausch und Spontaneität werden auf Bürgerinitiativen, Jugendhäuser, Vereine und nicht zuletzt auf die „neuen sozialen Bewegungen" verlagert, die zunehmend an Bedeutung gewinnen, wie u. a. die Boomphasen der Anti-AKW-, Ökologie-, Frauen-, Alternativ- und Friedensbewegung beeindruckend belegen:

„Die neuen sozialen Bewegungen sind gerade auch deshalb bei der Jugend so erfolgreich, weil es ihnen gelingt, neue Milieus aufzubauen (die „Szene" z. B.). Die etablierten Parteien sind nur noch begrenzt in traditionellen Milieus verankert: diese sind ohne Dynamik und haben deshalb nur geringe Anziehungspunkte für junge Menschen" (*Raschke* 1982, S. 13).

In engem Zusammenhang hiermit steht schließlich die Abnahme der *Mobilisierungs- und Sozialisierungsfunktion,* die die Parteien gegenüber den Wählern wahrnehmen. Hier treffen die verschiedenen kritischen Punkte, die oben schon unter dem Stichwort der „Parteiverdrossenheit" abgehandelt wurden, zusammen. Zusammengefaßt (vgl. *von Beyme* 1982b, *Raschke* 1982, als besonders engagierte Kritik eines „Insiders" *Scheer* 1979):

- die Parteiidentifikation der Bürger nimmt ab, gleichzeitig nimmt die Kandidaten- und/oder Problemorientierung zu;
- die Sozialisationsfunktion, die Parteien früher hatten, wird auf andere Träger verlagert (z. B. Schule, Medien, Bürgerinitiativen usw.);
- die Sozialstruktur von Parteimitgliedern und Wählern klafft zunehmend auseinander;
- damit zusammenhängend nimmt die Professionalisierung der Politik, das Übergewicht der Berufspolitiker zu;
- Parteien verlieren schließlich das Monopol auf politische Aktivitäten, Interessen können u. U. effektiver über Bürgerinitiativen oder z. B. in anderen gesellschaftlichen Strukturen (z. B. Schule, Betrieb) wahrgenommen werden.

Raschke (1982) faßt diese verschiedenen Kritikpunkte mit folgenden Schlagworten zusammen:

- *Überanpassung* – Parteien fehlt zunehmend die Bereitschaft, der Mut oder die Fähigkeit zum Wandel;
- *Übergeneralisierung* – Parteien versuchen, zu viele Interessen auf einen Nenner zu bringen, so daß sich schließlich der einzelne nicht mehr wiederfinden kann;
- *Überinstitutionalisierung* – Parteien können die Partizipationswünsche aufgrund ihrer internen Verharschung nicht mehr befriedigen;
- *Überforderung* – die Parteien haben die Bürger erst auf die Idee gebracht, sie als Alleskönner zu sehen; nun klagen sie über das „überzogene Anspruchsdenken" der Bürger, wo sie doch hinter den von ihnen selbst geschaffenen Leistungsmaßstäben zurückbleiben.

6.4 Marxistische Positionen: Parteien als Systemstabilisatoren

Zum Problem des Parteiensystems gibt es – wie zu fast allen anderen Fragen auch – nicht *die* marxistische Antwort (vgl. die Zusammenfassung bei *Hartmann* 1979, S. 9ff.). Obwohl sehr wenige marxistische Analysen der Wirklichkeit des Parteiensystems der Bundesrepublik Deutschland vorliegen, gibt es eine Anzahl von Versuchen, die theoretische Funktion von Parteien im Kapitalismus zu bestimmen. Dabei wird unterschieden zwischen der klassengebundenen kommunistischen Einheitspartei und den bürgerlichen Parteien. Wir wollen uns hier auf die explizite Auseinandersetzung mit den „bürgerlichen" Parteien der Bundesrepublik Deutschland konzentrieren, wie sie von Vertretern des Neomarxismus geführt wird.

Im empirischen Befund stimmt diese Position mit den Ergebnissen der empirischen und kritischen Analysen des Parteiensystems überein bzw. baut darauf auf. So stellt z. B. *Agnoli* (1968; *ders.* 1977) fest:

- die *Verselbständigung der Führungsgruppen,*
- die *Orientierung auf Stimmenmaximierung* und daraus folgend die Ausrichtung der Wahlkämpfe auf eine abstrakte Allgemeinheit (sowohl Mieter wie auch Hausbesitzer sollen von einer Partei bedient werden),
- die daraus folgende *Auswechselbarkeit der Parteien* und die Leerformelhaftigkeit der Konkurrenz („Pepsi- oder Coca-Cola"; *Schmiederer/Becker-Panitz* 1976).

In diesen Befund wird die SPD als tendenziell bürgerliche Partei eingeschlossen; auch für sie gelten diese Aussagen. Für den demokratischen Gehalt des Parteiensystems werden daraus dann weitgehende Folgerungen gezogen:

- Die bestehenden etablierten Parteien operieren *abgehoben von ihrer gesellschaftlichen Basis,* sie sind nicht Interessenvertretungen bestimmter gesellschaftlicher Gruppen, sondern eher „staatspolitische Vereinigungen".
- Durch diese staatspolitischen Vereinigungen wird im Parteienspektrum *nur ein Pol der Gesellschaft* repräsentiert („reproduziert"), nämlich die herrschenden, jegliche Veränderung abblockenden Interessen:

„Die Trennung von der gesellschaftlichen Basis trifft nicht alle Gruppen gleich, da von der Reproduktion auf der Ebene der Staatsgewalt nur die Gruppen und Klassen ausgeschlossen bleiben, die die Verhältnisse ändern wollen – potentiell die Abhängigen. Sie finden bei Grundsatzentscheidungen kein politisches Sprachrohr" (*Agnoli* 1968, S. 31).

– Daraus folgt, daß das Parteiensystem keine Umschlagstelle des politischen Kampfes ist, sondern im Gegenteil zu dessen Entschärfung und Verschleierung dient. Das bestehende Parteiensystem funktioniert in erster Linie zur *Absicherung der bestehenden Machtverteilung in der Gesellschaft.*
– In Wirklichkeit gibt es also keine Unterschiede zwischen den um die Wählerstimmen konkurrierenden Parteien; sie bilden „die *plurale Fassung einer Einheitspartei*", wobei diese „Einheitspartei" eine allgemeine Angleichung aller erstrebt. Sie erinnert dabei an den italienischen Typ der faschistischen Partei:

„Beide zielen ungeachtet eines etwaigen klassenmäßigen Auftrags auf die Bildung einer großen Gemeinschaft in der die einzelnen der gleichen sittlichen Verpflichtung unterliegen, jedoch einen ungleichen materiellen Anteil an wirtschaftlicher und politischer Macht erhalten" (*Agnoli* 1968, S. 42).

Schließlich haben die jeweils „linken" Flügel der Parteien die Aufgabe, Kritik- und Protestpotential mittels symbolischer Politikverarbeitung einzubinden und aufzusaugen. Zugleich dürfen die damit verbundenen Konflikte nicht zu stark werden. Dieses Dilemma führt zur „Verapparatung und Verstaatlichung" der Parteien und insoweit zur Stärkung des korporatistischen Regulierungssystems (*Hirsch* 1980, S. 126; vgl. auch LB 3, 5 „Korporatismus").

6.5 Grundlegende Literatur

von Beyme, Klaus: Parteien in westlichen Demokratien, München 1982a

Narr, Wolf-Dieter (Hrsg.): Auf dem Wege zum Einparteienstaat, Opladen 1977

Jäger, Wolfgang (Hrsg.): Partei und System, Stuttgart 1973

Kaack, Heino/Roth, Reinhold (Hrsg.): Handbuch des deutschen Parteiensystems. Struktur und Politik in der Bundesrepublik zu Beginn der achtziger Jahre, Opladen 1980 (2 Bde.)

Kirchheimer, Otto: Der Wandel des westeuropäischen Parteiensystems, in: PVS 1965, S. 20ff.; abgedruckt in: *Ziebura, Gilbert* (Hrsg.): Beiträge zur allgemeinen Parteienlehre, Darmstadt 1969, S. 341ff. (hier zitiert)

Mintzel, Alf: Die Volkspartei. Typus und Wirklichkeit, Opladen 1984

Thränhardt, Dietrich/Uppendahl, Herbert: Politische Parteien in der Bundesrepublik Deutschland. Entwicklung und Kritik. Sozialwissenschaftliche Materialien, Stuttgart 1982 (mit sehr vielen kurzen Ausschnitten aus der neueren relevanten Literatur)

7. Parlamentarismus

Der Parlamentarismus ist ein wichtiges Element der westlichen Demokratieauffassung. Er ist allerdings nicht schlichtweg mit Demokratie identisch, sondern lediglich *eine Form* demokratischer Willensbildung. Das Rätemodell (vgl. LB 4, 5.3) wird beispielsweise als eine alternative Lösung angesehen. Auch ist nicht immer ganz klar, was unter Parlamentarismus verstanden wird. Die weitere Definition faßt darunter sämtliche Regierungssysteme, in denen Parlamente eine Rolle spielen, d. h. auch präsidentielle Systeme, in denen die Exekutive im Sinne der klassischen Gewaltenteilung unabhängig vom Parlament gewählt wird. Die engere (und verbreitetere) Auffassung faßt darunter nur diejenigen Systeme, in denen die Regierung vom Parlament gewählt wird und von diesem auch abgesetzt werden kann (vgl. *Steffani* 1979).

Die parlamentarische Demokratie in diesem Sinne ist in Deutschland im Vergleich zu anderen westlichen Ländern noch relativ jung. Sie wurde erst mit der Weimarer Republik eingeführt. Während sie dort von „rechts und links" bekämpft und schließlich von den Nationalsozialisten abgeschafft wurde, ist sie heute in der Bundesrepublik größtenteils akzeptiert. Es gibt allerdings deutliche Unterschiede in der Einschätzung der Form, der Aufgaben und der Mängel des Parlaments. In die Beurteilung des Parlamentarismus fließt auch die Einstellung zu anderen Elementen des gegenwärtigen demokratischen Systems wie z. B. Parteien, Wahlrecht, Gewaltenteilung, Opposition, Minderheitenschutz ein. Dabei wird die derzeitige Ausprägung des Parlamentarismus in der Bundesrepublik von verschiedenen theoretischen Ansätzen kritisiert, verteidigt oder gar für obsolet gehalten, indem es z. B. auf seine Schwachstellen hin analysiert oder mit normativen Anforderungen konfrontiert wird (vgl. zur Übersicht über die einschlägige Literatur *Jesse* 1981; als Einführung *Zeh* 1983).

7.1 Konservative Positionen: Mangelhafte Handlungsfähigkeit und geringer Sachverstand

Konservative Positionen setzen sich in der Regel kritisch mit dem Parlamentarismus auseinander; sie stehen damit in der Tradition der Parlamentarismuskritik „von rechts" des Kaiserreichs und der Weimarer Republik. Wurde dort noch unverblümt der Parlamentarismus abgelehnt und seine Abschaffung gefordert, so gibt es heute keine ernsthafte wissenschaftliche Position mehr, die diese radikale antiparlamentarische Tradition fortsetzt (vgl. aber die Alternative des „Ständestaats", 5.1). Angesichts eindeutiger Verfassungsvorschriften dominiert heute vielmehr das *Unbehagen* gegenüber parlamentarischer Willensbildung, werden *Schwächen des Systems* beklagt, ohne daß gleich nach grundlegenden Alternativen (z. B. dem „Führerprinzip") gerufen wird. Diese Modifizierung konservativer Parlamentarismuskritik wird auch deutlich an den Inhalten der Einwände. So steht nicht mehr der Vorwurf im Vordergrund, der Parlamentarismus verfälsche den Volkswillen; vielmehr richtet sich die Sorge großteils darauf, daß der Staat an sachgerechtem Handeln gehindert werde.

Die konservative Einstellung zum Parlamentarismus wurde und wird stark von dem Staatsrechtler *Carl Schmitt,* einem geistigen Wegbereiter des Nationalsozialismus beeinflußt, dessen Position deshalb hier kurz referiert werden soll. Seine *Parlamentarismuskritik* kann in drei Punkten zusammengefaßt werden:

- *Schmitt* argumentiert, daß der Parlamentarismus mit dem Aufkommen des Parteienpluralismus und den organisierten Interessengruppen, mit dem Entstehen einer „Polykratie" seine *Grundlagen verloren* hat. Er begründet diese Annahme damit, daß die Grundprinzipien des Parlamentarismus, für die er Öffentlichkeit und Diskussion hält, nicht mehr einzulösen sind:

  „Die ratio des Parlaments ... liegt in einem Prozeß der Auseinandersetzung von Gegensätzen und Meinungen, aus dem sich der richtige staatliche Wille als Resultat ergibt. Das Wesentliche des Parlaments ist also öffentliches Verhandeln von Argument und Gegenargument, öffentliche Debatte und öffentliche Diskussion" (*Schmitt* 1961 [1. Aufl. 1923], S. 43).

  Das Ergebnis von Öffentlichkeit sollte „nichts weniger als Wahrheit und Gerechtigkeit selbst" sein. Diesen Auseinandersetzungsprozeß hält *Schmitt* nicht mehr für möglich, weil das Parlament in der „Massendemokratie" zum *Austragungsort von Interessenkämpfen* geworden ist und aufgehört hat, eine Einheit zu repräsentieren. Vielmehr ist die Massendemokratie durch „Inhomogenität" gekennzeichnet. Die Idee des „government by discussion" ist unter diesen Bedingungen unwiderruflich hinfällig geworden. Sofern es Parlamentsreden gibt, werden sie „zum Fenster hinaus" gehalten; von den vorgetragenen Argumenten läßt sich der parlamentarische Gegner nicht überzeugen. Pure Scheingefechte finden statt, Entscheidungen werden jedenfalls nicht getroffen.
- *Schmitt* zieht aus all dem die Folgerung, daß *zwischen Demokratie und Parlamentarismus ein Widerspruch* besteht, weil er von einem Demokratiebegriff ausgeht, dessen Grundgedanken substantielle Gleichheit, Einheit und Identität von Regierten und Regierenden sind (vgl. LB 3, 8.1).
- Die Bildung und Artikulation des Volkswillens erfordert daher *andere Formen.* Wahre Demokratie kann z. B. im Führerstaat, in dem der Führer sich in Übereinstimmung mit dem Volkswillen befindet, eher verwirklicht werden:

  „Der Wille des Volkes kann durch Zuruf, acclamatio, durch selbstverständliches, unwidersprochenes Dasein ebensogut und noch besser demokratisch geäußert werden, als durch den statistischen Apparat, den man seit einem halben Jahrhundert mit einer so minutiösen Sorgfalt ausgebildet hat. Je stärker die Kraft des demokratischen Gefühls, um so sicherer die Erkenntnis, daß Demokratie etwas anderes ist als ein Regierungssystem geheimer Abstimmungen" (*Schmitt* 1926, S. 353).

In dieser extremen Form, als *Propagierung des Führerstaates,* wird die konservative Parlamentarismuskritik heute kaum noch vertreten, aber der Grundgedanke, daß nämlich im parlamentarischen System der Volkswille nicht repräsentiert, sondern verfälscht wird, klingt in mancher konservativen Argumentation noch deutlich an.

So lautet denn auch ein populärer Vorwurf gegen die Parlamente, daß dort Parteien und Interessengruppen ihre egoistischen Einzelinteressen vertreten und zu Entscheidungen gelangen, die nicht am Wohl des Ganzen orientiert sind (vgl. hierzu auch die parallele Argumentation gegen den Pluralismus; LB 3, 4.1). *Werner Weber* spricht davon, daß die apparathaften Parteiorganisationen der Massendemokratie „nicht mit dem Volke mehr identisch sind" (1970, S. 56). Seine „Alternative" wurde bereits im Zusammenhang mit seiner Parteienkritik verdeutlicht: Parteien und Parlament bedürfen z. B. in Gestalt eines vom Volk direkt gewählten Präsidenten oder im Beamtenapparat eines „neutralen", unabhängigen Gegenpols, der die politische Einheit verkörpert.

Moderne, oft technokratisch orientierte Positionen konzentrieren sich stärker auf die These der *eingeschränkten Handlungsfähigkeit des Staates* durch den Parlamentarismus. Auch hier hat *Carl Schmitt* die Perspektive aufgewiesen: Es ist nicht zu erwarten, daß die im Parlament zustandegekommenen taktisch und interessenbestimmten Kompromisse auf Dauer jene staatliche Effizienz gewährleisten, die allein das Überleben der Gesellschaft sichern kann. Sachrichtiges, schnelles und entschlossenes staatliches Handeln ist im parlamentarischen System kaum möglich. In bestimmten (Krisen-)Situationen, so *Schmitts Dezisionismus-Lehre,* ist es aber weniger wichtig, wie entschieden wird, sondern daß überhaupt entschieden wird. Und gerade dieses verhindert der Parlamentarismus, der daher als funktionsunfähige oder zumindest tendenzielle überholte Institution angesehen wird.

Für den heutigen technischen Staat steht jedoch weniger das Ernstfall-Problem an, als vielmehr die Notwendigkeit, „sachgerecht" und kompetent zu entscheiden. Es kommt deshalb in erster Linie darauf an, ausreichendes Fachwissen zu versammeln, um den gestiegenen Anforderungen der modernen Industriegesellschaft an staatliche Leistungen gerecht zu werden. Es ist jedoch schwierig, dem *notwendigen Expertentum* eine angemessene Vertretung im Parlament zu schaffen. Eine Hilfe dabei sind die für die Bundestagswahl aufzustellenden Landeslisten, auf der die Wahl von Experten abgesichert werden kann. Auf das allgemeine *Wahlrecht* ist in dieser Frage kein Verlaß, denn der Wähler übersieht seine Entscheidungen nicht mehr (vgl. z. B. *Forsthoff* 1971, S. 83ff. und S. 94ff.). Damit ist die Frage nach Sinn und Zweck des allgemeinen Wahlrechts gestellt. Es wird befürchtet, daß es die notwendige Entscheidungsfähigkeit des Staates hemmt (vgl. zu dieser Position auch *Luhmanns* Trennung der Sphären von „Politik und Verwaltung"; LB 3, 10.2 (a)). Zumindest die „große Politik" sollte deshalb dem Parteienkampf um Wählerstimmen und Abgeordnetenmandate entzogen werden und in der Aura von Sachlichkeit, Kompetenz und Überparteilichkeit entschieden werden.

„Es geht einfach darum, vor allem die große Politik den Schwankungen und Emotionen zu entziehen, denen sie heute ausgeliefert ist. Es geht weniger darum, das allgemeine aktive Wahlrecht aufzuheben, als darum, daß es entweder auf Ziele beschränkt wird, die noch in der Beobachtungs- und Interessensphäre der Wählenden liegen, wo sie also zur Abgabe eines rationalen Urteils fähig sind und wo Fehlentscheidungen nur eine begrenzte Wirkung zukommt, oder daß sonst zwar auf irgendwelchen Ebenen gewählt wird, daraus aber für die große Politik nichts folgt" (*Martini* 1954,, S. 315f.).

7.2 Rechtfertigende Positionen: Stärken des parlamentarischen Systems

Rechtfertigende Positionen sehen ihre Aufgabe primär darin, den Parlamentarismus adäquat zu beschreiben. Sie halten ihn für das überlegene System demokratischer Willensbildung; insofern verteidigen und rechtfertigen sie ihn zugleich. Die Vertreter dieses Ansatzes, insbesondere *Wilhelm Hennis, Kurt Sontheimer, Winfried Steffani* und *Heinrich Oberreuter* entwickeln ihre Argumente aufbauend auf *Ernst Fraenkel* aus der *Auseinandersetzung mit den konservativen Parlamentarismuskritikern.* Gegen diese gewendet, stellen sie zunächst richtig:

- Das Parlament ist nicht die Stätte rationaler Diskussion, wo in aller Öffentlichkeit in nie endendem Ringen die Wahrheit und das Gemeinwohl gefunden werden. Eine solche Definition hat selbst für das traditionelle englische Parlament des 19. Jahrhunderts nie zugetroffen.
- Das Parlament ist auch nicht vom „Volk“ delegiert worden, um den Volkswillen auszuführen. Die Unterstellung, das Parlament bestimme die Politik, die dann von der Regierung auszuführen sei, beruht auf einem grundlegenden Mißverständnis.
- Genausowenig trifft es zu, daß dem Parlament die Exekutive geschlossen gegenübersteht. Eine solche Konstellation hat es zwar in der konstitutionellen Monarchie gegeben (z. B. im Kaiserreich mit einer dem Parlament nicht verantwortlichen Regierung), aber im parlamentarischen System ist diese Form der Gewaltenteilung zwischen Exekutive und Legislative überholt. Die Regierung ist sowohl der Exekutive (Regierung und Verwaltung) wie auch der Legislative (Regierung ist Teil des Parlaments) zuzurechnen.

Ernst Fraenkel faßt diese Einschätzung der konservativen Parlamentarismuskritik treffend zusammen:

„Das kritikbedürftigste Moment des Bonner Parlamentarismus scheint mir die landläufige Kritik zu sein, die an ihm geübt wird. Sie ist reaktionär und schizophren. Sie sehnt sich heimlich nach einer starken Regierung und bekennt sich öffentlich zu der Herrschaft eines allmächtigen Parlaments. Sie beschimpft den Abgeordneten, wenn es zu einer Regierungskrise kommt, und verhöhnt ihn, wenn er getreulich die Fraktionsparole befolgt. Sie verkennt die notwendigerweise repräsentative Natur eines jeden Parlamentarismus und verfälscht seinen Charakter, indem sie ihn plebiszitär zu interpretieren versucht“ (*Fraenkel* 1974, S. 55).

Die Verteidiger des parlamentarischen Systems halten dessen angebliche Schwächen gerade für die wahren Stärken:

- Das *Parlament muß zum Fenster hinaus reden,* denn nicht die anderen Abgeordneten, sondern die Wähler müssen von der Richtigkeit der eigenen Politik überzeugt werden. Sinn der Parlamentsdebatten ist daher die jeweilige Politik zu legitimieren bzw. für die Opposition, diese Politik in Frage zu stellen, damit der Wähler seine Entscheidung bei der nächsten Wahl treffen kann. Aus diesem Grunde ist es sinnvoll, Debatten im Parlament als ständigen Wahlkampf aufzufassen. Der Deutsche Bundestag ist denn auch seiner Intention nach ein *Redeparlament,* in dem das Schwergewicht auf der politischen Diskussion und nicht auf der Entwicklung und Formulierung von Gesetzentwürfen liegt. Daß in der Wirklichkeit die Arbeit in den Ausschüssen inzwischen dominiert, der Bundestag sich also zu einem Arbeitsparlament entwickelt hat (wie es z. B. der amerikanische Kongreß – hier allerdings ausdrücklich intendiert – ist) wird kritisch vermerkt.

- Ebenso sind *Fraktions- und Koalitionsdisziplin* notwendig, denn nur so hat der Wähler, der normalerweise eine Partei und nicht einen bestimmten Abgeordneten wählt, die Möglichkeit, in das politische Geschehen einzugreifen. Das freie Mandat (Art. 38 GG) sichert dem Abgeordneten zwar Gewissensfreiheit zu, schützt ihn aber nur vor rechtlichen, nicht vor politischen Sanktionen (vgl. auch Art. 21 GG).
- Die empirische Tatsache, daß die *Regierung und nicht das Parlament die Führungsrolle* innerhalb des parlamentarischen Willensbildungs- und Entscheidungsprozesses innehat, wird für notwendig und sinnvoll angesehen. Der politische Einfluß des Wählers ist insoweit gegeben, als durch die Wahl bestimmt wird, wer für die nächsten vier Jahre die Regierung stellt. Diese Regierung, und nicht das heterogene und ziemlich schwerfällige Parlament, ist daher der aktive Teil des politischen Systems.
- Schließlich entspricht es der Logik des Parlamentarismus, daß das *Parlament nicht als Ganzes der Regierung gegenübersteht.* Vielmehr müssen Mehrheitsfraktion(en) und Regierung im Interesse der Wähler übereinstimmen. Die Regierung wird daher effektiv nur von der Opposition kontrolliert, die sich als Alternative zur Regierung profilieren muß. Mehrheitsfraktion(en) und Regierung sind eher dazu da, den über Wahlen oder vergleichbare Mechanismen kaum veränderbaren und daher auch weniger anpassungsbereiten Verwaltungsapparat zu kontrollieren. Die Funktion der Mehrheitsfraktion(en) besteht darin, „Resonanzboden des Zumutbaren" *(Steffani)* zu sein. Normalerweise unterstützen sie die Regierung und nur wenn diese sich zu weit von den sie tragenden politischen Kräften entfernt, wird diese Unterstützung in Frage gestellt (vgl. z. B. Anti-Terrorismusgesetze im Bundestag).

Ausgehend von dieser Beschreibung und gleichzeitigen Rechtfertigung des modernen Parlamentarismus, werden dann Aufgaben oder Funktionen definiert, die ein Parlament erfüllen muß, um im Sinne dieser Position den Ansprüchen an ein demokratisches politisches System gerecht zu werden. Grundlegend für diesen Aufgabenkatalog ist eine Beschreibung des englischen Parlaments, die von dem politischen Schriftsteller *Walter Bagebot* schon 1867 veröffentlicht wurde (vgl. LB 2, 4.1.4 (c), s. a. *Thaysen* 1976). Demnach ist es nicht Aufgabe des Parlaments den Volkswillen zu repräsentieren und durchzusetzen, selbst zu regieren oder etwa das Gemeinwohl zu erforschen und zu verwirklichen; vielmehr ist es erforderlich und zweckmäßig, daß das Parlament die folgenden *Funktionen* erfüllt:

- *Wahl der Regierung,* damit sich auf diese Weise die Interessen der Wähler durchsetzen und die Regierung an die Unterstützung der Wähler gebunden wird;

- *Artikulation und Diskussion* der unterschiedlichen politischen Standpunkte, damit dem Wähler deutlich wird, welche Positionen die Parteien jeweils einnehmen;
- *Kontrolle* der Exekutive, damit gewährleistet ist, daß sich Regierung und Verwaltung in Übereinstimmung mit den Interessen der Wähler befinden bzw. damit die Voraussetzungen für einen Regierungswechsel geschaffen werden;
- *Gesetzgebung,* um schließlich sicherzustellen, daß sich die Gesetze in Übereinstimmung mit den Interessen der durch Wahlen festgestellten Mehrheit der Bevölkerung befinden. Die nach traditionalem Verständnis zentrale Aufgabe des Parlaments wird von dieser Position als eine Aufgabe unter anderen, und zwar nicht als unbedingt die wichtigste angesehen.

Aus dem Aufgabenkatalog geht hervor, daß der Parlamentarismus als das geeignete System angesehen wird, um die Regierung über den Mechanismus der wiederkehrenden Wahlen an die Interessen der Wähler zu binden. Nur aus diesem Gesichtspunkt sind daher auch die Aufgaben des Parlaments zu definieren. Gleichzeitig wird die Praxis des Parlamentarismus in der Bundesrepublik ausgesprochen positiv bewertet:

„Der Bonner Parlamentarismus war von Beginn an ein zupackender, gestaltungsfreudiger, ein regierender Parlamentarismus. Eine historische Überraschung – und seine große Stärke bis heute. Mit dieser Mentalität hat er die Rekonstruktion dieses Gemeinwesens beflügelt, die Grundlagen der Demokratie gesichert, einen Rechtsstaat höchster Qualität geschaffen und soziale Sicherung sowie soziale Gerechtigkeit in hohen Graden angestrebt und bisher zu erhalten gewußt" (*Oberreuter* 1981, S. 98; ders. 1985; für eine informative Zusammenfassung grundsätzlich positiver Einschätzungen des Bundestages und seiner Fraktionen siehe *Klatt* [Hrsg.] 1980).

7.3 Kritische Positionen: Problematische Wahrnehmung der Funktionen

Kritische Positionen akzeptieren und bejahen grundsätzlich das Parlamentarismusmodell, wie es von *Ernst Fraenkel, Wilhelm Hennis* u. a. konzipiert wurde. Sie setzen sich mit diesem Modell jedoch kritisch auseinander und fragen, ob seine Annahmen in der Wirklichkeit erfüllt sind und ob das Parlament die ihm zugeschriebenen Funktionen überhaupt wahrnehmen kann. Vertreter dieser eher „immanent" kritischen Position sind u. a. *Thomas Ellwein, Udo Bermbach* und *Uwe Thaysen.*

Zunächst wird festgestellt, daß der Bundestag die *Wahlfunktion,* d. h. die Aufgabe, jeweils eine arbeitsfähige Regierung hervorzubringen, bisher weitgehend erfüllt hat. Anders als die Weimarer Republik ist die Bundesrepublik von fortdauernden Regierungskrisen und daraus folgender Handlungsunfähigkeit der Regierung verschont geblieben. Allerdings ist dies mehr ein *Verdienst des Parteiensystems,* denn die Vorentscheidung über „Kanzlerkandidaten" fällt in den großen Parteien und wird vom Bundestag nur noch bestätigt. Ob dies auch in Zukunft so sein wird, ist aufgrund von Veränderungstendenzen im Parteiensystem ungewiß. Auch ob diese Aufgabe jeweils im Sinne der

Wähler erfüllt wird, ist zweifelhaft. Für eine ungenügende Berücksichtigung des Wählerwillens bzw. für eine eher *undemokratische Ausübung* der Wahlfunktion durch den Bundestag werden verschiedene Argumente genannt:

- Das Wahlrecht führt auf der einen Seite dazu, daß aufgrund der 5%-Klausel relevante politische Ansichten aus dem Parlament ferngehalten werden.
- Auf der anderen Seite führt das System der Verhältniswahl dazu, daß eine Partei nicht oder selten regierungsfähige Mehrheiten stellt. Es existiert ein Koalitionszwang.
- Dieser wiederum führt in Verbindung mit dem Parteiensystem dazu, daß kleinere Parteien einen unverhältnismäßig großen Einfluß haben. Damit wird der Wählerwille verfälscht.
- Schließlich hat der Wähler auf die Zusammensetzung des Parlaments auch deswegen kaum Einfluß, weil der größte Teil der Mandate „sichere Mandate" für die jeweiligen Parteien sind (z. B. kommen die ersten Kandidaten der Landesliste auf jeden Fall ins Parlament). Daher wird die personelle Zusammensetzung des Parlaments stark von den Parteien bestimmt (vgl. *Zeuner* 1971). Dies ist um so problematischer, als auch innerhalb der Parteien die Willensbildungsprozesse nicht sehr demokratisch sind (vgl. LB 3, 6.3 (a)).

Es wird also kritisiert, daß das Parlament zwar die Wahlfunktion wahrnimmt, der Einfluß des Wählers auf das Parlament aber nur sehr gering ist. Diese Einwände gelten analog für alle weiteren Parlamentsfunktionen: So wird vor allem die Wahrnehmung der *Artikulations- und Diskussionsfunktion* durch den Bundestag generell in Frage gestellt (vgl. z. B. *Ellwein* 1969):

- Im Bundestag wird zu wenig über aktuelle Politik diskutiert, meistens unterhalten sich wenige Fachleute über nur ihnen verständliche Spezialprobleme.
- Wichtige politische Fragen werden außerhalb des Parlaments diskutiert („Interviewdemokratie"); dadurch schwindet die Bedeutung des Bundestages.
- Nur einige Parlamentarier kommen regelmäßig zu Wort, wenige Dauerredner besetzen den größten Teil der Redezeit.
- Die jeweiligen Fraktionsführungen verfügen über zu viel Macht und verhindern, daß ein größerer Ausschnitt parteiinterner Standpunkte im Parlament zur Sprache kommt. Gleichzeitig wird die Hierarchisierung und Bürokratisierung der Fraktionen kritisiert, einige Abgeordnete sprechen sogar von „Verkaderung" (*Hamm-Brücher* 1985).
- Schließlich ist der Bundestag schon aufgrund seines *Sozialprofils* nicht in der Lage, die Interessen der Bevölkerung zu artikulieren. In ihm dominieren Angehörige des öffentlichen Dienstes und Selbständige; während z. B. Frauen oder Arbeiter stark unterrepräsentiert sind (s. u.).

Zusammenfassend lautet die Kritik also, daß das Parlament seine Aufgabe, politische Ansichten zu artikulieren und zu diskutieren und dadurch den Wählern einen Überblick über die Standpunkte der einzelnen Parteien zu geben, kaum oder nur sehr ungenügend erfüllt.

Die Prüfung, ob und wie der Bundestag seine *Kontrollfunktion* wahrnimmt, erbringt ähnliche Ergebnisse (vgl. zur parlamentarischen Kontrolle insgesamt *Busch* 1983, *Stadler* 1984). Die Kritik geht aus von der Feststellung, daß die Exekutive gegenüber dem Parlament deutliche Vorteile hat. Das Parlament als Ganzes, und erst recht der einzelne Abgeordnete, kann nicht mit den personellen, finanziellen und sachlichen Ressourcen der Exekutive konkurrieren. Dadurch ergibt sich beispielsweise ein ständiger Informationsvorsprung für Regierung und Verwaltung gegenüber dem Parlament. Eine Institution, die mehr Zeit, Geld und Informationen hat als eine andere, kann von dieser anderen kaum effektiv kontrolliert werden. Diese These wird mit dem Beispiel der Haushaltsdebatte belegt, in der oft über geringe, aber auffällig plazierte Beträge ausführlich diskutiert wird, während die wirklich relevanten Ausgaben kaum zur Sprache kommen. Auch die oft unzulänglichen Antworten der Bundesregierung auf parlamentarische Anfragen oder die generell ergebnislos verlaufenden Beratungen der parlamentarischen Untersuchungsausschüsse stützen diese Kritik.

Mit ähnlichen Argumenten wird auch die Wahrnehmung der *Gesetzgebungsfunktion* durch den Bundestag kritisiert. Das Parlament ist kaum in der Lage, die Gesetzesvorschläge der Exekutive adäquat zu prüfen und zu diskutieren, weil

- die Exekutive einen nicht aufzuholenden Informations- und Kompetenzvorsprung hat und
- das Parlament durch eine Flut von Gesetzentwürfen und Materialien überschwemmt wird, so daß kein Abgeordneter in der Lage ist, auch nur einen Bruchteil der Schriftstücke zu lesen, geschweige denn zu verstehen.

Die Erfüllung der Gesetzgebungsfunktion des Parlaments wird darüber hinaus durch die Tatsache beeinträchtigt, daß Gesetzesentwürfe noch ehe sie im Parlament eingebracht werden, mit den wichtigsten (und mächtigsten) *Interessengruppen* abgeklärt sind und daher kaum noch verändert werden können. Außerdem sitzen in den relevanten Ausschüssen dieselben Fachleute und Interessenvertreter, die schon während der Entstehung des Gesetzesentwurfs Einfluß genommen haben. Daß dies kein unbegründeter Verdacht ist, zeigen Untersuchungen über die Verbandsdichte im Bundestag. Die *Verbandsfärbung* oder das Verbandsprofil des Bundestages hat in den letzten Jahren erheblich zugenommen. Während im 7. Bundestag (1972–1976) 48,5% der Abgeordneten Verbandsvertreter im engeren Sinne waren, d. h. hauptberuflich oder ehrenamtlich Funktionen in einem Verband ausüben oder ausgeübt haben, waren es im 9. Bundestag (1980–1983) insges. 69%. Auffällig ist allerdings, daß während dieser Zeit der Anteil der Mitglieder, die aus Verbänden im Wirtschafts- und Arbeitsbereich kommen, d. h. Gewerkschaften, Arbeitgeber u. ä., nur von 30 auf 32% gestiegen ist (vgl. hierzu Datenhandbuch 1983, S. 204). Insbesondere die Ausschüsse sind ein wichtiges und wirkungsvolles Betätigungsfeld von Abgeordneten mit Verbandsbindung. Im 7. Deutschen Bundestag (1972–1976) waren folgende Ausschüsse die „Spitzenreiter" hinsichtlich ihres Anteils an Abgeordneten mit hoher Verbandsaffinität (nach *Jürgen Weber* 1977, S. 289):

- Ausschuß für Ernährung, Landwirtschaft und Forsten mit einem „Verbandsanteil" von 77,77%,
- Ausschuß für Arbeit und Sozialordnung mit 70,37%,
- Ausschuß für Jugend, Familie und Gesundheit 62,96%,
- Ausschuß für Wirtschaft 59,25%.

Der Mittelwert lag bei 41,26%. Ihn übertrafen noch drei weitere Ausschüsse (Petitionsausschuß, Ausschuß für Raumordnung, Bauwesen und Städtebau und Strafrechtsreform, Sonderausschuß). Allerdings muß auch hier darauf geachtet werden, daß „Mitglied eines Verbandes" nicht gleich „Verbandsvertreter" ist, denn viele Abgeordnete sind eher aus traditionellen oder auch wahltaktischen Gründen Mitglied eines Verbandes (z. B. der Gewerkschaften oder des Kolpingvereins), als daß sie unbedingt immer dessen Interessen vertreten würden. Trotzdem belegen diese Zahlen die These, daß Gesetze in einem weitgehend geschlossenen System entstehen, in dem die Fachleute und Interessenvertreter unter sich sind.

In diesen Zusammenhang gehört auch die Kritik, die an der Sozialstruktur des Bundestages (und auch der Landtage) geübt wird, d. h. an der Über- bzw. Unterrepräsentation bestimmter Berufsgruppen oder auch sozialer Schichten. Auch die Benachteiligung der Frauen zeigt sich im Parlament. Die Parlamente in Bund und Ländern stellen offensichtlich keinen sozialen Querschnitt der Bevölkerung dar.

Auch wenn Parlamente neben der politischen Repräsentation die Bevölkerung nicht unbedingt vollständig sozial repräsentieren müssen, so gibt doch die Unterrepräsentation bestimmter Gruppen (z. B. im 9. Bundestag nur 1,7% Arbeiter gegenüber 25,5% Selbständige) und die Überrepräsentation anderer Gruppen (gleichzeitig 32,8% Beamte) zu denken. (Ausführliche Zahlen, auch aufgeschlüsselt auf verschiedene Wahlperioden und Fraktionen in Datenhandbuch 1983, S. 197ff. Zur „Verbeamtung der Parlamente" ausführlich *Klatt* 1980).

Sämtliche hier referierten Kritikpunkte beinhalten keine grundsätzliche Ablehnung des in der Bundesrepublik im Grundgesetz festgelegten parlamentarischen Systems; sie machen allerdings auf gravierende Funktionsmängel des zur Zeit praktizierten Systems aufmerksam. Aus diesem Grund gehen die Folgerungen, die aus dieser Kritik gezogen werden, in erster Linie in Richtung auf eine Verbesserung der Arbeitsbedingungen des Parlaments, d. h. sie zielen auf eine *Parlamentsreform* (etwa: Begrenzung der Redezeit, Fraktionsassistenten oder wissenschaftliche Hilfsdienste). Im Zentrum des Interesses steht also die Effizienz der Aufgabenerfüllung des Parlaments (vgl. zu dieser Position etwa *Liesegang* 1974, *Thaysen* 1976, *Hereth* 1971).

Besonders interessant sind die aus der Praxis heraus entwickelten Reformvorschläge von *Schäfer* (1980). Abbildung 29 faßt diese Vorschläge zusammen und ordnet sie den oben diskutierten grundlegenden Parlamentsfunktionen zu. Aus der Aufstellung wird deutlich, daß die Wahrnehmung aller vier Funktionen auch von „Insidern" als verbesserungswürdig angesehen wird.

Die Vorschläge von *Schäfer* stehen dabei in einer langen Tradition. Im Prinzip werden seit Jahren immer wieder die gleichen Änderungsvorschläge unterbreitet (ein Teil seiner Vorschläge beruht auf den Empfehlungen der Enquete-Kommission „Verfassungsreform"), ohne daß bisher eine größere Parlamentsreform unternommen wurde. Einige Vorschläge wurden in letzter Zeit von der „Ad-hoc-Kommission Parlamentsreform" aufgenommen (BTDrs. 10/3600) und z. T. sogar schon verwirklicht (Wahl des Präsidenten des Bundesrechnungshofs), andere sind inzwischen schon wieder gescheitert (Berichterstattung aus dem Kabinett im Bundestag). (Vgl. als Übersicht über bisherige Reformbemühungen *Klatt* 1976 und *Oberreuter* [Hrsg.] 1981; zur immanenten Kritik siehe auch *Hamm-Brücher u. a.* 1985.)

Abbildung 29: Reformvorschläge zur verbesserten Wahrnehmung der Parlamentsfunktionen

Wahlfunktion	Artikulations- und Diskussionsfunktion	Kontrollfunktion	Gesetzgebungsfunktion
– Einfluß der Wähler auf Zusammensetzung der Landeslisten – Briefwahl bei der Kandidatenaufstellung in den Parteien – Selbstauflösung des BT mit 2/3-Mehrheit	– nach Kabinettssitzungen Berichterstattung im BT – mehr Entschließungen des BT – Berichte der Ausschüsse an das Parlament – Aussprache bei der 1. Lesung eines Gesetzes – Änderung der Zeitplanung für Sitzungswochen (mehr Zeit für Wahlkreis) – Durchsetzung der freien Rede	– Berichterstattung über Erfolg von Gesetzen – Änderung der Untersuchungsausschüsse – Daten der Ministerien auch für Ausschüsse – Wahl des Präsidenten und Vize-Präsidenten des Bundesrechnungshofs durch den BT (eingeführt durch BRHG v. 11. 7. 1985)	– öffentliche Ausschußsitzungen statt 2. Lesung – bei Schlußabstimmung ist Beschlußfähigkeit notwendig – Stärkung und vermehrten Einsatz von Enquete-Kommissionen – Stärkung der wissenschaftlichen Dienste

Im Zusammenhang mit dieser Argumentation und praktisch ausgehend von denselben Kritikpunkten steht eine weitere Position, deren zentrales Interesse noch mehr auf den demokratischen Gehalt der Arbeit des Bundestages gerichtet ist. Sie fragt nach der Transparenz, der Interessenwahrnehmung und Partizipation der Bürger im Rahmen der Arbeit des Bundestages. Ihre Folgerungen gehen eher in die Richtung einer *Parlamentarismusreform,* beispielsweise durch Änderung des Wahlrechts, Einführung rätedemokratischer Elemente, Wirtschafts- und Sozialräten, Bürgerinitiativen oder Etablierung alternativer Parteien (vgl. z. B. *Raschke, Bermbach* 1971).

Von großer Bedeutung war in den letzten Jahren die Kritik der GRÜNEN am Parlamentarismus. Auch sie argumentieren nicht gegen das Prinzip des Parlamentarismus an sich, sondern gegen bestimmte Verformungen. Sie diagnostizieren z. B., daß er durch Bürokratisierung der Parteien, Vorherrschaft der Exekutive u. a. zunehmend untergraben wird. Durch eine Reihe von Maßnahmen im Gesamtsystem (Volksbegehren, Volksbefragung, Volksentscheid, Dezentralisierung, Selbstverwaltung) und innerhalb des Parlaments (uneingeschränkte parteiinterne Öffentlichkeit, imperatives Mandat, Ämterrotation, keine Ämterhäufung, keine Berufspolitiker) wollen die GRÜNEN einerseits die Parlamente neu beleben und andererseits die repräsentative Demokratie durch Elemente direkter Demokratie ergänzen (siehe hierzu *Huber* 1983, für eine kritischere Position die Beiträge in *Roth* [Hrsg.] 1980).

7.4 Marxistische Positionen: Verschleierung der Klassengegensätze

Auch für den Bereich „Parlamentarismus" gilt, daß unterschiedliche marxistische Positionen unterschieden werden können. Wir wollen uns hier exemplarisch auf die neo-marxistische Interpretation von *Agnoli* und die eher „orthodoxe" Position der Theorie des staatsmonopolitischen Kapitalismus (Stamokap) beschränken.

a) Neomarxismus: Technik des sozialen Friedens

Neomarxistische Positionen setzen sich äußerst kritisch mit der Idee und Praxis des Parlamentarismus auseinander. Sie richten ihre Kritik jedoch nicht primär gegen feststellbare Mängel des Systems, sondern generell gegen die Grundgedanken des Parlamentarismus. Funktionsprobleme des Parlamentarismus werden von ihnen als Resultat seiner grundlegenden Funktionsbestimmung in kapitalistischen Gesellschaftssystemen gewertet. Diese Argumentation wird geradezu exemplarisch von *Johannes Agnoli* entwickelt, dessen Buch „Die Transformation der Demokratie" (1968, vgl. auch *ders.* 1973) nach wie vor zu den wichtigsten parlamentarismuskritischen Veröffentlichungen aus neomarxistischer Sicht zu zählen ist.

Agnoli hält daran fest, daß auch in unserem gesellschaftlichen System der von *Karl Marx* formulierte *Grundwiderspruch zwischen Kapital und Arbeit* die Antriebskraft und Grundlage gesellschaftlicher Konflikte und Veränderungen ist:

„. . . Die Basis des sozioökonomischen Konflikts in der westlichen Welt . . . besteht nach wie vor in dem Widerspruch zwischen dem individuell-privilegierten Herrschaftsanspruch von Eigentum, Verfügungsgewalt und Wissen auf der einen Seite und den Inhalten einer modernen Gesellschaft auf der anderen Seite, die auf *Kollektiv*produktion gegründet ist und die durch die (potentiellen und aktuellen) Forderungen unterprivilegierter Mehrheiten in Bewegung gehalten wird" (*Agnoli* 1968, S. 8).

Dem modernen Staat ist als wichtigste Aufgabe gestellt, das Aufbrechen dieses Grundwiderspruchs und damit die Gefahr eines Umsturzes der sozialen Verhältnisse, m. a. W. die Aufhebung der Herrschaft des Kapitals, zu verhindern. Zentrales Instrument zur Bewältigung dieser Aufgabe ist die „*Technik des sozialen Friedens*", d. h. die Verschleierung und Unterdrückung des Grundwiderspruchs bei gleichzeitiger Befriedigung der unterdrückten Massen (vgl. dazu die gleichartige Interpretation des Pluralismus und des Parteiensystems (LB 3, 4.4 und 6.4). Ein wichtiges *Instrument zur Aufrechterhaltung der bestehenden Verhältnisse* und damit elementarer Bestandteil der Technik des sozialen Friedens ist das Parlament. Es dient der Manipulation des Bewußtseins der Massen im Interesse des sozialen Friedens, d. h. der Hinnahme des bestehenden Herrschaftssystems, in doppelter Weise:

- Die antagonistischen Kräfte der Gesellschaft (Kapital und Arbeit) bekommen nicht die Möglichkeit sich auszudrücken, sondern werden durch „Repräsentation" entschärft, und
- gleichzeitig wird die Mehrheit der Bevölkerung von der Ausübung der Macht ferngehalten.

„Tatsächlich erweist sich das parlamentarische Repräsentationsprinzip (freies Mandat – frei von dem Willen der Wähler versteht sich, nicht von den Anordnungen und Aufträgen der Führungsstäbe –, Nicht-Abberufbarkeit während der Legislaturperiode usw.) als wirksames Mittel, die Massen von den Machtzentren des Staates und – durch die staatlich-rechtliche Vermittlung – von den Entscheidungszentren der Gesellschaft fernzuhalten" (*Agnoli* 1973, S. 465).

Um auf diese Weise wirksam zu werden, muß das Parlament bestimmte Funktionen erfüllen:

- Es muß Herrschaft „*konstitutionalisieren*", indem die anderswo getroffenen Entscheidungen vom Parlament quasi „ratifiziert" werden. Die Legitimität des Parlaments, nämlich aus freien Wahlen hervorgegangen zu sein, wird auf die staatliche Herrschaft übertragen:

  „Das Parlament ist ein Konstitutionalisierungsorgan, das die (interessengebundenen) Entscheidungen verfassungskonform erscheinen läßt und ihnen daher ideologisch wie institutionell die Weihe des demokratischen Beschlusses verleiht" (*Agnoli* 1968, S. 63).

- Es muß die Wünsche der Bevölkerung gegenüber dem Staat auswählen und auffangen, d. h. gegenüber den Interessen der Massen hat das Parlament eine *Filterfunktion* und dient der *Integration* der Massen in das System: „Ohne parlamentarische Vermittlung würde die Technik, von Schwierigkeiten abzulenken und Schwierigkeiten teilweise oder scheinbar zu meistern, bald einen terroristischen Charakter annehmen" (ebd., S. 63f.). So kann Unmut aufgefangen und Fundamentalkritik verhindert werden, ohne daß sich das System „demokratisieren" müßte.
- Schließlich dient das Parlament zur *Veröffentlichung von Herrschaft;* dem Volk „unten" wird so bekannt, was „oben" entschieden worden ist. Das Parlament wirkt als „Transmissionsriemen der Entscheidungen politischer Oligarchien" zum Volk. Es ist demnach für eine erfolgreiche Herrschaftssicherung unverzichtbar. Voraussetzung allerdings ist, daß der Schein demokratischer Kontrolle, Legitimität und Verantwortlichkeit gewahrt wird. Deshalb ist es unerläßlich, daß „ein Teil der politischen und gesellschaftlichen Oligarchien sichtbar im Parlament tätig (also dem Schein nach öffentlich kontrollierbar), sichtbar vom Volke gewählt

(damit zum Herrschaftsakt demokratisch legitimiert) und sichtbar Träger der Macht (und in der Lage, moralisch verpflichtende Wählerwünsche durchzusetzen) ist" (ebd., S. 62).

Durch das parlamentarische System werden die bestehenden Herrschaftsverhältnisse nicht in Frage gestellt. Die Konflikte im Parlament sind *keine Herrschaftskonflikte, sondern Führungskonflikte.* Sie sind Konkurrenzkämpfe innerhalb der herrschenden Oligarchien um die Ausübung der Regierungsmacht, die höchstens zu Umgruppierungen führen. Sie dienen in erster Linie dazu, die Massen von den eigentlichen Problemen abzulenken und auf zweitrangige Fragen zu fixieren.

Wie gut der Parlamentarismus seine Aufgabe, nämlich die bestehenden Verhältnisse durch die Technik des sozialen Friedens zu stabilisieren und aufrechtzuerhalten, wahrnimmt, ist an der Stellung der oppositionellen Kräfte zu sehen. In dem Moment, in dem sich die linke, systemüberwindende Opposition „parlamentarisieren" läßt, hört sie auf, eine Fundamentalopposition zu sein. Sie wird statt dessen zu einer staatstragenden Opposition. Die gesellschaftliche Opposition verkürzt sich zu einer nur staatlich, d. h. parlamentarisch arbeitenden Opposition. Sobald sich „Beherrschte und Ausgebeutete" von der parlamentarischen Linken vertreten glauben, wird ihre Frontstellung parlamentarisch „von links her" aufgerollt. Die „Linke" kann so ohne Zwang gebändigt, domestiziert und eingeschläfert werden. Die Umformung der Fundamentalopposition in staatliche, parlamentarische Opposition sichert damit das Überleben des Kapitalismus: „In den westlichen Ländern mit einer politisch profilierten oder gar teilweise kommunistisch organisierten abhängigen Klasse ist die Parlamentarisierung der Linken zu einer Lebensfrage des Kapitalismus geworden" (*ebd,* S. 75).

Eine konsequente Fortsetzung des Arguments: *„Systemstabilisierung durch Parlamentarisierung der Linken"* ist die Einschätzung, daß auch die Übernahme der Regierung durch, zumindest im Bewußtsein weiter Kreise der Bevölkerung, „linke" Parteien (etwa die Sozialdemokratie in der Bundesrepublik, u. U. die Kommunisten in Italien) im Kapitalinteresse liegen kann. Ihre „objektive" Funktion kann z. B. die Auslösung eines „Modernisierungsschubs" sein, durch den die „Wahrnehmung längerfristiger gesamtkapitalistischer Entwicklungsinteressen gegen aktuelle Teilinteressen" durchgesetzt wird (*Klönne* 1972, S. 85, vgl. auch die Zusammenfassung der marxistischen Kritik bei *Kremendahl* 1972, hier S. 22).

Das parlamentarische System ist daher ein wichtiger und unverzichtbarer Garant der Aufrechterhaltung des Kapitalismus; das Parlament ist zwar nicht Entscheidungsinstanz, aber doch *Durchgangsstelle wichtiger Entscheidungen,* insofern gehört es zu den wichtigsten Instrumenten der friedlich manipulativen Integration der Arbeiterklasse in das bestehende System (*Agnoli* 1968, S. 61).

„Der Bundestag ist weder Herr des Volkes noch volksvertretender Gesetzgeber. Er betätigt sich aber als verfassungsmäßig unumgängliches Instrument der Veröffentlichung von Beschlüssen, die durch das Zusammenwirken von Staatsapparat und gesellschaftlichen Machtgruppen zustande gekommen sind. Er fungiert also als Transmissionsriemen der Entscheidungen oligarchischer Gruppen. Diese (die Führungsgruppen der Produktionssphäre – Oligopole –, aber auch der kulturellen Sphäre – die Kirchen z. B.) finden sich im Parlament durchaus konkret vertreten; insofern fungiert und funktioniert das Parlament als Repräsentation der Herrschaft" (*Agnoli* 1973, S. 46).

b) Stamokap: Organ der Monopolinteressen

Neben der neomarxistischen Position von *Agnoli* soll hier mit der Theorie des staatsmonopolistischen Kapitalismus eine weitere marxistische Position vorgestellt werden. Diese Theorie baut auf *Lenins* Imperialismustheorie auf und nimmt an, daß der von ihm beobachtete privatmonopolistische Kapitalismus nur die historisch erste Stufe des Imperialismus darstellte. Inzwischen hat sich aufgrund der stürmischen Entwicklung der Produktivkräfte der *staatsmonopolistische Kapitalismus* als die historisch letzte Stufe des kapitalistischen Monopolisierungsprozesses herausgebildet. Er ist der *„Imperialismus beute"*, wie eines der grundlegenden Werke dieses theoretischen Ansatzes heißt. Merkmal dieser Form des Kapitalismus ist die *Verschmelzung von Staat und Monopolen;* der Staat ist für das Interesse des Monopolkapitals instrumentalisiert (vgl. LB 3, 11.4 (b)).

Die marxistisch-leninistische Theorie des „staatsmonopolistischen Kapitalismus", abgekürzt Stamokap, wird vor allem von den Anhängern sog. „orthodoxer" marxistischer Parteien, in der Bundesrepublik in erster Linie von der DKP, vertreten. Sie liefert ihnen die Grundlage für ihr politisches Handeln. Ausgearbeitet und weiterentwickelt wurde diese Theorie insbesondere in der DDR (vgl. *„Imperialismus heute"* 1965, *„Imperialismus in der BRD"* 1971). In der politischen Diskussion der Bundesrepublik hat sie eine gewisse Rolle gespielt (vgl. Thesenstreit 1973; als Einführung: „Der staatsmonopolistische Kapitalismus" 1972, Marxistisch-Leninistische Staats- und Rechtstheorie 1980; kritisch *Wirth* 1972; speziell zum Parlamentarismus *Schuster* 1976).

Imperialismus

Imperialismus bezeichnet allgemein die Politik der Industriestaaten, Macht und Kontrolle über weniger entwickelte Länder zu gewinnen. Die imperialistische Politik steht also in engem Zusammenhang mit den Möglichkeiten, aber auch Problemen, die die technisch-industrielle Entwicklung geschaffen hat. *Lenin* begreift den Imperialismus vor dem Ersten Weltkrieg als das höchste und letzte Entwicklungsstadium des Kapitalismus (vgl. Der Imperialismus als höchstes Stadium des Kapitalismus, 1. Auflage 1917). Er geht davon aus, daß in den kapitalistischen Ländern aufgrund der Verarmung der Massen keine profitable Kapitalverwertung mehr möglich ist und die Monopole dadurch zum Kapitalexport gezwungen sind. Diese *Expansionsstrategie der Monopole* in bisher fremde und „leere" Gebiete zieht nach *Lenin* auch die militärische und politische Aufteilung der Welt nach sich. Die hieraus entstehende Konkurrenz und Gegnerschaft unter den kapitalistischen Staaten führen zu Konflikten zwischen ihnen und werden schließlich mit dem Zusammenbruch des Kapitalismus enden.

Die Stamokap-Theorie geht von einer engen Bindung des Staates an die Monopolbourgeoisie und von einer direkten Vertretung der Monopolinteressen durch den Staat und seine Organe aus. Demgegenüber halten Neomarxisten das Kapital zur Entwicklung solcher langfristigen, kollektiven Interessen für unfähig. Sie meinen vielmehr, daß dies gerade die entscheidende Aufgabe der politischen Institutionen ist, und sehen darin einen wichtigen Grund für die Trennung von Politik und Ökonomie. Beide Positionen kommen zwar – aufs Ganze betrachtet – zur gleichen Einschätzung des Parlamentarismus in kapitalistischen Staaten, nämlich daß er dazu beiträgt,

- die Herrschaft des Kapitals zu *legitimieren,*
- die Durchsetzung der Kapitalinteressen zu *sichern* und sie gleichzeitig zu verschleiern, d. h. die Wähler über die wahren Sachverhalte zu *täuschen.*

Für die Stamokap-Theorie ist der Parlamentarismus dabei jedoch eine Veranstaltung der Monopolbourgeoisie, in der diese ihre Monopolinteressen vertritt, durchsetzt und schein-demokratisch absegnen läßt.

Grundlage dieser Interpretation sind die Beurteilungen des bürgerlichen Parlamentarismus, wie sie schon von den Klassikern *Marx, Engels* und vor allem auch *Lenin* vorgelegt wurden. Danach hat das Parlament zu bestimmten Perioden, etwa während der bürgerlichen Revolution und der Ablösung des Absolutismus, eine wichtige Funktion im Sinne des gesellschaftlichen Fortschritts gehabt. Bei dem jetzigen Stand der sozio-ökonomischen Entwicklung, die gekennzeichnet ist durch die Herrschaft des Imperialismus als letztem Stadium des Kapitalismus *(Lenin),* hat das Parlament jedoch sämtliche progressiven Funktionen verloren und dient in erster Linie der Absicherung der Herrschaft der Monopolbourgeoisie. Der Imperialismus in der Bundesrepublik, bzw. dessen spezifische Ausprägung, der staatsmonopolistische Kapitalismus, zeichnet sich dadurch aus, daß die Monopolbourgeoisie sämtliche gesellschaftlichen Bereiche beherrscht, indem sie „ein dichtes Netz von Abhängigkeitsverhältnissen über ausnahmslos alle ökonomischen und politischen Institutionen der modernen bürgerlichen Gesellschaft spannt" (*Lenin* 1917a).

An dieser Grundposition hat sich wenig geändert. Auch für die Stamokap-Theorie ist das Parlament in dieses Geflecht eingebunden. Seine zentrale Aufgabe ist die Abriegelung der Entscheidungen des Staates gegen Einflüsse und Interessen der Werktätigen: „Verantwortung des Parlaments unter imperialistischen Vorzeichen bedeutet ... immer Gewährleistung der politischen Machtausübung der Monopolbourgeoisie, bedeutet Absicherung gegen demokratische Interessenwahrnehmung" (*Schuster* 1976, S. 55).

Für die Durchsetzung der Monopolinteressen erweisen sich die *Ausschüsse der Parlamente* als besonders geeignet – soweit es hierzu der Parlamente überhaupt noch bedarf und nicht schon die enge Verflechtung zwischen Monopolinteressen und Exekutive dafür gesorgt hat (vgl. LB 3, 10.4 (b)). In den Ausschüssen können die von den Monopolen direkt entsandten Vertreter unter Ausschluß der Öffentlichkeit die Entscheidungen vorbereiten und die Inhalte und Ausformung der Gesetze bestimmen. Wenn ein Abgeordneter sich den Monopolinteressen nicht total unterordnen will, treten die *Fraktionsführungen* auf den Plan. Sie verfügen über ihre Machtmittel (von der Zuteilung der

Redezeit bis zur Beeinflussung der politischen Karriere) im Sinne der Monopole, um „aufmüpfige" Parlamentarier zu disziplinieren.

Die erfolgreiche Durchsetzung von Kapitalinteressen hängt jedoch davon ab, daß dieser Vorgang nicht offen zutage tritt, sondern verschleiert wird. Mithin kommt es also auf Mechanismen an, die suggerieren, im Parlament würden sachlich notwendige, im Interesse der Wähler liegende Entscheidungen getroffen. Insbesondere durch parlamentarische Debatten und Beratungen wird der Anschein erweckt, daß die Entscheidungen des Parlaments nach sorgfältigem Ringen und eingehender Beratung gefällt werden. Die Entscheidungen im Interesse der Verwertung des Monopolkapitals werden dabei als einzig mögliche Entscheidungen dargestellt, die Argumente der Monopolbourgeoisie erscheinen als das Interesse der Werktätigen, und generell wird die Profitaneignung als Wille der Mehrheit des Volkes ausgegeben. Hauptzweck des Parlaments ist es daher, „die Entscheidungen des imperialistischen Staates als die einzig möglichen darzustellen und dadurch gesellschaftliche Zusammenhänge zu verkleistern" (*Schuster* 1976, S. 144). Das Parlament dient also der Vorspiegelung demokratischer Interessenwahrnehmung. Das strategische Ziel ist, die Werktätigen in das imperialistische Herrschaftssystem zu integrieren. Dies ist erreicht, wenn sie den Schein der Interessenvertretung nicht nur für wahr nehmen, sondern dadurch auch auf die Vertretung und Durchsetzung ihrer Interessen auf anderen Wegen verzichten. Deshalb muß sich das Parlament

> „in der Öffentlichkeit so präsentieren, daß nicht nur die Unterordnung aller wichtigen Entscheidungen des Staates unter die Bedürfnisse des Kapitals unsichtbar wird, sondern daß vielmehr eine nicht existierende Willensbeteiligung der Werktätigen an diesen Entscheidungen suggeriert wird" (*Schuster* 1976, S. 140).

Auch die *parlamentarische Opposition* vertritt die Monopolinteressen, die dadurch um so glaubwürdiger als die Interessen der Mehrheit erscheinen können. Die Opposition ist keine grundsätzliche, antimonopolistische Opposition im Sinne der Interessen der Mehrheit der Werktätigen, sondern eine Gruppe, die an der Aufrechterhaltung der bestehenden Verhältnisse interessiert ist. Es zeigt sich immer wieder,

> „daß bei allen Entscheidungen, die in besonderem Maße Profitinteressen berühren, die Parteien des Bundestages, wie sehr sie sich auch vor dem Publikum befehden, sofort in geschlossener Front vorgehen, sobald sie die proimperialistische Ausrichtung staatlicher Entscheidungen durch demokratische Einwirkungen gefährdet glauben" (*Schuster* 1976, S. 149).

Allerdings wird durch die „Integration der Parlamente in das staatsmonopolistische Herrschaftssystem" die Labilität parlamentarischer Regierungssysteme durch wachsende Schwierigkeiten bei der Regierungsbildung, Patt-Situationen und vorgezogene Wahlen erhöht. Die „Krise des Parlamentarismus" ist unaufhaltsam (*Marxistisch-Leninistische Staats- und Rechtstheorie 1980,* S. 163).

Das parlamentarische System ist ein geschlossenes System im Interesse der Monopole; die nicht-monopolistischen Kreise der Bevölkerung haben dazu keinen Zugang, bleiben von dieser Art Demokratie ausgeschlossen. *Lenins* Einschätzung wird daher von *Schuster* zustimmend zitiert: „Einmal in mehreren Jahren zu entscheiden, welches Mitglied der herrschenden Klasse das Volk im Parlament niederhalten und zertreten soll – das ist das wirkliche Wesen des bürgerlichen Parlamentarismus." Seine drastische Formulierung, die parlamentarisch drapierte Bourgeoisieherrschaft sei ein „systematisch angewandtes, solide ausgerüstetes System von Schmeichelei, Lüge und Gaunerei" wird immer noch als aktuell angesehen (vgl. *Schuster* 1976, S. 6).

7.5 Grundlegende Literatur

Agnoli, Johannes: Die Transformation der Demokratie, in: ders. und Peter Brückner: Die Transformation der Demokratie, Frankfurt/Main 1968

Fraenkel, Ernst: Deutschland und die westlichen Demokratien, Stuttgart usw. 1974 (6. Auflage)

Jesse, Eckard: Literaturführer: Parlamentarische Demokratie, Opladen 1981

Marxistisch-Leninistische Staats- und Rechtstheorie, Berlin (Ost) 1980

Schmitt, Carl: Die geistesgeschichtliche Lage des heutigen Parlamentarismus, Berlin 1961 (3. Auflage, 1. Auflage 1923)

Steffani, Winfried (Hrsg.): Parlamentarismus ohne Transparenz, Opladen 1971 (darin Beiträge von u. a. *Bermbach, Ellwein, Steffani, Zeuner, Raschke)*

Thaysen, Uwe: Parlamentarisches Regierungssystem in der Bundesrepublik Deutschland, Opladen 1976

Wasser, Hartmut: Parlamentarismuskritik vom Kaiserreich zur Bundesrepublik. Analyse und Dokumentation, Stuttgart–Bad Cannstatt 1974 (darin kurze Ausschnitte sämtlicher relevanter Parlamentarismuskritiker)

8. Demokratie

Die Frage nach dem demokratischen Charakter der Bundesrepublik gehört sicherlich zu den zentralen politikwissenschaftlichen Fragestellungen. In den Abschnitten „Pluralismus", „Parteien" und „Parlamentarismus" wurden bereits spezifische Aspekte herausgegriffen; im folgenden soll es darum gehen, zusammenfassend und zugleich ergänzend ein Gesamtbild der demokratietheoretischen Ansätze zu geben.

Politische und wissenschaftliche Positionen, die sich mit dem Phänomen Demokratie befassen, nehmen je nach Standpunkt und Interessenlage verschiedene Aufgaben wahr. Sie versuchen zu *erklären*, was sie unter Demokratie verstehen, und zu *beschreiben*, wie ein demokratisches System funktioniert bzw. funktionieren sollte, während sie gleichzeitig die konkrete Ausprägung der Demokratie in unserer Gesellschaft *rechtfertigen* oder aber mehr oder weniger stark *kritisieren*.

8.1 Konservative Positionen: Gefahren der Demokratie

a) Traditionelle Konservative: Gefahr für den Staat

Die von Pluralismus und Parteien getragene parlamentarische Demokratie trifft bei konservativen Theoretikern auf Skepsis, wenn nicht gar Ablehnung (vgl. LB 3, 4.1, 6.1, 7.1). Dies gilt insbesondere für jene Autoren, welche die in preußischer Tradition stehende „Staatslehre" vertreten und vertraten. In ihrer traditionellen Form beruht diese Staatstheorie auf dem ideologisch postulierten Gegensatz zwischen westlichen Demokratien, die als „undeutsch" angesehen wurden, und der davon grundsätzlich verschiedenen deutschen Staatsidee. Der Staat wird als übergesellschaftliche und damit eigentlich auch als überpolitische Ordnungsmacht angesehen. Diese im 19. Jahrhundert u. a. im Anschluß an *Hegel* entwickelte Staatsauffassung (vgl. LB 3, 11.1) konnte in der Zeit der Weimarer Republik und des Dritten Reiches ohne große Schwierigkeiten zur Begründung einer autoritären und antidemokratischen Staatsordnung herangezogen werden (vgl. z. B. *Carl Schmitt* 1931 oder auch *Ernst Forsthoff* 1933). In ihrer ursprünglichen Form als Ablehnung von Demokratie und Propagierung des Führerprinzips wird diese Position heutzutage kaum noch vertreten. Immerhin wird der „Führer" am Ende der „Spätdemokratie" wieder entdeckt (*Leisner* 1983, vgl. auch LB 3, 11.1). Dennoch ist es wichtig, die Grundzüge dieser theoretischen Argumentation, die insbesondere von *Carl Schmitt* entwickelt wurde, nachzuzeichnen, weil sie viele konservative Beiträge zur Demokratie- und Staatstheorie nach wie vor beeinflußt.

Der Schlüsselbegriff zu *Schmitts* Demokratieverständnis ist die *„Homogenität des Volkes"*. Sie entsteht aus dem Willen eines Volkes zur politischen Existenz, zur nationalen Einheit und Geschlossenheit. *Schmitt* geht davon aus, „daß aus der gleichen Substanz heraus alle das Gleiche wollen" (*Schmitt* 1957, S. 229), d. h. daß ein homogenes und mit sich selbst identisches Volk auch

---

Identitätstheorie

Die Grundannahme der *Identitätstheorie* von *Jean-Jacques Rousseau* (1712–1778) besteht darin, daß nicht der Mehrheitswille (volonté de tous), sondern der *allgemeine Wille* (*volonté générale*) sich im Gesetz ausdrücken soll. Sein „contrat social" (Gesellschaftsvertrag) war gedacht als ideale Verfassung für eine Gesellschaft von Kleinbauern und Kleinhandwerkern, weil er ihnen zutraute, daß sie – vom Eigentumsstreben noch nicht durchdrungen – den gerade ihrem Gemeinwesen eigenen Logos, den „volonté générale" erkennen und auf der Volksversammlung als Gesetz aussprechen können. Die Realität gesellschaftlicher Interessendifferenzen, die sich im einzelnen Bürger als Differenz zwischen Staatsbürger (citoyen) und privater Existenz (bourgeois) ausdrückt, wird von *Rousseau* zwar gesehen, er versucht jedoch, (z. B. durch das Verbot politischer Vereinigungen und durch ein staatliches Credo als „religion civile", zu der sich jeder Bürger zu bekennen hat) dem Überhandnehmen von Partikularinteressen vorzubeugen und *Homogenität* zu wahren. Weil es diesen „wahren" *Volkswillen* gibt, ist zwischen Herrschern und Beherrschten *Identität* möglich; die Regierenden führen direkt den Volkswillen aus.

einen klaren *Volkswillen* entwickeln kann. Er bedarf zu seiner Bildung und Artikulation keiner „liberalen" Institutionen wie Parlament und Parteien, ja sie sind geradezu Störfaktoren, die seinem reinen und unmittelbaren Ausdruck nur abträglich sind. *Schmitt* greift in diesem Zusammenhang auf *Jean Jacques Rousseaus* Vorstellung der *Identität von Herrschern und Beherrschten* zurück. Demokratie wird verstanden als Einheit des Volkes auf der Basis substantieller Gleichheit. Der Volkswille kann von den Regierenden erkannt und sodann vom Volk bestätigt werden. Plebiszite, Akklamation und Verengung der Regierung auf eine Führungspersönlichkeit kennzeichnen dieses Demokratieverständnis. Schließlich ist die Diktatur die reinste Ausdrucksform demokratischer Herrschaft, weil hier diese Grundprinzipien am klarsten zum Ausdruck kommen können.

Weiteres zentrales Merkmal für *Schmitts* Demokratieverständnis ist das *Freund/Feind-Denken:*

„Jede wirkliche Demokratie beruht darauf, daß nicht nur Gleiches gleich, sondern, mit unvermeidlicher Konsequenz, das Nichtgleiche nicht gleich behandelt wird. Zur Demokratie gehört also notwendig erstens Homogenität und zweitens – nötigenfalls – die Ausscheidung oder Vernichtung des Heterogenen" (*Schmitt* 1961, S. 13f.).

Die Unterscheidung von Freund und Feind ist die unverzichtbare Bedingung politischen Handelns. Es ist der *totale Staat*, der diese Feindbestimmung leistet und so zugleich Befriedung schafft.

Schmitts demokratietheoretische Ideen und Prämissen sind mit dem Ende des „totalen Staates" zwar gründlich diskreditiert worden, bestimmte Denkfiguren tauchen jedoch in modifizierter Form immer wieder bei konservativen Autoren auf. Für einen auf den Staat fixierten konservativen Staatsrechtslehrer wie z. B. *Herbert Krüger* ist denn auch Demokratie immer noch eine problematische Ausgestaltung der Verbindung zwischen Staat und Gesellschaft.

„Von der Seite des Staates her gesehen, müssen solche Verbindungen dergestalt beschaffen sein, daß sie Uneinigkeit, Schwächung und Fehlsamkeit fernhalten und nur das Einigende, Kräftigende, Repräsentierende ‚durchlassen'. Diese Kommunikation muß somit bildlich gesprochen zugleich ein Filter sein" (*Krüger* 1966, S. 632).

Als geeignet für eine solche *Filterfunktion* der gesellschaftlichen Einwirkungen auf den Staat wird das repräsentative parlamentarische System gesehen. Diese Form der Demokratie ist also vom Staat her gesehen brauchbar, weil sie ihn zureichend von der Gesellschaft abschirmt. Von dort her droht für den Staat Gefahr; die *Gesellschaft* ist *das Unsicherheitsmoment* im Verhältnis von Staat und Gesellschaft, gegen sie sind bestimmte Schutzformen aufzubauen.

„Anders als für die Gesellschaft im Verhältnis zum Staat gibt es ... für den Staat keinen spezifischen Schutz vor der Gesellschaft. Um so mehr muß daher vor allem Bedacht auf die Abschirmung des Staates gegenüber dem natürlichen Menschen genommen werden" (*Krüger* 1966, S. 629).

Diese Argumentation klingt auch an in der Begründung, mit der sich *Ernst Forsthoff* von seiner früheren Formel vom „totalen Staat" distanziert. Totalitarismus kann danach nie Sache des Staates sein, sondern nur der Gesellschaft; der Staat kann lediglich „infiziert" werden:

„Zum totalen Staat kommt es nur dann, wenn es einer solchen Bewegung gelingt, sich des Staates zu bemächtigen und ihn für ihre Zwecke zu instrumentalisieren. Der totale Staat ist eine auf Mißbrauch beruhende Entartung des Staates" (*Forsthoff* 1971, S. 54).

Diese Bedenken gegen eine unberechenbare Gesellschaft führen zu der Schlußfolgerung, demokratische Beteiligungsrechte sparsam einzusetzen. Deshalb herrscht ein sehr formales, auf möglichst wenig Zustimmungs- und Teilhabeakte *reduziertes Demokratieverständnis* vor:

„Der Bürger spricht sein Wort zu den Entscheidungen der Staatsgewalt in der Wahl und durch das Parlament – der Rest ist schweigender Gehorsam" (*Krüger* 1966, S. 893).

Über die Wahl der Abgeordneten hinaus sollen dem Bürger keine Artikulationsmöglichkeiten gewährt werden; Interessenverbände werden als leider vorhandenes Übel akzeptiert. Selbst verfassungsrechtlich garantierte Formen demokratischer Willensäußerung werden abgelehnt: Demonstrationen gelten beispielsweise als „anfangende" Gewalt und damit als „Rückschritt vom Zivilstand in den Naturstand".

„Eine Regierung darf am allerwenigsten verkennen, ... daß der beschrittene Weg zu einem letzten Ziel führt, zum Terrorismus, der Gewalt um der Gewalt willen. Da aber der Staat der vollendete und vollkommene Zivilstand ist oder jedenfalls sein sollte, bedeutet bereits ein Anfang von Gewalt ein Stück Entstaatlichung der Gesellschaft, also ihrer Entrepräsentation" (*Krüger* vor dem 19. beamtenpolitischen Arbeitstag des Deutschen Beamtenbundes 1978).

Das Mißtrauen vieler Vertreter der traditionell-konservativen Position gegenüber der Demokratie und – noch mehr – einer Demokratisierung beruht oft auf einem spezifischen Menschenbild: Der Mensch mit seinen Affekten, Leidenschaften und Empfindungen ist im Grunde unfähig, friedlich unter seinesgleichen zu leben; er ist machtbesessen, korrupt und sündhaft, ihm eingeräumte Freiräume nutzt er egoistisch aus. Folglich kann nur ein „starker und strenger Staat" – in der traditionellen Vorstellung eines Leviathan (*Hobbes*) – den von Natur aus feindseligen Menschen bändigen. Oder übertragen: Der Mensch ist seinem *Wesen nach undemokratisch* und nur durch feste politische Autoritäten und Institutionen zu beschwichtigen. Nach Auffassung der konservativen Position ist dies heutzutage durchaus im Rahmen einer parlamentarischen Demokratie möglich. Konservative sind also nicht durchweg verbissene Antidemokraten. Sie werden es i. d. R. erst dann, wenn sie feststellen, daß die Demokratie aus ihrem formal-statischen Institutionengefüge zunehmend herausbricht und sich eine gesellschaftliche Dynamik (Demokratisierung) entfaltet, die dieses Gefüge zu zersetzen scheint.

Walter Leisner spricht denn auch bezeichnenderweise von einer „Selbstzerstörung der Demokratie" (1979), sogar von einer „Demokratischen Anarchie" (1982), in der die staatliche Ordnung verlorengehen könne: „die Selbstauflösung aller Ordnung mit demokratischen Mitteln, im Namen der Demokratie" (1982, S. 23). Er befürchtet, daß sich in der zum „Gleichheitsstaat" strebenden modernen Demokratie das „Nein zu aller Ordnung" durchsetzt. Gerade

- von demokratischen Grundprinzipien wie Rechts- und Sozialstaatlichkeit, aber auch
- von Enthierarchisierung und Parteipolitisierung in der Verwaltung und
- von den gesellschaftlichen Egalisierungstendenzen (Bildungssystem, „Basisdemokratie" u. a.)

gehen selbstzerstörerische, anarchische Impulse aus. Sie werden an den Widersprüchen und Konflikten innerhalb der parlamentarischen Volksherrschaft (weniger in präsidentiellen Systemen) sichtbar; aber auch am gesellschaftlichen Unbehagen:

„Werden die vielen Gleichen nicht im Namen dieser Egalität, die ja ursprünglich einmal Herrschaftslosigkeit oder doch Herrschaftsverdünnung bedeuten sollte, aufstehen gegen diese am schwersten lastende aller Gewalten? Alle institutionellen Auswege sind hier den Bürgern versperrt durch die allgegenwärtige Gleichheit, so scheint es doch. Wie sie auch flüchten – überall finden sie: nur noch mehr Gleichheit" (*Leisner* 1982, S. 18).

Schließlich erzeugt die parlamentarische Demokratie ein selbstzerstörerisches *Ideologiedefizit*. Menschen haben aber das Bedürfnis, mit Opferbereitschaft an etwas glauben zu wollen:

„Die parlamentarische Demokratie muß sich auf ihre Legitimation, d. h. aber auf ihre Grundprinzipien besinnen, darauf, ob sie in sich so geschlossen und damit überzeugend sind, daß Menschen daran glauben und dafür sterben können" (*Leisner* 1979, S. 20).

Dies alles sind für *Leisner* Anzeichen der „Spätdemokratie", in der sich mit logischer Folgerichtigkeit die anarchischen Elemente weiter verstärken bis zur Auflösung „der Herrschaftsformen des organisierten Volkes" im „organisierten Nichts" (*Leisner* 1982, S. 18f. und S. 344).

b) Technokratische Konservative: Gefahr für den Sachverstand

Während etatistisch orientierte traditionelle Konservative ihr Augenmerk darauf richten, wie eine Gefährdung des Überordnungsverhältnisses des Staates gegenüber der Gesellschaft durch Demokratie vermieden werden kann, weist der „technokratische Konservativismus" (*Greiffenhagen* 1971) eine andere Perspektive. Seine Vertreter – wie *Arnold Gehlen* (1976), *Ernst Forsthoff* (1971) und *Helmut Schelsky* (1963) sehen „die Technik" als das dominierende Steuerungszentrum an. Sie schafft Sachzwänge und *Sachgesetzlichkeiten*, denen sich die Politik nicht entziehen kann, denen sie im Gegenteil folgen muß. Nach *Forsthoff* muß dieser Entwicklung in einem demokratischen System durch eine Hervorhebung des Expertentums im Parlament und durch ein befestigtes und berechenbares Parteiensystem Rechnung getragen werden (vgl. LB 3, 6.1 und 7.1). *Schelsky* hingegen glaubt, daß demokratische Institutionen im technischen Zeitalter ihren Sinn und ihre Substanz verlieren; die Herrschaft der Sachgesetzlichkeiten entzieht ihnen ihre Grundlage, die Demokratie wird zu einer „leeren Hülse“ (*Schelsky* 1963, S. 29):

„Wir behaupten, daß durch die Konstruktion der wissenschaftlich-technischen Zivilisation ein neues Grundverhältnis ... geschaffen wird, in welchem das Herrschaftsverhältnis seine alte persönliche Beziehung der Macht von Personen über Personen verliert, an die Stelle der politischen Normen und Gesetze aber Sachgesetzlichkeiten ... treten, die nicht als politische Entscheidungen setzbar und als Gesinnungs- und Weltanschauungsnorm nicht verstehbar sind. Damit verliert die Idee der Demokratie sozusagen ihre klassische Substanz: an die Stelle eines politischen Volkswillens tritt die Sachgesetzlichkeit“ (*Schelsky* 1963, S. 21 f.).

Diese technokratische Position, die *Schelsky* in den frühen 60er Jahren entwikkelt, erscheint in späteren Schriften subtil verändert. Konstatierte er einst eine offenbar objektive Tendenz zur *Zurückdrängung der Demokratie*, so argumentiert er nun gegen das Vordringen der Demokratie, *gegen Demokratisierung*. Er lehnt es ab, unter dem Motto „mehr Demokratie“ das Prinzip der demokratischen Meinungs- und Willensbildung auf gesellschaftliche Bereiche zu übertragen. Dem Demokratieprinzip setzt er das *Gewaltenteilungsprinzip* gegenüber, dem er die vorrangige Rolle beim Schutz des Individuums vor Herrschaftsgewalt zuschreibt. *Schelsky* versteht dieses Prinzip als System der Funktionenteilung innerhalb einer Gesellschaft, das für eine bestimmte, z. B. soziale Aufgabe eine sich auf diese beschränkende Organisation schafft, die über ein eigenes Entscheidungsrecht verfügt, also mehr oder minder „autonom“ handelt. Die Vorzüge dieser Herrschaftsbeschränkung durch eine Vielzahl autonomer Organisationen liegen darin, daß in solchen Organisationen nicht „politisch“, sondern „sachlich“ entschieden wird.

„An die Stelle eines politischen Mehrheitswillens tritt als Verantwortungsrahmen für die institutionellen Entscheidungen der *Sachverstand* und die Anerkennung der *Sachgesetzlichkeiten*. ... Das bedeutet aber, daß die Leitung dieser Institutionen ihre Legitimität in ihrer *Sacherfüllung* und in der Vertretung von *Sachinteressen* findet, denen gegenüber ihre allgemeinen politischen Überzeugungen zurückzutreten haben, und daß daher die Auswahl der jeweils institutionellen Führungsgruppe unter diesem Gesichtspunkt der Sachkompetenz erfolgen muß ...“ (*Schelsky* 1977, S. 428 f.).

Die notwendige Vorherrschaft von sachlichen Entscheidungen, Sachkompetenz und Verantwortung in den verschiedenen gesellschaftlichen Bereichen und Organisationen wird durch die Tendenz zu „mehr Demokratie“ bedroht, denn die Einführung demokratischer Meinungs- und Willensbildungsprozesse zerstört den zentralen Vorzug selbständiger Organisationen, nämlich Entscheidungen auf der Basis von Sachlichkeit zu fällen. Aber auch weitere Vorteile dieser „Gewaltenteilung“, wie persönliche Initiative und Verantwortung, werden durch Demokratisierung aufgehoben. „Sachliche“ und „politische“ Entscheidungen hält *Schelsky* für miteinander unvereinbar. Demokratisierung ist daher für eine freiheitliche Gesellschaft in höchstem Maße gefährlich:

„Festzuhalten ist ..., daß die Tendenz ‚Mehr Demokratie‘ im Sinne der höheren Beteiligung der Bevölkerung an der politischen Willensbildung bezahlt werden muß mit der Tendenz: ‚mehr

Konflikte', ‚weniger Rationalität', ‚mehr Herrschaftsansprüche', ‚weniger Sachlichkeit', vor allem aber als durchgehende Politisierung in Richtung auf zentralistisch-totalitäre Machtdurchsetzung" (*Schelsky* 1977, S. 426).

1975 sieht *Helmut Schelsky* gar einen neuen Klassen-Kampf zwischen den sich politisch durchsetzenden „Sinn-Vermittlern" und Heilslehrern, die mehr und mehr in Gegensatz zu jenen geraten, die Güter produzieren und die Verantwortung für die Funktionsfähigkeit des Systems übernommen haben (*Schelsky* 1975, s. a. *Gehlen* 1975). Diese „Reflexionselite" beherrscht „verdeckt" – über die von ihr kontrollierten Medien und Vermittlungsinstanzen (Schule, Universität, Kanzel, Medien) – immer mehr diejenigen Teile der Gesellschaft, die noch „die Arbeit tun". Selbst Theologen verführen vom Seelenheil zum Sozialheil, allüberall wird die produktive Arbeit ausgebeutet, die Leistung verleumdet. Die neuen Formen der Herrschaft lauten: Belehrung, Betreuung und Beplanung.

„Immer mehr Aufklärung durch Information, immer mehr Einsicht durch Belehrung, immer mehr soziale Gerechtigkeit durch Betreuung, immer mehr Zukunftssicherheit durch Planung, das ist das illusionäre Syndrom des sozialen Heilsglaubens, das Zusammenschließen von Belehrung, Betreuung und Beplanung zur Herrschaftsform über die neugläubigen Massen der modernen Gesellschaft" (*Schelsky* 1975, S. 374f.).

c) Liberale Konservative: Gefahr für die Gesellschaft

Traditionell-konservative Positionen, d. h. solche, die in der Tradition der älteren deutschen Staatslehre stehen, weisen oft einen – latenten oder offenkundigen – antidemokratischen Affekt auf. Sie sind, wie es etwa bei *Carl Schmitt* deutlich wird, auch ausgesprochen antiliberal. Hiervon sind konservative Positionen zu unterscheiden, die ausdrücklich auf der klassischen bürgerlich-liberalen Tradition aufbauen. Sie gehen bei der Bestimmung des Verhältnisses von Staat und Gesellschaft nicht von einem übergeordneten, vorgegebenen Staat aus, sondern fragen danach, wie dieses Verhältnis beschaffen sein muß, damit die Gesellschaft existenzfähig ist und sich möglichst ungehindert von staatlicher Einflußnahme entwickeln kann. Ihr Augenmerk gilt deshalb in erster Linie der Frage, wie die *Staatsgewalt* zugunsten der Freiheit des einzelnen *in Schranken* gehalten werden kann. Etwas überspitzt könnte man sagen:

- traditionell-konservativen Positionen geht es darum, den Einfluß der Gesellschaft auf den Staat zu begrenzen, d. h. den Staat so autonom wie möglich zu gestalten, während es
- den traditionellen bürgerlich-liberalen Vorstellungen vor allem darauf ankommt, den Einfluß des Staates auf die Gesellschaft zu begrenzen, d. h. die Gesellschaft soll sich so ungestört wie möglich von staatlichen Eingriffen entwickeln.

Dieses bürgerlich-liberale Demokratieverständnis soll vor allem durch zwei zentrale Prinzipien gewährleistet werden:

- Durch *Gewaltenteilung,* d. h. durch ein System von sich gegenseitig kontrollierenden und ausbalancierenden Mächten, soll verhindert werden, daß eine Institution zu mächtig wird und unkontrolliert in die Gesellschaft eingreift;
- durch *Repräsentation* wird hingegen der Einfluß der Gesellschaft auf den Staat gesichert. Der Staat darf keinesfalls unabhängig von den gesellschaftlichen Interessen handeln. Im Gegenteil wird durch repräsentative Willensbildung im Parlament sichergestellt, daß der Staat im Interesse der Gesellschaft handelt.

Nach diesem Verständnis sind also Staat und Gesellschaft nicht getrennt, wohl aber unterschieden, differenziert. In ihrer reinsten Form wird diese bürgerlich-liberale Demokratietheorie in der Bundesrepublik heute von wissenschaftlicher Seite kaum noch vertreten, obwohl die klassischen liberalen Annahmen – Gewaltenteilung zwischen Parlament und Exekutive und Parlament als Ort des Interessenausgleichs und der Kompromißfindung aufgrund rationaler

---

Bürgerliche und liberale Demokratietheorie

Die *bürgerliche und liberale Demokratie* geht auf *John Locke* (1632–1704) zurück (vgl. auch LB 2, S. 84). Er führte die beiden zentralen Prinzipien in die Diskussion ein, nämlich Gewaltenteilung und Repräsentation. *Locke* verstand *Gewaltenteilung* funktional als Aufgliederung staatlicher Herrschaft zum Schutz von Leben, Freiheit und Eigentum der Bürger. Er unterschied vier Staatsfunktionen: Legislative, Exekutive (reguläre Gesetzesausführung), Föderative (auswärtige Gewalt, nicht an Gesetze gebunden) und Prärogative (Notstandsbefugnisse). Der heute als eigentlicher Begründer der Gewaltenteilungslehre bekannte *Montesquieu* (1689–1755) unterscheidet die von *Locke* noch vernachlässigte Judikative, die Legislative und Exekutive. Er will Begrenzung und Teilung von Macht nicht nur durch eine funktionale Aufgliederung erreichen, sondern mehr noch durch das Gegen- und Miteinander der verschiedenen „Machtzentren". Die amerikanischen „Federalists" (*Alexander Hamilton* 1755–1804, *James Madison* 1751–1836) entwickelten aus diesem Gedanken das System der *„checks and balances"*, das sowohl die Macht der Exekutive eindämmen als auch der Legislative Grenzen setzen sollte.

Der andere Bestandteil eines bürgerlich-liberalen politischen Systems, die *Repräsentation* wurde ebenfalls von *Locke* in seinen Grundzügen bereits konzipiert. Er verlangte, daß Gesetze mit Mehrheit beschlossen werden sollten, wobei der Wille der Mehrheit der Gesamtheit zugerechnet wird. Dahinter steht die Überzeugung, daß die jeweils beste politische Lösung am ehesten durch eine offene und ungehinderte Konkurrenz unterschiedlicher Meinungen herausgefunden werden kann. Das Parlament sollte daher der Ort sein, wo die Repräsentanten des aufgeklärten, durch Besitz und Bildung zur Wahrnehmung öffentlicher Interessen qualifizierten Bürgertums in offener Diskussion jeweils die rationalste Lösung für politische Probleme erarbeiten (so z. B. *John Stuart Mill* 1806–1873). Voraussetzung dieses „Erkennen des Gemeinwohls durch rationale Diskussion" sind radikale Meinungsfreiheit, volle Öffentlichkeit der parlamentarischen Verhandlung, Immunität und Indemnität der Abgeordneten, Ablehnung des imperativen Mandats sowie Beschränkung des Wahlrechts durch Qualifikationen von Besitz und Bildung. (Vgl. hierzu *Scharpf* 1975, S. 21 ff., sowie *Habermas* 1968, S. 143 ff., und sein Begriff der „bürgerlichen Öffentlichkeit".)

Diskussion – sowohl von „rechts" *(Carl Schmitt)* wie von „links" *(Johannes Agnoli)* als Grundlage ihrer Parlamentarismuskritik genommen wird. Darin zeigt sich, daß die bürgerlich-liberale Demokratieauffassung häufig als adäquate Beschreibung der politischen Wirklichkeit der Bundesrepublik angesehen wird und nicht als normative Setzung einer ganz bestimmten Theorie.

Besondere Bedeutung kommt den liberal-konservativen Positionen vor allem durch die Weiterentwicklung des Prinzips der *Unterscheidung von Staat und Gesellschaft* zu:

> „Wie unterschiedlich die Terminologie auch sein mag, und wo immer die Grenzen gezogen wurden und weiterhin werden, den freiheitlichen Verfassungsstaat westlicher Prägung gibt es nur dort, wo eine Differenzierung von Staat und Gesellschaft gemacht wird, Privates von Öffentlichem getrennt werden darf" (*Hennis* 1977, S. 26).

Indem „Öffentliches" streng von „Privatem" getrennt wird und gleichzeitig Demokratie als ein rein staatliches Prinzip definiert wird, werden dann alle Ansprüche auf *„Demokratisierung"* gesellschaftlicher Bereiche (etwa Universitäten, Betriebe, Glaubensgemeinschaften) abgewiesen. Grundanliegen ist immer noch, daß die Gesellschaft sich möglichst autonom und ungestört von (hier nicht staatlichen, sondern) politischen Einwirkungen entwickelt. *Politisierung* gesellschaftlicher Bereiche (wie z. B. Familie, Kirche, aber auch Schule oder Betrieb), die von ihrer Natur her unpolitisch sind, wird daher als zentrale Gefahr für das Weiterbestehen unserer freiheitlichen Gesellschaftsordnung angesehen (vgl. vor allem *Hennis* 1973a). Eine solche Entwicklung führt leicht zur „Gleichschaltung" in einer „totalen Demokratie", ja zur Preisgabe von Grundlagen der abendländischen politischen Kultur *(Hennis),* die durch die Trennung von Politischem und Unpolitischem, von „polis" (Gemeinwesen) und „oikos" (Haus) des *Aristoteles,* gekennzeichnet ist. Die mit der allseitigen Beteiligung verbundene Politisierung gesellschaftlicher Bereiche (vom Kindergarten über die Polizei bis zum Krankenhaus), aber auch von Verwaltungsbereichen, muß verhindert werden, weil durch diese Formen der Fundamentaldemokratisierung das Wesen des Menschen verleugnet wird.

Im Zusammenhang mit der Diskussion um Demokratisierung werden von liberal-konservativer Seite allerdings auch eher traditionell konservative Gegenargumente vorgebracht:

– Das *Kompetenz- und Effizienzargument* beinhaltet die Befürchtung, daß umfassende Beteiligung in allen gesellschaftlichen Bereichen sachgerechtes, zügiges und angemessenes Handeln verhindern wird. Der Gedanke, daß am Operationstisch die Assistenzärzte und womöglich noch die Krankenschwestern mit dem Professor darüber abstimmen, wie die Operation durchgeführt werden soll bzw. Studenten im Erstsemester und Reinmachefrauen darüber bestimmen, was an den Universitäten geforscht werden darf, drückt diese Befürchtungen vielleicht am deutlichsten aus. Aber auch im staatlichen Bereich kann Demokratisierung, z. B. der Planungsprozesse, dazu führen, daß notwendige Entscheidungen aufgrund der Beteiligungsverfahren nicht rechtzeitig gefällt werden bzw. der Blick auf die Betroffenen den Staat das Gemeinwohl vernachlässigen läßt.

- Das *Subversionsargument* schließlich zielt ganz generell auf die Befürchtung ab, durch zunehmende politische Beteiligung in allen gesellschaftlichen Bereichen und eine umfassende Demokratisierung der Gesellschaft würden die Grundlagen der abendländischen Kultur und damit der freien Entfaltung der Persönlichkeit schrittweise und unmerklich beseitigt zugunsten einer allmählichen Einführung einer totalitären kommunistischen Diktatur.

Demokratie ist daher auf den staatlich-politischen Raum zu beschränken; sie dient der Legitimierung der Regierenden. Es ist ein Grundirrtum, Organisationselemente der parlamentarischen Demokratie auf gesellschaftliche Bereiche übertragen zu wollen *(Hennis)*. Die Unterscheidung von Staat und Gesellschaft muß aufrechterhalten bleiben und darf nicht über Beteiligungsprozesse zu einem Gemenge werden, in dem Sachkompetenz untergeht, das repräsentative System ausgehöhlt wird und Verantwortung nicht mehr zugeordnet werden kann.

8.2 Rechtfertigende Positionen: Realistische Demokratie

Eine andere, sozusagen „modernere" Einschätzung und Erklärung des demokratischen Systems der Bundesrepublik liefern Demokratiekonzeptionen, die ihrem Anspruch nach sowohl *beschreiben* wollen, wie demokratische Systeme funktionieren, als auch gleichzeitig *erklären* wollen, warum manche politische Systeme demokratisch sind und andere nicht. Da sie ihren Ausgangspunkt in der zu beobachtenden Wirklichkeit der üblicherweise als demokratisch bezeichneten Systeme nehmen, aber daraus gleichzeitig auch zentrale Elemente und Regeln ableiten, können sie auch mit dem Begriff „empirisch-normativ" charakterisiert werden.

Grundlegend für diese Demokratiekonzepte ist die Erkenntnis, daß keine der traditionellen Demokratievorstellungen mit der Wirklichkeit moderner Massendemokratien zu vereinbaren ist. Sie wenden sich sowohl gegen naive Gewaltenteilungs- und Repräsentationstheorien wie auch gegen die Identitätstheorie der Demokratie:

- In den *liberalen* Konzeptionen wird die Bedeutung der Individuen und des Parlaments über-, die Bedeutung der Regierung und der Parteien unterschätzt. Phänomene wie Massenparteien, Fraktionszwang und „Gewaltenverschränkung" zwischen Mehrheitsfraktion und Regierung werden in dieser überkommenen Vorstellung unzureichend berücksichtigt.
- Die *klassischen* radikal-demokratischen Auffassungen, nach denen in der Demokratie das Volk sich selbst regiert, sind demgegenüber viel zu unbestimmt. Wie soll sich das Volk selbst regieren? Durch Abstimmungen über jedes Einzelproblem wie in Kleinstgemeinden ist es offensichtlich nicht möglich.

Um die entscheidenden Elemente der rechtfertigenden Theorien besser herauszuarbeiten, sollen hier drei ansonsten eng miteinander verflochtene und aufein-

ander aufbauende Positionen unterschieden werden (s. a. zu diesen „realistischen" Demokratieauffassungen *Wiesendahl* 1981):
- pluralistische Demokratietheorie,
- Theorie der Konkurrenzdemokratie,
- Theorie der demokratischen Elitenherrschaft.

a) Pluralistische Demokratietheorie: Ablehnung von Identität und Homogenität

Die pluralistische Konzeption der Demokratie, die in der Bundesrepublik vor allem von *Ernst Fraenkel* entwickelt wurde, kann mit einigem Recht wohl als die verbreitetste, umfassendste und wohl auch „herrschende Lehre" der demokratietheoretischen Konzeptionen bezeichnet werden. Sie beruht auf zwei unterschiedlichen Argumentationsketten:
- einer Auseinandersetzung mit klassischen Auffassungen von Demokratie, insbesondere der „Identitätstheorie" (vgl. S. 240f.) und
- einer Analyse der Wirklichkeit demokratisch verfaßter Gesellschaften, vor allem orientiert am englischen Verfassungsystem.

Ausgangspunkt dieser Demokratieauffassung ist die Ablehnung der *„Identitätstheorie"* der Demokratie: Demokratie soll nicht bedeuten, daß eine Identität zwischen Herrschern und Beherrschten hergestellt wird, sondern daß die Regierung mit der Zustimmung der Regierten herrscht, d. h. Grundlage des Demokratieverständnisses ist eine *„Konsenstheorie"*. Dabei werden folgende Prinzipien zugrunde gelegt (vgl. zum folgenden besonders *Fraenkel* 1973):
- Wir leben in einer *pluralistischen Gesellschaft* (vgl. dazu LB 2, 3.2.3 und LB 3, 4.2). Unterschiedliche Gruppen haben unterschiedliche Interessen und es ist weder erwünscht noch möglich, diese Interessengegensätze zu unterdrücken oder ihre Existenz zu leugnen. D. h. die Gesellschaft ist heterogen, nicht homogen strukturiert, und soll daher pluralistisch, nicht monistisch organisiert sein.
- Das *Volk* ist weder eine transpersonale, gewachsene organische „Gestalt" mit einem einheitlichen Volkswillen (konservative evtl. faschistische Auffassung), noch eine Summe von weitgehend isolierten Individuen, die bestrebt sind, in niemals abbrechenden, rationalen Diskussionen zu einer einheitlichen Meinung über öffentliche Angelegenheiten zu gelangen (liberale Auffassung), sondern besteht aus den Mitgliedern einer differenzierten Gesellschaft, die in verschiedenartigen Gruppen und Organisationen zusammengefaßt sind.
- Daraus folgt, daß es keinen einheitlichen, vorgegebenen und rational erkennbaren *Volkswillen* geben kann.
- Die Organe des Staates (Parlament, Regierung) sind daher nicht dazu da, als Hilfsorgan des Volkes dessen Willen zu vollziehen, sondern das Volk überträgt einer bestimmten Gruppe (Partei) zu treuen Händen das Amt der Regierung, wobei es sich vorbehält, die *Treuhandschaft* jederzeit durch Wahlen zu widerrufen, wenn sie nicht im Interesse der Mehrheit des Volkes ausgeübt wird.

- Das Volk als Ganzes ist zwar zur Billigung und Zurückweisung politischer Entscheidungen fähig, nicht aber zu deren Konzeption. Daher ist die Vorstellung falsch, das Volk könne durch ein kontinuierliches Plebiszit entscheiden, wie regiert werden soll. Statt dessen ist *Repräsentation* das angemessene Prinzip politischer Interessenvertretung. Das imperative Mandat ist abzulehnen.
- Darüber hinaus erfüllen die gesellschaftlichen *Gruppen* eine wichtige Funktion, indem sie Interessen artikulieren und an den Staat herantragen. Der Staat hat die Aufgabe, einen Ausgleich zwischen diesen verschiedenen Interessen zu schaffen. Dabei muß er stets dann regulierend eingreifen, wenn keine Gewähr dafür besteht, daß aus dem Parallelogramm der ökonomischen, sozialen und politischen Kräfte eine Resultante hervorgeht, die den Minimalerfordernissen einer wirtschaftlich tragbaren und sozial erträglichen Lösung der anfallenden Probleme entspricht.
- Das *Gemeinwohl* ist daher nicht im voraus (a priori) erkennbar, sondern ist Resultat des demokratischen Prozesses (es stellt sich a posteriori ein).
- Voraussetzung der Demokratie ist daher nicht eine homogene Gesellschaft und ein allumfassender Konsens, sondern ein *Grundkonsens* über die demokratischen „Spielregeln".

Abbildung 30: Vergleich von Konsens- und Identitätstheorie der Demokratie

	Konsenstheorie	Identitätstheorie
Gesellschaft	– heterogen strukturiert – pluralistisch organisiert	– homogen strukturiert – monistisch organisiert
Volkswille	– Konkurrenz gegensätzlicher Interessen	– homogener, einheitlicher Volkswille
Organe des Staates	– sind „Treuhänder" des Volkes	– führen Volkswille aus
Willensbildung	– repräsentativ	– plebiszitär
Gruppeninteressen	– legitim	– illegitim (Abwehr von Teilinteressen)
Gemeinwohl	– stellt sich a posteriori ein (durch Interessenausgleich)	– kann a priori erkannt werden
Konsens	– begrenzt auf Grundkonsens (Spielregeln)	– allumfassend
Beispiele	– moderne Industriegesellschaften, repräsentativ-parlamentarische Demokratie mit Parteien, Verbänden (z. B. GB, USA, BRD)	– klassenlose Gesellschaft, Diktatur des Proletariats mit demokratischem Zentralismus, evtl. Erziehungsdiktatur (z. B. „sozialistische" Staaten, Rätesysteme, Kleinstgemeinden) – auch Faschismus
Vertreter	– *Fraenkel, Sontheimer, Dahl*	– *Rousseau* (darauf aufbauend *Marx, Lenin,* aber auch *Carl Schmitt)*

Nach dieser Auffassung entspricht die Bundesrepublik Deutschland diesem Modell mit einigen wenigen Einschränkungen. Die Demokratieauffassung der „Identitätstheorie", die sowohl den Konzepten von konservativen Kritikern des Parlamentarismus *(Carl Schmitt)*, faschistischen Positionen (der Führer erkennt das Gemeinwohl) als auch marxistischen Alternativen (homogene Gesellschaft durch Beseitigung der Klassen und Durchsetzung des a priori erkannten Gemeinwohls durch Diktatur des Proletariats) zugrunde liegt, wird abgelehnt (zum Unterschied von Konsens- und Identitätstheorie der Demokratie vgl. Abb. 30).

b) Konkurrenzdemokratie: Demokratie als Methode

Auch die Theorie der Konkurrenzdemokratie sieht das repräsentativ-parlamentarische System als ausreichende Garantie für den demokratischen Charakter der Bundesrepublik an. Ausgangspunkt dieser Position ist eine Definition der *Demokratie als Methode:*

> „Die demokratische Methode ist diejenige Ordnung der Institutionen zur Erreichung politischer Entscheidungen, bei welcher einzelne die Entscheidungsbefugnis mittels eines Konkurrenzkampfes um die Stimmen des Volkes erwerben" (*Schumpeter* 1975, S. 428).

Die Demokratie ist dadurch gekennzeichnet, daß das Volk sich nicht selbst regiert, sondern eine Regierung hervorbringt, also nicht Regierung durch das Volk, sondern „vom Volk gebilligte Regierung". Es ist davon auszugehen, daß das Volk als viel zu große, relativ diffuse Masse zwar nicht in der Lage ist, Politik zu formulieren, aber doch zumindest die Regierung installieren und kontrollieren kann. Auf der Basis dieses Demokratieverständnisses werden dann *Kriterien* entwickelt, die festlegen, wie ein *demokratischer Staat* beschaffen sein muß (vgl. hierzu bes. *Schumpeter, Mayo und Dahl/Lindblom* in *Grube/Richter* 1975, zusammenfassend *Wiesendahl* 1981):

- Entscheidend für den demokratischen Charakter eines Staates sind freie, gleiche und geheime *Wahlen*. Jeder Erwachsene muß eine Stimme haben, alle Stimmen müssen gleiches Gewicht besitzen, und Wahlen müssen periodisch stattfinden;
- Weiterhin müssen durch Wahlen *Regierungswechsel* möglich werden. Diejenigen politischen Vertreter, die die Mehrheit erhalten haben, müssen die Regierung übernehmen. Dadurch ergibt sich für die Bürger die Möglichkeit, eine einmal gewählte Regierung entweder zu bestätigen oder abzuwählen;
- Schließlich sind politische *Freiheiten* notwendige Bedingungen der Demokratie, so z. B. die Meinungs- und Informationsfreiheit, die freie Konkurrenz der Parteien, die Existenz einer Opposition und die Möglichkeit, daß jeder, der die Spielregeln der Demokratie akzeptiert, auch an dem demokratischen Konkurrenzkampf teilnehmen kann.

Politische Systeme, die diese Bedingungen erfüllen, sind demnach demokratisch:

„Ein demokratisches, politisches System ist ein System, in dem die nationale Politik auf einer Majoritätsbasis durch Repräsentanten (Volksvertreter) durchgeführt wird, die einer effektiven Kontrolle des Volkes durch periodisch stattfindende Wahlen unterworfen sind, die auf der Basis politischer Gleichheit und unter Bedingungen politischer Freiheit durchgeführt werden" (*Mayo* 1975, S. 43).

Der Vergleich dieses Modells der Demokratie als Konkurrenz um Wählerstimmen mit dem wirtschaftlichen Konkurrenzverhalten auf dem Markt liegt nahe. Eine Variante der Konkurrenzdemokratie, die *ökonomische Theorie der Politik,* hebt diese Analogie besonders deutlich hervor (vgl. vor allem *Downs* 1968, s. a. *Pommerehne/Frey* [Hrsg.] 1978, *Lehner* 1981). Die Politiker in Parteien und Regierung (bzw. die Funktionäre in Verbänden) entsprechen dann den Unternehmern, während die Wähler den Verbrauchern (bzw. den Verbandsmitgliedern) gleichen. Wenn man von zwei Grundannahmen ausgeht, nämlich daß

- die Wähler jeweils die Partei wählen, die ihnen am meisten nützt und
- die Politiker nur das Interesse haben an die Macht zu kommen bzw. an der Macht zu bleiben,

ergibt sich, daß, wenn jeder seinen eigenen Nutzen maximiert (die Politiker z. B. alles tun, um an der Macht zu bleiben, wenn auch nur um ihre Macht- und Prestigegelüste zu befriedigen), die Interessen der Wähler durch das System der Konkurrenz zwischen den Parteien optimal berücksichtigt werden. Die Politiker müssen das tun, was die Mehrheit der Wähler will, um gewählt zu werden, bzw. diejenigen Politiker erhalten die meisten Stimmen, die den Willen der Mehrheit der Wähler am besten ausdrücken. Weil Politiker, die an der Regierung sind, wiedergewählt werden wollen, werden sie von vornherein versuchen, durch ihre Politik möglichst viele Wähler zufriedenzustellen, d. h. der Wille der Mehrheit der Wähler setzt sich durch aufgrund des Phänomens der *antizipierten Reaktionen* der Wähler. Wenn eine Regierung sich nicht daran hält oder sich irrt, wird sie abgewählt.

c) Theorie demokratischer Elitenherrschaft: Notwendigkeit der Apathie

Die Modelle der Pluralismus- und Konkurrenzdemokratie wurden im Laufe der Zeit allerdings durch Ergebnisse der empirischen Wahlforschung zumindest teilweise in Frage gestellt. Insbesondere durch Umfragerhebungen wurden Charakteristika des „durchschnittlichen Wählers" ermittelt, die zu einer Modifikation der normativen Annahmen dieser Theorien führen mußte. Grob zusammengefaßt hat die empirische Wahlforschung den *durchschnittlichen Wähler* durch folgende Punkte *charakterisiert:*

- generell *geringes Interesse* an Politik und geringe Anteilnahme am politischen Geschehen,
- *Gleichgültigkeit* gegenüber politischen Fragen und wenig Motivation, sich politisch zu engagieren,

– *mangelhaftes Wissen* über Politik, so daß die meisten Wähler kaum angeben können, worin sich die Partei, die sie wählen, von anderen Parteien unterscheidet und oft Wähler einer Partei in den meisten Fragen sogar eine andere Position vertreten als die Partei, die sie wählen.

Als Grund für diese Unwissenheit und Apathie der meisten Wähler wird u. a. angenommen, daß die Wahl für fast alle keine unmittelbaren und sichtbaren Konsequenzen hat, und daher persönliche und politische Folgen einer Wahl für die meisten Wähler kaum abschätzbar sind.

Aufgrund dieser Befunde muß die Fiktion eines rationalen Wählers, der genau abwägt und entsprechend seinem Interesse seine Stimme vergibt, weitgehend aufgegeben werden. Vielmehr ist anzunehmen, daß die meisten Wähler durch das politische Geschehen und die aus den normativen Konzepten der Demokratietheorie entwickelten Ansprüche überfordert werden. Die Ergebnisse der Wahlforschung zeigen, daß die meisten Wähler ihre Wahlentscheidung aufgrund emotionaler Neigungen bzw. Gruppenzugehörigkeit treffen. Das Wahlverhalten ähnelt nicht so sehr dem theoretischen Konstrukt des Verbrauchers, sondern eher der Vorliebe für gewisse geschmackliche oder auch kulturelle Gegebenheiten:

„Eine Partei einer anderen vorzuziehen, muß sehr ähnlich jenem Vorgang sein, der jemand eine bestimmte Musik- oder Literaturrichtung einer anderen vorziehen läßt, und die Wahl derselben politischen Partei alle vier Jahre mag ihre Parallele in der Wahl derselben alten Verhaltensnormen in neuen sozialen Situationen haben" (*Berelson/Lazarsfeld/McPhee* 1975, S. 98/99).

Die Ergebnisse der empirischen Wahlforschung, die auch auf die Organisation der Bürger in Interessengruppen oder Parteien übertragbar sind, führten allerdings nicht dazu, daß die Modelle der „realistischen" Demokratietheorie verworfen wurden. Statt dessen wurden sie vor allem in ihren normativen Grundannahmen leicht modifiziert. Daraus entstand die *Theorie demokratischer Elitenherrschaft*. Aus den Ergebnissen der empirischen Wahlforschung zieht sie den Schluß, daß ein demokratisches System offenbar sowohl der *Eliten* als auch der *Apathie* der Mehrzahl der Bürger bedarf. Eliten sind wichtig, da der Wettbewerb der Wähler nicht automatisch die Qualität der Ergebnisse sicherstellt. Der Wert der Demokratie hängt also ganz entscheidend vom Wert der Führung ab; Demokratie ist ohne Führung durch Eliten kaum denkbar. Apathie wiederum ist wichtig, weil zu großes Interesse und Anteilnahme der Bürger den demokratischen Prozeß eher gefährden als fördern. Wenn ein Großteil der Bürger dem politischen Geschehen mehr oder weniger apathisch folgt, heißt das, daß ihre Ansprüche im großen und ganzen befriedigt werden. Zu große Anteilnahme hingegen gefährdet evtl. die Stabilität des demokratischen Systems.

„Extremes Interesse geht Hand in Hand mit extremer Parteigängerschaft und kulminiert möglicherweise in rigidem Fanatismus, der demokratische Prozesse zerstören könnte, wenn er die ganze Gemeinschaft erfassen würde. Geringe Neigung zu Wahlen bzw. Gleichgültigkeit trägt zur Lösung vieler politischer Probleme bei; die Stimmen können sich auf zwei statt auf viele Parteien verteilen (die Splitterparteien der Linken z. B. splittern sich deshalb, weil ihre Anhänger zu sehr an Politik interessiert sind)" (*Berelson/Lazarsfeld/McPhee* 1975, S. 101).

Die Theorie demokratischer Elitenherrschaft betrachtet es als Merkmal einer demokratischen Regierungsform, daß die Majorität entscheidet, welche Minderheit regieren darf. Dazu ist es durchaus nicht erforderlich, daß die Wähler informiert und aktiviert sind:

„Eine Implikation der Meinungsforschung soll von allen Freunden der Freiheit und Demokratie zurückgewiesen werden, nämlich, daß Demokratie ein Fehlschlag ist, weil das Volk zu unwissend ist, um alle von Meinungsforschern gestellten Fragen vernünftig zu beantworten . . .

Das Problem ist nicht, wie 180 Millionen Aristoteles ähnliche Wesen eine Demokratie lenken, sondern wie wir 180 Millionen einfache Menschen organisieren können, so daß ihre Bedürfnisse nicht übergangen werden" (*Schattschneider* 1975, S. 85 und 87).

8.3 Kritische Positionen: Gegen ein reduziertes Demokratieverständnis

Sowohl die empirischen Grundlagen als auch besonders die impliziten und expliziten normativen Grundannahmen der beschreibend-rechtfertigenden Auffassungen von Demokratie werden von einer Reihe anderer Positionen in Zweifel gezogen. Im folgenden sollen jene dargestellt werden, die zwar auch auf Beobachtungen der Wirklichkeit basieren, dabei jedoch aufgrund anderer normativer Grundsätze zu abweichenden *kritischen Wertungen* kommen. Deshalb setzen sie sich auch intensiv mit den eben dargestellten beschreibend-rechtfertigenden Theorien auseinander. Gleichzeitig versuchen sie aber auch, diesen als reduktionistisch kritisierten Theorien eine alternative Demokratietheorie entgegenzusetzen.

a) Kritik der Theorie demokratischer Elitenherrschaft

Das generelle Problem der Elitentheorien wird darin gesehen, daß nicht sicher ist, ob die herrschenden Eliten auch tatsächlich im Sinne der beherrschten Massen handeln. Darüber hinaus wird die Frage gestellt, ob die Arbeitsteilung zwischen Herrschern und Beherrschten bzw. Eliten und Massen nicht grundsätzlich abzulehnen ist.

Schon die erste Voraussetzung der demokratischen Elitentheorie, das „Interessenberücksichtigungspotential" der Eliten, wird von kritischen Positionen in Zweifel gezogen. Denn herrschende *Eliten,* definiert als Personengruppen,

„die regelmäßig die Fähigkeit besitzen, ein hohes Maß an Macht und Autorität in Form von Entscheidungen oder Nicht-Entscheidungen auszuüben, welche die Werte einer Gesellschaft in signifikanter Weise beeinflussen" (*Bachrach* 1970, S. 95).

zeichnen sich durch folgende Punkte aus:

- Sie sind relativ „abgeschottet", d. h. der Zugang zu ihnen ist nicht für alle offen, hauptsächlich rekrutieren sie sich aus der Oberschicht.
- Es gibt eine Elitenidentität zwischen verschiedenen sozialen Bereichen, so daß z. B. der Zugang zu Kommunikationsmitteln, Beziehungen zu *pressure groups* u. ä. sehr ungleich in der Gesellschaft verteilt sind.

– Durch die vorherrschende Elitenstruktur wird daher die Ungleichheit von Reichtum und Einkommen in der Gesellschaft verfestigt. Die Lebensbedingungen werden nicht nivelliert. Die vorhandenen Eliten sind im Gegenteil durch bessere Ausbildung, Artikulationsmöglichkeiten, Verfügungsgewalt über Ressourcen und Produktionsmittel in der besten Position, ihre Stellung auszubauen und zu verfestigen.

Wissenschaftler wie *Peter Bachrach, Thomas B. Bottomore, Ralph Miliband* u. a. ziehen daraus den eindeutigen Schluß: Nichts spricht dafür, daß die herrschenden Eliten auch tatsächlich im Interesse der von ihnen beherrschten Massen handeln werden. Weiterhin wird der Elitentheorie vorgeworfen, daß sie ein tiefes Mißtrauen gegenüber der Mehrheit gemeiner Männer und Frauen hegt und gleichzeitig blindes Vertrauen in die etablierten Eliten setzt, in der Annahme, daß diese die Demokratie bewahren und die ihnen zugestandene Macht schon nicht mißbrauchen werden. Während die traditionelle liberale Theorie noch durchzogen ist vom Mißtrauen gegenüber den Herrschenden – die immer geneigt sind, ihre Macht zu mißbrauchen – geht die Theorie demokratischer Elitenherrschaft von einem Mißtrauen gegenüber den Massen aus, die im besten Fall unfähig, fügsam und träge sind, schlimmstenfalls aber aus aufwieglerischen und ungebändigen Kreaturen bestehen. So ist die Theorie demokratischer Elitenherrschaft in der Lage, die Intaktheit des Systems festzustellen, während sie zur gleichen Zeit vermerkt, daß ein großer Teil des Volkes dem sozialen und politischen Leben, das sie umgibt, entfremdet ist (*Bachrach* 1970). Das „Bestechendste" an dieser Theorie ist ihr abgeschlossener Charakter:

– bestehende Systeme, charakterisiert durch Elitenherrschaft und Massenpassivität sind per Definition demokratisch und
– jeder Vorschlag, dieses System zu ändern, ist von vornherein aus objektiven Gründen unrealistisch.

b) Kritik der Theorie der Konkurrenzdemokratie

Die Kritik der Theorie der Konkurrenzdemokratie richtet sich in erster Linie gegen die Annahme, daß die Konkurrenz von Parteien oder Eliten die Gewählten tatsächlich dazu veranlassen, im Sinne der Wähler zu handeln. Dagegen werden zumindest drei *Einwände* erhoben:

– In einem Zwei- oder Dreiparteiensystem werden die Parteien, wenn sie sich rational verhalten, dazu neigen, dem Wähler möglichst umfassende und diffuse Programme vorzusetzen. Da die Parteien um dieselbe Wählergruppe konkurrieren, nämlich die Wechselwähler, folgt daraus logisch, daß die Parteiprogramme sich annähern müssen. Dem Wähler bleibt dann keine „rationale" Wahl mehr.
– Die Hauptaktivitäten der Parteien richten sich auf den Wahlkampf. An die Stelle konkurrierender Programme tritt immer mehr die Werbung für werbewirksame konkurrierende Eliten und dadurch wird schließlich jene apolitische Konsumentenhaltung gefördert, die gleichzeitig von den Politikern beklagt wird.

„Damit verwandelt sich die ‚Teilhabe' der Staatsbürger am politischen Geschehen immer mehr in einen akklamatorischen Akt, der nicht mehr Aktivität erfordert als die Auswahl einer Zahnpastamarke oder eines Waschpulvers" (*Fetscher* 1975, S. 201).

– Aber selbst wenn alle Wähler sich rational verhalten und es keine apolitischen und uninformierten Wechselwähler gibt, führt das Modell immer noch zu ungewünschten Ergebnissen: Da die Chance, durch die Stimmabgabe bei der Wahl etwas zu bewirken, sehr gering ist, interessieren sich rationale Bürger nicht unbedingt für Politik. Die „Kosten der Informationsgewinnung" sind im Verhältnis zum „Ertrag" viel zu gering. Dadurch haben diejenigen, die sowieso über bessere Informationen verfügen, einen Vorsprung. Wenn alle Menschen sich rational verhalten, wird ihr politischer Einfluß sehr ungleich sein.

Die ökonomische Theorie der Demokratie von *Anthony Downs* u. a. wird also mit einer auf ihren eigenen Annahmen basierenden logisch-deduktiven Argumentationsweise zurückgewiesen. Generell wird gegen das ökonomische Modell der Demokratie eingewendet, daß zu einer Zeit, wo in der Ökonomie der Glaube an die automatische „Gerechtigkeit" des Marktes umstritten ist, das Modell des Marktmechanismus auf die Politik übertragen wird, obwohl nicht zu erwarten ist, daß Konkurrenzprinzip und Marktmechanismus in der Politik besser funktionieren als in der Ökonomie. Es spricht nichts dafür, daß durch das Prinzip der Konkurrenzdemokratie wirklich die Interessen aller Wähler gleichmäßig berücksichtigt werden bzw. überhaupt die Gewählten im Interesse der Wähler handeln (vgl. zu dieser Argumentation insbes. *MacPherson* 1975).

c) Kritik der Pluralismustheorie

Die Argumente gegen die normativen und empirischen Annahmen der Pluralismustheorie sind im Zusammenhang mit der Behandlung des pluralistischen Charakters der Bundesrepublik ausführlich dargestellt worden (vgl. LB 3, 4.3). Es genügt daher, wenn hier die Schlußfolgerungen noch einmal kurz referiert werden: Nichts spricht dafür, daß in der pluralistischen Gesellschaft alle Interessen vertreten, geschweige denn alle Interessen beim Interessenausgleich durch den Staat berücksichtigt werden. Statt dessen ist der Pluralismus ein „Modell für die friedliche Akkomodation (=Befriedigung, d. Verf.) der begrenzten Ziele grundsätzlich saturierter Gruppen" (*Scharpf* 1975, S. 53).

d) Alternative: Theorie demokratischer Selbstentfaltung

Die Kritik an den „realistischen", rechtfertigenden Positionen kennzeichnet diese mit dem Begriff „reduktionistisch". Er drückt den Vorwurf aus, daß solche Theorien einen Rückschritt gegenüber den traditionellen normativen Zielen der Demokratie darstellen. Kritische Ansätze erschöpfen sich jedoch nicht in dieser Kritik, sondern ergänzen sie um eine an den klassischen Werten der Demokratie orientierte *„Theorie demokratischer Selbstentfaltung“ (Bachrach)* oder *„Gesamtgesellschaftlicher Demokratisierung“ (Vilmar)*, d. h. der „reduktionistischen“ wird eine „emanzipatorische “ Demokratievorstellung entgegengesetzt. Diese unterscheidet sich in wesentlichen Punkten von „reduktionistischen“ Demokratietheorien:

– Ihr Ausgangspunkt ist ein dynamischer, kein statischer *Demokratiebegriff*, d. h. Demokratie ist nicht eine staatliche Ordnung, die es zu bewahren gilt, sondern ein fortschreitender Prozeß. Sie ist der Weg zu einem idealen Gesellschaftszustand, der zwar möglicherweise nie erreicht wird, der aber als Korrektiv zu den bestehenden Verhältnissen eine entscheidende Funktion hat. Daher ist Demokratie mehr als eine Methode zur Sicherung eines annehmbaren und funktionierenden Herrschaftssystems, sie ist zugleich das Ziel einer zukünftigen Gesellschaftsordnung, wie es seit langer Zeit zur Befreiung und Emanzipation von Unterdrückten und Beherrschten formuliert worden ist (vgl. auch *Pelinka* 1974).
– *Politische Beteiligung* ist daher mehr als nur eine Möglichkeit zur Durchsetzung von Interessen, sie ist gleichzeitig ein Beitrag zum Ideal menschlicher Würde und Entfaltung.

> „Ohne politische Teilhabe wäre der erwachsene Mensch weder frei noch glücklich, selbst dann nicht, wenn zufällig die vorhandene Gestalt des Gemeinwesens im übrigen seinen Wünschen entspräche. (. . .)
> Das Recht auf Teilhabe an der Gestaltung des Gemeinwesens gehört nach demokratischer Auffassung zu den wichtigsten Menschenrechten hinzu“ (*Fetscher* 1975, S. 195).

Der Begriff „wohlwollende Despotie“ ist daher ein Widerspruch in sich selbst. Es kann keine Diktatur im Interesse der Beherrschten geben. Die Teilnahme an der Bewältigung öffentlicher Aufgaben ist das entscheidende Mittel intellektueller, emotionaler und moralischer Erziehung zur vollen Entfaltung der menschlichen Fähigkeiten.

– Daher ist es falsch, das derzeitige Verhältnis zwischen *Eliten und Massen* als unveränderbar und als Ausgangspunkt für eine Demokratietheorie zu nehmen; Ziel einer Theorie muß es gerade sein, dieses Verhältnis zu ändern.
– Ebenso ist es falsch, den Eliten als *Garanten des demokratischen Systems* zu vertrauen. Langfristig werden nur eine Ausweitung und Vertiefung des demokratischen Prozesses eine demokratische Gesellschaftsordnung garantieren können.
– Schließlich ist der *Bereich* der Demokratie nicht auf den engeren staatlichen Bereich zu beschränken, sondern alle gesellschaftlichen Teilbereiche, in denen über die Verteilung gesellschaftlicher Werte entschieden wird, sind zu demokratisieren. Dies betrifft vorrangig den Bereich der Ökonomie, in dem im großen Umfang ungerechtfertigte Herrschaft ausgeübt wird, prinzipiell aber auch alle anderen gesellschaftlichen Bereiche. Denn nur durch eine breit angelegte Demokratisierung aller Lebensbereiche kann ungerechtfertigte Herrschaft beseitigt werden. Demokratie ist eine

Lebensform, nicht nur eine Staatsform. Insbesondere ist die Trennung zwischen politischem und wirtschaftlichem Bürger falsch. Ein Mensch, der im Betrieb (aber z. B. auch in der Schule, an der Universität, im Verein usw.) autoritär als reiner Befehlsempfänger und unmündiges Wesen behandelt wird, wird kaum in der Lage sein, über politische Themen frei, rational und informiert zu entscheiden (vgl. zu dieser Position auch LB 4: 4.3 „Gesamtgesellschaftliche Demokratisierung").

Abbildung 31: „Reduktionistische" und „emanzipatorische" Demokratieauffassung

	„reduktionistische" Demokratieauffassung	„emanzipatorische" Demokratieauffassung
Demokratiebegriff	– statisch – Demokratie als Methode	– dynamisch/prozessual – Demokratie als Methode und Ziel
politische Beteiligung	– zur Durchsetzung von Interessen	– zur Durchsetzung von Interessen und als Ziel für sich selbst
Verhältnis Eliten/Massen	– unveränderbar	– veränderbar
Garanten des demokratischen Systems	– Vertrauen auf Eliten	– Vertrauen auf Ausweitung und Vertiefung des demokratischen Prozesses
Bereich der Demokratie	– Staat	– Gesamtgesellschaft

nach *Bachrach* 1970

Zusammenfassend wird die reduktionistische Demokratietheorie von ihren Kritikern als *Rechtfertigungstheorie* charakterisiert, die, indem sie die Beschreibung des jetzigen Zustandes als Ausgangspunkt nimmt, diesen als unveränderbar und normativ erwünscht hinstellt und damit den status quo rechtfertigt und verfestigt. Sie akzeptiert die durch unpersönliche und für sie ewige Kräfte geprägte Gestalt der Gesellschaft als unveränderbar und verhindert damit eine Orientierung an weitergehenden demokratischen Zielen und eine Veränderung der Gesellschaft (vgl. Abb. 31).

8.4 Marxistische Positionen: Unmöglichkeit der Demokratie im Kapitalismus

a) Neomarxismus: Dominanz der Klassengegensätze

Neomarxistische Positionen gehen davon aus, daß im repräsentativ-parlamentarischen System keine „wahre" Demokratie vorhanden ist und daß durch dieses System eine demokratische Gesellschaft auch nicht geschaffen werden kann. Vielmehr dient das repräsentativ-parlamentarische System dazu, die Massen der Abhängigen im Zustande der Abhängigkeit zu halten, ihre Emanzipation zu verhindern, ihnen aber gleichzeitig die Illusion der Beteiligung an der staatlichen Macht zu vermitteln. In der kapitalistischen Gesellschaft, die durch den alles durchdringenden Antagonismus in der Produktionssphäre (Klassengegensatz) und eine Interessenpluralität in der Distributionssphäre (Interessengegensätze) gekennzeichnet ist, wirkt das parlamentarisch-repräsentative System als ein Mechanismus, der antagonistische Konflikte soweit wie möglich politisch irrelevant macht und plurale Interessenkonflikte staatlich kontrolliert und befriedet (vgl. hierzu besonders *Agnoli* 1973). Bürgerliche Demokratie dient daher in erster Linie dazu, den Kapitalismus zu stabilisieren:

- die real existierende *Klassengesellschaft wird geleugnet,* indem Konflikte auf die behebbaren Interessengegensätze zwischen Gruppen reduziert werden;
- die *Parteienpluralität wird formalisiert,* d. h. die Parteien gleichen sich immer mehr und hören auf, Klassengegensätze oder auch nur gegensätzliche Interessen zu vertreten, sie werden zu staatspolitischen Vereinigungen;
- die Parteien und mit ihnen die in ihnen entscheidenden Eliten entwickeln ein Eigeninteresse an der *Aufrechterhaltung der bestehenden Verhältnisse,* es entwickelt sich eine politische Klasse aus Mitgliedern aller Parteien als Teil der herrschenden Klasse;
- schließlich gibt es *keine wirkliche Konkurrenz* mehr zwischen den verschiedenen Parteien und Eliten; die Konkurrenzdemokratie hat so wenig mit wirklicher Konkurrenz zu tun wie der freie Markt der liberalen Ideologie mit der monopolistischen oder zumindest oligopolistischen Wirklichkeit des modernen Kapitalismus, die Parteien werden zur pluralen Fassung einer Einheitspartei (vgl. hierzu LB 3, 6.4);
- in diesem System ist das Parlament nur noch ein Organ zur Veröffentlichung von Beschlüssen, die woanders gefaßt werden, es ist *Repräsentativ-Organ der Herrschaft,* nicht der Bevölkerung.

Aber nicht nur das repräsentativ-parlamentarische System, auch *Demokratisierungsbestrebungen* dienen nach dieser Auffassung in erster Linie der Stabilisierung des kapitalistischen Systems. Versuche der Erweiterung der politischen Beteiligung sind in erster Linie *Verschleierungstaktiken* und *Integrationsinstrumente* der herrschenden Klasse mit dem Ziel, die revolutionäre Umwälzung und die Bewußtwerdung der Massen zu verhindern. Bürgerinitiativen demonstrieren z. B. den hilflosen Protest auf der Grundlage spontaner und isolierter moralischer Empörung. Zugleich sind sie Ausdruck des Unvermögens, die wahren Ursachen der Benachteiligung und der Abhängigkeit zu erkennen. Ihre Forderungen lassen sich gegenüber den Plänen der großen Kapitale nicht durchsetzen, bestenfalls werden in marginalen Bereichen Zugeständnisse (als Befriedungsaktion) gemacht. Es dominiert eine Politik, die durch Einbeziehung (Scheinpartizipation) „Einsicht in die Notwendigkeit" höhergelagerter Sachzwänge erreichen will. *Bürgerinitiativen,* aber auch sich demokratisierende Gesellschaftsbereiche werden bestenfalls als disziplinierbare Protestträger angesehen, denen man durch unmittelbare Beteiligung an Planungen und Entwurfprozessen eine *Fiktion von Mitbestimmung* vermittelt und sie dabei zur Identifikation mit den von ihnen eigentlich abgelehnten Zielen veranlaßt.

Gerade die Vielzahl der heterogenen Bedürfnisse gestattet die leichtere Anpassung an die eigentlichen Pläne des Großkapitals. Bürgerinitiativen lassen sich zudem als *Frühwarnsysteme* verwerten. Die Schwelle, jenseits derer kritische Unverträglichkeiten entstehen, kann aus den Unmutsäußerungen der spontan organisierten Bürger rechtzeitig bestimmt werden. Durch minimalen Mitteleinsatz und Beschwichtigung (ein zusätzlicher Kindergarten zwischen Wohnsilos) läßt sich dann Zufriedenheit stabilisieren.

Die Illusion der „Klassenneutralität des Staates" vermittelt den Bürgerinitiativen das Gefühl, daß sie vor der Kapitalwillkür geschützt werden könnten und eine Transformation der Gesellschaft möglich wäre, wenn sie nur „initiativ" bleiben würden. Aber erst wenn ein direkter Zusammenhang zwischen dem Kampf der Bürgerinitiativen und dem Kampf in den Betrieben hergestellt werden kann, läßt sich eine transformierende Bewegung erzeugen. Nur dann wird nämlich der durchgängige gesellschaftliche Antagonismus erkennbar, und nur dann kann die Entlarvung des Staates als „Agentur zur Aufrechterhaltung der Mehrwerterpressung" (*Fassbinder* 1972) gelingen. Bürgerinitiativen und Demokratisierungsbewegungen bleiben in der Bundesrepublik nutzlos, ja sie unterstützen die kapitalistische Ausbeutung, wenn sie nicht in direktem Zusammenhang mit dem ökonomischen Kampf der Arbeiterklasse geführt werden.

b) Stamokap: Bürgerliche und sozialistische Demokratie

Ausgangspunkt dieser Position ist die strikte Trennung zwischen „bürgerlicher" und „sozialistischer" Demokratie. Aus ihrer Sicht stellt sich die Bundesrepublik Deutschland dar als ein exzellentes Beispiel für bürgerliche Demokratie im Monopolkapitalismus, d. h. für die enge Verbindung von Monopolinteressen und Staatsapparat im Interesse der Stabilisierung des kapitalistischen Systems und damit der Beibehaltung der Ausbeutung der Arbeiterklasse (und aller Lohnabhängigen): Denn das *Wesen* jeder Demokratie ist durch die politische Macht der historisch herrschenden Klasse bestimmt. In der kapitalistischen Gesellschaftsordnung ist die (bürgerliche) Demokratie „ihrem sozialen Wesen nach Demokratie für die Ausbeuterklasse . . ., Deklaration juristischer Gleichberechtigung" (Marxistisch-Leninistische Staats- und Rechtstheorie 1980, S. 282) für die Ausgebeuteten, für die Arbeiterklasse und die anderen Werktätigen. Die letztlich formale Demokratie (Demokratie-Illusion) ist für die „monopolistische Kapitalelite" nur eine – vielleicht die geschickteste – Form der Klassenherrschaft.

Mit Hilfe der Demokratie-Illusion lassen sich die weiterwirkenden antagonistischen Widersprüche der bürgerlichen Gesellschaft zwar verdecken, nicht jedoch beseitigen; revolutionäre Situationen reifen dennoch heran. Gerade dann aber ist die Wendung zur politischen Reaktion, zur „Negation von Demokratie überhaupt" vorübergehend möglich (ebd. S. 281ff.). Wegen der stetigen Gefährdung der bourgeoisen Herrschaft müssen nämlich mehr oder weniger sichtbare Willkürmethoden zur Systemstabilisierung („Ruhe und Ordnung") eingesetzt werden. Die Krise der bürgerlichen Gesellschaft äußert sich auch als Krise der bürgerlichen Demokratie: der staatsmonopolistische Kapitalismus tendiert zum Abbau oder gar zur Beseitigung demokratischer Strukturen (*Gottschling* 1978, S. 28f.).

Dies kann in verschleierter Form schon durch die „romantische Staatslehre" von der *pluralistischen Demokratie* und der mit ihr verbundenen Sozialpartnerschaftsideologie geschehen; die Weiterentwicklung zur technokratischen Elitenherrschaft der Ausbeuter wirkt dann noch verstärkend (*Gottschling* 1978, S. 75f.).

Das Gegenmodell bildet die *sozialistische Demokratie* als „höchster Typ der Demokratie" überhaupt. Sie durchdringt das „politische System der gesamten sozialistischen Gesellschaft" als Herrschaft der Mehrheit (der Arbeiterklasse und ihrer Verbündeten) bei Niederhaltung, ja Ausschluß, der ausbeuterischen Unterdrücker. Sie entwickelt und vertieft sich mit dem weiteren Aufbau der sozialistischen und schließlich der kommunistischen Gesellschaft (Marxistisch-Leninistische Staats- und Rechtstheorie, 1980, S. 280f.). Doch gilt es, dieses Ziel erst noch *aktiv* zu erreichen.

Eine bloße Ausweitung der formalen bürgerlichen Demokratie genügt allerdings nicht. Die Theorie des Stamokap entwickelt deshalb eine eigene *Strategie* für den *Übergang* von der bürgerlichen zur sozialistischen Demokratie: die *antimonopolistische* Demokratie. Dazu wird die traditionelle marxistisch-leninistische Position für den täglichen Kampf der Arbeiterklasse differenziert: Das Interesse der Lohnabhängigen muß schon jetzt die Bewahrung demokratischer Strukturen und die Forderung nach *mehr* Demokratie sein, um die antimonopolistischen Kräfte zu stärken und auf der Grundlage von Mitbestimmungsrechten und gelegentlichen Spontanaktionen die Macht der Monopole und des mit ihnen verflochtenen Staatsapparates allmählich zu brechen.

Die Strategie der antimonopolistischen Demokratie – die bewußt einige bekannte Forderungen der gewerkschaftlich organisierten Arbeiterbewegung aufnimmt – zielt deshalb auf

- *mehr Mitbestimmung,* d. h. Erweiterung und Vertiefung der Rechte der Lohnabhängigen gegen die Macht der Monopole,
- *Sozialisierung der Schlüsselindustrien* und gleichzeitige Einführung umfassender Mitbestimmung,
- *gesamtgesellschaftliche Planung* als Grundlage wachsender realer Bedürfnisbefriedigung der Massen,
- über mehr Macht der *Arbeiterklasse in den Betrieben,*
- indirekt zunehmende Teilhabe an der Staatsmacht,
- zugleich *Schwächung des bürgerlichen Staatsapparates* u. a. durch Unterstützung des sozialökonomischen Differenzierungsprozesses unter der Masse der Beamten und sonstigen Arbeitnehmern der öffentlichen Hand,
- womit insgesamt eine *Verstärkung des Klassenkampfes* erreicht werden kann. „Der Kampf um Demokratie ist ein Bestandteil des Kampfes um den Sozialismus" (Staatstheorie, S. 171).

Die bürgerlichen *Demokratisierungsversuche* werden als „antirevolutionäre Notbremse" demaskiert und als vorübergehende Anpassungsstrategien der Monopolbürokraten erkannt. Doch können Protest- und Partizipationsbewegungen für die eigene „Übergangsstrategie" durchaus genutzt werden (*Gottschling* 1978, S. 133ff.).

Alle Formen der *politischen Beteiligung* (Intensivierung und Ausweitung) sind deshalb in der Bundesrepublik zu fördern, soweit sie dem Gesamtziel, nämlich der Abschaffung des Kapitalismus dienlich sind. Weitere Demokratisierungsvorgänge, insbesondere in gesellschaftlichen Institutionen (Schulen, sozialen Einrichtungen), aber auch spontane Bürgerinitiativen, werden deshalb prinzipiell unterstützt, aber zugleich im Sinne des übergeordneten Zieles beeinflußt.

Für Vertreter dieser Position sind Partizipationsbestrebungen und Bürgerinitiativen deshalb ein Instrument, um die breite, antimonopolistische Front aller demokratischen Kräfte in der Aktion herzustellen, um gegen antidemokratische Tendenzen in den politischen Institutionen zu kämpfen und diese mit dem Hinweis auf den sozialen Auftrag des Grundgesetzes auf den antimonopolistischen Kampf zu verpflichten (nach *Fassbinder* 1972, S. 81).

Im Rahmen dieser „Bündnispolitik" soll schließlich die Bewußtseinsbildung der Arbeiterklasse und der bündnisfähigen, d. h. ebenfalls von den Monopolen ausgebeuteten (Mittel-)Schichten gefördert werden. Dennoch: für die Herausbildung des revolutionären Prozesses genügt noch nicht die Erweiterung der „Demokratie an sich"; erforderlich ist darüber hinaus die Veränderung des „Klasseninhalts der Staatsmacht" (*Gottschling* 1978, S. 154f.; vgl. auch LB 3, 11.4 (b)).

8.5 Grundlegende Literatur

Agnoli, Johannes: Thesen zur Transformation der Demokratie und zur außerparlamentarischen Opposition, in: *Matz* (Hrsg.) 1973

Alemann, Ulrich von: Demokratisierung der Gesellschaft, in: Aus Politik und Zeitgeschichte, Beilage zur Wochenzeitung Das Parlament, B 7/75, 15. Februar 1975

Fraenkel, Ernst: Strukturanalyse der modernen Demokratie, in ders.: Reformismus und Pluralismus, Hamburg 1973

Greiffenhagen, Martin (Hrsg.): Demokratisierung in Staat und Gesellschaft, München 1973; mit Beiträgen von: *Bracher, Hennis, Fraenkel, Vilmar,* u. v. a.

Grube, Frank, und *Richter, Gerhard* (Hrsg.): Demokratietheorien, Konzeptionen und Kontroversen, Hamburg 1975; darin Beiträge von: *Bachrach, Bottomore, Dahrendorf, Downs, Dahl/Lindblom, Berelson/Lazarsfeld/McPhee, McPherson, Fetscher, Mayo, Schattschneider, Schumpeter* u. v. a.

Leisner, Walter: Demokratie. Selbstzerstörung einer Staatsform?, Berlin 1978

Wiesendahl, Elmar: Moderne Demokratietheorie: Eine Einführung in ihre Grundlagen, Spielarten und Kontroversen, Frankfurt/M. 1981

9. Sozialer Rechtsstaat

Rechtsstaatsprinzip und Sozialstaatsprinzip wurden im Grundlagenteil (vgl. LB 2, 4.) als zentrale Elemente der Verfassungsordnung der Bundesrepublik dargestellt. Inhalt und Geltung dieser Prinzipien sind in der wissenschaftlichen Diskussion umstritten. Während von der einen Seite ein Spannungsverhältnis zwischen beiden Prinzipien gesehen wird, postulieren andere eine sinnvolle und notwendige Ergänzung. Dieser Kontroverse soll im folgenden insbesondere unter dem Gesichtspunkt nachgegangen werden, wie das Sozialstaatspostulat des Grundgesetzes das Rechtsstaatsverständnis der jeweiligen wissenschaftlichen Position beeinflußt. Dabei ist eine durchgängige Fragestellung, wie sich die traditionell rechtsstaatlichen Begriffe Freiheit und Gleichheit mit dem „sozialen" Begriff der Gerechtigkeit verbinden. Weitere wichtige Fragen in diesem Zusammenhang sind:

- Wie wird der Begriff „sozialer Rechtsstaat" verstanden?
- Welche Bezüge werden zu anderen Verfassungsprinzipien, insbesondere dem Demokratieprinzip, hergestellt?
- Welche Aufgaben werden dem Rechtsstaatsprinzip zugeordnet und
- wodurch wird die Erfüllung dieser Aufgaben bedroht?

9.1 Konservative Positionen: Rechts- versus Sozialstaat

Für konservative Theorien ist der Sozialstaat in der Regel Gegenstand der Kritik. Die Idee des Sozialstaats ist, wie andere Elemente unseres politischen Systems (Demokratie, Pluralismus), auf einer anderen „weltanschaulichen" Basis entstanden als die klassische deutsche Staatstheorie. Konservative Staatsrechtler beschäftigen sich daher auf der verfassungsrechtlichen Ebene mit Vorliebe mit dem vermeintlichen Gegensatz zwischen Rechts- und Sozialstaat. Auf der anderen Seite widerspricht der Sozialstaat auch den Vorstellungen der klassischen libertären Idee des durch staatlichen Einfluß ungehinderten Individuums und der „unsichtbaren Hand" des Marktes, die schon alles zum besten wenden wird. Diese Kritiker beschäftigen sich daher auf einer gesellschaftspolitischen Ebene mit dem vermeintlichen Gegensatz zwischen Markt und Staat. Beide aus so unterschiedlichen Quellen stammende Ansätze haben ein gemeinsames Anliegen, nämlich das Aufzeigen der „Grenzen des Sozialstaates" sowohl in der Verfassung wie in der gesellschaftlichen Realität.

a) Die verfassungsrechtliche Ebene

Die schärfste verfassungsrechtliche Klinge gegen den Sozialstaat wurde von *Ernst Forsthoff* geführt. Er bestritt schlicht die Qualität des Sozialstaatsprinzips als Verfassungsrechtssatz und erklärte es zum Gegensatz des Rechtsstaats. Der Rechtsstaat gilt als Garant persönlicher Freiheit, weil er staatliche Gewalt aus dem persönlichen, privaten Bereich ausgrenzt. Freiheit wird im Sinne der bürgerlichen Rechtsstaatstradition als gegeben betrachtet, solange der Staat nicht in die persönliche Sphäre seiner Bürger eingreift.

„Die Freiheitssphäre des Einzelnen wird als etwas vor dem Staat Gegebenes vorausgesetzt, und zwar ist die Freiheit des Einzelnen prinzipiell unbegrenzt, während die Befugnisse des Staates zu Eingriffen in diese Sphäre prinzipiell begrenzt sind " (*Schmitt* 1950 [1. Aufl. 1928], S. 126).

Ausdruck dieses „rechtsstaatlichen Verteilungsprinzips" (*Schmitt*, vgl. auch *Forsthoff* 1976, S. 203ff.) sind die *Grundrechte*, die ausschließlich als *Abwehrrechte* gedeutet werden. Durch sie ist „ein dem einzelnen zustehendes Reservat aufgerichtet . . ., zu dem die staatliche Hoheit entweder überhaupt keinen oder einen durch das Gesetz geregelten und damit begrenzten Zugang hat" (*Forsthoff* 1971, S. 152). Dieser vorstaatliche Freiheitsraum kann nur unter Beachtung seiner Grundprämisse, der Trennung von Staat und Gesellschaft, gewahrt bleiben. Eine Aufhebung der Trennung wäre identisch mit dem Verlust der Freiheit. Denn „in der Verschränkung von Staat und Gesellschaft liegt die Gefahr, daß die gesellschaftlichen Kräfte ihren Einfluß im Staat dazu benutzen, um freie gesellschaftliche Verhältnisse in den Formen des öffentlichen Rechts zu verfestigen und auf diese Weise den Manövrierraum individueller Freiheit mehr und mehr einengen" (*Forsthoff* 1971, S. 148). Allein der *Rechtsstaat,* so wird gefolgert, ist *Garant der Freiheit*, der Sozialstaat ihre ständige Gefährdung.

Rechtsstaat wird also in dem formalen Sinne gedeutet, wie er im 19. Jahrhundert vom Bürgertum gegen den absolutistischen Staat durchgesetzt wurde. Sinn des Rechtsstaates ist es, einen *staatsfreien Raum zu garantieren*, den Staat auf Distanz vom Bürger zu halten. Interessant ist in diesem Zusammenhang die konservative Deutung dieser Entwicklung, nach der die Rechtsstaatlichkeit ein „Mantel" ist, „der die Staatlichkeit umhüllt" (*Forsthoff*). Hier wird deutlich, daß im „Ernstfall" der Mantel abgelegt und die reale, souveräne Macht sichtbar werden muß. „Staatlichkeit" ist auch ohne „Rechtsstaatlichkeit" denkbar. Die eigentlich unbegrenzte staatliche Macht (vgl. dazu z. B. *Krüger* 1966, S. 829f.) wird durch Rechtsstaatlichkeit nur im nachhinein begrenzt.

Die Formel vom demokratischen und sozialen Bundesstaat (Art. 20, Abs. 1 GG) ist in dieser konservativen Interpretation nur noch eine „allgemeine Verpflichtung, unter den möglichen Auslegungen des Grundgesetzes diejenige zu wählen, die den sozialen Bedürfnissen am ehesten entspricht" (*Forsthoff* 1976, S. 86). Der Sozialstaat wird in dieser Auffassung also nicht als verfassungsrechtliche Verpflichtung aufgefaßt, sondern ist quasi das selbstverständliche Attribut eines modernen Staates, der für seine Bürger bestimmte Aufgaben der Daseinsvorsorge erfüllt; der Sozialstaat stellt sich deshalb als administrative Aufgabe dar, nicht als politische.

Durch die Konstruktion einer verfassungsrechtlichen Antinomie wird der Sozialstaat quasi aus der Verfassung herauskomplimentiert, der Rechtsstaat wird gleichsam zum „Über-Ich" der Verfassung erklärt, und es werden auf der Ebene der Verfassung all jene sozialen Ansprüche abgewiesen, die zur Formulierung „sozialer Grundrechte" (in der Weimarer Reichsverfassung) oder des

„Sozialstaatspostulats“ (im Grundgesetz) geführt haben. Die rechtsstaatliche Verfassung ist nach diesem Verständnis grundsätzlich eine „gewährleistende Verfassung“. „Und da nur Bestehendes . . . gewährleistet werden kann, ist sie in hohem Maße an den gesellschaftlichen Status quo gebunden“ (*Forsthoff*, 1976, S. 75). So wird quasi ein Schutzwall um den gesellschaftlichen Status quo gezogen, der jedem Versuch, ihn zu verändern, den (verfassungsrechtlichen) Boden entzieht.

b) Die gesellschaftliche Ebene

Die „Grenzen des Sozialstaats“ sind auch das Leitthema konservativer, aus der liberalen Theorie stammender, Sozialstaatskritik. In zweierlei Hinsicht gelten die Grenzen als erreicht:

Der Staat übernimmt sich mit seiner Sozialstaatspolitik, er versagt: Er kann die aus seinen Aktivitäten resultierenden finanziellen Belastungen nicht mehr tragen (Staatsverschuldung, Finanzkrise bei den Sozialversicherungsträgern usw.) und seine bürokratisch organisierten Administrationen mit ihren Steuerungsmedien, Gesetzen und Geld, lösen anstehende Probleme nicht, sondern verschärfen sie eher, ja verursachen sie sogar. „Zuviel Staat, . . . ein aufgeblähter Wohlfahrtsstaat“ (*Benda* 1983) wird diagnostiziert.

Die Grundlage dieser Sozialstaatskritik ist wiederum das konservative Verständnis von Staat und Freiheit. Beide – der Staat wie die Freiheit seiner Bürger – sind durch einen überbordenden Sozialstaat bedroht und denaturieren.

Eine Variante dieser Kritik begnügt sich mit der Feststellung der „Unwirtschaftlichkeit im Staatssektor“ (*Recktenwald* 1978). Einer anderen gerät Sozialstaatskritik schließlich zur Demokratiekritik. Ein „möglicher Defekt der parlamentarischen Demokratie“ wird diagnostiziert, der dazu führt, daß „schwache, allzu kurzfristig denkende Politiker versuchen, Mehrheiten zu bewahren oder zu erringen, indem sie die Wähler mit ständig neuen Versprechungen umgarnen. Die Führungsaufgabe wird vernachlässigt“ (*Hamm* 1981, S. 118). Der Sozialstaat degeneriert zum „Wahlgeschenkestaat“. Staats- und Demokratieversagen ist deshalb die Kernbehauptung konservativer Kritik nicht nur am Sozialstaat, sondern auch am wirtschaftlichen Interventionsstaat (vgl. auch LB 3, 3.1).

Neben der parlamentarischen Demokratie ist auch das pluralistische System, insbesondere der Einfluß großer, mächtiger Verbände (exemplarisch und oft unterverstanden: die Gewerkschaften), Auslöser krisenhafter Entwicklungen im Sozialstaat. Es sorgt dafür, daß nicht unbedingt die Bedürftigen, sondern vor allem die Mächtigen und Durchsetzungsfähigen an den Segnungen des Sozialstaats partizipieren. Der Sozialstaat erweist sich damit als unfähig, die wirklichen „sozialen Fragen“ zu lösen, ja er schafft neue (vgl. *Geissler* 1976, S. 16ff.; *Forsthoff* 1971, S. 119ff.; LB 4, 2).

Der Sozialstaat stößt auch auf Grenzen, weil er tendenziell Freiheit, Leistungsbereitschaft, Verantwortungsbewußtsein des einzelnen einschränkt, ja unterminiert. Der „betreute Mensch" (*Schelsky* 1976) des Wohlfahrtsstaates wird unselbständig und bevormundet; die „Verstaatlichung des Menschen" (*Röpke*) wird beschworen: „Die Bürger werden zu Abhängigkeit und Passivität in ihren eigenen Angelegenheiten erzogen" (*Hamm* 1981, S. 127). Der Wohlfahrtsstaat deformiert individuelles Denken und Handeln in mehrfacher Hinsicht (*Hamm* 1981, S. 128ff.; *Röpke* 1979, S. 226):

- Es entsteht ein Mangel an Verantwortungsbewußtsein,
- Pflichten werden vernachlässigt, Rechte überstrapaziert („Mißbrauch des sozialen Netzes"),
- der Sozialstaat fördert die Leistungsverweigerung sowie
- soziale Ressentiments, ja Sozialneid,
- die direkte, individuelle Zuwendung gegenüber Hilfsbedürftigen verkümmert, jeder verläßt sich auf den Wohlfahrtsstaat.

„Alles in allem ist festzuhalten, daß der Wohlfahrtsstaat Denkweisen und Verhaltensmuster erzeugt, die inhuman und gemeinschaftsschädlich, also asozial sind" (*Hamm* 1981, S. 130).

9.2 Rechtfertigende Positionen: Materieller Rechtsstaat

Die Merkmale einer konservativen Rechtsstaatstheorie sind die Dominanz der Rechtsstaatsidee für das Verhältnis der getrennten Sphären von Staat und Gesellschaft sowie die Vorstellung einer eigentlich erst nachträglich rechtlich begrenzten Staatsmacht. In anderen Positionen, die von der zu beobachtenden gesellschaftlichen Entwicklung in der Bundesrepublik ausgehen, lassen sich dazu gerade die Gegenpole auffinden. Für diese beschreibenden und – da sie Regeln für das Funktionieren eines Rechtsstaats setzen – zugleich normativen Positionen, ist die grundlegende Annahme nicht die Trennung, sondern die *Verbindung von Staat und Gesellschaft*. Dieses Verhältnis wird nach ihrer Auffassung nicht nur durch das Rechtsstaatsprinzip, sondern wesentlicher noch durch das Sozialstaats- und das Demokratieprinzip gestaltet, die zusammen als Einheit, nicht als Gegensätze begriffen werden. Darüber hinaus wird die Formel von der bloßen Umhüllung der Staatlichkeit durch die Rechtsstaatlichkeit abgelehnt; Rechtsstaatlichkeit gilt vielmehr als wesentliches *Element der Konstituierung heutiger Staatlichkeit*.

a) Rechtsstaat und Gesellschaft

Um den Unterschied zu konservativen Positionen deutlich zu machen, wird auch hier der zentrale Begriff der *Freiheit* aufgegriffen. Zunächst besteht noch Übereinstimmung, daß die Sicherheit vor rechtswidrigen staatlichen Eingriffen zur Freiheitssicherung unverzichtbar ist, aber – und hier beginnt bereits die Unterscheidung – keineswegs der einzige Faktor sein kann. Ein Staat ist nicht allein durch das Gewähren staatsfreier Räume ein Rechtsstaat. Vielmehr gehört zum modernen, sozialen Rechtsstaat auch, daß er ein „planender, verteilender, gestaltender, individuelles wie soziales Leben erst ermöglichender Staat (ist), und er ist dies nicht nur im Sinne einer Gegebenheit, sondern ihm ist diese Aufgabe von Rechts wegen gestellt" (*Hesse* 1962, S. 78). Die *Grundrechte* des Bürgers sind für den Staat nicht nur *Eingriffsgrenze*, sondern zugleich auch *Auftrag*, die Voraussetzungen und Bedingungen zu ihrer Aktualisierung zu schaffen. Sie werden damit deutlich als *Werte* interpretiert. Sie sind „Elemente objektiver Ordnung" (*Hesse* 1984, S. 124ff.), d. h. sie enthalten auch die Grundlagen und Grundinhalte der gesamten Ordnung; das Gemeinwesen soll im Sinne der Grundrechte gestaltet werden.

Schließlich ist die Frage nach dem rechtsstaatlichen Charakter eines Systems auch die Frage nach der *Bestandsicherheit der Rechtsstaatlichkeit*. Die konservative Hoffnung auf den starken, funktionsfähigen Staat als Garanten der Rechtsstaatlichkeit kann vor der Geschichte nicht bestehen. Aus der Erkenntnis, daß 1933 trotz intakter Exekutive und Judikative die beispielslose faschistische Freiheitsvernichtung nicht verhindert wurde, wird die Folgerung gezogen, daß der Rechtsstaat angewiesen sei „auf gesellschaftliche Kräfte, die ihn tragen und ggf. verteidigen, und er ist bei allem Gewicht staatlich institutionalisierter Macht letztlich immer nur so stark oder so schwach wie diese Kräfte" (*Hesse* 1975, S. 440). Damit aber wird gerade die Verbindung von Staat und Gesellschaft zum zentralen Aspekt der Freiheitssicherung. Sie wird vor allem durch die demokratische Form des politischen Systems hergestellt.

Die *Aufgabe der Freiheitssicherung fällt damit heute der Demokratie zu*; entscheidend kommt es deshalb auf ihre konkrete Ausformung durch die Verfassung und auf die Verknüpfung der Demokratie mit dem Rechtsstaat an. Durch einen offenen politischen Prozeß soll ein freiheitlicher, auch Minderheiten respektierender und schützender sozialer Rechtsstaat hervorgebracht und erhalten werden, d. h. die Zukunft der Freiheit wird davon abhängen, daß sich genügend Menschen finden, die auch für diese Freiheit eintreten können und wollen. Wenn man statt dessen gemäß deutscher Tradition auf den guten Willen der Regierenden vertraut, steht der Rechtsstaat auf schwachen Füßen (vgl. hierzu insbesondere *Hesse* 1975, S. 437ff.).

b) Rechtsstaat und Primat des Rechts

Weiteres kennzeichnendes Merkmal dieser Rechtsstaatstheorie ist das unnachgebliche Beharren auf dem *Primat des Rechts*.

Dieser besagt, daß

> „dort, wo rechtliche Normierungen bestehen, dem Recht der Vorrang vor allen anderen, namentlich auch politischen Maßstäben (zukommt). Es bindet auch dort, wo dies einmal unbequem wird, wo Notwendigkeit, Nützlichkeit oder Zweckmäßigkeit gegen eine Respektierung der rechtlichen Ordnung zu sprechen scheinen. Der Primat des Rechts ist nicht nur Selbstzweck; er beruht zugleich auf dem Gedanken, daß es eine Stärkung des Rechtsstaates und damit des Staates selbst bedeutet, wenn das Recht gegenüber Widerständen behauptet wird" (*Hesse* 1962, S. 75).

Damit wird eine deutliche Gegenposition bezogen zur konservativen Vorstellung von einem gleichsam überrechtlichen Staat, in dem die politische Macht als eine Gewalt gilt, die dem Staatsrecht letztlich vorausgeht. Auch der *Inhaber der Staatsgewalt darf politisch nur innerhalb eines durch Rechtsbestimmungen festgelegten Rahmens handeln.* Diese scheinbar selbstverständlichen Überlegungen werden akut im Falle von politischen und gesellschaftlichen Krisensituationen. Auch die Bewältigung von Krisen kann sich nicht an Notwendigkeits- oder Zweckmäßigkeitsgesichtspunkten orientieren, sondern ausschließlich an der Maxime der Verfassung. *Adolf Arndt* faßte dieses Postulat in der prägnanten Formel zusammen: „Es gibt keine ‚Staatsräson' unabhängig von der Verfassung" (*Arndt* 1962, S. 13). Der Rechtsstaat ist in dieser Sicht dann bedroht, wenn der Staat seine verfassungsmäßigen Kompetenzen überschreitet und einen, wie auch immer gearteten ‚überverfassungsrechtlichen Staatsnotstand' als Rechtfertigung anführt. Auch hierüber sprach *Arndt* ein klares Verdikt. Er betrachtete ein solches Argument als bloßes „Tarnwort für Verfassungsbruch".

9.3 Kritische Positionen: Sozialer Rechtsstaat als Auftrag

Kritische Positionen haben in der Regel zur Idee des sozialen Rechtsstaats eine enge, konstruktive Beziehung. Dies verwundert nicht, könnte man doch auch die wissenschaftliche Position des Schöpfers des Begriffs vom sozialen Rechtsstaat, *Hermann Heller,* einer der wenigen demokratischen Staatsrechtslehrer der Weimarer Republik, auch als beschreibend-kritisch bezeichnen. *Heller* sprach von Sozialer Demokratie und Sozialem Rechtsstaat und meinte damit „die Ausdehnung des materiellen Rechtsstaatsgedankens auf die Arbeits- und Güterordnung" (*Heller* 1976, zuerst 1934, S. 61). Die bürgerliche Demokratie, der bürgerliche Rechtsstaat wird durch die Soziale Demokratie, den Sozialen Rechtsstaat abgelöst, in dem „der wirtschaftlich Schwache mittels der Gesetzgebung (versucht), den wirtschaftlich Starken zu fesseln, ihn zu größeren sozialen Leistungen zu zwingen oder ihn gar aus dem Eigentum zu verdrängen" (*Heller* 1976, S. 59). Politisch gesehen ist dies der reformerische, der sozialdemokratische Weg der Arbeiterbewegung zur Abschaffung der Klassengesellschaft.

Heller verknüpfte die Prinzipien von Demokratie, Rechtsstaatlichkeit und Sozialstaatlichkeit und konstruierte so eine der modernen Industriegesellschaft adäquate Staatsform. Seine integrierende Sicht unterscheidet sich von den oben dargestellten beschreibend-rechtfertigenden Positionen vor allem durch die Reichweite der demokratischen Implikationen seiner Interpretation des sozialen Rechtsstaats, die demokratische Verfahren auch in Wirtschaft und Gesellschaft installieren will.

a) Notwendigkeit des Sozialstaats

Das positive Verhältnis kritischer Positionen zum sozialen Rechtsstaat findet seine stärkste Ausprägung im Freiheitsbegriff. Freiheit ist danach keine gesellschaftliche Gegebenheit, sondern schon durch gesellschaftliche und wirtschaftliche Abhängigkeiten, Sachzwänge, Macht- und Manipulationsunterworfenheit eingeschränkt. Nicht der einzelne kann seine Freiheitsräume allein erweitern, vielmehr muß individuelle Freiheit durch sozialstaatliche Politik und Planung erst so weit wie möglich verwirklicht werden. Der Verzicht auf staatliche Einwirkungen bedeutet nach dieser Auffassung daher auch den Verzicht auf die Verwirklichung größerer gesellschaftlicher Freiheit (vgl. *Hartwich* 1970, S. 352 und S. 11 ff.). Als primäre Aufgabe des Sozialstaats gilt deshalb die Produktion materieller Sicherheit. Dies wird in einem umfassenden und bestandsichernden Sinne verstanden, d. h. es geht nicht mehr nur um Verhinderung und Abschaffung von Elend, Not und Armut, sondern auch um Absicherung auf dem erreichten Niveau, d. h. letztlich um die „Produktion von Einkommenssicherheit" *(Matzner). Ernst Schellenberg* formuliert diese Zielsetzung so: „Das Leistungsniveau der sozialen Sicherung muß sich am Lebensstandard orientieren und ihn auch in den Wechselfällen des Lebens garantieren" (1969, S. 130).

Sozialstaat und Freiheit haben in diesem Verständnis ein positives Verhältnis zueinander, allerdings kommt es entscheidend auf die Ausgestaltung des Sozialstaats an. Sozialstaatliche Politik kann durchaus freiheitsgefährdend wirken, nur liegt die Ursache hierfür nicht im Sozialstaat an sich, sondern in einer falsch formulierten und/oder implementierten Politik.

Zur Begründung und Berechtigung des Sozialstaats wird darauf verwiesen (vgl. z. B. *Strasser* 1983, S. 67 ff.), daß die fundamentale Benachteiligung der arbeitenden Menschen nach wie vor nicht behoben sei, verwiesen wird gerade auf neue Armutstendenzen (z. B. bei Arbeitslosen oder kinderreichen Familien; vgl. z. B. *Balsen* u. a. 1984). Allerdings muß das Anliegen des Sozialstaats heute über diesen traditionellen materiellen Ursprung hinausgehen. Der moderne Sozialstaat muß auch eine Lösung anbieten für die „Probleme einer allgemeinen menschlichen Emanzipation aus den Zwängen der arbeitsteiligen Industriegesellschaft, die zwar ihre klassenspezifischen Aspekte haben, aber doch über den traditionellen Horizont des proletarischen Emanzipationskampfes hinausgreifen" (*Strasser* 1983, S. 88).

Dies kann er allerdings in seiner gegenwärtigen Form nur mangelhaft leisten. Gerade die Art und Weise, wie das System der sozialen Sicherung heute organisiert ist, wird als eine Quelle sozialer Probleme wahrgenommen. Symptomatisch für diese Mängel ist „die Passivierung des ‚Konsumenten' von Sozialleistungen durch die öffentlichen Dienstleistungsorganisationen" (*Strasser* 1983, S. 105). Konstatiert werden – zum Teil durchaus ähnlich wie in konservativen Analysen – Phänomene der Verrechtlichung, Bürokratisierung, Zentralisierung und Perfektionierung; die Konsequenzen, die daraus gezogen werden, sind jedoch grundlegend anders. Befürwortet wird nicht das „Zurückschneiden" oder gar die Abschaffung des Wohlfahrtsstaates. Die Krise des

Wohlfahrtsstaates wird nicht als Krise der Ziele, sondern als eine Krise der Methoden interpretiert (*Matzner* 1984, S. 453).

b) Ausgestaltung und Weiterentwicklung des Sozialstaats

Wichtige Ansätze für eine moderne Sozialstaatsinterpretation und -theorie finden sich bei *Hartwich* (1970). Das vom ihm beschriebene „alternative Modell eines demokratisch-sozialistischen Sozialstaats" hat zwei zentrale Elemente: „Eine bewußte und planvolle Förderung aller in Richtung auf die Erweiterung des öffentlichen Sektors tendierenden Entwicklungen sowie die Demokratisierung der Entscheidungsträger in Wirtschaft und Gesellschaft" (*Hartwich* 1970, S. 362).

Dieses Modell steht in der Tradition einer dem Denken der Arbeiterbewegung verbundenen Theorie: mehr staatliche Verantwortung, Planung und Leistung bei gleichzeitiger Erweiterung der demokratischen Einflußnahme und Kontrolle. In der jüngeren Diskussion wird dieses Modell modifiziert und den aktuellen Problemlagen angepaßt. Demokratisierung bedeutet hier nicht mehr nur Beteiligung der Betroffenen an der Willensbildung und Kontrolle der Durchführung (z. B. im Parlament oder in der Selbstverwaltung der Sozialversicherungsträger), sondern auch in der Leistungserbringung selbst. Demokratisierung geht in diesem Verständnis über die „Entscheidungsbeteiligung" hinaus und schließt auch die „Leistungsbeteiligung" ein (*Strasser* 1983, S. 178).

Dieses Sozialstaatsmodell setzt nicht mehr auf ein Vordringen des Staatssektors zu Lasten des Marktsektors, sondern strebt die Belebung eines dritten „autonomen Sektors" an, „in dem unter nicht-staatlichen und nicht-marktwirtschaftlichen Organisationsprinzipien Leistungen erbracht werden" (*Matzner* 1982, S. 1058). Soziale Sicherheit soll demokratisch produziert werden (*Strasser* 1983, S. 172 ff.). Diese Weiterentwicklung ist im Grunde genommen von *Gunnar Myrdal* bereits vor über 25 Jahren vorgezeichnet worden, indem er die Erhaltung und ständige Erneuerung des Wohlfahrtsstaates von einer „starken Bürgerbeteiligung auf immer höherem Niveau" abhängig machte (*Myrdal* 1958).

Zwischen Staats-, Markt- und autonomem Sektor wird folgende Arbeitsteilung angestrebt: „Der Marktsektor produziert wie bisher den überwiegenden Teil der materiellen Güter und Leistungen mit Privatgutcharakter. Der Staatssektor bleibt Organisator gesellschaftlicher Aufgabenerfüllung und Produzent des Basisbedarfs an Sicherheit in existentiellen Notlagen und unterstützt insbesondere das Zustandekommen jener Leistungen, die in einer individualisierten Konkurrenzgesellschaft Gefahr laufen zu unterbleiben. Der autonome Sektor erbringt jene fundamentalen Leistungen mit bereits flexibler differenzierten und menschennahen Bedürfnissen, die weder der Markt noch der Staatssektor zu befriedigen imstande ist" (*Matzner* 1982, S. 1058).

In einem solchen erweiterten System der sozialen Sicherheit wird die „Staatshilfe" als die größte Errungenschaft einer etatistisch ausgerichteten Sozialstaatskonzeption zugunsten der „Selbsthilfe" zurückgedrängt. Die Frage, wie das Verhältnis von „Staatshilfe" und „Selbsthilfe" neu zu ordnen wäre, welche Aufgaben und Fähigkeiten ihnen jeweils zugeschrieben werden könnten, wird unterschiedlich beantwortet, auch für die konkrete Organisation der Selbsthilfe werden unterschiedliche Vorschläge und Konzepte entwickelt (vgl. z. B. *Strasser* 1983, S. 172ff.; *Gross* 1982; *Huber* 1983).

Der Gedanke der Partizipation der Bevölkerung bei der Erbringung sozialstaatlicher Leistungen weist Anklänge an das Subsidiaritätsprinzip auf (vgl. 8.1 und LB 3, 3.1 (a)), allerdings in einer spezifischen Interpretation, die auf *Oswald von Nell-Breuning* zurückgeht (vgl. *Brück* 1981, S. 46f.). Danach hat die größere Einheit die Verpflichtung, die Bedingungen und Voraussetzungen zu schaffen, daß der einzelne oder die Familie sich auch tatsächlich selbst helfen kann. In dieser Sichtweise besteht dann „die Funktion des Staates, des Landes, der Gemeinde, der Sozialversicherungsinstitution ... vor allem im Anbieten der für die gesellschaftliche Selbstorganisation notwendigen sachlichen und personellen Infrastruktur" (*Matzner* 1976, S. 149). In dieser „neoreformistischen Position" *(Matzner)* wird ein Ausgleich, eine Balance zwischen der weiterhin für notwendig gehaltenen Produktion von sozialer Sicherheit durch Staat und sonstige Großorganisationen und der eigenverantwortlichen Organisation sozialer Dienste in kleineren, überschaubaren Einheiten, in „kleinen Netzen" gesucht. Die Fortentwicklung des Sozialstaats wird hier zur Organisationsfrage.

9.4 Marxistische Positionen: Errungenschaft oder Illusion?

Marxistische Aussagen zum Thema „sozialer Rechtsstaat Bundesrepublik Deutschland" sind grundsätzlich zu unterscheiden in jene Richtung, die mit Hilfe der Verfassung versucht, eine sozialistische „Legalstrategie" zu entwikkeln und in jene, die legale Positionen als bedeutungslos, ja schädlich betrachtet. Gemeinsamer Ausgangspunkt dieser Positionen ist dabei die marxistische Auffassung, daß „Recht" genauso wie die Institutionen des Staates, eigentlich den gesellschaftlichen *Überbau* ausmacht und weitgehend durch die *Basis* der gesellschaftlichen Produktion bestimmt ist. In einer berühmt gewordenen Grundaussage hat *Karl Marx* diese Einschätzung von Politik und Recht knapp zusammengefaßt:

„In der gesellschaftlichen Produktion ihres Lebens gehen die Menschen bestimmte, notwendige, von ihrem Willen unabhängige Verhältnisse ein, Produktionsverhältnisse, die einer bestimmten Entwicklungsstufe ihrer materiellen Produktivkräfte entsprechen. Die Gesamtheit dieser Produktionsverhältnisse bilden die ökonomische Struktur der Gesellschaft, die reale Basis, worauf sich ein juristischer und politischer Überbau erhebt, und welcher bestimmte gesellschaftliche Bewußtseinsformen entsprechen. Die Produktionsweise des materiellen Lebens bedingt den sozialen, politischen und geistigen Lebensprozeß überhaupt. Es ist nicht das Bewußtsein der Menschen, das ihr Sein, sondern umgekehrt ihr gesellschaftliches Sein, das ihr Bewußtsein bestimmt" (*Marx* 1859, S. 8f.).

Ausgehend von dieser grundsätzlichen Bestimmung der Funktion des Rechts in der Gesellschaft, werden dann allerdings ganz unterschiedliche Schlüsse gezogen.

a) Legalstrategie

Zunächst soll auf jene marxistischen Theoretiker eingegangen werden, für die gegebene *Legalpositionen*, wie die Grundrechte oder das Sozialstaatspostulat, zentrale Elemente einer marxistischen Rechtstheorie darstellen. Legalpositionen erhalten ihre Bedeutung dadurch, daß sie „gegenüber Inhabern von Machtpositionen Schranken setzen, zugleich aber auch Teilhabe am politischen Leben garantieren und so Aktionsspielraum gewähren" (*Seifert* 1977, S. 18). Den „Legalnormen" wird hier also sowohl eine Schutzfunktion als auch eine strategische Funktion zugeschrieben.

Die *strategische Funktion von Legalpositionen* ist insbesondere das Thema der Schriften von *Wolfgang Abendroth* (vgl. insbesondere *Abendroth* 1975). Ausgangspunkt seiner „legalstrategischen" Überlegungen ist die grundgesetzliche Formel des „demokratischen und sozialen Rechtsstaats" und die Einheit und gegenseitige Bedingtheit ihrer demokratischen, sozialstaatlichen und rechtsstaatlichen Elemente. Er sieht in diesen Bestimmungen des Grundgesetzes dessen *Offenheit für Alternativen* zum liberalen Rechtsstaat. Die rechtsstaatlich verfaßte politische Demokratie ist für ihn diejenige Herrschaftsform, die das Transformationsfeld zum Sozialismus – die mögliche Alternative – offenhält. Sie wird also nicht unmittelbar mit dem kapitalistischen Gesellschaftssystem und/oder dem Staatsapparat identifiziert: zwar ist sie einerseits Ausdruck der kapitalistischen Produktionsweise, sie schreibt diese andererseits aber nicht fest.

Diese „Zwischenlage" wird als gewisser Erfolg der Arbeiterbewegung gegenüber dem Besitzbürgertum interpretiert; sie ist aber auch durch eine erhebliche Labilität gekennzeichnet: Der *„legale Aktionsspielraum"*, der durch die rechtsstaatlich-demokratischen Rahmenbedingungen zur Austragung der sozialen und politischen Konflikte abgesteckt wurde, muß immer wieder neu verteidigt und erhalten werden. Daran kann jedoch nur die Arbeiterklasse ein ernsthaftes Interesse haben; sie ist folglich mit ihren Organisationen der „geborene Hüter" des sozialen und demokratischen Rechtsstaates. Allerdings reichten ihre Stärke und ihr Bewußtsein nicht aus, den bald nach Inkrafttreten des GG einsetzenden *Restaurationsprozeß zu einem „autoritären Besitzverteidigerstaat" (Kurt Schumacher)* aufzuhalten oder gar umzukehren. Als Stationen auf diesem Wege werden von *Abendroth* u. a. aufgezählt: Rechtsprechung des Bundesarbeitsgerichtes (Sozialadäquanz, Kampfparität), KPD-Verbotsurteil, Notstandsgesetze, Berufsverbotspraxis und andere Maßnahmen im Bereich des Staatsschutzes sowie einige jüngere Urteile des Bundesverfassungsgerichtes (§ 218, Hochschulurteil, Berufsverbotsurteil), die den Wandlungsprozeß zum autoritären Staat z. T. auch gegen den demokratisch gebildeten Willen der

Parlamente vorantreiben. Diese Entwicklungen stellen für ihn den Rechtsstaat selbst in Frage. Sie machen aber auch damit die zweite Funktion von Legalpositionen, die *Schutzfunktion* um so wichtiger (vgl. *Abendroth* 1975).

Gerade wenn eine solche Tendenz zum autoritären Staat als real genommen, gar ein „Rechtsstaat mit Grauzonen“ (*Seifert* 1977, S. 69f.) diagnostiziert wird, muß auf die strikte Einhaltung von Normen, auf *Legalitätszwang* gedrungen werden. Nicht nur die offensive Formulierung von politischen Ansprüchen, sondern auch der defensive Aufbau einer Abwehrfront, durch diejenigen, die in der gesellschaftlichen Auseinandersetzung in der Defensive stehen, kann und muß sich der Legalnormen bedienen. Freilich kann durch striktes Pochen auf die Einhaltung von Normen nicht verhindert werden, daß die Entstehung und Ausweitung von „Grauzonen“ auch die rechtsstaatlich-demokratischen Rahmenbedingungen für die Austragung der Konflikte der gegensätzlichen sozialen und politischen Kräfte aufzulösen droht. Die Grundlage einer sozialistischen Legalstrategie ist damit gefährdet. Die Erhaltung (Wiedergewinnung) des Aktionsspielraums und das Zurückdrängen rechtsstaatlicher Grauzonen nämlich ist eine *Aufgabe des politischen Kampfes*; hier reichen die rechtliche Analyse und das bloße Setzen auf Legalpositionen nicht aus.

b) Sozialstaatsillusion

Dieser Ausrichtung der marxistischen Analyse des sozialen Rechtsstaats, die die im Grundgesetz verankerten Verfassungspositionen als Formen, in denen sich die realen Klassenauseinandersetzungen bewegen, also als Aktionsspielraum begreift und nutzen will, steht eine aus der Tradition der Studentenbewegung gewachsene neomarxistische oder antirevisionistische Position gegenüber, die eine solche Argumentation als obsolet, ja als illusorisch abtut. Diese Einschätzung kommt in dem für die neomarxistische Diskussion in der Bundesrepublik fast schon klassischen Titel „Die Sozialstaatsillusion und der Widerspruch von Lohnarbeit und Kapital“ (*Müller/Neusüss* 1971) deutlich zum Ausdruck. Hier wird davon ausgegangen, daß eine Ausrichtung der Aktivitäten und Kämpfe der Arbeiterklasse auf den Staat die Basis der Staatsillusion ist, d. h. „der Illusion, der politische Staat könne durch Zwangsgesetze die Macht des Kapitals brechen“ (ebd. S. 65). Wer dieser Illusion aufsitzt, kann nicht erkennen, daß sozialstaatliche Politik bloße Befriedigungspolitik im Interesse der Sicherung der stetigen Reproduktion der Kapitalverhältnisse ist und damit gerade das Gegenteil von politischer Autonomie des Staates darstellt (ebd. S. 22). In dieser Sicht hat der Sozialstaat also lediglich bestimmte Funktionen für einen reibungslosen Ablauf des Kapitalverwertungsprozesses zu erfüllen. Er ist um des Privateigentums, um des Kapital willens da, gleichwohl darf er, um seine Funktionen zu erfüllen, nicht mit dem Kapital identisch sein, sondern stellt eine besondere Existenz neben und außer der bürgerlichen Gesellschaft dar (ebd. S. 56; vgl. auch LB 3, 10.5).

Der Staat gilt als ideeller oder fiktiver (also nicht wirklicher) Gesamtkapitalist. Seine Handlungen liegen im Interesse des Gesamtkapitals, d. h. nicht unbedingt im Interesse des Einzelkapitalisten. Allerdings: der Staat kann in seiner Rolle als ideeller Gesamtkapitalist nicht beliebig handeln, z. B. nicht „nach Belieben das Proletariat durch Sozialpolitik manipulieren. Die Schranken der sozialpolitischen Eingriffe des Staates sind eng gezogen, und selbst die auf einer bestimmten historischen Entwicklungsstufe möglichen Eingriffe (so weise sie an sich wären) werden im allgemeinen erst nach langwierigen Auseinandersetzungen und angesichts tatsächlicher oder drohender Klassenkämpfe durchgeführt" (ebd. S. 55). Der kapitalistischen Produktionsweise müssen – letztlich im eigenen Interesse – bestimmte Schutzvorschriften und andere soziale Leistungen aufgezwungen werden, dieser Prozeß konstituiert den Sozialstaat, den Interventionsstaat als besondere, dem Kapital an sich äußerlich gegenübertretende Zwangsgewalt (ebd. S. 57).

9.5 Grundlegende Literatur

Abendroth, Wolfgang: Arbeiterklasse, Staat und Verfassung. Materialien zur Verfassungsgeschichte und Verfassungstheorie der Bundesrepublik. Herausgegeben und eingeleitet von Joachim Perels, Frankfurt/Main und Köln 1975

Forsthoff, Ernst (Hrsg.): Rechtsstaatlichkeit und Sozialstaatlichkeit, Darmstadt 1968

Hartwich, Hans-Hermann: Sozialstaatspostulat und gesellschaftlicher Status quo, Köln und Opladen 1970

Hesse, Konrad: Bemerkungen zur heutigen Problematik und Tragweite der Unterscheidung von Staat und Gesellschaft, in: Die Öffentliche Verwaltung, Heft 13/14, Juli 1975, S. 437 ff.

Heller, Hermann: Staatslehre, Leiden 1934

Müller, Wolfgang/Neusüss, Christel: Die Sozialstaatsillusion und der Widerspruch von Lohnarbeit und Kapital, in: ProKla, Sonderheft 1/1971, S. 7 ff.

10. Regierung und Verwaltung

Regierung und Verwaltung werden häufig als die zentralen innenpolitischen Akteure genannt. Im folgenden wird erörtert, welche *Aufgaben* der Regierung und der Verwaltung von unterschiedlichen wissenschaftlichen Positionen zugewiesen werden und wie die *Bewältigung* dieser Aufgaben eingeschätzt wird. Dabei ist immer zu beachten, daß die einzelnen Positionen Regierung und Verwaltung unterschiedlich *abgrenzen* und *interpretieren*. Von besonderem Interesse ist das Problem, welche *Mittel* und *Möglichkeiten* zur Bewältigung der Aufgaben jeweils gesehen werden und wie die Verbindung zwischen Regierung und Verwaltung zu den demokratischen Institutionen des politischen Systems gedeutet wird.

Die unterschiedlichen Auffassungen über Abgrenzung und Aufgaben von Regierung und Verwaltung zeigen sich schon in der Begrifflichkeit. Während konservative Positionen eher den Begriff *Exekutive* vorziehen, sprechen überwiegend empirisch orientierte Positionen von Regierung/Verwaltung (mit dem Kürzel *RV*) und kritische oder marxistische Positionen vom *Staatsapparat*.

10.1 Konservative Positionen: Vorrang der Exekutive

Regierung und Verwaltung kommt aus konservativer Sicht eine zentrale Rolle im „Staatswesen“ zu. Das Maß an Eigenständigkeit der *Exekutive* signalisiert Stärke und Schwäche der Staatlichkeit (vgl. z. B. *Forsthoff* 1971, S. 105). Wo die Exekutive eigenständig, d. h. ohne den Vollzugsbefehl eines Gesetzes auftritt, ist sie „der Staat“ und nichts weiter (ebd.). Regierung und Verwaltung sind es mithin, die den Staat ausmachen; Parlament und Parteien sind staatsformabhängiges Beiwerk, die keinen Einfluß auf das Verhalten, die Aufgaben, das Selbstverständnis der Exekutive haben. An dieser *Verquickung von „Staat“ und „Exekutive“* scheinen drei Momente besonders wichtig:
- Sachbezogenheit und Gemeinwohlorientierung der Exekutive,
- Verhältnis der Exekutive zum demokratischen Staat und
- Funktions- und Bedeutungsverlust der Exekutive.

a) Sachbezogenheit und Gemeinwohlorientierung

Die konservative Annahme einer Neutralität und Überparteilichkeit des Staates, der über der Gesellschaft steht und der eigentliche Repräsentant des Gemeinwohls ist (vgl. dazu die konservativen Aussagen zum „Pluralismus“, „Parlamentarismus“ und „Staat“), wird in der Einschätzung der Funktion der Exekutive besonders deutlich: Der Staat wird in erster Linie durch die Exekutive repräsentiert und diese wird wiederum vor allem durch den neutralen und überparteilichen Beamten personifiziert: Die Exekutive, verkörpert durch die Beamtenschaft, ist das Bollwerk gegen das Eindringen gesellschaftlicher Interessen in den Staat.

Das *Berufsbeamtentum* gilt daher als Stütze, wenn nicht gar als Inkarnation des Staates. „Es ist die einzige Potenz des öffentlichen Lebens, die nicht aus Teilinteressen, sondern aus der Staatsbezogenheit lebt, ein Personalkörper, ein Stand oder besser eine Institution, die dem Staat einen festen Rückhalt gibt, weil sie allein ganz dem Staat als der geformten politischen Einheit des Volkes verschrieben ist“ *(W. Weber* 1967, S. 98). Diese „Staatsbezogenheit“ resultiert aus dem besonderen Schutz- und Treueverhältnis zwischen Staat und Beamten, das deshalb von konservativer Seite auch als unverzichtbar angesehen wird. Das Beamtentum gilt als der „Stand, der in hoher Verantwortung dem Gesetz des Dienens verpflichtet und dem Einbruch sachfremder Interessen und Konflikte unzugänglich ist“, nur auf eine „am Gemeinwohl orientierte Sacherledigung“ bedacht (*W. Weber* 1967, S. 96). Diese Aufgabenzuschreibung impliziert zweierlei:
- der demokratisch-parlamentarische Willensbildungs- und Gesetzgebungsprozeß ist – vorsichtig formuliert – nicht immer am Gemeinwohl orientiert,
- während die Exekutive uneingeschränkt in der Lage ist, das Gemeinwohl zu erkennen und zu realisieren, eben weil sie außerhalb (oberhalb) der politischen Auseinandersetzung steht.

Das Mißtrauen gegenüber kontroversen gesellschaftlichen Interessen und der Austragung von Interessenkonflikten inspiriert auch immer wieder Überlegungen, bestimmte, für die Regierbarkeit und Regierungsfähigkeit moderner Staaten bedeutsame Materien aus dem Einfluß- und Entscheidungsbereich der Politik herauszunehmen und sie nur nach den Grundsätzen der „Sachbezogenheit und Gemeinwohlorientierung" zu regeln. *Herbert Krüger* entwickelte 1975 den Vorschlag, das Berufsbeamtentum durch eine neue Art von Amtsträgern zu erweitern, die den Staat „vollständig, ausschließlich und maßgeblich repräsentieren". Ihm schwebt ein „Corps" vor, dessen Angehörige „als einzelne, selbständige Freischärler hinter den ‚feindlichen' Linien operieren". Mögliche Betätigungsfelder für diese „Elitetruppe" sieht er vor allem in solchen Bereichen, die bisher ganz oder zumindest zum Teil von den gesellschaftlichen Gruppen selbst geregelt wurden, wie die Tarifpolitik und die Sozialversicherung, aus denen aber Gefährdungen für den Staat erwachsen könnten (so *Krüger* vor der 19. beamtenpolitischen Arbeitstagung des Deutschen Beamtenbundes 1978).

Dagegen tritt heute in der konservativen Literatur der Bundesrepublik die Personalisierung des Staates durch eine über den gesellschaftlichen Interessen stehende Person, wie z. B. den dem Anspruch nach überparteilichen und neutralen Reichspräsidenten der Weimarer Republik, zurück. Dies nicht zuletzt deshalb, weil das Grundgesetz die Integrationsfigur des durch das Volk gewählten *Staatspräsidenten* nicht mehr kennt. Das Verlangen nach einer starken Führungspersönlichkeit kann sich in der verfassungsmäßigen Ordnung der Bundesrepublik bestenfalls an der Richtlinienkompetenz des Kanzlers (Art. 65 GG) festmachen. Ob daraus dann jedoch die – positiv bewertete – „Kanzlerdemokratie" entsteht, ist abhängig von vielen Bedingungen; eine der wichtigsten ist die Persönlichkeit des Kanzlers. Denn nur ein „Regierungschef, der sich aufs Regieren versteht" kann sich mit dem gegebenen Instrumentarium „auch zum Herrn der Bedingungen des Regierens . . . machen" (*Hennis* 1964, S. 12). Reste dieser Personalisierung des überparteilichen Staates durch eine Figur der Exekutive („Staatsmann") zeigen sich in der Bundesrepublik allerdings noch rudimentär in der Institution des Bundespräsidenten, dessen Rolle auch von den bisherigen Amtsinhabern (mehr oder weniger eindeutig) als über den Parteien und gesellschaftlichen Interessen stehend interpretiert und demonstriert wurde.

b) Verhältnis zum demokratischen Staat

Das Maß an Eigenständigkeit der Exekutive bestimmt Stärke und Schwäche des Staates. Folglich ist jede Form von Einschränkung dieser Eigenständigkeit gleichbedeutend mit einer Einengung staatlicher Autorität bzw. Souveränität. Konservative Positionen sehen deshalb auch keinen originären Zusammenhang zwischen der Exekutive und den demokratischen Vertretungsorganen wie etwa Parlament und Parteien. Die demokratisch-rechtsstaatliche Bindung der Exekutive erklärt sich vor allem aus dem historisch begründeten „Mißtrauen der Urheber des Grundgesetzes gegenüber Regierung und Verwaltung" (*Forsthoff* 1971, S. 106). Sie ist im Grunde kein staatsformendes, eher staatsauflösendes Element. So erwähnt denn auch *Herbert Krüger* die demokratischen Institutionen in seiner fast tausendseitigen „Allgemeinen Staatslehre" nur am Rande. Denn: „ob Monarchie, Aristokratie oder Demokratie – wenn es sich überhaupt um einen Staat handelt, ist die Staatsgewalt in allen Fällen die gleiche" (*Krüger* 1966, S. 829). Er setzt „Staatsgewalt" entschieden gegen „Demokratie" ab, letztere bleibt immer etwas dem Staat „Äußeres".

Unstrittig hat das *Parlament* seine Funktionen vor allem in der *Legitimierung* der Regierung und in der *Gesetzgebung*. Während jedoch der politische Charakter der Gesetzgebung nur zögernd anerkannt und z. T. schon wieder zugunsten des geforderten Expertentums relativiert wird (vgl. *Forsthoff* 1971, S. 97 f.), herrscht größerer Konsens hinsichtlich der Kennzeichnung der Regierung. Sie gilt als „die eigentlich politische Staatstätigkeit" *(Hans Julius Wolff)*. Regieren heißt: „die Gesellschaft übersehen, beherrschen, gestalten . . ." *(Krüger)*. Ein solches Verständnis von *Regierung als dem eigentlichen Initiativzentrum* des demokratischen Gemeinwesens, bei dem „die Fäden des politischen Geschäfts" zusammenlaufen (*Maunz*), reduziert den politischen Prozeß in Parteien und Parlamenten auf die „Funktion legitimer Machtbildung, d. h. der Bildung eines Mehrheitskonsenses als Legitimationsbasis für Führerentscheidungen" (so kritisch *Grauhan* 1969 b, S. 273).

c) Funktions- und Bedeutungsverlust

Die hohe Bedeutung, die der Exekutive für die „Selbstdarstellung" des Staates zugesprochen wird, gilt allerdings nicht durchgängig. Insbesondere die Verwaltung steht nur dort für den Staat, wo sich ihre Aufgabe nicht „darin erschöpft, nach Gesetz und Tarif zu verfahren" (*Forsthoff* 1971, S. 107), sondern wo sie nach eigenem *Ermessen* handelt. Denn nur „in der Ermessensbetätigung, in der Verfügung über die Mittel und Wege zur Erreichung ihrer Zwecke, ist die Verwaltung recht eigentlich sie selbst als eine eigenständige Funktion neben der Gesetzgebung und der Rechtsprechung. Die Ermessensbetätigung bringt die Staatshoheit rein, und nicht durch einen Gesetzesbefehl vermittelt, zur Geltung" (*Forsthoff* 1966, S. 77). Nur in dieser Eigenständigkeit der Verwaltung kann echtes Beamtentum gedeihen. Denn auch der Beamte ist typischerweise eben nicht Vollzugsbeamter oder Richter, also keinesfalls „bloßer Vollzieher", sondern vielmehr „Regierer"; derjenige, der die Gesellschaft „beherrscht, übersieht, gestaltet".

Diesen normativen Beschreibungen steht nach konservativer Auffassung eine Wirklichkeit gegenüber, die gerade durch das *Schrumpfen der „eigenen exekutivischen Verwaltungsverantwortung" (Werner Weber)* geprägt ist, in der der Verwaltung die Entscheidung darüber, „was im Gemeininteresse als notwendig und wünschenswert anzusehen ist" (*Forsthoff* 1971, S. 105), genommen ist. Für diese Tendenz zum *„Verwaltungsstaat"*, der sich letztlich im Vollzug erschöpft, macht *Werner Weber* den Anspruch der Parteien auf ein Einflußmonopol verantwortlich. *Forsthoffs* technokratischer Ansatz setzt andere Akzente. Hier wird das auslösende Moment in der industriell-technischen Entwicklung identifiziert, aus der heraus Anforderungen an die Exekutive gestellt werden: „Die in ständigem, von dem technischen Prozeß ausgelösten Fortschreiten befindliche Gesellschaft setzt die Tatbestände, denen der Staat entsprechen muß, dem allenfalls die Möglichkeit verbleibt, über die Präferenzen zu entscheiden" (*Forsthoff* 1971, S. 109). Oder einfacher: Regierung und Verwaltung haben zwar immer mehr zu tun, aber immer weniger zu bestimmen. Regierung und Verwaltung verlieren nach dieser Auffassung bei der Gestaltung der gesellschaftlichen Verhältnisse zunehmend an Bedeutung. Die hoheitliche Betätigung der Beamten verliert an Gewicht zugunstens eines wachsenden Anteils von (Dienst-)Leistungsaufgaben im modernen Sozialstaat. Es ist deshalb kein Paradoxon, daß gerade die quantitative Ausdehnung des öffentlichen Dienstes und die wachsenden Staatsaufgaben das Beamtenprinzip nicht stärken, sondern eher schwächen. Das Feld des beamteten Staatsdieners ist die Hoheits- und nicht die Leistungsverwaltung. Je mehr er „leistend" tätig wird, um so mehr wird er in gesellschaftliche Interessenkonflikte verstrickt. Zudem gerät er in Gefahr, selbst quasi als „Stellvertreter" Zielscheibe konservativer Kritik an der Ausdehnung des Sozialstaats und der davon ausgehenden, als freiheitsbedrohend empfundenen Tendenzen zu werden. Erst eine Aufgabenbeschränkung des Staates und seiner Beamten kann deren originäre Aufgaben wieder zur Geltung bringen.

10.2 Rechtfertigende Positionen: Rationalität der Wirklichkeit

Ähnlich wie die konservativen Positionen beschäftigen sich rechtfertigende Ansätze in erster Linie mit dem Problem, welche Aufgaben Regierung und Verwaltung wahrzunehmen haben und wie sie die Bewältigung dieser Aufgaben bewerkstelligen. Während die Konservativen eher von einer normativen Vorstellung dessen, was Regierung und Verwaltung eigentlich leisten müßten, ausgehen, nehmen diese Positionen ihren Ausgangspunkt in der zu beobachtenden Wirklichkeit administrativen Handelns. Dieses soll möglichst präzise beschrieben und erklärt werden. Gleichzeitig werden hieraus Vorschläge für eine sinnvolle und akzeptable Aufgabenerfüllung durch Regierung und Verwaltung abgeleitet. Vor allem zwei dieser beschreibend-rechtfertigenden Positionen, eine ziemlich abstrakte und eine sehr konkrete, sind u. E. für die Diskussion über Regierung und Verwaltung von besonderer Bedeutung, die Lehre von der „Komplexitätsreduktion" und die Lehre vom „Sich-Durchwursteln".

a) Systembildung und Komplexitätsreduktion

Ein bekannter Vertreter eines systemtheoretischen Wissenschaftsansatzes, *Niklas Luhmann,* hält zum Problemkreis Regierung/Verwaltung eine ausgefeilte und umfassende Konzeption hoher formaler und begrifflicher Abstraktion bereit, deren Übertragung auf die Realität zumindest schwierig ist. Ausgangspunkt der Überlegungen *Luhmanns* ist die unabdingbare *Notwendigkeit der Systembildung,* d. h. der Ausdifferenzierung von Systemen in der Gesellschaft. Solche Systeme begreift *Luhmann* als „sinnhafte" Handlungszusammenhänge: Ein System ist dann gegeben, wenn es von jemandem als etwas Einheitliches und von anderen Einheiten abgrenzbar aufgefaßt wird.

Das *politische System* entsteht dadurch, „daß die Gesellschaft infolge ihrer hohen Komplexität einen Bedarf hat für Reduktion durch bindende Entscheidungen, für dessen Befriedigung zunächst Handlungen und Situationen, dann

---

Systemtheorien

Systemtheorien untersuchen die allgemeinen Eigenschaften von Systemen. *„System"* wird definiert als Menge von *Elementen,* die durch *Relationen* zu einer von der Umwelt abgegrenzten Ganzheit verbunden sind. Die Gesamtheit der Relationen wird *Struktur* eines Systems genannt, der Begriff *Funktion* umschreibt den Beitrag einer bestimmten Struktur oder eines bestimmten Elements zur Aufrechterhaltung eines Systems. Einen Erscheinungsbereich als ein System aufzufassen bedeutet, vor allem die gegenseitigen Abhängigkeiten, Funktionen und Regelungszusammenhänge in den Vordergrund der Betrachtung zu stellen (vgl. hierzu auch *Werner* 1977).

In Anlehnung an *Günther Schmieg* (1973) können bis zu fünf verschiedene systemtheoretische Ansätze unterschieden werden: Die *allgemeine Systemtheorie* (general systems theory; *Norbert von Wiener, Ludwig Bertalanfy)* versucht gültige Aussagen über jede Art von Systemen zu machen und vor allem gleichartige Strukturen („Isomorphien") herauszuarbeiten. Ihre Aussagen sind sehr abstrakt. Die *kybernetische Systemtheorie (Karl W. Deutsch)* konzentriert sich in erster Linie auf die Informationsverarbeitungskapazität und Regelungskapazität von Systemen. Zentral ist die Anpassungs- und Veränderungskapazität von Systemen; Kommunikation ist hierbei der wichtigste Begriff. Die vor allem in der DDR entwickelte *materialistische Systemtheorie (Georg Klaus)* ist eine besondere Form der Kybernetik, bei der jedoch das politische System nicht autonom gesetzt wird (wie bei *Deutsch);* vielmehr stehen die gesellschaftlichen Bedingungen von Systemen im Zentrum der Aufmerksamkeit. Die ursprüngliche *politische Systemtheorie (David Easton)* betrachtet das politische System in erster Linie als Entscheidungszentrale der Gesellschaft, in dem „inputs" in der Form von Interessen, Bedürfnissen, Loyalität u. ä. (demands and supports) in „outputs", d. h. bindende politische Entscheidungen verwandelt werden. Konstitutiv ist das Selbsterhaltungsinteresse des Systems. Die *strukturfunktionale Systemtheorie (Talcott Parsons)* beschränkt sich auf den humangesellschaftlichen Bereich, zentraler Ansatzpunkt ist das Individuum und dessen Interaktion in verschiedenen Rollen. Soziale Systeme werden gegenüber kulturellen Systemen und gegenüber „Persönlichkeitssystemen" abgegrenzt. Eine besondere Form ist die in der Bundesrepublik viel diskutierte *funktional-strukturelle* Systemtheorie *(Niklas Luhmann),* in der die Strukturbildung als solche problematisiert wird. Systeme sind „Sinnzusammenhänge von sozialen Handlungen, die aufeinander verweisen" *(Luhmann),* ihre zentrale Aufgabe ist es, Umwelteinflüsse (Komplexität) durch Strukturbildung zu reduzieren. Dabei stehen ihnen verschiedene alternative Handlungsmöglichkeiten offen. Diese „funktionalen Äquivalente" der „Komplexitätsreduzierung" sind ein zentrales Problem dieser Variante.

bei steigender Komplexität Rollen, und schließlich ein zunehmend komplexes Teilsystem ausdifferenziert werden muß" (*Luhmann* 1972, S. 172). Die Aufgabe oder Funktion dieses Systems ist also die *Herstellung bindender Entscheidungen*.

Das politische System umfaßt ganz grob den üblicherweise mit „Staat" umschriebenen Bereich. Um auf Regierung und Verwaltung zu kommen, muß also eine weitere *interne Differenzierung* des politischen Systems erfolgen. Dies geschieht nach den beiden Funktionen *Politik* und *Verwaltung*, wobei „Verwaltung" im weiteren Sinne zu verstehen ist, also auch Regierung umfaßt, während „Politik" den Bereich von Parteien und Parlament betrifft. Nun zeigt sich, daß Ausarbeitung und Erlaß bindender Entscheidungen innerhalb des politischen Systems der Verwaltung zufallen. Der Politik ist dagegen die Funktion zugewiesen, die für Verwaltungsentscheidungen notwendige Legitimität, d. h. die Zustimmung der Betroffenen, zu beschaffen, und zwar als generelle, unstrukturierte, nicht auf eine bestimmte Entscheidung abhebende Zustimmung. Auf diese Weise wird „die Verwaltung von politischen Funktionen entlastet und für eine Informationsverarbeitung nach rein sachlichen, ‚universell' anwendbaren Kriterien freigestellt" (*Luhmann* 1966, S. 79).
Der interne Differenzierungsprozeß der Gesellschaft muß sich auch innerhalb der Verwaltung fortsetzen, d. h. sie muß arbeitsteilig verfahren. In der Terminologie *Luhmanns*: sie muß eine *Eigenkomplexität* entwickeln, die der *Komplexität der Umwelt* entspricht. Für dieses *Komplementaritätsverhältnis* gibt *Luhmann* jedoch keine Regeln an, außer daß es nicht mit Gleichheit zu verwechseln sei:

„Die Forderung nach deckungsgleicher Komplexität würde die Differenzierung von Gesellschaft und politischem System aufheben. Man kann deshalb davon ausgehen, daß die Komplexität des politischen Systems geringer ist als die der Gesellschaft. Diese Lage zwingt das politische System zu einem selektiven Verhalten in der Gesellschaft und zwar zu einer Selektivität eigenen Stils. Das politische System kompensiert seine geringere Komplexität durch Macht" (*Luhmann* 1972, S. 169).

Weil das politische System insgesamt wie auch die Verwaltung einer zunehmend komplexer werdenden Umwelt gegenüberstehen, reicht die Kompensation des Komplexitätsunterschiedes durch *Macht oder Recht* (dem anderen herkömmlichen Mechanismus) nicht mehr aus. Beide müssen ergänzt werden durch politische *Planung*.

In dem dazu zentralen Aufsatz „Politische Planung" (1971) werden von *Luhmann zwei Definitionen* eingeführt: einmal Planung als Festlegung von Entscheidungsprämissen und zum anderen Planung als Definition eines Entscheidungsproblems und Festlegung der Bedingungen seiner Lösung. Welche dieser Definitionen zum Tragen kommt, hängt davon ab, ob die Entscheidungsfindung in Form eines Konditional- oder Zweckprogramms erfolgt (vgl. hierzu auch *Schmid/Treiber* 1975, S. 32ff.):

– Bei *konditionaler Programmierung* wird ein bestimmtes Verhalten ausgelöst, wenn bestimmte Informationen eintreffen. In einfachster Form ist dies eine Wenn-dann-Beziehung. Der wichtigste Anwendungsfall ist die Setzung von generellen Rechtsnormen. Die konditionale Programmierung eignet sich daher für die Lösung von Problemen, die immer wiederkehren und für die es eine „einzig richtige" Entscheidung gibt. Für diese Fälle trifft also die erste Definition von politischer Planung zu. (Beispiel: Wenn die öffentliche Ordnung gefährdet ist, dann greift die Polizei ein; oder [als umstrittenes] Beispiel: wenn jemand in den öffentlichen Dienst will, dann wird er vom Verfassungsschutz überprüft.)

– *Zweckprogrammierung* läßt im Gegensatz dazu dem jeweiligen Entscheider wesentlich größere Freiräume. Hier sind nur die angestrebten Zwecke festgelegt, während die Mittel in geeigneter Weise erst zu wählen sind. Die Zweckprogrammierung eignet sich vor allem dann, wenn Lern-, Innovations- und grundlegende Reformprobleme zu lösen sind. Mit ihr verbindet sich folglich die o. a. zweite, offene Definition von politischer Planung. (Beispiel: Ziel der Raumordnung ist nach dem Raumordnungsgesetz „Gleichwertigkeit der Lebensverhältnisse"; wie diese zu erreichen ist, bleibt weitgehend offen.)

Weil politische Planung, in der einen oder anderen Weise verstanden und praktiziert werden kann, ist – wie *Schmid/Treiber* (1975, S. 35) kritisch anmerken – ihre klare Zuordnung zur „Verwaltung" oder „Politik" nicht möglich oder dysfunktional. Auch *Luhmann* sagt nicht mehr, als daß Konditionalprogrammierung in der Regel Sache der staatlichen Bürokratie und Zweckprogrammierung Sache der „Politik" sein sollte. Selbst bei dieser groben Faustregel ergibt sich jedoch das Problem, daß die Informationsverarbeitungskapazität der „Politik", insbesondere für langfristige Planungsprobleme, als zu gering eingeschätzt wird, so daß hier ein echter Engpaß entstehen könnte, der nach *Luhmann* nur durch die Übernahme planerischer Komplementärfunktionen durch die Bürokratie auszuräumen wäre. Dies läuft angesichts der theoretisch begründeten zunehmenden Bedeutung von politischer Planung darauf hinaus, daß im Gegensatz zu konservativen Annahmen ein *zunehmendes Gewicht des Subsystems Verwaltung* festgestellt wird.

b) Inkrementalismus

Die Lehre vom Inkrementalismus oder vom „Sich-Durchwursteln" (muddling through) möchte in erster Linie beschreiben, wie Regierung und Verwaltung handeln. Dabei wird zwischen den beiden Elementen Regierung und Verwaltung nicht weiter differenziert. Untersuchungsgegenstand ist die „Administration", und zwar dem Anspruch nach alle Administrationen, zumindest in den stabilen westlichen Gesellschaften. Politik ist nach dieser Auffassung ein kontinuierlicher Prozeß der Problemlösung. Diese Aufgabe muß von der jeweiligen Administration erfüllt werden. Zentrale Fragestellung ist daher: wie werden politische Entscheidungen getroffen und wie sollten sie sinnvollerweise getroffen werden?

Ansatzpunkt der Argumentation ist die Auseinandersetzung mit einem rationalen oder synoptischen Modell der Entscheidungsfindung, wie es z. B. von Anhängern umfassender, langfristiger Planung vorgeschlagen wird.

Charles E. Lindblom, der bekannteste Vertreter und „Erfinder" der Lehre vom „Sich-Durchwursteln" (vgl. *Lindblom* 1975 und *ders./Braybrooke* 1972), behauptet dagegen, daß Administrationen nicht, wie im rationalen Modell unterstellt wird, zunächst die Ziele (Zwecke) des politischen Handelns genau ermitteln und festlegen, dann sämtliche denkbaren Strategien (Mittel) zur Erreichung dieser Ziele erarbeiten und schließlich die für das gesetzte Ziel beste oder geeignetste Strategie auswählen (Zweck-Mittel-Abwägung). Eine umfassende, „rationale" Planung in diesem Sinne ist nicht nur unmöglich, es ist auch verfehlt, dieses Modell nur anzustreben. Statt dessen ist für administratives Handeln eine *Strategie der unkoordinierten kleinen Schritte* (disjointed incrementalism) bei der Entscheidungsfindung normal und sinnvoll.

Der Begriff der *inkrementalen Politik,* der sich auch im Deutschen durchgesetzt hat, bedeutet dabei nach *Lindblom:*

- Politische oder administrative Entscheidungen (zwischen denen nicht differenziert wird) orientieren sich normalerweise am status quo und streben nur jeweils *kleine Verbesserungen* an (marginale Veränderungen).
- Dadurch wird eine *schrittweise Problemlösung* (sequentielle Problemverarbeitung) erreicht. Probleme sollen nicht endgültig „gelöst" werden, sondern es wird nach einem angemessenen Fortschritt in einer vermutlich erfolgversprechenden Richtung gesucht.
- Dabei werden nicht für feststehende Zwecke adäquate Mittel gesucht, sondern die *Zwecke* werden umgekehrt *an vorhandene Mittel angepaßt.* Die wichtigsten Impulse für politische Entscheidungen ergeben sich nicht aus übergeordneten Zielen, sondern aus aktuellen Mißständen.

Inkrementale Politik ist weiterhin dadurch charakterisiert, daß sie „disjointed", d. h. unkoordiniert abläuft. Dies bedeutet:

- Problemlösung wird nicht von irgendwelchen Zentren kontrolliert, sondern findet unkoordiniert, durch eine *Vielzahl von Entscheidungsträgern* statt; dadurch werden Interessen und Informationen von den verschiedensten Seiten berücksichtigt und es entsteht ein ungeplanter neuer politischer Zustand.
- Die Beiträge dieser verschiedensten Entscheidungsträger werden durch einen *Prozeß der gegenseitigen Anpassung* (partisan mutual adjustment) zusammengebracht und ausgeglichen, bei dem keine Entscheidungseinheit andere dominieren oder unterdrücken kann.

Der hier beschriebene Vorgang der politischen Entscheidungsfindung als ein Prozeß der permanenten und partiellen Anpassung an veränderte Problemlagen und relevante Interessen ist nach Ansicht *Lindbloms* das in der politischen Realität verbreiteste Verhalten. So wie hier beschrieben, handeln Administrationen wirklich, wie z. B. der amerikanische Politikwissenschaftler Aaron Wildavsky in einer berühmten Studie über den jährlichen Budgetprozeß in den USA nachwies (1981, zuerst 1964). In etwas einfacheren Worten: Regierung und Verwaltung werden auf ein Problem aufmerksam und unternehmen etwas. Sie warten, wer daraufhin klagt. Dann unternehmen sie wiederum etwas, um die Unzufriedenen so gut es geht zu beruhigen, und warten dann wiederum, wer auf diese Anpassung hin klagt, usw. usf. (vgl. zu dieser Beschreibung *Cohen* 1969).

Nach Ansicht *Lindbloms* ist diese Strategie der unkoordinierten kleinen Schritte das „Sich-Durchwursteln", für ein demokratisches System das angemessene und sinnvolle Verhalten. *Lindblom* sieht u. a. folgende Vorteile:

- Die menschliche *Entscheidungsfähigkeit* und Möglichkeit, Informationen aufzunehmen und zu verarbeiten, wird *nicht überfordert:* „etwas ‚vernachlässigen', heißt etwas ‚überhaupt erst analysierbar machen'; nach Vollständigkeit zu streben, bedeutet zuweilen, sich ein unbrauchbares Ergebnis einzuhandeln" (*Lindblom/Braybrooke* 1972, S. 150).
- Weil das Wissen über die Zukunft prinzipiell unsicher ist, ist die schrittweise Veränderung des status quo der *sicherste Weg, um Risiken zu vermeiden.* Da Veränderungen jeweils nur geringfügig sind, können sie nach dem Prinzip des „Versuch und Irrtum" (trial and error) vorgenommen werden. Wenn eine Entscheidung sich als falsch erweist, sie z. B. andere als die gewünschten Folgen hat, kann sie leicht wieder revidiert werden (vgl. hierzu auch *Karl Poppers* Begriff des „piecemeal social engineering"; *ders.* 1945, S. 139ff.).
- Die durch inkremetales Vorgehen getroffenen Entscheidungen zeichnen sich vor allem dadurch aus, daß sie *weitgehend akzeptiert* werden, da sie ja nur geringfügige Änderungen vornehmen und durch den Prozeß der gegenseitigen Anpassung die verschiedensten Interessen berücksichtigen. Daraus folgt aber auch, daß die Politik richtig ist, denn „Einigung auf eine bestimmte Politik ist . . . der einzige brauchbare Test für die Richtigkeit einer Politik" (*Lindblom* 1975, S. 168).
- Schließlich *entspricht* die inkrementale Politik in idealer Weise *einer pluralistischen Gesellschaft.* Durch die dezentralisierte Entscheidungsfindung wird eine Vielzahl der vorhandenen gesellschaftlichen Interessen berücksichtigt und somit eine gewisse Vollzähligkeit der in der Gesellschaft vorhandenen Werte erreicht. Inkrementalismus ist daher die dem Pluralismus angemessene Form der Entscheidungsfindung. Ähnlich wie im ökonomischen Marktmodell entsteht durch die marginalen und unkoordinierten Entscheidungen der isolierten Entscheidungsträger ein gesellschaftlich optimaler Zustand.

10. 3 Kritische Positionen: Defizite in Regierung und Verwaltung

Ausgangspunkt kritischer Positionen, die sich mit dem Bereich Regierung und Verwaltung auseinandersetzen, ist in erster Linie eine *Kritik der Aufgabenerfüllung.* Während die skizzierten konservativen und systemtheoretischen Ansätze primär normativ und abstrakt argumentieren, geht es hier um konkrete, z. T. sogar eher technische Probleme staatlichen Handelns. So werden beispielsweise Fragen erörtert wie:

- Ist die staatliche Verwaltung ineffizient?
- Kann staatliches Handeln rationaler gestaltet werden?
- Bestimmt die politische Führung oder die ausführende Verwaltung über die Ausgestaltung der Politik?

Es zeigt sich, daß diese empirisch und kritisch ausgerichteten Arbeiten auch eine wichtige *normative Komponente* haben, denn Grundlage der Überlegungen ist, daß staatliche Verwaltung effizient oder rational verfahren sollte, bzw. daß die politische Führung über die Inhalte der Politik bestimmen sollte. Ausgangspunkt der Argumentation ist jedoch immer eine Kritik des beobachtbaren Verwaltungshandelns. Die empirisch-kritische Verwaltungsforschung in der Bundesrepublik entstand erst Mitte der 60er Jahre als reformorientierte Wissenschaft (vgl. *Ellwein* 1982, S. 38; *Scharpf* 1982, S. 91). Ihr ging es um die Steigerung der Leistungsfähigkeit staatlicher Politik angesichts wachsender Handlungsbedarfe durch Reformen innerhalb des politisch-administrativen Systems.

Als besonders relevante und aktuelle Themenbereiche dieser Position wollen wir die Kritik des „Sich-Durchwurstelns" und die Kritik der „politischen Führung" herausgreifen. Abschließend soll noch kurz die z. Z. wieder besonders aktuell gewordene „Bürokratiekritik" behandelt werden.

a) Kritik am Inkrementalismus

Das Modell des inkrementalistischen „Sich-Durchwurstelns" wird von den kritischen Positionen weitgehend als adäquate Beschreibung der Wirklichkeit administrativen Handelns akzeptiert. Die Vorstellung, daß Regierung und Verwaltung auch so handeln sollten, d. h. „muddling-through" als normatives Modell, wird jedoch entschieden abgelehnt. Empirisch informierte Kritik des Regierungs- und Verwaltungshandelns ist daher in erster Linie Kritik an der Wirklichkeit inkrementaler Politik.

Ein entscheidender Einwand gegen das unkoordinierte, schrittweise Vorgehen von Regierung und Verwaltung richtet sich gegen die damit verbundenen *konservativen Tendenzen*. Ein typisches Beispiel ist, wie erwähnt, der Prozeß der Erstellung des jährlichen Budgets, der gemäß dem Modell der inkrementalen Politik abläuft. Dadurch bleibt aber wenig Raum für die Erörterung allgemeiner Ziele der Politik oder auch der zur Erreichung bestimmter Ziele notwendigen Handlungsprogramme. Auch Alternativen politischen Handelns werden kaum diskutiert; fast sämtliche Ausgaben sind im voraus festgelegt und orientieren sich an den Haushaltsansätzen des Vorjahrs. Im Ergebnis ist die Politik in diesem Prozeß beinahe zur Untätigkeit verurteilt, Raum für Entscheidungen bleibt fast nicht.

Die Tendenz inkrementaler Politik, Innovationen und umfassende Problemlösungen eher zu verhindern als anzuregen, kann mit verschiedenen Beispielen verdeutlicht werden (vgl. dazu *Böhret* 1970, S. 34 ff., *Ehmke* 1971):

- Umfassende Probleme werden nicht frühzeitig genug erkannt, so daß sie sich zu bedrohenden Krisen ausweiten können (Beispiel: Umweltschutz, der vernachlässigt wurde, bis die Bedrohung der natürlichen Umwelt kaum noch wieder gutzumachen war).
- Einzelne, unkoordinierte politische Aktivitäten können ihr Ziel verfehlen und sogar kontraintentionale Effekte haben (Beispiel: Öffnung der wei-

terführenden Schulen und Hochschulen und Gefahr der „Akademikerarbeitslosigkeit").

- Probleme, die nicht umfassend angegangen werden, sondern in denen jeweils schrittweise versucht wird, Lösungen zu finden, können sich über die Zeit verschärfen (Beispiel: Die Bemühungen um eine Konsolidierung der Rentenfinanzen).
- Neuartige Probleme können kaum durch schrittweise Anpassung von überholten Lösungsmustern bewältigt werden (Beispiel: Drogenmißbrauch).
- Einige Probleme lassen sich durch marginale Anpassungen nicht mehr lösen (Beispiel: EG-Agrarreform).
- Da Konsens für unkonventionelle Lösungen oft nur schwer zu erlangen ist, werden innovative Lösungen abgeblockt, obwohl sie eigentlich schon vorhanden sind (Beispiel: neuartige Konzepte in der Stadtplanung).

Horst Ehmke faßt seine Zweifel an der Leistungsfähigkeit der inkrementalen Politik darin zusammen, daß weder die *Folgen politischer Handlungen noch die Folgen politischer Unterlassungen* in den Blickwinkel der Politik gelangen und daß *Alternativen politischen Handelns prinzipiell vernachlässigt* werden. Das Modell der inkrementalen Politik ist zur Bewältigung der gegenwärtigen Probleme ungeeignet, man kann zwar weit damit kommen, aber nur in die am Anfang eingeschlagene Richtung (so *Schick* 1975). Es sorgt dafür, daß wir heute bestens zur Bewältigung der Probleme von gestern ausgerüstet sind (so *Dror* 1964; vgl. für eine Zusammenfassung der Kritik auch *Naschold* 1972).

Ein weiterer Kritikpunkt gegen das Modell der inkrementalen Politik richtet sich gegen die darin enthaltenen *pluralistischen Annahmen.* Mit den bekannten Argumenten der Pluralismuskritik (vgl. LB 3, 4.3) wird darauf hingewiesen, daß im Modell des „Sich-Durchwurstelns" durchaus nicht alle Interessen die gleichen Chancen haben, berücksichtigt zu werden. Der Prozeß der gegenseitigen Anpassung hat daher zur Folge, daß mächtige Interessen, die in der Bürokratie vertreten sind („Klientelbeziehungen"), ihre Interessen auf Kosten anderer durchsetzen. Da das pluralistische Modell auch als ein Modell der Vetopositionen funktioniert (mächtige Interessen können zumindest ihnen nicht genehme Entscheidungen verhindern), ist also auch hier eine Tendenz zur Innovationshemmung und zum Konservatismus eingebaut.

Der generelle Einwand gegen das Modell der unkoordinierten, kleinen Schritte als sinnvolles Modell administrativer Entscheidungen richtet sich daher gegen die Ergebnisse dieses Entscheidungsprozesses. Die Rationalität der einzelnen Entscheidungsträger im Modell, die nicht bestritten wird, führt eben nicht automatisch dazu, daß sich auch ein gesamtgesellschaftlich rationales Ergebnis einstellt. Weiter wird argumentiert, daß diese Beobachtung ja weder neu noch originell ist: die Annahme, daß eine Vielzahl unkoordinierter und isolierter Entscheidungen automatisch zu einem gesamtgesellschaftlich erwünschten Ergebnis führt, hat sich schon in der Ökonomie nicht erfüllt. Dort stellen Vertreter kritischer Ansätze fest, daß ein vollkommen autonom ablaufender Marktprozeß (und genau dort wird ja auch unkoordiniert, in kleinen Schritten und an Umweltveränderungen angepaßt entschieden) zu unakzeptablen Ergebnissen führt (vgl. LB 3, 2.3). Es spricht also nichts dafür, daß dieser Prozeß auf dem Gebiet von Regierung und Verwaltung funktionieren sollte. Der „deus ex machina"-Glaube an die automatisch rationalen Ergebnisse des pluralistischen Prozesses und der inkrementalen Politik ist daher völlig unbegründet (vgl. zu dieser Argumentation *Schick* 1975 und *Naschold* 1972).

b) Kritik an der Problemverarbeitungskapazität des politisch-administrativen Systems

Die in den 60er Jahren entstehende kritische „reformorientierte Politik- und Verwaltungsforschung" (*Scharpf*) war inspiriert von der Vorstellung, daß das politische System gesellschaftliche Reformen initiieren und durchführen müsse bis hin zu einer aktiven Gestaltung der gesellschaftlichen und ökonomischen Entwicklung. Angesichts wachsender krisenhafter Zustände verfolgte sie dabei nicht nur den Anspruch, daß der Staat seine Aufgaben rationaler und effektiver erfüllen, sondern dabei auch jene Interessen berücksichtigen solle, die im Prozeß der politischen Einflußnahme und Willensbildung bisher vernachlässigt worden waren.

Hieraus resultiert die grundsätzliche Forderung nach einer Erhöhung der *Steuerungskapazität* von Regierung und Verwaltung gegenüber der gesellschaftlichen Umwelt (*Mayntz/Scharpf*) bzw. nach Beseitigung des Defizits an Politik oder *politischer Führung* (*Ellwein*) (vgl. dazu Abschnitt c) und das Konzept der „Policy Science" LB 3, 11.3 (a), sowie der „aktiven Politik", LB 4, 3.). Insoweit lassen sich durchaus Ähnlichkeiten mit konservativen Vorstellungen feststellen. Das Schlagwort vom „starken Staat" wird nicht abgelehnt, sondern als Notwendigkeit akzeptiert, aber zugleich auch präzisiert: „Der ‚starke Staat' gilt dabei als synonym für die Durchsetzbarkeit politischer Notwendigkeiten in der Gesellschaft; im Zweilfel soll das politische System im Gesamtsystem dominieren" (*Ellwein* 1976, S. 15).

Das Interesse empirisch-kritischer Verwaltungsforschung richtet sich also zentral auf die Frage, wie das politisch-administrative System seine Handlungsfähigkeit in erster Linie durch interne Veränderungen seiner Organisation und Verfahrensweisen erhöhen kann. Die empirische Forschung orientiert sich dabei an einem Modell des *politischen Prozesses als Prozeß der Problemverarbeitung*, der grob in die Teilprozesse Problemdefinition, Politik- oder Programmentwicklung und Implementation unterteilt wird (vgl. dazu *Mayntz* 1980; *Mayntz* 1982; vgl. zusammenfassend zu dieser Auffassung von „Politik" als „Policy-Making" *Jann* 1983).

Wissenschaftshistorisch gesehen richtete sich das Forschungs- und Erkenntnisinteresse zunächst auf den Prozeß der Programmentwicklung, d. h. der Formulierung staatlicher Handlungsprogramme in Form von Gesetzen, Rechtsverordnungen, Fachplanungen usw., ehe auch deren Durchführung thematisiert wurde (vgl. *Mayntz* 1982, S. 76).

Die frühen Untersuchungen, insbesondere von *Mayntz/Scharpf*, analysierten die Defizite in der Ministerialbürokratie einschließlich der politischen Führung, die einer aktiven Politik im Wege stehen. Die Kritik richtet sich vor allem dagegen, daß die klassische Ministerialbürokratie nicht in der Lage ist, die für eine aktive Politik notwendigen Steuerungsleistungen zu erbringen (vgl. zum folgenden besonders *Mayntz/Scharpf* 1973a). Insbesondere wird bemängelt, daß die *Entwicklung politischer Handlungsprogramme behindert* wird durch

- *die fehlende umfassende Steuerung* der Programmentwicklungstätigkeit durch die Leitung des jeweiligen Ministeriums;
- das *Überwiegen dezentraler Programminitiativen* aus den Kleinreferaten (fragmentierten Zuständigkeiten) mit der Folge, daß große, komplexe und dringliche Probleme oft nicht aufgegriffen werden oder daß externe Gruppen (zumeist Interessenverbände) mehr oder weniger die Programmentwicklung an sich ziehen;
- das Kooperationsmuster der „*negativen Koordination*", bei dem ausformulierte Entwürfe oder Programme nur nachträglich mit anderen davon tangierten Organisationseinheiten (vor allem durch das Beseitigen negativer Auswirkungen auf diese) abgestimmt werden. Dies hat zur Folge, daß mächtige und konfliktfähige Interessen, die in der Ministerialbürokratie vertreten sind, ein strukturelles Veto gegenüber den sie benachteiligenden Programminitiativen haben.

Die *Reichweite* der Programme wird *beeinträchtigt* durch:

- die *beschränkte Informationsaufnahme und -verarbeitungskapazität,*
- die enge *Begrenzung der Zuständigkeiten*, wodurch der Aufmerksamkeits- und Handlungsbereich nur Ausschnitte des jeweiligen größeren, insgesamt regelungsbedürftigen Problembereichs umfaßt (selektive Perzeption); dies begründet die Tendenz, gegenständlich begrenzte und wenig weitreichende Teilprogramme zu entwickeln.

Die *Zielsetzung* politischer Programme ist schließlich zu wenig auf Umweltveränderung ausgerichtet. Denn umweltverändernde Politiken weisen in der Regel ein hohes Konfliktniveau auf, das nur durch aktives *Engagement der*

Verwaltung

Ausgangspunkt verschiedener Definitionsversuche der *Verwaltung* ist die Beobachtung, daß sich ihre Aufgaben in Verbindung mit dem „Funktionswandel" oder besser der „Funktionserweiterung" des modernen Staates verändert haben. Häufig wird von einem Übergang von *vollziehender* zu *gestaltender* Verwaltung gesprochen. Dem liegt die Vorstellung zugrunde, daß sich die Aufgaben der Verwaltung im traditionellen Rechtsstaat auf den Vollzug von Gesetzen beschränkten, während die Verwaltung des modernen Sozialstaats auch gestaltend auf soziale und wirtschaftliche Prozesse einwirkt. Dieser Übergang wird auch in der gängigen Unterscheidung zwischen *ordnender* (z. B. Polizei, Bauaufsicht), *leistender* (Sozialamt, Müllbeseitigung) und *planender* Verwaltung (Stadtentwicklungsplanung, Technologiepolitik) deutlich, wobei die planende Verwaltung als immer wichtiger angesehen wird. Weitere Systematisierungen der Tätigkeitsbereiche der Verwaltung stammen z. B. von *Th. Ellwein* (1966, S. 120ff.; 1976, S. 154ff.). Er unterscheidet *Ordnungsverwaltung, wirtschaftende Verwaltung, Dienstleistungsverwaltung, Verwaltung der Verwaltung* und *politische Verwaltung* (vgl. auch *Buse* 1975, *Dammann* 1971, *Mayntz* 1978, *Jann* 1984).

Ressortleitung reguliert werden kann. Die Gefahr, sich politisch zu verschleißen, veranlaßt jedoch Ressortchefs, sich nur für eine begrenzte Zahl von Programminitiativen einzusetzen, und läßt sie in der Vielzahl anderer Fälle eher auf *Konfliktvermeidung* bedacht sein, d. h. konflikthafte Initiativen werden häufig fallengelassen.

Die Erfahrung des Scheiterns politischer Programme im Zuge ihrer Durchführung diktierte der reform- und handlungsorientierten Verwaltungsforschung förmlich einen neuen Forschungsschwerpunkt. Die Thematisierung der Politikdurchführung und -wirkung findet ihre Berechtigung in „der ebenso banalen wie unbestreitbaren Tatsache, daß politische Programme die Ergebnisse administrativen Handelns nur sehr unvollständig bestimmen, d. h. daß ihre Wirkung wesentlich von der Art ihrer Durchführung abhängt" (*Mayntz* 1977, S. 51). Die daraus resultierenden Forschungsinteressen können unter die Begriffe Implementationsforschung und Wirkungsforschung subsumiert werden. Die *Implementationsforschung* untersucht die Durchführung politischer Programme (Implementation). Sie will durch die Analyse der Beziehungen, Verhaltensweisen und Handlungsmöglichkeiten der Akteure in der Verwaltung und ihrer Umwelt herausfinden, wie die nach außen wirksamen Aktivitäten von RV überhaupt zustande kommen. Der *Wirkungsforschung* (Evaluation) geht es darum festzustellen, ob politische Programme die von ihnen erwarteten Wirkungen zeigen oder ob sie vielleicht überhaupt keine bzw. ganz andere, unbeabsichtigte Wirkungen mit sich bringen (vgl. dazu v. a. *Böhret* [Hrsg.] 1978; *Wollmann* [Hrsg.] 1979; *Mayntz* [Hrsg.] 1980 und 1983, *Hellstern/Wollmann* [Hrsg.] 1984).

Mit der „Teilung" des Prozesses der Problemverarbeitung im politisch-administrativen System in die zentralen Phasen der Problemdefinition, Programmentwicklung, Durchführung und schließlich die Einbeziehung des Wirkungsbereichs hat sich die empirische Verwaltungsforschung einen forschungsleitenden differenzierten analytischen Rahmen geschaffen. Sie leidet jedoch noch immer unter dem gleichen Defizit wie in ihren Anfängen, denn nach wie vor verfügt sie nicht „über eine ausgebaute empirische Theorie der gesellschaftlichen Problemverarbeitung durch das politisch-administrative System, eine Steuerungstheorie also" (*Mayntz* 1982, S. 77).

Die zunehmende Erkenntnis, daß die Wirkung einer staatlichen Politik (im Sinne von Policy) nicht allein durch Merkmale des Programms oder der Strukturen und Prozesse der durchführenden Verwaltung bestimmt wird, sondern daß die Merkmale des jeweiligen Problems und der Adressaten zumindest eine ebenso große Rolle spielen, führt dabei zu einer Spezialisierung der Forschung auf einzelne Politikfelder, ohne daß gemeinsame Grundlagen schon erarbeitet und abgeklärt wären (*Ellwein* 1982, S. 44). Die Vermutung, daß für staatliche Politik eine „richtige" kausale Theorie des jeweiligen Regelungsfeldes wichtiger sei als administrative Strukturen und Prozesse, ist der Grund für die beklagte Auseinanderentwicklung von Verwaltungs- und Politikfeld-Forschung (vgl. zum Forschungsstand auf diesem Gebiet die Beiträge in *Hesse* [Hrsg.] 1982; zur Policy-Forschung allgemein *Jann* 1985; zur Kritik die Beiträge in *Hartwich* [Hrsg.] 1985).

c) Kritik der „Politischen Führung"

Mit der Kritik an der mangelhaften „Problemverarbeitungskapazität" der Politik ist die Auffassung verbunden, daß die Politische Führung sich zu wenig um Planung, Programmentwicklung und Programmdurchführung kümmere und deshalb ein politisches Steuerungsdefizit entstehe. Dieses Defizit macht sich vor allem bemerkbar an den zunehmenden Steuerungsproblemen, etwa auf dem Arbeitsmarkt und im Umweltbereich, aber auch gegenüber der Verwaltung, dem eigentlichen Vollzugsorgan der Politik.

Es wird vermutet, daß der Einfluß der Politischen Führung nachgelassen hat, denn „die heutige Verwaltung *vollzieht* eben nicht nur die von der Politischen Führung ausgewählten Programme, sie *initiiert* diese sogar zu einem nicht unbeträchtlichen Teil" (*Böhret* 1982, S. 134).

Die Zunahme an öffentlichen Aufgaben hat die Beziehung zwischen Politik und Verwaltung nicht nur enger, sondern auch spannungsreicher werden lassen. Das idealisierte Modell der *legislatorischen Programmsteuerung* (*Grauhan* 1969b), wonach die Verwaltung lediglich loyales Vollzugsorgan der Politischen Führung zu sein hat, funktioniert nicht (einmal abgesehen davon, ob es je funktioniert hat); es gibt keine eindeutige Trennung zwischen Politikformulierung und -vollzug. Die Verwaltung wird zum Informationspool gesellschaftlicher Interessen, „zum Bindeglied, zum Ort des Interessenausgleichs, gar zum Klientelbetreuer" (*Böhret*). Der in ihr konzentrierte und institutionalisierte fachliche Sachverstand forciert diese Entwicklung und trägt dazu bei, daß politische Entscheidungen nicht nur vorbereitet, sondern auch gegenüber der Politischen Führung gleichsam als bindend formuliert werden. Hier ist nur auf die „Politik" der Ministerialbürokratie hinzuweisen, die immer mehr zur Lobby spezifisch organisierter Interessen geworden ist (etwa durch den wachsenden Einfluß von Wirtschaftsverbänden auf bestimmte Referate) und damit ihre Funktion als loyale Assistenz der Politischen Führung preisgibt. Für kritische Positionen ist diesem „wachsenden Gewicht der Verwaltung" (*Ellwein*), dieser „Bürokratiebestimmtheit" der Politik (*Mayntz/Scharpf*) nur durch eine Stärkung der Politischen Führung, durch eine erhöhte Steuerungskapazität entgegenzuwirken. Die Politische Führung muß (wieder?) ihre originär weisungsgebende Funktion gegenüber der Verwaltung erhalten, vor allem im Hinblick auf mehr Kontrolle und Transparenz des Verwaltungshandelns.

Gefordert wird eine *aktive Verwaltungspolitik*, d. h. eine Politik, in der „Prinzipien erörtert und beschlossen werden, die man dann der Verwaltung auferlegt und an denen man die Entwicklung der Verwaltung orientiert und mißt; *Ellwein* 1979, S. 46; vgl. außerdem *Böhret* 1985a; *Böhret/Siedentopf* [Hrsg.] 1983; *Ellwein/Hesse* [Hrsg.] 1985). Ziel ist eine Verbesserung der Planungs-, Steuerungs- und Leistungsfähigkeit der Verwaltung, d. h. eine grundlegende Überprüfung und ggf. Veränderung administrativer Strukturen und Prozesse. Damit wird im Prinzip die während der 60er Jahre geführte Diskussion über eine „Reform von Regierung und Verwaltung" wieder aufgenommen. Die unter den Begriffen wie Bürokratisierung, Verrechtlichung, Aufgabenkritik,

Gesetzes- und Verwaltungsvereinfachung etc. geführte neuere Diskussion behauptet, daß es hier zu erheblichen Versäumnissen gekommen ist, was etwa am unkontrollierten Zuwachs an öffentlichen Aufgaben, Personal und Normen deutlich wird. Die Einsetzung von Kommissionen und Sachverständigenräten zur Entbürokratisierung oder Gesetzes- und Verwaltungsvereinfachung hat hier nur Initiativcharakter. Sie können lediglich auf politisch-administrative Defizite aufmerksam machen, grundlegende Veränderungen sind durch den unverbindlichen Empfehlungscharakter dieser ‚ad-hoc-Räte' a posteriori nicht zu erwarten (vgl. als Beispiel „*Ellwein-Kommission*" 1983; darin auch eine Übersicht über weitere Reform-Kommissionen der Länder). Folglich bedarf es präziser, von der Politischen Führung festgelegter verwaltungspolitischer Richtlinien bzw. Zielsetzungen, um eine *politische Steuerung* der Inhalte, Verfahren und Stile der Verwaltungstätigkeit und auch der administrativen Organisations- und Personalstrukturen zu gewährleisten. Nur so hat die Politische Führung die Möglichkeit, sich „tendenziell von der Vorbereitungsherrschaft der Verwaltung zu befreien" (*Böhret*).

Es wird allerdings auch darauf hingewiesen, daß die Durchsetzung von Verwaltungspolitik nicht ohne und nicht gegen die Verwaltung möglich sei. Im Gegenteil: Verwaltungspolitik hat nur dann eine Realisierungschance, wenn auch die Interessen der Verwaltung berücksichtigt werden, insbesondere das Interesse an der Erhaltung bestimmter organisatorischer und verfahrensmäßiger (tradierter) Strukturen wie z. B. dienstrechtliche Regelungen (Beamtenstatus) und Entscheidungsspielräume (Ermessen). *Politikdurchführung* muß somit schon in der Phase der *Politikvorbereitung und -formulierung* berücksichtigt werden, ansonsten verkümmern politische Programme zu rein rhetorischen Handlungsabsichten.

d) Kritik der Bürokratie

Mit der Kritik an der Aufgabenerfüllung durch Regierung und Verwaltung ist häufig eine Kritik an der Art und Weise dieser Aufgabenerfüllung verbunden, mithin eine Kritik an der *bürokratischen Organisationsform* des politisch-admini-

---

Bürokratie

Nach Max Weber weist eine bürokratische Organisation im wesentlichen folgende Merkmale auf (*Weber* 1976, S. 551 ff.):
- Hauptamtliches, qualifiziertes Personal,
- hierarchische Über- und Unterordnung,
- eindeutige Kompetenzregelung und Spezialisierung,
- Trennung von Amt und Person,
- Regelgebundenheit,
- Aktenmäßigkeit und Schriftlichkeit des Verwaltungshandelns.

Für Max Weber ist dies die bestmögliche, da an Rationalität und Wertneutralität orientierte Organisationsform eines modernen Staates. In diesem Sinne meint *Bürokratisierung* zunächst nichts anderes als den Umwandlungsprozeß einer nicht bürokratischen Organisationsform in eine den obigen Merkmalen entsprechende bürokratische Form (vgl. insgesamt *Albrow* 1972, *Derlien* 1984).

strativen Systems. Sah noch *Max Weber* in der Bürokratie die bestmögliche Form der Verwaltungsorganisation eines modernen Staates, so wird dies von kritischen Positionen zunehmend in Frage gestellt. Beklagt wird vor allem die Überbetonung einzelner bürokratischer Merkmale wie z. B. die Regelgebundenheit, die Kompetenzverteilung, die Aktenmäßigkeit oder die Amtshierarchie. Hier wird das eigentliche Problem der zu beobachtenden Über-Bürokratisierung gesehen. Der aufgeblähte Beamtenapparat, die staatliche Regelungsflut und die wachsende Entfremdung zwischen Individuum und Verwaltung (Stichwort: Bürgerferne) sind die Folge einer „Bürokratisierung" fast aller Lebensbereiche. Kritische Vertreter fordern deshalb ‚Entbürokratisierung'. Die Kritik vermischt sich allerdings mit konservativen Ansätzen, deren Interesse vor allem in einem Abbau öffentlicher Aufgaben (vgl. dazu das Konzept der ‚Privatisierung' in LB 4) und Ausgaben (vor allem weniger Subventionen) sowie einer Reduzierung des Personalbestandes im öffentlichen Dienst liegt. Bürokratiekritiker fordern, der Regierungs- und Verwaltungsapparat solle wieder transparenter gemacht, die Anonymität möglichst verringert werden. Die Verwaltungsbürokratie darf vom Bürger nicht mehr als „Quelle von Angst, Verunsicherung und Demütigung" wahrgenommen werden (*SINUS* 1978). Mit dem Begriff der *Bürgernähe* setzen sich die Bürokratiekritiker für eine bürgerfreundliche Verwaltung ein, auch mit dem Ziel, das Verhältnis des Bürgers zum Staat zu verbessern bzw. die Identität zwischen Regierenden und Regierten zu erhöhen.

Die Kritik an der Staatsbürokratie ist besonders deutlich von *Ulrich Lohmar* formuliert worden (*Lohmar* 1978), dem es um eine Bewertung der Bürokratie unter den Aspekten der Demokratie und Effizienz geht. Er stellt fest, daß die bundesdeutsche Bürokratie weder effizient noch demokratisch ist. Ineffizient aufgrund ihrer organisatorischen Starrheit, Schwerfälligkeit und letztlich auch Kostspieligkeit; undemokratisch, weil weder Kontrolle, Transparenz, Partizipation oder Chancengleichheit gegeben sind. Die Bürokratie und die Bürokraten streben vor allem nach politischer Herrschaft und persönlichen Privilegien. Eine Verselbständigung des bürokratischen Apparates ist die Folge. Er wird mehr und mehr zu einem unkontrollierten Herrschaftsfaktor. Im Ergebnis kontrollieren die Bürokraten die Politiker und nicht umgekehrt; Minister sind dann nur noch Gallionsfiguren. Verstärkt werden diese Tendenzen durch die Privilegien des öffentlichen Dienstes in der Bundesrepublik und den Hang zur Verflechtung der verschiedenen gesellschaftlichen Institutionen (Parteien, Verbände etc.) mit der Bürokratie. Das Ergebnis ist seiner Meinung nach ein *neuer Klassenkampf* der öffentlichen Bürokratien gegen die private Gesellschaft.

Gleichermaßen kritisch, wenn auch stark ironisierend, äußert sich *Northcote Parkinson*. Das nach ihm benannte, bereits 1957 erstmals formulierte „Parkinsonsche Gesetz" geht davon aus, daß Verwaltungen eine Eigendynamik entwickeln mit der Tendenz, daß jede Dienststelle dazu neigt, sich selbst zu erhalten und zu vergrößern – selbst dann noch, wenn der Auftrag bzw. die Arbeit dieser Verwaltungseinheit schon erfüllt ist. *Parkinson* schließt daraus, daß der wachsende Personalbedarf der öffentlichen Verwaltung nichts mit dem tatsächlichen Arbeitsaufwand in den einzelnen Dienststellen zu tun habe, sondern an der für die Bearbeitung zur Verfügung stehenden Zeit orientiert sei.

Zusammenfassend läßt sich sagen, daß kritische Positionen neben ihrer Kritik auch weitreichende Maßnahmen zur Entbürokratisierung fodern, um der bereits weit fortgeschrittenen Bürokratisierung der Demokratie entgegenzuwirken. Reformziel sind vor allem strukturell-organisatorische und rechtliche Veränderungen des politisch-administrativen Systems, wie sie etwa durch Dezentralisierungs- und Verwaltungsvereinfachungsmaßnahmen, Entregelung und Bürgerräte sowie durch eine intensivere Kontrolle der Regierungs- und Verwaltungsarbeit angestrebt werden könnten.

Übergänge zu konservativer Kritik am Sozialstaat sind allerdings fließend, denn von einigen Vertretern wird betont,

„bei der Bürokratiekritik geht es letztlich um eine Kritik an den staatlichen Aufgaben und damit um die Frage, ob sie abgebaut werden können und müssen" (*Leiss* 1982, S. 178; vgl. auch LB 2, „9. Sozialer Rechtsstaat", und LB 4, 2.3 „Privatisierung").

e) Kritik der Verwaltungskritik

Die bisher referierten Ansätze haben – bei aller Differenzierung – die Gemeinsamkeit, daß es ihnen in erster Linie um eine Kritik des institutionellen Systems geht, sei es mit dem Ziel, es zur Beherrschung der Gesellschaft oder zur Initiierung gesellschaftlicher Fortschritte fähiger zu machen. Diese Institutionenfixiertheit der empirischen Verwaltungsforschung ist der Anknüpfungspunkt der kritischen Position von *Rolf-Richard Grauhan* und *Wolf Linder.*

Der Systemtheorie werfen sie die Entpolitisierung der Politik vor, weil ihr Bezugspunkt keine inhaltliche Norm (z. B. das Grundgesetz), sondern nur die Systemerhaltung ist, weil sie postuliert, daß jedes System, das seine Probleme bestandsicher formulieren kann, rational ist.

„Wie es das fertigbringt, zu wessen Gunsten und zu wessen Lasten, ist gleichgültig, denn Rationalität bezieht sich nicht auf inhaltlich vorgezeichnete Normen, ... Unter dem Aspekt des Systembestandes sind alle Lösungen gleich – ‚Funktionaläquivalent', wie es bei *Luhmann* heißt – herrschaftliche und freiheitliche, gewaltsame, die den generalisierten Konsens erzwingen, und friedliche, die ihn durch Überzeugung gewinnen" (*Grauhan/Linder* 1974, S. 145).

Dem Konzept der „aktiven Politik" *(Mayntz/Scharpf)* bestreiten sie den Anspruch, gesellschaftlichen Fortschritt bewirken zu können; im Gegenteil, es ist ein herrschaftliches Modell. „Regierungsinterne" Informations- und Planungssysteme sollen die politischen ‚Herren' der Bürokratie instandsetzen, ‚mittels Verwaltungsstabes' eine Veränderung der gesellschaftlichen Interessenberücksichtigung zu erzwingen" (*Grauhan* 1975, S. 36 f.).

Mit administrativ ausgerichteten Reformkonzepten jedenfalls erscheint gesellschaftlicher Fortschritt nicht erreichbar, weil die Ungleichheitsstrukturen, in denen sie sich bewegen, nicht in Frage gestellt werden. *Grauhan* und *Linder* halten solchen Versuchen ihre *Alternative der „politischen Strategie"*, des „Ausbaus der Strukturen politischen Wählens" entgegen:

„Nur eine politische Strategie, die die äußere Linie des demokratischen Willensbildungsprozesses einschlägt und dabei die für ihn bereitgestellten Strukturen wieder belebt, ausweitet und zusätzliche schafft, kann ein Gegengewicht zu den Strategien der Festigung und Absicherung der herrschaftlichen Strukturelemente unserer widersprüchlichen Gesellschaft bilden" (*Grauhan/ Linder* 1974, S. 171).

Diese Forderung hat nicht nur Folgen für die „traditionellen" Input-Strukturen, durch die Interessen und Bedürfnisse in das politische System transportiert werden (z. B. Parteien), sondern auch für die Verwaltung, genauer: ihren planenden, politischen Teil. Denn „als planende ist die Verwaltung . . . analog den Parteien Input-Struktur" (ebd., S. 176); sie trägt die Entscheidungsvorbereitung und trifft politische Auswahlentscheidungen, ihre Organisation ist jedoch identisch mit der reinen Vollzugsverwaltung. Aus dieser Diskrepanz fordern *Grauhan* und *Linder,*

„daß planende Verwaltungen als politische Input-Strukturen Organisationsformen erhalten, die Widerspruch und Auseinandersetzungsprozesse um die Programmalternativen gerade zur Norm erheben und ihrer Verzerrung durch die hierarchische Weisungsbefugnis entgegenwirken. Verstärkte Anstrengungen zur Anleitung der Großapparate von außen über den demokratischen Willensbildungsprozeß müssen deshalb mit Anstrengungen zu ihrer inneren Umstrukturierung einhergehen, um die internen Auseinandersetzungen der Bürokratien mit ihrem spezifischen Informationsvorsprung . . . für den demokratischen Entscheidungsprozeß fruchtbar zu machen" (1974, S. 177; grundsätzlich: *Grauhan* 1969b, S. 279ff.; das Organisationsmodell ist näher beschrieben in *Grauhan* 1969a).

f) Politische Krisentheorie: Restriktionen und Reserven politisch-administrativer Rationalität

Während die Ansätze einer empirischen Kritik von Regierung und Verwaltung sich in erster Linie damit beschäftigen, wie Regierung und Verwaltung ihre Aufgaben bewältigen bzw. ob und warum sie diese nicht besser bewältigen können, und sich dabei eher auf „technische" oder Detailprobleme des Verwaltungshandelns konzentrieren, geht es der „Politischen Krisentheorie" mehr um die generelle und umfassendere Frage, *ob Regierung und Verwaltung* unter den gegebenen Bedingungen *überhaupt handeln können* bzw. ob und unter welchen Bedingungen Regierung und Verwaltung funktionsfähig sind oder werden können. Diese Ansätze werden häufig auch mit dem Etikett „Spätkapitalismustheorie" versehen, während unseres Erachtens der Begriff „politische Krisentheorie" den Ansatzpunkt und die zentralen Aussagen dieser Position besser charakterisiert und eine deutliche Abgrenzung zur ökonomischen Spätkapitalismustheorie (vor allem *Ernest Mandel,* vgl. *ders.* 1977) ermöglicht. Gemeinsam ist diesen Ansätzen, daß sie – in unterschiedlichem Maße – von der Marxschen Kritik der Politischen Ökonomie geprägt und inspiriert sind, aber gleichzeitig Ergebnisse und Begrifflichkeit anderer Forschungsansätze (insbesondere der Systemtheorie und empirischer Forschungen) in ihren Ansatz aufnehmen und auch selbst verschiedene empirische Untersuchungen durchführen.

Ausgangspunkt der Argumentation ist eine *Unterteilung des Systems* „Gesamtgesellschaft" in drei analytisch unterscheidbare Teilsysteme (vgl. Abb. 32 nach *Offe* 1973, S. 213):

– das *ökonomische System*, das aufgrund seiner internen Funktionsstörungen (z. B. Konzentrationsprozesse, unerwünschte Folgen kapitalistischer Produktion) auf staatliche Dauerintervention angewiesen ist. Es gibt seinerseits auf dem Wege der Besteuerung Teile des in ihm erzeugten Wertes an das politisch-administrative System ab;
– das *sozio-kulturelle System* (auch normatives oder legitimatorisches System), aus dem die Erwartungen, Forderungen und Ansprüche an das politisch-administrative System kommen und in dem gleichzeitig die für das ökonomische System notwendige Arbeitsmotivation und -fähigkeit erzeugt wird;
– das *politisch-administrative* System (PAS), das einmal auf die diffuse Unterstützung des sozio-kulturellen Systems („Massenloyalität") und die fiskalische Unterstützung des ökonomischen Systems angewiesen ist, von denen seine Autonomie und Dispositionsfähigkeit abhängen und daß zum anderen nach beiden Seiten notwendige Steuerungsleistungen erbringen muß.

Abbildung 32: Gesellschaftliche Subsysteme und deren wechselseitige Beziehungen

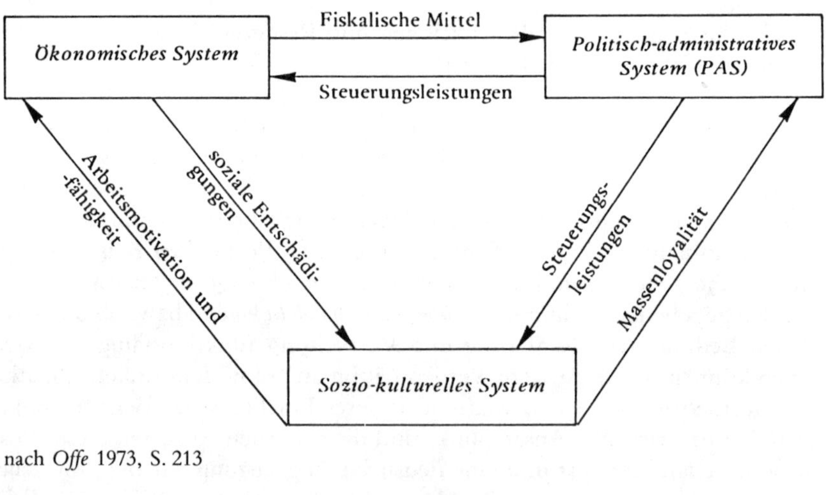

nach *Offe* 1973, S. 213

Allgemeinste Aufgabe des politisch-administrativen Systems ist es, die bestandswichtigen Steuerungsleistungen und fiskalischen Abschöpfungen gegenüber dem ökonomischen System und die Massenloyalität sowie die sozialstaatlichen oder repressiven Steuerungsleistungen gegenüber dem soziokulturellen System in Übereinstimmung zu bringen. Vereinfacht gesagt: das politisch-administrative System muß zunehmend Aufgaben der Steuerung und des Krisenmanagements für Probleme und Friktionen in wirtschaftlichen Abläufen übernehmen und muß sich gleichzeitig die dafür notwendige Legitimation beschaffen (vgl. dazu ausführlicher LB 3, 11.3 (b) und 12.3 (b)). Zur Bewältigung dieser Problemstellung verfügt das politisch-administrative System über verschiedene *Steuerungsressourcen* (vgl. *Offe* 1973, S. 217ff.), nämlich

- *fiskalische* (d. h. die Möglichkeit, Entwicklungen durch den Einsatz von Geldressourcen zu beeinflussen bzw. Geld als Steuern abschöpfen zu können),
- *legitimatorische* (d. h. die Möglichkeit, sich auf verschiedene Art generelle Unterstützung zu verschaffen) und
- *politisch-administrative* (d. h. die Möglichkeit, die Rationalität und Effizienz des eigenen Handelns zu erhöhen).

Regierung und Verwaltung als Teilsystem des politisch-administrativen Systems sind in ihrer Aufgabenerfüllung nun in erster Linie durch die letztgenannten Ressourcen bestimmt, zumindest ist diese aber von Regierung und Verwaltung am direktesten beeinflußbar. Über die Verfügbarkeit und Vermehrbarkeit der Steuerungsressourcen „politisch-administrative Rationalität" scheint es zwei unterschiedliche Auffassungen zu geben, eine optimistischere, vertreten von *Peter Grottian* und *Axel Murswieck,* und eine pessimistischere, vertreten von *Claus Offe* und – wenn auch teilweise mit anderem Begründungszusammenhang – von *Volker Ronge* und *Günther Schmieg*. Diese unterschiedlichen Meinungen sollen kurz dargestellt werden.

(1) Die pessimistische Version: Restriktionen politisch-administrativer Rationalität:

Claus Offe definiert politisch-administrative Rationalität durch verschiedene Sollwerte, von denen er aber annimmt, daß sie vom PAS nicht erfüllt werden können. Die Wahrscheinlichkeit der *Selbstblockierung* dieser Ressource ist daher relativ hoch. Als solche Sollwerte oder Anforderungen an das PAS und gleichzeitig als Restriktionen, die die Erfüllung dieser Anforderungen erschweren, nennt er folgende Punkte (vgl. *Offe* 1973, S. 217ff.):

- *Distanz des PAS zur Umwelt,* um gegenüber deren Anstößen relativ unabhängig reagieren zu können. Diese Anforderung wird konterkariert durch die enge Bindung der Verwaltung an spezifische politische und gesellschaftliche Interessen, weil nur mit deren Hilfe bestimmte politische Ziele überhaupt durchgesetzt werden können („Klientelbeziehungen"; „symbiotisches Abhängigkeitsverhältnis"; Beispiel: die Interessen der Landwirtschaft werden vom Landwirtschaftsministerium vertreten).
- *Interne Differenzierung* des PAS, um Überlagerungen zwischen legitimatorischen und strategischen Aufgaben zu verhindern. Diese Anforderung wird konterkariert durch den Unterstützungsbedarf bzw. durch die Machterhaltungsstrategien von Regierungsparteien, die sich auch auf RV

übertragen („Konsensabhängigkeit", Zwang zum kurzfristigen Erfolg; Beispiel: Eine Maßnahme wird unterlassen, weil sie kurzfristig Wählerstimmen kosten würde, obwohl sie langfristig notwendig ist; z. B. Rentendebakel).
- *Koordination* innerhalb des PAS, um Situationen zu verhindern, in denen sich die verschiedenen staatlichen Maßnahmen gegenseitig aufheben. Diesem zunehmenden Koordinationsbedarf steht kein entsprechendes Potential gegenüber (vgl. den Begriff der negativen Koordination (LB 3, S. 269); Beispiel: die gescheiterten Versuche eines Bundesentwicklungsplanes oder einer Aufgabenplanung im Bundeskanzleramt).
- Verbesserung der *Informationsgewinnung und -verarbeitung* sowie Ausbau der *Prognosekapazität*. Diese Anstrengungen können jedoch bereits an Gegenreaktionen der Umwelt (z. B. Informationsverweigerung) scheitern; *Ronge/Schmieg* (1973, S. 266) behaupten sogar ein systemisch bedingtes, d. h. prinzipiell unaufhebbares Defizit an Diagnose-, Prognose- und Steuerungswissen (Beispiel: Mangelndes Wissen über Abläufe im ökonomischen Bereich).

(2) Die optimistische Version: Reserven politisch-administrativer Rationalität:

Die optimistischere Einschätzung sieht – im Gegensatz zu *Offe* – in der Wirksamkeit und Substituierbarkeit (Möglichkeiten der Ersetzbarkeit) von Steuerungsressourcen noch erhebliche *Reserven* (vgl. hierzu und zum folgenden: *Grottian/Murswieck* 1974). Diese sind durch drei Variablen bestimmt, nämlich durch die Personal-, die Organisations- und die Programmstruktur.
- Die *Personalstruktur* ist abhängig von den Variablen Wahrnehmungsfähigkeit und Problembewußtsein des Verwaltungspersonals in bezug auf das Grundproblem des PAS, ökonomische und legitimatorische Anforderungen in einer krisenfreien Balance zu halten. *Grottian* und *Murswieck* stellen hier erhebliche Defizite fest, die jedoch nach ihrer Ansicht reduzierbar erscheinen.
- Durch die *Programmstruktur* werden Ziele und Inhalte der Politik festgelegt. Hier liegt das Problem darin, daß die oft weit fortgeschrittene inhaltliche Ausgestaltung der Programme mit Rücksicht auf die Durchsetzungschancen geopfert wird oder zumindest zurückgenommen werden muß. Die strategischen Rücksichten erweisen sich als Restriktion für die Ausnutzung inhaltlicher Programmstrukturen. *Grottian/Murswieck* gehen davon aus, daß dieses Hindernis bei einer entsprechenden Verbesserung der Personalstruktur und über die Ausnutzung von Legitimationspotentialen, d. h. über den Einsatz der legitimatorischen Steuerungsressource beseitigt werden kann.
- Die Variable *Organisationsstruktur* scheint zur Verbesserung der politisch-administrativen Steuerungsressource am wenigsten geeignet. Obgleich organisationsstrukturell verursachte Mängel für die Problembearbeitung

durchaus registriert werden, wird die Ansicht vertreten, daß die Erreichung bestimmter inhaltlicher Politikformulierungen nicht zwingend von spezifischen Organisationsstrukturen abhängt.

Regierungs- und verwaltungsinterne Veränderungen gelten also als wesentliche Voraussetzung und Möglichkeit zur Vergrößerung von Handlungsspielräumen des PAS insgesamt; unverzichtbare Ergänzung ist allerdings eine Verbesserung der Macht- und Konsensbildungsprozesse „nach außen". Hier liegt – trotz mancher Ähnlichkeiten im Ergebnis – die Unterscheidung gegenüber dem Konzept der „aktiven Politik", dessen ultima ratio trotz der auch in ihm vorgesehenen „externen" Konsensbildungsprozesse schließlich doch im „Intelligenter-machen des Apparates" liegt (vgl. LB 4, 3.3).

10.4 Marxistische Positionen: Funktionsbestimmungen des Staatsapparates

a) Eigenleben des Staatsapparates

Probleme von Regierung und Verwaltung, also binnenstaatliche Probleme, wurden von Vertretern eines neomarxistischen Ansatzes erst nach und nach als relevant angenommen. Sie standen zunächst noch in der marxistischen Wissenschaftstradition, die den Staat lediglich als von den ökonomischen Produktions- und Klassenverhältnissen der bürgerlichen kapitalistischen Gesellschaft bestimmtes „Überbauphänomen" begriff und analysierte. In dieser Perspektive kommt es weder auf die Binnenstrukturen des Staates an noch darauf, ihn zu reformieren oder mit seiner Hilfe strukturelle gesellschaftliche Veränderungen durchsetzen zu können (*Esser/Hirsch* 1982, S. 105).

Im Zentrum aller einschlägigen Arbeiten stand zunächst das Problem der „Ableitung" der Form des bürgerlichen Staates (vgl. LB 3, 11.4). Der *„Staatsapparat"* erschien den Vertretern dieser Position zunächst als einheitlicher, ganz auf seine Funktionen für den ökonomischen Prozeß hin instrumentalisierter Block. *Joachim Hirsch* interpretierte z. B. 1969 die zunehmenden Planungsversuche des Staates als Realität einer „langfristigen, vom Staat getragenen Wirtschaftsplanung" (1969a, S. 205), die „von der staatlichen Bürokratie und von den entscheidenden ökonomischen Machtgruppen gemeinsam getragen" wird (*Hirsch* 1969a, S. 206). Die Frage, ob und wie diese Wirtschaftsplanung tatsächlich abläuft und gelingen kann, d. h. wie der Staatsapparat wirklich handelt, wurde kaum problematisiert. Der entscheidende Punkt war vielmehr, daß ein hochentwickeltes, monopolistisches Wirtschaftssystem dem Staatsapparat diese Funktion aufzwingt. Ihre reibungslose Erfüllung innerhalb des politisch-administrativen Systems wurde – wegen der „objektiv" festgestellten funktionalen Notwendigkeit – als nachrangig oder problemlos unterstellt. Die sich in der Politikwissenschaft in den 60er Jahren zunehmend ausbreitende marxistische polit-ökonomische Theorie kümmerte sich also zunächst nicht um das *„Eigenleben" des Staatsapparates,* d. h. um Regierung und Verwaltung, weil sie explizit oder implizit von der Annahme ausging, daß „die ‚erfolgreiche' Analyse der kapitalistischen Warenproduktion – mit kleinen, aber nicht sehr wesentlichen ‚Brüchen' – zu einer mehr oder weniger automatischen Bestimmung konkreter Staatsfunktionen (führt)" (so kritisch *Grottian/Murswieck* 1974, S. 16).

Neuerdings gewinnt jedoch zunehmend die Einsicht an Raum, daß die Analyse des Produktionsprozesses nicht jene des politisch-administrativen Prozesses voll ersetzen kann. So setzt sich z. B. auch *Hirsch* von eigenen früheren Positionen ab, wenn er auf die Tatsache verweist, „daß das ‚politische System' eben nicht als eindeutig kausal determinierter Funktionsmechanismus beschrieben werden kann, in dem sich die Interessen einer herrschenden Klasse nahtlos in administrativ-politische Strategien umsetzen" (*Hirsch* 1974, S. 219; vgl. auch *Esser/Hirsch* 1982, S. 105 f.). *Hirsch* leitet daraus die Notwendigkeit ab, „über allgemeine Wesensbestimmungen und Formableitungen hinauszugehen und den politischen Prozeß selbst noch einmal als widersprüchliche und konflikthafte Form der Durchsetzung kapitalistischer Klasseninteressen zu dechiffrieren, politische Konflikte und Krisen als Ausdruck ökonomischer Widersprüche und Klassengegensätze zu bestimmen und sodann die Bedingungen, Grenzen und Folgen staatsadministrativ vermittelter ‚Systemstabilisierung' einzuschätzen" (*Hirsch* 1974, S. 219). Kurzum: Im Rahmen der neuen materialistischen Staatstheorie sind „verwaltungswissenschaftliche" Fragestellungen wichtiger geworden (*Esser/Hirsch* 1982, S. 106).

Hirsch, auf den wir uns im folgenden konzentrieren, weil er dieses Postulat der Beschäftigung mit dem „Eigenleben" des Staatsapparates besonders hervorhebt, interessiert sich vor allem dafür, ob der Staat die ihm vom ökonomischen System aufgezwungene *langfristige Planung* und *Sicherung der Kapitalverwertungsbedingungen* auch realisieren kann. Er schätzt diese Möglichkeit gering ein und identifiziert als ein wesentliches Hindernis den *Partikularismus* des Staatsapparates, d. h. die organisatorische Gliederung nach Referaten, Abteilungen und Ressorts sowie die Folgen und Implikationen dieser Organisationsstruktur. Er entwickelt also eine ähnliche Fragestellung wie die Vertreter der „politischen Krisentheorie" oder einer „aktiven Politik", jedoch in einem anderen Interpretationsrahmen. Die Fragmentierung des Staatsapparates wird als Bedingung der „erfolgreichen Durchsetzung der objektiven Interessen der Kapitalistenklasse" gedeutet:

> „Der administrative Apparat muß partikularistisch und tendenziell chaotisch organisiert sein, weil er ja dem divergierenden Interesseneinfluß konkurrierender Kapitale und Kapitalgruppen zugänglich zu sein hat und gleichzeitig gezwungen ist, Beziehungen zu nicht-kapitalistischen Klassen und Schichten aufrechtzuerhalten. Diese zur Sicherung der politischen Herrschaft der Bourgeoisie notwendigen und zugleich widersprüchlichen Funktionen können nur erfüllt werden, indem der Staatsapparat selbst eine heterogene und widersprüchliche Struktur ausbildet" (*Hirsch* 1974, S. 237).

Probleme, die z. B. von *Scharpf* und *Offe* – in verschiedener Perspektive – als Defizite der Steuerungskapazität des politischen Systems analysiert werden, werden hier als *„funktionale Notwendigkeit"* interpretiert:

- Durch *Zuständigkeitsregelungen* innerhalb der Bürokratie werden gesellschaftliche Probleme und Konflikte nach einem Raster zerlegt, „das sich als Funktionsbestandteil klassenspezifischer ‚Selektivität' des politischen Systems erweist" (*Hirsch* 1974, S. 240).
- Das Kooperationsmuster der *„negativen Koordination"* (vgl. LB 3, S. 269 und S. 278) sorgt dafür, daß „systematisch mögliche Entscheidungsalternativen zugunsten inkrementalistischer Status-quo-Anpassungen abgefiltert" werden (*Hirsch* 1974, S. 242), was zu Verzerrungen und Aussortierungen führt, die letztlich wiederum den herrschenden Interessen dienen.
- *Haushaltsentscheidungen* bestimmen endgültig über die Durchführung von inhaltlichen Programmen; sie werden aber auch, zumindest was die letzten noch offenen Konflikte und Prioritätenfragen betrifft, i. d. R. nicht mehr unter Beteiligung aller Ministerien, sondern im kleineren Kreis, z. B. im „Finanzkabinett" getroffen. „Diese Abkoppelung des administrativen Pluralismus von den etatmäßigen Grundsatzentscheidungen bildet die wesentliche Grundlage für eine das organisatorische Chaos der Ressortpartikularismen neutralisierende Berücksichtigung von ‚Systemimperativen', die aus der Notwendigkeit der Sicherung des Kapitalverwertungsprozesses und der Befriedung ad hoc auftretender gesellschaftlicher Krisen und Konflikte resultieren" (*Hirsch* 1974 S. 243).

Die Kategorien der nicht-marxistischen Verwaltungsforschung greifen also zu kurz. Es genügt nicht, „eine widersprüchliche Politik der staatlichen Apparate schlicht mit Koordinationsmängeln, institutionellen Blockierungen und technischem Versagen zu erklären: dies würde außer acht lassen, daß eine gewisse administrative Anarchie gerade die Bestandsbedingung des politischen Systems ist" (*Esser/Hirsch* 1982, S. 110).

Wenn jedoch durch die fragmentierte Struktur des Staatsapparates die *Problemverarbeitung als „Sortierungsprozeß"* abläuft, der letztlich nur die Kapitalinteressen zur Wirkung kommen läßt, ist unmittelbar einsichtig, daß er für diese unverzichtbar ist. Diese Art von „Selektivität" wäre jedoch von einer langfristigen, umfassenden „Systempolitik" bedroht, weil dann ja über vorhandene Alternativen und mögliche Prioritätensetzungen offen debattiert werden müßte und nicht von vornherein mit Hilfe der oben dargestellten Muster selektiert werden könnte, beispielsweise indem bestimmte Fragen erst gar nicht thematisiert werden (sogenannte „non decisions") oder eine Thematisierung nur in „entschärfter" Form zugelassen wird. Von Regierung und Verwaltung im bürgerlichen Staat eine langfristige Planung und Politik zu erwarten, ist deshalb schlicht illusionär; sie stehen „in klarem Gegensatz zu der grundlegenden Formbestimmung und den Funktionsdeterminanten des bürgerlichen Staates" (*Hirsch* 1974, S. 252). Die Befassung mit dem „Eigenleben" des Staatsapparates erbringt also das Ergebnis, daß die innere Struktur des Staates ihn nur zu kurzfristigem Krisenmanagement befähigt. Eine längerfristige, umfassend angelegte Steuerung von wirtschaftlichen und sozialen Prozessen wird gerade durch den auf kurze Sicht funktional notwendigen Partikularismus des Staatsapparates unmöglich.

b) Verflechtung von Monopolen und Staatsapparat

Die Theorie des „staatsmonopolistischen Kapitalismus" geht demgegenüber aus von der Verschmelzung der Macht des Staates mit der Macht der Monopole (vgl. dazu LB 3, 11.4 (b)). Der Staat wird direkt in den Wirtschaftsablauf einbezogen. Die Monopolbourgeoisie überträgt ihm immer mehr und detailliertere Funktionen der Wirtschaftslenkung und -regulierung. Er wird mehr und mehr zum *„geschäftsführenden Ausschuß" der Monopolbourgeoisie (Imperialismus heute* 1965, S. 63):

> „Für die staatsmonopolistische Form des Kapitalismus ist . . . gerade typisch, daß seine ökonomische Entwicklung unmittelbar mit der Tätigkeit eines umfangreichen organisatorischen Instrumentariums verflochten ist, mit dessen Hilfe die Wirtschaft von den Monopolen gelenkt und reguliert wird" (ebd., S. 157).

Diese Aufgaben kommen vorwiegend dem Verwaltungs- und Regierungsapparat, dem Staatsapparat zu; das Parlament beispielsweise hat nur nachgeordnete, unterstützende und befriedigende Funktionen (vgl. LB 3, 7.4 (b)). Diese *Verflechtung der organisatorischen Kräfte der Monopole mit denen des Staates* drückt sich in zweierlei Weise aus:

- in einem dichten Netz von Verbindungen zwischen den Monopolen und dem Staatsapparat, und
- in der Veränderung der Größe und Beschaffenheit des Staatsapparates.

Die *direkte Verbindung zwischen Monopolen und Staatsapparat* wird auf drei Wegen sichergestellt (vgl. *Imperialismus heute* 1965, S. 184ff.):

- Eine Möglichkeit ist die „enge personelle Verflechtung des staatlichen Apparats mit den Vertretern der Monopole und ihrer Organisation" (ebd., S. 190). Die Strategie des *„Einbaus von Monopolvertretern in den Regierungsapparat" (Schuster)* bestätigt nach wie vor die volle Gültigkeit des von *Lenin* geprägten Ausdrucks: „Heute Minister – morgen Bankier, heute Bankier – morgen Minister".
- Eine zweite wichtige Form der Einflußnahme ist der sog. „Lobbyismus", der von Vertretern der Unternehmerverbände und ihrer Kontaktbüros gepflegt wird. Dieses ständige *System der „direkten Absprachen und ständigen Kontakte"* wird durch Verbindungen auf höchster Ebene ergänzt:

> „Für die Behandlung *politischer* Grundsatzfragen und die Erörterung von Problemen, die die Kapitalverwertung in besonderem Maße berühren, treffen die Spitzenvertreter der Monopolbourgeoisie unmittelbar mit dem Bundeskanzler und mit führenden Regierungsmitgliedern zusammen" (*Schuster* 1976, S. 97).

- Eine weitere Form der Zusammenarbeit zwischen den Unternehmerverbänden und dem Staat ist schließlich das *System der Eingaben, Vorschläge und gemeinsamen Beratungen* der Verbandsorgane bzw. mit den einzelnen Ministerien, Regierungs- und Parlamentsausschüssen.

> – „Dies alles beweist, daß die Gesetze und Verordnungen des westdeutschen Staates gar nicht in erster Linie Produkt der Tätigkeit der Parlamentsabgeordneten und auch nicht der Beamten und Angestellten des Exekutivapparates sind, wie es dem „kleinen Mann" immer

wieder weisgemacht wird, sondern daß ihre Geburtsstätten meistens in den Büros und Ausschüssen der Unternehmerverbände zu suchen sind. Abgeordnete und Staatsangestellte bilden faktisch erst das „zweite Glied" und die oft lautstarken und langwierigen Debatten nur die Kulisse der Gesetzgebung in Westdeutschland" (*Imperialismus heute* 1965, S. 187).

Die Verflechtung zwischen Monopolen und Staatsapparat drückt sich neben den aufgezeigten Formen der Einflußnahme auch in spezifischen Merkmalen und *Veränderungen des Staatsapparates* selbst aus. Auch hier lassen sich wiederum drei Aspekte unterscheiden:

- Die zunehmenden Regulierungs- und Lenkungsaufgaben ziehen eine ständige *Vergrößerung und Differenzierung des Staatsapparates* nach sich. „Mit der Entwicklung des staatsmonopolistischen Kapitalismus entstehen im Regierungsapparat mehr und mehr Organe mit immer spezialisierteren wirtschaftlichen Aufgabenbereichen" (*Imperialismus heute* 1965, S. 164). Die Tendenz zur Spezialisierung der Regierungsorgane wirft jedoch ihrerseits das Problem der Koordination dieser Tätigkeitsbereiche auf. Dieses Problem kann im Kapitalismus nicht grundlegend gelöst werden, weil ihm die oft widersprüchlichen Interessen der einzelnen Gruppen der Bourgeoisie und die Fraktionskämpfe der Parteien entgegenstehen. Allerdings sind ständig neue Koordinationsanstrengungen zu verzeichnen (von interministeriellen Ausschüssen, über Sachverständigenräte bis hin zu Planungssystemen), die im Ergebnis die Macht der Monopole noch mehr verstärken (vgl. ebd., S. 174ff.).
- Eine weitere charakteristische Begleiterscheinung der staatsmonopolistischen Entwicklung ist die ständig *zunehmende Bürokratisierung* des Staatsapparates (vgl. ebd., S. 205ff.). Der Kapitalismus kann sich im letzten Stadium seiner Existenz nur noch durch die Ausdehnung der Bürokratie behaupten, weil die Erhaltung der imperialistischen Ordnung, die Fortsetzung der reaktionären Politik, die Stützung einer überlebten und volksfremden Macht immer schwieriger wird und mit immer größerem Aufwand verbunden ist. Die zweite Ursache des Bürokratismus liegt in der Verselbständigung des Apparats gegenüber den unmittelbaren gesellschaftlichen Prozessen durch seine Festlegung auf die Monopolinteressen. Der Staatsapparat erfüllt keine nützlichen Funktionen für den gesellschaftlichen Fortschritt; „es kommt somit zu einer inneren Selbstbewegung des Staatsapparates, der kein gesellschaftliches Bedürfnis zugrunde liegt" (ebd., S. 207).
- Schließlich wird als weiteres Merkmal die *Tendenz der wachsenden Zentralisation* politischer wie auch ökonomischer Machtmittel konstatiert. Sie stellt ein allgemeines Wesensmerkmal des staatsmonopolistischen Kapitalismus dar. Dieser Zentralismus erwächst aus dem Machtstreben der Monopolbourgeoisie. Er stellt die Lösung des Konflikts dar, der zwischen einer Politik im Monopolinteresse und den Interessen der breiten Öffentlichkeit entsteht (insbesondere soziale und kulturelle Bedürfnisse, aber auch die friedlichen Geschäftsinteressen bürgerlicher Kreise). „Die Monopole versuchen diesen Konflikt durch eine politische und ökonomische

Überzentralisation zu lösen" (ebd., S. 212). Dies findet seinen Ausdruck z. B. in der Notstandsgesetzgebung oder in der Suche nach neuen Regierungsformen, wie etwa der Großen Koalition in den 60er Jahren.

10.5 Grundlegende Literatur

Forsthoff, Ernst: Der Staat der Industriegesellschaft, München 1971.

Grottian, Peter/Murswiek, Axel (Hrsg.): Handlungsspielräume der Staatsadministration. Beiträge zur politologisch-soziologischen Verwaltungsforschung, Hamburg 1974

Hesse, Joachim Jens (Hrsg.): Politikwissenschaft und Verwaltungswissenschaft, Opladen 1982 (=PVS-Sonderheft 13/1982), darin Beiträge von *Böhret, Ellwein, Esser/Hirsch, Mayntz, Scharpf* u. a.)

Lindblom, Charles E.: Inkrementalismus: die Lehre vom „Sich-Durchwursteln", in: *Narr, Wolf-Dieter/Offe, Claus* (Hrsg.): Wohlfahrtsstaat und Massenloyalität, Köln 1975 (engl. 1959)

Luhmann, Niklas: Theorie der Verwaltungswissenschaft. Bestandsaufnahme und Entwurf, Köln und Berlin 1966

Mayntz, Renate/Scharpf, Fritz W. (Hrsg.): Planungsorganisation. Die Diskussion um die Reform von Regierung und Verwaltung, München 1973

Mayntz, Renate: Soziologie der öffentlichen Verwaltung, Karlsruhe und Heidelberg 1978

Schmid, Günther/Treiber, Hubert: Bürokratie und Politik. Zur Struktur und Funktion der Ministerialbürokratie in der Bundesrepublik Deutschland, München 1975

11. Handlungsspielräume und Bedeutung des Staates

Während im Abschnitt 10 („Regierung und Verwaltung") die Frage nach den Aufgaben und der Aufgabenerfüllung durch die „staatlichen Institutionen", die „Exekutive" oder den „Staatsapparat" im Zentrum des Interesses stand, und dabei in erster Linie „binnenstrukturelle" oder auch eher „technische" Probleme staatlichen Handelns behandelt wurden, soll es jetzt um die umfassenderen Fragen nach den Möglichkeiten staatlichen Handelns, nach den staatlichen *Handlungsspielräumen* oder staatlicher *Autonomie* gehen.

Dabei werden wiederum verschiedene Probleme zu erörtern sein. Neben die Frage *„was kann der Staat?"*, d. h. wie handlungs-(un)fähig, wie selbst- oder fremdbestimmt, wie (un)-abhängig usw. ist er, tritt eine Reihe anderer Fragestellungen. Konservative Theoretiker und auch Pluralisten tendieren zu einer normativen Bestimmung des Staates *(„Was soll der Staat?")*, während z. B. Vertreter marxistischer Ansätze versuchen, Form und Funktion des Staates aus den Anforderungen des Akkumulationsprozesses quasi „objektiv" abzuleiten *(„Was muß der Staat?")*. Dazwischen liegen Ansätze mit einer mehr empirischen Orientierung, die vom gegebenen Handlungsfeld des Staates ausgehen und fragen, wie er angesichts hohen Problemdrucks und hoher Handlungsschranken überhaupt (noch) handeln kann und wie er handeln könnte.

Schließlich ist aber auch noch die Frage *„Was ist der Staat?"* zu klären. Während einige Wissenschaftler ziemlich unbefangen den Begriff „Staat" benutzen und anscheinend keine Schwierigkeiten haben, zu bestimmen, wovon sie eigentlich sprechen, bemühen sich andere um eine Präzisierung des Begriffs und ziehen zum Teil Ersatzbegriffe, wie etwa „politisches System" oder auch „politisch-administratives System", vor.

11.1 Konservative Positionen: Überhöhung des Staates

Der konservativ-normative Staatsbegriff geht von einem Dualismus von Staat und Gesellschaft aus. Diese Auffassung interpretiert den Staat als der Gesellschaft vorgegeben und übergeordnet, als dem Bereich von Geist und Sittlichkeit zugehörig. Der Staat gilt als Raum der staatsbürgerlichen Freiheit und Gleichheit, die Gesellschaft als Raum der Ungleichheit (z. B. durch Vermögen, natürliche Begabung, Recht des Stärkeren).

„Während das gesellschaftliche Leben durch das Interesse bestimmt wird, ist der Staat dazu berufen, Gefäß und Träger geistiger Gehalte zu sein, die sich über das Interesse erheben" (*Forsthoff* 1976, S. 41).

Diese Staatsauffassung geht in ihrer Grundlegung auf *Hegel* zurück:

„Der Staat ist die Wirklichkeit der sittlichen Idee, – der sittliche Geist als der offenbare, sich selbst deutliche, substantielle Wille, der sich denkt und weiß und das, was er weiß und insofern er es weiß, vollführt. Der Staat ist als die Wirklichkeit des substantiellen Willens, die er in dem zu seiner Allgemeinheit erhobenen besonderen Selbstbewußtsein hat, das an und für sich Vernünftige. Diese substantielle Einheit ist absoluter Selbstzweck, in welchem die Freiheit zu ihrem höchsten Recht kommt, so wie dieser Endzweck das höchste Recht gegen den Einzelnen hat, deren höchste Pflicht es ist, Mitglieder des Staates zu sein" (*Hegel* 1955 [1. Auflage 1821], S. 207ff.).

Der Bürger steht zu diesem Staat in einem Gehorsams-, wenn nicht gar Untertanenverhältnis. Als „Grundlage der Gehorsamsbereitschaft", auf die der Staat einen „sittlichen Anspruch" hat (*Filbinger* 1982, S. 41), ist *Staatsgesinnung* erforderlich. Diese „erwächst" (allerdings) nicht aus der Freiheit, weil Freiheit den Menschen isoliert, ihn vom Staat „distanziert" und „nichts an überindividueller Ordnung" konstituiert (*Forsthoff* 1974, S. 66). Die *Überhöhung des Staates* gegenüber den Niederungen des „Ringens der gesellschaftlichen Kräfte" weist erst die „echte Staatlichkeit" aus (*Forsthoff* 1954, S. 19). Die instrumentelle Staatsauffassung, daß der Staat ein „Werkzeug" oder „Apparat" zur Verfolgung bestimmter Interessen und Ziele sei, wird abgelehnt. Der Staat wird statt dessen als eine eigengeartete Erscheinung (intuitiv erkennbares „Wesen") angesehen, deren Würde und Wert in der Verkörperung einer überindividuellen Staatsidee begründet ist (vgl. hierzu kritisch mit vielen Zitaten *Bracher* 1973, S. 78ff., *Grebing* 1971, S. 104ff.). „Der Staat ist ein Wert an sich selbst, nicht erst ein Wert durch das, was er für andere Werte bedeutet" (*Krüger* 1966, S. 677). Der Staat zeichnet sich gerade dadurch aus, daß er im Prinzip keine Handlungsgrenzen kennt, ja kennen *darf*, so daß selbst die Garantie des Wesensgehaltes der Grundrechte (Art. 19, Abs. 2 GG) einem Staatsrechtler wie *Herbert Krüger* als Zeichen des Abbaus der Staatlichkeit gilt:

„Staatsgewalt als General- und Blankovollmacht verstanden läuft im Ergebnis unvermeidlich zunächst auf *Allmacht* des Staates hinaus. Vor diesem Ergebnis gilt es nicht die Augen zu verschließen, es muß vielmehr als grundsätzlich unumgänglich anerkannt werden" (*Krüger* 1966, S. 830; Hervorhebung im Original).

Die dem Staat zugeschriebene umfassende Autorität und Herrschaftsbefugnis zeigt sich auch in den *zentralen Annahmen,*

- daß allein der Staat das *Gemeinwohl* kennt, hütet, realisiert und garantiert („Der Begriff des Gemeinwohls ist an den Staat gebunden, der seine unerläßliche Voraussetzung ist") (*Forsthoff* 1976, S. 41),
- daß er allein den *Krisen- und „Ernstfall"* (ein konservatives „Leitthema") beherrscht (vgl. *Jäde* 1984; *Peisl/Mohler* 1979, passim) und
- daß er allein der *Garant der Freiheit des einzelnen* gegen Vermassung und Kollektivierung ist.

Diesen Ansprüchen genügt der moderne Staat jedoch längst nicht mehr. Er sieht sich mit politischen, gesellschaftlichen, wirtschaftlichen und technischen Realitäten und Anforderungen konfrontiert, die er nach pluralistischen und demokratischen Prinzipien abzuarbeiten versucht. Von echter „Staatlichkeit" im konservativen Sinne bleibt dabei wenig oder überhaupt nichts mehr übrig. „Die Situation des modernen Staates ist demnach die, daß er kein Staat mehr ist" (*Forsthoff* 1964, S. 220; vgl. hierzu auch *Grebing* 1971, S. 106ff.). Denn

- der *Staat steht nicht mehr über dem Ringen der gesellschaftlichen Kräfte,* sondern ist deren Schauplatz geworden. Sein Handeln wird durch die Machtverhältnisse in diesem Kampf bestimmt; die Gesellschaft hat sich seiner bemächtigt. Er ist nur noch der „Juniorpartner mächtiger Verbände";
- der *Staat wird zum gigantischen Verteiler-(Sozial)staat,* in dem er nicht mehr Herr, sondern Funktion der Gesellschaft ist. *Ernst Forsthoff* bezeichnet es als ehernes Gesetz, daß die Staatlichkeit in dem Maße abgebaut wird, in dem sie sich in Sozialstaatlichkeit verwandelt;
- der *Staat ist nicht mehr Garant der Stabilität des Ganzen;* er muß vielmehr seine eigene Stabilität von der Industriegesellschaft entlehnen. Deren Stabilität wiederum kann nach konservativer Auffassung kaum aus ihr heraus entstehen. Konsequenterweise sieht denn auch *Forsthoff* die angenommene Stabilität und Normalität der Industriegesellschaft als von dem sie konstituierenden „technischen Prozeß" erzwungen an.

Diese Verbindung von Technik und Politik, die „Verschmelzung" von Staat und Industriegesellschaft und ihre Folgen sind das zentrale Thema der *technokratischen Variante* des Konservatismus (u. a. *Schelsky* 1966; *Kaiser* 1965, aber auch *Forsthoff* 1971). Den Sachzwängen und Eigengesetzlichkeiten des technischen Prozesses kann der Staat weder ausweichen, noch kann er sie beherrschen. Seine Funktion beschränkt sich darauf, auf dieser Basis zu analysieren und zu planen. Im technischen Staat kann Politik weder vom Willen des Volkes (wie im pluralistisch-demokratischen Modell) noch vom souveränen Willen des Staates (wie im traditionellen konservativen Modell), sondern nur noch von der Ratio des technischen Prozesses bestimmt sein.

Diese „technische" Variante des Konservativismus (vgl. 8.1 „Demokratie") trat in den letzten Jahren wieder zugunsten einer Aktualisierung traditioneller konservativer staatstheoretischer Themen in den Hintergrund. Die „Herausforderung" des Staates durch seine Bürger – sei es durch friedlichen massenhaften Protest oder durch terroristische Gewalt – revitalisierte die Diskussion um Staatsautorität und Staatsgewalt.

Walter Leisner kämpft besonders vehement gegen die Bedrohung der Staatlichkeit durch „libertäre" Elemente (*Leisner* 1979 und 1983). Für ihn resultieren große Schwierigkeiten aus dem inneren Widerspruch zwischen zugestandenem individuellem, humanem Freiheitsspielraum und normativer Strenge des unerläßlichen Staatseingriffs – zwischen demokratischer Humanität und Legalität. Ein Staat, der „viele Bürger zu vielem verführt", kann nicht mehr „hart zugreifen": Wenn dieser (demokratische) Staat die Eigentumsordnung nivelliert, vermag er eben nicht „allzu streng ins Gericht zu gehen mit jenen, die das fremde Eigentum nicht achten". Auch dürfte der staatliche Widerstand wegen des Gebots der Egalität dort nicht sehr groß sein, wo es um Massendelikte geht. Im Gegenteil, die „staatliche Polizei- und Strafgewalt" muß sich immer weiter zurückziehen,

> „weil Massenbestrafung und Massenbedrohung ihr letztlich unerträglich sind. Eine exemplarische Hinrichtung ist einer solchen Staatsform der Egalität an sich schon fremd. Der Staat jedoch, der kein Exempel statuieren darf – wie kann er letztlich fest bleiben?" (*Leisner* 1979, S. 78).

So kommt es immer wieder notwendigerweise zur „Staatsdemütigung" durch Rechtsbrecher allgemein und durch terroristische „Einzelangriffe" speziell. „Der Sieg der Freiheit über die Staatsstrenge" führt zur „maximalen Hereinnahme der Gesellschaft in die Staatlichkeit" (ebd. S. 82f.), „dieser verstehende Staat (verliert dabei) die Majestät der unbedingten Strenge . . ." Dieser Staat verdient eigentlich diese Bezeichnung nicht mehr. Irgendwann ist dann mit „dem Ende all unserer Staatlichkeit, unseres Denkens in Kategorien des Staates" zu rechnen; spätestens „am Ende des Staates" tritt dann ein Führer auf – unvermeidlich, trotz aller „eschatologischer Angst der Demokratie" vor ihm. Dieser muß nicht unabdingbarer Tyrann mit totaler Exekutivgewalt sein, wohl aber „persönliche Gewalt" mit hoher „politischer Energie" verkörpern. So wird der „letzte Ausbruchsversuch (gegen Daueranarchie oder Neobarbarismus) zu einem neuen Reich, zu einem neuen Staat, von einem Führer ausgehen . . . Dann wird Reichskanzlei sein: am Ende von Volk und Reich – der Führer" (*Leisner* 1983, S. 398).

11.2 Rechtfertigende Positionen: Verschränkung von Staat und Gesellschaft

Für konservative Staatstheoretiker sind viele Erscheinungen, die heute das Verhältnis von Staat und Gesellschaft bestimmen, Zeichen von Auflösung, Autoritätsverlust und „Entstaatlichung". Rechtfertigende Positionen interpretieren hingegen die vielfältigen Verschränkungen und Interdependenzen von Staat und Gesellschaft grundsätzlich als positiv und erwünscht. Sie begreifen den heutigen Staat als ein „Stück . . . Selbstorganisation der modernen Industriegesellschaft" (*K. Hesse* 1984, S. 7; ähnlich *Stein* 1982).

Diese empirisch begründeten Positionen entwickeln ihr Staatsverständnis auf der Basis einer pluralistischen Gesellschaftsanalyse (vgl. LB 3, 4.1). Bedeutet für die konservative Theorie die „Vergesellschaftung des Staates", d. h. seine Anbindung an gesellschaftliche Interessen, das Ende aller Staatlichkeit, so gilt sie in der Pluralismustheorie als unverzichtbares Merkmal und wird ausdrücklich positiv bewertet:

„Der Staat einer pluralistischen Gesellschaft ist keine von dieser Gesellschaft abgehobene Institution eigenen Rechts und autonomer Selbstbestimmung, er ist durch das Mittel der Repräsentation an die durch einen Pluralismus von Interessen bestimmte Gesellschaft zurückgebunden und mit dieser vermittelt. Ein gesellschaftsunabhängiger Staat ist eine Fiktion" (*Sontheimer* 1973, S. 430).

Die von der konservativen Staatslehre postulierte Vorrangigkeit und Neutralität des Staats wird zurückgewiesen. Die Überparteilichkeit des Staats ist die Lebenslüge des Obrigkeitsstaates (*Gustav Radbruch*). Dies gilt um so mehr für den modernen demokratischen Staat.

„Das heutige Staatsbewußtsein der Demokratie kann sich nicht mehr am Begriff des Staates als solchem orientieren. Es geht nicht um den Staat, sondern um die Normen und Werte, die der Staat als eine uns allen zur Verwirklichung aufgegebene Ordnung realisieren soll" (*Sontheimer* 1964, S. 23).

Der Staat ist demgemäß eben nicht mehr „wesensmäßig", sondern nur noch „funktional" zu bestimmen. Seine zentrale Aufgabe ist es, Verantwortung für die Menschenwürde zu übernehmen und nach diesem obersten „Staatsprinzip" zu handeln. Dabei hat er vor allem die Einhaltung des Rechts- und Sozialstaatsprinzips zu gewährleisten und die Grundrechte als Basis und Begrenzung aller staatlichen Handlungen zu wahren (*Steffani* 1980, S. 38).

Ausgehend von der augenscheinlichen Existenz unterschiedlicher Interessen und deren Vertretung in Verbänden oder spontanen Zusammenschlüssen (wie Bürgerinitiativen) wird der Staat als der Ort des pluralistischen Interessenausgleichs begriffen, als dessen Ergebnis sich das Gemeinwohl erst herauskristallisiert. Weder soll sich der Staat über die Auseinandersetzung der gesellschaftlichen Kräfte erheben noch ist er es, der allein befähig ist, das Gemeinwohl zu kennen und zu definieren. Die *neopluralistische* Theorie (vgl. LB 3, 4.1) überträgt dem Staat in diesem gewollten gesellschaftlichen Interaktionsprozeß lediglich die Aufgabe eines neutralen *Schiedsrichters*. Er soll dann regulierend eingreifen, wenn nicht gewährleistet ist, „daß aus dem Parallelogramm der ökonomischen, sozialen und politischen Kräfte eine Resultante hervorgeht, die den Minimalerfordernissen einer wirtschaftlich tragbaren und sozial erträglichen Lösung der anfallenden Probleme entspricht" (*Fraenkel* 1973, S. 430). Die Rolle des Staates ist also durchaus nicht passiv; er kann und soll die verschiedenen Interessen abwägen und einen Ausgleich herbeiführen.

In seiner Rolle als Schiedsrichter soll sich der Staat nicht nur an den grundlegenden Werten einer demokratisch-pluralistischen Gesellschaft orientieren, sondern auch dafür sorgen, daß alle Gruppen und Interessen zum Zuge kommen.

„Hieraus ergibt sich aber für den Staat die Notwendigkeit, dem übermäßigen Einfluß oligopolistischer, wenn nicht gar monopolistischer Träger sozio-ökonomischer Macht entgegenzutreten. Nicht minder bedeutsam ist für den Staat, dafür Sorge zu tragen, daß der Einfluß all der Bevölkerungskreise nicht zu kurz kommt, die außerstande sind, zwecks Wahrung ihrer Interessen ausreichend machtvolle Verbände zu bilden und funktionsfähig zu erhalten" (*Fraenkel* 1973, S. 432f.).

Die Bildung und Realisierung des „Staatswillens" ist demnach für die pluralistische Theorie keine Frage der staatlichen Handlungsfähigkeit, Autorität und Kompetenz, sondern in erster Linie eine Frage der Funktionsfähigkeit des pluralistischen Systems. Nur das als Ergebnis des pluralistischen Aushandlungsprozesses definierte *Gemeinwohl* bestimmt Aktionsradius und -niveau des Staates, wobei der Staat allerdings seine Rolle als Schiedsrichter und Hersteller von Waffengleichheit nicht vernachlässigen darf. Grundsätzlich weist das pluralistische Staatsverständnis den gesellschaftlichen Gruppen Mitverantwortung zu. Die alte Trennung von Staat und Gesellschaft ist überholt; der moderne Staat ist „notwendig *kooperativer* Staat, nach außen wie nach innen" (*Saladin* 1984, S. 124 und passim).

11.3 Kritische Positionen: Handlungsfähigkeit des Staates

a) Policy Science: Handlungsspielräume

Nach den explizit normativen Konzeptionen, in denen es in erster Linie darum ging, wie der Staat handeln *soll*, fragen beschreibend-kritische Positionen, ob der Staat überhaupt handeln *kann*? Diese Fragestellung wird von nicht-marxistischer Seite vor allem von den schon im Teil „Regierung und Verwaltung" (vgl. LB 3, 10.3) referierten Ansätzen der „policy science" problematisiert (insbesondere *Mayntz/Scharpf* 1973; *Scharpf* 1974; *ders.* 1976). Obwohl dieser Ansatz eigenem Anspruch nach in erster Linie empirisch-informierte und praxisrelevante Wissenschaft sein will, verzichtet er doch nicht vollständig auf normative Elemente, da die Politiker nicht nur durch die Analyse von Problemen und deren Ursachen, sondern auch durch praxisnahe Empfehlungen und weitreichende Alternativen beraten werden sollen (vgl. hierzu auch den Abschnitt „Aktive Politik", LB 4, 3.).

Staatliches Handeln wird pragmatisch betrachtet als *Bewältigung und Verarbeitung von Problemen*, die von der Umwelt (Wirtschaft und Gesellschaft) erzeugt werden. Für diese staatliche Problemverarbeitung bestehen allerdings hohe *Handlungsrestriktionen*: „Die Bundesrepublik ist mit den charakteristischen Schwierigkeiten des Spätkapitalismus und der Konkurrenzdemokratie – hoher Problemdruck bei hohen Handlungsrestriktionen – konfrontiert." (*Scharpf* 1976, S. 13). *„Spätkapitalismus"* und *„Konkurrenzdemokratie"* sind dabei sowohl für den erhöhten Problemdruck wie auch für die verminderten Handlungsmöglichkeiten verantwortlich. Der erhöhte *Problemdruck* ergibt sich zum Beispiel aus den zyklischen Schwankungen der Wirtschaftsentwicklung im Kapitalismus (vgl. LB 3, 2.3), den wachsenden „horizontalen Disparitäten" (vgl. LB 3, 3.3 (d)), den erhöhten „externen Effekten" (z. B. Umweltverschmutzung, unbewohnbare Städte).

Gleichzeitig steigt aufgrund der Mechanismen der Konkurrenzdemokratie (z. B. Interessenvertretung durch Verbände und Interessengruppen, Parteien, freie Wahlen usw.) das Anspruchsniveau an staatliche Leistungen. Keine Regierungspartei, die Wert darauf legt, an der Macht zu bleiben, kann es sich leisten, die Bearbeitung gesellschaftlicher oder ökonomischer Probleme abzulehnen.

Prekär wird die Situation für das politisch-administrative System dadurch, daß die systemspezifische Kombination von Kapitalismus und Konkurrenzdemokratie nicht nur einen hohen Problemdruck erzeugt, sondern gleichzeitig auch seine Handlungsmöglichkeiten beschränkt. Bei systematischer Betrachtung können zumindest *vier Typen von Restriktionen* ausgemacht werden, nämlich zwei ökonomisch bedingte („Spätkapitalismus") und zwei politisch bedingte („Konkurrenzdemokratie"):

- *formell-politische* Restriktionen, die die Handlungsmöglichkeiten zum Beispiel durch verfassungsmäßige Regelungen begrenzen (etwa die durch die rechts- und bundesstaatliche Ordnung, EG-Verträge u. ä. vorgegebenen Beschränkungen; „*Kompetenzen*");
- *formell-ökonomische* Restriktionen, die die Eingriffsmöglichkeiten des Staates in die Ökonomie begrenzen (etwa Autonomie der Investitons- und Produktionsentscheidungen der Unternehmer und der Lohnentscheidungen der Sozialpartner; „*Wirtschaftsverfassung*");
- *materiell-ökonomische* Restriktionen, die dem Staat oft ein bestimmtes Verhalten vorschreiben, ohne daß ein reeller Entscheidungsspielraum noch gegeben wäre (etwa Begrenzung der Ressourcen, dadurch auch begrenzte Ressourcen für staatliches Handeln; Unvereinbarkeit der Ziele des magischen Vierecks; „*Sachzwänge*");
- *materiell-politische* Restriktionen, die den formell möglichen Handlungsspielraum noch weiter begrenzen (etwa der im parlamentarischen System angelegte Zwang zum kurzfristigen Erfolg, die Rücksichtnahme auf die Interessen beteiligter Gruppen usw.; „*Konsensgrenzen*"). (Vgl. zu dieser Aufteilung besonders *Mayntz/Scharpf* 1973 a, S. 117 ff.)

Diese „externen", außerhalb des politischen Aktivsystems gelegenen Restriktionen schließen eine aktive Steuerung gesellschaftlicher Prozesse jedoch keineswegs aus. Der potentielle *Handlungsspielraum des Staates* wird als relativ weit eingeschätzt, zumindest sind diese Grenzen noch längst nicht erreicht:

„Das politisch-administrative System verfügt über eigene Machtbasen und ist deshalb nicht völlig extern determiniert und ohne eigenen Handlungsspielraum; wie weit es diesen Spielraum nutzen kann, hängt von der Art und Wirkungsweise externer Beschränkungen und Widerstände ab. Innerhalb des so abgesteckten Rahmens können sich dann auch organisatorische und prozedurale RV-Reformen positiv auf die Qualität der Politikinhalte auswirken" (*Mayntz/Scharpf* 1973 a, S. 118).

Es wird also die These vertreten, daß staatliche Steuerungsdefizite weder durch die Restriktionen der kapitalistischen Ökonomie noch durch die der Konkurrenzdemokratie allein erklärt werden können, sondern daß sie zunächst auf mangelhafte staatliche Problembewältigung auch in den Binnenstrukturen des Staates zurückzuführen und daher durch Reformen von Regierung und Verwaltung zumindest zum Teil behebbar sind (vgl. *Scharpf* 1974, S. 1). „Die Frage, ob und auf welche Weise unterschiedliche politische Systeme in der Lage sind, oder in die Lage versetzt werden könnten, Problemdruck abzubauen und ihre Handlungsmöglichkeiten zu erweitern, wird deshalb zum zentralen Thema einer problemorientierten und praxisrelevanten policy science“ (*Scharpf* 1976, S. 17). Voraussetzung hierfür ist allerdings, daß es dem politisch-administrativen System gelingt, seine Fähigkeit zu entwickeln, „gegen den gesellschaftlichen Status quo und gegen die vorherrschenden Entwicklungstendenzen anzusteuern und dabei auch weitreichende inhaltliche und quantitative Änderungen gegenüber der bisher laufenden Politik durchzusetzen“ (*Mayntz/Scharpf* 1973a, S. 143). Dazu ist es erforderlich, zunächst die Handlungsschranken innerhalb des politisch-administrativen Systems durch eine Erhöhung der *Problemverarbeitungskapazität* abzubauen, d. h. durch eine umfassende Reform von Regierung und Verwaltung (vgl. LB 3, 10.3 und LB 4, 3.3). Unzulänglichkeiten und Defizite werden insbesondere in folgenden Bereichen festgestellt:

- *Informationsverarbeitungskapazität*, die durch die Kapazität zur Informationsgewinnung und -verarbeitung, d. h. durch die Verfügung über deskriptives Wissen (z. B. Statistiken und andere Daten) und kausales Wissen (z. B. ökonomische Theorien, Wissen über Wirkungszusammenhänge) gekennzeichnet ist;
- *Koordinationskapazität*, die von der Fähigkeit zur *positiven Koordination* abhängt, bei der Entscheidungsalternativen in den jeweils spezialisierten Bereichen bereits in der Phase des Entwurfs miteinander abgestimmt werden, im Gegensatz zur *negativen Koordination*, bei der ausformulierte Entwürfe oder Programme nur nachträglich mit anderen beteiligten Organisationseinheiten vor allem durch das Beseitigen negativer Auswirkungen auf diese abgestimmt werden (vgl. *Scharpf* 1972);
- *Konfliktregelungskapazität*, die durch die einsetzbaren Machtmittel und/oder Prozesse der Konsensbildung bestimmt wird, wobei Mechanismen der Konsensbildung die größere Bedeutung zugemessen wird.

Solange solche Defizite der Problemverarbeitungskapazität nicht abgebaut sind, kann der Staat nicht die geforderte „aktive Politik“ formulieren und durchsetzen, sondern nur reaktiv und kompensatorisch handeln, kann er nur nachträgliches Krisenmanagement betreiben anstatt die krisen- und problemerzeugenden sozioökonomischen Prozesse antizipierend zu regeln und zu steuern.

b) Politische Krisentheorie: Widersprüche

Grundsätzlich gehen die Vertreter der „politischen Krisentheorie“ (insbesondere *Claus Offe* und *Volker Ronge*, auf die wir uns hier in erster Linie beziehen wollen; vgl. zum folgenden vor allem *Offe/Ronge* 1976) von der polit-ökonomischen These aus, daß Staat und staatliches Handeln im Kapitalismus nur aus dem Prozeß der kapitalistischen Warenproduktion heraus erklärbar sind; der Staat hat hierfür spezifische Steuerungs- und Komplementärleistungen zu erbringen. Dieser Ansatz unterscheidet sich von anderen politökonomischen oder marxistischen Ansätzen dadurch, daß weder der Staat als Instrument der herrschenden Klasse betrachtet (wie beim Stamokap, vgl. 11.4 b) noch davon ausgegangen wird, daß seine Handlungsmöglichkeiten durch strukturelle Bedingungen der kapitalistischen Produktion eindeutig festgelegt sind (wie bei den Neomarxisten, vgl. 11.4 a). Vielmehr wird als Handlungsantrieb des Staates dessen „Interesse an sich selbst" unterstellt. Als kapitalistischer Staat kann er dieses Interesse an sich selbst nur verfolgen, indem er bestimmte Institutionen und gesellschaftliche Beziehungen schützt (z. B. Privateigentum). Weil diese aber nun ihrerseits „institutionelle Vorbedingungen für die Klassenherrschaft des Kapitals sind" (*Offe/Ronge* 1976, S. 54) ergibt sich daraus, wenn auch „vermittelt", eine Privilegierung der Kapitalinteressen im kapitalistischen Staat. Von den genannten Ansätzen unterscheidet sich die „politische Krisentheorie" weiterhin dadurch, daß sie den Grundwiderspruch der kapitalistischen Gesellschaft nicht als Widerspruch zwischen Klassen, sondern als Widerspruch zwischen Strukturen versteht und daß die Ursache von systemgefährdenden Krisen nicht unmittelbar im Akkumulationsprozeß, d. h. im ökonomischen System, sondern im politischen System lokalisiert wird (ökonomische versus politische Krisentheorie; vgl. LB 3, 12.3).

Die „institutionelle Form des kapitalistischen Staates" ist nach *Offe/Ronge* (1976, S. 55ff.) durch *vier funktionale Bestimmungen* gekennzeichnet:

- *„Privatisierung der Produktion"*, d. h. die materielle Produktion, ist grundsätzlich nach kapitalistischen, nicht politischen Kriterien organisiert (daran ändert auch die Tatsache, daß der Staat zunehmend selbst über Kapital verfügt nichts, auch dieses Kapital wird „kapitalistisch" eingesetzt, d. h. rentabel, kostengünstig usw.);
- *„Steuerabhängigkeit"*, d. h. der Staat ist auf fiskalische Ressourcen aus dem ökonomischen System angewiesen;
- *„Demokratische Legitimation"*, d. h. zumindest in parlamentarisch-demokratischen Regierungssystemen ist die jeweils herrschende Regierung auf die Unterstützung der Wähler und generell auf „Massenloyalität" angewiesen, wenn sie an der Macht bleiben will;
- *„Akkumulation als Bezugspunkt"*, bedeutet schließlich, daß der Staat aus den o. a. Gründen vom Akkumulationsprozeß des Kapitals abhängt (z. B. vermittelt über Steuern und Massenloyalität) und daß daher das oberste und allgemeinste Interesse des Staates darin bestehen muß, „die Bedingungen staatlicher Machtäußerung durch Herstellung politischer Bedingungen zu wahren, welche dem privaten Akkumulationsprozeß förderlich sind" (ebd., S. 56).

Politik ist nach dieser Auffassung nun die Gesamtheit der Strategien, durch die diese vier Strukturbestimmungen des kapitalistischen Staates erhalten und miteinander vereinbart werden. Ganz abstrakt wird gefolgert, daß dies am besten geschehen kann, wenn alle Bürger in die Tauschbeziehungen der kapitalistischen Gesellschaft einbezogen sind. Nur wenn die Tauschbeziehungen nicht zustande kommen, wenn z. B. Arbeiter ihre Ware Arbeitskraft nicht verkaufen können und arbeitslos werden oder wenn produzierte Waren nicht absetzbar sind, d. h. Kapital nicht „verwertet" werden kann und z. B. Firmen bankrott gehen, wird die Struktur des kapitalistischen Staates problematisch. Diese *Bedrohung der Tauschbeziehungen* (mit einem komplizierten Ausdruck: Aufhebung der Warenform) muß der Staat in seinem eigenen Interesse verhindern, denn wenn die Tauschbeziehungen der Warenbesitzer gefährdet sind, ist auch der kapitalistische Staat als Ganzes gefährdet.

Seine Aktivitäten und Interventionen erfolgen also nicht im Auftrag bestimmter (Kapital-)Interessen, sondern ausschließlich in seinem eigenen. Das „*Interesse an sich selbst*", an der eigenen Bestands- und Überlebensfähigkeit, ist es also, das den Staat veranlaßt, Bedingungen zu schaffen und zu erhalten, unter denen der Tauschprozeß fortgesetzt werden kann. Am effektivsten kann er dieses Problem lösen, wenn er versucht, ein Maximum von Tauschmöglichkeiten für Kapital und Arbeit herzustellen. Daß bei einer solchen Politik bestimmte Gruppen (z. B. Kapitaleigner oder auch bestimmte Berufsgruppen) begünstigt werden, ist nicht Ziel dieser Politik, sondern ein zwangsläufig eintretendes Nebenergebnis.

Problematisch ist diese allgemeinste Aufgabe des Staates, nämlich die Bedingungen des Tauschprozesses optimal zu gestalten, deswegen, weil als Ergebnis der kapitalistischen Warenproduktion offensichtlich andauernd und zunehmend Besitzer von Arbeit oder Kapital aus den Tauschbeziehungen „herausfallen" (z. B. indem sie arbeitslos werden, aber auch krank oder sonstwie hilfsbedürftig oder indem z. B. ganze Branchen aufgrund von Absatzschwierigkeiten in ihrer Existenz bedroht sind). Der Staat kann in einer solchen Situation – zumindest theoretisch – zwischen *drei Strategien* wählen (vgl. *Offe/Ronge* 1976, S. 61 ff.):

– Er kann *tatenlos zusehen* und im Vertrauen auf die „Selbstheilungskräfte des Marktes" darauf warten, daß sich die Schwierigkeiten allein wieder beheben. Eine solche Position ist jedoch heute kaum noch haltbar. Denn selbst wenn es dieses Vertrauen in einen automatischen Korrektur- und Gleichgewichtsmechanismus gäbe, der die „Marktgängigkeit" der Werte wieder herstellte, wäre der Staat doch, weil er auf Massenloyalität angewiesen ist, zu Eingriffen gezwungen.
– Der Staat kann weiterhin die vom Tauschprozeß Ausgeschlossenen *subsidiär absichern*, d. h. er kann ihnen ein Einkommen garantieren, ohne daß sie an Tauschbeziehungen teilnehmen (z. B. im Rahmen der Sozialpolitik oder indem der Staat Preise garantiert). Auch diese Position ist auf Dauer problematisch, denn die fiskalische Belastung des Staates steigt ins Unermeßliche.
– Schließlich kann der Staat die *Bedingungen herstellen*, unter denen weiterhin ein funktionierender Tauschverkehr zwischen den Rechts- bzw. Wirtschaftssubjekten stattfinden kann, z. B. indem er die Austauschfähigkeit der Ware Arbeitskraft erhöht (durch Bildung, Ausbildung, regionale

Mobilität usw.), indem er die Austauschfähigkeit von Kapital und anderen Gütern erhöht (z. B. durch Erschließung größerer Märkte, durch Forschungs- und Technologiepolitik usw.) und ähnliche Strategien.

Als Ergebnis dieser staatlichen Eingriffe mit dem Ziel, die „Warenform selbst zu stabilisieren und durch politisch-administrative Steuerungsmethoden zu verallgemeinern" (ebd., S. 65) ergibt sich nun allerdings eine Reihe von *Strukturwidersprüchen* spätkapitalistischer Gesellschaften, die wiederum zum Brennpunkt sozialer Konflikte und politischer Kämpfe werden kann. Genannt werden (vgl. *Offe/Ronge* 1976, S. 65ff.):

- *ökonomische Probleme*, die dadurch entstehen, daß durch die staatlichen Maßnahmen zur Erhaltung der Tauschbeziehungen den Eigentümern von Kapital Entzugseffekte aufgelastet werden, „welche ihrerseits den paradoxen Effekt haben, die Austauschbeziehung zwischen Warenbesitzern zu bedrohen" (ebd.);
- *politische Probleme*, die daraus entstehen, daß die Sektoren, die nicht unmittelbar der Kontrolle durch Marktmechanismen unterliegen, quantitativ zunehmen. D. h. die Versuche des Staates, die Warenform zu erhalten, machen Organisationsformen erforderlich, deren Operationsweise die Grenzen der Warenform überschreitet (z. B. die gesamte Staatsverwaltung und alle Einrichtungen, die von ihr geschaffen oder kontrolliert werden, Bildungssystem und andere Infrastrukturleistungen);
- schließlich *ideologische Probleme*, die sich daraus ergeben, daß die unbedingte Gültigkeit des Tauschprinzips als gesellschaftliches Regulativ durch die Zunahme staatlicher Eingriffe in Frage gestellt wird. Der Erfolg hängt damit, auch z. B. für Kapitalisten, nicht mehr nur von erfolgreichem Tausch auf dem Markt ab, sondern vielleicht noch mehr, von politischer Einflußnahme und/oder finanzieller Subventionierung durch den Staat. Damit wird aber die allgemeine Bedingung der kapitalistischen Gesellschaft, nämlich die allgemeine Gültigkeit des Tauschprinzips, in Frage gestellt.

Festzuhalten bleibt, daß der Staat zusätzlich zu diesen „internen" Problemen des ökonomischen Systems gerade durch sein Engagement zur Regulierung ökonomischer Probleme und Krisen seinerseits die skizzierten spezifischen „Strukturwidersprüche" produziert und möglicherweise krisenhafte Entwicklungen auslöst (vgl. LB 3, 12.3 (b)). Inwieweit der kapitalistische Staat „seine" Widersprüche zu lösen in der Lage ist, kann theoretisch nicht bestimmt werden. Dies hängt auch von der bewußten politischen Intervention solcher politischen Kräfte ab, „die bereit und in der Lage sind, reformistische Politiken des kapitalistischen Staates gegen die Obstruktionsgewalt des Kapitals zu verteidigen und so die erwähnte Diskrepanz zu erweitern und im Sinne einer sozialistischen Transformation zu nutzen" (*Offe/Ronge* 1976, S. 66).

11.4 Marxistische Positionen: Determinanten staatlichen Handelns

a) Neomarxismus: Besonderung des Staates

In bewußter Abgrenzung gegenüber politischer Krisentheorie und der Theorie des Staatsmonopolistischen Kapitalismus (siehe b)) versuchen neomarxistische (materialistische, anti-revisionistische) Ansätze, wie sie insbesondere von *Joachim Hirsch, Elmar Altvater, Sibylle von Flatow, Frerk Huisken, Wolfgang Müller* und *Christel Neusüss* vertreten werden, allgemein das Verhältnis von Kapitalverwertungsprozeß und bürgerlichem Staat zu klären. *Joachim Hirsch* weist auf die grundlegende Formbestimmung des (bürgerlichen) Staates hin: auf „die Verdoppelung der bürgerlichen Gesellschaft in Gesellschaft und Staat und die formelle Besonderung des Staates als einer von der Gesellschaft abgehobenen administrativen Apparatur" (*Hirsch* 1979, S. 140). Form und Funktion können analytisch *nicht* getrennt werden. Der kapitalistische Staat wird – bei aller „internen" Differenzierung – als notwendiges Element des durch die Bewegungsgesetze des Kapitals strukturierten gesellschaftlichen Ganzen gesehen. Er gilt als besondere Einrichtung neben und außer der bürgerlichen Gesellschaft. Die politische Form des Staates ist notwendig geworden, weil die kapitalistische, d. h. die durch das Verhältnis von Kapital und Lohnarbeit charakterisierte Form von gesellschaftlicher Produktion Folgen zeitigt, die der Einzelkapitalist nicht bewußt herbeiführt, gegen die er aber auch nichts unternehmen kann.

„Der einzelne Kapitalist, als Kapitalist bloß Personifizierung des Kapitals, kann sich den immanenten Gesetzen der kapitalistischen Produktion nicht entziehen; in der Konkurrenz zwingen sie sich ihm von außen als Zwangsgesetze auf" (*Müller/Neusüss* 1971, S. 53).

Der Staat macht daher die *allgemeinen Interessen* der bürgerlichen Gesellschaft zu seinen besonderen, ohne dadurch allerdings mit dem Kapital identisch zu werden. Er ist nicht wirklicher, sondern nur fiktiver oder *ideeller Gesamtkapitalist*. Denn die allgemeinen Interessen können erst nachträglich und angesichts des drohenden Untergangs der Grundlage der kapitalistischen Produktionsweise durchgesetzt werden. Die Besonderung des Staates als illusorische und widersprüchliche Verkörperung des „gesellschaftlich Allgemeinen" gilt als die allgemeinste *Formbestimmung des bürgerlichen Staates* (zu den unterschiedlichen Ansätzen einer materialistischen Staatsableitung vgl. im einzelnen *Esser* 1975, S. 139ff.). Die neomarxistischen Ansätze analysieren die Staatstätigkeit also allgemein und unter dem Aspekt der Trennung von Ökonomie und Politik, d. h. der Notwendigkeit, einer von der ökonomischen Struktur gesondert auftretenden Politikform. Für die Politische Krisentheorie und auch für die Theorie des Staatsmonopolistischen Kapitalismus wird die Staatstätigkeit dagegen erst in einer historischen Spätphase des Kapitalismus notwendig bzw. gewinnt an Bedeutung.

Wie die Form, so sind auch die *Funktionen des Staates* aus den Widersprüchen der bürgerlichen Gesellschaft abzuleiten, d. h. konkret aus den sich historisch verändernden Bedingungen des kapitalistischen Akkumulationsprozesses, der durch ihn vorangetriebenen Entwicklung der Produktivkräfte und der sich mit ihm verändernden Formen der Vergesellschaftung (*Hirsch* 1974). Als solche „abgeleiteten" (also nicht empirisch ermittelten) Staatsfunktionen werden z. B. von *Altvater* genannt:

- Herstellung allgemeiner *materieller Produktionsbedingungen* (Infrastruktur);
- Setzung und Sicherung von allgemeinen *Rechtsverhältnissen*, in denen sich die Beziehungen der Rechtssubjekte in der kapitalistischen Gesellschaft abspielen;
- *Regulierung des Konflikts Lohnarbeit und Kapital* und gegebenenfalls politische Unterdrückung der Arbeiterklasse und zwar nicht nur mit rechtlichen, sondern auch mit polizeilichen und militärischen Mitteln;
- *Sicherung der Existenz und Expansion des nationalen Gesamtkapitals* auf dem kapitalistischen Weltmarkt (*Altvater* 1972a, S. 9).

Was der Staat konkret kann (muß), steht nicht unabänderlich fest, sondern ergibt sich aus der geschichtlichen Bewegung des Akkumulationsprozesses, d. h. insbesondere aus den aus dem „Gesetz vom tendenziellen Fall der Profitrate" abgeleiteten Krisen- und Zusammenbruchstendenzen des Kapitalismus (vgl. LB 3, 12.4). Der Staat ist zwar eine für den kapitalistischen Produktionsprozeß notwendige, relativ selbständige Einrichtung; er ist jedoch aus den Bewegungsgesetzen kapitalistischer Produktion entstanden und ihnen insofern unterworfen. Die Grenzen seiner Selbständigkeit werden daher durch die widersprüchliche Kapitalbewegung gesetzt.

So hat auch die wachsende Krisenanfälligkeit des ökonomischen Systems der Bundesrepublik den Staat verändert. Die Bedeutung des Staates für die gesellschaftliche Reproduktion nimmt zu – nicht zuletzt wegen der ökonomischen und technischen Umstrukturierung des Produktions- und Arbeitsprozesses. Der Staat erhält den Charakter einer „gesellschaftlichen Superstruktur", es kommt zur fortschreitenden „Durchstaatlichung" der Gesellschaft (*Hirsch* 1980, S. 54ff.). Der „Staatsapparat" dehnt sich gewaltig aus und besetzt und kontrolliert immer mehr gesellschaftliche Bereiche. Je mehr der Prozeß der „Durchstaatlichung" aber voranschreitet, um so mehr ruft er selbst neue gesellschaftliche Konfliktzonen und Widerstandspotentiale hervor, die er wiederum überwachen und kontrollieren will – der „Sicherheitsstaat" (*Hirsch* 1980) zeichnet sich ab.

b) Stamokap: Verschmelzung von Staat und Monopolen

Die Position des Staatsmonopolistischen Kapitalismus (Stamokap) lehnt die Vorstellung der „Besonderung des Staates" als überholt ab. Der Staat ist aus der Spaltung der Gesellschaft in Klassen entstanden, er regelt die Interessen der *herrschenden* Klassen. Es wird angenommen, daß der privatmonopolistische Kapitalismus als die historisch erste Phase des Imperialismus aufgrund der stürmischen Entwicklung der Produktivkräfte und der Systemkonkurrenz (Herausforderung des kapitalistischen durch das sozialistische System) in den staatsmonopolistischen Kapitalismus als die letzte Stufe des kapitalistischen

Monopolisierungsprozesses „hinüberwächst". Der Staat ist jetzt „politischer Überbau der monopolkapitalistischen Basis. Sein historischer Platz ist dadurch gekennzeichnet, daß er die höchste und letzte Entwicklungsstufe des einheitlichen kapitalistischen Staatstyps ist" (Marx.-Lenin. Staats- und Rechtstheorie 1980, S. 140). Der staatsmonopolistische Kapitalismus ist gekennzeichnet durch die *Verschmelzung von Staat und Wirtschaft* (=Monopole) zu einem einheitlichen Funktionsmechanismus.

„Das Wesen des staatsmonopolistischen Kapitalismus besteht in der Vereinigung der Macht der Monopole mit der Macht des Staates ,in einem einheitlichen Apparat, der für die Bereicherung der Monopole, die Unterdrückung der Arbeiterbewegung und des nationalen Befreiungskampfes sorgen, die kapitalistische Ordnung retten und aggressive Kriege entfesseln soll'" (ebd., S. 141).

Die Stamokap-Theorie geht davon aus, daß der Staat sowohl bei Schwierigkeiten einzelner Monopole eingreifen als auch den Fortschritt von Wissenschaft und Technik organisieren und finanzieren muß. Die privatmonopolistischen Konzerne sind hierzu – insbesondere vor dem Hintergrund der internationalen Konzentration – nicht mehr in der Lage. Dem Staat kommt deshalb die Aufgabe zu, die wissenschaftlich-technische Entwicklung zu steuern und durch *umfassende Regulierung der gesamten Volkswirtschaft* die Monopolprofite zu sichern.

Diese Gesamtstrategie kann der Staat jedoch nur dann organisieren, wenn er den Monopolen nicht völlig untergeordnet ist, sondern über eine gewisse Selbständigkeit (Autonomie) verfügt. Er braucht diesen Freiraum, um mögliche Konflikte zwischen den Monopolinteressen, insbesondere zwischen kurzfristigen Profitinteressen einzelner Monopole und der langfristigen Absicherung des Gesamtsystems, im Sinne des letzteren zu lösen.

„Die besonderen Interessen dieser oder jener Gruppierungen des Monopolkapitals können unter bestimmten Bedingungen jedoch auch mit den allgemeinen Interessen des Monopolkapitals kollidieren, so daß der imperialistische Staat zur Wahrung dieser allgemeinen Interessen der herrschenden Klasse gegen die besonderen Interessen einzelner ihrer Gruppierungen vorgehen muß. Schließlich ist der imperialistische Staat angesichts der Verschärfung der Klassengegensätze der kapitalistischen Gesellschaft und des Einflusses des Sozialismus gezwungen, den Werktätigen gewisse Teilzugeständnisse zu machen" (ebd., S. 144).

Diese *Systemerhaltungsfunktion* erfordert eine relative Selbständigkeit des Staates von einzelnen Profitinteressen. Er wirkt als der „geschäftsführende Ausschuß der Monopole". Allerdings bleibt er dabei immer das Instrument der herrschenden Klasse und vertritt deren Interessen; dies soll auch durch die Einschränkung „relativ" zum Ausdruck gebracht werden.

Der Staat kann sich bei der Erfüllung seiner umfassenden Steuerungs- und Regulierungsfunktion spezifisch staatlicher Mittel, z. B. des Steuersystems und des Rechts, bedienen, die weit über die beschränkten Mittel der privaten Monopole hinausgehen. Deshalb entwickelt sich in der Phase des staatsmonopolistischen Kapitalismus das Verhältnis von Politik und Ökonomie zu einem *Primat der Politik über die Ökonomie.* Alle systemimmanenten Widersprüche erscheinen primär als politische: Die grundlegenden Widersprüche des Kapitalismus sind nicht aufgehoben, sondern äußern sich in der neuen Form der gesellschaftlichen Ausbeutung durch den von den Monopolen kontrollierten Staat, wobei die nach wie vor ausgebeutete Arbeiterklasse durch wohlfahrtsstaatliche Zuwendungen befriedet wird. Die Stamokap-Theorie geht also m. a. W. davon aus, daß die Rolle des Staates nicht mehr mit „fiktiver" oder „ideeller" Gesamtkapitalist, sondern mit *wirklicher Gesamtkapitalist* zu bezeichnen ist. Er ist nicht mehr für die allgemeinen Existenzbedingungen des Kapitalismus „zuständig", sondern unterstützt und reguliert aktiv den Konzentrationsprozeß der Wirtschaft („Klassenwesen" des Staates).

„Das entscheidende Instrument, mittels dessen die ökonomisch herrschende Klasse auch die politische Herrschaft ausübt, ist der Staat. In der BRD stellt der Staat als Instrument der mächtigsten, ökonomisch herrschenden Klasse, die vermittelst seiner auch politisch herrschende Klasse wird und so neue Mittel erwirbt zur Niederhaltung und Ausbeutung der unterdrückten Klasse, seinem Klassenwesen nach die Diktatur der Monopolbourgeoisie dar" (*Der Imperialismus der BRD* 1971, S. 179).

Der Staat wird (für die ausbeutende Monopolbourgeoisie) zum Instrument, dessen Einsatz das offene Ausbrechen der Klassengegensätze verhindert und damit die Herrschaft der Monopole sichert und stabilisiert. Dabei kommt es zur fortschreitenden Zentralisierung der politischen Gewalt bei der Staats*exekutive* mit „parasitärer Aufblähung des Staatsapparates" (ebd., S. 191; vgl. auch LB 3, 10.4 (b)).

Die Stamokap-Theorie unterscheidet sich von anderen marxistischen Ansätzen nicht nur in der Erklärung von entwickelten kapitalistischen Staaten, sondern auch dadurch, daß sie eine Strategie zur „Eroberung" dieses Staates entwickelt: Sie nimmt an, daß die staatsmonopolistische Entwicklung von viel weiteren Bevölkerungskreisen als „nur" der Arbeiterklasse als Bedrohung empfunden wird und leitet daraus die Chance eines breiten *„antimonopolistischen Bündnisses"* ab. Wenn dieses Bündnis zustande kommt, eröffnet sich die Möglichkeit des friedlichen parlamentarischen Übergangs in eine „antimonopolistische Demokratie", als deren wichtigste Funktion die Verstaatlichung des Monopolkapitals angesehen wird. Auch hieran zeigt sich, daß die Frage, was der Staat tut und was er kann, allein dahingehend beantwortet wird, wer diesen Staat beherrscht und instrumentalisiert; der Staat selbst hat kein „Eigengewicht".

11.5 Grundlegende Literatur

Forsthoff, Ernst: Der Staat der Industriegesellschaft, München 1971

Fraenkel, Ernst: Deutschland und die westlichen Demokratien, 6. Aufl., Stuttgart usw. 1974

Hirsch, Joachim: Der Sicherheitsstaat. Das Modell Deutschland, seine Krise und die neuen sozialen Bewegungen, Frankfurt 1980

Marxistisch-Leninistische Staatstheorie, hrsg. vom Institut für Theorie des Staates und des Rechts der Akademie der Wissenschaft der DDR, 3. überarb. Aufl., Berlin 1980

Mayntz, Renate/Scharpf, Fritz: Kriterien, Voraussetzungen und Einschränkungen aktiver Politik, in: Planungsorganisation. Die Diskussion um die Reform von Regierung und Verwaltung des Bundes, hrsg. von *dens.*, München 1973

Offe, Claus/Ronge, Volker: Thesen zur Begründung des Konzepts des „kapitalistischen Staates" und zur materialistischen Politikforschung, in: *Pozzoli, Claudio* (Hrsg.): Rahmenbedingungen und Schranken staatlichen Handelns, Zehn Thesen, Frankfurt/Main 1976

12. Krise der Gesamtgesellschaft

Abschließend soll die Frage untersucht werden, inwieweit – nach Meinung der verschiedenen Positionen – eine krisenhafte Entwicklung unseres gesellschaftlichen Systems zu erwarten ist. Der Terminus *Krise* gehört zu den umgangssprachlichen, in Sozial- und Wirtschaftswissenschaft benutzten Inflationsbegriffen, deren Verwendung universal scheint. Man spricht von einer Krise der Persönlichkeit ebenso wie von einer Krise der Regierung oder der Umwelt. Eine allgemein gültige Definition des Begriffes Krise existiert nicht. Die Bedeutung des Begriffes ergibt sich vielmehr immer aus dem jeweiligen inhaltlichen und theoretischen Zusammenhang (vgl. zum Begriff „Krise" auch *Starn* 1973).

Das Problem einer „Krise der Gesamtgesellschaft" ist von der Politikwissenschaft ausführlich diskutiert worden. Unterschiedliche Auffassungen ergeben sich bei vielen Fragen: ob es eine Krise gibt, geben wird, und, wenn ja, warum Krisen entstehen (Ursachen), was eigentlich eine Krise ausmacht (Erscheinungsform, Krisenbegriff) und welche Folgerungen zu ziehen sind (Modelle der Krisenbewältigung oder Krisen als Chance umfassender Veränderungen).

12.1 Konservative Positionen: Regierbarkeit und Sinnverlust

Die Krise der modernen westlichen Industriestaaten ist ein zentrales Thema konservativer Publikationen seit Beginn der 70er Jahre. Diese werden oft in Abgrenzung zu älteren Ansätzen als *neokonservativ* charakterisiert. Mit dem Schlagwort der *„Unregierbarkeit"* wird – häufig essayistisch – eine politische Entwicklung beschrieben, die durch einen wachsenden „Souveränitätsverlust" des Staates gekennzeichnet ist. Dabei bleibt unklar, ob „Unregierbarkeit" bereits die Ausdrucksform der Krise des modernen Staates ist oder ob diese erst durch das Phänomen der Unregierbarkeit hervorgerufen wird.

Als wesentliche *Ursachen der Unregierbarkeit* moderner Staaten werden angeführt:

– Die *„Versehrbarkeit" hochkomplexer industriestaatlicher Regierungssysteme durch gesellschaftliche Minderheiten,* die Regierungsfunktionen mittels technischer Macht lahmlegen. Als Beispiele werden genannt „die Baader-Meinhof-Gruppe und andere Terroristen, die bundesdeutschen Fluglotsen sowie Gewerkschaftsgruppen mit einer Politik à la Klunker" (*Schelsky*

1976, S. 160) – wobei allerdings noch die unterschiedliche „Staatsgesinnung“ dieser Gruppen vermerkt wird.

– Die *Zunahme staatlicher Aufgaben,* die dem Staat von der Gesellschaft auferlegt werden und die im Endeffekt keine Stärkung, sondern „eine Schwächung des sich aufblähenden, zunehmend in ein Geflecht kleiner und großer nichtstaatlicher, neufeudaler Herrschaftsträger sich verwikkelnden und immer erpreßbareren Staates“ (*Kaltenbrunner* 1975, S. 10) bedeuten.

– Ein *Wandel in den Einstellungen der Bürger zum Staat* (*Kielmansegg* 1977, S. 123): Traditionell starke Impulse der Identifizierung mit dem Gemeinwesen haben ihre Kraft verloren. Dies ist nicht zuletzt mit ein Verschulden der „Cliquen des medialpädagogischen Komplexes“, d. h. der „Gegenkirche der elektronisch ausgerüsteten Gesinnungsgaukler, Sophisten und Meinungsmacher“ (*Kaltenbrunner* 1975, S. 9; vgl. auch *Schelsky* 1976). Der Staat wird nicht als Garant sittlicher Ordnung gesehen, sondern als Leistungsträger; institutionelle Autorität wird nicht mehr anerkannt (*Hennis* 1977, S. 17). Mißerfolge in der Leistungserfüllung können dann schon die Legitimationsbasis des Staates beeinträchtigen und somit ebenfalls zur Unregierbarkeit beitragen.

Die Beiträge des Neokonservatismus zum Problem der Unregierbarkeit beschränken sich im wesentlichen auf die Erörterung von Phänomen und Ursachen. Ansätze zur Überwindung der Krise des modernen Staates bleiben diffus. So hofft *Gerd Kaltenbrunner,* in der vielzitierten „Tendenzwende“ einen neuen Sinn für Staatlichkeit entdecken zu können (*Kaltenbrunner* 1975, S. 14). Bleiben die wissenschaftlichen Anmerkungen zur Krisenüberwindung auch spärlich, so hat die neokonservative Argumentation doch viele „konservative Reformansätze“ mitgeprägt, wie die Diskussionen um ein Verbändegesetz, die „Privatisierung“ und die „Selbstdarstellung des Staates“ deutlich zeigen (vgl. auch LB 4, 2.3 und 2.4).

Auch der eher *„technokratische Konservatismus“,* vertreten vor allem durch *Helmut Schelsky* und *Ernst Forsthoff,* konstatiert für den Staat der Bundesrepublik Deutschland einen weitgehenden Verlust an Staatlichkeit, an Souveränität. Probleme der Unregierbarkeit werden allerdings nicht gesehen, die gegenwärtige Stabilität der Bundesrepublik nicht in Zweifel gezogen. Es handelt sich jedoch um eine Stabilität, die von der Industriegesellschaft entliehen ist, erzwungen durch den diese konstituierenden, auf Normalität angelegten „technischen Prozeß“ (vgl. LB 3, 8.1). Die *staatliche Stabilität der Bundesrepublik beruht also „auf der Voraussetzung von Normalitäten,* und sie steht und fällt mit ihnen“ (*Forsthoff* 1971, S. 167). Die Bundesrepublik wird deshalb als „Staat ohne Ernstfall“ bezeichnet, da sie zur Überwindung außergewöhnlicher Krisensituationen keine Machtmittel besitzt. „Die absolute Grenze des Staates der Industriegesellschaft ist mit dem Ernstfall bezeichnet, also mit dem Fall, in dem es um Sein und Nichtsein, ums Überleben geht“ (*Forsthoff* 1971, S. 58, neuerdings auch *Jäde* 1984, S. 71).

Eine besondere Ausformulierung haben die konservativen Hypothesen zum Sinn- und Stabilitätsverlust moderner Gesellschaften im Konzept der nachindustriellen Gesellschaft erhalten (*Bell* 1975). Dort wird versucht, auf der Basis der Beobachtung von in westlichen Industrieländern kapitalistischen Typs vorherrschenden Trends, ihrer Analyse und Verlängerung aus der Vergangenheit in die Zukunft hinein (Extrapolation), *Aussagen über die Zukunft westlicher Industriegesellschaften* zu machen. Die sich aus dieser Trendfortschreibung ergebenden wahrscheinlichen Entwicklungen werden oft mit Hilfe von „Szenarios" skizziert; d. h. einer Methode zur Beschreibung zukünftiger Situationen und Zustände auf der Grundlage bestimmter Annahmen. Ausgangspunkt für dieses Interesse an zu erwartenden Entwicklungstrends waren weltweit auftretende Phänomene wie die anhaltende Herausforderung durch die nicht-kapitalistischen Systeme, die Zunahme des Elends in Entwicklungsländern, aber auch die von den Universitäten ausgehende Unruhe ebenso wie die zunehmende Einsicht in den bedenklichen Ressourcenverschleiß und die Umweltschädigungen.

Umfragen der amerikanischen RAND-Corporation, *Walt W. Rostows* „Stadien des wirtschaftlichen Wachstums" (1960) und mehrere Konvergenztheorien standen am Beginn einer Entwicklung von Vorstellungen darüber, wohin sich wohl diese – auf die kapitalistische Produktionsweise ausgerichteten Gesellschaften – bewegen könnten. So entstanden die Konturen einer „nachindustriellen Gesellschaft" auch aus einer gewissen Gegenhaltung zu den neomarxistischen Kritikern der kapitalistischen Gesellschaft und gegenüber der Vision von einer kommunistischen Zukunftsgesellschaft (vgl. LB 4, 5.5). In der Beantwortung der Frage, wie diese Wandlungsprozesse im einzelnen aussehen werden und wie sie von der Gesellschaft bewältigt und verarbeitet werden können, haben sich unter den Theoretikern der nachindustriellen Gesellschaft *zwei Richtungen herausgebildet:* einige Vertreter setzen optimistisch auf die Entwicklung zu einer stabilen nachindustriellen Gesellschaft, andere befürchten pessimistisch eher das Gegenteil, die Herausbildung einer instabilen nachindustriellen Gesellschaft.

Die *Optimisten* unter den Theoretikern der nachindustriellen Gesellschaft gehen von einer gewissen „Basisoptimalität" westlicher Industriegesellschaften aus, die sich in Zukunft noch intensiver entfalten wird. Von ihnen werden keine grundlegenden Probleme gesehen; das Aufzeigen wahrscheinlicher –

Konvergenztheorie

Politisch und ökonomisch nicht unbedeutende Theorie Ende der 50er und der frühen 60er Jahre. Ausgangspunkt: Östliche und westliche Industriegesellschaften ähneln sich nicht nur, sondern nähern sich in entscheidenden Komponenten einander an. Dies vor allem wegen gleichartiger technischer, organisatorischer und sozialer Wandlungen; nicht zuletzt auch durch die gleichermaßen voranschreitenden Differenzierungen. In der Zunahme westlicher Planung und östlicher Marktrudimente sah man eine erste Bestätigung der beginnenden Konvergenz. *Vertreter: W. W. Rostow* (Stadientheorie); *P. A. Sorokin* („Synthetische Gesellschaft"), *R. Aron* („Industriegesellschaft"), *J. Tinbergen u. J. K. Galbraith* („ökonomische Anforderungen"), vgl. auch *G. von Eynern* 1965.

und meistens positiver – Entwicklungstrends „genügt" ihnen. In jüngerer Zeit gibt es aber vermehrt eher *pessimistische* Trendprognosen („Grenzen des Wachstums": Club of Rome; Verunsicherung und „Normenlosigkeit" in unruhiger Gesellschaft: *Klages* 1975).

Insgesamt kann man das Konzept der nachindustriellen Gesellschaft mit *Daniel Bell,* einem seiner wichtigsten Vertreter, als ein „Konstrukt" begreifen, mit dessen Hilfe neue, sich gerade entwickelnde Organisations- und Arbeitsformen der westlichen Industriegesellschaften beschrieben werden können. Der Begriff der nach- oder postindustriellen Gesellschaft selbst wurde von *David Riesman* erstmals 1956 für die von ihm postulierte „Massengesellschaft" geprägt.

Unter jenen, die über das Konzept der nachindustriellen Gesellschaft optimistisch nachdenken, besteht eine gewisse Einigkeit über Phänomene, die diese Gesellschaft „tendenziell" kennzeichnen, insbesondere

- die *Entwicklung zur „Dienstleistungsgesellschaft"* auf Kosten der güterproduzierenden „Industriegesellschaft",
- eine weitere *Zunahme der Produktivität* und
- daraus folgend zunehmende Konsummöglichkeiten und *steigender materieller Wohlstand.*

Diese Tendenzen stehen mit zahlreichen weiteren ökonomisch-technischen, sozialen und politischen Wandlungsprozessen in engem Zusammenhang; sie bedingen und verursachen sich z. T. gegenseitig (siehe auch 12.2 (b)).

Die antizipierten Merkmale der nachindustriellen Gesellschaft erwecken bei pessimistischen Beobachtern die Befürchtung, daß sich hier Entwicklungen ankündigen, die die Gesellschaft nicht verkraften kann und die darüber hinaus unabsehbare Folgeprobleme aufwerfen. Sie neigen zu der skeptischen Einschätzung, daß die Möglichkeiten der Problembewältigung dem hohen Grad an gegenseitigen Abhängigkeiten, an Unwägbarkeiten und Risiken, nicht entsprechen können, weil das Wissen über soziale Vorgänge und Koordinationsbedürfnisse nicht ausreicht. Die Entwicklung der Ereignisse und Bedingungen eilt der Entwicklung der Fähigkeiten der „Experten" voraus. Die Folge wird eine tiefgreifende *Verunsicherung und Desorientierung der Gesellschaft* sein, die ihrerseits wieder weitere Momente der Instabilität in sich bergen. Auf allen Gebieten des Lebens zeigen sich typische „Kristallisationen", die Geschichte erstarrt technisch, ökonomisch, psychisch, kulturell, in personaler und sozialer Orientierungslosigkeit. Ein neues Paradigma („die große Alternative") fehlt, das „Ende der Geschichte" naht *(Gehlen* 1975), die Gesellschaft zerfällt.

Helmut Klages (1975) hat sich mit den Gefahren einer solchen instabilen nachindustriellen Gesellschaft aus *soziologischer Sicht* befaßt: Er konstatiert soziale Wertverluste und die Zunahme von Angst und Streß, je mehr sich die Grundzüge dieser neuen Gesellschaftsform herausbilden. Die *Normenlosigkeit* (Anomie) wächst; sie zeigt sich in zunehmender Kriminalität, Jugendunruhen, steigenden Selbstmordraten (Einsamkeit, soziale Isolation, unbeantwortete Sinnfragen), Alkoholismus, Drogenkonsum, Leistungsverweigerungen, wilden Streiks und militanten Aktionen (auch von Bürgerinitiativen). Es kommt zu paradoxen Widersprüchen zwischen „objektiver" Systementwicklung und

„subjektiver“ Lebensbefindlichkeit. Trotz steigendem Einkommen, besserer Ausbildung und wachsender Freizeit scheinen immer mehr Bürger sich relativ benachteiligt (depriviert) zu fühlen. Der Übergang ins „nachindustrielle Zeitalter“ beginnt mit einer sozialpsychologischen Diskrepanz zwischen den Erwartungen der Menschen und den realen Zukunftsaussichten. Der Wohlfahrtsstaat wird zum Stabilitätsrisiko, zerrieben zwischen „überlastetem Staat und verdrossenen Bürgern“ (*Klages* 1981, *ders.* 1978).

Unter Berücksichtigung solcher pessimistischen Stimmen folgert der Wirtschaftshistoriker *Knut Borchardt* (1974), daß wir eher Zeiten *diktatorischer Lenkung* als einer fortschreitenden Emanzipation entgegengehen. Falls Wachstumsbeschränkungen eintreten, kann das den *Kollaps der parlamentarischen Demokratie,* der freien Forschung und des Leistungswettbewerbs bedeuten. Nichtwachsende Gesellschaften lassen sich – *Borchardt* zufolge – nur mit strengen hierarchischen Strukturen und Einschränkungen der bürgerlichen Freiheiten (einschließlich der freien Berufswahl) lenken.

12.2 Rechtfertigende Positionen: Beherrschbare Krisen

Rechtfertigende Positionen bestreiten eine generelle Krisenhaftigkeit des politischen und gesellschaftlichen Systems der Bundesrepublik; sie gehen stattdessen von einer hohen Stabilität des Systems aus. Krisenhafte Prozesse werden, wenn es sie überhaupt gibt, als überwindbar angesehen. Eine gewisse Gefahr besteht höchstens darin, daß diejenigen, die immer von „Krise“ reden und sich offensichtlich nach einer Krise sehnen, diese auch herbeireden. Als typisch für solche rechtfertigenden Positionen sollen pluralistische und systemtheoretische Ansätze referiert werden.

a) Pluralistische Position: Gegen das Krisengerede

Die Frage nach der Krisenhaftigkeit des politischen und gesellschaftlichen Systems der Bundesrepublik stellt sich den Vertretern der Pluralismustheorie (z. B. *Kurt Sontheimer)* überhaupt nicht. Es wird zwar von der Existenz heterogener, auch widersprüchlicher Interessen ausgegangen, diese gleichen sich jedoch – so die Grundannahme – in einem Prozeß der geregelten Konfliktaustragung aus. Als Ergebnis des Wettbewerbs der vielfältigen gesellschaftlichen Gruppen stellt sich – bei Einhaltung der notwendigen Spielregeln – automatisch die Verwirklichung des Gemeinwohls ein. Krisen als „zerstörerisches Dahintreiben der Dinge“, als „Zustand in dem es für das Individuum wie für ganze Gesellschaften und Kulturen letztlich um Leben oder Tod geht“ (*Sontheimer* 1976, S. 222) erscheinen daher nur denkbar bei Infragestellung der gesamten pluralistischen Ordnung der Gesellschaft. Für eine derartige Entwicklung gibt es bisher in der Bundesrepublik keine empirischen Anhaltspunkte. In der neueren Krisenforschung treffen sich denn auch lediglich „diejenigen, die die Vergangenheit verewigen möchten und für die es eine Krise gibt, weil die Welt nicht mehr so ist, wie sie einmal war – und diejenigen, für die es eine Krise gibt, weil die Welt noch nicht so ist, wie sie sein sollte, wobei die Krise als das katalysatorische Mittel angesehen wird, durch welches man zu jener besseren Welt kommen kann" (*Sontheimer* 1976, S. 209).

Es wird allerdings eingeräumt, daß sich die Rahmenbedingungen der Industriegesellschaft verändert haben und damit auch die Anforderungen an die herkömmliche Politik. So wird ein wirtschaftlicher und politischer Strukturwandel festgestellt, der sich besonders an den zunehmenden wirtschaftlichen Wachstumsproblemen, an den drastischen sozialstaatlichen Eingriffen, an der ökologischen Problematik sowie auch am wachsenden Verlust des Vertrauens in die Politik (Stichwort: Staatsverdrossenheit) bemerkbar macht. Gleichzeitig sehen die pluralistischen Vertreter aber auch einen Werte- und Bewußtseinswandel. Der Bürger ist kritischer geworden, er hat so etwas wie ein ‚Krisenbewußtsein' entwickelt. Die Krise wird als gesellschaftliche Herausforderung angesehen, als Chance, den demokratischen Pluralismus zu stabilisieren (vgl. dazu *Dahrendorf* 1983). Für die Politik bedeutet dies, daß sie kompromißbereiter denn je werden muß, damit in ihr „alte und neue Ideen, konservative und progressive Interessen, historische und neue Parteien ihren legitimen Platz finden" (*Sontheimer* 1983, S. 272). Andernfalls gibt die Gesellschaft ihre pluralistische Ordnung auf, wird sie tatsächlich der Krise zum Opfer fallen.

b) Kybernetik und Futurologie: Machbare Zukunft

Eine spezielle Form der Systemtheorie, die sogenannte „kybernetische" Systemtheorie (vgl. S. 261) beschäftigt sich mit der Anpassungsfähigkeit und Überlebensfähigkeit von Systemen. *Kybernetische Systeme* zeichnen sich dadurch aus, daß sie in der Lage sind, Störungen ihrer Umwelt durch *Rückkoppelungen* zu verarbeiten, indem ein erwünschter Sollwert (Ziel) mit dem vorhandenen Istwert (Zustand) verglichen und das eigene Verhalten bei Abweichungen entsprechend geregelt, d. h. angepaßt wird. Obwohl diese Variante der Systemtheorie zum größten Teil hoch abstrakte Aussagen macht, sind ihre Fragestellungen und Ergebnisse im Bereich der Krisendiskussion relevant. Krisen werden als punktuelle Gefährdung der Systemstabilität angesehen; die Bedingungen dieser Systemstabilität sind eine zentrale Fragestellung der Systemtheorie. Es geht darum, die *Bedingungen der Selbsterhaltung und/oder des Systemgleichgewichts* zu erforschen.

Im Bereich der Politikwissenschaft konkretisiert sich dieses allgemeine Problem zu der Frage, wie ein politisches System (verstanden i. d. R. als Regierungs- und Verwaltungssystem, d. h. Politik vorrangig als „Entscheidungsfällung") in der Lage ist, sich über die Zeit zu bewahren. Als zentrale Kategorie für die Bestimmung der Fähigkeit eines politischen Systems, den Anforderungen einer sich ständig verändernden Umwelt gerecht zu werden und sich neuen Umweltbedingungen anzupassen, werden von der politischen Kybernetik (insbes. *Karl W. Deutsch* 1963) seine *Informationsverarbeitungskapazität* und *Lernfähigkeit* angeführt. Diese bestimmen in hohem Maße die *Steuerungskapazität des Staates* gegenüber der Gesellschaft.

Krisen als Bedrohung des Systembestandes sind daher vor allem zurückzuführen auf mangelnde Lernfähigkeit und Informationsverarbeitungskapazität sowie Überbeanspruchung der Steuerungsfähigkeit des politischen Systems. Typische Erscheinungsform einer solchen Krise ist ein Entscheidungsprozeß unter Zeitdruck, der eventuell zu einer Gefährdung der Systemstabilität führen kann. Zur Wahrscheinlichkeit des Eintreffens derartiger Funktionsstörungen werden keine exakten Angaben gemacht. Vorrangiges Interesse der Systemtheorie besteht darin, Erkenntnisse über die Möglichkeiten der Bewältigung und Verhinderung von Krisen zu gewinnen. Krisen werden als sich punktuell zuspitzende Ereignisse angesehen, die aufgrund von Mängeln im politischen System eintreten. Deshalb können sie durch Erhöhung von Lernfähigkeit, Informationsverarbeitungskapazität und Steuerungsfähigkeit vermieden werden.

Als eine Variante der kybernetischen Systemtheorie kann die ‚Futurologie' angesehen werden. Hier versucht man, Krisenszenarien im Weltmaßstab durchzuspielen. Anhand kybernetischer Simulationsmodelle (sog. Weltmodelle) sollen zukünftige Probleme der Menschheit (über das Jahr 2000 hinaus) prognostiziert und somit erkennbar gemacht und eventuell auch verhindert werden (vgl. dazu *Forrester* 1971, *Kahn/Wiener* 1971, Club of Rome 1972, *Mesarovic/Pestel* 1977). Die Welt wird als ein System gegenseitig abhängiger Variablen dargestellt (wie z. B. Bevölkerungswachstum, Rohstoffe, Nahrung etc.), dessen Stabilität oder Gleichgewicht durch ganz bestimmte Entwicklungen dieser Variablen gestört wird, etwa durch Rohstoffverknappung, Bevölkerungsexplosion, Versorgungsengpässe usw.

Im Unterschied zu den anderen spezifisch politikwissenschaftlichen Krisentheorien werden in diesem eher ‚technizistischen' Ansatz des Weltmodells mehr allgemeine, stark vereinfachte Aussagen über Krisenursachen und Maßnahmen zur Krisenüberwindung gemacht. Das politische System als solches wird allenfalls andeutungsweise problematisiert, durch weltweite Kooperation erscheinen die Probleme als beherrschbar. Generell wird davon ausgegangen, daß durch geeignete staatliche Maßnahmen, die wiederum auf geeigneten kybernetischen Modellen und futurologischen Entwürfen aufbauen, eine krisenhafte Entwicklung des gesellschaftlichen Gesamtsystems vermieden werden kann (zur Kritik an den Weltmodellen siehe *Apostol* 1981, S. 18–21).

In diesen Zusammenhang gehört auch die betont optimistische Variante der *nachindustriellen Gesellschaft*. Autoren wie *Herman Kahn* und *Norbert Wiener* erwarten, daß die Gesellschaft in Zukunft immer besser mit ihren Problemen fertig wird und sogar weniger davon erzeugen wird. „Ihre" nachindustrielle Gesellschaft läßt sich exemplarisch durch folgende *Merkmale* kennzeichnen:

– Die arbeits- und kapitalintensive Industrie wird von einer *„wissensintensiven"* Industrie abgelöst; theoretisches Wissen und neue intelligente Technologie werden vorrangig. Es bildet sich eine „technotronische Gesellschaft" heraus (*Brzezinski* 1970): Elektronik und „wissenschaftliche Technologien" neuer Art (Gentechnologie, Bionics) prägen das Leben

und machen politische und soziale Vorgänge überschaubar und steuerbar.
- Zunehmende Planung der Technologie führt notwendig zu einer „sachbezogenen" *Dominanz der Experten und Spezialisten.* Eine neue „Mittelklasse" bildet sich heraus und übernimmt die gesellschaftliche und politische Führung („Mediokratie").
- Der Staat wird zum „Mitspieler" der Wirtschaft; eine *„mixed economy"* wird sich herausbilden. Die weitestgehenden Erwartungen gehen hier davon aus, daß die Marktwirtschaft zunehmend eine nachgeordnete Rolle spielen wird, die öffentliche Hand hingegen insbesondere im Steuerungsbereich an Bedeutung gewinnt. Dies auch zum Auffangen zunehmender psycho-sozialer Schwierigkeiten als Folge einer betont „hedonistischen" Lebensweise.
- Insgesamt wird sich in der nachindustriellen Gesellschaft eine Tendenz zur Unterwerfung rein ökonomischer Entscheidungen unter soziale und politisch-stabilisierende Erwägungen durchsetzen.
- Das politische Ethos ist „lokal" ausgerichtet, dominant wird die *„kommunale Gesellschaft",* weil die zukünftigen Bedürfnisse lokal entstehen und sich dort am ehesten befriedigen lassen. Dementsprechend werden sich neue politische Interessengruppen vor allem auf lokale Interessen und Belange stützen (z. B. ethnische Gruppen bzw. für spezielle Anliegen der Frauen, der Studenten, der Umweltschützer geschaffene Organisationen).
- *Neue Wertorientierungen* werden aus den verschiedenen Bereichen der Dienstleistungsgesellschaft (insbesondere aus dem Bildungswesen, den öffentlichen Diensten überhaupt) gefördert und verhelfen der stabilen nachindustriellen Gesellschaft zum Durchbruch.

12.3 Kritische Positionen: Bedrohliche Krisen

Die eher „kritischen" Positionen unterscheiden sich von den vorher erwähnten Ansätzen in erster Linie durch ihre pessimistischere Einschätzung der Fähigkeiten und Möglichkeiten des politischen Systems, mit krisenhaften Entwicklungen fertig zu werden. Außerdem werden die Ursachen von möglichen Krisen sowohl im politischen als auch im ökonomischen und im ökologischen System lokalisiert.

a) Ökologische Krise

Die Vertreter der ökologischen Position gehen davon aus, daß die Menschen der modernen Industriegesellschaft vor allem von einer *ökologischen Krise* bedroht seien. Die Luft-, Wasser- und Bodenverschmutzung hat bereits derartige Ausmaße angenommen, daß sogar schon von einer weltweiten Krise des natürlichen Öko-Systems und damit von einer Überlebenskrise der Menschheit gesprochen werden kann. Mit dem vorrangigen Ziel einer Verbesserung der wirtschaftlichen Wettbewerbs- und Gewinnchancen wird ein Raubbau an der Natur und am Menschen betrieben, in dessen Folge „die völlige Verseuchung und Verwüstung der menschlichen Lebensbasis sowie steigende Arbeitslosigkeit und eine wachsende soziale und psychische Verelendung (droht)" (Bundesprogramm der ‚Grünen', S. 6). Spätestens seit dem ersten Ölschock 1973 ist deutlich geworden, daß die jahrzehntelang betriebene exzessive Wachstumspolitik der Industriestaaten ihre politischen und natürlich-biologischen Grenzen hat: Politisch durch die Abhängigkeit von Rohstofflieferländern, natürlich-biologisch durch die drohende Erschöpfung der Rohstoffreserven. Damit hat sich auch die Krisenanfälligkeit des Industrialismus erhöht. Gleichzeitig verringerte sich aber die Steuerungsfähigkeit des Staates. Es gibt kein staatliches Krisenmanagement, das die neuen politischen, sozio-ökonomischen und ökologischen Herausforderungen zu bewältigen vermag. Der Staat kann nur noch auf Krisen *reagieren,* nicht aber vorbeugend *agieren.* Insofern wird an der ökologischen Krise auch das Versagen der etablierten Strukturen und Instrumentarien deutlich bzw. eine gravierende Unzulänglichkeit der politischen Steuerungskapazität hinsichtlich zukünftiger politischer Erfordernisse (*Jänicke* 1983, S. 174f.). Der Staat ist zu einem Reparaturbetrieb geworden, der nur noch die Symptome der Krise(n) bekämpft, nicht aber deren Ursachen. Nur so ist es zu erklären, daß die staatlichen ‚Reparaturkosten', wie etwa im Umwelt- und Gesundheitsbereich, enorm angestiegen sind und sich die finanzielle Abhängigkeit des Staates von der wirtschaftlichen (Finanz-)Macht beträchtlich erhöht hat. Denn „je gewaltiger die Bürokratie und Etats des Staates sind, um so abhängiger ist er von der Steuerdividende, die ihm die Ökonomie erwirtschaftet" (*Jänicke* 1983, S. 171, *ders.* 1986).

Eine Überwindung der Krise ist für die Vertreter der ökologischen Position nur dann möglich, wenn eine *politische Krisenantizipation* betrieben wird.

„Vorausschauende Regierungen müßten also Krisen*antizipation* betreiben und den für ihre Gegenaktion nötigen Krisenalarm selbst auslösen. Dies aber setzt eine Wiederherstellung der Souveränität der politischen Instanz im Hinblick auf die industriellen und bürokratischen Macht-Apparate voraus. Es erfordert eine Repolitisierung, bei der der Staat mehr ist als der Kostgänger des Industriesystems und seine Entscheidungen mehr sind als nur die von ‚Politikern' gegengezeichneten Vorlagen der Bürokratie. Es erfordert eine Verlagerung der politischen Orientierungsbasis von den technokratischen Apparaten hin zum Bürger. Es erfordert eine in diesem Sinne autonome Politik, die in der Lage ist, der Technokratie den Legitimationsdienst zu verweigern" (*Jänicke* 1979, S. 115).

Um dies durchzusetzen, ist eine radikale Umorientierung des gesamten politischen und ökonomischen Systems erforderlich. Das quantitative Wachstumssystem muß durch ein qualitatives ersetzt werden. D. h., der Produktions- und Konsumzwang muß abgebaut werden, um die wirklichen Bedürfnisse der Menschen erkennen und erfüllen zu können (z. B. gesunde Nahrung, saubere Umwelt, Arbeitsplatzsicherung). Damit ist allerdings auch eine Bewußtseinsänderung der Menschen verbunden, und zwar hinsichtlich eines kritischeren und verantwortlicheren Verhaltens der (eigenen) Umwelt gegenüber. Der Mensch soll sich wieder als Teil eines ökologischen Kreislaufs verstehen, dessen Zerstörung letztlich auch die Zerstörung seiner selbst bedeutet.

An diesem betont humanistischen Ansatz zur Krisenüberwindung wird der Unterschied der ökologischen Position vor allem zu solchen deutlich, die in erster Linie in formalen, also systemischen und technologischen Veränderungen den eigentlichen Ausweg aus der Krise sehen (vgl. dazu vor allem die konservativen und systemtheoretischen Positionen, vgl. auch LB 4, 4.5 und 5.2).

b) Politische Krise

Die Spätkapitalismustheorie versucht, unter Verwendung des systemtheoretischen Rahmens eine inhaltliche politische Krisentheorie zu entwickeln. Auf empirische Untersuchungen wird hier weitgehend verzichtet, da man die stringente Erörterung möglicher Krisenkonstellationen als vorrangig betrachtet.

Ausgangspunkt der theoretischen Argumentation (vertreten vor allem von *Jürgen Habermas* und *Claus Offe*) ist die Annahme, daß ökonomische Krisen, deren Ursachen im kapitalistischen Produktionsprozeß liegen, zunehmend durch staatliche Steuerungsleistungen kompensiert werden und daher nicht mehr systemgefährdend wirken. Mit der Übernahme von ökonomischen Steuerungsleistungen durch den Staat bricht jedoch die traditionelle Legitimationsbasis der kapitalistischen Gesellschaft, „die Ideologie des gerechten Tauschs", zusammen. Denn es wird offenbar, daß die Ausgleichsfunktionen des Marktes infolge struktureller Veränderungen (z. B. dem Entstehen multinationaler Konzerne) nicht mehr gegeben sind (vgl. LB 3, 2.3). Die wachsende Interventionstätigkeit des Staates hat daher einen steigenden Legitimationsbedarf für politische Entscheidungen zur Folge.

Die Spätkapitalismustheorie behauptet deshalb die *Verlagerung der systemrelevanten Krisen aus dem ökonomischen in das politische System.* Die aktuellen Krisentendenzen entstehen nicht mehr im Zentrum des kapitalistischen Produktionsbereichs, sondern werden außerhalb der Produktionssphäre ausgelöst, und zwar

- als *Rationalitätskrise:* es gelingt dem administrativen System nicht, die vom ökonomischen System ausgehenden Steuerungsimperative zu erfüllen (*Habermas* 1973, S. 87ff. und *Offe* 1973, S. 218f.);
- als *Motivationskrise:* eine Diskrepanz liegt vor zwischen dem Bedarf an Motiven, die der Staat, das Ausbildungs- und das Beschäftigungssystem anmelden (z. B. Leistungsmotivation), einerseits und dem Motivationsangebot von seiten des sozio-kulturellen Systems andererseits (*Habermas* 1973, S. 70);
- als *fiskalische Krise:* die Finanzierung der zunehmenden staatlichen Interventionen zur Sicherung der privatkapitalistischen Warenproduktion macht immer höhere Abschöpfungsbeträge aus eben diesen Produktionsprozessen notwendig, weil der Staat als „Steuerstaat" im Prinzip über keine anderen Einnahmequellen verfügt. Er gerät mit seinen finanziellen Ansprüchen in das Dilemma, durch seine Abschöpfung die Warenpro-

duktion selbst zu gefährden. Seine Möglichkeiten zur Einnahmensteigerung sind also begrenzt und bleiben tendenziell hinter seinen Ausgaben zurück. Diese Lücke wird als *Finanzkrise des Staates* bezeichnet. *James O'Connor* sieht nur eine Chance zu ihrer Bewältigung:

„Die ... einzig praktikabel langfristige Möglichkeit, die dem Staat zur Verfügung steht, besteht in der Ankurbelung der Produktivität im Monopolsektor (zwecks Senkung von Kosten und Preisen und Steigerung von Produktion und Profiten) und im staatlichen Sektor (zum Zwecke der Entschärfung der Finanzkrise" (*O'Connor* 1974, S. 68; vgl. auch *Grauhan/Hickel* [Hrsg.] 1978);

- als *Legitimationskrise:* das politische System ist nicht in der Lage, in Erfüllung der übernommenen Steuerungsimperative das erforderliche Niveau von Massenloyalität aufrechtzuerhalten (*Habermas* 1973, S. 96ff.; *Offe* 1973, S. 219ff. und *Offe* 1972, S. 27ff.). *Massenloyalität* wird als entscheidende und kritische Variable für das Gesamtsystem angesehen, wobei zweifelhaft bleibt, ob diese langfristig im Spätkapitalismus gesichert werden kann.

Der von *Habermas* und *Offe* unterstellte Strukturwandel der spätkapitalistischen Gesellschaft hat wichtige *Konsequenzen im politisch-strategischen* Bereich: Mit der Annahme, daß staatliche Verwaltung ökonomische Krisen prinzipiell latent halten und verdrängen kann, wird die zentrale marxistische These von der strukturellen Begrenzung des ökonomischen Steuerungspotentials durch die Klassenstruktur aufgegeben. Das „revolutionäre Subjekt" – die Arbeiterklasse – als bestimmendes Moment gesellschaftlicher Veränderung verliert an Bedeutung. An die Stelle des alten Konflikts von Klassen tritt ein neuer Antagonismus, die *Disparität zwischen verschiedenen gesellschaftlichen Lebensbereichen:* Diejenigen gesellschaftlichen Funktionsgruppen und institutionellen Sektoren, die systemrelevante Risiken provozieren können, gelangen bevorzugt in den Genuß staatlicher Subventionen, während andere Lebensbereiche von der Teilhabe an den Leistungen öffentlicher Gewalt ausgenommen sind (vgl. LB 3, 5.3 „Kosten des Neokorporatismus").

12.4 Marxistische Positionen: Unvermeidliche Krisen des Kapitalismus

In den Werken von *Karl Marx* finden sich zwar zahlreiche Verweise, die auf die krisenhafte Entwicklung des Kapitalismus Bezug nehmen, es gibt jedoch keine detaillierte Ausarbeitung einer Krisentheorie. In der marxistischen Diskussion wurden in der Folge viele und widersprüchliche Varianten einer ökonomischen Krisentheorie vorgelegt.

Zentrales Element der Marxschen Aussagen zur Krisenhaftigkeit des Kapitalismus ist die Erklärung der Krise aus dem Gesetz des tendenziellen Falls der Profitrate. *Krisen werden als notwendige Folge aus dem Akkumulationsprozeß des Kapitals abgeleitet.* Da diese These zu den zentralen marxistischen Annahmen gehört, aber nur sehr selten in ihren einfachen Grundannahmen dargelegt wird, soll sie hier ausführlicher referiert werden.

Die zentrale Annahme lautet, daß im Verlauf der kapitalistischen Produktion sich das Sachkapital (c=Maschinen, Werkzeuge etc.) stärker vermehrt als das variable Kapital (v=die Masse der eingesetzten Arbeit). Diese Entwicklung ist eine Folge des „Akkumulationsdrangs" und der deshalb zunehmenden Mechanisierung der Produktion. Die Arbeitsproduktivität steigt hierdurch, was bedeutet, daß mit der gleichen Menge Arbeit mehr produziert werden kann. Die Kapitalakkumulation geht also einher mit einer Erhöhung der *organischen Zusammensetzung des Kapitals* (=höhere Ausstattung jedes Arbeitsplatzes mit Kapital), d. h. einer relativen Abnahme des variablen gegenüber dem konstanten Kapitalanteil (das Verhältnis c : v wird größer). Die steigende organische Zusammensetzung des Kapitals führt zum *tendenziellen Fall der Profitrate*. Ein Beispiel:

„Ein konstantes Kapital von 1000 sei erforderlich, um 20 Arbeiter zu beschäftigen. Der Arbeitstag betrage 10 Stunden und die Mehrwertrate 100%. An einem Tag produzierten diese 20 Arbeiter einen Wert von 200 Werteinheiten, der Wert ihrer Arbeitskraft beträgt 100, der Mehrwert ebenfalls 100 Werteinheiten. Die organische Zusammensetzung (Verhältnis von konstantem und variablem Kapital) beträgt daher 1000%. Ein Mehrwert von 100 bei einem Gesamtkapital (konstantes und variables Kapital) von 1100 ergibt eine Profitrate von ungefähr 9%. Nun steige die organische Zusammensetzung auf 1500%. Dies bedeutet, daß ein Kapital von 1500 erforderlich ist, um die ursprünglichen 20 Arbeiter bei einer Mehrwertrate von 100% zu beschäftigen. Die Rechnung würde nun folgendermaßen aussehen: Die 20 Arbeiter produzieren nach wie vor einen Gesamtwert von 200, davon 100 Mehrwert und 100 Gesamtwert der Arbeitskraft. Ein Gesamtkapital von 1600 wirft also einen Mehrwert von 100 ab. Die Profitrate ist auf ca. 5% gefallen" (*Cogoy* 1976, S. 271).

Dieser Prozeß des tendenziellen Falls der Profitrate hat periodisch auftretende Überproduktions-/Überakkumulationskrisen zur Folge, in denen die zwei Elemente des Tauschprozesses – Kauf und Verkauf – wieder zusammengeführt werden. Die *Krise ist also sowohl das Auseinanderfallen von Kauf und Verkauf als auch die Ursache ihrer gewaltsamen Zusammenführung.*

Die Akkumulation kann nur dann wieder aufgenommen werden, wenn die organische Zusammensetzung des Kapitals gewaltsam reduziert wird. Dies geschieht in erster Linie durch die wertmäßige (d. h. preisliche, nicht materielle) *Kapitalvernichtung*. Kapitalvernichtung kann in Form des Konkurrenzkampfes und des Sturzes der Marktpreise erfolgen, aber auch durch staatliche Maßnahmen.

Weniger zum Inhalt von Krisen als zur Form der Krisenüberwindung liegen innerhalb dieses Ansatzes unterschiedliche Konzepte vor. *Folgen der Krisen* sind: Disziplinierung der Arbeiter durch Arbeitslosigkeit (Vergrößerung der industriellen Reservearmee), Intensivierung des Arbeitsprozesses und damit relative Verelendung des Proletariats. Der Prozeß von Kapitalakkumulation und periodisch auftretenden, sich tendenziell verschärfenden, Krisen führt zu einer Zuspitzung der Klassenlage und eröffnet die Möglichkeit zur proletarischen Revolution.

Anhand von empirischen Daten versucht *Ernest Mandel* zu belegen, daß die wirtschaftliche Krise 1966/67 in der Bundesrepublik Deutschland die Kennzeichen einer typischen kapitalistischen Krise aufweist (*Mandel* 1972,

S. 5–27). Er kommt zu dem Ergebnis, daß die Rezession von 1966/67 sowohl in ihren Ursachen als auch in ihren Auswirkungen den Aussagen der klassischen marxistischen Krisenlehre entspricht:

- *Überproduktion* von Kapital zeigt sich in einer Tendenz zur sinkenden Kapazitätsausnutzung (von 95% Ende 1962 auf 78% Mitte 1967);
- *wachsende organische Zusammensetzung des Kapitals* wird deutlich durch den steigenden Kapitalkoeffizienten seit 1950, d. h. es muß jeweils im Vergleich zur Vorperiode mehr Kapital investiert werden, um eine zusätzliche Einheit zu produzieren (Kapitalkoeffizient 1951–1955: 2,4; 1959–1963: 4,5);
- *sinkende Profitrate* zeigt sich durch sinkende Selbstfinanzierungsquote und steigende Bankenverschuldung (Selbstfinanzierungsquote 1950–1960 durchschnittlich 50%; 1960–1965 durchschnittlich 20%);
- *Disziplinierung der Arbeiter* wird deutlich durch Rückgang der Krankheitsfälle, Kuren u. ä.;
- *Intensivierung der Arbeit* ergibt sich aus dem sprunghaften Anstieg der Arbeitsproduktivität (bis zu 10%);
- *relative Verelendung des Proletariats* zeigt sich schließlich darin, daß seit 1950 der Lohn aus unselbständiger Arbeit pro Kopf langsamer gestiegen ist als das Volkseinkommen je Erwerbstätigem, d. h., auch wenn der Reallohn absolut gestiegen ist, ging er relativ zum Einkommen anderer Gesellschaftsklassen zurück (Verhältnis Bruttoeinkommen aus unselbständiger Arbeit je Lohnabhängigem zu Volkseinkommen je durchschnittlichem Erwerbstätigen 1950: 85,7%, 1965: 81,7%).

(12.5 Grundlegende Literatur s. S. 314)

Zentrale marxistische Begriffe

Mehrwert ist der Zusatzwert, den die Arbeitskraft über ihren eigenen sowie den auf die Ware übertragenen Werte der angewandten Produktionsmittel hinaus im Produktionsprozeß hervorbringt, also *Mehrwert* = am Markt realisierter Warenwert minus Zahlungen an die Arbeitskraft (v) minus Vorleistungen. Dieser Mehrwert zerfällt in Grundrente und gewerblichen Profit . . ., er „realisiert" sich auf den Märkten.

Das Verhältnis des erzielten Profits zum eingesetzten Gesamtkapital drückt sich aus in der *Profitrate*

$$\left(\frac{m}{c+v}\right).$$

Anwendung von Mehrwert als Kapital oder Rückverwandlung von Mehrwert in Kapital heißt *Akkumulation des Kapitals*. Kapital muß sich vergrößern, es muß akkumuliert werden. Hierzu nötigt das Verhältnis der Konkurrenz, in dem die Unternehmungen stehen . . . Die Akkumulation von Einzelkapitalien ist die Grundlage des volkswirtschaftlichen „Wachstums", des ökonomischen Gesamtprozesses der modernen Gesellschaft.

Die *Industrielle Reservearmee* ist ein Produkt der Akkumulation des Kapitals. Im Prozeß der erweiterten kapitalistischen Reproduktion vermindert sich bei Erhöhung der organischen Zusammensetzung des Kapitals der Anteil des variablen Kapitals am Gesamtkapital. Dieser Prozeß vollzieht sich infolge der technischen Entwicklung und der dadurch bewirkten Erhöhung der Arbeitsproduktivität. Er führt zur Verdrängung von Arbeitern aus der Produktion und damit zur Bildung einer relativen Überbevölkerung. (Vgl. hierzu insbes. *MEW* S. 605. *Hoffmann* 1969, S. 57f., ders. 1971; *Ökonomisches Lexikon* 1970, S. 949.)

Überblick 4: Wichtige Probleme, Annahmen, Begriffe und Vertreter der im LB 3 dargestellten Positionen

	Konservative Positionen	Rechtfertigende Positionen	Kritische Positionen	Marxistische Positionen
Zentrale Probleme/ Fragestellungen	Sinn und Zweck des Staates Kritik des Verhältnisses Staat/Gesellschaft	Beschreibung und Rechtfertigung der gesellschaftlichen Wirklichkeit Grundlagen und Funktionsbedingungen der repräsentativen Demokratie	Analyse, Kritik und Veränderung der gesellschaftlichen Wirklichkeit Steuerungsfähigkeit des spätkapitalistischen Staates Legitimationsprobleme des Spätkapitalismus	Verhältnis Ökonomie/Politik bzw. Staat/Monopole Kritik der kapitalistischen Gesellschaft Strategie des antimonopolistischen Kampfes Funktionsbestimmung des kapitalistischen Staates
Grundannahmen	Trennung von Staat und Gesellschaft, von Öffentlichem und Privatem Staat der Gesellschaft übergeordnet Autonomie und Neutralität des Staates Demokratie auf Staat beschränkt	Bestehendes System im Grunde „gut" Staat ist autonom, aber an Gesellschaft gebunden Demokratie zentrales Merkmal des Staates Konkurrenzdemokratie funktioniert	Bestehendes System kritikwürdig und krisenanfällig Staat verfügt über Handlungsspielräume bei hohen Restriktionen Demokratie nicht voll verwirklicht Freiheit muß durch Staat ermöglicht werden	Bestehendes System im Grunde abzulehnen Ökonomie determiniert Politik nur durch revolutionären Prozeß aufzuheben im kapitalistischen Staat Freiheit und Demokratie nicht möglich

	Konservative Positionen	Rechtfertigende Positionen	Kritische Positionen	Marxistische Positionen
zentrale Kategorien	Staat Gemeinwohl Autorität individuelle Freiheit Bewahrung	Gruppen Pluralismus Grundkonsens Repräsentation Kompromiß Prozeß Verbesserung	Ungleichheit Ungerechtigkeit Unfreiheit Veränderung System Krise Massenloyalität Kritik	Kapital Klasse Grundwiderspruch Überwindung Monopol
Autoren	*Briefs,* *Forsthoff,* *Maier,* *Schelsky,* *Leisner,* *Krüger*	*Fraenkel,* *Hennis,* *Sontheimer,* *Steffani,* *Oberrenter*	*Ellwein,* *Scharpf,* *Fetscher,* *Hartwich,* *Vilmar,* *Habermas,* *Offe*	*Agnoli,* *Altvater,* *Hirsch,* DDR (-Autoren)
typische Zeitschriften	Der Staat	Zeitschrift für Politik, Die Verwaltung	Die Neue Gesellschaft/Frankfurter Hefte, Leviathan	Probleme des Klassenkampfes, Sozialistische Politik

12.5 Grundlegende Literatur zu 12.4

Bell, Daniel: Die nachindustrielle Gesellschaft, Frankfurt/M. 1975

Habermas, Jürgen: Legitimationsprobleme im Spätkapitalismus, Frankfurt/M. 1973, S. 50–130

Hennis, Wilhelm/Kielmansegg, Peter Graf/Matz, Ulrich (Hrsg.): Regierbarkeit. Studien zu ihrer Problematisierung, Stuttgart 1977

Jänicke, Martin (Hrsg.): Herrschaft und Krise. Beiträge zur politikwissenschaftlichen Krisenforschung, Opladen 1973

Klages, Helmut: Die unruhige Gesellschaft. Untersuchungen über Grenzen und Probleme sozialer Stabilität, München 1975

Sontheimer, Kurt: Das Elend unserer Intellektuellen. Linke Theorie in der Bundesrepublik Deutschland, Hamburg 1976, S. 208–223

LB 4: Konzeptionen zur Gestaltung der Gesellschaft

1. Einleitung

Politikwissenschaftler und politikwissenschaftliche Positionen analysieren und kritisieren nicht nur gesellschaftliche und politische Probleme, sondern sie suchen auch nach Vorstellungen wie Gesellschaft gestaltet werden könnte oder sollte. Zu fast allen im LB 3 angesprochenen Problembereichen gibt es solche politisch und/oder gesellschaftstheoretisch ausgerichteten „Verbesserungsvorschläge“ oder gar umfassende „Alternativen“. Einige dieser Vorschläge bzw. „Alternativen“ sollen im folgenden ausführlicher behandelt werden. Um die fast unübersehbare Vielfalt der Konzeptionen etwas übersichtlicher zu gestalten, unterscheiden wir – zunächst gewiß etwas oberflächlich – vier verschiedene Arten von Vorschlägen:

- eher *„bewahrende“* Konzeptionen, die das Gegebene prinzipiell aufrechterhalten wollen. Die dennoch vorgeschlagenen Veränderungen richten sich auf die (Re-)Stabilisierung von Institutionen und Prozessen oder bestenfalls auf Anpassungen an unabänderliche Vorgänge und Ereignisse;
- eher *„verbessernde“* Konzeptionen, die bestimmte Funktions- und Strukturmängel des jetzigen Systems beseitigen und dadurch begrenzte, aber eindeutig definierte Fortschritte erreichen wollen;
- eher *„überwindende“* Konzeptionen, die Grundelemente des historisch gewachsenen Systems als überholt, als ungeeignet oder als inhuman ansehen und daher für radikale Veränderungen eintreten, die allerdings auf dem Wege schrittweiser Reformen mit der vorherigen Zustimmung der Betroffenen, d. h. „ex ante legitimiert“, erreicht werden sollen;
- und schließlich Konzeptionen eines umfassenden *„Systemwechsels“*, die davon ausgehen, daß das bestehende System als Ganzes abzulehnen ist; sie glauben nicht an die Reformierbarkeit des bestehenden Systems, sondern halten stattdessen die Errichtung eines im wesentlichen neuen, alternativen Systems für notwendig.

Offensichtlich sind die Übergänge zwischen diesen Konzeptionen fließend. Trotzdem ist es möglich, bestimmte Konzeptionen eindeutig oder doch schwergewichtig einem der Typen zuzuordnen. So sind z. B. die Vorstellungen zur „Renaissance der Staatlichkeit“ klar den bewahrenden Konzeptionen zuzurechnen, während die Idee einer „kommunistischen Zukunftsgesellschaft“ zu den Konzeptionen des umfassenden Systemwechsels zu rechnen ist.

Die einzelnen Konzeptionen können auch danach unterschieden werden, ob sie mehr Gewicht auf den künftig anzustrebenden Zustand oder mehr auf den Weg zu diesem Zustand legen, d. h. ob in ihnen die *Weg- oder die Zielorien-*

tierung vorherrscht. „Bewahrende" und „verbessernde" Konzeptionen erscheinen eher wegorientiert, „verändernde" und „systemwechselnde" Konzeptionen orientieren sich stärker am zukünftigen, am zu erstrebenden Zustand.

Außerdem kann nach den *Bereichen* der Veränderungsvorschläge unterschieden werden: „bewahrende" und „verbessernde" Konzeptionen konzentrieren sich zumeist auf *Teilbereiche der Gesellschaft,* die anderen Konzeptionen sind eher auf das *Gesamtsystem* gerichtet.

Selbstverständlich können im folgenden die vielen Vorschläge zur angemessenen Gestaltung der Gesellschaft nicht erschöpfend dargestellt werden. Vielmehr sollen einige, zur Zeit relevant erscheinende und in der Bundesrepublik diskutierte innenpolitische Stabilisierungs-, Reform- und Veränderungskonzepte einschließlich ihrer jeweiligen theoretischen Basis, exemplarisch dargestellt werden. Dabei werden für jede Position die angestrebten *Ziele* sowie die zur Erreichung dieser Ziele in Aussicht genommenen *Mittel und Wege* aufgezeigt. Außerdem werden als Anregung für die Diskussion *Einwände* und Kritikpunkte aufgelistet, die in der wissenschaftlichen Auseinandersetzung mit diesen Konzepten häufig angeführt werden. Sie entspringen oft unterschiedlichen Argumentationssträngen und werden hier lediglich grob und ohne systematische Anordnung wiedergegeben. Es handelt sich also um beispielhafte Einwände, die sich widersprechen können und sicher auch das Spektrum der möglichen Gegenargumente nicht abdecken. Einen Überblick über die in LB 4 behandelten Konzeptionen gibt Abbildung 33.

Abbildung 33: Überblick über die in LB 4 dargestellten Konzeptionen

Kategorien:	*„bewahrende"* Konzeptionen	*„verbessernde"* Konzeptionen	*„überwindende"* Konzeptionen	Konzeptionen des *„Systemwechsels"*
Orientierung	status quo-orientiert	eher *weg*orientiert	eher *ziel*orientiert	*ziel*orientiert
Bereiche	eher Teilbereiche umfassend		eher das Gesamtsystem umfassend	
Beispiele	– Privatisierung – Neue Soziale Frage – Renaissance der Staatlichkeit	– Aktive Politik – Reform von Regierung und Verwaltung – Kommission für wirtschaftlichen und sozialen Wandel	– Demokratischer Sozialismus – Wirtschaftsdemokratie – Demokratisierung – Ökosozialismus	– Rätemodell – Anarchismus – Kommunistische Zukunftsgesellschaft – Postrevolutionäre Gesellschaft

2. Bewahrende Konzeptionen: Konservative Änderungsvorschläge

2.1 Überblick

Die Ausschau nach konservativen Reformkonzepten ist, sofern man unter Konzept einen in sich geschlossenen, über die tagespolitische Diskussion hinausgehenden Vorschlag versteht, nicht sehr ergiebig. Dies ist nicht verwunderlich, kann man doch davon ausgehen, daß konservative Politiker und Wissenschaftler, die Reformüberlegungen anstellen, dies auf der Basis einer grundsätzlichen Übereinstimmung mit der bestehenden Staats-, Wirtschafts- und Gesellschaftsordnung tun. Sie zu bewahren, muß deshalb ein Grundanliegen jedes konservativen Reformvorschlages sein. Diese prinzipielle Übereinstimmung ist sicher nicht gleichbedeutend mit Verzicht auf oder Ablehnung von Änderungen. Denn ohne sie könnte die „Konservierung" der gegebenen politischen, ökonomischen und sozialen Verhältnisse nur dann Aussicht auf Erfolg haben, wenn auch ihre Rahmenbedingungen unverändert blieben. Dies ist aber angesichts des schnellen technischen Fortschritts und sozialen Wandels weniger denn je zu erwarten. Der englische Theoretiker des Konservativismus, *Edmund Burke,* schrieb in seinen „Reflections on the Revolution in France" (1793): „Einem Staat ohne Möglichkeiten zum Wandel fehlen zugleich die Möglichkeiten zu seiner Erhaltung. Ohne Veränderungsmöglichkeiten riskiert er sogar den Verlust jener Bestandteile seiner Verfassungsordnung, die er als geheiligste zu bewahren wünscht" (zit. nach *von Krockow* 1974, S. 54f.).

Die konservativen Veränderungsvorschläge, die in der politischen und wissenschaftlichen Diskussion der Bundesrepublik eine Rolle spielen, sind mehr oder weniger beeinflußt von dem großen Thema der traditionellen deutschen Staatslehre, nämlich der Trennung und dem Dualismus von Staat und Gesellschaft. Sie werden beherrscht von der Befürchtung, daß das Verhältnis von Staat und Gesellschaft sich unter den Bedingungen der pluralistisch-demokratischen Verfassungsordnung der Bundesrepublik in zweierlei Hinsicht „falsch" entwickeln könne:

Zum einen, so wird argumentiert, mischt der Staat sich in zu viele gesellschaftliche Bereiche ein. Die *Bürokratisierung* nimmt dadurch immer mehr zu, während die Initiative des Einzelnen wie der gesellschaftlichen Gruppen immer mehr eingeschränkt, ja gelähmt wird. Zum anderen muß der Staat, während er sich zum *Wohlfahrts- und Verteilerstaat* auswächst, dennoch und auch gerade deswegen einen *Verlust an Souveränität und Autorität* hinnehmen. Er gerät immer mehr unter den Einfluß der gesellschaftlichen Gruppen, wird Adressat inflationierender Ansprüche, ist immer weniger „er selbst". Staat ist eigentlich kein Staat mehr. Die Situation ist gekennzeichnet durch den Verlust an Staatlichkeit und mangelhafte Staatserhaltung, aber dieser „entkernte" Staat überlagert mit seinem Apparat immer weitere Bereiche der Gesellschaft. „Er gleicht einem kastrierten Kater, der an Umfang zunimmt – was ihm fehlt ist die Potenz" (*Altmann* 1972, S. 134).

Die Therapie folgt dieser Diagnose: Es geht darum, *durch „weniger Staat" wieder „mehr Staat"* zu machen, durch weniger Staat im leistenden, intervenierenden Sinne mehr Staat im hoheitlichen und gemeinwohl-orientierten Sinne zu erreichen. Die Gesellschaft soll „ihre" Angelegenheit wieder verstärkt selbst regeln und der Staat soll sich wieder stärker darauf konzentrieren, was er als Gemeinwohl erkennt und durchsetzen will. Der angestrebte *Rückzug aus gesellschaftlichen Konfliktfeldern* wird die hoheitlichen Aufgaben des Staates zumindest relativ an Bedeutung gewinnen lassen. Staat und Gesellschaft werden wieder unterscheidbarer. Die eben skizzierte Argumentationslinie soll an drei Beispielen verfolgt werden:

Das Konzept der *Neuen Sozialen Frage* strebt Änderungen im Bereich der Sozial- und Ordnungspolitik an und hebt dabei besonders ab auf
- die Eindämmung pluralistischer Gruppeninteressen und
- die stärkere Inpflichtnahme des Staates als Anwalt des Gemeinwohls.

Mit dem Veränderungskonzept *„Privatisierung"* wird ein konkretes Beispiel zur Realisierung der eben erwähnten Grundsätze eines Rückzuges des Staates aus gesellschaftlichen Konfliktfeldern umrissen.

Diese Veränderungen im Bereich der Gesellschaft werden durch Reaktivierungen der *Staatsidee* ergänzt. Der „Sinn" der Staatlichkeit muß wieder vermittelt werden. Es geht darum,
- die Autorität des Staates zu stärken durch
- die Sicherung und Wiedergewinnung des Vertrauens und der Loyalität der Bürger in und für den Staat.

Als Mittel zur Erreichung dieser Ziele werden *„Staatspflege"* und insbesondere die *„Selbstdarstellung"* des Staates empfohlen.

2.2 Die Neue Soziale Frage

2.2.1 Ansatzpunkte und Ziele

Ausgangspunkt der Neuen Sozialen Frage ist die Feststellung, daß die Sozialpolitik ihr *oberstes Ziel, die Herstellung sozialer Gerechtigkeit,* systematisch verfehlt. Die Ursache dieser Fehlentwicklung wird in der ungleichen Verteilung der Startchancen im Wettstreit um die verteilbaren materiellen und immateriellen Güter verortet. Dabei besteht, so wird argumentiert, die Ungleichheit nicht mehr so sehr zwischen Kapital und Arbeit. Diese Diskrepanz, Inhalt der „alten" sozialen Frage, ist inzwischen durch institutionelle Verfahren (Tarifverhandlungen, Betriebsverfassungsgesetz, Mitbestimmung, Sozialgesetzgebung etc.) überwunden.

„Die Gruppen, die in der alten sozialen Frage früher unterlagen, schneiden bei der Neuen sozialen Frage gut ab. Sie haben hohe Organisationsgrade, hohes politisches Gewicht und vermögen durch gemeinsame Koalition Lasten auf Dritte zu überwälzen. Die alte soziale Frage war durch die Industrialisierung entstanden und auf die Industrialisierung konzentriert. Sie kulminiert am industriellen Arbeitsmarkt. Inzwischen sind hier starke Verbände entstanden. Die Produzenten des industriellen Sektors, nämlich die Arbeitnehmer und Arbeitgeber, können sich

Einkommensvorteile etwa vermittels erhöhter Inflationsraten zu Lasten der nicht organisierbaren Konsumenten verschaffen. Diese aber stehen draußen vor der Tür, wie die Arbeitnehmer im 19. Jahrhundert" (*Dettling u. a.* 1976, S. 48).

Heute liegt die *Ungleichheit* zwischen zwei anderen großen Gruppen der Gesellschaft, nämlich zwischen *Organisierten* (wie Arbeitnehmer und Arbeitgeber) und *Nicht-Organisierten* (wie Rentner, Kinderreiche etc.). In dieser Feststellung trifft sich die Neue Soziale Frage mit wesentlichen Aspekten der empirischen Pluralismus-Kritik (vgl. LB 3, 4. „Pluralismus").

„Es sind die Nichtorganisierten, kinderreichen Familien, alleinstehenden Mütter mit Kindern, alten Menschen, die nicht mehr Arbeitsfähigen, Behinderten, zu deren Lasten Vorteile errungen werden können. Sie sind den organisierten Verbänden in aller Regel unterlegen. Zu dem Konflikt zwischen Arbeit und Kapital sind Konflikte zwischen organisierten und nichtorganisierten Interessen, zwischen Minderheiten und Mehrheiten, zwischen Stadt und Land, zwischen den Machtausübenden und Machtunterworfenen innerhalb der organisierten gesellschaftlichen Gruppen getreten. Hier stellt sich die Neue Soziale Frage" (*Geißler* 1976, S. 15).

Mit dem Konzept der Neuen Sozialen Frage sollen die diagnostizierte „Asymmetrie der Interessenpräsentanz" und die daraus resultierende *Benachteiligung der nicht-organisierten Teile der Gesellschaft* überwunden werden. Die Wahl der Mittel folgt den Grundsätzen:
- Verbesserung des Einsatzes und der Wirksamkeit der für die sozialen Aufgaben zur Verfügung stehenden Mittel und
- Stärkung von Eigenverantwortung und Solidarität, um die sozialen Hilfen besser als bisher auf die wirklich hilfsbedürftigen Fälle konzentrieren zu können (vgl. Mannheimer Erklärung der CDU 1975).
- Unterstützung von sozialen Gemeinschafts- und Solidarstrukturen „jenseits der Mächtigkeit von Staat und Markt" (*Dettling* 1985).

2.2.2 *Mittel und Wege*

Zur Verwirklichung dieser Ziele und Grundsätze werden *zwei Wege* vorgeschlagen, ein eher *sozialpolitischer und* ein eher *ordnungspolitischer* Weg.

a) Die sozialpolitische Antwort

Von den Vertretern der Neuen Sozialen Frage setzt insbesondere *Heiner Geißler* (1976) auf die *sozialpolitische Problemlösung*. Er ruft vor allem den *Staat als Anwalt des Gemeinwohls* auf, zugunsten der Nichtorganisierten und daher Benachteiligten zu intervenieren. Als konkrete Handlungsmöglichkeiten schlägt er vor
- die sozialen Leistungen gezielt den wirklich Bedürftigen zugute kommen zu lassen, indem z. B. Einkommensgrenzen für die Empfänger solcher Leistungen festgelegt werden;

- das heutige Angebot an sozialen Leistungen intern so umzustrukturieren, daß ohne Mehraufwand ein Plus an sozialer Gerechtigkeit erzielt wird, z. B. durch die Einführung der Partnerrente;
- die Organisation der sozialen Dienste und Leistungen zu verbessern, z. B. durch die Einführung von Sozialstationen.

Der zweite Träger der von *Geißler* angestrebten sozialpolitischen Problemlösung ist der *einzelne Bürger*. Hier glaubt *Geißler* durch Angebote wie Einführung eines Erziehungsgeldes Anreize für ein erhöhtes *persönliches soziales Engagement* schaffen zu können.

Mehr sozialpolitische Selbsthilfe wird angestrebt, um das traditionelle soziale Netz zu entlasten; nur den ‚wirklich Bedürftigen' (Kinderreiche, Behinderte, Rentner usw.) soll gezielt geholfen werden. Das eigene soziale Engagement sowie auch die eigene Leistungsbereitschaft dürfen nicht durch großzügige sozialstaatliche Leistungen eingeschränkt werden. Der Bürger soll (wieder) mehr Selbstverantwortlichkeit für seine eigene Existenz entwickeln, mithin auch die Kosten seines Anspruchsverhaltens – zumindest teilweise – selbst übernehmen. So wäre beispielsweise denkbar, die Altersversorgung nicht mehr gänzlich über Beitragszahlungen zu finanzieren, sondern über eine aktive Nachbarschaftshilfe zu ergänzen *(Dettling);* die Kosten der Krankenversicherungsträger ließen sich etwa durch eine höhere finanzielle Selbstbeteiligung der Versicherten verringern, indem z. B. höhere Rezeptgebühren verlangt und Arztbesuche nach ‚Krankheitskriterien' überprüft werden.

Erwartet wird, daß mit einer Stärkung der Selbstverantwortlichkeit des einzelnen Bürgers letztlich auch die Verantwortlichkeit innerhalb der Familie gegenüber dem sozialen Umfeld gefestigt wird; etwa in Form der aktiven Nachbarschaftshilfe: hier übernimmt die Familie eine konkrete soziale Verantwortung, hier können die einzelnen Familienmitglieder sozusagen selbst sozialpolitisch tätig werden, ohne immer auf staatliche Initiativen warten zu müssen. Es geht um eine Politik der konkreten, angewandten Subsidiarität (*Dettling* 1985).

b) Die ordnungspolitische Antwort

Autoren wie *Kurt Biedenkopf, Warnfried Dettling u. a.* ziehen der sozialpolitischen Antwort eindeutig die ordnungspolitische Problemlösung vor. Ein wichtiges Element der von ihnen vorgeschlagenen „Weiterentwicklung der Ordnungspolitik" sehen sie in der *Bekämpfung der „Macht der Verbände"*. Dies kann ohne jede staatliche oder sonstige externe Einflußnahme schon dadurch geschehen, daß Verbandsmitglieder sich stärker auf die Möglichkeiten der Abwanderung und des Widerspruchs besinnen, wenn sie mit Organisationsleistungen unzufrieden sind (*Dettling u. a.* 1976, S. 106ff.). Insbesondere von *Biedenkopf* wurde der weitergehende Gedanke der Sozialpflichtigkeit der Verbände entwickelt. Er geht davon aus, daß es eine Reihe von Anforderungen gibt, die sich aus der Rolle der Verbände in einer freiheitlichen Gesellschaft ableiten lassen, insbesondere Anforderungen an das Verhalten, an die Organisation der Verbände und an die Berücksichtigung allgemeinwohlbestimmter Interessen. Obwohl er ein allgemeines Verbändegesetz ablehnt, lassen sich nach seiner Ansicht Wirken und Funktion der Verbände nicht ohne legislative Hilfe lösen (vgl. *Biedenkopf* 1977, S. 11 ff.).

Der zweite ordnungspolitische Therapievorschlag setzt auf *„mehr Markt"*, d. h. auf die Einführung von mehr Marktrationalität in bisher bürokratisch gesteuerten Bereichen (vgl. *Dettling u. a.* 1976, S. 110 ff.).

Der staatliche Einfluß blockiert die Übernahme marktwirtschaftlicher Produktionsformen in den Dienstleistungsbereich, was eine effiziente Sozialpolitik verhindert. So erhöhen etwa die verschiedenen „Sozialleistungen zum Nulltarif" (wie z. B. im Bildungswesen) nicht nur das individuelle Anspruchsniveau, sondern belasten auch zunehmend den Staat mit politischen und finanziellen Forderungen, die er schon jetzt nicht mehr vollends erfüllen kann. Die Folge ist Unzufriedenheit und Kritik an der politischen Führung verbunden mit einem staatlichen Autoritäts- oder Legitimationsverlust. *Dettling* schlägt deshalb eine stärkere Dezentralisierung und Entlastung des Staates durch *Privatisierung* vor.

Weil dieser Veränderungsvorschlag in der wissenschaftlichen und politischen Diskussion auch ein gewisses Eigengewicht hat, d. h. nicht notwendigerweise im Zusammenhang mit der Neuen Sozialen Frage gesehen werden muß, soll er deshalb als eigenständiges Konzept vorgestellt werden (vgl. „Privatisierung", LB 4, 2.3).

2.2.3 Einwände

- Die Neue Soziale Frage ist im Grunde genommen *nicht „neu"*, sondern lediglich der Nachweis weiterer offener sozialer Fragen und Probleme der Gesellschaft. Qualitative Unterschiede zwischen „neuer" und „alter" sozialer Frage sind nicht zu erkennen, von einer Lösung der „alten" sozialen Frage kann angesichts mehrjähriger Massenarbeitslosigkeit schon gar nicht die Rede sein.
- die Neue Soziale Frage hat paternalistische, *fürsorgerisch-obrigkeitliche Züge*, weil sie letztlich den Staat aufruft, die „wirklich" (d. h. nicht organisierten) sozial Schwachen ausfindig zu machen und für die Lösung ihrer Probleme zu sorgen.
- Die Kritik der angeblichen Übermacht einiger starker Verbände übersieht, daß gerade sie häufig Verbesserungen durchsetzen, die im Laufe der Zeit auch auf jene übertragen werden, die aufgrund ihrer geringen oder fehlenden Organisationsfähigkeit über ein zu geringes Durchsetzungspotential verfügen. So setzen z. B. starke Gewerkschaften für alle *benachteiligten Gruppen* innerhalb der Arbeitnehmerschaft Vergünstigungen durch (Beispiel: die heute gesetzlich geregelte Lohnfortzahlung im Krankheitsfalle wurde von einer Gewerkschaft, nämlich der IG-Metall, in einem harten Streik erstmals tarifvertraglich durchgesetzt).

- Jede Politik zur Begrenzung von Verbandsmacht zielt in ihrer Tendenz eindeutig auf die Arbeitnehmer. Dies zeigt sich oberflächlich schon darin, daß Verbandskritik explizit oder implizit gerne Beispiele aus der Gewerkschaftspolitik als Illustration für Machtmißbrauch heranzieht und daran entsprechende Empfehlungen für kompetenzielle Einschränkungen knüpft. In verallgemeinerter Form lautet dieser Einwand, daß das Interessenverbandsproblem ja nur jene treffen kann, die darauf angewiesen sind, ihre Interessen über die verbandsmäßige politische Willensbildung einzubringen und durchzusetzen, da sie von der ökonomischen Willensbildung und Entscheidung ausgeschlossen sind, ihnen also andere Einflußmöglichkeiten nicht zur Verfügung stehen. Eine Abwertung und Begrenzung der Verbände läuft deshalb auf eine *einseitige Benachteiligung* der Arbeitnehmer hinaus.
- Verbände, insbesondere Gewerkschaften, sind „*Verteilungsspezialisten*", die schon durch ihre Existenz und Aktivitäten für die Behandlung verteilungspolitischer Fragen im politischen System sorgen. Ohne den beständigen Druck von Verbänden könnte dort wohl kaum ein nur annähernd so hohes Interesse an Verteilungsproblemen unterstellt werden. Daß der Staat von sich aus für *verteilungspolitische Gerechtigkeit* sorgen würde, ist nicht ohne weiteres zu erwarten.

2.2.4 Grundlegende Literatur

Becher, Heribert J. (Hrsg.): Die neue soziale Frage. Zum soziologischen Gehalt eines sozialpolitischen Konzepts, Opladen 1982

Biedenkopf, Kurt: Einführung in die ordnungspolitische Problematik, in: *Biedenkopf/von Voss* (Hrsg.): Staatsführung, Verbrauchsmacht und innere Souveränität, Stuttgart 1977

Dettling, Warnfried, u. a.: Die Neue Soziale Frage und die Zukunft der Demokratie. Bonn 1976

Geißler, Heiner: Die Neue Soziale Frage. Analysen und Dokumente, Freiburg 1976

2.3 Renaissance der Staatlichkeit: Privatisierung

Der konservative Reformvorschlag „Privatisierung" wurde bereits als Element umfassender Konzeptionen (Neue Soziale Frage) angesprochen. Weil sich in ihm verschiedene konservative Argumentationsstränge konkretisieren und exemplarisch nachvollziehen lassen und er außerdem in der politischen und wissenschaftlichen Diskussion ein gewisses Eigengewicht entwickelt hat, ist seine eingehendere Erörterung gerechtfertigt.

Trotz der großen Aktualität dieses Themas in der Bundesrepublik der 80er Jahre ist es keineswegs neu. Bereits in der Weimarer Republik gab es heftige politische Auseinandersetzungen um das wirtschaftliche Engagement von Staat und Kommunen (*Böhret* 1966). Bemerkenswert ist die frappierende Ähnlichkeit der Argumentationslinien. Das Für und Wider einer Privatisierung begann im Schwerpunkt jeweils mit ordnungspolitischen Fragen und bewegte sich dann über finanzpolitische Aspekte zu mittelinstandsschützenden Argumenten. In jüngerer Zeit werden Entbürokratisierungs- und Rationalisierungsargumente einbezogen (*Hamer* 1981).

2.3.1 Ansatzpunkte und Ziele

Drei Zielebenen lassen sich unterscheiden, nämlich mehr persönliche Freiheit, mehr Marktwirtschaft und weniger Staat.

- *Mehr persönliche Freiheit:* Dieser potentielle Freiheitsgewinn wird in zwei Richtungen gesehen. Zum einen kann Privatisierung ein Element individueller Vermögensbildung sein (Beispiele: Privatisierung staatlicher Unternehmen durch Volksaktien, aber auch durch die private Organisierung von Kindergärten als Aktiengesellschaften, was u. a. von *Werner Kaltefleiter* (1975) propagiert wird). Zum anderen soll Privatisierung die Eigeninitiative und Eigenverantwortlichkeit des Einzelnen stärken, die durch die Zunahme staatlicher Leistungen und anonymer bürokratischer Apparate z. B. im Bereich der persönlichen Vorsorge und Versorgung eingeschränkt oder sogar gelähmt werden. Unter der Prämisse, daß die Freiheitssicherung des einzelnen am besten auf individueller Basis gewährleistet ist, erscheint die Privatisierung als geeignete Möglichkeit, diese Basis zu verbreitern (vgl. als verwandtes Konzept das „Subsidiaritätsprinzip in LB 3, 3. „Gesellschaftsordnung").
- *Mehr Marktwirtschaft und Effizienz:* Die Übertragung von öffentlichen Aufgaben an private Unternehmen stellt sich ihren Befürwortern per se als Verstärkung der Marktwirtschaft und damit auch der Effizienz dar, weil sie in der marktwirtschaftlichen Ordnung die verläßlichste Garantie für einzelwirtschaftliche und gesamtwirtschaftliche Leistungsfähigkeit sehen. Die privatwirtschaftliche Erledigung bisher öffentlicher Aufgaben gilt als finanziell grundsätzlich weniger aufwendig, als echte Entlastung der öffentlichen Haushalte, als gesamtwirtschaftlich vernünftig, als quantitativ und qualitativ gleich oder besser. Gerade das Fehlen marktwirtschaftlicher Regelmechanismen im Staatssektor, gleichgesetzt mit Dirigismus (*Werner Kaltefleiter*) oder Bürokratisierung (*Wolfram Engels/Eberhard Hamer*), verursacht die meisten der wirtschaftlichen Schwierigkeiten; ihre Einführung dort, wo sie bislang nicht bestehen, bedeutet demnach eine zwingende Notwendigkeit.
- *Weniger („Wohlfahrts"-)Staat und „Bürokratie":* Die Zunahme staatlicher Leistungen ist von konservativer Seite häufig beklagt worden. Der Staat drängt sicht in Aufgabenbereiche (oder wird in sie hineingedrängt), die er weder rationell noch notwendigerweise erledigt. Durch dieses Engagement zieht er immer mehr Anforderungen und Ansprüche auf sich, ja trägt zu deren Eskalation nachgerade bei. Symptome der „Unregierbarkeit" stellen sich ein (vgl. LB 3, 12.1 „Krise"). Die Entschlackung des Wohlfahrtsstaates (auch) durch Privatisierung erscheint als geeignetes Instrument zum Abbau dieser Probleme. „Wichtig ist, . . . daß man

anstelle wohlfahrtsstaatlicher Politik mit der Maxime ‚mehr Staat, mehr Steuern, mehr Inflation' ein Konzept setzt, das von ‚mehr Eigentum, mehr Eigenleistung, mehr Eigenverantwortung und mehr Eigeninitiative' ausgeht" (*Kaltefleiter* 1975, S. 48). Eine spezifische Variante dieser „Entstaatlichungspolitik" ist die ergänzende Forderung nach „Entbürokratisierung", die die öffentliche Verwaltung für den Bürger transparenter und einfacher machen soll (*Hamer* 1979).

– *Konsolidierung der öffentlichen Finanzen:* Die finanzielle Entlastung durch die Privatisierung von Aufgaben einschließlich der Erlöse aus Verkäufen soll schließlich auch dazu beitragen, eine Haushaltskonsolidierung und Rückführung der Staatsverschuldung zu erreichen. Unausgesprochen schwingt in diesem Rückzug aus dem sozialen und wirtschaftlichen Engagement des Staates auch die Hoffnung auf ein (Wieder-)Erstarken des Staates mit. Denn die Realisierung der Privatisierungspläne würde den Staat im wesentlichen auf seine hoheitlichen Funktionen beschränken. In diesem Bereich jedoch kann sich „Staatlichkeit", Präsenz und „Selbstdarstellung" des Staates weit eher entfalten als z. B. in öffentlichen Dienstleistungen.

2.3.2 Mittel und Wege

Die aktuelle Privatisierungsdiskussion in der Bundesrepublik entbrannte zunächst schon in den 70er Jahren an der Forderung nach Privatisierung öffentlicher Dienstleistungen, die dem Bürger direkt oder indirekt zugute kommen. Hauptadressat waren deshalb zunächst die Gemeinden und Länder als Anbieter dieser Dienstleistungen (typische Beispiele: Müllabfuhr, kommunale Schlachthöfe; aber auch die Reinigung von Schulen, Krankenhäusern und Verwaltungsgebäuden; vgl. zusammenfassend zur Privatisierung öffentlicher Dienstleistungen *Mendner/Sauerborn* 1983). Seit dem Regierungswechsel 1982/83 verschob sich der Schwerpunkt der Diskussion. Im Mittelpunkt kontroverser Debatten (auch innerhalb der Konservativen!) steht zunehmend die Forderung nach dem (Teil-)Verkauf öffentlicher Unternehmen bzw. von Unternehmensbeteiligungen der öffentlichen Hände. Insbesondere die Veräußerung von Bundesbeteiligungen an privatwirtschaftlichen Unternehmen steht im Brennpunkt.

Mit *Hartmut Tofaute* lassen sich grundsätzlich zwei Kategorien der Privatisierung unterscheiden, von denen die erstere zweifellos die meistdiskutierte ist. Sie zielt in der Regel mehr oder weniger stark auf einen Wechsel in der Eigentümer- oder Handlungsträgerschaft vom Staat auf den Privatsektor, während die zweite Kategorie an der markt- und kapitalorientierten Umstrukturierung und Veränderung innerhalb der öffentlichen Hand ansetzt.

Zur Privatisierung als vollständiger oder teilweiser *Übertragung von öffentlichem Vermögen* und öffentlichen Funktionen durch Veräußerung oder Beleihung auf Private werden in der Regel gezählt:

- Die Übertragung bzw. Veräußerung von öffentlichem Vermögen (Grundstücke, Beteiligungen, erwerbswirtschaftliche öffentliche Unternehmen);
- die Beteiligung von privatem Haftungskapital an öffentlich-rechtlichen Kapitalsammelstellen;
- die Verselbständigung von Verwaltungseinheiten zu rechtlich unabhängigen Betrieben mit maßgeblicher öffentlicher Beteiligung (formale Privatisierung);
- die vollständige bzw. teilweise Übertragung öffentlicher Aufgaben aus dem Bereich der Leistungsverwaltung an gewinnorientierte Firmen, ggf. unter Beibehaltung öffentlicher Aufsichts-, Kontroll- und Mitspracherechte (Personen- und Paketbeförderung, Stadtreinigung, Schlachthöfe usw.);
- die Übertragung öffentlicher Aufgaben im Erziehungs- und Sozialwesen bei kompletter oder auch nur teilweiser staatlicher Finanzierung auf gemeinnützige Institutionen, wie Kirchen und Wohlfahrtsverbände;
- Glasreinigung, Küchenbetriebe, Regiewerkstätten usw., auf gewerbliche Betriebe;
- die öffentliche Anmietung sozialrelevanter Investitionsobjekte, wie Ratshäuser, Kindergärten, Schulen usw., von Privatpersonen oder privaten Immobilienfonds;
- die Gründung privater Hochschulen durch Vereinigungen der Privatwirtschaft als Konkurrenz zu staatlichen Einrichtungen" (*Tofaute* 1977, S. 33).

Privatisierung als *Übernahme von marktwirtschaftlichen Produktions- und Verhaltensweisen* im öffentlichen Dienst wird u. a. in folgenden Formen praktiziert oder angestrebt.

- Für den Gesamtbereich der öffentlichen Unternehmen eine Reduzierung des Gemeinwirtschaftlichkeitsgedankens zugunsten eines Managements nach kapitalorientierten Gesichtspunkten unter Einschluß der Wiederherbeiführung des privaten Beschäftigungsrisikos;
- Einführung marktwirtschaftlicher Regelmechanismen bzw. Anwendung der Grundsätze der sozialen Marktwirtschaft im Umweltschutz, Gesundheits- und Bildungswesen usw. (z. B. Finanzierung des Studiums durch rückzahlbare Darlehen, Kostenbeteiligung im Gesundheitswesen);
- Anhebung der Gebühren und Tarife im Dienstleistungsbereich mindestens bis zu der Höhe, um Kostendeckung zu ereichen,
- Bildung von betrieblich (nicht rechtlich) selbständigen Organisationseinheiten (nach *Tofaute* 1977, S. 34; *Dieckmann* 1977, S. 115 ff.).

2.3.3 Einwände

Protagonisten der Privatisierung (bzw. Entstaatlichung) unterschätzen oder übersehen nach Meinung ihrer Kritiker,

- daß der *Slogan „mehr Freiheit durch weniger Staat" höchst fragwürdig* ist, denn gerade staatliche oder kollektiv durch Solidargemeinschaften erbrachte Leistungen haben die Lebensrisiken und Abhängigkeiten des Individuums von wirtschaftlich Stärkeren zugunsten einer Ausdehnung seines Freiheitsspielraums bewirkt;
- daß *kein einheitlicher Effizienzbegriff* existiert, zumal nicht für die unterschiedlichen Ziele öffentlicher und privater Wirtschaftsführung;
- daß der *Vorwurf der Ineffizienz durch Bürokratisierung kein spezifisch staatliches Phänomen ist,* sondern private Großunternehmen genauso trifft;

- daß die *scheinbar höhere Wirtschaftlichkeit* privater Aufgabenerfüllung oft auf einem verkürzten Vergleich beruht, der z. B. nicht berücksichtigt, daß Private oft nicht den gleichen Leistungsumfang anbieten, zu dem der öffentliche Träger häufig verpflichtet ist (Beispiel: Krankentransporte, Paketpost);
- daß die billigere Aufgabenerfüllung durch Private häufig auf einer relativen *Verschlechterung der Beschäftigungs- und Arbeitsbedingungen* der Arbeitskräfte führt (Beispiele: höhere Arbeitsnormen, stundenweise Beschäftigungsverhältnisse unter den Versicherungsgrenzen). Die scheinbaren Ersparnisse fallen dann oft an anderer Stelle als Kosten an (Beispiele: schnellerer Verschleiß von Material, Beanspruchung von Sozialhilfe bei unterbliebener Alters- und Krankenvorsorge);
- daß die Privatisierung bestimmter öffentlicher Funktionen ein *privates Monopol* wahrscheinlich machen, weil sie enorme private Investitionen (Beispiel: Abfallbeseitigung) voraussetzen, die auf Dauer zu einem Abbau der Konkurrenz führen könnten;
- daß die Subventionierung vieler Bereiche der Privatwirtschaft ebenfalls eine hohe Belastung für die öffentlichen Haushalte darstellt, aber mit geringeren politischen Kontroll- oder Einflußmöglichkeiten verbunden sind;
- daß öffentliche Unternehmen prinzipiell von ihrer Funktion und Machtstellung her eine Vorreiterrolle in der Bekämpfung zentraler Probleme wie Arbeitslosigkeit und Umweltverschmutzung übernehmen könnten, wie z. B. vom Deutschen Institut für Wirtschaftsforschung (DIW) erinnert wurde (DIW 1985).

2.3.4 Grundlegende Literatur

Hamer, Eberhard: Privatisierung als Rationalisierungschance (=Schriftenreihe des Mittelstandsinstituts Niedersachsen, Bd. 3), München 1981

Loesch, Achim von: Privatisierung öffentlicher Unternehmen. Ein Überblick über die Argumente, Baden-Baden 1983

Mendner, Jürgen/Sauerborn, Werner: Privatisierung – Angriff auf den Sozialstaat, Stuttgart 1983 (=Schriftenreihe „Zur Privatisierung öffentlicher Dienstleistung", hrsg. vom Hauptvorstand der Gewerkschaft Öffentliche Dienste, Transport und Verkehr, H. 13)

Tofaute, Hartmut: Die Übertragung öffentlicher Leistungen und Funktionen auf Private (Privatisierung). Eine Darstellung politischer, ökonomischer, gesellschaftlicher und arbeitnehmerorientierter Standpunkte, Stuttgart 1977 (=Schriftenreihe „Zur Privatisierung öffentlicher Dienstleistungen", hrsg. vom Hauptvorstand der Gewerkschaft Öffentliche Dienste, Transport und Verkehr, H. 5)

2.4 Renaissance der Staatlichkeit: „Sinngebung"

Den bisher vorgestellten bewahrenden Konzeptionen ging es darum, den Staat mehr aus der Gesellschaft und umgekehrt die Gesellschaft mehr aus dem Staat herauszuhalten. Er wurde an seine Rolle als Anwalt, Wahrer und Erkenner des Gemeinwohls in „Distanz zu den rivalisierenden Parteien der Gesellschaft" (*Josef Isensee*) erinnert. Der Rückzug des Staates aus der Gesellschaft, seine Rückbesinnung auf sich selbst macht es jedoch auch notwendig, daß der Staat „als solcher" sich wieder im Bewußtsein der Bürger verankert. Er soll sich nicht mehr (nur) durch Leistungen, durch materielle Beziehungen legitimieren, vielmehr muß sich die Zustimmung der Bürger im Vertrauen in den Staat, in einer geistig-immateriellen Beziehung ausdrücken. Der Aufbau dieses Vertrauensverhältnisses, die Schaffung von Staatsbewußtsein und -gesinnung wird deshalb zum zentralen Ziel. „Staatsgesinnung" kann nicht einfach vorausgesetzt werden, sie entsteht nicht quasi von selbst; sie ist als „Grundlage der Gehorsamsbereitschaft" (*Forsthoff*) erst zu konstituieren.

2.4.1 Ansatzpunkte und Ziele

Der moderne Staat steht in Gefahr, die Loyalität, das Vertrauen, den Gehorsam seiner Bürger zu verlieren. Es gelingt ihm nicht mehr, Motivation zu erzeugen, Sinn zu vermitteln, Faszination auszuüben. Eben dies jedoch ist die notwendige Bedingung einer funktionsfähigen Rechts- und Staatsordnung. Der Staat kann eine seiner wichtigsten Aufgaben, nämlich die der „*Staatserhaltung*" (*Roman Herzog*) nur erfüllen, wenn die Mehrzahl der Bürger in der *freiwilligen Beachtung der Rechtsordnung* übereinstimmt. Dies jedoch kann sich nur als immaterieller Vorgang, d. h. als *geistige Beeinflussung* durch den Staat bei einer entsprechenden geistigen Disposition der Bürger einstellen. Ein Staat, der sich zur Erringung des Vertrauens seiner Bürger nur auf seine Leistungspalette verließe oder gar sein Heil in der gewaltsamen Durchsetzung seiner Ziele suchte, würde vor dieser Aufgabe der Staatserhaltung versagen.

Erst das *Vertrauen der Bürger* ermöglicht *staatliche Autorität*. Deshalb muß der Staat danach streben, es zu gewinnen und zu erhalten. Dies setzt voraus, dem Bürger die besondere *geistige Qualität des Staates* zu verdeutlichen. Es gilt zu zeigen, daß der Staat mehr ist als wuchernde Dienstleistungsbürokratie auf der einen oder Zwangsapparat auf der anderen Seite, daß er mehr ist als Austragungsort von partei-ideologischen Kämpfen und gesellschaftlichen Konflikten. Die Existenz des Staates als eigengeartete Erscheinung, als das geistige Prinzip in der Form eines gemeinsamen integrativen Bewußtseins der Bürger hinsichtlich der „Staatlichkeit ihrer gesellschaftlichen Existenz" (*Krüger* 1977) muß dem Bürger nahegebracht werden.

Damit verbindet sich allerdings auch die Pflicht des Bürgers zum Gehorsam gegenüber *seinem Staat*, was einem sittlichen Vorgang gleichkommt, weshalb „der Anspruch des Staates auf Gehorsam deshalb auch ein sittlicher Anspruch (ist)" (*Filbinger* 1982, S. 41). Um diesen Anspruch verwirklichen zu können, muß der Staat sich gegenüber den Weltanschauungen und Ideologien der „Politik" als neutrale Erscheinung abheben und nur noch als „Staat" erscheinen.

Er muß also als „geistiges Gebilde" sichtbar gemacht werden und als Staat im Bewußtsein der Bürger, der Gruppen und Amtsträger präsent sein, von ihm wird *„Selbstdarstellung"* (*Quaritsch* 1977) gefordert. Sie wiederum ist eine der wichtigsten Arten der *„Staatspflege"* (*Krüger* 1977), mit der die Motivation und das Vertrauen der Bürger in ihren Staat wachgehalten und immer wieder erneuert werden soll:

„Findet nämlich das Sein des Staates seinen letzten Grund in der Spontaneität eines entsprechenden Motivierens und Verhaltens seiner Bürger, ist aber auf diese Spontaneität kein unbedingter Verlaß, dann bleibt gar nichts anderes übrig, als sie durch besondere Veranstaltungen unablässig und mit den verschiedensten Mitteln anzuregen, zu ermuntern, zu orientieren –, es bedarf kurzum der Pflege der Staatsexistenz" (*Krüger* 1966, S. 214).

2.4.2 Mittel und Wege

Staatliche Souveränität und Autorität können, wie oben ausgeführt, nur dann wiederhergestellt werden, wenn der Staat eine Inventur seines materiellen und geistigen Bestandes vornimmt mit dem Ziel, *staatsfremdes* Gut auszusondern, um das *Staatstragende* wieder sichtbar zu machen.

Der Staat hat seinen materiellen Bestand an Leistungen auf ein staatsverträgliches Maß zu reduzieren (vgl. LB 4, 2.3 „Privatisierung"), um sich wieder mehr auf seine geistig-sittliche Grundidee und die Fragen der praktischen Umsetzung dieser Idee besinnen zu können. Dabei kommt der *Pflege und Selbstdarstellung* des Staates eine besondere Bedeutung zu. Folgende Möglichkeiten sind vorstellbar:

- Eine Art der Staatspflege und der Festigung staatlicher Autorität besteht in der *Einsicht in die Notwendigkeit* bestimmter *Leistungen des Bürgers* für den Staat (z. B. Steuerentrichtung oder Wehrpflicht) bzw. für die *Institutionen* des Staates, die Rechtsordnung und andere staatliche Einrichtungen überhaupt. Speziell die *Institute des Verfassungsstaates* können der Staatspflege dienen. Das Staatsbewußtsein kann direkt durch Wahlen und indirekt durch die über die Medien verbreiteten Beratungen des Parlaments gefördert werden; auf diese Weise geschieht auch eine angemessene Unterrichtung der Bürger über die Tätigkeit ihres Staates. Über die Parteien kann der Bürger seine politischen Auffassungen den Staatsorganen kundtun. Die Bejahung der Staatlichkeit durch die Allgemeinheit wird auf diesem Wege gefördert (*Krüger* 1977, S. 35ff.).
- Staatspflege ist in hohem Maße den staatstragenden Schichten anvertraut. Die (gesellschaftlich) *„führende Schicht"* hat den Staat durch ihr persönliches Verhalten anschaulich und überzeugend „vorzuleben"; an ihrer Autorität kann sich die Masse orientieren (*Krüger* 1966, S. 220). Insoweit ist die Einführung „gewisser aristokratischer Elemente in das System der Volksherrschaft" (*Albrecht* 1976, S. 258) eine naheliegende Forderung.

Diese führende Schicht muß sich selbst mehr abverlangen, als dem „Durchschnitt" der Staatsbürger. Sie sollte sich auch deshalb noch mehr der Politik verschreiben und ins Parlament drängen. Möglicherweise müssen besondere Formen der Auszeichnung (z. B. Orden) geschaffen werden. Krüger schlägt die Schaffung einer neuen Art von Amtsträgern vor, ein Elite- Corps, dem Jesuitenorden vergleichbar (1978). Und Leisner will „Notable" kreieren; ebenfalls eine Art von Orden, „der sich in eigenartiger, ganz undemokratischer Art kooptiert", der „echtes Staatsgeheimnis" pflegt und „keine Öffentlichkeit kennt" (*Leisner* 1979, S. 249).

- Der Staat muß sich mit dem „Feind und seinen Argumenten" *(Quaritsch)*, mit „feindlichen Gedankensystemen" *(Herzog)* auseinandersetzen. Dazu bedarf es einer ungeheuren „Faszinationskraft", die nur ein „sichtbarer" Staat, der nicht lediglich eine gedachte blasse Einheit ist, aufbringen kann. Diese *Präsentation* mag in der angemessenen Darstellung der Person und der Handlungen staatlicher Amtsträger geschehen und in der *Symbolpflege* (Staatswappen, Uniformen, Symbole vielfältiger Art) ebenso seinen Ausdruck finden wie in der Durchführung von Veranstaltungen, in denen sich staatliches Selbstverständnis artikuliert (Staatsfeste, Ausstellungen, Nationalhymne). Symbolpflege muß angereichert werden durch Sinnvermittlung und -pflege: der symbolisierte Sinn muß geschaffen und erhalten werden. Schließlich ist eine ausreichende Unterrichtung über den Staat vonnöten: von der Regierungserklärung bis zur Gemeinschaftskunde (*Quaritsch* 1977, passim).
- Wichtig ist weiterhin, daß Pflege und Selbstdarstellung des Staates beim Bürger auch „ankommen", er muß für den damit erhobenen Anspruch empfänglich sein. Diese *Empfänglichkeit* ist jedoch keineswegs angeboren. „Sie im jungen Menschen wachzurufen und zu festigen, war von jeher eine Aufgabe des staatlichen Schul- und Bildungswesens" (*Forsthoff* 1971, S. 56).
- Am weitesten geht schließlich *Leisner*, der die Laschheit des demokratischen Staates, die mangelnde „Staatsstrenge" beklagt. Dieser Staat kann letztlich nicht zu einer breit eingesetzten staatlichen Polizei- und Strafgewalt greifen. Leisner fragt bange: „Eine exemplarische Hinrichtung ist in einer solchen Staatsform der Egalität an sich schon fremd. Der Staat jedoch, der kein Exempel statuieren darf – wie kann er letztlich fest bleiben?" (*Leisner* 1979, S. 77f., vgl. auch ders. 1987).

2.4.3 Einwände

- Der Staat ist *kein „geistiges Gebilde"*, sondern eine *reale Organisationsform*, die sich die Bürger zur Erfüllung öffentlicher Aufgaben gegeben haben. Deshalb muß er sich gerade daran messen lassen, wie er seine Funktionen *für die Gesellschaft* wahrnimmt. Der Weg, Übereinstimmung mit dem Bürger durch Selbstdarstellung und Pflege des Staates zu suchen, sieht ab von der konkreten Bedeutung des Staates für den Bürger.

- Kein Gemeinwesen kann ohne die Zustimmung der Bürger existieren. Im demokratischen Staat ist jedoch an die Stelle des Begriffs „Staat" der Begriff der „Verfassung" getreten, um die spezifische Form der politischen Ordnung zu kennzeichnen, nämlich als *„verfassungsmäßige Ordnung"* (*Grauhan* 1977, S. 116). Nicht der „Staat" ist deshalb Adressat der Loyalität der Bürger, sondern eben die „verfassungsmäßige Ordnung". Es gibt neben oder über ihr keinen gesonderten, abgehobenen „Staat" mehr. Wenn jedoch demokratische Prozesse als Element der Staatspflege ausgegeben werden, wird gerade dieses überholte Staatsverständnis fortgeschrieben und das traditionelle deutsche Mißverständnis weiter gepflegt, das Demokratie als „Veranstaltung eines außerhalb und über einer unpolitischen Gesellschaft stehenden Staates" begreift (*Hesse* 1975, S. 437).
- Als weitere Komponente enthält dieses konservative Staatsverständnis die *Vorstellung des neutralen Staates*. Diese Neutralität war weder historisch je gegeben („Die Überparteilichkeit ist die Lebenslüge des Obrigkeitsstaates", *Gustav Radbruch*) noch kann sie Merkmal des demokratischen Staates sein. Durch den Staat werden immer wieder bestimmte Interessen geschützt, andere mehr oder weniger vernachlässigt. Gerade der Staat, der sich scheinbar neutral gegenüber gesellschaftlichen Problemen und Konflikten verhält, begünstigt u. U. jene, die gesellschaftliche Macht ausüben können und ergreift somit ganz massiv, wenn auch indirekt, Partei. Der demokratische Staat unterscheidet sich somit vom Obrigkeitsstaat nicht dadurch, daß er in gesellschaftlichen Auseinandersetzungen Partei ergreift, sondern daß dies in einem offenen politischen Prozeß geschieht.
- Die Forderung nach einer Rückkehr zum starken Staat favorisiert ein dezisionistisches Denken, das zu einer innen- wie außenpolitischen Verhärtung führt. Damit wird eine „Rehabilitierung des *Begriffs des Politischen* als existentielle Unterscheidung zwischen *Freund* und *Feind* betrieben" (*Saage* 1983, S. 8).

2.4.4 Grundlegende Literatur

Krüger, Herbert: Von der Staatspflege überhaupt, in: Die Selbstdarstellung des Staates, hrsg. von Helmut Quaritsch, Berlin 1977, S. 21–49

Quaritsch, Helmut: Probleme der Selbstdarstellung des Staates (=Recht und Staat, Heft 478/479), Tübingen 11977

Sage, Richard: Rückkehr zum starken Staat, Frankfurt 1983,

Studienzentrum Weikersheim e. V. (Hrsg.): Abkehr vom Staat, Mainz 1982 (mit Beiträgen von *Carstens, Benda, Filbinger, Rohrmoser, Späth)*

3. Verbessernde Konzeptionen: Aktive Politik

3.1 Überblick

Unter den in der Bundesrepublik diskutierten politischen und gesellschaftlichen Reformvorstellungen nehmen die im folgenden unter dem Begriff „aktive Politik" zusammengefaßten Konzepte einen bedeutenden Rang ein – sowohl hinsichtlich ihrer Verbreitung als auch hinsichtlich ihres praktisch-politischen Einflusses. Als grundlegende Charakteristika dieser Reformvorstellungen sind folgende Punkte zu nennen:

- Sie sind *wissenschaftlich inspiriert,* d. h. Ausgangspunkt der Reformvorschläge sind Beobachtungen, Problemanalysen und Konzepte einer in diesem Fall deutlich empirisch orientierten Wissenschaft:
- sie sind *praxisnah,* da ein explizites Ziel dieser Vorschläge die Bereitstellung von Entscheidungshilfen und Handlungsanweisungen für Politiker und Verwaltungen ist;
- sie sind *pragmatisch,* weil die Machbarkeit und Durchsetzbarkeit der jeweiligen Vorschläge als ein entscheidendes Kriterium angesehen wird;
- sie sind schließlich im klassischen Sinne *reformerisch,* indem die gegenwärtige Wirtschafts- und Gesellschaftsordnung und die durch sie gesetzten Beschränkungen politischer Handlungsmöglichkeiten akzeptiert werden und Verbesserungen des jetzigen Zustands im Rahmen dieser Ordnung und unter Beachtung dieser Restriktionen angestrebt werden.

Der entscheidende Anstoß für die Entwicklung des Konzepts der aktiven Politik war der in den 60er Jahren in den USA entwickelte wissenschaftliche Ansatz der „policy science" (bekannte Vertreter *Dror* 1968 und 1971; *Lasswell* 1951 und 1976; *Quade* 1970; vgl. auch die Zeitschrift „Policy Sciences"), deren erklärtes Ziel die Entwicklung von Handlungsanweisungen in der Form einfacher Entscheidungshilfen bis hin zu umfassenden Gesellschaftsentwürfen für die Politik ist. Die Reformvorschläge der Vertreter einer aktiven Politik bauen zu großen Teilen auf den Grundannahmen und Ergebnissen jener policy science auf. Als weitere, spezifisch deutsche Quellen sind die Regierungslehre (*Hennis* 1965) und auch die politischen Vorstellungen der reformistischen deutschen Sozialdemokratie zu nennen.

Im Prinzip können sich diese Ansätze einer interventionistischen, wohlfahrtsstaatlich orientierten Politik sogar auf eine noch ältere deutsche Tradition berufen, nämlich die der Kameralistik des 18. und 19. Jahrhunderts. Die Verwandtschaft zeigt sich auch begriffsmäßig in dem damals für diese Art der Wissenschaft verwendeten Begriff der „Policey-Wissenschaft", mit dem der gesamte Bereich staatlicher Interventionen zum Wohle des Gemeinwesens umschrieben wurde (vgl. zur Geschichte *Maier* 1966; *Heidenheimer* 1986). In dieser Tradition standen auch die sog. „Katheder-Sozialisten" des ausgehenden 19. Jahrhunderts.

In der Bundesrepublik wurde das Konzept der aktiven Politik vor allem von *Renate Mayntz* und *Fritz Scharpf* entwickelt und vertreten (vgl. *Mayntz/*

Scharpf 1973; s. a. kritisch *Schmid/Treiber* 1975). Es entstand im Rahmen von Untersuchungen, die für die „Projektgruppe für Regierungs- und Verwaltungsreform" durchgeführt wurden und bildet einen theoretischen Hintergrund der gegen Ende der 60er Jahre verstärkt auftretenden Forderungen nach einer umfassenden Reform von Regierung und Verwaltung und der in diesem Zusammenhang diskutierten konkreten Vorstellungen, wie sie auch in anderen staatlichen Reformkommissionen dieser Zeit („Studienkommission für die Reform des öffentlichen Dienstrechts", „Kommission für wirtschaftlichen und sozialen Wandel") artikuliert wurden. Ausgangspunkt der Argumentation von *Mayntz/Scharpf* sind zwei zentrale Hypothesen (vgl. auch LB 3, 10.3 „Regierung und Verwaltung" und 11.3 „Staat"):

– Die „Selbstbewegung" der gesellschaftlichen Kräfte, insbesondere die Wachstumsprozesse der Ökonomie, führen mit zunehmender Beschleunigung zu immer gravierenderen und sich häufenden Folgeproblemen. (Als Beispiel werden genannt: wirtschaftliche Strukturkrisen, Verkehrsprobleme in Ballungsgebieten, Umweltverschmutzung usw.). Von der Politik (bzw. präziser: vom politisch-administrativen System) wird erwartet, daß diese Probleme bearbeitet und möglichst gelöst werden; d. h. die Anforderungen an die Regelungs- und Steuerungskapazität des politisch-administrativen Systems in bezug auf die wirtschaftliche und gesellschaftliche Entwicklung steigen.
– Gleichzeitig ist festzustellen, daß die herkömmliche Politik, die jeweils erst bei akuten Problemen ansetzt (und daher als „reaktiv und kompensatorisch" charakterisiert werden kann), unzulänglich ist und zunehmend weniger in der Lage ist, mit den an sie herangetragenen Problemen fertig zu werden, d. h. „daß der hinter den gesellschaftlichen Entwicklungen herlaufende Versuch, die auftauchenden Probleme und Krisen jeweils von Fall zu Fall zu bewältigen, die verfügbaren Mittel und Handlungsmöglichkeiten des politischen Systems in immer höherem Maße überfordert" (*Mayntz/Scharpf* 1973a, S. 115).

Die zunehmende Diskrepanz zwischen der gesellschaftlichen Erzeugung von Problemen und Krisen einerseits und der politischen Problemverarbeitung andererseits kann sich, wenn ein gewisses Höchstmaß überschritten ist, zu einer generellen *Systemkrise* ausweiten. Diese zu verhindern und generell die Handlungsfähigkeit des Staates zu erhöhen, ist Aufgabe einer „aktiven Politik", die jeweils als Alternative zu dem momentan vorherrschenden, unzulänglichen Typus der „reaktiven Politik" gesehen wird. Die Merkmale einer aktiven Politik werden dabei nicht präzise definiert, sondern entlang eines Kontinuums („mehr oder weniger") angeordnet. Ansatzpunkte der „aktiven Politik" sind Entstehung, Reichweite und Zielsetzung *politischer Programme*. Dem liegt die Annahme zugrunde, daß die Qualität staatlicher Politik in erster Linie durch die Qualität der jeweiligen Handlungsprogramme bestimmt wird (vgl. Abb. 34).

Abbildung 34: Merkmale „aktiver" und „reaktiver" Politik

mehr „reaktiv"		mehr „aktiv"
	Programmentstehung:	
heteronom bestimmt		autonom
bürokratiebestimmt		leitungsbestimmt
	Reichweite:	
begrenzt		umfassend
kurzfristig		längerfristig
	Zielsetzung:	
umweltanpassend		umweltverändernd
konfliktfähige Interessen		auch nicht konfliktfähige Interessen

aus: *Mayntz/Scharpf 1973, S. 123*

Die traditionelle, *reaktive Politik* ist demnach dadurch gekennzeichnet, daß politische Programme vor allem *heteronom,* d. h. durch die Interessen etablierter gesellschaftlicher Gruppen, bestimmt sind und ihre Inhalte eher durch die *Bürokratie* als durch die politische Leitung festgelegt werden. Die Reichweite solcher Programme ist im Sinne inkrementaler (in kleinen Schritten „ungezielt" sich ereignender; vgl. LB 3, 10.2 (b) „Regierung und Verwaltung") Politik sachlich *begrenzt* und zeitlich *kurzfristig* angelegt, während ihre Zielsetzungen in erster Linie *umweltanpassend* sind, d. h. ausgerichtet an unveränderbar erscheinenden sozioökonomischen Trends und sich darüber hinaus an den Interessen konfliktfähiger Gruppen orientieren.

Demgegenüber müßte eine *aktive Politik* dadurch gekennzeichnet sein, daß die Programme *autonom* vom politisch-administrativen System entwickelt werden. Bei dieser Programmentwicklung kommt der politischen Leitung eine zentrale Rolle zu. Gleichzeitig müßte die Reichweite der Programme sachlich *umfassender* und zeitlich *längerfristiger* als bisher angelegt sein, während ihre Zielsetzung *umweltverändernd* und an den *Interessen nicht konfliktfähiger Gruppen* orientiert sein sollte.

Aus dieser kurzen Zusammenfassung geht hervor, daß das Konzept der aktiven Politik eine Reihe von Problemen demokratisch-kapitalistischer Industriegesellschaften aufgreift, so wie sie vor allem von empirischen Positionen analysiert werden (vgl. im LB 3 z. B. Pluralismus, Parlamentarismus, Demokratie, Regierung/Verwaltung). Es versucht, dazu konkrete Reformvorstellungen und Verbesserungsvorschläge zu entwickeln. Grundlegende Annahme ist dabei, daß empirisch feststellbare Steuerungsdefizite des politischen Systems gegenüber der Gesellschaft weder ausschließlich auf die Restriktionen der kapitalistisch organisierten Ökonomie noch in erster Linie auf eine unzureichende Massenloyalität der Bevölkerung zurückgeführt werden können. Die Ursachen der Steuerungsprobleme liegen vielmehr auch in der Struktur des politisch-administrativen Systems und können daher durch Reformen dieser Struktur verbessert werden. Gleichzeitig wird die Hypothese abgelehnt, daß das politisch-administrative System völlig extern, insbesondere von der Ökonomie determiniert ist (vgl. LB 3, 7.4 und 11.4) und daher keinen Handlungsspielraum besitzt. Vielmehr wird davon ausgegangen, daß es über eigene Machtbasen verfügt und so durchaus zu autonomem Handeln fähig ist.

Im folgenden sollen Konzepte einer „aktiven Politik" in jeweils unterschiedlicher Ausformung kurz vorgestellt werden:

- In der versuchten umfassenden Konzeption eines wissenschaftlichen Gutachtens (3.2),
- in der Form weitergehender Vorschläge für die Reform von Regierung/Verwaltung (3.3).

3.2 Das Konzept der Kommission für wirtschaftlichen und sozialen Wandel

Die bisher umfassendste und konkreteste Darstellung des Konzepts der „aktiven Politik" findet sich in dem Abschlußbericht der „Kommission für wirtschaftlichen und sozialen Wandel", in dem das Konzept eingehend begründet und in eine Reihe sehr konkreter Reformvorschläge für einzelne Politikbereiche umgesetzt wird. Die Kommission war 1971 von der Bundesregierung eingesetzt worden mit dem Auftrag, „ein Gutachten über die mit dem technischen, wirtschaftlichen und sozialen Wandel zusammenhängenden Probleme im Hinblick auf eine Weiterentwicklung der Gesellschaftspolitik zu erarbeiten" (*Wirtschaftlicher und sozialer Wandel* 1977, S. 4). Insbesondere sollten wirtschafts-, sozial- und bildungspolitische Gestaltungsmöglichkeiten aufgezeigt werden.

Die Kommission setzte sich aus Vertretern der Gewerkschaften, der Arbeitgeber und der Wissenschaft zusammen und vergab im Rahmen ihres Auftrags über 140 wissenschaftliche Gutachten, die zur Klärung und Weiterentwicklung des Forschungsstandes in einer Reihe wirtschafts- und gesellschaftspolitischer Bereiche viel beigetragen haben. Im Abschlußbericht wurden die Ergebnisse dieser Gutachten zusammengefaßt und Empfehlungen für die zukünftige Ausgestaltung der Politik gegeben, wobei in verschiedenen besonders kontroversen Bereichen einzelne Kommissionsmitglieder (z. B. sehr oft die Gewerkschafter) jeweils Minderheitenvoten abgaben (vgl. *Wirtschaftlicher und sozialer Wandel* 1977; als knappe und gute Zusammenfassung: *Kohn/Latzelsberger* 1977).

3.2.1 Ansatzpunkte und Ziele

Ausgangspunkt der Argumentation der Kommission sind die generellen Grundannahmen der „aktiven Politik", nämlich daß der wirtschaftliche und soziale Wandel kein von Menschen unbeeinflußbares Naturereignis ist, sondern ein, wenn auch zum größten Teil ungesteuertes, Ergebnis sozialen Handelns. Diese Wandlungsprozesse führten in der letzten Zeit mehr und mehr zu unerwünschten, ja sogar menschen- oder menschheitsgefährdenden Folgen, anstatt zu einer Verbesserung der menschlichen Lebensbedingungen beizutragen. Ziel einer sinnvollen und wünschbaren Politik sollte es daher sein, den wirtschaftlichen und sozialen Wandel in eine gewollte Richtung zu steuern. Dazu muß sowohl die *Einsicht in die Wirkungsweise* dieser Wandlungsprozesse als auch die *Möglichkeit der Beeinflussung* ausgebaut werden. Die Kommission empfiehlt daher die Entwicklung einer *aktiv gestaltenden und längerfristig orientierten Politik* in allen wirtschafts- und gesellschaftspolitischen Bereichen. Ein solcher Ausbau würde in erster Linie folgende Ziele beinhalten:

- die Bestimmungsfaktoren, Entwicklungstendenzen und Auswirkungen von Wandlungsprozessen sollen untersucht und beobachtet werden,
- die in den Wandel eingreifenden politischen Maßnahmen sollen integriert und koordiniert werden,
- der Anteil der längerfristig orientierten Gestaltungsmaßnahmen soll gegenüber den kurzfristig auf Fehlentwicklungen reagierenden Maßnahmen ausgebaut werden.

Zur Begründung dieser Konzeption wird auf eine Reihe von Problemen und Aufgaben hingewiesen, die nicht mehr momentan reagierend, sondern nur vorausschauend und aktiv gestaltend bewältigt werden kann. Dabei handelt es sich zum größten Teil um Problemanalysen, die aus der empirisch orientierten Kritik an den gegenwärtigen gesellschaftlichen und politischen Zuständen entwickelt werden (vgl. die beschreibend-kritischen Positionen im LB 3). Folgende Probleme und Aufgabenbereiche werden als zentral angesehen:

- Die in der *Wirtschaft* wirksamen Ordnungsprinzipien (überwiegende Selbstregulierung durch den Markt) bedürfen einerseits unterstützender Maßnahmen, damit sie ihre Funktion erfüllen können, aber andererseits ist selbst dann eine für alle befriedigende Wirtschafts- und Gesellschaftsentwicklung nicht automatisch garantiert. Als Beispiele für unerwünschte Ergebnisse werden Konzentrationserscheinungen im Produktionsbereich, ungleiche Einkommens- und Vermögensverteilung, regionale und sektorale Ungleichgewichte, Verschwendung von Ressourcen oder Gefährdungen der Umwelt genannt.
- Ebensowenig kann davon ausgegangen werden, daß sich automatisch aus den Auseinandersetzungen der konkurrierenden *gesellschaftlichen Gruppen* eine befriedigende Entwicklung ergibt. Vielmehr hat sich gezeigt, daß aufgrund des Einflusses starker Organisationen die kurzfristige Lösung manifester Probleme jeweils Vorrang vor der Lösung längerfristiger, allgemein interessierender Probleme hat. Als Beispiel ist an das Verhältnis zwischen Konjunktur- und Strukturpolitik zu denken.
- Generell ist davon auszugehen, daß die *Bedeutung des Staates* für den wirtschaftlichen und sozialen Wandel in Zukunft weiter steigen wird. Der Staat muß sowohl die Voraussetzungen für einen solchen Wandel schaffen (z. B. durch Infrastrukturpolitik, Bildungspolitik) wie auch versuchen, die unerwünschten Folgen dieser Entwicklung (z. B. Umweltverschmutzung, Kriminalität) zu verhindern oder zumindest zu mildern. Die Anforderungen und Erwartungen gegenüber dem Staat werden weiter steigen.

Dies wird dazu führen, daß öffentliche Instanzen immer mehr Aufgaben übernehmen müssen.

Damit der Staat diese vermehrten gesellschaftlichen Probleme und Aufgaben bewältigen kann, muß er seine zur Zeit vorherrschende kurzfristig orientierte, isoliert ansetzende und wenig informierte Politik radikal ändern. Die vorherrschende *kurzfristige Orientierung der Politik* ist darauf zurückzuführen, daß sich das öffentliche Interesse vorrangig auf aktuelle „Krisen" konzentriert und vor allem an der Befriedigung unmittelbarer, aktueller Bedürfnisse orientiert ist, während die längerfristigen Ursachen und angemessene längerfristige Maßnahmen kaum beachtet werden. So wird z. B. durch Wahlen der Vorrang schneller und sichtbarer Erfolge verstärkt, denn nur diese scheinen aus der Sicht der Politiker beim Wähler Überzeugungskraft zu besitzen. Ähnliches gilt für die manifesten Interessen starker Interessengruppen. Die Folge davon ist, daß eine kurzfristig orientierte, reaktive Politik zum Teil unerwünschte Entwicklungen verschärft und zudem problematische Folgewirkungen hervorbringt (Beispiel: Ressourcenverschwendung).

Ähnliches gilt für die *partielle Orientierung der Politik*. Die Verflechtung gesellschaftlicher Teilbereiche führt dazu, daß Aktivitäten in einem Bereich Nebenwirkungen in ganz anderen Bereichen hervorrufen. Weiterhin bewirkt sie, daß nicht abgestimmte Maßnahmen in einem Bereich ungewollte bzw. sogar unerkannte Folgewirkungen in anderen Bereichen hervorbringen bzw. daß unkoordinierte Aktivitäten sich u. U. aufheben oder sogar durch ihre Kumulation völlig andere als die gewollten Auswirkungen haben (Beispiel: Verhältnis von Verkehrspolitik und Umweltschutz).

Schließlich kann die *unzureichende Information* über Tatbestände, zukünftige Entwicklungen aber auch Wirkungsmechanismen staatlicher Programme dazu führen, daß Aktivitäten von vornherein an den eigentlichen Gegebenheiten vorbeizielen und daher ihr Mißerfolg schon vorprogrammiert ist. Es besteht die Gefahr, daß gesellschaftliche Entwicklungen in ihrer Bedeutung nicht konkret eingeschätzt (handelt es sich um einen kurzfristigen Trend oder um eine langfristige Trendwende?) und daß prinzipiell veränderbare Gegebenheiten unkritisch akzeptiert werden („Suggestion des Faktischen", Beispiel: Die umstrittene Wirkungsweise staatlicher Subventionsprogramme).

Die zentralen Aussagen der Kommission lassen sich folgendermaßen *zusammenfassen:*

- Eine befriedigende Entwicklung der gesamtgesellschaftlichen Verhältnisse geht nicht automatisch aus den vorherrschenden Strukturen des wirtschaftlichen und gesellschaftlichen Bereichs hervor. Es sind vielmehr zahlreiche stützende und regelnde staatliche Aktivitäten notwendig.
- Es gibt keine klare Trennung zwischen einem staatlichen und einem gesellschaftlichen Bereich. Die tatsächlichen Verflechtungen zwischen politischen Institutionen, öffentlicher Verwaltung sowie gesellschaftlichen Gruppen und staatsbürgerlichem Handeln sind viel komplizierter, als daß eine solche Trennung möglich wäre.
- Zur Bewältigung der gesellschaftlichen Probleme reichen die traditionellen Muster und Verhaltensweisen des politischen Prozesses nicht aus. Statt

dessen muß eine langfristig orientierte, aktiv gestaltende Politik systematisch ausgebaut werden, wobei dieser Ausbau nicht allein beim Regierungsapparat ansetzen darf, sondern die Bevölkerung, organisierte Gruppen u. ä. in die Überlegungen einbeziehen muß.

3.2.2 Mittel und Wege

Die Kommission für wirtschaftlichen und sozialen Wandel beschränkt sich nicht nur darauf, generelle Ziele und Anforderungen einer „aktiven Politik" zu formulieren, sondern unterbreitet für zahlreiche gesellschafts- und wirtschaftspolitische Problembereiche Vorschläge, wie eine solche aktiv gestaltende und längerfristig organisierte Politik auszusehen hätte. So werden z. B. Empfehlungen gegeben zur Wachstums- und Strukturpolitik, Forschungs- und Technologiepolitik, Umweltpolitik, Wettbewerbspolitik, Verbraucherpolitik, Bildungs- und Beschäftigungspolitik usw.

Dabei werden trotz aller Detailkritik an Mechanismen und Ergebnissen der bestehenden Wirtschafts- und Gesellschaftsordnung die Grundlagen dieser Ordnung (z. B. Marktwirtschaft, Privateigentum an Produktionsmitteln, pluralistische Gesellschaft, Konkurrenzdemokratie) nicht in Frage gestellt. Vielmehr geht die Kommission zur Erreichung ihres zentralen wirtschaftspolitischen Zieles, nämlich der „gestalteten Expansion bei Vollbeschäftigung" ausdrücklich von der vorrangigen Bedeutung der privaten Investitionen aus. Vorschläge beziehen sich immer auf die *Effizienzsteigerung staatlicher Politik,* nicht auf die Änderung der Voraussetzungen und Rahmenbedingungen von Politik.

Für jeden einzelnen Politikbereich wird versucht, konkrete Lösungsschritte zur Bearbeitung der anstehenden Probleme anzugeben. Dabei ergeben sich unabhängig vom jeweiligen Politikbereich in etwa folgende Grundelemente einer „aktiv gestaltenden, längerfristig orientierten" Politik:

- zunächst Bestandsaufnahme der gegenwärtigen Probleme und Gegebenheiten des Politikbereichs,
- Untersuchung der historischen Entwicklung
- Ursachen der Ineffizienz der bisherigen Politik,
- Aufgaben und Ziele für zukünftige Politik,
- Instrumente zur Durchsetzung,
- Verknüpfung mit anderen Politikbereichen und
- Vorschläge für Maßnahmen in einzelnen Bereichen.

Darüber hinaus werden Vorstellungen entwickelt zur *allgemeinen Leistungssteigerung* der öffentlichen Verwaltung, wobei insbesondere folgende Aspekte im Mittelpunkt stehen:

- Koordinierungsmängel
- Starrheit der Verwaltung finanzieller Mittel
- Qualifikationsprobleme der Beschäftigten
- unzureichende Erfolgskontrolle

- Aufgabenverteilung zwischen staatlichem und privatem Sektor
- Ausbau der gesellschaftlichen Dauerbeobachtung
- Ausbau der Informationsaufbereitung und -verarbeitung über gesellschaftliche Verhältnisse und Entwicklungen.

3.2.3 *Einwände*

- Das Gutachten der Kommission für wirtschaftlichen und sozialen Wandel ist zu *technokratisch*. Die Vorschläge zielen nur auf ein Kurieren an Symptomen, während die wirklichen Gründe des Scheiterns staatlicher Politik überhaupt nicht erfaßt werden.
- Überhaupt wird die *Bedeutung des Staatsapparates* falsch eingeschätzt. Bessere Politik für die Bürger ergibt sich nicht aus der abgehobenen Entwicklung neuartiger Konzepte, dazu müßte in erster Linie der demokratische Prozeß gestärkt werden.
- Die Kommission geht in vielen Bereichen von *falschen Voraussetzungen* aus und kommt daher zu falschen Ergebnissen, z. B. werden zentrale zivilisationsökologische Probleme (psychische Folgen von weiterem Wachstum) nicht gesehen.
- Die von der Kommission vorgeschlagene *Ausweitung staatlicher Aktivitäten ist der falsche Weg*. Wenn eine gesunde wirtschaftliche und soziale Entwicklung gewährleistet sein soll, muß gerade der umgekehrte Weg beschritten werden. Der Staat muß sich aus den verschiedenen wirtschaftlichen und gesellschaftlichen Bereichen zurückziehen. Nur so kommen die Selbstheilungs- und Selbstentfaltungskräfte des Marktes zur vollen Entfaltung. Staatliche Eingriffe behindern die wirtschaftliche und gesellschaftliche Entwicklung und stellen eine Gefahr dar für den grundgesetzlich garantierten freiheitlichen Charakter unserer Gesellschaft.

3.2.4 *Grundlegende Literatur*

Wirtschaftlicher und sozialer Wandel in der Bundesrepublik Deutschland, Gutachten der Kommission für wirtschaftlichen und sozialen Wandel, Göttingen 1977

Kohn, Helmut, und *Latzelsberger, Friedrich:* Steuerungsprobleme in Wirtschaft und Gesellschaft, Zum Gutachten der Kommission für wirtschaftlichen und sozialen Wandel, in: aus politik und zeitgeschichte, Beilage zur Wochenzeitung das Parlament, B. 18/1977

Mayntz, Renate/Scharpf, Fritz: Voraussetzungen und Einschränkungen aktiver Politik, in: dies. (Hrsg.): Planungsorganisation. Die Diskussion um die Reform von Regierung und Verwaltung des Bundes, München 1973, S. 115ff.

Scharpf, Fritz W.: Politische Durchsetzbarkeit innerer Reformen, Göttingen 1974 (=Schriften der Kommission für wirtschaftlichen und sozialen Wandel, Band 28)

3.3 Regierungs- und Verwaltungsreform

3.3.1 Ansatzpunkte und Ziele

Reformen im Bereich Regierung/Verwaltung (RV) haben das konkrete Ziel, den Staat besser instand zu setzen, die von der Gesamtgesellschaft produzierten und an ihn herangetragenen Probleme aufzugreifen und zu bewältigen. Die Vertreter dieser Reformvorstellungen erwarten, daß der Staat, oder wie sie lieber sagen das „politisch-administrative System", die treibende Kraft des gesellschaftlichen Wandels ist. Weil sie „RV" als Kernelement des politisch-administrativen Systems auffassen (vgl. LB 3, 10. „Regierung und Verwaltung"), ist „aktive Politik" nicht zuletzt von einem RV-System abhängig, das wesentliche Impulse für die Aufdeckung und Überwindung der sozialen und ökonomischen Problemlagen zu geben in der Lage ist.

Ansatzpunkte und zentrale Ziele der Reformbestrebungen bestehen darin, die *Problemverarbeitungskapazität* von RV entscheidend zu erhöhen und insbesondere die *Steuerungskapazität* gegenüber der Umwelt spürbar auszubauen. Es geht also darum, Regierung und Verwaltung „intelligenter zu machen", damit die Erfordernisse „aktiver Politik", insbesondere was die Entwicklung autonomer, langfristiger, umfassender und umweltverändernder Programme angeht, erfüllt werden können (vgl. Abb. 34, S. 333). Aber aktive Politik beruht nicht nur auf der Formalisierung entsprechender Programme (z. B. Gesetze), sondern auch auf deren adäquater Durchführung und auf Rückmeldungen bezüglich des Erfolgs. Das politisch-administrative System soll also gleichzeitig *durchsetzungs-* und *lernfähig* werden.

Ob und in welchem Umfang Problemverarbeitungs- und Steuerungskapazität vorhanden ist, hängt zum einen von verschiedenen Steuerungsressourcen ab. Obwohl die Terminologie nicht einheitlich ist, kann man von folgender einfacher Unterscheidung ausgehen (vgl. hierzu u. a. *Mayntz/Scharpf* 1975, S. 7; dies. 1973a, S. 124f. und S. 145f.; *Grottian/Murswiek* 1974, S. 17f.):

- finanzielle Ressourcen,
- informationelle Ressourcen,
- organisatorische Ressourcen,
- politische Ressourcen.

Voraussetzung für eine aktive Politik ist daher, daß es RV gelingt, sich diese Ressourcen zu beschaffen bzw. sie zu erhöhen und sowohl intern wie gegenüber der Umwelt anzuwenden, d. h. für eine bessere finanzielle Ausstattung, bessere Information, eine angemessenere Organisationsform und politische Unterstützung bzw. effektivere Macht- oder Konsensmechanismen zu sorgen. Dieses soll RV-intern durch die Steigerung der *politisch-administrativen Rationalität* erreicht werden. Dabei können wiederum unterschiedliche Ansatzpunkte oder Regelungsbereiche für eine Erhöhung der „Intelligenz von RV" unterschieden werden:

- Reform der Verfahrensweisen,
- Reform der Organisation,
- Reform des Personals.

(Vgl. zur unterschiedlichen Konzeptualisierung politisch-administrativer Steuerungsressourcen u. a. *König* 1981, *Schimanke* 1985; zu möglichen Steuerungsinstrumenten speziell *Kaufmann/Rosewitz* 1983).

Die Steigerung bzw. Verbesserung der *finanziellen Ressourcen* ist durch diese Maßnahmen am wenigsten zugänglich. Zusammensetzung und Höhe sind weitestgehend abhängig vom Florieren des privaten Produktionsprozesses. Erst aus diesem gesellschaftlichen Wertschöpfungsprozeß kann der Staat seine fiskalischen Mittel in Form von Lohn- und Kapitalsteuern ziehen. Diese „Entstehungsseite" seiner Finanzmittel kann und darf der Staat nur indirekt beeinflussen, indem er zur Aufrechterhaltung, Stabilisierung und Weiterentwicklung des privaten Produktionsprozesses beiträgt. Dazu kann er sich spezifischer Politiken (z. B. Konjunkturpolitik, Strukturpolitik etc.) bedienen, zu denen auch die Finanzpolitik selbst gehört. Damit wird auch die „Verwendungsseite", d. h. die Gestaltung der staatlichen Ausgaben, für die Steigerung bzw. Verbesserung der finanziellen Ressourcen wichtig. Dieser Aspekt der Verwendungsseite der finanziellen Mittel betrifft vor allem die rationale Planung und Kontrolle der staatlichen Ausgaben, konkret: Finanzplanung und integrierte Aufgaben- und Finanzplanung. Hier sind Steigerungen der politisch-administrativen Rationalität offensichtlich möglich und erwünscht.

Ähnlich kann auch die Steigerung der *politischen Ressourcen* nur indirekt durch die Steigerung der politisch-administrativen Rationalität erfolgen. Nur die binnenadministrativen Macht- und Konsensprozesse können direkt beeinflußt werden. Allerdings besteht auch hier die Möglichkeit, die politischen Ressourcen durch die Einbeziehung relevanter Adressaten oder Nachfrager politischer Leistungen zu steigern.

Selbstverständlich sind schließlich auch *organisatorische* und *informationelle* Ressourcen des politisch-administrativen Systems begrenzt und durch externe Faktoren eingeschränkt. Zentraler Ansatzpunkt der aktiven Politik ist aber die Annahme, daß sie durch interne Reformen noch erheblich erweitert werden können.

Insgesamt sind RV-Reformen nicht Selbstzweck, sondern richten sich auf verbesserte politische Inhalte („Policies" oder „Programme") und deren Durchführung. Hier ergeben sich enge Beziehungen zur modernen Policy-Forschung, der es ja explizit um die Voraussetzungen, Inhalte und Konsequenzen staatlicher Politik geht, und die in der Bundesrepublik auch unter Bezeichnungen wie Programm- oder Politikfeldforschung diskutiert wird (vgl. hierzu u. a. *Derlien* [Hrsg.] 1979, *Hartwich* [Hrsg.] 1985, *Jann* 1985; s. a. LB 1, LB 3, 10.3 und 11.3).

Im folgenden sollen allerdings nur RV-Reformen im engeren Sinne, d. h. der Verfahrensweisen, Organisationsformen und des Personals der öffentlichen Verwaltung, die selbstverständlich jeweils eng miteinander verflochten sind, behandelt werden (vgl. Abb. 35). Wir beschränken uns auf die prozessualen, institutionellen und personalen Voraussetzungen aktiver Politik, weil deren Inhalte offensichtlich nicht zuletzt vom zu bewältigenden Problem abhängen und daher nicht allein von der Politikwissenschaft untersucht und diskutiert werden. Neben diesen traditionellen Ansatzpunkten wird schließlich auch behandelt, inwieweit die Unterstützung für aktive Politik bzw. ihre Durchsetzungsfähigkeit durch Reformmaßnahmen verbessert werden kann.

Abbildung 35: Reformen im Bereich Regierung/Verwaltung

Regelungsbereiche / Reformen	Verfahren	Organisation	Personal	Unterstützung
allgemeines Ziel	Steigerung der Problemverarbeitungs- und Steuerungskapazität			
Spezielle Ziele	– RV-interne Rationalisierung – Erweiterung der Handlungsspielräume gegenüber der Umwelt	– Integration und Kooperation – Stärkung der politischen Leitung	– Leistungsfähigkeit des öffentlichen Dienstes – Kostensenkung – Motivation der Beschäftigten	– Zustimmung, Akzeptanz und Durchsetzung der Politik
Mittel/Wege/Instrumente	– politische Planung – Evaluierung	– Anpassung der Organisationsstruktur an Aufgabenstruktur	– Reform des öffentlichen Dienstes – Führungskonzepte – Aus- und Weiterbildung	– Beteiligung und Einbindung von Betroffenen in Formulierung und Durchführung von Politik
Beispiele	– Aufgabenplanung – aufgabenorientierte Finanzplanungen – experimentelle Politik	– Großreferate – Stäbe	– Dienstrecht – Regelungsverfahren – Management by objectives	– Räte und andere Beteiligungsformen – Korporatismus

3.3.2 Mittel und Wege

a) Verfahrensweisen: Planung und Kontrolle

Politische Planung ist, nach einer generellen Definition von *Naschold*, „die am weitesten fortgeschrittene Problemlösungsstrategie des politischen Systems gegenüber anstehenden Problemlagen" (*Naschold* 1973, S. 59). Sie dient dem Ziel,

– den *Handlungsspielraum* oder den „Freiheitsspielraum" (*Jochimsen*) des RV-Systems zu erweitern und
– den politischen *Entscheidungsprozeß rationaler* zu machen.

Diese Zielsetzungen konnten mit „Planungssystemen der ersten Generation" (vgl. LB 2, 4.2.3 (b)) nicht erreicht werden. Die Kritik am vorhandenen Planungsinstrumentarium, insbesondere an den unzureichenden Möglichkeiten der Koordination und inhaltlichen Festlegung von Aufgaben durch die mittelfristige Finanzplanung, führte zu der Forderung nach Weiterentwicklung, nach „Planungssystemen der zweiten Generation" (*Naschold*). In den Planungssystemen der zweiten Generation soll die Finanzplanung und isolierte Programmplanung durch eine *Aufgaben- und Zielplanung* ergänzt sowie die *Integration* beider Planungstypen geleistet werden.

Aufgabenplanung kann man definieren als „jene Form aktiver Gesellschaftsgestaltung, bei der auf Grundlage gesellschaftspolitischer Leitbilder unter Einbeziehung wissenschaftlicher Analyse gesellschaftspolitische Gesamtkonzeptionen erarbeitet werden, in denen eindeutige Prioritäten markiert sind" (*Lompe* 1975, S. 68). Im einzelnen enthält diese komplizierte Definition:

– *aktive Gesellschaftsgestaltung:* aktive Steuerung, nicht reaktive Anpassung an Entwicklungen;
– *gesellschaftspolitische Leitbilder:* Orientierung an (sich wandelnden) gesellschaftspolitischen Zielvorstellungen;
– *Einbeziehung wissenschaftlicher Analyse:* Erweiterung der Informationsverarbeitungs- und Analysekapazität;
– *Gesamtkonzeption:* Ressortplanungen sind in den gemeinsamen, umfangreichen Aufgabenrahmen einzupassen, Interdependenzen sind zu beachten;
– *Prioritäten:* keine Wunschliste, sondern Rangordnung des Wünschbaren, Erreichbaren und Erwartbaren.

In der Definition angelegt, wenngleich nicht ausdrücklich erwähnt, ist schließlich das weitere Merkmal der *Langfristorientierung* der Aufgabenplanung.

Die Aufgabenplanung ist notwendiger, aber nicht hinreichender Bestandteil eines Planungssystems der zweiten Generation. Gefordert wird weiterhin die Koordinierung der Aufgabenplanung mit der Finanzplanung, m. a. W. ein *integriertes Planungssystem.*

Geistiger Vorfahre nahezu aller Integrationskonzepte ist das in den 60er Jahren in den USA entwickelte *Planning-Programming-Budgeting-System* (PPBS). Es schlägt einen Planungs- und Entscheidungsprozeß vor, der sich zusammensetzt aus der Aufstellung und Definition von (nationalen) *Zielen* und ihrer Ordnung nach *Prioritäten* (Planning), dem Suchen von denkbaren *Alternativen* staatlichen Handelns, ausgerichtet an den Zielprioritäten, der Abschätzung von *Nutzen und Kosten* dieser Alternativen und der Auswahl der optimalen *Programme* (Programming) sowie schließlich der *Finanzplanung* im Hinblick auf die ausgewählten Programme einerseits und auf die verfügbaren finanziellen Ressourcen (Budgeting) andererseits (*Böhret* 1971).

Dieses System hat in der Literatur viel Kritik erfahren, die durch den spektakulären Schiffbruch des PPBS in der Praxis – es wurde sechs Jahre nach seiner Einführung in der amerikanischen Bundesexekutive fast gänzlich wieder abgeschafft – bestärkt wurde. Die Einwände richten sich sowohl gegen die Grundideen des PPBS (siehe LB 3 „Inkrementalismus") als auch gegen bestimmte Merkmale des Systems (z. B. Ausrichtung des Informationssystems auf die Haushaltsentscheidung, Zentralisierung innerhalb des Regierungssystems, Transparenzverlust des politischen Prozesses usw.).

Trotz der umfassenden Kritik ist PPBS immer noch die „Urform" möglicher Planungssysteme der zweiten Generation. Die in der Bundesrepublik diskutierten Vorschläge, etwa die von *Naschold* u. a. (1973) entwickelte „Aufgabenorientierte Finanzplanung" oder das von *Reinermann* (1975) vorgeschlagene verbesserte Programmbudget versuchen jeweils bestimmte Schwächen des alten Systems zu vermeiden, indem z. B. die hochgespannten Ansprüche am PPBS reduziert werden. Die Grundgedanken des Konzepts wie

– Vermaschung der Aufgaben- und Haushaltsperspektive,
– systematische Entscheidungsvorbereitung auf hohem informationellen Niveau,
– Abkehr von der unbefriedigenden Dominanz des Haushalts als Instrument der Mittelverteilung,
– Überwindung des Prinzips von inkrementaler Politik und „muddling through"

sind jedoch weitgehend identisch geblieben (vgl. hierzu auch den Ansatz des „rationalen Budgets", *Färber* 1985). In diesen Zusammenhang gehören auch die Forderungen nach einer „dynamischen Verwaltung"(*H. König* 1977) bzw. nach „ziel- und ergebnisorientiertem Verwaltungshandeln" (Bundesakademie f. öff. Verwaltung [Hrsg.] 1979).

Nachdem die hochgespannten Erwartungen an eine „Rationalisierung" des politischen Prozesses durch politische Planung durch die von der ersten Ölpreiskrise ausgelösten Turbulenzen verhältnismäßig schnell reduziert wurden, richtete sich das Interesse der aktiven Politik mehr auf die Durchführung einmal beschlossener Programme („Implementation", vgl. *Mayntz* [Hrsg.] 1979, *dies.* 1983, *Wollmann* [Hrsg.] 1979) sowie auf die Überprüfung der Wirksamkeit und Wirkungsweise politischer Programme („Evaluation", vgl. *Derlien* 1976, *Hellstern/Wollmann* [Hrsg.] 1984). Ein besonderer Ansatz ist in diesem Zusammenhang der Versuch „experimenteller Politik". Dabei soll durch versuchsweise Einführung politischer Neuerungen (etwa einstufige Juristenausbildung, Gesamtschule, Tempo 100) systematische Erkenntnisgewinnung ermöglicht und in den politischen Prozeß eingespeist werden (vgl. *Hellstern/Wollmann* [Hrsg.] 1983). In diesem Zusammenhang sind auch die Ansätze für eine Vorabkontrolle von Rechtsvorschriften („Gesetzestests") zu erwähnen (*Böhret/Hugger* 1980; insgesamt zum Wandel von Planungsverständnis und Planungspraxis sowie der damit verbundenen „Programm-Forschung" *Derlien* [Hrsg.] 1985).

b) Organisation: Koordination und politische Führung

Auch die politikwissenschaftlichen Vorschläge zur Organisationsreform von RV kamen schwerpunktmäßig von Vertretern des Policy-Ansatzes, insbesondere von *Renate Mayntz* und *Fritz W. Scharpf* sowie ihren Mitarbeitern. Ihre Vorschläge können anhand von zwei „Unterzielen" grob differenziert werden. Es geht um die

– Verbesserung der Problemverarbeitungskapazität durch *Kooperation und Integration* innerhalb RV und um die
– Verbesserung der Problemverarbeitungskapazität durch die *Verstärkung der politischen Anleitung durch die RV-Spitze.*

Entsprechend kann man insbesondere *zwei Typen von Reorganisationsvorschlägen* unterscheiden. Der erste Typus betrifft den zweckmäßigen *Zuschnitt von Referaten und Abteilungen* innerhalb der Ministerialbürokratie. Man geht dabei davon aus, daß Organisationsgrenzen den Informationsfluß und die Konfliktlösung sowie die Koordination zwischen den organisatorischen Einheiten behindern. Daraus wird der Schluß gezogen, Organisationsgrenzen so zu legen, daß die gegenseitigen Abhängigkeiten und Zusammenhänge der Probleme und Aufgaben in die jeweilige organisatorische Einheit hineinverlagert werden und möglichst nicht über die Organisationsgrenzen hinweggehen. Die Kongruenz von Organisationsstruktur und Aufgabenstruktur wird angestrebt (z. B. durch die Bildung von „Großreferaten").

Die Effektivierung der Basisorganisation läuft jedoch ins Leere ohne einen entsprechenden *Ausbau der Leitungsorganisation*, d. h. der politischen Spitze von RV. Zwischen Basis- und Leitungsorganisation besteht ein Verhältnis der wechselseitigen Verstärkung und Ergänzung. Die Leitungsebene muß vor allem die politisch-programmatische Dimension der Arbeit von RV verstärken.

Um diese Funktionen zu erfüllen, wird z. B. die Errichtung einer zentralen *Querschnitts- und Dienstleistungsabteilung* vorgeschlagen, die ihrerseits aus drei sogenannten *Stabsgruppen* bestehen soll. Mit dieser Konstruktion will man Nachteile „reiner" Stabslösungen bei der politischen Spitze, insbesondere ihre fehlende Machtbasis, umgehen. Durch den Einbau der Stabsgruppen in eine Abteilung partizipieren sie an deren Informationszugang und Sanktionierungschancen. Vorgeschlagen wird

– eine Stabsgruppe „Aufgabenplanung und Information",
– eine Stabsgruppe „Organisation und Personal" und
– eine Stabsgruppe „Haushalt, Finanzplanung und Programmevaluation".

Das Modell wird vervollständigt durch einen *Programmausschuß* als ein teamartig kooperierendes Steuerungsgremium. Zu seinen ständigen Mitgliedern gehören neben den drei Stabsleitern die Staatssekretäre des jeweiligen Hauses.

Sowohl die wichtigsten Vorschläge im Bereich Verfahrensweisen wie auch im Bereich Organisation wurden im Rahmen der „Projektgruppe Regierungs- und Verwaltungsreform" entwickelt. Ihr sang- und klangloses Ende 1975 deutet auf das Erlahmen des reformerischen Impetus der aktiven Politik hin (vgl. *Derlien* 1978, *Müller* 1978). Erst in letzter Zeit sind verschiedene Ideen der Projektgruppe von einer Expertenkommission des Landes Baden-Württemberg wieder aufgenommen worden (Neue Führungsstruktur 1985).

c) Personal: Führungskonzepte und Ausbildung

Auch die Reformen auf dem Gebiet des Regelungsbereichs „Personal" wurden entscheidend durch eine staatliche Reformkommission angestoßen, und zwar durch die „Studienkommission für die Reform des öffentlichen Dienstrechts" (Studienkommission 1973). Neben der eigentlichen *Reform des öffentlichen Dienstrechts* wurden in diesem Zusammenhang vor allem neuartige *Führungskonzepte* und eine verbesserte *Aus- und Fortbildung* für den öffentlichen Dienst diskutiert.

Seit Anfang der siebziger Jahre werden verstärkt *Führungskonzepte* für die öffentliche Verwaltung entwickelt. So bezog z. B. die Projektgruppe für Regierungs- und Verwaltungsreform, die sich 1969 noch vorrangig mit Planungs- und Organisationsproblemen befaßte, zunehmend den Führungsbereich in ihre Untersuchungen ein. Angesichts der wachsenden Komplexität staatlicher Aufgaben wurden Überlegungen angestellt, die *Behördenleitung von Routineangelegenheiten zu entlasten* und für die *verstärkte Wahrnehmung von Managementgrundaufgaben,* wie Planung, Organisation, Personalführung, Koordination, Kontrolle und Budgetierung, freizustellen. Zentrales Element aller z. Z. für die öffentliche Verwaltung angebotenen Führungskonzepte ist daher das Prinzip der *Delegation*, d. h. die Verlagerung von Aufgaben, Kompetenzen und Verantwortung auf eine möglichst niedrige Stufe innerhalb der Behörde. Neben einer effizienteren Organisation soll die Delegation eine bessere Motivation der Mitarbeiter gewährleisten, die in größerem Umfang als bisher selbständig und eigenverantwortlich handeln können. Die im Augenblick umfassendste und am weitesten entwickelte Führungskonzeption, das *Management by Objectives* (Führung durch Zielvorgabe oder Zielvereinbarung), ergänzt das Prinzip der Delegation durch den Aspekt der *Zielbildung und -erreichung*, die durch den Vorgesetzten zu steuern sind: Der Vorgesetzte bestimmt nicht mehr im einzelnen, was in seinem Bereich getan wird, sondern legt durch Absprache mit seinen Mitarbeitern fest, was erreicht werden soll (vgl. hierzu *Laux* 1975; *Böhret/Junkers* 1976; *Mattern* 1977).

Als Ergebnis dieser neuartigen Führungskonzepte wird erwartet, daß u. a.

- Initiative, Mitdenken und Mithandeln der Mitarbeiter auf allen Ebenen systematisch genutzt werden,
- dadurch größere Leistung durch höhere Leistungsmotivation und Zufriedenheit der Mitarbeiter erbracht wird,
- außerdem die leitenden Mitarbeiter für ihre eigentlichen Führungsfunktionen freigestellt werden und so
- generell der gesamte Verwaltungsverlauf rationaler und effizienter gestaltet wird.

Immer wieder ist in diesem Zusammenhang auch die Aus- und Fortbildung für den öffentlichen Dienst diskutiert worden (vgl. z. B. *Brinkmann/Pippke/Rippe* 1973, *Brinkmann* 1976), allerdings auch hier ohne größeres Resultat. Während die Ausbildung für den gehobenen Dienst reformiert wurde, blieb für den höheren Dienst weitgehend alles beim alten. Einige vorsichtige Reformansätze wurden sogar zurückgenommen (*Lepper* 1978).

Diese generellen Reform-Zielsetzungen, die ja mit den allgemeinen Zielen der RV-Reform übereinstimmen, spielen auch in den Überlegungen zur *Reform des öffentlichen Dienstrechts* eine zentrale Rolle. Neben das Ziel der Sicherung und Steigerung der *Leistungsfähigkeit* des öffentlichen Dienstes treten dort aber auch die Ziele der Berücksichtigung der berechtigten *Interessen der Bediensteten* und die *Minderung der Kostenbelastung* der öffentlichen Haushalte (vgl. hierzu Studienkommission 1973; Aktionsprogramm 1976; *Kroppenstedt* 1973).

Zum Teil gab es in diesem Bereich schon sehr konkrete und spezielle Reformvorschläge (was sich z. B. in den verschiedenen Gutachten, Vorschlägen der damaligen Bundesregierung usw. zeigte), die aber nicht alle ohne weiteres als Reformvorschläge im Sinne einer „aktiven Politik" angesehen werden dürfen, da sie teilweise ganz andere Ziele (z. B. Reduzierung der Kosten) verfolgten. Die beiden zentralen Komplexe der Dienstrechtsreform, nämlich

- Änderung des *materiellen Dienstrechts* (Einheitlichkeit, d. h. Abschaffung der Unterscheidung zwischen Beamten und Arbeitern/Angestellten; Änderung der Rahmenstruktur, d. h. Zugang, Aus- und Fortbildung, Verankerung des Leistungsprinzips) und
- Änderung der *Regelungsverfahren* (tarifvertragliche, d. h. arbeitsrechtliche oder beamtenrechtliche, d. h. gesetzliche Regelung des öffentlichen Dienstes),

waren allerdings auch für die zukünftige Ausformung des öffentlichen Dienstes im Sinne der „aktiven Politik" von zentraler Bedeutung und wurden daher besonders auch unter dem Gesichtspunkt der zu erwartenden Steigerung der Leistungsfähigkeit diskutiert (vgl. auch *König* 1978). Auch die Reform des öffentlichen Dienstrechts wurde ergebnislos abgebrochen.

d) Unterstützung: Macht- und Konsenspotential

Die Vorschläge zur Steigerung des Macht- und Konsensuspotentials im Sinne aktiver Politik setzen auf die Chance, die Problemverarbeitungs- und Steuerungskapazität des RV-Systems durch die Verbesserung der Findung, Hinnahme und *Akzeptanz von Entscheidungen zu erhöhen.* (Es muß betont werden, daß im vorliegenden Zusammenhang nur der Steuerungsaspekt interessiert. Daß das Thema „Macht- und Konsensuspotential" indes nicht nur steuerungstheoretische, sondern auch erhebliche demokratie-theoretische Implikationen aufweist, ist offenkundig.) Diese Vorschläge konzentrieren sich in erster Linie auf die Möglichkeiten einer verbesserten Konsensbildung; der Machtaspekt tritt dabei in den Hintergrund. Weiter ist auffällig, daß, während die oben vorgestellten Teilkonzepte zur RV-Reform schwerpunktmäßig (ohne daß dies unbedingt ausdrücklich von den Autoren gesagt wird) an der *Formulierung* von Politik ansetzen, hier deren *Durchsetzung* zumindest gleichrangig beachtet wird.

Der größte Teil der entsprechenden Vorschläge konzentriert sich auf Modelle der *Kooperation* mit und *Beteiligung* von Betroffenen. In diesem Zusammenhang wird gesprochen von der zunehmenden Tendenz der Installierung von *„Verbundsystemen“ (Offe)*, an denen alle betroffenen Interessen beteiligt werden. Solche „Verbundsysteme“ stellen den Versuch der Politik dar, immer komplexere wechselseitige Abhängigkeiten und Bedingungsgefüge („Vergesellschaftung“) durch entsprechende Organisationsformen wieder einzuholen (vgl. *Offe* 1975; vgl. LB 3, „Korporatismus“). Dieser Grundgedanke schlägt sich in den konkreten Reformvorschlägen nieder. Sie zielen insbesondere auf die *Einrichtung von Räten* unterschiedlichster Art, denen gemeinsam ist, daß diejenigen Gruppen beteiligt werden sollen, die vom konkreten Inhalt der Entscheidung betroffen sind. So fordern z. B. *Hauff/Scharpf* im Bereich der sektoralen Strukturpolitik einen nationalen Energierat, in dem Staat und Wirtschaft, aber auch Banken und Bürgerinitiativen sowie Gewerkschaften und Wissenschaft vertreten sein müßten. Auf diese Weise soll nicht nur eine strukturpolitisch richtige Planung erreicht werden, sondern auch eine, die Aussicht hat, bei allen Beteiligten und bei der gesamten Bevölkerung auf Zustimmung zu stoßen (*Hauff/Scharpf* 1975, S. 128).

Noch deutlicher wird der Grundgedanke der Verbundsysteme vom Basler „prognos“-Institut formuliert, das in einem Gutachten die vor allem von den DGB-Gewerkschaften propagierte Idee der *Wirtschafts- und Sozialräte* aufgreift und sie als Ergänzung des strukturpolitischen Instrumentariums empfiehlt.

Zur *Begründung* dieser „organisatorischen Vergesellschaftung“ durch ein „Verbundsystem“ greifen die Autoren auf die bereits erwähnte zunehmende „faktische Vergesellschaftung“ zurück, die sich in diesem Zusammenhang konkret so darstellt:

- „Arbeitnehmer und Unternehmen sind unmittelbar durch alle strukturellen Veränderungen in der Wirtschaft betroffen. Alle darauf einwirkenden Maßnahmen berühren die Absatz- und Kostenentwicklung der Unternehmen und damit deren Ertrags- und Investitionspotential sowie das Arbeitsplatzangebot, seine Veränderung und seine Sicherheit.
- Gewerkschaften und Unternehmensvereinigungen beeinflussen durch ihre eigenen Entscheidungen nicht nur im Bereich der Tarifautonomie die wirtschaftliche Entwicklung und insbesondere das Investitionsklima, so daß sie bei Divergenzen zu den Zielen staatlicher Stellen deren Erreichbarkeit in Frage stellen können“ (prognos-Gutachten 1976, S. 202).

Auch in diesem Bereich der RV-Reformen ergibt sich, daß solche Ideen bereits aus dem Regierungsapparat selbst heraus ohne theoretisches Modell entwickelt wurden und teilweise praktiziert werden. Als wohl bekanntestes Beispiel sei auf die *„Konzertierte Aktion“* verwiesen. Auch die zunehmende Etablierung von *Beiräten* geht in dieselbe Richtung. Sie alle folgen dem gleichen Grundgedanken, wonach die Einbindung und Beteiligung der Betroffenen (bzw. ihrer Vertreter) die Wahrscheinlichkeit der Zustimmung zur Politik des RV-Systems erhöhen.

3.3.3 Einwände

- Generell wird gegen das Konzept der „aktiven Politik" eingewandt, es sei zu *technokratisch*, weil es die Bedeutung von Regierung/Verwaltung, insbesondere deren Binnenstruktur, *über*schätzt und die Bedeutung der gesellschaftlichen und ökonomischen Restriktionen der Politik *unter*schätzt. Es übersieht häufig die wahren Hindernisse für die Durchführung einer aktiven Politik. Diese liegen nicht so sehr in den internen Verhältnissen des politisch-administrativen Systems, sondern in den gesellschaftlichen Strukturen und den daraus sich ergebenden Machtverhältnissen.
- Aus der Sicht marxistischer Theorie heißt dies, daß „aktive Politik" auf eine *Systemgrenze* stößt: In einer kapitalistischen Gesellschaft können nur gesellschaftliche Interessen, Werte und Ziele politisch artikuliert und durchgesetzt werden, die nicht mit dem *„Primat der Kapitalverwertungsbedingungen"* kollidieren. Ausdruck dieser grundlegenden Restriktion ist, daß dem Staat aus systemischen Gründen das für seine Planungsintentionen erforderliche Diagnose-, Prognose- und Steuerungswissen fehlt.
- RV-Reform setzt im Grunde auf die Stärkung des institutionellen Systems. Dadurch allein kann jedoch keine Bewältigung der gesellschaftlichen Probleme erreicht werden. Dazu bedarf es der Ausweitung und *Verstärkung des demokratischen Willensbildungsprozesses* durch eine zunehmende Verankerung der Prinzipien der politischen Demokratie in der Gesellschaft, d. h. einer *„politischen Strategie"* (*Grauhan/Linder* 1974).
- Von konservativer Seite wird eingewandt, daß „aktive Politik" zu *staatlichem Dirigismus* und zur *Einengung der persönlichen Freiheit* führt, und daß daher staatliche Politik überhaupt nicht versuchen soll, die gesellschaftlichen und ökonomischen Prozesse zu steuern, sondern vielmehr als „sekundäre Planung" lediglich die nicht berücksichtigten oder nicht vorhersehbaren Folgen der unternehmerischen „primären Planung" (*Tenbruck* 1971) auffangen soll.
- Generell ist eine umfassende gestaltende Politik aufgrund der *Komplexität des Gegenstandes* (Gesellschaft) überhaupt nicht möglich und daher ist zu erwarten, daß umfassende Planungskonzepte bei der Realisierung immer mehr und neue Probleme aufwerfen werden, als vorher vorhanden waren (vgl. auch *Tenbruck* 1971).
- Gegen das Konzept der *politischen Planung* wird insbesondere eingewendet, daß Planung neben systemischen auch auf kognitive Restriktionen stößt, d. h., selbst wenn Informationen und Durchsetzungsfähigkeit vorhanden sind, kann die *Komplexität* einer umfassenden integrierten Planung nicht mehr verarbeitet werden.

- Reformen der *Organisation* werden vor allem deswegen kritisiert, weil die Zusammenhänge zwischen Organisationsstruktur und Aktivität der Organisation bisher nur sehr unvollständig erforscht sind und daher Reformen propagiert werden, deren Ergebnisse, wenn überhaupt welche vorhanden sind, weitgehend unbekannt sind.
- Im Bereich *Personal* wird an den angebotenen Konzepten der Anspruch kritisiert, als *vollständiges Modell auf jede Verwaltung übertragbar* zu sein. Es ist viel eher zu erwarten, daß die Vielfalt der öffentlichen Aufgaben und der daraus folgenden öffentlichen Institutionen eine Vielzahl möglicher Organisationsformen im Personalbereich notwendig macht.
- An den Modellen der *Erweiterung des Konsenspotentials* wird kritisiert, daß die Einbeziehung der Betroffenen einerseits zwar die Konsensbildung erleichtern kann, andererseits aber die Gefahr heraufbeschwört, daß sich das *Konfliktniveau erhöht.* Der erwartete Effekt kann also genau ins Gegenteil umschlagen. Interessenausgleich wäre so gleichbedeutend mit der Suche nach dem kleinsten gemeinsamen Nenner, bei der innovative Lösungen von vornherein ausgeschlossen würden.
- Solche Verbundmodelle unterschlagen das *Problem nicht-organisations- und nicht-konfliktfähiger Interessen.* Sie setzen im Grunde ein funktionierendes, pluralistisches System voraus, wenn sie nicht ohnehin nur ein *neokorporatistisches Beteiligungsmodell* anstreben.

3.3.4 Grundlegende Literatur

allgemein:

Mayntz, Renate/Scharpf, Fritz W.: Kriterien, Voraussetzungen und Einschränkungen aktiver Politik, in: dies. (Hrsg.): Planungsorganisation. Die Diskussion um die Reform von Regierung und Verwaltung des Bundes, München 1973, S. 115ff.

Schmid, Günther/Treiber, Hubert: Bürokratie und Politik. Zur Struktur und Funktion der Ministerialbürokratie in der Bundesrepublik Deutschland, München 1975

für a) Verfahren:

Hellstern, Gerd Michael/Wollmann, Hellmut (Hrsg.): Experimentelle Politik, Reformstrohfeuer oder Lernstrategie, Opladen 1983

Lompe, Klaus: Möglichkeiten und Grenzen politischer Planung in parlamentarischen Demokratien, hrsg. von der Niedersächsischen Landeszentrale für Politische Bildung, Hannover 1975

Schatz, Heribert: Politische Planung im Regierungssystem der Bundesrepublik Deutschland, Göttingen 1974

für b) Organisation:

Mayntz, Renate/Scharpf, Fritz W.: Vorschläge zur Reform der Ministerialorganisation, in: dies. (Hrsg.): Planungsorganisation. Die Diskussion um die Reform von Regierung und Verwaltung, München 1973, S. 201ff.

für c) Personal:
Böhret, Carl/Junkers, Marie Therese: Führungskonzepte für die öffentliche Verwaltung. Darstellung – Kritik – Anwendungsprobleme, Stuttgart u. a. 1976
Bundesminister des Inneren (Hrsg.): Aktionsprogramm zur Dienstrechtsreform, Bonn, Juli 1976

für d) Macht- und Konsenspotential
Hauff, Volker/Scharpf, Fritz W.: Modernisierung der Volkswirtschaft. Technologiepolitik als Strukturpolitik, Frankfurt am Main/Köln 1975
Offe, Claus: Berufsbildungsreform. Eine Fallstudie über Reformpolitik, Frankfurt am Main 1975

4. Überwindende Konzeptionen: Sozialistischer Reformismus

4.1 Überblick

Den „bewahrenden" und „verbessernden" Konzeptionen ging es im wesentlichen um die Erhaltung der gesamtgesellschaftlichen Struktur bzw. um vereinzelte funktionelle und strukturelle Verbesserungen. Die unter dem Begriff des *Sozialistischen Reformismus* zusammengefaßten Konzeptionen zielen dagegen auf eine grundlegende gesamtgesellschaftliche Veränderung, die sich an der historisch gewachsenen Idee des *Sozialismus* orientiert, aber eine gewaltsame gesellschaftliche Neuordnung ablehnt. Vielmehr soll durch eine schrittweise Umgestaltung in Form von *Reformen* eine Gesellschaftsordnung entstehen, die frei ist von Krieg, Hunger, Not und Armut, von Entfremdung, Unterdrükkung und Demagogie.

Der *Sozialistische Reformismus* wurzelt zwar in der geschichtlichen Entstehung des Sozialismus, ist aber mit der traditionellen Vorstellung des wissenschaftlichen Sozialismus nicht mehr identisch. Der Sozialismus wird nicht mehr als eine gesetzmäßige, wissenschaftlich begründbare Entwicklungs- oder Übergangsperiode zwischen Kapitalismus und Kommunismus begriffen, sondern als ein *Gestaltungsprinzip* von Staat, Wirtschaft und Gesellschaft. Nicht der revolutionäre Sturz, sondern die schrittweise, reformerische Umgestaltung des Kapitalismus ist die Voraussetzung für den Sozialismus. *Eduard Bernstein* (1921) begründete diese Abkehr von zentralen Aussagen des Marxismus mit der zunehmenden Komplexität der (Industrie-)Gesellschaft, der sozialen Differenzierungen (Schichten statt Klassen) und der auch tendenziell abnehmenden Verelendung der Arbeiterschaft. Er entwickelte darum ein neues, „revisionistisches" Verständnis von Sozialismus; der *Revisionismus* wurde zur Grundlage des *Reformsozialismus* (*Meyer* 1982, S. 40).

In der Bundesrepublik werden sozialistisch-reformistische Vorstellungen vor allem in der Sozialdemokratie vertreten, aber auch in Gewerkschaften, Kirchen und anderen Gruppierungen.

Das *Godesberger Programm* (1959), als die bekannteste konzeptionelle Umsetzung solcher Vorstellungen in Deutschland, nennt als Wurzeln die christliche Ethik, den Humanismus und die klassische Philosophie. Der Marxismus fehlt in dieser Aufreihung, weil sich der Revisionismus ja gerade in Auseinandersetzung mit und als Alternative zu ihm entwickelt hat. Gleichwohl ist unbestritten, daß auch eine demokratisch marxistische Auffassung, die vor allem an den Ausführungen des „frühen" *Marx* über die Selbstbestimmung des Menschen anknüpft, mit diesen Konzepten vereinbar ist.

Die vielfältigen Begründungen und Motive des Reformsozialismus zeigen, daß er explizit keinen „Wahrheitsanspruch" vertritt. Er will „keine letzten Wahrheiten verkünden", wie im Godesberger Programm formuliert wird, und lehnt einen „Alleinvertretungsanspruch" ab. Eine geschlossene Theorie, die die Erkennbarkeit objektiver, geschichtlich determinierter Ablaufgesetze der Gesellschaft voraussetzt, wird für erkenntnistheoretisch unrealisierbar und praktisch-politisch repressiv gehalten. Unterschiedliche Ausgangspunkte und Motivationen stehen gleichbrechtigt nebeneinander. Dieser *„Begründungspluralismus" (Thomas Meyer)* und die Verpflichtung auf *Grundwerte* als Maßstab der praktischen Politik sind Kennzeichen dieser reformistischen Vorstellungen.

Für den Revisionismus als Reformkonzept sind die Schritte und Mittel auf dem Weg der politischen Veränderung wichtig, die Ziele treten demgegenüber zurück. *Bernsteins* berühmter Satz, daß ihm die Bewegung alles und das, was man gemeinhin Endziel des Sozialismus nenne, nichts sei, ist der pointierte Ausdruck des Grundsatzes. Die Formulierung und Postulierung von Grundwerten sollen verhindern, daß sich Zwecke verselbständigen und die Mittel heiligen, wie so oft im „real existierenden Sozialismus". Die Grundwerte sollen nicht irgendwann einmal erreicht werden, sondern mit jeder Reform, jeder politischen Entscheidung ein Stück weiter realisiert werden.

Im folgenden sollen reformistisch-sozialistische Vorstellungen zunächst am theoretisch anspruchsvollsten und am weitesten ausformulierten Konzept des „Demokratischen Sozialismus" erläutert werden, um dann anhand weiterer Konzepte wie „Wirtschaftsdemokratie", „Demokratisierung der Gesellschaft", „Funktionaler Sozialismus" und schließlich „Öko-Sozialismus" weiter konkretisiert zu werden.

4.2 Demokratischer Sozialismus

4.2.1 Ansatzpunkte und Ziele

Der Demokratische Sozialismus als „geschichtlich entwickelte sozial-theoretische Position" (*Vilmar*) beruft sich als Ausgangspunkt seiner theoretischen Konzeption ausdrücklich auf die traditionellen Grundwerte und Zielsetzungen des Sozialismus, wie sie z. B. von *Marx* (in seinen frühen Arbeiten) formuliert wurden. Auch dem Demokratischen Sozialismus geht es darum „... alle Verhältnisse umzuwerfen, in denen der Mensch ein erniedrigtes, ein geknechtetes, ein verlassenes, ein verächtliches Wesen ist" (*Marx* 1844, S. 385).

Anders als die Konzepte der „Aktiven Politik", die aufgrund von wissenschaftlichen Mängelanalysen mehr technisch orientierte Vorschläge zur Verbesserung der Funktionsfähigkeit insbesondere des politisch-administrativen Systems entwickeln, bezieht der Demokratische Sozialismus sich also explizit auf traditionelle, radikal-humanistische Grundwerte und Zielsetzungen, wie sie z. B. auch im Grundgesetz der Bundesrepublik veankert sind. *Freiheit und Entfaltung der Persönlichkeit* werden als zentrale Ziele angesehen, die nach Auffassung des Demokratischen Sozialismus in erster Linie durch mehr *soziale Gerechtigkeit* und *mehr Demokratie* erreicht werden sollen. Für demokratische Sozialisten sind Sozialismus und vollendete Demokratie identisch.

Konkretisiert werden die Vorstellungen durch die Benennung von *Grundwerten,* an denen sich sozialistische Politik orientieren soll. Diese Grundwerte sind traditionelle Elemente der bürgerlichen, radikal-demokratischen Revolution, die von der Arbeiterbewegung im selben Maße aufgenommen wurden, wie das Bürgertum sie relativierte:

- *Freiheit,* verstanden als Freiheit von Not, Unwissenheit, Krankheit, Furcht, Einsamkeit, d. h. geistige, materielle, demokratische und wirtschaftliche Freiheit;
- *Gleichheit,* verstanden als über Chancengleichheit hinausgehende Gleichheit der Lebenschancen;
- *Gerechtigkeit* als Verwirklichung von so bestimmter Freiheit und Gleichheit und
- *Solidarität* als notwendige Rahmenbedingungen einer sozialistischen Gesellschaft von Freien und Gleichen.

In der Bundesrepublik Deutschland werden Positionen des Demokratischen Sozialismus vor allem von den „linken" Fügeln der SPD und der Gewerkschaften vertreten (z. B. *Fritz Vilmar, Johano Strasser, Peter von Oertzen,* vgl. auch HDS 1977) und finden z. T. auch ihren Niederschlag in der Programmatik dieser Organisationen (Godesberger Programm und Orientierungsrahmen '85 der SPD; Grundsatzprogramm des DGB). Historisch steht der Demokratische Sozialismus in der Tradition sozialdemokratischer Konzepte wie Revisionismus (*Eduard Bernstein),* Wirtschaftsdemokratie *(Fritz Naphtali)* und dem nach dem Zweiten Weltkrieg entwickelten „freiheitlichen Sozialismus" (*Willi Eichler, Gerhard Weisser u. a.*). Im europäischen Rahmen bestehen mehr oder weniger enge Beziehungen zu Vertretern des „Dritten Weges", des „Prager Frühlings" und des „Eurokommunismus".

Die Entwicklung einer eigenständigen Theorie des Demokratischen Sozialismus ist kaum denkbar ohne die geschichtliche Erfahrung in den Staaten des sogenannten sozialistischen Lagers. Der in Osteuropa praktizierte „reale Sozialismus" wird gerade nicht als Sozialismus betrachtet, denn „undemokratischer Sozialismus ist nicht Sozialismus" (*von Oertzen* 1974 a). Die *Kritik am „realen Sozialismus"* der Ostblockstaaten richtet sich insbesondere gegen drei Punkte:

- Durch die Diktatur der (Partei-)Avantgarde ist eine neue Klassengesellschaft entstanden und damit ein neues System der *Ungleichheit.*
- Selbst die bürgerlich-liberalen Freiheitsrechte sind in diesen Staaten nicht verwirklicht, vielmehr gibt es verschärfte *Unfreiheit.*

– Selbstbestimmung und Selbstverwirklichung der Menschen sind nicht realisiert, es herrscht ein neues System der *Ausbeutung*.

Aus diesen Erfahrungen ergibt sich ein zentraler Grundsatz des demokratischen Sozialismus. Für eine sozialistische Gesellschaft sind die sogenannten *bürgerlichen Freiheitsrechte und die „freiheitlich-demokratischen Grundordnungen" der parlamentarischen Demokratien unverzichtbar*. Nicht ihre Eliminierung, sondern ihre *Entfaltung und Weiterentwicklung stellen sich als Aufgabe*.

Freiheit wird nach *Rosa Luxemburg* in der Tradition der Aufklärung bestimmt als „Freiheit des Andersdenkenden". Gleichzeitig wird die Notwendigkeit einer über den politischen Parlamentarismus hinausgehenden gesamtgesellschaftlichen Demokratisierung betont als Methode und Ziel einer veränderten Gesellschaft und Wirtschaftsordnung, da in der kapitalistischen wie auch in der sogenannten „Volks-Demokratie wesentliche Freiheitsrechte inhaltsleer und formal bleiben:

„. . . es darf nicht übersehen werden, daß die Gleichheit vor dem Gesetze, die Freiheit der Meinungsäußerung und die gleichberechtigte Teilnahme aller am demokratischen Entscheidungsprozeß in einer kapitalistischen Gesellschaft niemals voll verwirklicht werden können, weil Vermögen und Macht einer kleinen Minderheit unvergleichbar höhere Chancen bieten, „ihr" Recht zu bekommen, ihre Meinung öffentlichkeitswirksam zu verbreiten und auf die politischen Entscheidungen bestimmenden Einfluß zu gewinnen" (*Strasser* 1976, S. 28).

Im Zusammenhang mit der Kritik am „realen Sozialismus" steht die *Ablehnung zentraler Vorstellungen des Marxismus-Leninismus:*

– Bestritten wird, daß eine materiell verelendete, politisch machtlose und nicht in die Gesellschaft integrierte *Arbeiterklasse* revolutionär ist. Eher ist zu befürchten, daß sie autoritätshörig bzw. apathisch wird. Aufgabe der sozialistischen Politik ist es daher, die sozialen Verhältnisse der Arbeiterklasse kontinuierlich zu verbessern. Nicht durch den Druck zunehmender Verelendung, sondern durch ein ständig steigendes Niveau ökonomischer und sozio-politischer Bedürfnisbefriedigung ist gesellschaftlich verändernde Kraft zu gewinnen. Durch kontinuierliche Reformpolitik soll die Arbeitnehmerschaft in die sich zur sozialen Demokratie umgestaltende Gesellschaft eingegliedert werden.
– Die These, daß die – als solche nicht bestrittenen! – strukturellen Widersprüche kapitalistischer Produktionsverhältnisse das ökonomische System in immer schwerere Krisen führen, die schließlich zu einer revolutionären Aufhebung überleiten, wird abgelehnt. Der Demokratische Sozialismus geht demgegenüber von der *Möglichkeit schrittweiser reformerischer Überwindung kapitalistischer Klassenherrschaft* aus.
– *Reform* wird *anstelle von Revolution* als Grundmuster sozialen Wandels gesehen. („Was passiert denn nach einer Revolution? Dann fangen die Reformen an!" *[Olof Palme]*). Die bisherigen Erfahrungen mit Revolutionen sind schlecht: die Ergebnisse entsprachen nicht den Erwartungen, die menschlichen und sozialen Kosten waren hoch. Daher sind Veränderungen nur ohne Gewalt und auf dem Wege schrittweiser Reformen denkbar, allerdings müssen diese die Qualität systemverändernder Reformen haben.

„Systemverändernde Reformen haben die schrittweise Verwirklichung der Selbstbestimmung der Menschen in allen Bereichen des gesellschaftlichen Lebens zum Zweck, den Abbau von Fremdbestimmung, von sozialer wie psychischer Veredelung, die Herstellung einer gesellschaftlichen Ordnung, in der es keine Macht, keine Herrschaft von Menschen über Menschen mehr gibt, die nicht realdemokratisch kontrolliert und auf das funktional unabdingbar notwendige Minimum reduziert wäre" (*Vilmar* 1977, S. 173).

- *Sozialismus ist nicht naturnotwendiges Ergebnis objektiver Gesetze,* sondern Ergebnis bewußten Handelns der Menschen. Er ist eine historische Alternative, die gegen andere mögliche gesellschaftliche Alternativen (vor allem gegen autoritäre bzw. totalitäre Regimes faschistischer oder leninistischer Art) erkämpft werden muß.
- Jegliches Endzeitdenken gilt als gefährlich. Es gibt keine Gewißheit darüber, wie die zukünftige Gesellschaft aussehen wird und auf welchem Weg man dorthin gelangt. *Vorstellungen einer zukünftigen heilen Welt ohne Konflikte und Knappheiten werden als unrealistisch abgelehnt.*
- Der Demokratische Sozialismus postuliert eine *Kongruenz von Mitteln und Zielen,* d. h. die Mittel und Methoden des Weges zum Sozialismus müssen die Qualität des Zieles in sich tragen. Das sozialistische Ziel darf nicht durch diktatorische Mittel diskriminiert werden. Daraus folgt, daß Sozialismus nicht verordnet, sondern nur durch Mehrheitsentscheidungen geschaffen werden kann. Sozialistische Politik ist angewiesen auf permanente, also auch widerrufbare ex-ante-Legitimation durch Mehrheiten. Unvereinbar mit dem Demokratischen Sozialismus sind daher leninistische Prinzipien wie die „Diktatur des Proletariats" (Prinzip der revolutionären Kaderpartei) oder der „demokratische Zentralismus" (vgl. hierzu LB 4, 5.5 „Kommunistische Zukunftsgesellschaft").
- Der Demokratische Sozialismus betrachtet den *Staat* nicht als klassenpolitisch festgelegte Institution, die bekämpft und zerschlagen werden muß, sondern *als mögliches Verwaltungs- und Integrationssystem, das demokratisiert werden muß:* Reformen muß man mit und in den staatlichen Institutionen durchsetzen. Das marxistische Verständnis des Staates als eines – wenn auch von widersprüchlichen Interessen bestimmten – einheitlichen Kapitalinteressenverwalters wird abgelehnt. Dieser mystische Begriff des Staates als einer geschlossenen, in sich konsistenten Wesenheit ignoriert nach Ansicht des Demokratischen Sozialismus die überaus differenzierte und pluralistische Struktur des modernen Staates. In Abgrenzung zu konservativen Positionen betont der Demokratische Sozialismus, daß der Staat nicht Selbstzweck, sondern Mittel zur gesellschaftlichen Gestaltung ist. Auch die pluralistische Konzeption des Staates als neutralem Schiedsrichter wird bestritten. Der Staat ist kein Vertreter eines „objektiven Gemeinwohls" gegenüber den Interessen der konkreten gesellschaftlichen Gruppen, er ist vielmehr in den Kampf der gesellschaftlichen Interessengruppen einbezogen und durch ihn geprägt. Dieses Faktum ist der zentrale Ansatzpunkt des Demokratischen Sozialismus, denn es bedeutet, daß auch nicht- und antikapitalistische Interessen den Staat mitbestimmen und durch ihn vertreten werden. Die qualitativen Veränderungen des

Staates in den letzten hundert Jahren, z. B. durch das allgemeine, freie, gleiche Wahlrecht und die organisierte Vertretung der Interessen der Arbeiterklasse werden als Beleg für diese These herangezogen.

4.2.2 Mittel und Wege

Für den Demokratischen Sozialismus ist zwar die *Ökonomie* ein wichtiges, wenn nicht das wichtigste Fundament der Gesellschaft. Daraus folgt jedoch nicht eine monokausale Erklärung gesellschaftlicher Phänomene oder eine nur an der Ökonomie ansetzende Strategie der Gesellschaftsveränderung. Von einem simplen *Basis/Überbau-Denken* (erst wenn die ökonomische Basis verändert ist, ändert sich auch der gesellschaftliche Überbau) *wird abgewichen zugunsten einer pluralistischen, multifrontalen, integralen und gradualistischen Strategie:*

- *pluralistisch* statt monistisch heißt, daß nicht eine allein gültige Theorie und Strategie gesellschaftlicher Veränderung anerkannt wird, sondern daß verschiedene gesellschaftsverändernde Konzepte und Ansätze zur Debatte und zur Erprobung auf Widerruf stehen,
- *multifrontal* statt „ökonomisch“ bedeutet, daß nicht „primär“ in ökonomischen, sondern in allen Bereichen gleichzeitig Veränderungen unternommen werden müssen,
- *integral* statt isoliert meint, daß die verschiedenen einzelnen Veränderungsschritte sich gegenseitig unterstützen und als Elemente einer einheitlichen Strategie aufeinander bezogen werden müssen,
- *gradualistisch* statt revolutionär bezeichnet schließlich die Erkenntnis, daß demokratisch, durch Mehrheitswillen legitimierte Veränderungen schrittweise erkämpft werden müssen und nicht als einmalige Ereignisse zustande kommen.

Diese Elemente sind für die unterschiedlichen Politikbereiche (z. B. Bildungspolitik, Internationale Politik, Kommunalpolitik usw.) jeweils zu konkretisieren und umzusetzen (vgl. zur theoretischen Diskussion die Schriftenreihe der „Hochschulinitiative Demokratischer Sozialismus“ [HDS], die Zeitschriften „forum-ds“ [1976–79] sowie „Perspektiven des Demokratischen Sozialismus“ [pds] 1984 ff.).

4.2.3 Einwände

- Der Demokratische Sozialismus verkennt die Bedeutung des Grundwiderspruchs zwischen Lohnarbeit und Kapital. Solange die kapitalistischen Besitz- und Aneignungsverhältnisse unangetastet bleiben, verbleiben auch die Reformen an der Oberfläche. An der grundsätzlich ungleichen und ausbeuterischen Gesellschaftsordnung ändert sich außer ein paar kosmetischen Korrekturen nichts. Insofern dient der Demokratische Sozialismus in erster Linie der Verschleierung und Stabilisierung kapitalistischer Ausbeutungsverhältnisse.

- Rolle und Funktion des kapitalistischen Staates werden falsch eingeschätzt. Dieser ist kein Klassen-neutrales Instrument, das abhängig von den jeweils vorherrschenden Mehrheitsverhältnissen zu mehr oder weniger radikalen Reformen und Veränderungen der Gesellschaft eingesetzt werden kann, sondern aufgrund seiner Einbindung in das kapitalistische System eine an die Interessen des Kapitals gebundene Institution. Staatliche Aktivitäten werden letztlich nicht durch den guten Willen der jeweils regierenden Akteure bestimmt, sondern durch die Funktionserfordernisse moderner, kapitalistischer Massendemokratien (vgl. LB 3, 11.4 „Staat").
- Der Demokratische Sozialismus geht von einem idealistischen und illusionären Menschenbild aus. Menschen sind prinzipiell nicht bereit, in nie endenden demokratischen Diskussionen Konsens zu erzeugen und sind auch nicht in der Lage, komplexe Gesellschaftssysteme zu entwerfen und dann durchzusetzen. Statt dessen orientieren sie sich an ihren kurzfristigen, egoistischen Interessen. Eine politische Strategie, die dies nicht anerkennen will, muß notwendigerweise scheitern.
- Der Demokratische Sozialismus verkennt die konstitutive Bedeutung der Ungleichheit für menschliche Gesellschaften. Nur durch Ungleichheit und die individuellen Versuche, diese zu überwinden, sind innovative Erneuerungen überhaupt erst möglich. Eine Gesellschaft, in der Ungleichheit abgeschafft wäre, würde überhaupt keine Anreize für Veränderungen und Fortschritt bieten.
- Der Demokratische Sozialismus stellt zentrale Mechanismen der modernen, kapitalistischen Gesellschaften in Frage und versucht sie abzuschaffen. Ohne Verfügungsgewalt der kompetenten und risikobereiten Kapitaleigner über das Kapital, ohne gesellschaftliche Ungleichheit, ohne Preisbildung und Versorgung über den Markt usw. kann aber unser überlegenes Wirtschaftssystem nicht funktionieren. In dem Umfang, in dem in diese zentralen Mechanismen eingegriffen wird, stellt der Demokratische Sozialismus den ökonomischen Wohlstand und Fortschritt in Frage und beschwört schließlich ökonomische Krisen herauf, die letztlich in auch von ihm ungewollte politische Krisen umschlagen können.

4.2.4 Grundlegende Literatur

Autorenteam der Hochschulinitiative Demokratischer Sozialismus (HDS): Zur Einführung in die Theorie des Demokratischen Sozialismus, Frankfurt a. M. 1977

Meyer, Thomas: Demokratischer Sozialismus. Eine Einführung, Bonn 1982

Meyer, Thomas: u. a. (Hrsg.): Lexikon des Sozialismus, Köln 1986

4.3 Gesamtgesellschaftliche Demokratisierung

4.3.1 Ansatzpunkte und Ziele

Das allgemeine Ziel des Demokratischen Sozialismus, eine menschenwürdige Gesellschaft der Freien und Gleichen, kann nur erreicht werden, wenn auch die Gesellschaft demokratischer gestaltet wird. Deshalb wird der Demokratische Sozialismus vor allem durch das Konzept der gesamtgesellschaftlichen Demokratisierung konkretisiert und operationalisiert:

„Demokratisierung ist ... der Inbegriff aller Aktivitäten, deren Ziel es ist, autoritäre Herrschaftsstrukturen zu ersetzen durch Formen der Herrschaftskontrolle von „unten", der gesellschaftlichen Mitbestimmung, Kooperation und – wo immer möglich – durch freie Selbstbestimmung" (*Vilmar* 1973, S. 21; vgl. auch HDS 1977, S. 205).

Demokratisierung ist daher sowohl *Mittel,* um das Ziel einer menschenwürdigeren Gesellschaft zu erreichen, wie auch *Ziel* in sich selbst, denn im Prinzip sind Demokratisierung als Herstellung von Gleichheit und Freiheit in allen gesellschaftlichen Lebensbereichen und Sozialismus ein und dasselbe.

Das Konzept der gesamtgesellschaftlichen Demokratisierung ist kein abstraktes normatives Modell, sondern versteht sich als Systematisierung und Weiterführung einer in der Wirklichkeit seit Mitte der sechziger Jahre in Gang gekommenen emanzipatorischen Bewegung. Für den Demokratischen Sozialismus hat „die Revolution schon begonnen". Die Theorie der gesamtgesellschaftlichen Demokratisierung soll lediglich den Zusammenhang und die strategische Bedeutung dieser isolierten Bestrebungen aufzeigen und sie vorantreiben. Als *Gründe für die Notwendigkeit einer umfassenden Demokratisierung* aller gesellschaftlichen Lebensbereiche werden insbesondere folgende Punkte genannt:

- Die periodische Wahl von Volksvertretern im parlamentarisch-repräsentativen System ist keine hinreichende *Realisierung demokratischer Prinzipien;* dies kann zu einer Entfremdung zwischen Regierung und regiertem Volk führen.
- *Undemokratische gesellschaftliche Strukturen* z. B. im Bildungs- und Produktionssystem, im Wohn- und Informationsbereich sowie in Parteien und Verbänden verhindern die Verwirklichung der demokratischen Grundsätze im Regierungssystem.
- Undemokratische Herrschaft wird nicht nur im ökonomischen Bereich (wo sie am unmittelbarsten wirkt), sondern auch in nicht auf Kapitalmacht gegründeten Organisationen, z. B. durch Bürokratien, ausgeübt. Deswegen muß an die Stelle der „offenbar aussichtslosen Ein-Front-Strategie Arbeit kontra Kapital" *(Vilmar)* eine *Viel-Fronten-Strategie* der Demokratisierung in allen gesellschaftlichen Subsystemen treten.
- Durch umfassende Demokratisierung gewinnt der einzelne Bürger in seinen *unmittelbaren gesellschaftlichen Lebensbereichen* überschaubare Aktions- und Veränderungschancen. Die Möglichkeit von Veränderung wird erfahrbar und löst damit immer weniger Angst und Unsicherheit aus. Dies läßt sich auch auf politische Veränderungsprozesse übertragen.

4.3.2 Mittel und Wege

Zentraler Ansatzpunkt der gesamtgesellschaftlichen Demokratisierung ist das Konzept der mehrdimensionalen oder *„multifrontalen“ Strategie*. Durch gleichzeitige Ingangsetzung von Hierarchieabbau, Mitbestimmungsprozessen, Einübung von Widerspruch in allen gesellschaftlichen Subsystemen soll ein kumulativer Effekt bewirkt werden, indem durch gegenseitige Bestätigung und Ermutigung der Akteure die autoritären Strukturen schrittweise abgebaut werden.

Fritz Vilmar unterscheidet ca. *20 gesellschaftliche Subsysteme,* die er *sieben funktionalen Bereichen* so zuordnet, daß diese Subsysteme weitgehend zusammenhängende gesellschaftliche Bedeutung und Aufgaben haben sowie teilweise auch ähnliche Autoritäts- bzw. Oligarchiestrukturen aufweisen. Hieraus ergibt sich folgende Systematik der gesellschaftlichen Subsysteme:

1. *Primäre Sozialisationssysteme*
   (z. B. Familien, Kindergärten, Vorschulen usw.)
2. *Bildungssystem*
   (z. B. Schulen, Presse, Theater, Kino . . .)
3. *Öffentliche Verwaltungen*
   (Wohnbereiche, Landes- und Staatsverwaltungen, Polizei, Militär)
4. *Fürsorge-Institutionen*
   (Krankenhäuser, Jugendheime, Gefängnisse)
5. *Wirtschaft*
   (Unternehmen, Konzerne, Wirtschaftskammern, Landes- und Volkswirtschaften)
6. *Verbände und freie Vereinigungen*
   (Parteien, Gewerkschaften, Kirchen)
7. *Volksvertretungen*
   (Parlamente auf allen Ebenen)

Die multifrontalen Demokratisierungsanstrengungen können nicht in allen Subsystemen mit gleicher Intensität erfolgen. Die Bildung von Schwerpunkten ist notwendig. *Fritz Vilmar* unterscheidet deshalb *Kernbereiche der Demokratisierung* sowie sekundäre und periphere Bereiche (vgl. Abb. 36). Zum Kernbereich zählen die Subsysteme, die die Menschen unmittelbar betreffen, interessieren und für sie überschaubar sind wie z. B. Familie, Schule, Betrieb, Gewerkschaft und Kommune.

Die Benennung von Subsystemen sagt noch nichts über deren Binnenstruktur aus. Als *Ansatzpunkte für Demokratisierung* müssen die Dimensionen herausgearbeitet werden, in denen sich soziale Organisationen entfalten. *Vilmar* nennt in diesem Zusammenhang:

- die *Dimension* der *Entscheidungsbereiche* einer Organisation (marginale Entscheidungsbereiche, Verfahrensentscheidungen, personelle Entscheidungen, Produktionsentscheidungen, Systementscheidungen) und
- die *Dimension der funktionalen wie hierarchischen Gliederung* einer Organisation (funktional-regional-hierarchischer Aufbau, z. B. Betrieb – Unternehmen – Konzern – Branche – Aufsichtsrat).

Abbildung 36: Kernbereiche, sekundäre und periphere Bereiche der Demokratisierung

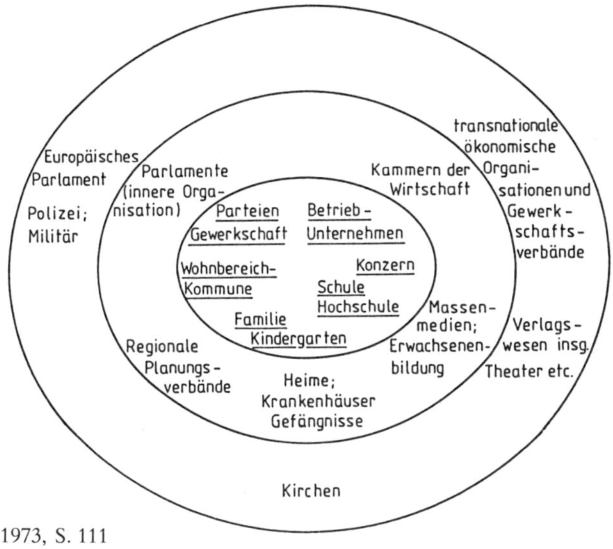

Vilmar 1973, S. 111

Die Strategie der Demokratisierung darf sich nicht nur auf die internen Verhältnisse in gesellschaftlichen Subsystemen beziehen, also auf die Strukturen und Entscheidungen durch die Menschen auf Menschen Einfluß nehmen, sondern sie muß ebenso auf die Außenwirkung gerichtet sein. Das heißt z. B.: Nicht nur die Produktionsverhältnisse, auch die Produkte müssen demokratischen und humanen Ansprüchen genügen.

Hinsichtlich der *Organisationsformen* für eine optimale Beteiligung von Betroffenen unterscheidet *Vilmar* zwei wichtige Kategorien:

- *nicht-institutionalisierte kollektive Gegenmachtbildung* (z. B. symbolisch, Demonstrationen, ziviler Widerstand/Ungehorsam, gewaltfreier Aufstand, gewaltsamer Aufstand) und
- *institutionalisierte Mitbestimmung oder Selbstbestimmung* des Entscheidungsprozesses durch die Betroffenen (z. B. „Subsystemräte", Vollversammlungen der Betroffenen, paritätisch zusammengesetzte Gremien, Delegation von Entscheidungskompetenz, unmittelbare Selbst- oder Mitbestimmung, demokratische Selbstverwaltung mit gewählten Exekutiv- und Kontrollrechten).

Diese beiden Organisationsformen der Demokratisierung sind im Sinne einer Doppelstrategie anzuwenden: Institutionalisierte Mitentscheidungsmöglichkeiten sollen voll ausgeschöpft und konsequent ausgebaut werden, gleichzeitig ist dort Gegenmacht (kollektiver Widerstand) auszuüben, wo wirksame Mitbestimmung oder Selbstbestimmung durch Willkürakte der Kapitalbesitzenden oder bürokratischer Eliten verhindert wird.

Die aufgezeigten möglichen Demokratisierungsverfahren sollen jeweils in unterschiedlichen Subsystemen und Entscheidungsbereichen von den Betroffenen durchgesetzt und erprobt werden. Genausowenig wie es Demokratisierung nur in einem Subsystem geben kann, kann es nur eine Strategie der Demokratisierung geben. Entscheidend ist, daß durch sämtliche Verfahren Herrschaft kontrolliert, abgebaut und als Fernziel schließlich beseitigt wird.

4.3.3 Einwände

- Demokratisierung verschleiert die natürliche Ungleichheit unter den Menschen und das davon abgeleitete (natürliche) Über- und Unterordnungsverhältnis. Der Mensch will geführt werden, denn er ist im Grunde undemokratisch ‚veranlagt'. Jegliche Demokratisierungsmaßnahmen können daher nur erzwungene, d. h. in der Regel ‚von oben' diktierte Entscheidungen sein.
- Demokratie ist *politische Ordnung* und findet ihre Grenze dort, wo der Bereich der Politik aufhört und die nicht politischen Bereiche der Gesellschaft beginnen. Demokratisierung zieht unzulässigerweise alle Lebensbereiche in die Sphäre des Politischen, sie macht private Angelegenheiten zu öffentlichen.
- Demokratisierung setzt an die Stelle kompetenter Sachentscheidungen die Mehrheitsentscheidungen Inkompetenter und lähmt dadurch die betroffenen Institutionen. Demokratisierung führt zu zunehmender *Ineffizienz*.
- Demokratisierung bietet angesichts der Apathie der Mehrheit radikalen Minderheiten Gelegenheit, Machtpositionen für einen *künftigen Umsturz* zu etablieren.
- *Mehr Demokratie führt zu weniger Freiheit*. Freiheit hat zwei Momente: die politische Freiheit der Mitwirkung und die Freiheit vor Zugriffen der Staatsgewalt. Das erste Moment der Freiheit findet seine Grenzen im zweiten. Ist die Unterscheidung von Staat und Gesellschaft aufgehoben, etwa im Sinne eines Staats als Selbstorganisation der Gesellschaft, so ist diese „totale Freiheit" eine „Wegmarke zum Totalitarismus". Demokratisierungsforderungen sind daher nur sinnvoll als Verbesserung der vorhandenen demokratischen Strukturen.
- Demokratisierung ist ein *illusionärer Versuch* der schrittweisen Systemtransformation. Das kapitalistische System kann nur als Ganzes durch die Intensivierung des Klassenkampfes und die Aufhebung des Privateigentums an den Produktionsmitteln überwunden werden.

4.3.4 Grundlegende Literatur

Alemann., Ulrich von (Hrsg.): Partizipation – Demokratisierung – Mitbestimmung. Problemstand in Literatur und Politik, Wirtschaft, Bildung und Wissenschaft. Eine Einführung, 1975

Greiffenhagen, Martin (Hrsg.): Demokratisierung in Staat und Gesellschaft, München 1973
Vilmar, Fritz: Strategien der Demokratisierung (2 Bde.), insbes. Band 1: Theorie der Praxis, Darmstadt und Neuwied 1973

4.4 Wirtschaftsdemokratie

4.4.1 Ansatzpunkte und Ziele

Veränderung und Überwindung der kapitalistischen Produktionsbedingungen sind ein zentrales Ziel des Demokratischen Sozialismus. Zusammengefaßt sind drei unterschiedliche, aber zusammenhängende Punkte der *Kapitalismuskritik* auszumachen: Der Kapitalismus ist irrational/instabil, inhuman und undemokratisch.

Die *Irrationalität/Instabilität* des Kapitalismus wird u. a. mit Beispielen gesellschaftlich unerwünschter Folgen der kapitalistischen Warenproduktion belegt (zyklische Krisen, Raubbau an den vorhandenen Ressourcen, instabile und z. T. unwürdige soziale Verhältnisse für einen Großteil der Bevölkerung u. ä.). Ursache dieser Krisenerscheinungen ist die Orientierung der Produktion an den Profiterwartungen des Kapitals. Ganz im Gegensatz zu den Erwartungen der liberalen Ökonomen werden dadurch die Bedürfnisse der Menschen nicht automatisch erfüllt. Grundbedürfnisse werden vielmehr vernachlässigt, „falsche" Bedürfnisse geweckt.

Die *Inhumanität* des Kapitalismus zeigt sich neben der angesprochenen Irrationalität und der daraus folgenden ungerechten Verteilung von Gütern und Lebenschancen vor allem in den Arbeitsbedingungen. Für einen großen Teil der arbeitenden Menschen ist Arbeit verbunden mit menschenunwürdigen Bedingungen, z. B. durch Arbeitszerlegung und psycho-physisches Arbeitsleid (Streß, Monotonie usw.), vor allem aber infolge der ständigen (offenen oder latenten) Existenzbedrohung durch Arbeitslosigkeit bzw. durch Willkürakte der Produktionsmittelbesitzer und/oder ihrer Manager.

Im Zusammenhang mit der Irrationalität und der Inhumanität steht die *undemokratische Grundstruktur* des Kapitalismus. Gerade im Arbeitsprozeß wird unkontrollierte Herrschaft über Menschen ausgeübt. Die ungleiche Verteilung von Gütern (Vermögens- und Kapitalkonzentration) geht einher mit der unkontrollierten Ausübung wirtschaftlicher Macht, die auch die Handlungsfähigkeit demokratisch gewählter Regierungen einschränkt.

Oberstes Ziel dieser „alternativen Wirtschaftsordnung", die bereits in den 30er Jahren von Fritz Naphtali, Hugo Sinzheimer und Rudolf Hilferding konzipiert wurde, ist die an den Grundwerten orientierte *Aufhebung der Entfremdung* der arbeitenden Menschen. Konkret bedeutet dies:

- Teilhabe aller Bürger auch an den ökonomischen Entscheidungsprozessen,
- Vollbeschäftigung,
- wirtschaftliches Wachstum, neuerdings verstanden als qualitatives Wachstum,

- gerechte Einkommens- und Vermögensverteilung,
- Preisstabilität und
- Humanisierung der Arbeit.

Das kapitalistische System soll – so sehen es die Konzeptionen der Wirtschaftsdemokratie vor – durch eine primär gemeinwohl- statt profitorientierte Wirtschaftsordnung abgelöst werden, und zwar nicht durch einige „totale" revolutionäre Eingriffe (Totalsozialisierung, Totalplanung), sondern durch einen Prozeß begrenzter, differenzierter Umgestaltung nach dem Prinzip der „mixed economy", das sowohl Elemente der Marktwirtschaft wie des Gemeineigentums als Gestaltungsform der Wirtschaft kennt.

„Nur in einer gemischten Wirtschaft mit demokratischer Entscheidungsorganisation auf allen Ebenen können Freiheit, Gleichberechtigung und Wirtschaftlichkeit wirksam miteinander verbunden werden. Markt und Plan, kontrolliertes Privateigentum und gesellschaftliche Verfügung über Produktionsmittel können auf diese Weise so miteinander verbunden werden, wie es den Zielen sozialistischer Wirtschaftspolitik am besten entspricht" (*Meyer* 1982, S. 80):

4.4.2 Mittel und Wege

Zur Erreichung der wirtschaftspolitischen Ziele werden drei zentrale wirtschaftsdemokratische *Strategien* vorgeschlagen:

- volkswirtschaftliche Rahmenplanung (bis hin zu Investitionslenkung),
- Kontrolle unternehmerischer Macht (einschl. notwendiger Teilvergesellschaftung) und
- Mitbestimmung und Humanisierung der Arbeit.

Dabei handelt es sich allerdings nicht um isoliert zu verfolgende Konzepte, sondern um sich ergänzende Strategien. Wirtschaftsdemokratie ist ohne diese drei Elemente nicht denkbar, es handelt sich also um ein integriertes Konzept.

a) Volkswirtschaftliche Rahmenplanung

Die „Selbstheilungskräfte des Marktes" reichen nicht aus, um wachsende gesellschaftliche Strukturprobleme wie etwa Arbeitslosigkeit zu lösen. Gleichzeitig gelten die wirtschaftlichen Ziele wie Vollbeschäftigung und Stabilität als wichtige Voraussetzungen jeglicher Reformen. Um diese Ziele zu erreichen, wird eine *qualifizierte Wachstumsplanung* angestrebt: Der ungehemmte Drang des Kapitalismus nach quantitativem Wachstum soll gebrochen werden durch planvolle Lenkung und Gestaltung eines qualitativen Wachstums im gesellschaftlichen Interesse. Der einzelne Unternehmer ist zu sehr betriebswirtschaftlich fixiert, um bei seinen Investitionsentscheidungen das volkswirtschaftliche Gesamtinteresse berücksichtigen zu können. Folglich müssen vom Staat Rahmenbedingungen durch direkte und indirekte Lenkungsmaßnahmen geschaffen werden, durch eine „Planung der leichten Hand", wie es heißt, die den Marktmechanismus zwar nicht aufhebt, aber doch entscheidend auf ihn einwirkt. Ansatzpunkte für eine solche Politik der Wirtschaftssteuerung sind u. a.:

- Kredit- und Steuerpolitik,
- Bereitstellung/Verweigerung öffentlicher Leistungen,
- verbesserte Konjunktursteuerung (Einnahmen- statt Ausgabenseite),
- aktive Arbeitsmarkt- und Strukturpolitik.

Insbesondere in den siebziger Jahren wurden in diesem Zusammenhang weitergehende Pläne einer *Investitionslenkung* diskutiert (vgl. zum Konzept *Fleischle/Krüper* (Hrsg.) 1975; *Voigtländer* 1975), wobei Modelle der indirekten (indikativen) und direkten (imperativen) Investitionslenkung unterschieden wurden:

- Modelle *indirekter Investitionslenkung* gehen davon aus, daß es in der Bundesrepublik bereits viele Beispiele staatlicher Investitionslenkung gibt und es darauf ankommt, diese zu verbessern und zu koordinieren (z. B. durch einen Sachverständigenrat zur Begutachtung der strukturellen Entwicklung, Bildung eines Wirtschafts- und Sozialausschusses auf Bundesebene, Aufbau eines Bundesentwicklungsprogramms u. ä.; vgl. DGB 1975);
- Modelle *direkter Investitionslenkung* gehen davon aus, daß sich planvolles Wirtschaften an gesellschaftlichen Bedürfnissen ausrichten muß. Diese müssen ermittelt und zur Grundlage der ansonsten irrationalen und nur privaten Nutzenkalkülen folgenden Investitionsentscheidungen gemacht werden (z. B. durch Formulierung langfristiger Projektionen, Ermittlung künftiger Bedarfsstrukturen durch Bedarfsgruppenkataloge, Aufstellung von Nationalbudgets und Input-Output-Modellen usw. bis hin zur Errichtung eines „Bundesamts für Investitionen"; vgl. hierzu vor allem *Zinn* 1973, *ders.* 1977; *Meißner/Wieczorek* 1973, *dies.* 1974).

Die Diskussion über direkte Investitionslenkung hat in den letzten Jahren erheblich abgenommen, und die eher imperativen Konzepte werden heute von vielen als Ausfluß eines naiven und technokratischen Planungsverständnisses der sechziger und frühen siebziger Jahre angesehen. Auch in diesem Bereich haben marktwirtschaftliche Steuerungsformen heute sicherlich mehr Anhänger als noch vor 10–15 Jahren. Wichtiger erscheint inzwischen wieder die Gestaltung der Rahmenbedingungen für die Marktkräfte, u. a. über die Kontrolle wirtschaftlicher Macht.

b) Kontrolle wirtschaftlicher Macht

Eine volkswirtschaftliche Rahmenplanung ist unwirksam, wenn einzelne mächtige Wirtschaftsunternehmen diese Planung konterkarieren. Folglich ist eine demokratische Kontrolle wirtschaftlicher Macht notwendig. Dies muß aber nicht notwendigerweise über eine Aufhebung des Privateigentums an den Produktionsmitteln erreicht werden. Der Demokratische Sozialismus hält diesen (marxistischen) Weg sogar für falsch, denn „Eigentum ist ja in Wahrheit nur ein Rechtstitel über ein in seiner genauen Zusammensetzung und Spannweite historisch veränderliches Bündel von wirtschaftlichen Entscheidungsrechten" (*Meyer* 1982, S. 110).

Ausschlaggebend ist, was mit dem privaten Eigentum letztlich gemacht wird, wie es eingesetzt wird. Kontrolle wirtschaftlicher Macht bedeutet also vor allem *Kontrolle über die Art und Weise der Verfügung* über dieses Eigentum.

In diesem Zusammenhang ist das von *Gunnar Adler-Karlsson* insbesondere aufgrund schwedischer Erfahrungen formulierte Konzept des *funktionalen Sozialismus* relevant.

Gegenüber traditionellen Sozialisten, die die Aufhebung des Privateigentums an den Produktionsmitteln, d. h. die Überführung in Staats- oder Gemeineigentum, als zentralen Ansatzpunkt zur Änderung der Machtverhältnisse und Lebensbedingungen in den kapitalistischen Gesellschaften ansehen, betont der funktionale Sozialismus, daß diese „formale Sozialisierung" oder „Totalsozialisierung" nie das *Ziel* des Sozialismus gewesen ist, sondern immer nur ein *Mittel,* um eine menschenwürdigere Gesellschaft zu erreichen. Wenn sich also zeigt, daß dieses Mittel nicht oder nur sehr bedingt zum erwünschten Ziel führt, muß es erlaubt sein, auch über andere Mittel nachzudenken, ohne das Ziel aus den Augen zu verlieren.

Gegen die formale Sozialisierung als Allheilmittel für die Problema kapitalistischer Gesellschaften sprechen nach Ansicht des funktionalen Sozialismus vor allem zwei Gründe:

- einmal die *gesellschaftlichen Kosten,* die mit einer umfassenden oder teilweisen Sozialisierung verbunden sind und die sowohl auftreten, wenn entschädigt wird (Geldkosten), wie wenn nicht entschädigt wird (politische Kosten bis hin zum Bürgerkrieg). Mit anderen Worten: die Frage *„Wie wird sozialisiert?"* ist weitgehend ungeklärt;
- zum anderen die bisherigen Erfahrungen, die mit Sozialisierungsmaßnahmen in Osteuropa gemacht wurden und die darauf hindeuten, daß Ungleichheit und Ausbeutung dort in neuen Formen auftreten (Stichwort: die neue Klasse). Die Frage *„Welche Auswirkungen hat Sozialisierung?"* ist also auch weitgehend unbeantwortet geblieben.

Auf diesen Überlegungen basiert die zentrale Idee des funktionalen Sozialismus: Das *Eigentumsrecht ist nicht unteilbar.*

„Eigentum wird gewöhnlich als ein unteilbarer Begriff angesehen, was sehr wesentlich zu der Unklarheit in der Debatte über die Sozialisierung beigetragen hat. Eigentum sollte statt dessen als ein teilbarer Begriff betrachtet werden, der eine Reihe von Funktionen deckt, die ein Besitzer über ein ihm gehörendes Objekt eventuell auszuüben vermag" (*Adler-Karlsson* 1973, S. 76f.).

Mathematisch würde eine formale Definition des Eigentumsbegriffes dann folgendermaßen aussehen: $E=a+b+c\ldots+n$, wobei E das gesamte Eigentumsrecht umfaßt, während a . . . n unterschiedliche, damit verbundene Funktionen sind. Ein Beispiel: Der Besitzer eines Hauses kann z. B. folgende Funktionen aufgrund seines Eigentumsrechts ausüben: wohnen, vermieten, abreißen, verkaufen oder verändern. Unerwünschte Folgen dieses Eigentumsrechts (z. B. für die Siedlungsstruktur oder die Versorgung mit Wohnungen) könnten in der Theorie durch eine Totalsozialisierung des Hauses aufgehoben werden. Es ist aber fraglich, ob diese Maßnahme zum gewünschten Ziel führt. Besser wäre, die jeweils relevanten *Funktionen* zu sozialisieren, z. B. durch

Regelung der Wohnerlaubnis, der Mietpreise und -bedingungen, der Abreißerlaubnis, der Verkaufsbedingungen und Preise oder durch Verhängung einer Veränderungssperre.

Ähnliche Konzepte wurden in der Bundesrepublik Deutschland in Verbindung mit der Reform des Bodenrechts diskutiert (Verfügungseigentum, Nutzungseigentum, Wertzuwachsbesteuerung). Aber auch die Diskussion über inner- und überbetriebliche Mitbestimmung kann unter dem Aspekt der Sozialisierung bestimmter Eigentumsfunktionen gesehen werden: Der Kapitaleigner entscheidet nicht mehr allein über Art und Weise der Produktion. Generell kann man sagen, daß überall, wo in Eigentumsrechte von Kapitaleignern eingegriffen wird, es sich um Elemente eines funktionalen Sozialismus handelt.

Funktionaler Sozialismus bedeutet daher, daß der Staat oder die Gemeinschaft eine Anzahl derjenigen Funktionen übernimmt oder kontrolliert, die vorher von den Besitzern selbst reguliert und ausgeübt wurden. Es geht also um eine *selektive Sozialisierung der wichtigsten Funktionen* innerhalb der Totalität von Funktionen, die Eigentumsrecht genannt werden. Die politisch zu lösende Frage ist dann nicht mehr: „Sozialisierung ja oder nein bzw. in welchen Sektoren oder Branchen?", sondern: „Wie viele Eigentumsfunktionen sollen sozialisiert werden und welche?" – Kapitalisten können dann genauso betrachtet werden wie Könige:

> „Vor hundert Jahren hatte ein skandinavischer König eine große Macht. Fünfzig Jahre später besaß er immer noch beträchtliche Macht. Nach unseren Verfassungen hat der König genauso viel formale Macht wie vor hundert Jahren, aber in Wirklichkeit haben wir ihn aller seiner Machtfunktionen beraubt, so daß er heute eigentlich machtlos ist. Wir haben dies ohne gefährliche oder zersetzende innere Kämpfe getan. Auf die gleiche Weise können wir dem noch gefährlicheren Streit aus dem Wege gehen, der unvermeidbar entsteht, wenn wir den Weg der formalen Sozialisierung beschreiten. Statt dessen sollten wir unseren heutigen Kapitalisten ihre Eigentumsrechtsfunktionen eine nach der anderen abnehmen. Dann sollten wir ihnen ein neues Gewand geben, aber eines, das an den berühmten Kaiser in dem Märchen von H. C. Andersen erinnert. Nach einigen Jahrzehnten werden sie noch da sein, vielleicht so formal wie die Könige, aber in Wirklichkeit als nackte Symbole eines überholten Entwicklungsstadiums" (*Adler-Karlsson* 1973, S. 154).

Eine Kontrolle wirtschaftlicher Macht ist somit nicht unbedingt durch Verstaatlichung und Vergesellschaftung erreichbar, die ja lediglich privatwirtschaftliche Macht auf andere Entscheidungsträger und -strukturen verlagern, ohne diese notwendigerweise zu demokratisieren. Entscheidend ist, daß die bereits vorhandenen unterschiedlichen Kontrollinstrumente so eingesetzt werden, daß eine in sich abgestufte Kontrolle möglich wird, also z. B. jeweils stärkere Kontrollmittel erst dann eingesetzt werden, wenn die vorherigen nicht zum Erfolg geführt haben (vgl. *Meyer* 1982, S. 111).

Sowohl aus praktisch-politischen wie aus prinzipiellen Gründen werden indirekte Formen der demokratischen Kontrolle wirtschaftlicher Macht vorgezogen. Als Möglichkeiten nennt z. B. das DGB-Grundsatzprogramm:

- Fortlaufende Erhebungen über den Umfang der Konzentrationsbewegung und ihre Veröffentlichung,

- wirkungsvolle Ausgestaltung der Monopol- und Kartellkontrolle,
- Mobilisierung des Wettbewerbs u. a. durch öffentliche und gemeinwirtschaftliche Unternehmen,
- Ausbau des Systems öffentlich gebundener Unternehmen,
- Mitbestimmung der Arbeitnehmer und ihrer Gewerkschaften.

c) Mitbestimmung und Humanisierung der Arbeit

Eine spezifische und insbesondere von den deutschen Anhängern des Demokratischen Sozialismus propagierte Form der Kontrolle wirtschaftlicher Macht ist die Demokratisierung von Entscheidungsbefugnissen in der Wirtschaft durch Mitbestimmung. Dadurch wird nicht nur die Trägerschaft gesellschaftlicher Verantwortung vergrößert, sondern es werden auch mehr Möglichkeiten der individuellen Selbstentfaltung im Sinne zunehmender Selbstbestimmung der Arbeitnehmer geschaffen.

Mitbestimmung ist eng mit den Konzepten der Humanisierung der Arbeit und der gesamtgesellschaftlichen Demokratisierung verbunden. Sie soll auf mehreren Ebenen verwirklicht werden:
- Mitbestimmung am Arbeitsplatz,
- Mitbestimmung im Betrieb,
- Mitbestimmung im Unternehmen,
- Mitbestimmung in den Organen der Wirtschaft (z. B. Kammern),
- Mitbestimmung in der Gesamtwirtschaft.

Der Begriff der Mitbestimmung (im Unterschied zu bloßer Mitwirkung) ist aus der Sicht des Demokratischen Sozialismus nur dort angebracht, wo Machtgleichgewicht zwischen Kapital und Arbeit besteht. Darüber hinaus wird – zumindest auf der Unternehmensebene – bei der Mitbestimmung zunehmend auch die Vertretung von Verbraucherinteressen und anderen öffentlichen Belangen angestrebt. Denkbar ist z. B. ein ‚Modell der Drittelparität': Kapital – Arbeit – öffentliche und Verbraucherinteressen (vgl. *Kunze* 1967).

Mitbestimmung ist nicht nur ein Mittel zur Dezentralisierung und damit Demokratisierung wirtschaftlicher Entscheidungen. Wichtig ist auch, daß sich dadurch die arbeitenden Menschen in demokratische Spielregeln einüben können und sich so ein Bewußtsein für ein gerechtes und solidarisches Verhalten in allen Lebensbereichen herausbildet und festigt.

In den letzten Jahren hat die Mitbestimmung zunehmend eine inhaltliche Konkretisierung durch die Forderung nach menschenwürdiger Gestaltung der Arbeitsbedingungen erhalten. Humanisierung der Arbeit berührt in erster Linie die *inhaltliche Gestaltung der Arbeit* und die Struktur des Arbeitsprozesses. Inbesondere geht es um
- verbesserten *Schutz* am Arbeitsplatz,
- menschenwürdigere *Arbeitsorganisation,*
- verbesserte *Kommunikation* am Arbeitsplatz und *Information* im Betrieb,
- Humanisierung des betrieblichen *Einkommenssystems.*

(Vgl. *Vilmar/Sattler* 1978, S. 127ff. mit weiteren Angaben.) Die Verbesserungen am Arbeitsplatz sind notwendige Voraussetzungen einer jeden Strategie des Demokratischen Sozialismus; denn ausgebeutete und unterdrückte Arbeiter werden kaum in der Lage sein, an einer Demokratisierung der Gesellschaft mitzuwirken und ihre eigenen Interessen einzubringen.

Eine wesentliche Humanisierungsforderung war in diesem Zusammenhang auch immer die *Verkürzung der Arbeitszeit.* Diese Forderung hat sich in den letzten Jahren mit einer zusätzlichen, nämlich beschäftigungspolitischen Zielsetzung quasi verselbständigt. Arbeitszeitverkürzung wird heute primär unter dem Aspekt diskutiert, denjenigen, die arbeiten wollen und müssen, überhaupt erst einen Arbeitsplatz zu verschaffen. Die Verweigerung des Rechts auf Arbeit ist per se ein Ausdruck tiefster Inhumanität und eine eklatante Verletzung der Grundwerte des Demokratischen Sozialismus.

4.4.3 Einwände

- Nur der Markt kann adäquat auf die Bedürfnisse und Wünsche der Menschen reagieren. Jegliche Eingriffe in ihn (z. B. durch Rahmenplanung, Kontrolle wirtschaftlicher Entscheidungen und Mitbestimmung) vermindern die Reaktions- und Anpassungsfähigkeit der Marktwirtschaft und führen daher zu einer schlechteren Versorgung mit Gütern, Dienstleistungen und schließlich auch Arbeitsplätzen. Die Leistungsfähigkeit der Volkswirtschaft wird eingeschränkt, Krisen des wirtschaftlichen Systems werden hervorgebracht und durch weitere Eingriffe noch verschärft.
- Wirtschaftsdemokratie untergräbt die Marktwirtschaft und die Privatinitiative und verwischt die Verantwortlichkeiten für Entscheidungen. Die Funktionsfähigkeit der Wirtschaft steht auf dem Spiel.
- Planung und Lenkung setzen tendenziell Konsumentenfreiheit und Tarifautonomie außer Kraft. Wirtschaftsplanung ist ohne Lohndaten kaum möglich. Die Tarifautonomie wird gefährdet, wenn sich die Tarifparteien über die Rahmenplanung in den Wirtschafts- und Sozialräten selbst bändigen.
- Speziell gegen die Mitbestimmung wird argumentiert:
  - Mitbestimmung ist kein Mittel sozialistischer Veränderung, sondern dient der *Systemstabilisierung.* Die Gewerkschaften sollen in das kapitalistische System integriert werden. Mitbestimmung schränkt die Möglichkeiten für eine unabhängige Gewerkschaftspolitik ein.
  - Die Mitbestimmung schadet der Wirtschaft, den Verbrauchern und letztlich auch den Arbeitnehmern. Denn sie führt zur *Lähmung der unternehmerischen Entscheidungen* und Ausrichtung der Entscheidungen auf wirtschaftlich unsachgemäße Interessen.
  - Die Demokratisierung der Wirtschaft ist so *unsinnig* wie eine Demokratisierung der Schulen, der Kasernen oder der Zuchthäuser.

- Mit Hilfe der Mitbestimmung versuchen die Gewerkschaften *Machtpositionen* aufzubauen, die die Möglichkeiten privatwirtschaftlicher Machtausübung weit übersteigen.

– Mitbestimmung auf betrieblicher und überbetrieblicher Basis schafft neue Konflikte, die aus potentiellen Interessengegensätzen zwischen Belegschaften einzelner Betriebe und der Allgemeinheit resultieren können.

4.4.4 *Grundlegende Literatur*

Adler-Karlsson, Gunnar: Funktionaler Sozialismus. Ein schwedisches Glaubensbekenntnis zur modernen Demokratie, Zug 1973 (Originalausgabe Malmö 1967)

DGB (Hrsg.): Gewerkschaften und Mitbestimmung, Köln 1978

Vilmar, Fritz/Sattler, Karl-Otto: Wirtschaftsdemokratie und Humanisierung der Arbeit. Systematische Integration der wichtigsten Konzepte, Köln 1978

4.5 Ökosozialismus

4.5.1 *Ansatzpunkte und Ziele*

In den letzten Jahren ist verstärkt versucht worden, sozialistisch-reformistische Ansätze mit den immer relevanter werdenden ökologischen Ansätzen zu einer neuen Position, dem Ökosozialismus zu verbinden. Ökosozialismus bezeichnet dabei einen

„ökologisch aufgeklärten (Demokratischen) Sozialismus, der an den humanen und sozialen Grundintentionen des Sozialismus festhält, aber unter dem Eindruck der sich abzeichnenden Grenzen des industrialistischen Entwicklungsmodells Korrekturen am gesellschaftlichen Leitbild des Sozialismus, an seinen Methoden und Organisationsprinzipien für unumgänglich hält" (*Strasser* 1986, S. 404).

Zentraler Unterschied zu traditionellen sozialistischen Vorstellungen ist die Erkenntnis, daß die Entwicklung der Produktivkräfte nicht nur positive Folgen hat, sondern daß „Produktivkräfte zugleich auch Destruktivkräfte" (*Strasser*) sind, d. h. daß die moderne Technik nicht nur Wohltaten, sondern auch Gefährdungen mit sich bringt. Aus diesem Grund geht es bei grundlegenden Gesellschaftsreformen nicht nur um die Veränderung der *Produktionsverhältnisse,* der sozialen, rechtlichen, politischen Rahmenbedingungen, vielmehr kommt es darauf an, die *Produktionsweise* „als ganze, inklusive der verwendeten Technik und der Organisationsmethoden; den natürlichen und sozialen Bedingungen menschlichen Zusammenlebens besser anzupassen" (ebd.). Kapitalismuskritik wird durch Technik- und Industrialismuskritik ergänzt (vgl. hierzu vor allem *Strasser/Traube* 1981).

Der Ökosozialismus baut zum einen auf wichtige gesellschaftliche Entwicklungen und Bewegungen der letzten Jahre auf (z. B. Bürgerinitiativ-, Frauen-, Friedens- und Umweltbewegung) und versucht deren Zielvorstellungen und Erkenntnisse aufzunehmen, zum anderen ist er aber auch eine Reaktion auf das „Scheitern des sozial-liberalen Politikmusters" des „Modell Deutschland" der 70er Jahre. Ihm ist der Glauben an *Wachstumsraten* als Vorbedingung gesellschaftlicher Reformen, an den *Staat* als alleiniges reformpolitisches Instrument, den *Keynesianismus* als Steuerungsinstrument der Wirtschaft und ganz allgemein an den *Fortschritt als Fortschreibung* und allgemeine Verbreiterung gleichförmiger Bedürfniserfüllung abhanden gekommen (vgl. *Scherer/Vilmar* 1986, S. 27ff.). Das *Industriesystem* mit den darin erzeugten Kosten und Widersprücheen wird zunehmend suspekt, während gleichzeitig das *Proletariat* nicht mehr als alleiniges und notwendiges revolutionäres Subjekt gesehen wird, d. h. der Widerspruch von Kapital und Arbeit tritt zurück (*Gorz* 1980; *Strasser/Traube* 1981, S. 155ff.). Ökosozialismus bedeutet daher Abschied vom Industrialismus, vom Proletariat, und auch vom alles regelnden Leviathan.

Der Ökosozialismus hebt dabei nach eigenem Verständnis

> „den Sozialismus gleichermaßen auf, wie dieser es im letzten Jahrhundert mit dem Liberalismus getan hat: Einerseits werden zentrale ungelöste Fragen nach sozialer Gerechtigkeit, Demokratisierung und Aufhebung von Entfremdung von der Arbeiterbewegung aufgenommen; andererseits wird jedoch die Arbeiterbewegung angesichts ihrer ‚Verstaatlichung', angesichts ihrer überholten proletarischen Transformationsvorstellungen und angesichts ihrer Fixierung auf Wachstum und technischen Fortschritt fundamental kritisiert" (*Scherer/Vilmar* 1986, S. 38).

Während ein Teil der ökologisch-orientierten Theoretiker daraus den Schluß zieht, radikal mit dem sozialistischen Reformismus zu brechen, da dieser die Probleme nicht bewältigen, sondern nur verschleiern und verschärfen könne (siehe LB 4, 5.2), versuchen andere den Ökosozialismus als Weiterentwicklung einer an erfahrbaren Erfolgen orientierten Reformpolitik zu konzipieren:

- von der traditionellen Reformpolitik zu einem praktischen Reformismus von unten,
- von der „Demokratisierung" zur „Basisdemokratie",
- von „Lebensqualität" zum „Prinzip Leben",
- von „Entspannungspolitik" zur „Gewaltfreiheit",
- von „Wirtschaftsdemokratie" zum „sinnvoll arbeiten, solidarisch leben" (ebd.).

Ökosozialismus ist danach gegenüber dem Demokratischen Sozialismus kein neuer politischer Grundansatz, sondern eine Weiterentwicklung. Er muß in realpolitisch machbare Schritte übersetzt werden, etwa im Sinne eines „Einstiegs in den Ausstieg":

> „Ausstieg nicht nur aus einer kapitalistisch dominierten Ökonomie, sondern auch aus dem bisherigen Typus des Industriesystems, der Konsum-, Vermarktungs- und Wegwerfzivilisation, der Sicherheitspolitik, des etatistisch-bürokratisch verformten Sozialstaats, der internationalen (Ausbeutungs- und Hegemonie-) Beziehungen etc." (*Scherer/Vilmar* 1986, S. 45).

4.5.2 Mittel und Wege

Realpolitisch machbare Veränderungsvorschläge sind von Vertretern ökosozialistischer Positionen bisher für eine ganze Reihe von Politikfeldern formuliert worden (vgl. *Strasser/Traube* 1981, *Michelsen* [Hrsg.] 1983, *Koniecka/Kunz/Scherer* [Hrsg.] 1984). Allerdings ist eine allseits anerkannte, konsensfähige ökosozialistische Reformtheorie noch nicht in Sicht. Eine erste Zusammenfassung haben Scherer/Vilmar versucht, deren „sieben ökosozialistische Essentials" kurz referiert werden sollen (vgl. *Scherer/Vilmar* 1986, S. 48 ff.):

- *Grundwerte:* wie beim Demokratischen Sozialismus wird davon ausgegangen, daß Sozialismus nicht als quasi-automatisches Ergebnis eines objektiven Geschichtsprozesses zu erwarten ist, sondern durch einen langen, an Grundwerten orientierten Reformprozeß erarbeitet werden muß. Neben die traditionellen treten die gleichberechtigten Grundwerte *Gewaltfreiheit* und *ökologische Verantwortung* für die natürlichen Lebensgrundlagen („Prinzip Leben" oder „Ökopax").
- *Selbstveränderung:* Elemente einer klassenlosen, ökologisch verantwortlichen Gesellschaft müssen bereits *„hier und jetzt"* realisiert werden. Hierarchische und patriarchalische Herrschaft, verschwenderische Konsumgewohnheiten, auf dem Prinzip von Herrschaft und Knechtschaft beruhende Verhaltensweisen und -strukturen werden nicht erst mit der Einführung des Sozialismus (und dann quasi automatisch) abgeschafft, sondern mit der Verwirklichung ökologisch verantwortlicherer, solidarischer, gleichberechtigter, klassenloser Formen des Zusammenlebens und Arbeitens muß sofort, z. B. in Familien, Wohngemeinschaften, Selbsthilfegruppen begonnen werden.
- *Abschaffung des Patriarchats:* Sämtliche Herrschaftspositionen der Männer gegenüber Frauen in allen persönlichen, sozialen, wirtschaftlichen und politischen Bereichen müssen konsequent abgebaut werden. Herrschaft der Männer über die Frauen ist kein „Nebenwiderspruch" wie in der klassischen sozialistischen Theorie oder einfach Ergebnis ökonomischer Klassenherrschaft, sondern eine eigenständige Herrschafts- und Unterdrückungsform und gleichzeitig ein ganz entscheidender Einstiegspunkt, bereits heute mit der Herstellung herrschaftsfreier Lebensbedingungen zu beginnen.
- *Radikale Demokratie:* Gesellschaftliche Transformation kann nur auf der Grundlage von Mehrheitsentscheidungen stattfinden, daher werden die verfassungsmäßigen Menschen- und Bürgerrechte und die parlamentarische Demokratie ausdrücklich anerkannt. Diese müssen allerdings ausgeweitet werden, und zwar nicht nur durch eine weitergehende Demokratisierung aller gesellschaftlichen Bereiche, sondern durch neuartige demokratische Organisations- und Beteiligungsformen, wie z. B. Rotation, imperatives Mandat, Dezentralisierung, Konsens- statt Mehrheitsentscheidungen, Plebiszite usw. Die bloße Wahlzettel-Demokratie mit ihrer mangelnden Sensibilität und Bürgernähe traditioneller verbands- und parteipolitischer Institutionen muß durch Druck von unten ergänzt und ersetzt werden. Angestrebt ist ein politisches Subsidiaritätsprinzip, das – wo immer möglich – dezentralen, untergeordneten kleinen Einheiten Entscheidungs- und Handlungskompetenz zuweist.
- *Ökologische Wirtschaftsdemokratie:* Die klassischen Vorstellungen zur Wirtschaftsdemokratie werden ergänzt und qualitativ erweitert durch Prinzipien einer ökologischen Kreislaufwirtschaft (Recycling-Prinzip), einer ökologisch verträglichen Produktgestaltung, einer schrittweisen Auflösung industrieller Ballungszentren zugunsten dezentraler Energie- und Güterproduktion sowie einer weitestmöglichen Begrenzung und Selektion ökonomischen Wachstums. Neben der Versorgung der Konsumenten mit Gütern und Dienstleistungen werden die Humanisierung der Arbeitsbedingungen und die Minimierung der Umwelt-

belastung als gleichrangige Wirtschaftsziele anerkannt. Aus einem solchen komplizierten wirtschaftlichen Erfolgsmaßstab ergibt sich auch ein komplexeres Muster der demokratischen Beteiligung, d. h. weder Verstaatlichung noch Selbstverwaltung durch die Belegschaft sind allein sinnvoll, vielmehr müssen daneben auch zumindest Anwohner und Verbraucher an der Verfügungsgewalt über die Produktionsmittel beteiligt werden. Darüber hinaus geht es auch darum, Erwerbsarbeit zugunsten nichtmonetärer Arbeitsformen und die hocharbeitsteilige und extrem fremdbestimmte Produktionsweise zugunsten kleinräumiger, handwerklicher, mehr Selbstbestimmung ermöglichender Produktionsformen einzuschränken (vgl. *Strasser* 1986, S. 467f.). Angestrebt wird ein *dualwirtschaftliches System*, z. B. durch Arbeitszeitverkürzung, in dem Männer und Frauen immer kürzere Zeiträume, im „formellen", durch monetäre Vergütung geregelten Sektor der Ökonomie arbeiten, und immer mehr Zeit im „informellen" Sektor ihrer Hauswirtschaft in Eigenarbeit für die Sicherung ihrer Existenz und ihres Wohlstands tätig sein können (vgl. z. B. *Huber* 1984).

- *Umbau des Sozialstaats:* Das Netz der sozialen Sicherheit soll aufrechterhalten bleiben, jedoch nicht durch den weiteren Ausbau staatlicher Sozialbürokratien und -einrichtungen, sondern durch dezentrale Organisation und zunehmende Übertragung von Aufgaben auf autonome gesellschaftliche Träger, d. h. freie soziale Selbsthilfegruppen. Der etatistische „Bias", d. h. die auf den Staat fixierte Tendenz traditioneller Sozialismuskonzepte, die mit Hilfe großer staatlicher Bürokratien und zentralisierter Sozialleistungssysteme eine ebenso umfassende wie entfremdete Versorgung aller Bürger erreichen wollen, wird abgelehnt. Statt dessen wird eine Dezentralisierung und weitestgehend mögliche Übertragung auf autonome, demokratisch kontrollierte Institutionen angestrebt (vgl. hierzu auch *Strasser* 1983).
- *Gewaltfreie Politik:* Sowohl nach innen, bezüglich der angestrebten Gesellschaftsreform, wie auch nach außen, bezüglich der Außen- und Sicherheitspolitik, muß Politik prinzipiell gewaltfrei sein. Angestrebt wird soziale statt militärischer Verteidigung. Erste Schritte zum Ziel einer gewaltfreien Friedenspolitik sind der Abbau von Feindbildern, die Vereinbarung atomwaffenfreier Zonen, strikt defensive militärische Verteidigungssysteme und einseitge, vertrauensbildende Maßnahmen der Rüstungsbegrenzung.

4.5.3 Einwände

- Der Ökosozialismus unterliegt dem klassischen Irrtum des Revisionismus, die kapitalistische Produktionsweise schrittweise aufheben zu können. Dies kann nicht gelingen, denn solange der Grundwiderspruch zwischen Lohnarbeit und Kapital besteht, sind grundlegende Reformen unmöglich. Aus diesem Grund trägt der Ökosozialismus zu einer Stabilisierung und Modernisierung des kapitalistischen Systems bei.
- Durch schrittweise Reformen sind die katastrophalen Folgen des Industriesystems nicht mehr zu bewältigen. Das Herumdoktern an Symptomen und die hektische Eindämmung der jeweils gerade aktuellsten Krise sind kein Ausweg aus den Widersprüchen des Industriesystems. Statt dessen kann nur die radikale und sofortige Abkehr vom Industrialismus das menschenwürdige Überleben unseres Planeten sichern. Das Modell der „machbaren" Politik ist gescheitert, das gilt auch für den „verbesserten" Öko-Reformismus, statt dessen muß Politik heute als „Griff nach der Notbremse" (Walter Benjamin) verstanden werden (vgl. LB 4, 5.2).

- Ökologische Wissenschafts- und Politikmodelle sind nichts anderes als ein Wiederaufguß der Thesen der anti-rationalistischen Kulturpolitik der Weimarer Zeit. In ihnen werden typisch deutsche Vorbehalte gegen Technik und Aufklärung, gegen den modernen Liberalismus und sein ökonomisches Pendant, den Kapitalismus, wieder aufgewärmt (vgl. *Sontheimer* 1983, S. 201).
- Die ökosozialistischen Vorschläge sind alles andere als realpolitisch machbar. Es handelt sich um romantisch-illusionäre Vorstellungen einer früheren, besseren Zeit, gekoppelt mit sozialistischen Träumen einer klassenlosen Gesellschaft. Schon die Ziele des Ökosozialismus sind illusionär und schwammig und mit der gesellschaftlichen Realität hochgradig komplexer und interdependenter Industriegesellschaften unvereinbar. Die vorgeschlagenen Schritte hin zu diesen imaginären Zielen können nur zu erheblichen Effizienzeinbußen des ökonomischen Systems führen, schließlich zu dessen krisenhaftem Zusammenbruch.

4.5.4 Grundlegende Literatur

Scherer, Klaus-Jürgen/Vilmar, Fritz: Ökosozialismus? Rot-grüne Bündnispolitik, Berlin 1986

Strasser, Johano/Traube, Klaus: Die Zukunft des Fortschritts. Der Sozialismus und die Krise des Industrialismus, Bonn 1981

Strasser, Johano: „Ökosozialismus“, in: *Meyer, Thomas, u. a.* (Hrsg.): Lexikon des Sozialismus, Köln 1986

5. Konzeptionen des Systemwechsels: Alternative Gesellschaftsentwürfe

5.1 Überblick

In den bisher vorgestellten Konzeptionen werden mehr oder weniger weitgehende Reformen für bestimmte Teilbereiche des gesellschaftlichen Gesamtsystems gefordert. Damit wird zugleich auch dessen prinzipielle Reformierbarkeit unterstellt. Diese Fähigkeit zur Reform wird von den im folgenden dargestellten Konzeptionen prinzipiell angezweifelt oder verneint. Sie stellen alternative Entwürfe zur bestehenden Gesellschaftsordnung dar; sie wollen den „Systemwechsel“. Ihre Ziele sind im Rahmen oder auf der Basis des Gegebenen grundsätzlich nicht erreichbar; eine verbessernde oder verändernde Fortentwicklung des Status quo genügt ihnen deshalb nicht.

Damit sind zwei wesentliche Merkmale alternativer Gesellschaftsentwürfe angesprochen: Sie sind zum einen *extrem zielorientiert* und beachten Durchführungsbedingungen und Realisierungschancen allenfalls am Rande. Sie erscheinen deshalb oft ausgesprochen *utopisch.* Dennoch könnten sie für heutige Gesellschaften insofern eine konkrete Funktion erfüllen, als sie Anstöße und Anregungen für „realistische“ Reformen geben. Am Ende könnte gerade diese Funktion dem Satz „Utopien sind die Wirklichkeit von Morgen" *(Lamartine)* seine Berechtigung geben. Alternative Gesellschaftsentwürfe zeichnen sich zum zweiten dadurch aus, daß sie im Prinzip nicht auf gesellschaftliche Teilbereiche zielen, sondern das Ganze im Blick haben. Sie unterstreichen mit diesem *umfassenden Denken* gerade die Zusammenhänge und gegenseitige Abhängigkeit der Teilbereiche.

Diese Merkmale zeigen sich, z. T. unterschiedlich stark ausgeprägt, bei allen im folgenden präsentierten alternativen Konzeptionen. Mit dem (überwiegend ökologisch fundierten) Konzept der *„Abkehr von der Industriegesellschaft"* soll der ausbeuterische „Industrialismus" abgelöst werden. Das erfordert sowohl ein Umschwenken in den Produktions- und Konsumgewohnheiten als auch in den Denk- und Verhaltensmustern. Die radikale Organisationsalternative des *Rätemodells* stellt ein Gegenmodell zum repräsentativ-parlamentarischen Verfassungssystem dar, das den Parlamentarismus allerdings nicht nur in dessen bisherigem „politischen" Geltungsbereich ersetzen, sondern darüber hinaus alle Teile der Gesellschaft umfassen soll. Räte sind allerdings nur als Organe der Willensbildung und Entscheidung konzipiert, sie sind noch kein Gesamt-Modell für eine alternative Gesellschaft. Dies zu sein, kann eher die Idee des *Anarchismus* für sich beanspruchen. Einen noch umfassenderen Gegenentwurf stellt das Konzept der *kommunistischen Zukunftsgesellschaft* dar. Beide auf das 19. Jahrhundert zurückgehenden Entwürfe für eine neue, bessere Gesellschaftsordnung haben ihre Diskussionswürdigkeit offensichtlich noch nicht eingebüßt. Wenngleich ihre Verwirklichungsbedingungen umstritten sind, geben sie noch immer Anstöße und Leitwerte für radikales wie für reformerisches Denken und Handeln. Diese stimulierende Funktion wird schließlich besonders deutlich im moderneren Konzept einer *„Postrevolutionären Gesellschaft"*, das Zielvorstellungen und Strukturelemente konservativer und progressiver Art zu kombinieren versucht, um eine in komplexen Industriegesellschaften der Jahrtausendwende vorstellbare politische und sozioökonomische Ordnung zu verwirklichen. Extrapolation und Utopie werden zu einem alternativen Entwurf verbunden: ein innovativer Versuch, der sozialistische, humanistische und technokratische Ideen mit den plausiblen Entwicklungstrends aus der gegebenen Gesellschaftsordnung zu verknüpfen trachtet:

5.2 Abkehr von der Industriegesellschaft

5.2.1 Ansatzpunkte und Ziele

Der technische Fortschritt war für gut zweihundert Jahre die Leitgröße der Gesellschaft. Diese Epoche wurde vom Vorrang des ökonomischen Wachstums (Produktion) und materieller Werte (Konsum, Besitz) geprägt. Konkurrenz in allen Bereichen, Ausbeutung (allmählich verlagert vom Menschen auf die Natur) und quantitative Expansion waren die zentralen Merkmale. Gegen die Auswüchse des expandierenden Industrialismus, gegen die zunehmenden Risiken des (anonymen) technischen Fortschritts, gegen die Entleerung der

Werte wandten sich einzelne (beispielsweise frühzeitig *Alfred Weber* 1953, *Jungk* 1976, *Fromm* 1976, *Toffler* 1975). Dann begannen sich Gruppen als alternative Bewegungen zur formieren (*Hollstein* 1979, *Illich* 1975, *Bossel* 1978). Die Qualität des Lebens wurde neu zu bestimmen versucht, unkontrolliertes Wachstum auch als potentiell „katastrophale Entwicklung" gesehen (*Richter* [Hrsg.] 1974). Die herrschenden Werte wurden in Frage gestellt (*Wenke/Zilleßen* [Hrsg.] 1978, *Schumacher* 1977), die Ausbeutung der Natur wurde problematisiert (*Vester* 1978; *Swoboda* 1978, *Bahro* 1980).

Der *Antagonismus von Industriesystem* und Natur wurde zum zentralen Ansatzpunkt für die voluntaristische Folgerung: Ausstieg aus den Bedingungen des Industrialismus. Die Natur ist vor der Kultur (Zivilisationsfolgen/übermächtige Institutionen) zu schützen (vgl. auch *Illich* 1975).

Gesellschaftlich und politisch bedeutsam wurde die Kritik am Industrialismus durch die „ökologische Bewegung", in deren Gefolge alternative Gesellschaftsformen und Lebensstile eine praktische Bedeutung erlangten. Die weiter zunehmende Kritik am wahllosen technischen Fortschritt („Fortsturz", *Jungk*) führte zur Suche nach Erprobung transindustrieller oder nachmoderner Alternativen als „sanfte Wende" (*Lutz* 1984) oder als Umbauprogramm (Umbau der Industriegesellschaft, 1986).

Grundlegendes *Ziel* eines Ausstiegs aus der fragwürdigen Kultur des Spätindustrialismus sind die Überwindung der ausbeuterischen, technokratischen Wachstumsökonomie und die Rückkehr zur Symbiose von Mensch und Natur. Erstrebt wird eine ausgewogene Verbindung von ökologisch angepaßter (mittlerer) Technik, sozialer Überschaubarkeit und Verantwortung für die Zukunft und gegenüber kommenden Generationen:

„Handle so, daß das gleiche Recht auf Erhaltung und Entfaltung aller hinreichend einmaligen heutigen und zukünftigen Systeme und Akteure gewährleistet bleibt" (*Bossel* 1978, S. 181).

Ent-Industrialisierung, Einklang des Menschen mit der Natur, Dezentralisierung und Re-Kultivierung durch Verzicht auf Ausbeutung der Natur sind die neuen Zielwerte. Ganzheitsdenken (Holismus, Vernetzung), Dezentralisierung und Beendigung des Anthropozentrismus (der Mensch ist nicht Herr der Natur) sind die Grundlagen der Herausbildung einer „nachmodernen" Gesellschaft, in der Technik und Ökonomie eine dienende Rolle einnehmen. Der „Aufbruch ins ökologische Zeitalter" (*Lutz* 1984) bedeutet zugleich die Abkehr vom Industrialismus jeglicher (auch realsozialistischer) Ausprägung. Das bedeutet nicht Verzicht auf Technik, sondern eher Eindämmung ihrer zerstörerischen Allmacht:

„Wer glaubt, sich im 20. Jahrhundert der Technik überhaupt entziehen und auf ihre Wohltaten verzichten zu können, ist tatsächlich ein Trottel" (*Maren-Griesebach* 1982, S. 110). Technik ist vielmehr zu nutzen als „Partnerschaftsmittel zwischen Mensch und Natur" (ebd., S. 115).

Mit dem Hauptziel verknüpft sind Nebenziele, die eine Art dialektische Einheit von Individualität und kollektiver Verantwortung erreichen und zugleich „Macht" aufheben wollen. Es geht dabei vorrangig um

- *Authentizität:* wir vertrauen nur noch auf uns selbst (*Kelly* 1983, S. 19), wobei Gefühle ernst zu nehmen sind; zuallererst das Gefühl der Einheit von Mensch und Natur. Die „verlorene Sinnlichkeit" ist wieder „zu erobern" (*Maren-Griesebach* 1982, S. 24),
- *Autonomie* als personale Unabhängigkeit gegenüber Kompetenzhierarchien, was Selbstbestimmung und Selbstverwirklichung bedeutet, worauf sich erst Basisdemokratie gründen kann; zugleich muß
- *kollektive Verantwortung* gelernt werden, denn:

> „Niemand bringt etwas alleine hervor. Niemand hat ein Verdienst ganz aus sich. So wie wir die Verzahnung aller Vorkommnisse im Naturgeschehen anerkennen, so müssen wir auch Abschied nehmen von dem Isoliertsein einzelner Großtaten. Wir Menschen als soziale Wesen sind keine Einzelgänger und haben nichts nur aus uns selbst" (*Maren-Griesebach* 1982, S. 76).

So kann sich einstellen eine

- *Gleichrangigkeit* der Menschen untereinander mit Beseitigung der traditionellen Rollenaufteilung bei der Arbeit, aber auch zwischen den Geschlechtern. Erst dann wird die Verbindung von
- *Selbsthilfe* und Solidarischer Gemeinschaft („Nachbarschaftlichkeit") möglich (vgl. auch *Illich* 1975 passim, *Bossel* 1978).

Je dezentraler, vernetzter und solidarischer sich das symbiotische Zusammenleben von Mensch und Natur gestalten wird, um so mehr widerstrebt es hierarchischer Organisation (Bürokratien) und verordneter Macht (Staat). Politik ist ein „von Macht durchfurchtes Gebiet ... Da Macht ... immer ein Etwas voraussetzte, über das sie ausgeübt wird, sei dies Natur, Menschen, einzelne Meinungen, Wünsche, Triebe im eigenen Innern ... (ist sie mit) verdächtiger Hierarchie" verbunden (*Maren-Grisebach* 1982, S. 80f.). Machtstufung (oben/unten) ist aber gegen die Natur, gegen die gleichgewichtige Vernetzung. Die „herrschaftsfreie Kommunikation" ist allein erstrebenswert: „Keine Macht für Niemand" oder „Jede Macht für Alle" (ebd. S. 81).

„Staatsmißtrauen" ist erforderlich, die Machtansprüche, die Einmischungen des Staates in private Lebensbereiche sind abzulehnen, Personen, „die institutionelle Macht verwalten", sind auf jeden Fall häufig auszuwechseln (Rotationsprinzip) (ebd. S. 83ff.).

Daraus entwickelt sich ein spezifisches Demokratieverständnis (vgl. *Maren-Griesebach* 1982, S. 27, 115f. und passim. Umbau 1986 passim; kritisch *Steigerwald* 1986, S. 165ff.), das prinzipiell antistaatlich ist:

- klein gegen groß,
- Basis gegen Zentrale,
- Spontaneität gegen Leitung/Planung
- Selbstbestimmung und Selbstverwaltung gegen Fremdbestimmung und Bürokratie,
- Orientierung an „neuen Betroffenen",

also eine Art „Vor-Ort-Demokratie".

5.2.2 Mittel und Wege

Im Vordergrund dieses Konzepts stehen die konzeptionellen und programmatischen Überlegungen, die eine deutliche Gegenposition zur (späten) Industriegesellschaft („Ausstieg“ oder „Abkehr“) begründen und Bilder einer Gegenkultur entwickeln. Doch nehmen die handlungsorientierten Diskussionen zu, zumal seit es eine Partei mit parlamentarischer Vertretung gibt. Aber auch um „Betroffenheiten“ in (Protest-)Bewegungen gegen etablierte politische und ökonomische Strukturen zu transferieren: „Der Weg der Praxis entsteht, indem wir ihn gehen“ (*Maren-Griesebach* 1982, S. 8). Oder: das soziale Experiment mit neuen sozialen „Erfindungen“ (*Jungk* 1976) ist gegen den Widerstand konservativer Kräfte durchzuführen.

„Visionen und Konzeptionen einer besseren Welt sowie die Entwicklungstendenzen vorhandener Strömungen müssen durchgespielt, konkretisiert und miteinander verglichen werden. Intentionen, Intuitionen und Illusionen sind oft schwer voneinander zu unterscheiden, und es kommt einem Bewußtseinssprung gleich, eine derartige Urteilskraft zu gewinnen, die ohne Scheuklappen . . . qualitative, reale Verbesserungen erkennt“ (*Lutz* 1984, S. 196).

Am Anfang aller Handlungsüberlegungen steht die Notwendigkeit, daß ein durchgehendes *ökologisches Bewußtsein* zu erzeugen ist und der Weg zurück zur angemessenen *Einfachheit* und Überschaubarkeit als erstrebenswert erkannt wird. Die Formen des Zusammenlebens der Menschen und die Werthaltungen müssen *aufklärerisch* verändert werden.

Eine sozial-ökologische Umorientierung der Gesellschaft verlangt deshalb die allmähliche Herausbildung eines *neuen Menschenbildes:* die ganzheitliche, gemeinschaftsbefähigte Persönlichkeit. Denn das „überschüssige Bewußtsein“ (Bahro) entwickelt sich heute weniger aus einer objektiven Klassenlage als aus subjektivem Betroffensein und neuen (postmaterialistischen) „Werten“ (vgl. auch LB 2, 3.2.4 „Wertwandel“).

„In überschaubaren Zusammenhängen – den *sozialen Netzen* – soll wieder Zusammengehörigkeitsgefühl entwickelt werden, bis hin zu der größeren ‚Wahlverwandtschafts-Familie‘; aber auch zu autonomen Stadtteilen, zur Herausbildung lokaler Kultur, zur Zusammenführung der Generationen, zu Produktionen mit handwerklichem Akzent, zur selbstgewollten künstlerischen Betätigung statt des bloßen Kulturkonsums. Frau und Mann werden nicht geschlechter-spezifische Trennungen verstärken, sondern auf eine integrative Kooperation – zum „Integrat“ – zusteuern. Es geht um das engere Verbundensein von Menschen, die sich wieder mehr als Brüder und Schwestern betrachten – in selbstgewählten und überschaubaren Solidargemeinschaften lebend, es geht um „Fraternität“! Daraus folgt auch ein Plädoyer für die Wiedergeburt der Demokratie aus dem Geist ihrer kleinsten Gemeinwesen: im Mittelpunkt steht wieder die ‚Gemeinde‘“ (Beschreibung bei *Böhret* 1983, S. 241).

Die Sensibilisierung für die *Symbiose von Natur und Mensch* läßt sich aus der Wiederentdeckung von Sinnlichkeit, Phantasie und Gewaltlosigkeit (Mensch/Natur) entwickeln (vgl. *Maren-Griesebach* 1982, S. 24ff.). Sie ist mittels adäquater Maßnahmen zu stabilisieren, so beispielsweise durch

- die gesetzliche Absicherung von Rechten der Mitwelt,
- die Institutionalisierung von Anwälten von Mitwelt, Umwelt und Nachwelt,

- eine unabhängige Wissenschaft und Forschung (Konsequenzen- und Alternativenforschung) insbesondere auf den Gebieten Energie, Wirtschaft, Technologie, Sozialstruktur,
- eine Berücksichtigung langer Zukunftsperspektiven (von zumindest 50 Jahren),
- eine ökologische Verpflichtung der Politiker und Wissenschaftler, die ähnlich dem „hippokratischen Eid" als Grundlage ärztlicher Ethik abzulegen wäre,
- Umweltunterricht (Vernetzungswissenschaft) in Schulen und Erwachsenenbildung (vgl. *Bossel* 1978, S. 182f.; mit ähnlicher Ausrichtung *Maren-Griesebach* 1982, S. 115, 125ff.).

Parallel zur sozialökologischen Bewußtseinsbildung sind angemessene *Formen der Technik,* der *Produktion* und *Verteilung von Gütern und Diensten* zu entwickeln („Small is beautiful", *E. F. Schumacher* 1977):
- dezentrale (mittlere, sanfte) Technologien statt Großtechnologien,
- öffentliche Diskussion und Bewertung neuer Techniken
- Erstellung bedarfsgerechter, langlebiger Produkte und Umstrukturierung der Produktion (schon derzeit – 1983 – existieren ca. 4000 alternative Kleinbetriebe mit 24000 Beschäftigten [*Grottian/Kück* 1986]; außerdem gibt es wohl rund 80000 Arbeitsplätze im alternativen Sozialleistungsbereich in 10000 Projekten),
- Recycling und Energiesparen (Förderung ökologisch-naturhafter Kreisläufe)
- umweltverträglicher, vorrangig öffentlicher Personen(nah)verkehr,
- Entflechtung der Marktmächte,
- Förderung des Selbstverwaltungsgedankens auch in den Produktionsstätten,
- neue Finanzierungsformen (vgl. *Grottian/Kück* 1986)

Damit in Verbindung stehen die
- bessere Nutzung des vorhandenen Arbeitsvolumens und gerechtere Verteilung der Arbeit,
- Schaffung qualitativ hochwertiger Arbeitsplätze (unter Rücknahme der extensiven Arbeitsteilung); so läßt sich die schöpferische Entfaltung der Produzenten ermöglichen; dem dient auch die Förderung der handwerklichen oder künstlerischen „Eigenarbeit".

Als Alternative zum Sozialstaat wird schließlich eine *ökologische Sozialform* entwickelt, die sich auf zwei Ansätze stützt:
- Umverteilung und neue Verknüpfung von Arbeit und Einkommen (=ökologische Solidarität), beispielsweise erreicht durch die Zwanzig-Stunden-Woche und garantiertes Grundeinkommen;
- Neugestaltung sozialer Hilfen (gegen die kompetenzenteignenden Versorgungsapparate; Dezentralisierung und Demokratisierung der sozialen und gesundheitlichen Dienste und deren Einbau in nachbarschaftliche Netzwerke (ökologisches Gemeinwesen, Bundespflegegesetz etc.) (*Opielka* 1985, S. 282ff.).

5.2.3 Einwände

- Es gibt keine realistische Chance für eine merkliche Abkehr vom „Industrialismus". Alternativökonomie und ökologische Produktion sind bestenfalls kritisch-auffordernde Einsprengsel: das naturbezogene Gewissen der späten Industriegesellschaft.
- Die ökologische Gegenbewegung (Fundamentalökologie) ist letztlich mittelschichten-orientiert und wird im Kern von Mittelschichten getragen. Die Arbeiterschaft will keinen Ausstieg aus dem Industriesystem.
- Gemeinschaftsvorstellungen und unreflektierter (idealistischer) Anti-Industrialismus entstammen letztlich einer konservativen (und romantischen) Haltung; oft mit fast mythologischen Zügen.
- Der ökologische Protest ist – aus technologischer Sicht – eher moralisch als analytisch. Die Gegenvorstellungen (mittlere Technologie, handwerklicher Stil etc.) führen eher in ein „neues Mittelalter (*Böhret* 1983) als in eine solidarische Gesellschaft auf hohem Versorgungs- und Kulturniveau (vgl. auch *Weinberger* 1984).
- Die neuen Impulse der sozialen und ökologischen Bewegungen werden von den etablierten Kräften allmählich absorbiert, die Vertreter der neuen Bewegungen werden entweder integriert oder ausgegrenzt.
- Die anthropogene Sicht des problematischen Industriesystems (Ursachen sind vom Menschen erzeugt) führt zu voluntaristischer Handlungsstrategie (das Denken ändern, eine Veränderung wollen, dann wird es auch gehen). Deshalb werden allenfalls Technik und Arbeitsmittel als primäre Problemerzeuger identifiziert, während ökonomische Interessen und die historische Produktionsweise (mit ihren Eigentums- und Machtstrukturen) weniger beachtet werden.
- Die Schwachstelle der alternativen Ökonomie ist „die Unfähigkeit zur Produktion von Produktionsmitteln". Deshalb scheitern alternative Projekte, müssen sich alternative Kleinbetriebe an die übermächtigen kapitalistischen Strukturen anpassen.
- die Ökologiebewegung unterstützt, z. B. durch die Propagierung von Selbsthilfe, zumindest unbewußt die Austerity-Politik (Anspruchssenkung) der Staatsmacht (*Hirsch* 1980, S. 156 und passim).
- Es ist illusorisch zu glauben, daß sich im Rahmen des kapitalistischen Systems eigenständige nicht-kapitalistische „Inseln" (eine „fremde Produktionsweise") herausbilden könnten. Der Kapitalismus läßt Nischen und Illusionen nur so lange zu, wie es den ihm inhärenten Gesetzmäßigkeiten erträglich oder nützlich ist (*Steigerwald* 1986).
- Es spricht vieles dafür, daß es unter Weltmarktbedingungen eher zu einem (von neuen Basistechnologien getragenen) Langfristaufschwung zum Superindustrialismus (*Huber* 1982) kommt. Dessen kennzeichnendes Merkmal ist industrielle Anpassung mit ökologischer Vereinnahmung bei fortgeltenden ökonomischen Verwertungsbedingungen: „Die Industrie paßt sich ökologisch an, und die Ökologie verliert ihre industrielle Unschuld. Wenn die Ökologie eine Zukunft hat, dann nur in industrieller

Form, und die Industrie kann nie eine Zukunft haben, wenn sie nicht ökologisch wird. Die Ökologie kann nicht an der Industrie vorbei ins Leben treten, und der Industrie verhilft die Ökologie zum Überleben und Weiterleben" (*Huber* 1982, S. 12f.).

- Möglich und nötig erscheint die Entwicklung eines „ökologischen Pragmatismus" (*Maier-Rigaud* 1987). Die umweltpolitisch nicht reglementierte Marktwirtschaft führt zwangsläufig zur Ausbeutung der Natur; das wachsende Umweltbewußtsein bewirkt wenig, wenn der Staat nicht ökologische Spielregeln entwickelt und durchsetzt („Politikversagen"). Es geht um die Implementation der Umweltpräferenz (Strukturwandel) unter Beibehaltung der Marktfunktion. Erforderlich ist nur die Abkehr von der *ungeregelten* Industriegesellschaft. Hierzu ist der noch unterentwickelte Gedanke der Vorsorge (statt der ineffizienten „Reparatur") zu verstärken. Es kann nicht nur auf den „Stand der Technik" rekurriert werden, zumal das komplexe ökologische System der wissenschaftlichen Erkenntnis nicht völlig zugänglich ist (vgl. *von Hayek* 1972). Deshalb sind die Interventionen ins ökologische System zu minimieren. Instrumentell gibt es für den „ökologischen Pragmatismus" keine Begrenzung. Die Palette der Möglichkeiten reicht von Geboten/Verboten bis zu „marktkonformen" Maßnahmen (z. B. *Bonus* 1982).

5.2.4 Grundlegende Literatur

Lutz, Rüdiger: Die sanfte Wende. Aufbruch ins ökologische Zeitalter, München 1984

Maren-Griesebach, Manon: Philosophie der Grünen, München/Wien 1982

Schumacher, Ernst Friedrich: Die Rückkehr zum menschlichen Maß. Alternativen für Wirtschaft und Technik, Reinbek 1977

Weinberger, Marie-Luise: Aufbruch zu neuen Ufern. Grün-Alternative zwischen Anspruch und Wirklichkeit, Bern 1984

5.3 Rätemodell

5.3.1 Ansatzpunkte und Ziele

Die prinzipielle Kritik am demokratischen Gehalt des parlamentarischen Regierungssystems (Studentenbewegung, außerparlamentarische Opposition) führte Ende der 60er/Anfang der 70er Jahre in der Bundesrepublik Deutschland zu einem Wiederaufleben der Diskussion um das Modell der Rätedemokratie, das als eine *sozialistische Alternative zum repräsentativ-parlamentarischen Verfassungssystem* angesehen wird.

Das Rätemodell stellt keine umfassende politische Theorie dar, sondern entwickelt ein *Organisationsmodell radikaler direkter Demokratie*. Gegenüber der „formalen" parlamentarischen Demokratie, die staatsbürgerliche Selbstbestimmung auf ein periodisches Wahlrecht zur Bestätigung der Machteliten reduziert, soll das Rätesystem Herrschaft zugunsten von Selbstbestimmung abbauen, Identität von Regierenden und Regierten schaffen sowie Partizipation und Kontrolle durch die Basis gewährleisten. Idealtypisch lassen sich folgende gesellschaftliche Prinzipien und formalorganisatorische Elemente des Rätesystems formulieren:

- *Alle relevanten Entscheidungen* werden *von der Urwählerschaft getroffen*, die sich in Basiseinheiten, z. B. auf Betriebs- und Wohnebene, organisiert.
- Auf den Basiseinheiten baut eine *Pyramide von Delegiertenkörperschaften (Räten)* auf, die von der jeweils nachgeordneten Ebene gewählt werden.
- Alle *öffentlichen Ämter* werden *durch Wahl* bestimmt.
- Die gewählten Vertreter sollen *ehrenamtlich* tätig sein oder eine Entschädigung erhalten, die dem Durchschnittseinkommen der Urwählerschaft entspricht.
- Die Mandatsträger sind an die Entscheidungen der Urwählerschaft gebunden (*imperatives Mandat*) und können jederzeit abberufen werden (*recall*).
- *Alle Sitzungen sind öffentlich*, um eine Kontrolle durch die Basis zu ermöglichen.
- Durch *Ämterrotation* soll eine Verselbständigung der Amtsträger (mit negativen Folgen, wie Machtkonzentration, Bürokratisierung und Korruption) verhindert werden.
- Die *Gewaltenteilung* wird aufgehoben, denn sie war Ausdruck des bürgerlichen Emanzipationskampfes gegen den Feudalismus und ist nach Aufhebung der Klassen nicht mehr nötig.
- Die Vermittlung des Volkswillens durch *Parteien* und Fraktionen *wird abgelehnt*.
- Das Rätesystem *umfaßt alle Teile der Gesellschaft*, nicht nur den politischen Bereich.

Das Rätemodell unterscheidet sich also in den Grundprinzipien klar von der parlamentarischen Demokratie (vgl. Abb. 37).

5.3.2 Mittel und Wege

Historisch ist die Entstehung von Räten mit der Entwicklung von Industriegesellschaften eng verknüpft. Drei *Erscheinungsformen von Räten* können unterschieden werden (nach *Lösche* 1977 a, S. 371 f.); nämlich:

- *sich spontan bildende revolutionäre Kampforgane* unterprivilegierter Schichten oder Klassen, zumeist der Arbeiterschaft, aber auch des Kleinbürgertums oder der Bauern (Rußland 1905/06 und 19717/1918, Deutschland 1918/1919);
- *Klassenorganisationen des Proletariats* im Übergang vom Kapitalismus zum Sozialismus (Alternativmodell zur bürokratisch erstarrten Partei) oder als Organisationsmodell der sozialistischen Gesellschaft;
- wirtschaftliche und sozialpolitische *Interessenvertretungen* (Betriebs- und Personalräte).

Abbildung 37: Vergleich von Grundprinzipien der parlamentarischen Demokratie mit dem Rätemodell

Merkmal	*Parlamentarische Demokratie*	*Rätemodell*
(1) Wählerschaft und Willensbildung	Gesellschaftsmitglieder in der Rolle des *einzelnen „Staatsbürgers“*. Individuelle Meinungsbildung durch Parteien unterstützt. Wahl der „freien“ Repräsentanten.	Basiseinheiten (Arbeiter eines Betriebes, Wohneinheiten; aber auch „Senioren“) in allen gesellschaftlichen Bereichen. Permanente öffentliche Diskussion (herrschaftsfreier Dialog); dabei einheitliche Willensbildung des *Kollektivs*.
(2) Repräsentation	*Abgeordnete* auf mehreren Ebenen von Parteien nominiert, unter Einfluß von (organisierten) Interessen; von Wahlberechtigten für bestimmte Perioden gewählt.	*Räte* als System von Delegationskörperschaften („Pyramide“), gewählt von den jeweils nachgeordneten Ebenen. Keine Parteien, keine Verbände; alle öffentlichen Ämter durch Wahl besetzt.
(3) Mandat	*freies* Mandat (nur dem Gewissen unterworfen), mit faktischen Einengungen (Fraktions- und Parteidisziplin)	*imperatives* Mandat; jeder kann jederzeit abberufen werden (*recall*); Beschlüsse der entsendenden Einheiten sind zu vertreten (Rückkoppelung); Ämterrotation.
(4) Gewaltenteilung	*zentrales Prinzip*, insbesondere Regierung/Opposition (mit Minderheitenschutz); unabhängige Gerichte	*unnötig* (nach Aufhebung der Klassenherrschaft); Räte übernehmen exekutive, legislative und judikative Funktionen gleichzeitig.
(5) Menschenbild	Mensch mit begrenzten Fähigkeiten und Möglichkeiten: jeder kann nicht alles machen. Persönliches Machtstreben begrenzen. Geringes Maß an sozialer Gleichartigkeit; Vielfalt der Interessen und Ideen.	„Neuer Mensch“ mit umfassenden analytischen, theoretischen und praktischen Fähigkeiten; kann verschiedenste Funktionen wahrnehmen. Kein persönliches Machtstreben. Hohes Maß an sozialer Gleichartigkeit.

Die *historischen Erfahrungen* haben gezeigt,

– daß sich Räte als Kampforgane in revolutionären Situationen bewährt haben;
– daß alle Versuche einer Transformation der revolutionären Organisationsform in ein auf Dauer berechnetes Verfassungsgefüge jedoch gescheitert sind,
– so daß Räte in ihrer jetzigen Erscheinungsform in der Bundesrepublik Deutschland eher zu Mitteln sozialer Harmonisierung geworden sind.

Als *Voraussetzungen* für die Verwirklichung eines funktionierenden „reinen" Rätesystems gelten deshalb (nach *P. Lösche* 1977a, S. 374f.):

- *Vergesellschaftung der Produktionsmittel*, da Räte nur effizient handeln können, wenn auch der wirtschaftliche Bereich rätedemokratisch organisiert ist,
- ein *hohes Maß an sozialer Homogenität*; die Gegensätze von Stadt und Land sowie von Individualismus und Kollektivismus, Arbeitsteilung und Trennung von Staat und Gesellschaft müßten real überwunden sein,
- ein *„neuer Mensch"* mit umfassenden theoretischen und praktischen Fähigkeiten, der den gesellschaftlichen Prozeß nicht nur durchschaut, sondern auch abwechselnd in ihm die verschiedensten Funktionen wahrnehmen kann.

Für eine Gruppe der neueren Vertreter des Rätemodells kann daher die rätedemokratische Organisation der Gesellschaft nur auf der Grundlage sozialistischer Produktionsverhältnisse realisiert werden (*Wilfried Gottschalch, Bernd Rabehl*). Andere Autoren (*Udo Bermbach, Jürgen Fijalkowski*) sehen eine Möglichkeit der partiellen Verwirklichung des Rätegedankens durch Einführung rätedemokratischer Elemente in Subsysteme der kapitalistischen Gesellschaft (Parteien, Verbände, Gewerkschaften, Berufsgruppen) als Mittel zur Mobilisierung von Partizipation, Information und Kontrolle. Insbesondere die „Grünen" haben in den letzten Jahren rätedemokratische Elemente propagiert und versucht, in ihrer Organisation durchzusetzen.

5.3.3 Einwände

Für das historische Scheitern aller Versuche, Räte in nachrevolutionäre staatliche Lenkungsorgane umzuwandeln, werden von Kritikern des Rätemodells modellimmanente Schwächen angeführt:

- Voraussetzung für die Entscheidungsfähigkeit der Basis ist eine ständige und umfassende Information, der jedoch aufgrund der *begrenzten Informationsaufnahme und -verarbeitungskapazität* der Basis Schranken gesetzt sind.
- Eine *permanente Partizipation* der Urwählerschaft kann nicht auf Dauer aufrechterhalten werden. Voraussetzung hierfür ist eine hohe Bereitschaft sich zu engagieren, die angesichts der heute verbreiteten politischen Apathie als unrealistisch angesehen wird. Aktive Minderheiten können dann in einem Rätesystem die apathische Mehrheit dominieren. Das Rätemodell setzt voraus, daß nicht nur alle Informationen zur Verfügung stehen, sondern auch genutzt werden.
- Die *Kontrolle der Führung* ist durch das Rätesystem keineswegs gewährleistet. Da keine Kontrollgremien mit gleich hohem Informationsniveau vorgesehen sind, kann der Informationsvorsprung der Führung eingesetzt werden zur Disziplinierung und Manipulation der Basis. Die Führung schafft sich die erforderliche Legitimation durch gelenkte Mobilisierung der Basis von oben (statt Partizipation von unten).

- Ungelöst ist ebenfalls das Problem der Vereinbarkeit von sachlich notwendiger Planung der Produktion und Konsumtion und der Selbstverwaltung der Betriebe, also der *Konflikt zwischen allgemeinem und speziellem Interesse.*
- Fraglich ist, ob die für ein Funktionieren des Rätemodells erforderliche *Homogenität der Gesellschaft* überhaupt (auch im Sozialismus) herstellbar bzw. wünschbar ist.
- Die Bildung von *Fraktionen und Parteien* läßt sich aufgrund der Inhomogenität also nicht verhindern. Sie sind außerdem notwendig, um Alternativen zu Entscheidungen formulieren zu können. Aus diesen Gründen hat es auch in allen bisherigen Räten Gruppen und Fraktionen gegeben.
- Das *imperative Mandat* erschwert bzw. verhindert notwendige Kompromisse. Es produziert Vetogruppen und führt zumeist nur unter großen Verzögerungen zu Entscheidungen.
- *Bürokratie* ist die notwendige und adäquate Organisationsform jeder hochindustriellen Gesellschaft. Sie folgt aus der zunehmenden Arbeitsteilung und Komplexität der Wirtschaft. Die geschichtliche Erfahrung zeigt, daß sich Räteorgane innerhalb kürzester Zeit eigene Bürokratien zugeordnet haben.
- Es ist daher fraglich, ob bei Aufhebung der Arbeitsteilung und Spezialisierung sowie bei Verwirklichung der absoluten Disponibilität des Menschen die *Leistungsfähigkeit und Produktivität einer hochorganisierten industriellen Gesellschaft* erhalten werden kann.

5.3.4 Grundlegende Literatur

Lösche, Peter: Räte, Rätesystem, in: Wörterbuch zur politischen Ökonomie, hrsg. von Gert von Eynern und Carl Böhret, 2. Aufl., Opladen 1977

Probleme der Demokratie heute. Politische Vierteljahresschrift, Sonderheft 2/1971, S. 53–152. (Arbeitsgruppe II: Räte als politisches Organisationsprinzip, mit Beiträgen von Bermbach, Annweiler, Lösche, Gottschalch, Rabehl und Fijalkowski)

Theorie und Praxis der direkten Demokratie, hrsg. von Udo Bermbach, Opladen 1973

5.4 Anarchismus

5.4.1 Ansatzpunkte und Ziele

Sozialgeschichtlich ist der Anarchismus („Herrschaftslosigkeit, Abwesenheit von Autorität und Regierung“) am ehesten als eine politisch ambivalente Protestbewegung mit anti-institutioneller Ausrichtung zu beschreiben, die sich in verschiedenen Organisationsformen und unterschiedlichen ideologischen Argumenten darstellt (*Lösche* 1974, S. 54f.).

Erstrebt wird eine herrschaftslose und nur aus freiwilligen Assoziationen bestehende, alle politischen und sozialen Zwangsmittel ablehnende, Zwangsordnungen abschaffende Gesellschaft („Reich der Freiheit", soziale Harmonie: Pierre J. Proudhon).

Der *Staat* gilt als das finsterste aller Vorurteile, die den Menschen verblenden: Jeder Staat (auch der demokratische) ist eine Despotie (*Max Stirner*), und das repräsentative System wirkt als Regierungsaristokratie immer gegen das Volk (*Michael Bakunin*). Das allgegenwärtige Hervortreten von Bürokratie, Polizei und Militär im täglichen Leben mit der dadurch verdeutlichten Trennung von Staat und Gesellschaft war der historisch wichtigste Anstoß zur Entwicklung des Anarchismus:

> „Die Bürokratie ... führt zum Staatskommunismus und dazu, daß jedes selbständige und individuelle Leben von der Verwaltungsmaschinerie verschlungen und jeder freie Gedanke zerstört wird. ... Die Zentralisation wird immer mächtiger ... Gesellschaft und Verwaltung (können) nicht länger miteinander leben.
>
> Regiert sein, das heißt unter polizeilicher Überwachung stehen, inspiziert, spioniert, dirigiert, mit Gesetzen überschüttet, reglementiert, eingepfercht, belehrt, bepredigt, kontrolliert ... zu werden ..., es heißt unter dem Vorwand der öffentlichen Nützlichkeit und im Namen des Allgemeininteresses ausgenutzt, verwaltet, geprellt, ausgebeutet ... getäuscht, bestohlen zu werden ..." (*Proudhon*, zit. bei *Guérin* 1969, S. 18 und 17).

Nur die von solcher Regierungsgewalt befreite Gesellschaft kann die natürliche Ordnung der menschlichen Beziehungen wiederherstellen.

Für Proudhon und Bakunin war Anarchismus „gleichzeitig die gewaltigste Unordnung, die völlige Desorganisation der Gesellschaft und, jenseits einer gigantischen revolutionären Umwälzung, der Aufbau einer neuen, stabilen und rationalen, auf Freiheit und Solidarität gegründeten Ordnung" (*Guérin* 1969, S. 14). Diese *staatslose Sozietät* ist in revolutionärer Ungeduld „hier und heute", durch „alles und jetzt" zu erreichen; Anarchismus als eine „Revolution der Eingeweide" (*Guérin*).

Der Anarchismus ist daher generell durch *drei zentrale Merkmale* zu beschreiben:

– durch eine betont *anti-institutionelle* Haltung, soweit durch solche Institutionen Herrschaft ausgeübt werden könnte: der Anarchismus ist antistaatlich, anti-parlamentarisch, anti-parteilich, anti-verbandlich, antikirchlich. Der *Staat* erscheint als der „Moloch" menschlicher Unterdrükkung;
– durch *Theorielosigkeit*, weil auch Theorien zur Autorität werden können und damit freiheitsbeschränkend wirken. Ideologien sind mit gleicher Argumentation abzulehnen; sie erscheinen als Ausdruck und Stabilisierungselement institutionalisierter Herrschaftsverhältnisse. Der Anarchismus ist deshalb auch a-theoretisch, a-theistisch, a-religiös und a-national;
– durch *Unmittelbarkeit des Übergangs* zwischen Status quo und erstrebtem Anarchismus: Der Wille zur totalen Veränderung der Welt wird mit der sofortigen Wirkung aufklärerischer Bemühungen (Überzeugen, „Propaganda der Tat", beispielhaftes anarchistisches Vorleben in Kommunen, Dezentralisation) direkt realisiert. Hier zeigt sich auch der grundlegende Dissens zur Vorstellung des *allmählich* absterbenden Staates von *Marx/Engels* (vgl. LB 4, 5.5).

Bei den Anarchisten (*Bakunin*) soll der Staat als Unterdrückungsinstrument sofort beseitigt werden, bei *Marx/Engels* steht sein Ende am Schluß eines langen revolutionären Prozesses.

Hauptziel des Anarchismus ist die *herrschaftsfreie Gesellschaft* (eben die „Anarchie"), in der an die Stelle der Herrschaft von Menschen über Menschen die Verwaltung von Sachen tritt:

„Wir weisen alle privilegierte, patentierte, offizielle und legale Gesetzgebung, Autorität und Beeinflussung zurück, selbst wenn sie aus dem allgemeinen Stimmrecht hervorgegangen sind, in der Überzeugung, daß sie immer nur zum Nutzen einer herrschenden und ausbeutenden Minderheit gegen die Interessen der ungeheuren geknechteten Mehrheit sich wenden können. Der Staat ist eine das Volksleben zerstörende Abstraktion . . . In diesem System (des Anarchismus, d. V.) gibt es eigentlich keine Macht. Die Macht liegt in der Gemeinschaftlichkeit und wird der wahre Ausdruck der Freiheit eines jeden, die treue und ernstliche Verwirklichung des Willens aller; jeder gehorcht nur, weil der Führer ihm nur das befiehlt, was er selbst will. Das ist die wahrhaft menschliche Disziplin, die zur Organisation der Freiheit notwendig ist . . ." (*Bakunin* 1921).

Die erstrebte Gesellschaft ist keineswegs chaotisch; in den frei vereinbarten, auflösbaren Assoziationen werden vielmehr individualistische und kollektive Prinzipien integriert. So sieht der (kommunistische) Anarchist *Peter Kropotkin* die Grundzüge einer herrschaftsfreien Gesellschaft in Dezentralisierung, harmonischem Zusammenleben mit der Natur, in gegenseitiger Hilfe – bei Abschaffung des Privateigentums: „Jede Gesellschaft, die das Privateigentum abgeschafft hat, wird . . . gezwungen sein, sich in anarchistisch-kommunistischer Gestalt zu organisieren. Die Anarchie führt zum Kommunismus und der Kommunismus zum Anarchismus" (zit. nach *Franz Neumann* [Hrsg.] 1977, S. 260). In der Kommune als kleinster Wohneinheit und im Syndikat (Einheitsbetriebsorganisation als Basis der Produktion und Distribution) werden die Entscheidungen getroffen und vollzogen und – soweit unumgänglich – auf den verschiedenen Stufen einer losen „Föderation" der vielfältigen Funktionseinheiten koordiniert.

5.4.2 *Mittel und Wege*

Bei identischem Hauptziel: der voraussetzungslosen Herstellung einer herrschaftsfreien Gesellschaft, unterscheiden sich die Wege und Mittel, die von den Vertretern des Anarchismus angeboten werden, doch deutlich, wie in den im folgenden skizzierten *drei Hauptströmungen des Anarchismus* sichtbar wird. Sie sind von verschiedenartigem Ursprung.

a) Agraranarchismus

Der Agraranarchismus stellt sich als *Prototyp* des „rückwärts*gewandten Anarchismus*" dar, als politische Idee der durch Kapitalismus, Industrialisierung und politische Zentralisation in ihrer bisherigen Lage bedrohten Landarbeiter,

Kleinbauern und auch Handwerker; insbesondere in den spätentwickelten Regionen Europas (Spanien, Italien) oder im autoritär-bürokratischen Rußland. Die soziale Protestbewegung entwickelte sich – oft zunächst in der Gegnerschaft zur bürokratisch-polizeilichen Unterdrückung – typischerweise in Gesellschaften, die durch das Nebeneinander von feudalen und kapitalistischen Strukturen gekennzeichnet waren. Die vergleichbaren Voraussetzungen sind:

- soziales Elend der Landbevölkerung,
- Weiterbestehen einer noch aus dem Mittelalter stammenden genossenschaftlich-handwerklichen Tradition, die durch kapitalistische Rechtsverhältnisse zunehmend in Frage gestellt wird,
- bürokratische und polizeistaatliche Unterdrückung sozialer Proteste durch zentrale und regionale Machthaber,
- verhinderte Durchsetzung parlamentarischer Regierungssysteme,
- religiöse Traditionen des jeweiligen Landes.

Der Vorstellung, durch Aufklärung und Erziehung (insbes. *William Godwin* 1756–1836) und durch Vorleben (in anarchistischen Lebensformen) Veränderungen zu erzielen, wird von den militanten Anarchisten (zeitweilig *Michael Bakunin*; später vor allem *Peter Kropotkin*) die *„Propaganda der Tat"* durch die Ausübung von Gewalt entgegengesetzt: „Tag und Nacht muß er (der anarchistische Revolutionär) nur einen Gedanken, ein Ziel haben – erbarmungslose Zerstörung" (*Bakunin*) – zur totalen Veränderung der Welt, zur allgemeinen Befreiung des Menschen. Putschistische Ungeduld führt zur gewalttätigen Aktion (oft durch Attentate); sie „wird zur Praxis von Revoltierenden in nichtrevolutionären Situationen" (*Lösche* 1978, S. 115).

Die Verbindung zum *Terrorismus* liegt nahe. Terrorismus ist eine Methode der Machtausübung in Form der Androhung sowie Ausübung von Gewalt gegen Personen und Sachen durch Täter oder Tätergruppen, um begrenzte „Tagesziele" (z. B. Befreiung von Gefangenen) oder sehr weite politische Zielsetzungen (z. B. „Abschaffung der Kapitalherrschaft" oder „Beseitigung der parlamentarischen Demokratie") zu erreichen. Die *unmittelbare* Verknüpfung oder gar die Gleichsetzung von Anarchismus und Terrorismus ist jedoch unzulässig: „Während es sich beim Terrorismus lediglich um eine Methode der Gewaltausübung handelt, geht es im Anarchismus ... doch zumindest um Ansätze zu einer systematischen Gesellschaftskritik und um Vorstellungen zu einer bestimmten Gesellschaftsalternative, nämlich der Errichtung einer herrschaftsfreien Ordnung" (*Lösche* 1978, S. 110; vgl. zur „theoretischen" Basis des westdeutschen Terrorismus ausführlich *Fetscher* u. a. 1981).

b) Syndikalismus

Der Syndikalismus gilt als moderne Form des Anarchismus mit Ausläufern bis in die Gegenwart. Gekennzeichnet wird er durch die spontane Revolte gegen die zunehmende Entfremdung und Ausbeutung im Produktionsprozeß wie gegen den Unternehmerdespotismus und die innerbetriebliche Hierarchie. Es handelt sich um eine meist lokalistische *proletarisch-klassengebundene Auflehnung gegen die Lohnarbeiterexistenz* innerhalb autoritärer Betriebsstrukturen; so vor allem im Ruhrbergbau und in der Schwerindustrie. In Deutschland verband sich die verspätete Parlamentarisierung, die Gegnerschaft von Teilen der Arbeiterschaft gegen das Parteiensystem, gegen Reichswehr und die „Politik von oben" mit der Enttäuschung über die Funktion der etablierten und bürokratisierten Gewerkschaften und sozialistischen Parteien zu einer Opposition gegen die reformistische Praxis.

Der Staat wird als eine über der Gesellschaft stehende, eigengesetzliche bürokratische Organisation gesehen und abgelehnt. Im Syndikat (Einheitsbetriebsorganisation mit Verbindung von ökonomischen und politischen Zielen), in Vorformen der „Arbeiterselbstverwaltung", wird die zentrale Organisationsform für den revolutionären Kampf wie für die herzustellende herrschaftsfreie Gesellschaft gesehen.

Die *Kampfformen* der (Anarcho-)Syndikalisten sind industriell bestimmt, wobei die direkte Aktion im Vordergrund steht: Boykott, Sabotage, Fabrikbesetzung, Arbeitsverlangsamung – und besonders wichtig – Streik und Generalstreik.

c) Pragmatischer Anarchismus

Der pragmatische Anarchismus hält sich für eine relativ neue, den komplexen Industriegesellschaften adäquate Form eines *Strebens nach herrschaftsfreier Gesellschaft außerhalb der bestehenden Institutionen*. Bei weitgehendem Verzicht auf anarchistische Utopie und gewaltsame Methoden werden praktikable Formen für „direkte Aktionen" als Potential für gesellschaftliche Veränderungen gesucht: Rätesystem und Arbeiterkontrolle, Hausbesetzungen, nachbarschaftliche herrschaftsfreie Kooperation und „solidarisches Vorleben", spontane Bürgerinitiativen und alle Formen des „zivilen Ungehorsams" werden pragmatisch eingesetzt – bei eindeutiger Ablehnung terroristischer Praktiken.

d) Individualistischer Anarchismus

Traditionelle anarchistische Vorstellungen vertritt in der Bundesrepublik derzeit vor allem die MACKAY-Gesellschaft (Lernziel Anarchie). Sie greift sowohl auf die klassischen Anarchisten zurück, propagiert aber auch die Schriften K. H. Solnemans (1981). Diese *individualistischen Anarchisten* akzeptieren keine aufgezwungene Vereinigung (z. B. den Staat); sie verurteilen (deshalb auch) den „autokratischen (realen) Sozialismus als reaktionär und freiheitsfeindlich . . ."; sie erkennen daher Privateigentum nur an, wenn es auf eigener Arbeitsleistung beruht und nicht zur Unterdrückung anderer bemüht wird. Sie wollen „den Staat in autonome freie Gesellschaften umwandeln" (*Timm* 1981, S. 32ff.).

5.4.3 Einwände

Der Anarchismus

- blieb und bleibt – nicht zuletzt wegen seiner *Theorielosigkeit* und der Organisationsvorbehalte – eine rohe Form der Auflehnung und der Protesthaltung, die sich in komplexen Industriegesellschaften kaum durchsetzen kann.
- Der voluntaristische (nur auf den „Willen" bezogene) Revolutionsbegriff und die vereinfachte Vorstellung von der *Identität von Revolution und Neuordnung* wie die eher spontane, aber geheimbündlerische Organisation erweisen sich angesichts der Kompliziertheit der modernen Produktions- und Politikprozesse als wenig adäquat und massenwirksam.
- Gelegentliche *Gewaltanwendungen* (Propaganda der Tat) ohne Perspektive stoßen gerade diejenigen ab, die für viele Anarchisten (hier vor allem die Anarcho-Syndikalisten) die Kampftruppen stellen sollen: die Arbeiterschaft.
- In der Folge gewalttätiger Aktionen werden der eigentlich abgelehnte Staat und die Polizei ohnehin nur gestärkt, was schon Leo Trotzki zu der kritischen Bemerkung veranlaßte, daß dieser Anarchismus immer dazu führte, daß „der Staat mehr gestärkt wird durch den Gebrauch physischer Zerstörung und die Mechanismen der Unterdrückung", als daß sich die terroristischen Gruppen erfolgreich durchsetzen (nach *Fetscher u. a.* 1981, S. 20).
- Schließlich ist der *Antiinstitutionalismus* und das Vertrauen auf die Disziplin der gemeinsamen Aktion mit Rollenzuweisung an die freiwillig vereinigten Individuen sowohl für die Durchsetzungsphase wie für die anschließende Zeit des „erreichten Anarchismus" ein kaum zu verwirklichendes Kooperationsmodell.

5.4.4 Grundlegende Literatur

Guérin, Daniel: Anarchismus. Begriff und Praxis, 3. Aufl., Frankfurt a. M. 1969

Lösche, Peter: Anarchismus (=Erträge der Forschung, Bd. 66), Darmstadt 1977

Oberländer, Erwin (Hrsg.): Der Anarchismus, Freiburg i. B. 1972

5.5 Kommunistische Zukunftsgesellschaft

5.5.1 Ansatzpunkte und Ziele

Die kommunistische Gesellschaft ist das Zukunftsbild des Marxismus. Es wird nach dem Zusammenbruch des Kapitalismus nach verschiedenen Übergangsformen aufgrund historischer Gesetzmäßigkeiten erreicht. Die Begründungszusammenhänge hierfür liefert die Geschichts- und Gesellschaftstheorie des *historischen Materialismus,* d. h. die von *Karl Marx* und *Friedrich Engels* begründete „Wissenschaft von den allgemeinen und grundlegenden Struktur- und Entwicklungsgesetzen der menschlichen Gesellschaft als Ganzes, von den entscheidenden Triebkräften des Geschichtsprozesses, vom Platz des Menschen in Gesellschaft und Geschichte“ (Wörterbuch der marxistisch-leninistischen Soziologie, 1971, S. 185). Bestimmend ist die sozioökonomische *Basis*, von der prinzipiell der politisch-ideelle und rechtliche *Überbau* abhängt:

„In der gesellschaftlichen Produktion ihres Lebens gehen die Menschen bestimmte, notwendige, von ihrem Willen unabhängige Verhältnisse ein, Produktionsverhältnisse, die einer bestimmten Entwicklungsstufe ihrer materiellen Produktivkräfte entsprechen. Die Gesamtheit dieser Produktionsverhältnisse bildet die ökonomische Struktur der Gesellschaft, die reale Basis, worauf sich ein juristischer und politischer Überbau erhebt, und welcher bestimmte gesellschaftliche Bewußtseinsformen entsprechen. Die Produktionsweise des materiellen Lebens bedingt den sozialen, politischen und geistigen Lebensprozeß überhaupt. Es ist nicht das Bewußtsein der Menschen, das ihr Sein, sondern umgekehrt ihr gesellschaftliches Sein, das ihr Bewußtsein bestimmt. Auf einer gewissen Stufe ihrer Entwicklung geraten die materiellen Produktivkräfte der Gesellschaft in Widerspruch mit den vorhandenen Produktionsverhältnissen, innerhalb derer sie sich bisher bewegt hatten. Aus Entwicklungsformen der Produktivkräfte schlagen diese Verhältnisse in Fesseln derselben um. Es tritt dann eine Epoche sozialer Revolution ein. Mit der Veränderung der ökonomischen Grundlage wälzt sich der ganze ungeheure Überbau langsamer und rascher um“ (*Marx* 1859, S. 8f.).

Marx und *Engels* selbst haben nur an wenigen Stellen ausführlicher die konkrete Gestalt der kommunistischen Zukunftsgesellschaft beschrieben; im

---

Dialektischer und historischer Materialismus

Der *dialektische und historische Materialismus* ist Grundlage der von Marx und Engels ausgearbeiteten und von Lenin weiterentwickelten Philosophie des Marxismus-Leninismus.

Der *dialektische Materialismus* (Diamat) erforscht die allgemeinen Entwicklungsgesetze, die allen Bewegungsformen der materiellen Welt, der Natur der Gesellschaft und auch dem Denken (Erkennen) eigen sind. Dialektik bedeutet, daß die Welt nicht als ein Komplex von fertigen Dingen, sondern von Prozessen gesehen wird. Es besteht nichts Endgültiges und Absolutes, es gibt nur den ununterbrochenen Prozeß des Werdens und Vergehens. Die Materie wird dabei als das allein Wirkliche angenommen; das denkende Bewußtsein ist nur Spiegel dieser Wirklichkeit. Die Dialektik, die bei Hegel noch die Lehre von der Entwicklung der Ideen war, wurde von Marx und Engels zur Lehre von der Bewegung und Entwicklung der Materie umgeformt, sie wurde – so Marx – „vom Kopf auf die Füße gestellt“.

Der *historische Materialismus* (Histomat) ist die Ausweitung und Anwendung des dialektischen Materialismus auf die Analyse der menschlichen Gesellschaft und ihrer Geschichte. Er erforscht die allgemeinen und grundlegenden Struktur- und Entwicklungsgesetze der menschlichen Gesellschaft als Ganzes. Als bestimmendes Element des gesellschaftlichen Lebens wird die Produktionsweise der materiellen Güter angesehen. Vom Entwicklungsstand und Charakter einer historisch gegebenen Produktionsweise hängen die soziale Gliederung der betreffenden Gesellschaftsordnung und auch das gesellschaftliche Bewußtsein der in dieser Ordnung lebenden Menschen ab. Politik und ihre Geschichte sind daher aus den ökonomischen Verhältnissen und ihrer Entwicklung zu erklären.

übrigen aber auf den historischen Prozeß verwiesen. *Grundprinzipien* der kommunistischen Zukunftsgesellschaft sind vor allem:

- die *Beseitigung der Ausbeutung* des Menschen durch den Menschen (Aufhebung des Privateigentums an Produktionsmitteln, Ende der Warenproduktion, Beseitigung des Grundwiderspruchs zwischen Arbeit und Kapital);
- die Aufhebung der Arbeitsteilung und *Beendigung der Entfremdung* sowie die Geltung des kommunistischen Prinzips: Jedem nach seinen Bedürfnissen;
- das allmähliche *Absterben des* als Repräsentant der ganzen Gesellschaft überflüssig gewordenen *Staates*.

Der Vollkommunismus wird als eine auf der Grundlage des Produktionsüberflusses dem einzelnen große Freiheiten gewährende *klassen- und staatslose Gesellschaft* angesehen. Dieses „Reich der Freiheit" kann jedoch erst beginnen, wenn das durch äußere Not bestimmte Arbeiten aufhört, wenn die assoziierten Produzenten (die vergesellschafteten Menschen) die Produktion unter gemeinschaftliche Kontrolle bringen, wenn sie mit geringstem Kraftaufwand und unter humansten Bedingungen produzieren („ihren Stoffwechsel mit der Natur rationell regeln"). Zwar muß weiter gearbeitet und produziert werden (es gibt auch weiterhin ein „Reich der Notwendigkeit"), doch werden sich die schöpferischen Kräfte des Menschen immer mehr entfalten können.

Kein Individuum soll mehr lebenslang an eine bestimmte Arbeit gebunden bleiben müssen (vgl. auch „Postrevolutionäre Gesellschaft", LB 4, 5.6).

„Sowie nämlich die Arbeit verteilt zu werden anfängt, hat jeder einen bestimmten ausschließlichen Kreis der Tätigkeit, der ihm aufgedrängt wird, aus dem er nicht heraus kann; er ist Jäger, Fischer oder Hirt oder kritischer Kritiker und muß es bleiben, wenn er nicht die Mittel zum Leben verlieren will – während in der kommunistischen Gesellschaft, wo jeder nicht einen ausschließlichen der Tätigkeit hat, sondern sich in jedem beliebigen Zweig ausbilden kann, die Gesellschaft die allgemeine Produktion regelt und mir eben dadurch möglich macht, heute dies, morgen jenes zu tun, morgens zu jagen, nachmittags zu fischen, abends Viehzucht zu treiben, nach dem Essen zu kritisieren, wie ich gerade Lust habe, ohne je Jäger, Fischer, Hirt oder Kritiker zu werden" (*Marx/Engels* 1846, S. 33).

Besonders optimistisch, ja idealistisch, malte sich *Leo Trotzki* das Leben in der kommunistischen Zukunftsgesellschaft aus:

„Der Mensch wird es sich zur Aufgabe machen, seiner eigenen Gefühle Herr zu werden, seine Instinkte auf den Gipfel des Bewußtseins zu heben, sie durchsichtig klar zu machen . . . also einen höherstehenden gesellschaftlich biologischen Typus oder, wenn man will, einen Übermenschen zu schaffen . . . Der Mensch wird unvergleichbar stärker, klüger, feiner werden . . . Der menschliche Durchschnitt wird sich bis zum Niveau eines Aristoteles, Goethe, Marx erheben . . ." (*Trotzki* 1924, S. 176ff.).

So läßt sich aus den verstreuten Äußerungen der „Klassiker" schließlich nur ein unscharfes Bild der *zentralen Elemente* der kommunistischen Zukunftsgesellschaft skizzieren (nach *Hofmann* 1974, S. 155f.).

- *Selbstordnung der Gesellschaft:* „An Stelle der Regierung über Personen tritt die *Verwaltung* von Sachen und die Leitung von Produktionsprozessen.

Der Staat wird nicht abgeschafft, er stirbt ab" (*Engels*). Das Recht als Sanktionsmacht der herrschenden Klasse wird schwinden, humane Verhältnisse reduzieren den Rechtsbruch. Die Strafe wird bestenfalls „zum Urteil des Fehlenden gegen sich selbst".

– *Beendigung gesellschaftlicher Unterschiede:* durch die Wiedervereinigung von geistiger und körperlicher Arbeit, durch die Angleichung von Stadt und Land (mit der wechselseitigen Übertragung der jeweiligen Vorzüge), durch die Beseitigung der sozialen Unterschiede von Mann und Frau und durch die Angleichung des Unterschieds zwischen den Nationen.
– *Freie Bedürfnisbefriedigung:* durch Wegfall der Warenform der Produkte und Erziehung zu einer neuen Arbeits- und Konsummoral („Jedem nach seinem Bedürfnis") aller Gesellschaftsmitglieder.

Mit dem XXI. Parteitag der KPdSU (1959) wurde die inhaltliche Diskussion um die kommunistische Zukunftsgesellschaft wieder aufgenommen. Vor allem sowjetische Philosophen begannen das Leben im zukünftigen Kommunismus zu beschreiben; eine Art *sozialistische Futurologie* („Gesellschaftsprognostik") entwickelte sich. Die Grundaussagen von *Marx* und *Engels* wurden beibehalten, jedoch zusätzliche Fragen (oft in Einzelheiten) zu beantworten versucht. In der DDR wird die kommunistische Zukunftsgesellschaft heute so beschrieben:

„Die kommunistische Gesellschaft ist die Gesellschaft der schöpferischen Arbeit und des Überflusses für alle, die Gesellschaft des kulturellen und sinnvollen Lebens für alle, die Gesellschaft der vollen Entwicklung der Persönlichkeit, der Freiheit, Gleichheit und Brüderlichkeit. Der Kommunismus ist eine hochorganisierte Gesellschaft freier arbeitender Menschen von hohem Bewußtsein, in der gesellschaftliche Selbstverantwortung bestehen wird, in der die Arbeit zum Wohl der Gesellschaft zum ersten Lebensbedürfnis für alle, zur bewußt gewordenen Notwendigkeit werden und jeder seine Fähigkeiten mit dem größten Nutzen für das Volk anwenden wird . . . Im Kommunismus werden alle Menschen die gleiche Stellung in der Gesellschaft, das gleiche Verhältnis zu den Produktionsmitteln sowie die gleichen Bedingungen der Arbeit und Verteilung haben und aktiv an der Verwaltung der gesellschaftlichen Angelegenheiten teilnehmen . . . Die Forderungen und Wünsche der Menschen werden bei all ihrer Vielfalt ein Ausdruck der gesunden, vernünftigen Bedürfnisse des allseitig entwickelten Menschen sein. Stetiger Fortschritt der Gesellschaft, materielle und kulturelle Güter für jedes Mitglied der Gesellschaft entsprechend seinen wachsenden Bedürfnissen, individuellen Ansprüchen und Neigungen – das ist das Ziel der kommunistischen Produktion" (Philosophisches Wörterbuch, Bd. 2, 1972, S. 1001).

5.5.2 Mittel und Wege

Marx und *Engels* lehnten es ab, eine genaue Schilderung über die Wege zur Verwirklichung der kommunistischen Zukunftsgesellschaft zu geben; die Arbeiterklasse hat *Marx* zufolge, „keine fix und fertigen Ideale zu verwirklichen; sie hat nur die Elemente der neuen Gesellschaft in Freiheit zu setzen . . ." (*Marx* 1871, S. 343) oder: „Der Kommunismus ist für uns nicht ein Zustand, der hergestellt werden soll . . . Wir nennen Kommunismus die wirkliche Bewegung, welche den jetzigen Zustand aufhebt. Die Bedingungen dieser

Bewegung ergeben sich aus der jetzt bestehenden Voraussetzung" (*Marx/ Engels* 1846, S. 32). Bei *Marx* erscheint der Kommunismus – anders als in der späteren Sowjetideologie – nur auf einmal und gleichzeitig auf der Basis der universellen Entwicklung der Produktivkräfte erreichbar, dies allerdings erfolgt mit historischer Notwendigkeit (historischer Materialismus).

Der unmittelbare *Vorläufer* der vollkommunistischen Gesellschaft ist die niedrigere Stufe des *Sozialismus,* die – weil sie unmittelbar aus der kapitalistischen Gesellschaft hervorgeht – „in jeder Beziehung, ökonomisch, sittlich, geistig, noch behaftet (ist) mit den Muttermalen der alten Gesellschaft, aus deren Schoß sie herkommt" (*Marx* 1875). Das Privateigentum an den Produktionsmitteln ist im Sozialismus zwar weitgehend abgeschafft und der „Grundwiderspruch" zwischen Arbeit und Kapital, zwischen gesellschaftlicher Produktion und privater Aneignung, prinzipiell aufgehoben. Doch herrschen noch „Warenproduktion", Arbeitsteilung und das Leistungsprinzip („Jeder nach seinen Fähigkeiten, jedem nach seinen Leistungen") vor. Noch existiert der Geldlohn und in der „Diktatur des Proletariats" wirken Rudimente von Staatsgewalt weiter. Aber die Selbsterziehung der von kapitalistischer Ausbeutung und von der Entfremdung zunehmend befreiten „Produzenten" beginnt bereits in Richtung auf die Entwicklung einer neuen Arbeitseignung und die Beendigung der vielen sozialen Unterschiede voranzuschreiten. Mit dem stetigen Wachsen der Produktivkräfte reifen dann die Bedingungen für das zentrale kommunistische Prinzip: „Jeder nach seinen Fähigkeiten, jedem nach seinen Bedürfnissen" heran; schließlich wird der *Kommunismus* als die höchste Stufe in der Entwicklung der menschlichen Gesellschaft erreicht.

Die von *Lenin* entwickelten Lehren sind überwiegend von strategischen und taktischen Notwendigkeiten bei der Vorbereitung, Durchführung und Absicherung der (sowjetrussischen) Revolution bestimmt. Der *Kaderpartei* als der bestimmenden Avantgarde im revolutionären Kampf und im Zwischenstadium der Diktatur des Proletariats wie in den Übergangsstadien zum Kommunismus werden die bedeutendsten Funktionen zugeteilt. Die vor allem von *Trotzki* vertretene Idee der *„permanenten Revolution"* in allen Ländern wurde unter *Stalin* schnell der nationalen Notwendigkeit eines beispielhaft voranzutreibenden und abzusichernden *„Sieges des Sozialismus in einem Lande"* geopfert. Die dabei erfolgende Ausweitung der Staatsmacht nach innen und außen sollte aber weiterhin die Bedingungen für das Absterben der Staatsmacht in der erstrebten kommunistischen Gesellschaft vorbereiten (*Stalin*).

Erst mit dem XXI. Parteitag der Kommunistischen Partei der Sowjetunion (KPdSU) im Jahre 1959 begann erneut die Beschäftigung mit den Wegen zur kommunistischen Gesellschaft. Im Parteiprogramm der KPdSU wurden die Zwischenziele und die Entwicklungsstufen genannt und beschrieben. Auf dem Weg zum kommunistischen Endziel sind jetzt ganz bestimmte Anstrengungen vonnöten, nicht zuletzt in der Auseinandersetzung mit den kapitalistischen Systemen:

– In einer *ersten Etappe* wird demnach die *materiell-technische Basis* des Kommunismus geschaffen; dabei wird die Senkung der Arbeitszeit und die kostenlose Verteilung bestimmter Güter erreicht werden.

- In einer *zweiten Etappe* besteht nur noch *eine Form gesellschaftlichen Eigentums,* die wesentlichen Unterschiede zwischen Stadt und Land verschwinden und mehr als die Hälfte der Konsumtionsgüter werden kostenlos verteilt.
- In der *dritten Etappe* kommt es dann zur *Vollendung des Aufbaus der kommunistischen Gesellschaft* mit der Verwirklichung der o. a. Ziele. Die Entwicklung ideologisch-erzieherischer Arbeit, die Bedürfnisbefriedigung bei Überfluß materieller und geistiger Güter, die Arbeit als erstes Lebensbedürfnis und die Identität von geistiger und körperlicher Arbeit sind dann endlich erreicht (nach *Stepanjan* 1960).

5.5.3 Einwände

Von vielen Seiten werden verschiedenartige Einwände hinsichtlich der Machbarkeit und der Wünschbarkeit der kommunistischen Zukunftsgesellschaft erhoben. Ein wichtiger Ausgangspunkt der Kritik sind dabei die bisher sichtbaren Versuche, wenigstens die ersten Stufen dieser Gesellschaftsform zu erreichen: Machbarkeit und Wünschbarkeit erscheinen fragwürdig.

- Die kommunistische Zukunftsgesellschaft ist *noch nirgends verwirklicht.* Die bisherigen Ausprägungen der Vorstufen zum Kommunismus, wie sie etwa in den „sozialistischen" Industriegesellschaften zu beobachten sind, deuten noch nicht auf wesentliche, gesellschaftliche Veränderungen, die beginnende Aufhebung der Arbeitsteilung, einheitliches gesellschaftliches Eigentum, allmähliches Ende der Entfremdung und hohe Überflußproduktion hin. Gesellschaftliche Unterschiede sind weiterhin vorhanden. Auch die kommunistische Zukunftsgesellschaft kann keine heile Welt ohne Konflikte und ohne Regulierung von Knappheiten sein.
- Der in den osteuropäischen Staaten postulierte Weg einer kommunistischen Gesellschaft ist immer wieder durch *inhumane Akte und Freiheitsbeschränkung* durchsetzt. Es ist nicht unwahrscheinlich, daß die mit dem Kommunismus erreichte „geschlossene" Gesellschaft besonders inhuman, unfrei und ungerecht sein kann.
- Der Staatsapparat ist nicht einmal in Ansätzen abgeschafft; eher ist die *Bürokratisierung* gewachsen (Monopolbürokratie- und Etatismus-Vorwurf). Offensichtlich muß der Staat in den komplexen modernen Gesellschaften (auch in den „sozialistischen") viele wichtige Funktionen wahrnehmen und die gesellschaftliche Entwicklung steuern. Der Staat wandelt sich mit den Aufgaben und mit fortschreitendem Demokratieverständnis selbst. Er ist nicht mehr das Instrument der Klassenherrschaft, das es abzuschaffen gilt, sondern ein funktionaler und kontrollierter Teil der demokratisierten Gesellschaft.
- Die Idee der kommunistischen Zukunftsgesellschaft ist *abstrakt-utopisch,* weil sie von den im Menschen angelegten Egoismen, dem Machtstreben und dem partiellen Drang zur Privatheit absieht. Es wird ein weit fortgeschrittenes Bewußtsein vorausgesetzt, das jedoch immer an das gegebene Sein gebunden ist.

- Der ursprünglich vorgesehene Träger des Kommunismus: das klassenbewußte *Proletariat hat sich selbst gewandelt;* die „verheißene Welt“ ist zumindest in einigen Teilen bereits eingetroffen, neuentwickelte Bedürfnisse scheinen sich durchaus massenhaft befriedigen zu lassen. Es gibt andere Probleme und neue Gefahren, denen die Menschheit ausgesetzt ist (z. B. Rohstoffmangel, Waffensysteme, Umweltverseuchung).
- *Endzeitdenken* („Eschatologie“) ist gefährlich. Wer meint, im Besitz der reinen Lehre und der endgültigen Gewißheit zu sein, gerät leicht in die Versuchung, anderen das definierte Glück aufzuzwingen.
- *Geschichte läuft* nicht „naturnotwendig“ und *automatisch ab;* sie ist das Ergebnis bewußten menschlichen Wählens zwischen Alternativen und entsprechenden Handelns.

5.4.4 Grundlegende Literatur

Engels, Friedrich: Herrn Dührings Umwälzung der Wissenschaft (Anti-Dühring) 1878, in: MEW, Bd. 20, S. 5ff.

Hofmann, Werner: Ideengeschichte der sozialen Bewegung des 19. und 20. Jahrhunderts, Berlin 1962

Marx, Karl/Engels, Friedrich: Die deutsche Ideologie, 1846, in: MEW, Bd. 3, S. 9ff.

5.6 Postrevolutionäre Gesellschaft

5.6.1 Ansatzpunkte und Ziele

Unzufrieden mit den „extrapolativen Modellen“ der bürgerlichen wie der Ostblock-Zukunftsforschung entwickelte der norwegische Sozialwissenschaftler und Friedensforscher *Johan Galtung* ein integratives Konzept der „postrevolutionären Gesellschaft“. Ein Maximum an Selbstverwirklichung soll mit einem Minimum an Ungleichheit so vereint werden, daß Horizontalismus und Individualismus (Gleichrangigkeit bei hoher Mobilität) miteinander vermengt werden. Lebensziel dieser „pluralistisch-humanen Gesellschaft“ ist, daß der Bürger „vorwiegend das tun kann, was er tun möchte, wenn er nicht andere daran hindert, dasselbe zu tun“ (*Galtung* 1971, S. 185).

Die Konzeption *Galtungs* ist eine moderne *Utopie,* die Elemente der freiheitlich rechtsstaatlichen Demokratien mit sozialistischem Gedankengut verbinden will. Die ökonomisch-technologische „Machbarkeit“ wird ebenso vorausgesetzt wie die Chance des Bewußtseinswandels der Gesellschaftsmitglieder.

Um komplexe Gesellschaften zu verstehen und um sie verändern zu können, benötigen wir nach *Galtung* eine „vereinfachte Art des Denkens über Gesellschaft“. Deshalb werden *nicht* (wie es explizit bei den „bürgerlichen“ Futurologen wie *Hermann Kahn, Daniel Bell* u. a. geschieht) in aufwendiger Art alternative Produktivitätsentwicklungen, Bruttosozialprodukte oder vielfältige Güter- und Dienstleistungsangebote ermittelt sowie über neue Bedürfnisse und Konsumchancen in der Zukunft reflektiert, sondern es werden auf der Grundlage einfacher Modelle deutlich unterscheidbare „Gesellschaftstypen" entwickelt und beschrieben. Die Grundlage hierfür bilden die „*Einstellungsdimension*" (individualistisch/kollektivistisch) und die *Organisationsstruktur* (vertikal/horizontal). Aus deren Kombination ergeben sich *vier Typen* (auch Modelle) *der Gesellschaft* (Abb. 38). Das vierte Modell der „postrevolutionären Gesellschaft" ist erstrebenswert und beschreibt eine plausible Zukunft.

Abbildung 38: Vier Typen der Gesellschaft

Einstellungsdimension / Organisationsstruktur	*Kollektivistisch* (Gleichartigkeit, Übereinstimmung)	*Individualistisch* (Andersartigkeit, Unterscheidung)
Vertikal (Ungleichheit)	*Modell I: konservativ* (England ca. 19. Jahrhundert, Japan ...)	*Modell II liberal* (USA, Norwegen, Bundesrepublik ...)
Horizontal (Gleichheit)	*Modell III: revolutionär* (China, Tansania, ...)	*Modell IV: postrevolutionär* (?)

Galtung skizziert die postrevolutionäre Gesellschaft exemplarisch durch *15 grundlegende Merkmale:*

- Die Gesellschaft muß dem einzelnen ein Maximum an Möglichkeiten zur selbstverantwortlichen Gestaltung seines Lebens breitstellen (individueller Lebensstil bzw. Lebenszyklus).
- Die Mobilität zwischen den verschiedenen sozialen und räumlichen Einheiten ist zu verstärken (Horizontalismus).
- Jeder kann sowohl arbeiten, als auch (für gewisse Zeiten) einfach „existieren", wie und wo es ihm beliebt. Deshalb muß vor allem der „Gebrauch der Mobilität" für alle frei sein (kostenlose Transport- und Kommunikationsmittel).
- Ein großzügiges Existenzminimum wird gewährt, z. B. in der Form eines Minimallohns als unveräußerliches Recht eines jeden. Nur so bleibt die individuelle Freiheit voll garantiert.
  Die Arbeit wird auf den Menchen ausgerichtet, nicht aber werden Menschen für festgelegte Arbeiten ausgebildet oder „tauglich gemacht".
- Betonung der egalitären, symmetrischen anstelle der vertikalen Interaktion, die nur zur einseitigen Bereicherung führt. Teilweise läßt sich das durch den turnusmäßigen Wechsel der Arbeitsarten und durch deren Neugestaltung erreichen. Die Tätigkeiten werden im übrigen hinsichtlich Anforderung, Belastung und Belohnung „gleicher". Mann und Frau können sich in vielen Fällen den Beruf (auf mehrere Arbeitsstellen) aufteilen.

- Die Grenze zwischen Arbeit und Freizeit verschwindet tendenziell; zwischen beiden Betätigungsarten wird kaum merklich gewechselt: „Manche können sechs Monate Urlaub machen und sechs Monate arbeiten, andere könnten das ganze Jahr hindurch halbtags arbeiten, und alle Arten von dazwischenliegenden Kombinationen müßten eigentlich möglich sein“ (*Galtung* 1971, S. 190).
- Der individuelle Lebenszyklus kann selbstbestimmt werden. Gegenwärtig wird das noch durch die Gewöhnung der Menschen an die übliche Folge „Kindheit – Ausbildung – Arbeit – Ruhestand“ (K-A-A-R-Struktur) verhindert; dies braucht eben nicht die einzige Art des organisierten Lebens zu sein (vgl. Abb. 39).

Abbildung 39: Individuelle Lebenszyklen

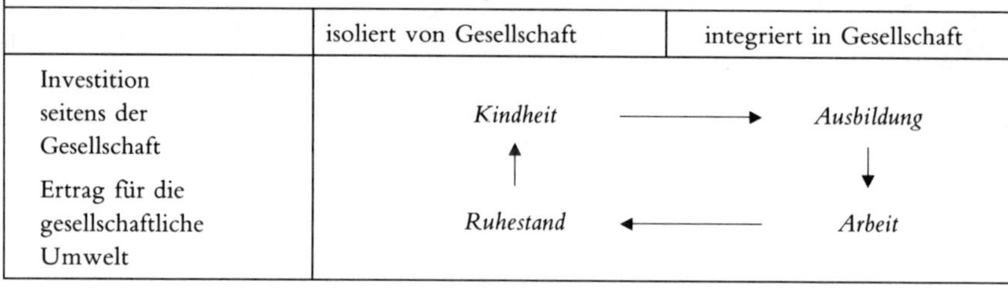

Diese traditionelle Reihenfolge könnte wenigstens zu einem Teil verändert werden, zumal da der von Menschen zu erbringende Anteil an produktiver Arbeit zugunsten automatisiert-kybernetischer Produktionsweise immer mehr abnehmen dürfte. So sollte die Gesellschaft jedem erlauben, seinen *individuellen Lebensplan* zu machen und die Elemente (K, A, A, R) ungezwungen nach eigenen Bedürfnissen zu mischen. Da auch Arbeit ein Bedürfnis ist (wenn sie von den jetzigen Zwängen losgelöst wird), braucht kein Versorgungsproblem aufzutreten.

- Die Erziehung bereitet auf das Leben in dieser postrevolutionären Gesellschaft vor. Toleranz steht im Mittelpunkt; Unähnlichkeit, Unbeständigkeit und Inkonsistenz könnten bestimmende Werte sein. Dies ist gegen die traditionellen Utopien gerichtet, die zumeist auf den drei Axiomen beharrten: Der Mensch sei im Grund gleichartig, gleichbleibend (über die Zeit) und konsistent (rational). Um das „Bildungsideal“ zu erreichen, muß Bildung für alle jederzeit und auf jeder Stufe kostenlos sein.
- Die Wissenschaften streben danach, die Realität zu erweitern und nicht – wie heute – in erster Linie Möglichkeiten auszuschließen. Neue Kombinationen sind zu finden (konstruktivistisch anstatt empirizistisch). Gesellschaftliche Praxis ist eine wichtige Bedingung.
- Eine Vielfalt von Einstellungen und Glaubenshaltungen unterstützt die individualistische Haltung. Keiner braucht sich für bestimmte Glaubenssätze zu entscheiden, alle können frei auswählen und jene Elemente miteinander kombinieren, die ihnen imaginative und sensuelle „Lust“ bringen.

- Die pluralistisch-humane Gesellschaft erfordert ein hohes Maß an Mobilität und Freizügigkeit zwischen dezentralisierten Einheiten, die in der Lenkung der sozialen und politischen Vorgänge bzw. Aufgaben weitgehend autark sind. Dezentralisation und flexible Koordination müssen sich ergänzen. Ein „Weltstaat" wird wegen der tendenziellen Beschränkung von Vielfalt und Freizügigkeiten abgelehnt.
- Dennoch müssen vordringliche Aufgaben (z. B. Beschäftigung, Naturschutz, Ausbeutung der natürlichen Ressourcen, Verteilung der Proteine in der Welt) weltweit geplant werden. Die Art und Weise der Koordination dieser zentralen Planung mit dem vorherrschenden Prinzip der Dezentralisation ist allerdings (auch gedanklich) noch ungelöst.
- Die Politik ist Sache aller, nicht einzelner Personen. Die Beteiligung eines jeden am Entscheidungsprozeß ist zu gewährleisten (direkte Demokratie). Mit Hilfe verbesserter Technologien müßte die Partizipation auch in großen Einheiten funktionieren. Selbstverständlich braucht sich keiner am Entscheidungsprozeß zu beteiligen: Auch ein solcher Zwang widerspräche dem Geist der individualistischen Demokratie.
- Die postrevolutionäre Gesellschaft garantiert schließlich:
  - ein Maximum an Freiheit bei der Suche nach der allgemeinen Lebensform wie nach der Lern- und Arbeitsweise,
  - Gleichheit auch über Mobilität und Rücktrittsrechte (aus der jeweiligen sozialen „Einheit", einschließlich des „Staates"), Abwesenheit von dauernder Herrschaft einiger Menschen über andere,
  - die Chance, eine gewählte Lebensform häufig zu wechseln oder auch sie auf immer beizubehalten.

Galtung ist der Meinung, daß die von ihm skizzierte postrevolutionäre Gesellschaft mit der Gleichrangigkeit von Individualismus und Egalität, ausgestattet mit horizontaler Interaktion, Pluralismus und abwechslungsreichen Lebenszyklen, die *humanste Gesellschaftsform ist, die man sich derzeit vorstellen kann.*

5.6.2 Mittel und Wege

Die Wege zur postrevolutionären Gesellschaft sind offen und noch unbestimmt. Es handelt sich vorrangig um ein *„Zielmodell"*. *Galtung* zufolge ist jeder (humane) Weg möglich, keinesfalls wäre es erforderlich, zuerst ein Stadium höchster Produktionsreife zu erreichen. Der postrevolutionäre Gesellschaftstyp kann deshalb auch von allen gegebenen Gesellschaftsformen (den Modellen I–III) aus angestrebt werden. Für die Bundesrepublik wäre der Übergang aus der vertial-individualistischen Ebene in die horizontal-individualistische erforderlich (vgl. Abb. 38).

Es ist aber auch möglich, daß sich ganz andere – vom Konzept aus „unerwünschte" – Entwicklungen ergeben, wenn es nicht gelingt, die jeweilige Betonung einer Dimension zugunsten einer Integration beider Prinzipien zu beseitigen. Bei einer einseitigen Verfolgung des vertikalen Prinzips mag sich beispielsweise aus dem Modell II eine liberalistische, tendenziell inhumane

Wachstumsgesellschaft ergeben, womit der Weg zu „gerechteren“ humanen, auf mehr Gleichheit ausgerichteten Gesellschaften versperrt ist.

5.6.3 Einwände

- Viele schon immer heiß diskutierte Probleme, wie z. B. die geeignete *Organisationsform der Wirtschaft*, der oft behauptete Drang nach *„Ungleichartigkeit“* oder die adäquate Organisationsform der Politik, z. B. die humane Ausgestaltung der direkten Demokratie, werden von *Galtung* nicht oder nur en passant diskutiert. Nicht eindeutig ist auch, ob *Galtung* von einer (schon) erreichten Form der Überflußgesellschaft ausgeht oder ob *Privat- und Staatseigentum* noch vorhanden oder schon abgeschafft ist.
- Falls tatsächlich die Probleme einer der plural-humanen, hochmobilen Lebensform entsprechenden Produktionsweise und der ihr angemessenen Wirtschafts- und Sozialordnung (vermutlich wegen des hohen Standes der Produktivkräfte und des materiellen Lebensstandards) keine bedeutende Rolle mehr spielen, rückt das Problem der *psychologischen Verkraftbarkeit* in den Vordergrund: Werden die Menschen „überstrapaziert?“ Wegen der Chance zum (bequemen) Ausweichen vor der Komplexität der Gesellschaft könnten ausbeutbare Quasi-Proletarier entstehen, die nicht mehr ihre wahren Bedürfnisse befriedigen könnten. Eine Lösung wird nicht geboten.
- Über die *staatliche Ordnung* und die öffentliche Aufgabenwahrnehmung wird nur gelegentlich nachgedacht. Ableitbar wären flexible Formen einer partizipatorischen Demokratie. Möglich erschiene hier auch die von *Ossip K. Flechtheim* vorgeschlagene machtfreie Beziehung einer „rational-funktional-genossenschaftlichen“ Leitung, die relativ gleiche Partner und den Willen zu solidarischer Zusammenarbeit voraussetzt“ (*Flechtheim* 1958, S. 34ff.).
- Schließlich: Kann sich die kommende Gesellschaft die von *Galtung* skizzierten Merkmale *überhaupt „leisten“?* Hier müßten gewisse Regeln eingebaut werden, damit jeder ein Optimum an Selbstverwirklichungschancen erhält. Erste Lösungshinweise zur Machbarkeit könnten von den in Schweden entwickelten speziellen Versicherungssystemen gewonnen werden: Wer ausreichende „Arbeitszeiten“ nachweisen kann, hat Anrechte auf eine frei zu wählende Zeitspanne der „Nichtarbeit“.
- Insgesamt wird deutlich, daß es sich bei der hier skizzierten post-revolutionären Gesellschaft in erster Linie um *ein Zielmodell* handelt. *Aussagen über den Weg* dorthin, über die politischen Konsequenzen und die sozio-ökonomischen Widerstände sind unspezifisch oder fehlen ganz.

5.6.4 Grundlegende Literatur

Galtung, Johan: Pluralismus und die Zukunft der menschlichen Gesellschaft, in: Kritische Friedensforschung, hrsg. von D. Senghaas, Frankfurt a. M., 1971, S. 164–231

LB 5: Politische Theorie und Wissenschaft

1. Was ist Politische Theorie?

Im LB 3 „Problemanalysen“ wurde gezeigt, daß politische Institutionen, Entwicklungen und Verhaltensweisen von verschiedenen Positionen unterschiedlich beschrieben, erklärt oder auch beurteilt werden. Gerade wegen dieser vielfältigen Einschätzungen der Wirklichkeit, des Gegebenen bzw. des historisch so Gewordenen werden auch wieder variationsreiche Vorschläge zur Anpassung, zur Verbesserung oder zur radikalen Beseitigung des Status quo angeboten, wie im LB 4 „Konzeptionen“ deutlich wurde.

Bei der Darstellung dieser unterschiedlichen Positionen und Konzepte ist zuweilen von „theoretischen Ansätzen“ (etwa empirisch-rechtfertigenden Ansätzen) oder auch schon von „Theorien“ (etwa Pluralismustheorie, Demokratietheorie) gesprochen worden, ohne daß bisher klar wurde, was mit diesen Begriffen überhaupt gemeint ist. Innerhalb der Politischen Wissenschaft besteht keine Einigkeit darüber, was im einzelnen eine politische Theorie ausmacht; ganz zu schweigen davon, wie eine solche Theorie auszusehen hätte oder welche Aufgaben sie im gesellschaftlichen Zusammenhang erfüllen müßte. Trotzdem soll im folgenden der Versuch gemacht werden, einige allgemeine Charakteristika politischer Theorien zusammenzutragen, die allen wissenschaftlichen Positionen gemein sind. Danach ist eine *politische Theorie* zumindest durch zwei Eigenschaften zu charakterisieren:

- sie enthält *Aussagen über die Wirklichkeit,* die soziale Phänomene z. B. beschreiben, erklären, rechtfertigen, kritisieren, Entwicklungen voraussagen oder normative Vorschriften machen. Allerdings bilden einfache Aussagen über die Wirklichkeit noch keine Theorie (Beispiel: eine Partei hat soundsoviele Mitglieder, Parteimitglieder sind uninformiert usw.). Hinzu kommen muß, daß in einer Theorie
- verschiedene Aussagen über die Wirklichkeit in einen *systematischen Zusammenhang* gebracht werden. Dies bedeutet zunächst nur, daß verschiedene Aussagen einander zugeordnet und aufeinander bezogen werden und so z. B. Voraussagen (wenn Wähler uninformiert sind, werden sie oft die Partei wechseln) oder Begründungen (weil es ewige Werte gibt, muß der Staat helfen, diese durchzusetzen) möglich sind.

Die Art, der Gegenstand oder der Umfang solcher Theorien können dabei sehr unterschiedlich sein. Möglich sind

- *umfassende Gesellschaftstheorien,* die – wenigstens dem Anspruch nach – alle Phänomene der Gesellschaft einbeziehen (wie etwa der Marxismus, der gesellschaftliche Konflikte letztlich auf den Grundwiderspruch zwischen Kapital und Arbeit zurückführt),

- oder sehr *begrenzte Theorien,* die ein bestimmtes Phänomen für einen bestimmten Zeitraum in einer bestimmten Region erklären möchten (etwa das Wählerverhalten in der Bundesrepublik nach dem Zweiten Weltkrieg durch die Schichtenzugehörigkeit der Wähler),
- oder schließlich *„mittlere" Theorien,* die die Bedeutung bestimmter Phänomene für die Gesamtgesellschhaft zum Problem haben (etwa der Versuch, Wesen und Sinn des Staates in der Industriegesellschaft zu erforschen).

In dieser allgemeinen Bestimmung sind Theorien also sowohl
- *Ergebnis* wissenschaftlicher Forschung, in dem die gewonnenen Aussagen über die Wirklichkeit, die Forschungsbefunde systematisiert, in einen Zusammenhang eingeordnet und hieraus Erklärungen gewonnen werden sowie gleichzeitig
- *Voraussetzungen* wissenschaftlicher Erkenntnis, indem die erforderlichen Fragestellungen und die möglichen Erklärungen bereitgestellt werden.

Ganz unabhängig davon wie eine Theorie aussieht, was sie beinhaltet oder wie sie aufgebaut ist, kann der allgemeinen Definition von *Karl Popper* zugestimmt werden: „Die Theorie ist das Netz, das wir auswerfen, um ‚die Welt' einzufangen, sie zu rationalisieren, zu erklären und zu beherrschen" (*Popper* 1969, S. 31).

2. Erkenntnis und Interesse

Weil es möglich ist, die Erscheinungen des „Politischen" auf verschiedene Art zu erklären und zu bewerten, unterscheiden sich die wissenschaftlichen Fragestellungen ebenso wie die Vorgehensweise im Forschungs- und Erklärungsprozeß; gleichermaßen bleibt auch die Einstellung zum Verhältnis von Erkenntnis und Interesse kontrovers.

Die traditionelle Auffassung (seit *Platon*), daß eine *interessenlose,* d. h. vom Gegenstand und vom eigenen Standpunkt des Forschers unabhängige *Wissenschaft* möglich sei, wurde von den Vertretern der „kritischen Theorie" *(Max Horkheimer, Jürgen Habermas, Theodor W. Adorno, Herbert Marcuse)* mit dem Hinweis auf das unaufhebbare Mitwirken *erkenntnisleitender Interessen* im Forschungs- und Erkenntnisprozeß als „reine Theorie" abgelehnt. Weil der Mensch naturgeschichtlich an bestimmte Prozesse der Vergesellschaftung gebunden ist (Arbeit, Sprache, Herrschaft), sind von seinen jeweiligen historischen und sozialen Bindungen losgelöste „reine" Erkenntnisse nicht möglich. Daraus folgt, daß es keine voraussetzungs-, bezugs- oder interessenlose politische Theorie gibt. Jede politikwissenschaftliche Untersuchung und jede politische Theorie ist, bewußt oder unbewußt, von erkenntnisleitenden Interessen bestimmt. *Was* und *wie* etwas wahrgenommen und untersucht wird, geschieht eben nicht ohne Bezug zur historischen Entwicklung der Gesellschaft und zur „Sozialisation" (Prozeß der Einordnung und Eingewöhnung) des Wissenschaftlers. Jede Theoriebildung beruht darauf, daß die Aussagen über die

Wirklichkeit aufgrund gesellschaftlicher und individueller Erfahrung vorgenommen werden. Die Wahrnehmung der realen Phänomene wird durch diese gesellschaftlichen und individuellen Reduktionsmuster bereits vorstrukturiert, es wird festgelegt, welche Fragestellungen überhaupt erhoben werden und welche nicht.

Mit dem spannungsreichen Verhältnis von Wissenschaft und Praxis ist auch die Frage nach der gesellschaftlichen Verantwortung der Wissenschaft und nach der politischen Ethik (als einem Maßstab für politische Verantwortung) gestellt. *Verantwortung* übernehmen heißt, die Folgen des Tuns oder des Unterlassens zu bedenken und für sie einzustehen („Konsequenzen" annehmen). Beide, der (Politik-)Wissenschaftler und der Politiker, müssen sich Maßstäbe setzen (lassen). *Max Weber* hat (1956, S. 165ff, zuerst 1919) idealtypisch unterschieden zwischen *Gesinnungsethik* (bedingungsloses Handeln aus Überzeugung – ohne explizite Rücksicht auf die Folgen) und *Verantwortungsethik* (Abwägung zwischen Chancen und Risiken potentiellen Folgen des Tuns, Einstehen für das Ergebnis). Die Verantwortungsethik erscheint bei dieser Definition als erstrebenswerter, weil die nüchterne Berücksichtigung der Handlungsfolgen gegen-

---

Paradigma

Auch in der Wissenschaft besteht die *Gefahr* der „Versteinerung" und Dogmatisierung. Die einmal über Reduktionsprozesse gefundenen oder akzeptierten Theorien werden zur „Schule" (autoritative Lehrmeinung einer wissenschaftlichen Gemeinschaft) und dann zur „herrschenden Meinung". Denkgebäude und Methodologien stabilisieren sich und grenzen andere (konkurrierende) Erkenntnisinteressen aus. Ein sog. *„Paradigma"* entsteht. Es kann – zumindest vorübergehend – andere Grundmuster des Erkenntnis- und Forschungsprozesses verdrängen. Ein Paradigma ist eine, auf bestimmten Prinzipien, Regeln und Überzeugungen beruhende Art und Weise, wie Wissenschaft mit Aussicht auf „Anerkennung" von einer sich diesen Regeln und Prinzipien verpflichtenden größeren Zahl von Wissenschaftlern betrieben und vertreten wird (*Kuhn* 1973; kritisch *Diederich* [Hrsg.] 1974). Paradigmen legen also fest und geben zugleich Sicherheit. Solange sich ein Wissenschaftler „paradigmatisch einordnet" bleibt er (zumindest von der einen Schule) anerkannt.

Der einzelne Wissenschaftler fühlt sich zugehörig. Entgegen der Paradigmenbildung entwickeln sich aber – induziert durch neue erkenntnisleitende Interessen auch konkurrierende Programme. Sie setzen sich allmählich durch, wenn sie zur Lösung von fachlich als dringlich anerkannter Probleme erfolgreicher sind (oder zu sein vorgeben) als die traditionellen Denk- und Lösungsmuster. Es kommt zum *„Paradigmawechsel"*. Die Wissenschaft befreit sich selbst – in einem Akt der „wissenschaftlichen Revolution" – aus der Krise einer drohenden Versteinerung. In diesem Prozeß werden Theorien erschüttert und Methodologien in Frage gestellt. Solange, bis sich das neue Paradigma seinerseits gefestigt hat.

Die strenge Form der Paradigmenbildung und die Relevanz des Paradigmawechsels sind für die *Naturwissenschaften* typischer als z. B. für die *Politikwissenschaft*. Zwar bilden sich auch hier „Schulen" und „Lehrmeinungen", doch stehen diese eher nebeneinander, sie verdrängen sich nicht, gelten nicht so „ausschließlich" wie das in den (traditionellen) Naturwissenschaften vorkommen kann. Kuhns „Paradigmen"-Analyse bezieht sich prinzipiell auf naturwissenschaftliche Phänomene.

über den bedingungslos „guten Absichten" in den modernen Gesellschaften als die „verantwortbarere" Politik erscheint. Neuerdings wird, angesichts des „Nicht-mehr-Verantwortbaren" aus technisch bewirkten „Katastrophen" das Bedürfnis nach einer neuen Ethik postuliert (z. B. *Zimmerli* 1985, *Jonas* 1986, *Künzli* 1986; kritisch *Böhret* 1986 a).

3. Wissenschaftstheoretische Positionen

Bisher ist deutlich geworden, daß es vielfältige Unterschiede in der Ausformung, Reichweite, den Inhalten und Intentionen politischer Theorien gibt. In der Vielfalt der politischen Theorien lassen sich aber deutlich unterscheidbare *Grundmuster* des Selbstverständnisses, der Wertorientierung, der Methoden und Vorgehensweisen und insbesondere des Erkenntnisinteresses feststellen, die als *wissenschaftstheoretische Positionen* bezeichnet werden. Sie beinhalten jeweils unterschiedliche *Theoriebegriffe* und/oder *Wissenschaftsbegriffe*. Was eine Theorie ausmacht, wie sie aussehen sollte, was wissenschaftliches von unwissenschaftlichem Vorgehen unterscheidet usw., wird jeweils anders interpretiert.

In der politikwissenschaftlichen Diskussion in der Bundesrepublik hat sich eine Unterscheidung in drei deutlich voneinander abgrenzbare wissenschaftstheoretische Positionen durchgesetzt, die auch hier zugrunde gelegt werden soll. Eine Aufteilung in vier oder mehr Positionen wäre jedoch ebenfalls denkbar (vgl. dazu z. B. *Görlitz* 1972, *Lehmbruch* 1968, kritisch *Matz* 1985). In der Regel werden unterschieden:

- *normativ-ontologische* Ansätze, in denen eine Orientierung an ewigen Werten mit sinnverstehender Forschung und einem praktischen Erkenntnisinteresse verknüpft wird
- *empirisch-analytische* Ansätze, in denen ein an Erfahrung orientierter Erkenntnisbegriff mit eher technischem Erkenntnisinteresse verbunden ist und
- *dialektisch-historische* Ansätze, in der geschichtlich orientierte kritische Analysen und Aussagen durch ein emanzipatorisches Erkenntnisinteresse geleitet werden.

Diese wissenschaftstheoretischen Positionen enthalten die auf einer allgemeinen, abstrakten Ebene herausgefilterten Gemeinsamkeiten der verschiedenen politischen Theorien, d. h. es sind theoretische Konstrukte, die verschiedene „materielle" Theorien, wie sie in LB 3 und LB 4 vorgestellt wurden, zusammenfassen und in einen Zusammenhang stellen. Aus diesem Grund werden sie auch als *Metatheorien* („Theorien über Theorien") d. h. über den Theorien stehend, bezeichnet.

Dem Anspruch nach sollte es möglich sein, jede der in LB 3 und 4 vorgestellten Positionen einer dieser wissenschaftstheoretischen Positionen zuzuordnen. Bei einem solchen Versuch ergeben sich jedoch Schwierigkeiten. Es ist nämlich oft problematisch, die verschiedenen politikwissenschaftlichen Aussagen oder einzelne Vertreter *eindeutig* einer der drei sehr groben wissenschaftstheoretischen Positionen zuzuordnen. Für die meisten der von uns referierten Positionen und Konzeptionen ist allerdings – zumindest der Tendenz nach – eine Zuordnung möglich. Wissenschaftler ordnen sich auch häufig selbst von vornherein einer der wissenschaftstheoretischen Positionen zu und orientieren ihre Vorgehensweise und Argumentation an dieser Position.

Im folgenden soll es darum gehen, die zentralen Unterschiede dieser drei Hauptrichtungen politikwissenschaftlicher Forschung darzustellen und jeweils mit Beispielen aus den von uns behandelten Bereichen zu belegen. Dabei werden für jede Position folgende Aspekte erörtert:

- *Vertreter* (welche Wissenschaftler sind besonders typisch für die Position),
- *Prämissen* (von welchen Grundannahmen, Grundvoraussetzungen gehen sie aus),
- *Erkenntnisproblematik* (was ist Erkenntnisziel, Erkenntnisinteresse; was steht „hinter" der wissenschaftlichen Arbeit),
- *Wertproblematik* (welche Rolle spielen Werte bei der wissenschaftlichen Untersuchung, wo kommen sie her, wie werden sie begründet) und
- *Methoden/Vorgehensweisen* (wie werden überhaupt wissenschaftliche Aussagen über die Wirklichkeit gewonnen, z. B. Fakten erhoben und geordnet).

3.1 Normativ-ontologische Theorien

a) Vertreter

Der normativ-ontologische wissenschaftstheoretische Ansatz hatte in der Nachkriegszeit, während der Aufbauphase der deutschen politischen Wissenschaft eine dominierende Stellung inne, büßte dann jedoch gegen Ende der sechziger Jahre seine führende Stellung insbesondere zugunsten des dialektisch-historischen Ansatzes ein. Als Vertreter normativ-ontologischer Theorien in der Politikwissenschaft sind insbesondere Anhänger der sog. „Freiburger Schule" (z. B. *Wilhelm Hennis, Dieter Oberndörfer, Hans Maier, H. P. Schwarz*) zu nennen. Während die Politikwissenschaft gegenwärtig nur zum geringeren Teil normativ-ontologisch ausgerichtet ist, dürfte die Bedeutung dieser Richtung in der traditionellen juristischen Staatstheorie und Staatslehre erheblich höher sein. Sie wird z. B. repräsentiert von Autoren wie *Ernst Forsthoff, Herbert Krüger* und *Roman Herzog*.

b) Prämissen

Die normativ-ontologische Wissenschaftstheorie geht von der Existenz einer *objektiven Wahrheit* aus, die der Wissenschaftler in den Strukturen des „Seins" der Welt und der Menschen in der Welt erkennen kann. Dieser Anspruch, Seins-Aussagen machen zu wollen, drückt sich in dem Adjektiv *„ontologisch"* aus. Als eine solche „Daseinsgegebenheit“ gilt z. B. die sich aus der Natur der Menschen ergebende Notwendigkeit von Herrschaftsverhältnissen. In dieser objektiven Wahrheit drücken sich gleichzeitig bestimmte Werte aus; insofern ist dieser Ansatz *normativ* orientiert. Wahres und Gutes konvergieren in dieser Sichtweise. Aufgabe der Wissenschaft ist es, dieses Wahre und Gute herauszufinden.

c) Erkenntnisproblematik

Die umfassende Frage nach Sinn und Wesen von Staat und Gesellschaft bezeichnet den *Erkenntnisgegenstand* der normativ-ontologisch orientierten Wissenschaft. Dabei geht es zunächst nicht um die konkreten, geschichtlichen Formen und Inhalte von Staat und Gesellschaft, sondern um die wahre und *„gute Ordnung des Gemeinwesens“ (Hennis)*. Der Bezugspunkt der Reflexion ist nicht die gegenwärtige Realität, sondern die z. B. aus christlichen oder vorchristlichen *(Aristoteles* oder *Platon)* Ideen konzipierte überzeitliche Seinsstruktur. Die jeweilige historisch-gesellschaftliche Wirklichkeit ist nur eine ihrer möglichen Ausprägungen. Aus diesem Grund ist dieser Ansatz oft ideengeschichtlich orientiert. Das wissenschaftliche Nachdenken spielt sich daher auch fast zwangsläufig auf den begrifflichen und wenig gegenständlichen Höhen der Sittlichkeit, des Geistes, des Wesens u. a. m. ab. Ihr wird daher sowohl von den empirisch-analytischen als auch von den dialektisch-historischen Theorien vorgeworfen, dabei die real existierende Gesellschaft aus dem Auge zu verlieren; sie neige dazu, zu sagen, wie Staat und Gesellschaft mit ihren Problemen fertig werden sollten, weniger wie sie es könnten.

Es gilt gerade als oberstes *Erkenntnisziel,* aus den sich wandelnden Erscheinungen das ewig Wahre und Gute herauszuarbeiten und daraus *allgemein gültige, praktische Anweisungen* über das „richtige“ Verhalten von Staat, Staatsmännern und Staatsbürgern, d. h. über Bürgertugenden und kluge Amts- und Verwaltungsführung abzuleiten. Denn die gute Ordnung des Gemeinwesens ist ja gerade „die Resultante von sinnreichen Institutionen, Verfahrens- und Verhaltensweisen, innerer und äußerer Lage, geistiger und sozialer Verfassung“ (*Hennis* 1964, S. 37). Das Erkenntnisziel richtet sich bei all diesen Überlegungen denn auch stärker auf die Entwicklung einer Regierungs-, Verwaltungs- und Staatslehre und weniger auf eine „Demokratie-“ oder „Mitbestimmungslehre“.

d) Wertproblematik

Werte gehen mithin bewußt und an zentraler Stelle in die wissenschaftliche Reflexion ein. Die normativ-ontologische Theorie wendet sich ausdrücklich gegen die empirisch-analytische Grundforderung, nur physisch erfahrbare Erkenntnisse zuzulassen (vgl. LB 5, 3.2). Das darin enthaltene Postulat der „objektiven“ Forschung wird abgelehnt zugunsten der Annahme, daß wissenschaftliche Forschung in keiner Phase des Prozesses frei von Werten und Wertungen erfolgen könne. Die normative Orientierung drückt sich dabei in erster Linie als Orientierung an *konstanten und überzeitlichen Werten* aus. Werte werden, ebenso wie die objektive Wahrheit, nicht empirisch (wie auch immer) ermittelt oder begründet, sondern letztlich als solche erkannt und gesetzt.

Hierin unterscheidet sich dieser wissenschaftstheoretische Ansatz von anderen, zwar ebenfalls normativ orientierten materiellen Theorien (z. B. Pluralismustheorie), die nicht der normativ-ontologischen Wissenschaftstheorie zuzuordnen sind. Denn sie betrachten ihre Werte als allenfalls gültig für bestimmte historische Gesellschaftsformationen. So sagt die Pluralismustheorie durchaus: „so soll" die politische Ordnung aussehen (nämlich pluralistisch) – jedoch nicht, weil dies die einzig wahre, gute Ordnung ist, sondern weil sie unter den gegebenen geschichtlich-gesellschaftlichen Bedingungen („hier und heute") die vernünftigste ist.

Da Werte nach normativ-ontologischem Verständnis *ahistorisch,* d. h. überzeitliche normative Größen sind, können Werte, die in der Vergangenheit unbekannt waren oder keine Rolle gespielt haben, wie etwa die „Demokratisierung der Gesellschaft", mit der Begründung, sie würden andere, ältere Werte verletzen, als unerwünscht oder sogar als „Preisgabe von Grundlagen der abendländischen politischen Kultur" abgelehnt werden (so *Hennis* in seiner Auseinandersetzung mit der Demokratisierung, 1973, S. 57). eine enge Verwandtschaft zwischen normativ-ontologischen Theorien und konservativen oder bewahrenden Positionen wird hier deutlich.

e) Methoden und Vorgehensweisen

Die dem normativ-ontologischen Ansatz zuzuordnenden Methoden zeichnen sich durch eine – zumindest im Vergleich zu den strengen Methoden der Empiriker – relativ große Subjektivität und durch eine gewisse „Weichheit" aus. Als wichtigste Methode innerhalb dieses Ansatzes gilt die *Hermeneutik*. Sie versucht, ihren Gegenstand durch Deuten und Verstehen zu erfassen. Entscheidend ist, welches Verständnis der Wissenschaftler von seinem Gegenstand hat. So beruht z. B. *Hennis'* Absage an die Demokratisierung von Wirtschaft und Gesellschaft auf seinem Verständnis des Politischen, das er ausschließlich dem Staat zuordnet.

„Der Gegenbegriff zur politischen Herrschaft, dieser historisch vorgeordnet, ist vielmehr die häusliche Herrschaft, die Herrschaft des Hausvaters im Oikos. Die Wissenschaftsgeschichte überliefert uns diese Unterscheidung in der klaren Trennung der Politik von der Ökonomik. ... Diese Unterscheidung von politischem und ökonomischem Bereich deckt sich mit der fundamentalen Unterscheidung politischer und hausväterlicher (‚ökonomischer') Herrschaftsweise" (*Hennis* 1973, s. 39).

An der Begründung dieses Verständnisses offenbart sich ein anderer, häufig anzutreffender Zug normativ-ontologischer Methodik, nämlich ein hochgradiger *Begriffsrealismus*. Für *Hennis* erweist sich z. B. Demokratisierung von

Wirtschaft und Gesellschaft schon deshalb als unsinnig, weil sie die auf *Aristoteles* zurückgehende Unterscheidung zwischen politischer und hausväterlicher (ökonomischer) Herrschaftsweise negiert. Da Demokratie ein Begriff der *polis* ist, kann sie nicht auf den *oikos*, den nicht-staatlichen Bereich der Ökonomie, übertragen werden.

Zwei weitere Methoden, die in den vorgestellten materiellen Theorien keine wichtige Rolle spielen, seien der Vollständigkeit halber doch erwähnt: *Phänomenologie* und *Topik*. Ersteres meint die Methode der „Schauung", der Intuition, mit deren Hilfe das „Wesen" des Gegenstandes erfaßbar sein soll. Die in erster Linie von *Hennis* im Rückgriff auf die Methodenlehre von *Aristoteles* wiederbelebte Topik versucht nach dem Vorbild der Rhetorik die plausiblen, die annehmbaren Gesichtspunkte herauszufinden. Sie verlangt keine logischen, kausalen Schlüsse, sondern lediglich Brauchbarkeit und Vernünftigkeit der Ergebnisse; der „gesunde Menschenverstand" genügt als Maßstab.

Ein weiteres methodisches Merkmal wurde schon erwähnt, nämlich die Vorliebe für eine *historisch-orientierte* Betrachtungsweise, insbesondere als Ideengeschichte. Zentrales Anliegen normativ-ontologischer Theorien ist es, die überzeitlichen Werte aller politischen Theorien der Ideengeschichte deutlich zu machen, während z. B. ideologie-kritische Ansätze gerade deren historisch-gesellschaftliche Bedingtheit hervorheben. Sie werfen den normativ-ontologischen Theorien vor, bestimmte Ideen gegen ihre gesellschaftlich überholten Anschauungen und Strukturen zu rechtfertigen (vgl. zur Rechtfertigung von Hermeneutik und Phänomenologie als wissenschaftliche Methoden *Seiffert* 1983b).

3.2 Empirisch-analytische Theorien

a) Vertreter

Vor allem im Rahmen der im LB 3 behandelten „Problemanalysen" und Erklärungsansätze der gesellschaftlichen Wirklichkeit findet sich eine ganze Palette von Positionen, die dem empirisch-analytischen Wissenschaftsbegriff zugeordnet werden kann. Allerdings ergibt sich die Schwierigkeit, daß kaum eine Position sämtliche Merkmale dieses Wissenschaftsbegriffes verkörpert, sondern jeweils nur Teilaspekte. Daher muß die Zuordnung grob und undifferenziert sein.

Unter diesen Einschränkungen enthalten etwa die Positionen der Pluralismuskritik (*Scharpf, Wolff*) Elemente empirisch-analytischer Theoriebildung, während sich auch die Verteidiger des Pluralismus (*Fraenkel, Sontheimer*) auf den gleichen Wissenschaftsbegriff berufen. Ähnlich ist es bei den Beiträgen zur Analyse des Parteiensystems: sowohl die Verteidiger und Apologeten (*McKenzie, Jaeger*) als auch die mehr oder minder radikalen Kritiker (*Lohmar, Kaack, Dittberner, Zeuner*) gehen empirisch-analytisch vor. Genau so ist es bei der politischen Beteiligung, bei den Aussagen zum Staat oder ganz deutlich bei den verschiedenen Ansätzen zur Krisenproblematik: die Wirtschaftswissenschaftler, die Systemtheoretiker, die Futurologen und die Policy-Science-Vertreter basieren auf einem empirisch-analytischen Wissenschaftsbegriff, kommen aber zu ganz unterschiedlichen Ergebnissen, und – was noch wichtiger ist – sie ziehen daraus beinahe entgegengesetzte politische Schlüsse. Hinzu kommt, daß auch Vertreter eines anderen Wissenschaftsbegriffs empirisch-analytisch vorgehen können, ohne eine empirisch-analytische Theorie anzustreben: dies gilt z. B. für die Vertreter einer politisch-ökonomischen Krisentheorie (*O'Connor*) oder von neomarxistischen Ansätzen (*Mandel, Altvater*).

Da also die Vertreter eines empirisch-analytischen Wissenschaftsbegriffs meist nur Teilaspekte dieses Konzeptes erfüllen und andererseits Vertreter anderer Wissenschaftsbegriffe in ihrer Vorgehensweise empirisch-analytische Methoden wählen, erweist sich eine genaue Abgrenzung des Wissenschaftsbegriffs und seiner Vertreter als nahezu unmöglich. Im folgenden sollen daher jeweils möglichst typische Beispiele für zentrale Elemente des Wissenschaftsbegriffs aus den von uns in den Lernblöcken 3 und 4 behandelten Ansätzen zur Illustration angeführt werden.

b) Prämissen

Empirisch-analytische Theorien sind durch den Wissenschaftsbegriff der Naturwissenschaften inspiriert. Ausgangspunkt ist daher die Idee der Einheit der Wissenschaft. Grundannahme dieser Position ist, daß Wirklichkeit nur durch kontrollierte *Erfahrung* erfaßt werden kann. Diese Erfahrung muß durch *Beobachtung* der Wirklichkeit *physisch* und *systematisch* erfaßbar sein.

Was diese Postulate jeweils im Einzelfall enthalten, ist nicht immer deutlich, aber generell bedeutet physische Erfahrung, daß Aussagen, wie z. B. über die Oligarchisierung von Parteien, nicht von einem Forscher durch „Verstehen" gewonnen werden, sondern durch *Erhebung und Analyse von Fakten* (z. B. quantitativen Daten) erhärtet werden. Auch ein anderer Forscher muß diese Daten gewinnen können, d. h. sie müssen im Prinzip *intersubjektiv wiederholbar* sein. Systematische Erfassung bedeutet, daß die Ergebnisse sich nicht widersprechen dürfen, d. h. Aussagen wie „Parteien sind demokratisch" sind unvereinbar mit Aussagen wie „es findet keine Kontrolle der Führung statt"; es sei denn, der Demokratiebegriff ist auf eine ganz bestimmte (nämlich „eingeschränkte") Art definiert.

Die zweite Forderung bedeutet daher *logische Konsistenz. Wahrheit* wird nach diesem Wissenschaftsbegriff dadurch hergestellt, daß eine Aussage (Hypothese) oder ein System von Aussagen (Theorie) logisch konsistent und intersubjektiv nachprüfbar ist und weder der logische Aufbau noch die empirische Erfahrung bisher in Zweifel gezogen bzw. *falsifiziert* wurden. Aussagen und Theorien sind so lange wahr, wie nicht bewiesen werden konnte, daß sie unwahr sind, d. h. mit der empirischen Erfahrung und den Regeln der Logik nicht übereinstimmen. Eigentlich gibt es daher keine endgültige Wahrheit, sondern nur vorläufig nicht falsifizierte Aussagen, die – bis man etwas Besseres hat – *für wahr gehalten werden.* Um für wahr gehalten zu werden, muß eine Aussage allerdings auch die Möglichkeit bieten, falsifiziert zu werden. Aussagen, die so gehalten sind, daß sie nicht auf ihre logische Konsistenz und ihren empirischen Gehalt überprüft werden können, können daher überhaupt nicht wissenschaftlich wahr sein.

Dieser vor allem von *Karl Popper* (1969) erarbeitete Anspruch der Wissenschaft wird normalerweise mit dem Begriff *Neopositivismus* oder *kritischer Rationalismus* bezeichnet (vgl. dazu auch *Albert* 1973, *Seiffert* 1973). Er dürfte eine unbestreitbare Gemeinsamkeit aller empirisch-analytischen Ansätze sein. Da er aber auf sehr abstraktem Niveau formuliert ist, ist bei den jeweiligen Positionen und Aussagen kaum auszumachen, ob er erfüllt ist.

c) Erkenntnisproblematik

Erkenntnisziel des empirisch-analytischen Wissenschaftsansatzes ist es, die Wirklichkeit zu beschreiben, zu erklären und vorauszusagen. *Beschreibung* ist die einfachste Form der wissenschaftlichen Aussage. Es wird behauptet, daß es ein Phänomen überhaupt gibt, z. B. daß es eine Krise gibt bzw. nicht gibt. Diese Form der Aussage wird auch *Existenz-Hypothese* genannt, sie ist die Grundlage aller wissenschaftlicher Aussagen (Beispiele: Es gibt Oligarchisierung in den Parteien, es gibt Volksparteien, es gibt im Pluralismus benachteiligte Gruppen, oder es gibt so und so viele Handlungsressourcen des Staates).

Der nächste Schritt in der Theoriebildung erfordert, daß die Existenz der beschriebenen Phänomene erklärt wird. *Erklärung* bedeutet, daß in der Regel Wenn-Dann-Beziehungen zwischen Phänomenen aufgestellt werden oder m. a. W. *Kausal-Hypothesen.* (Beispiele: wenn Delegation in Parteien stattfindet, wird es Oligarchisierung geben; die Folgen von Volksparteien sind Entpolitisierung, Annäherung etc.; es gibt eine Wirtschaftskrise, weil sich Nachfrage und Angebot der Güter nicht entsprechen.) Kausalhypothesen können unter bestimmten Umständen, d. h. wenn sie für eine bestimmte Klasse von Phänomenen immer gelten sollen, den Charakter von *Gesetzmäßigkeiten* annehmen; also: „immer wenn . . . dann" (Beispiel: immer wenn es Delegation gibt, gibt es auch Oligarchisierung – *Michels'* „ehernes Gesetz"). Einige empirisch-analytische Wissenschaftler streben solche ewig geltenden „raumzeitlosen" Gesetze an (z. B. die moderne Systemtheorie); der weitaus größte Teil der Wissenschaftler ist allerdings bemüht, Kausalhypothesen „mittlerer Reichweite" zu finden, d. h. der Geltungsbereich ist eingeschränkt auf bestimmte Räume (z. B. Westeuropa oder die Bundesrepublik) und bestimmte historische Perioden (z. B. nach dem Zweiten Weltkrieg). Beispiele für solche Theorien (als System, d. h. als Zusammenstellung und Zuordnung von Hypothesen) sind Pluralismustheorie (allerdings mit dem Anspruch, auch für andere Gesellschaftstypen *relevant* zu sein), Theorie der Volkspartei, Hypothesen zur Funktion von Parteitagen.

Hypothesen und Theorien mittlerer Reichweite erfüllen in der Regel für ihren *begrenzten* Geltungsbereich die Forderung der *Voraussage.* Empirisch-analytische Theorie sollte im Prinzip in der Lage sein, bestimmte Entwicklungen im Geltungsbereich der Theorie vorauszusagen. Offensichtlich gelingt das am ehesten bei den raumzeitlosen Gesetzen. (Beispiele: Alle Parteien werden oligarchisch strukturiert sein; alle Systeme werden sich an die Umgebung anpassen, um sich selbst zu erhalten.) Aber auch die begrenzten Theorien können als Voraussagen interpretiert werden. (Beispiele: Das pluralistische System wird nicht in der Lage sein, alle Interessen zu vertreten; die Problemverarbeitungskapazität des Staates wird nicht entsprechend den verstärkt anfallenden Problemen zunehmen.) Gerade die Tatsache, daß Aussagen über die Zukunft gemacht werden, ist eine Möglichkeit (und bei vielen Hypothesen die einzige, da Falsifizierung sonst nicht möglich ist) den Wahrheitsgehalt von Theorien zu überprüfen.

Da das *Erkenntnisinteresse* dieses Wissenschaftsbegriffs sich im Prinzip auf das Erkennen von Gesetzmäßigkeiten richtet, wird ihm oft eine *technologische* (auch technokratische) oder gar *szientistische* Orientierung vorgehalten:

- Technologisches Erkenntnisinteresse bedeutet, daß es dem Forscher in erster Linie um verwertbares Wissen geht; er will Ursache/Wirkung-Relationen erforschen, damit sie dann in der Praxis als Ziel/Mittel-Relationen für die Manipulation der Wirklichkeit genutzt werden können (Beispiel: Policy Science, Nationalökonomie).
- Szientistisches Erkenntnisinteresse bedeutet, daß es dem Forscher nur um die „reine Wissenschaft" geht; er will wissen, warum etwas so ist, welche „Gesetze" herrschen. Für das, was dann damit gemacht wird, fühlt er sich nicht verantwortlich (trifft wohl teilweise für hochabstrakte Systemtheorien zu).

Technologische Anweisung und szientistische Abgehobenheit sind zwar vor allem typisch für das empirisch-analytische Wissenschaftsverständnis, aber auch die den anderen Wissenschaftsbegriffen zugeordneten Erkenntnisinteressen wie praktisch-pragmatisches und emanzipatorisches Erkenntnisinteresse können dem empirisch-analytischen Wissenschaftsbegriff nicht gänzlich abgesprochen werden. So steht hinter der empirischen Pluralismuskritik sicher auch das emanzipatorische Interesse, das Interessenberücksichtigungspotential des Pluralismus anzuheben, wie hinter den Ansätzen der Policy Science neben dem technologischen auch das praktische Interesse an besserer Politik steht.

Aus begrenztem Erkenntnisziel und -interesse ergibt sich schließlich auch eine Begrenzung des *Erkenntnisgegenstandes*. Es geht um die empirische Sammlung, die analytische und systematische Ordnung von sozialen Fakten; daher sind es in der Regel nur Teilbereiche der Gesellschaft, partielle Phänomene, die untersucht werden (etwa Parteien, Beteiligungsmuster, Verwaltungen). Nicht die Totalität der Gesellschaft wird thematisiert, sondern jeweils abgrenzbare und möglichst isolierbare Elemente.

d) Wertproblematik

Im Zusammenhang mit Erkenntnisziel, -interesse und -gegenstand steht das besondere Problem des Wertbezuges von Wissenschaft. Grundannahmen empirisch-analytischer Theorien sind:
- Werte können *Gegenstand von Untersuchungen* sein (z. B. im Bereich der Demokratietheorie);
- sie sind *Voraussetzung* einer jeden Untersuchung, denn durch sie werden Gegenstand, Interesse und Ziel der Untersuchung vorherbestimmt;
- sie können *nicht Ergebnis* einer Untersuchung sein.

Nach diesem Verständnis kann der Forscher nicht „wertfrei" an ein Problem herangehen (vgl. zu dieser Position *Albert* 1973). Fragestellung, Abgrenzung oder etwa Wahl der Verfahrenstechnik werden alle durch seine subjektive Einstellung beeinflußt. Aber wenn er seine Werte offenlegt und damit kontrolliert, wird das Ergebnis seiner Bemühungen eine wissenschaftlich gesicherte Antwort sein, die dann als solche „wertfrei" ist. Wissenschaft ist damit unabhängig vom jeweiligen historischen und gesellschaftlichen Kontext:

„... die Gesetze der Logik gelten unabhängig von der historischen Epoche ebenso wie die Operationen, mit denen man feststellt, ob eine Theorie mit der Wirklichkeit übereinstimmt. Nur diese Wirklichkeit ändert sich, nicht die Erkenntnismethode der Wirklichkeit gegenüber" (*von Beyme* 1972, S. 46).

Das bedeutet aber auch eine Trennung zwischen dem Wissenschaftler als Forscher und dem Wissenschaftler als Gesellschaftsmitglied. Wenn er seine subjektiven Werte klargelegt hat, ist er nur noch Wissenschaftler, seine Ergebnisse sind dann von seinen persönlichen Empfindungen, Vorlieben und Abneigungen unabhängig. Wertungen dürfen den Gang der Untersuchung nicht mehr beeinflussen.

Damit verbunden ist das Problem, ob der Wissenschaftler aufgrund seiner „wertfreien" Ergebnisse Empfehlungen geben kann oder soll. Unumstritten ist, daß der Wissenschaftler nicht wissenschaftlich *beweisen* kann, wie etwas sein soll. Hieraus wird von der einen Seite gefolgert, daß damit auch der Wissenschaftler sich jeglicher Empfehlungen enthalten solle, sich sozusagen von seinen Ergebnissen distanzieren solle. Diese Position, die in der Naturwissenschaft weit verbreitet war (vgl. die Diskussion um die Atombombe), wird in der Politikwissenschaft kaum noch vertreten. Hier ist es normal, daß Wissenschaftler ihre Ergebnisse sehr wohl in Empfehlungen und Warnungen ummünzen, wobei allerdings deutlich wird, daß dies nicht letzte, wahre Empfehlungen sind, sondern höchstens etwas besser informierte (vgl. die Empfehlung der Nationalökonomen oder die Ergebnisse des Policy Science-Ansatzes). Wirklichkeit wird also auch durch empirisch-analytische Wissenschaftler gewertet, allerdings nicht mit dem Anspruch absoluter Wahrheiten.

e) Methoden und Vorgehensweisen

Der allgemeine Ansatz (*approach*) einer Untersuchung ist für den empirisch-analytischen Wissenschaftsbegriff nicht vorherbestimmt. Der Ansatzpunkt kann *historisch-genetisch* sein (wie hat sich ein Phänomen entwickelt, etwa das Parteiensystem), *institutionell* (welche Eigenschaften haben Parteien), *ideengeschichtlich* (wie sind die ideologischen Wurzeln eines Phänomens, z. B. Pluralismus), *behavioristisch* (wie verhalten sich Individuen, z. B. bei Wahlen), *strukturell-funktional* (welche Strukturen sind in sozialen Systemen zu identifizieren und welche Funktionen erfüllen sie, z. B. Systemtheorie) oder schließlich *vergleichend* (worin unterscheiden sich soziale Phänomene und worin sind sie gleich und warum, z. B. politische Kultur).

Es erscheint wenig sinnvoll, den empirisch-analytischen Wissenschaftsbegriff auf einen dieser Ansätze festlegen zu wollen, obwohl dies immer wieder versucht wird (der Behaviorismus wurde lange Zeit beinahe synonym mit empirisch-analytisch verwendet). Vielmehr sagen diese verschiedenen methodischen Ansätze noch nichts über den dahinter stehenden Wissenschaftsbegriff aus. Dieser wird am ehesten deutlich in bestimmten *Vorgehensweisen in der Materialbeschaffung und -verarbeitung*. Dabei sind grob zwei miteinander zusammenhängende Vorgehensweisen zu unterscheiden, nämlich empirisch-deduktiv und empirisch-induktiv.

Beim *induktiven* Vorgehen ist der Ausgangspunkt die Beobachtung von einzelnen Ereignissen in der Wirklichkeit (z. B. Verhalten von Parteimitgliedern, Struktur von Verbänden). Aus diesen Beobachtungen werden dann Hypothesen formuliert (z. B. Parteimitglieder sind apathisch), die an vergleichbaren Einzelfällen nachgeprüft werden:

„Bestätigen sich so die Hypothesen an einer Reihe von Fällen, wird also eine Regelmäßigkeit entdeckt, so kann daraus ein ‚Gesetz' (nomologische Aussage) und aus mehreren aufeinander bezogenen Gesetzen eine Theorie gebildet werden, die besagt, daß unter ähnlichen Umständen mit bestimmter Wahrscheinlichkeit dasselbe Ereignis oder Verhalten (z. B. die Herausbildung von Ämterkumulation oder Oligarchien in Parteien) auch in Zukunft eintreten wird" (von *Alemann/Forndran* 1985, S. 47).

Das *deduktive* Vorgehen bezweifelt die Möglichkeit, „voraussetzungslos" als „reiner" Beobachter an die Wirklichkeit heranzutreten:

„Deduktives Vorgehen bedeutet deshalb von vornherein die Aufstellung allgemeiner, generalisierter Annahmen oder Hypothesen, die dann in überprüfbare Bestandteile umgesetzt (operationalisiert) und an der Wirklichkeit getestet werden. Hält sie aber nicht stand, wird sie ‚falsifiziert', so muß sie fallengelassen bzw. modifiziert und neu geprüft werden" (ebd.).

Ein Beispiel für deduktives Vorgehen sind die Aussagen des Policy Science-Ansatzes zur Problemverarbeitungskapazität des Staates.

In der Wirklichkeit wird man allerdings keine dieser Vorgehensweisen in der reinen Form finden, sie bedingen und ergänzen einander (ohne theoretische Annahmen kann man nicht induktiv sammeln, ohne vortheoretisch gesammelte Fakten kann man nicht deduktive Hypothesen bilden). Wichtig ist, daß in den beiden Vorgehensweisen die zentralen Elemente empirisch-analytischen Vorgehens eine große Rolle spielen:

- Sammeln von sozialen Fakten,
- Bildung von Hypothesen,
- Operationalisierung,
- Überprüfung an der Wirklichkeit.

Dabei ist es unerheblich, in welcher Reihenfolge diese Schritte ablaufen (bei jedem Forschungsprozeß wird es ein zeitliches Durcheinander sämtlicher Prozesse geben), wenn nur alle Situationen des Forschungsprozesses durchlaufen werden.

Die *Verfahren* und *Techniken*, mit deren Hilfe die sozialen Fakten, Tatsachen oder Ereignisse, die die Grundlage der Theoriebildung bilden, gesammelt werden, sind schließlich wieder ziemlich unbestimmt. Sämtliche Möglichkeiten der empirischen Sozialforschung können angewendet werden: z. B. teilnehmende Beobachtung, Interviews, Befragungen, Inhaltsanalysen, soziale Experimente oder Simulationen. Genau wie bei der Entwicklung von Ansätzen (approaches) sind bei der Erfindung neuer Verfahren den Forschern keine Grenzen gesetzt; nur die Regeln, nach denen diese so gewonnenen Fakten verarbeitet werden sollen, sind festgelegt.

3.3 Dialektisch-historische Theorien

a) Vertreter

Die im LB 3 unter „politischer Krisentheorie“ (etwa *Habermas, Offe, Ronge*), „Stamokap“ (z. B. *Schuster*) und „Neomarxismus“ (*Agnoli/Altvater, Hirsch*) aufgeführten Autoren lassen sich grob dem dialektisch-historischen Wissenschaftsbegriff zuordnen. Innerhalb dieses Ansatzes besteht zunächst weitgehende Übereinstimmung hinsichtlich der Abgrenzung gegenüber den empirisch-analytischen und den normativ-ontologischen Positionen, denen Konservatismus vorgeworfen wird: „Der normativen Variante durch bewußtes Festhalten an überzeitlichen Werten einer ‚guten Ordnung‘, den Neopositivisten durch ihr vorgeblich ‚wertfreies‘ Erforschen der oberflächlichen Empirie, was notwendig den Status quo akzeptiere und nicht kritisch zu reflektieren fähig sei“ (*von Alemann/Forndran* 1985, S. 49).

Trotz der deutlichen gemeinsamen wissenschaftstheoretischen Basis und Abgrenzung gegenüber anderen Ansätzen kommen die Arbeiten im Rahmen der dialektisch-historischen Theorie aber keineswegs zu einheitlichen inhaltlichen Aussagen. Dies hat sich bei der Darstellung der Positionen zu einzelnen Problembereichen gezeigt, so bei der Einschätzung der Funktion des Staates, dem einmal eine relative Autonomie zugeschrieben wird (politische Krisentheorie), der zum anderen aber in totaler Abhängigkeit von der Ökonomie gesehen wird (Stamokap-Theorie). Unterschiede bestehen zwischen den verschiedenen Positionen innerhalb des dialektisch-historischen Ansatzes weniger hinsichtlich der Ziele, sondern vor allem hinsichtlich der Einschätzung der kapitalistischen Gesellschaft sowie der aus dieser Analyse abzuleitenden Strategie zur Überwindung des Kapitalismus.

b) Prämissen

Trotz der Vielfalt und Unterschiedlichkeit der Aussagen lassen sich unter wissenschaftstheoretischen Aspekten drei zentrale Begriffe hervorheben, die die gemeinsame Grundposition des dialektisch-historischen Ansatzes kennzeichnen und die alle drei auf die von *Marx* und *Engels* entwickelten gesellschaftsanalytischen Konzepte des „Historischen Materialismus" (Histomat) bzw. des „dialektischen Materialismus" (Diamat) zurückgehen (vgl. LB 4, 5.5 „Kommunistische Zukunftsgesellschaft"). Es sind dies die Begriffe *Geschichtlichkeit, Totalität und Dialektik.*

- Das Forschungsobjekt – die Gesellschaft – wird als geschichtlich bedingt, als historischer Prozeß, gesehen und ist daher auch nur so wissenschaftlich begreifbar. Das jeweilige Resultat, der geschichtliche Zustand der Gesellschaft, kann nur durch die *Betrachtung des Entstehungszusammenhangs*, d. h. genetisch, verstanden werden. Ahistorische Kategorien, seien sie ontologisch begründet (z. B. der Begriff der „guten Ordnung" im normativen Theorieansatz) oder nomologisch (wie z. B. die Annahme der Regelmäßigkeit des sozialen Verhaltens im empirisch-analytischen Ansatz), werden deshalb abgelehnt. Geschichtlichkeit bedeutet Unabgeschlossenheit der Gesellschaft und damit Chance zur Veränderung der Gesellschaft. Die Möglichkeit der Veränderung ergibt sich aus den gesellschaftlichen Widersprüchen, die den geschichtlichen Prozeß in Bewegung halten.
- Im Unterschied zur empirisch-analytischen Theorie, für die der Erkenntnisgegenstand „Gesellschaft" in Anlehnung an die Naturwissenschaften in eine unendliche Fülle isolierter Einzelheiten zerfällt (Partialität), sieht die dialektisch-historische Theorie die *Gesellschaft als Ganzes*, dessen Teile nur im Zusammenhang verstanden werden können. Die gesellschaftlichen Tatbestände dürfen deshalb nicht isoliert oder additiv analysiert werden. Die isolierte Betrachtung einzelner Werte und Ideen oder einzelner Subsysteme, Institutionen, Aktivitäten und Verhaltensmuster wird abgelehnt. So wird hier z. B. der Staat aus dem gesellschaftlichen Zusammenhang heraus erklärt und nicht wie bei der normativ-ontologischen Theorie losgelöst eine Definition seines Wesens unternommen oder empirisch-analytisch einzelne Elemente (z. B. die Verwaltung) einer Untersuchung unterzogen.
- Dialektik ist einerseits *Methode* zur Untersuchung der Totalität: Das Einzelne wird ständig in seinem dialektischen Zusammenhang mit dem Ganzen begriffen; der Wissenschaftler als forschendes Subjekt in seiner dialektischen Beziehung zur Gesellschaft als Forschungsobjekt. Dialektik ist andererseits auch *Entwicklungsprinzip* der Wirklichkeit: Die Geschichte enthält Widersprüche, die ineinander übergehen; Gegensätze, die sich wechselseitig erzeugen; Stufen, die aufeinander folgen, in denen schließ-

lich die Widersprüche und Gegensätze auf höherer Stufe integriert und dabei beseitigt, d. h. „aufgehoben" werden.

Während die empirisch-analytischen Theorien vor allem nach den Bedingungen der Erhaltung von politischen Systemen oder ihrer schrittweisen Veränderung fragen, suchen die Theorien des dialektisch-historischen Wissenschaftsansatzes nach den *Widersprüchen*. Denn die gesellschaftlichen Widersprüche (z. B. Klassenantagonismus) und ihre oft gewaltsamen Lösungsversuche (z. B. durch Klassenkampf) werden als der Motor der Geschichte angesehen. Aus der Synthese der Widersprüche soll sich schließlich die herrschaftsfreie kommunistische Gesellschaft entwickeln. Diese Realdialektik wird im wissenschaftlichen Sozialismus (z. B. in der Stamokap-Theorie) häufig zu einer quasi naturwissenschaftlichen Gesetzmäßigkeit. Demgegenüber betonen die Ansätze, die in der Tradition der kritischen Theorie stehen (z. B. die politische Krisentheorie/Spätkapitalismustheorie) die heuristische, d. h. erkenntnisanregende Funktion, die in der These der gesellschaftlichen Entwicklung durch Konflikt bei *Marx* angelegt war. In dieser grundsätzlichen Frage der Revidierbarkeit einzelner Marxscher Annahmen und Voraussagen liegt deshalb ein wesentliches Unterscheidungsmerkmal der verschiedenen Theorien des dialektisch-historischen Wissenschaftsansatzes.

c) Erkenntnisproblematik

Die dialektisch-historische Theorie versteht sich als kritische Theorie der Gesellschaft, die den Menschen als Produzenten seiner gesamten geschichtlichen Umwelt zum Gegenstand hat, d. h. Geschichte und Politik werden als Produkte der gesellschaftlichen Praxis der Menschen angesehen. Die politisch-soziale *Totalität der Gesellschaft* ist daher *Forschungsgegenstand* der dialektisch-historischen Theorien. Diese gesellschaftliche Totalität ist in jede Untersuchung einzubeziehen und darf nicht wie bei den empirisch-analytischen Theorien in eine Fülle isolierter Einzelheiten zerfallen.

Erkenntnisziel der dialektisch-historischen Theorien ist es, (mehr oder weniger in Weiterentwicklung früherer marxistischer Analysen) die *Entwicklungsgesetze* der spätkapitalistischen Gesellschaft herauszuarbeiten. Es geht der dialektisch-historischen Theorie also um „historische" Gesetze und nicht um die Aufstellung von Sätzen, die räumlich und zeitlich unbeschränkt Geltung haben, wie dies die empirisch-analytische Theorie anstrebt. Für die dialektisch-historische Theorie erschöpft sich Wissenschaft nicht darin, empirische Regelmäßigkeiten zu fixieren und durch Feststellung der Funktions- und Abhängigkeitsverhältnisse zwischen sozialen Größen Wissen über die Gesellschaft sozialtechnisch verwendbar zu machen, sondern sie will an der Weiterentwicklung der Gesellschaft in Richtung auf Abschaffung von politischer und gesellschaftlicher Herrschaft mitarbeiten. Herrschaft und Zwang sind für sie nicht schicksalhaft mit der Gesellschaft gegeben (wie es z. B. die normativ-ontologische Theorie annimmt und die empirisch-analytische Theorie unbesehen hinnimmt), sondern vom Menschen gesellschaftlich produziert. So ist z. B. der Demokratiebegriff der dialektisch-historischen Theorie nicht formal an der Zielvorstellung eines möglichst reibungslos und konfliktlos funktionierenden Systems institutionalisierter politischer Herrschaft orientiert, sondern er richtet sich inhaltlich auf alle für politische Herrschaft bedeutenden Bereiche, vor allem auch auf den Bereich der Wirtschaft. So verstandene Demokratie ist daher mehr als eine politische Methode zur Stabilisierung von Herrschaftsordnungen und widerspricht auch dem überwiegend „technischen" Demokratieverständnis der empirisch-analytischen Theorien.

Das *Erkenntnisinteresse* der dialektisch-historischen Theorien ist ein emanzipatorisches, im Gegensatz zum vorwiegend technologischen Interesse der empirisch-analytischen Theorien. Vorsicht ist allerdings geboten bei der Zuordnung der Einschätzungen „kritisch" zu dialektisch und „konservativ" zu empirisch-analytisch. Die wissenschaftlichen Arbeiten des orthodoxen Marxismus in den sozialistischen Staaten sind sicherlich kein Beispiel kritischer Gesellschaftsanalyse, und viele Arbeiten innerhalb des empirisch-analytischen Ansatzes enthalten erhebliches sozialreformerisches Engagement (z. B. „aktive Politik") bis hin zu emanzipativer Kritik am Gesamtsystem (Demokratiekritik).

Aus diesen unterschiedlichen erkenntnistheoretischen Positionen ergeben sich ebenso Differenzen bezüglich des *Verhältnisses von Theorie und Praxis:* Während empirisch-analytische Theorien versuchen, eine klare Trennung von Tatsache und Entscheidung, von empirischer Analyse des Faktischen und subjektiver Normsetzung zu ziehen – und ihnen daher vorgeworfen wird, sozialtechnisches Wissen bereitzustellen, ohne sich für die aktuelle Verwertung des Wissens zu interessieren –, soll in der dialektisch-historischen Theorie der Gegensatz von Theorie und Praxis aufgehoben werden. Praxis ist nicht nur Gegenstand der Theorie (wie z. B. in der normativ-ontologischen Theorie), sondern der Bezug auf die politische Praxis geht ein in die theoretische wissenschaftliche Theoriebildung.

d) Wertproblematik

Im Gegensatz zur empirisch-analytischen Theorie und in Übereinstimmung mit der normativ-ontologischen Theorie geht der dialektisch-historische Ansatz vom *Einschluß der Werte in die wissenschaftliche Analyse* aus. Allerdings nicht im Sinne einer Anthropologie, die Werte *setzt* (vgl. normativ-ontologische Theorie), sondern als Versuch, Werte als Ausdruck historischer und materieller Interessen zu begründen.

In der empirisch-analytischen Theorie werden Wertungen auf den vorwissenschaftlichen Bereich beschränkt. Der Wertbezug des Forschers ist durch die Auswahl der Gegenstände gegeben, die Beantwortung der wissenschaftlichen Probleme ist jedoch wertfrei vorzunehmen. Die dialektisch-historische Theorie steht ihrem Forschungsgegenstand, der (ganzen) Gesellschaft, nicht isoliert gegenüber, sondern weiß sich einbezogen in die Gesellschaft als historisch sich entwickelnde Totalität – bedingt durch die in ihr wirksamen gesellschaftlichen Interessen. Sie geht davon aus, daß der politisch-soziale Gesellschaftszusammenhang die Wahrnehmungsstruktur und die Begriffsbildung auch des vermeintlich voraussetzungslosen und vorurteilsfreien Wissenschaftlers beeinflußt. Aus dieser Annahme resultiert die während der Studentenrevolte so bekannt gewordene Forderung nach Offenlegung und Kontrolle der erkenntnisleitenden Interessen. Denn: „Genau wie die vorgeblich ‚unpolitische' Haltung, die im liberalen Bürgertum so populär war, eine eminent politische, nämlich konservative, ist, wirkt sich der Ausschluß von Werten aus der Wissenschaft als Parteinahme für die vorherrschenden Werte derer aus, die wissenschaftliche Ergebnisse auszuwerten in der Lage sind" (*v. Alemann/Forndran* 1985, S. 58).

c) Methoden und Vorgehensweisen

Im Unterschied zum ausgefeilten Instrumentarium der empirisch-analytischen Theorien haben die dialektisch-historischen Ansätze weniger eine eigenstän-

---

„Anarchistische" Wissenschaftstheorie

Gegen die einengende Festlegung in wissenschaftstheoretische Positionen („Schulen", Paradigmen) wendet sich *Paul Feyerabend* (1976, 1979). Er argumentiert „wider den Methodenzwang" der sich an abstrakten Maßstäben orientierenden, oft dünkelhaften Wissenschaft, die nur *eine* (nicht unbedingt die beste) der von Menschen entwickelten Denkformen ist. Wissenschaftstheoretische Positionen („alter Schwindel", 1979, S. 218) und die normgebundene Vernunft (mit ihrer Neigung zum Mythos) sollten ersetzt werden durch Theorienvielfalt (theoretischer Anarchismus) und situationsgebundene Einzelfallvernunft (okkasioneller Rationalismus). Die Gebote lauten dann: „mach was Du willst" (solange der wissenschaftliche Fortschritt nicht behindert wird) und: „kein Gedanke ist so absurd, daß er nicht unser Wissen verbessern könnte" (1976). Vielleicht wird sogar ein Bewertungsmaßstab (für Erkenntnis) benötigt, der von der Wissenschaft unabhängig ist und ihr widerspricht. Anstelle fix und fertig vorgegebener Über- und Nachordnungsverhältnisse der üblichen Erkenntnistheorien („Pyramidismus") soll ein radikales *Nebeneinander* bei Gleichzeitigkeit und Gleichberechtigung aller Bestandteile des Wissens („Supermarkt der Ideen", „dadaistische Anklänge"; *Duerr* [Hrsg.] 1981, S. 64) treten. Im Grunde ist es ohnehin besser, soziales und politisches Handeln auf die erfahrungsgeleiteten Entscheidungen freier Bürger zu gründen statt auf die arg verzerrten Regeln der Wissenschaft. Denn: „Fachleute sind voll von Vorurteilen, man kann ihnen nicht trauen und muß ihre Empfehlungen genau untersuchen" (*Feyerabend* 1979, S. 145). Eine freie Gesellschaft braucht reife Menschen, die durch aktive Teilnahme an Entscheidungen erreicht werden, nicht durch die Vorgaben einer kleinen Gruppe von Besserwissern.

Überblick 5: *Wiss*enschaftstheoretische Grundpositionen

Wissenschaftstheoretische Position	Prämissen	Erkenntnisgegenstand, -ziel, -interesse	Wertbezug	Methoden/Vorgehensweise	Grobe Zuordnung politikwissenschaftlicher Positionen
Normativ-ontologische Theorien	– Existenz einer objektiven Wahrheit – Wahres und Gutes durch Wissenschaft zu finden	– Sinn und Wesen von Staat und Gesellschaft – gute Ordnung des Gemeinwesens – allgemein gültige, praktische Anweisungen	– zentrale Bedeutung von Werten – konstante und überzeitliche (ahistorische) Werte	– Hermeneutik – Phänomenologie – Topik – Begriffsrealismus – historisch orientierte Betrachtungsweise – Ideengeschichte	vor allem konservative Positionen; bewahrende Konzeptionen
Empirisch-analytische Theorien	– Wirklichkeit nur durch Erfahrung und Beobachtung erfaßbar – keine absolute Wahrheit (Neopositivismus)	– Beschreibung, Erklärung und Voraussage der Wirklichkeit – Analysen von abgegrenzten Teilbereichen der Gesellschaft – Auffinden von Gesetzmäßigkeiten – Sammlung und Ordnung von sozialen Fakten	– Werte können Gegenstand und Voraussetzung, aber nicht Ergebnis der Wissenschaft sein – kein wertfreies Herangehen, aber wertfreie Ergebnisse	– Sammeln von Fakten, Bildung von Hypothesen, Operationalisierung und Überprüfung an der Wirklichkeit – empirisch deduktiv oder empirisch induktiv	vor allem rechtfertigende und kritische Positionen; verbessernde und z. T. verändernde Konzeptionen
Dialektisch-historische Theorien	Gesellschaftliche Wirklichkeit gekennzeichnet durch: – Geschichtlichkeit – Totalität – Dialektik (Widersprüche)	– kritische Analyse der Gesamtgesellschaft – Erkennen der historischen Entwicklungsgesetze – Veränderung der Gesellschaft	– Einschluß der Werte in die wissenschaftliche Analyse – Werte als Ausdruck historisch-materieller Interessen	– Kritik an der verkürzten Rationalität der anderen Ansätze – historischer Materialismus – Dialektik – neuerdings auch Methoden der empirischen Sozialforschung	vor allem Positionen der politischen Krisentheorie, des Neomarxismus; Stamokap; Konzeptionen des Systemwechsels und z. T. verändernde Konzeptionen

Anmerkung: Diese Tabelle dient der groben Orientierung, die schlagwortartigen Verkürzungen lassen daher Verzerrungen zu. Vgl. dazu ausführlicher und detaillierter *v. Alemann/Forndran* 1985, S. 53.

dige Methodologie entwickelt. Am logischen Empirismus der neopositivistischen Theorien wird vor allem dessen verengte Rationalität kritisiert, die sich auf empirisch überprüfbare wissenschaftliche Einzelaussagen beschränkt. Den Vertretern der dialektisch-historischen Wissenschaftstheorie geht es hingegen, wie auch der normativen Theorie, um Sinnzusammenhänge, die sich rein empirischer Forschung entziehen. Sie sucht diesen Sinn aber nicht in einer Seinsordnung, sondern will ihn mit Hilfe der Dialektik aus der historischen Entwicklung realer gesellschaftlicher Interessen plausibel machen.

Die Dialektik von Position, Negation und Negation der Negation wird als gesellschaftliche Entwicklungsformel erkannt und deshalb als methodisches Prinzip der politikwissenschaftlichen Analyse zugrunde gelegt. Sie ist jedoch nur im dialektisch-historischen Materialismus zu einer relativ geschlossenen Methodik entwickelt worden. Innerhalb der kritischen Theorie wird neben einer weniger strengen Dialektik auch die geisteswissenschaftliche Methode des Sinnverstehens und Deutens (die Hermeneutik) verwendet, insbesondere in den älteren ideologiekritischen Arbeiten. In den neueren Arbeiten des dialektisch-historischen Wissenschaftsansatzes stehen historisch-ökonomische Analysen im Vordergrund. Zur Sammlung und Aufbereitung der Daten und Fakten werden dabei sämtliche Methoden und Ansätze der empirisch-analytischen Wissenschaft angewendet.

4. Verhältnis Wissenschaft und Praxis

Für sämtliche politische Theorien und auch für die verschiedenen wissenschaftstheoretischen Positionen ist das jeweilige Verhältnis zur politischen Praxis von besonderer Bedeutung. Gerade für die Politikwissenschaft liegt es nahe, enge Beziehungen zur politisch-administrativen Praxis zu pflegen, denn schließlich ist das Geschehen im „politischen System" bzw. im Gemeinwesen ihr Gegenstand. Generell läßt sich außerdem feststellen, daß die Verflechtungen zwischen Wissenschaft und Praxis zunehmen. Allerdings wird von verschiedenen Wissenschaftlern „Praxis" durchaus unterschiedlich definiert: Für die einen ist politische Praxis das, was in den etablierten Parteien und Interessengruppen bzw. im Regierungs- und Verwaltungsapparat praktiziert wird oder werden könnte; sie verstehen *Praxisbezug als Politikberatung*. Für andere besteht Praxisbezug darin, daß eine umfassende Theorie entwickelt wird, die möglicherweise Handlungsanweisungen für eine grundlegende Umgestaltung der Gesellschaft liefert; sie verstehen *Praxisbezug als Kritik der gesellschaftlichen und politischen Praxis*.

Zunächst ist danach zu fragen, welche Funktion Wissenschaft im Verhältnis zur Praxis überhaupt hat, m. a. W.: welche Rolle spielt theoretisches Wissen über gesellschaftliche und politische Verhältnisse für diese Verhältnisse. *John Maynard Keynes* hat einmal bemerkt, daß selbst der eingefleischteste Pragmatiker – der davon überzeugt ist, daß er seine Entscheidungen nicht aufgrund irgendwelcher theoretischer Spinnereien trifft, sondern nur auf der Grundlage seines gesunden Menschenverstandes – im Hinterkopf ein theoretisches Verständnis der Zusammenhänge hat, das eben nur sehr unterentwickelt, vereinfacht und oft völlig unreflektiert ist (*Keynes* 1973 [1936], S. 383f.). Ähnliches gilt für bestimmte politische Gruppen, z. B. die sog. „Spontis", die meinen, sie brauchten für ihr politisches Engagement keine Theorie; Aktionen allein genügen. Sämtliche politische Aktivitäten auch die Rechtfertigung oder Kritik des Systems, haben eben doch irgendein noch so banales und unbewußtes, theoretisches Verständnis der Wirklichkeit zur Grundlage. Nach dieser Auffassung hat Politikwissenschaft die Aufgabe, das für jegliches Handeln notwendige theoretische Wissen zu beschaffen, zu verfeinern oder auch zu kritisieren. Generell kann man sagen, daß an die Wissenschaft verschiedene *Anforderungen von seiten der „Praxis"* gestellt werden.

- Es wird *deskriptives Wissen* verlangt, da ohne Kenntnis gesellschaftlicher Grundtatsachen schlecht gehandelt werden kann (Beispiel: wie ist eigentlich die bestehende Einkommensverteilung? – Statistik);
- es wird *kausales Wissen* verlangt, da auch gesellschaftliche Zusammenhänge für den Erfolg politischer Aktivitäten von zentraler Bedeutung sind (Beispiel: welche Folgen hat eigentlich ein bestimmtes politisches Programm? – Wirkungsforschung);
- schließlich wird auch *normatives „Wissen"* verlangt, denn politische Alternativen gehen ohne systematische Reflektion des Wünschbaren und des Machbaren oft ins Leere (Beispiel: wie sollte und könnte eine zukünftige Gesellschaftsordnung aussehen; wie könnte diese erreicht werden?). Normative Aussagen der Wissenschaft können dabei ganz unterschiedliche Gestalt annehmen, z. B. eher kritisch oder eher rechtfertigend gegenüber der jeweiligen gesellschaftlichen Realität.

Selbstverständlich sind diese verschiedenen Arten des Wissens nicht wirklich voneinander zu trennen. Die Aufteilung soll nur zeigen, daß ganz unterschiedliche Anforderungen an die Wissenschaft gestellt werden. Diese werden häufig von unterschiedlichen Seiten der politischen Praxis gestellt und auch von unterschiedlichen Teilen des Wissenschaftssystems erfüllt. Es ist kaum überraschend, daß die Anforderungen der etablierten politischen Institutionen dominieren und daher auch in erster Linie deskriptives und kausales Wissen nachgefragt wird. Es wäre allerdings falsch, das Wissenschaftssystem als direkt abhängig von der Praxis aufzufassen. Es gibt durchaus eine gewisse Autonomie. Wissenschaftliche Erkenntnisse werden auch ohne erkennbare Anforderungen der Praxis produziert. Dies gilt insbesondere für kritische Erkenntnisse, obwohl diese kritische Funktion der Wissenschaft von verschiedenen Seiten immer wieder bestritten und bekämpft wird. In der politischen und wissenschaftlichen Diskussion ist diese Problematik anhand der Kontroverse zwischen technologischem und emanzipatorischem Erkenntnisinteresse behandelt worden. Dabei wurden jeweils folgende Einwände erhoben:

- die *technologische Variante* beschränkt sich darauf, Aussagen über Handlungsmöglichkeiten in bezug auf bestimmte, nicht weiter in Frage gestellte Ziele zu machen, während

- die *emanzipatorische Variante* Handlungsprogramme aufgrund einer kritischen Interpretation der Gesamtgesellschaft entwickeln, ohne aber ihre eigene kritische Ideologie zu hinterfragen.

Aber auch die Beziehungen zwischen etabliertem politischem System und anwendungsorientierter Wissenschaft im Sinne der Politikberatung sind nicht problemlos. Es ergeben sich Fragen

- der *Verwertbarkeit* wissenschaftlicher Ergebnisse (oft wird Wissen produziert, für das die Praxis keinen unmittelbaren Gebrauch hat),
- der *Verständigung* (oft weiß der Wissenschaftler nicht, welche Probleme die Praxis hat, und der Praktiker versteht die Ratschläge des Wissenschaftlers nicht) und
- der *Zugänglichkeit* (oft ist die Wissenschaft nicht an den Problemen der Praxis, und diese umgekehrt nicht an den Ratschlägen der Wissenschaft interessiert).

Die Diskussion um die faktischen Beziehungen zwischen politisch-administrativer Praxis und Politikwissenschaft wird von *drei Beratungsmodellen* bestimmt: dem dezionistischen, dem technokratischen und dem pragmatischen Modell der Politikberatung (*Habermas* 1963, *Lompe* 1966, vgl. auch *Friedrich* 1970, *Wissenschaftszentrum Berlin* 1977, *Böhret* 1985):

- Dem *technokratischen Modell* zufolge wird der politische Entscheidungsspielraum wegen der zunehmenden Sachzwänge immer mehr auf den von der Wissenschaft vorgezeichneten „best one way" reduziert.
- Dagegen verbleibt die Entscheidung im *dezisionistischen Modell* klar beim Politiker, der Ziele und Wege der Beratungstätigkeit bestimmt und dem Wissenschaftler die bloße Dienstleistung beläßt.
- Im *pragmatistischen Modell* wird ein kritisches Wechselverhältnis angestrebt: Praktiker bzw. Politiker und Wissenschaftler vollziehen im Forschungs- und Entscheidungsprozeß immer neue, nicht nur vom Sachzusammenhang, sondern auch von Wertungen begleitete Wahlakte. Entscheidungen entstammen der Kooperation von fragendem Praktiker und antwortendem Wissenschaftler. Beide müssen die Folgen der Entscheidung mitverantworten. In diesem pragmatischen Vorgehen liegt eine Chance zur Reduzierung der Verständigungsprobleme zwischen Wissenschaft und Praxis. Empfehlungen und Warnungen der Wissenschaft werden zu politischen Entscheidungshilfen auf Gebieten, die von der Praxis zu bearbeiten sind.

Die Interessen der beiden Pole können höchst unterschiedlich sein. Dem Wissenschaftler mag es um Anwendung und Weiterentwicklung von Methoden gehen, der Praktiker erhofft sich Argumentations- und Rechtfertigungshilfe. Dem Wissenschaftler schmeichelt es, von der Politik herangezogen zu werden, dem Praktiker erwächst aus dem Zusammenwirken (oft nur vermeintlich) mehr Sicherheit oder auch nur Rechtfertigung für seine eigene Tätigkeit. Für den Wissenschaftler wird sich immer neu das Problem stellen, ob er eine Aufgabe im Zusammenwirken mit der Praxis lösen bzw. an deren Lösung mitarbeiten will, ob er Empfehlungen und Warnungen aussprechen darf. Auf der anderen Seite stellt sich für die Praxis die Frage, ob sie nun gerade diese Wissenschaftler – gerade in *diesen* Fragestellungen – heranziehen soll. Immerhin, wenn es zu der im pragmatistischen Modell beschriebenen Zusammenarbeit kommt, dann ist die Chance des sachdienlichen Austausches von Problemsicherheit und Wissen tendenziell gegeben, werden neue Forschungsbemühungen angeregt und scheinbar gesichertes Handeln problematisiert.

Insgesamt ist allerdings umstritten, inwieweit wissenschaftliche, insbesondere sozial- und politikwissenschaftliche Analysen und Theorien überhaupt von der politisch-administrativen Praxis genutzt werden und genutzt werden können. Die Probleme der *Nutzung* werden dabei unterschiedlich verortet. Betont werden Unzulänglichkeiten

- der *Angebotsseite,* d. h. des Wissenschaftssystems, z. B. weil die von der Wissenschaft angebotenen Darstellungen und Erklärungen unzureichend empirisch und theoretisch fundiert, im Extremfall schlicht falsch sind;
- der *Kommunikation* zwischen Wissenschaft und Praxis, z. B. weil unterschiedliche Fachsprachen und Jargons benutzt werden und man sich daher nicht verständigen kann (vgl. als Beispiel Hillmann 1986 und Böhret 1986); und
- der *Nachfrageseite,* d. h. des politisch-administrativen Systems, z. B. weil durch ausgeprägte juristische Orientierung der öffentlichen Verwaltung, das herrschende „Organisationsklima" oder sogar eine spezifische „Verwaltungskultur" Ansprechpartner auf der Seite der Praxis fehlen und daher wissenschaftliche Ergebnisse überhaupt nicht wahrgenommen werden (vgl. ausführlich Bruder 1980; Jann 1985).

Wenn man unter *Nutzung* aber nicht nur die konkrete Anwendung wissenschaftlicher Ergebnisse bei einzelnen Entscheidungen versteht, sondern umfassender die Beeinflussung der Perzeption und Interpretation sozialer Phänomene, ihrer Ursachen und möglicher Veränderungen einbezieht, spricht allerdings einiges dafür, daß politikwissenschaftliche Forschungen, wie andere Sozialwissenschaften auch, schon jetzt in der Praxis genutzt werden.

Von einigen Beobachtern (vgl. grundlegend *Weiss* 1977) wird seit einiger Zeit die These vertreten, daß „wissenschaftliche Erkenntnisse", z. B. über die Ausgestaltung einer Institution oder die Wirkung einer bestimmten Politik, nicht einfach in das politisch-administrative System übernommen werden, indem z. B. Wissenschaftler befragt oder Thesen oder Ergebnisse von Untersuchungen gelesen und dann angewendet werden (auch und gerade nicht bei bestellten Gutachten). Die Bedeutung der Wissenschaft für die Praxis liegt vielmehr darin, daß sie Konzepte und Denkschemata bereitstellt, mit denen die Realität geordnet und interpretiert wird. Ein Beispiel für diese Art der „Nutzung" wissenschaftlicher Ergebnisse und ihrer eminenten Bedeutung wären z. B. die Theorien der konservativen Staatstheorie, die über die juristische Ausbildung erheblichen Einfluß auf das politische Denken des öffentlichen Dienstes ausüben. Aber auch die Pluralismustheorie oder die Ergebnisse der empirischen Planungs- und Implementationsforschung haben sicherlich die politische Diskusssion entscheidend beeinflußt, wie man bei einem Vergleich der politischen Konzeptionen in LB 4 mit den wissenschaftlichen Positionen in LB 3 leicht feststellt.

Praktiker übernehmen in der Regel keine fertigen Lösungen oder abstrakte Theorien, sondern werden durch Begriffe, Konzepte und Sichtweisen der Wissenschaft beeinflußt. In diesem „diffuse process of enlightenment" *(Carol Weiss),* also in einem langfristigen und wenig strukturierten Prozeß der „Aufklärung", liegen daher die eigentliche Nutzung und Wirkung von Wissenschaft. Inwieweit Wissenschaft dabei tatsächlich Aufklärung leistet, ist natürlich umstritten und wird von den einzelnen Positionen unterschiedlich bewertet.

5. Was soll Politikwissenschaft?

Aus dem bisher Gesagten sollte zumindest eines deutlich geworden sein: es gibt nicht *die Politikwissenschaft* und daher gibt es auch nicht eine bestimmte Aufgabe oder einen bestimmten Sinn der Politikwissenschaft. Es besteht *Uneinigkeit* darüber

- wie eigentlich Gesellschaft und Politik in der Bundesrepublik beschrieben, erklärt und beurteilt werden sollen (wie im LB 3 „Problemanalysen" erörtert wurde),
- wie und welche Änderungen oder Reformen an diesem System vorzunehmen wären (wie im LB 4 „Konzeptionen" gezeigt wurde),
- was – ganz abgesehen vom materiellen Inhalt – überhaupt politische Theorie ausmacht, wie sie aufgebaut sein und was sie aussagen sollte,
- wie Wissenschaft zu ihren Ergebnissen kommen müßte und welches ihre grundlegenden Werte sind und
- wie das Verhältnis dieser Wissenschaft zur politischen Praxis aussehen könnte bzw. welche Praxis überhaupt Partner der Wissenschaft sein soll.

Aus diesen Gründen ist es offensichtlich, daß Politikwissenschaft in den unterschiedlichsten Arten und Weisen beschrieben und charakterisiert wird, z. B.

- als *Führungs- oder Machtwissenschaft* (Kratologie), die den jeweils Herrschenden Handlungswissen bereitstellt,
- als *Demokratiewissenschaft,* die das Volk zu einer angemessenen politischen Ordnung erziehen soll,
- als *praktische Wissenschaft,* die sinnvolle Handlungsanweisungen verfügbar macht,
- als *Revolutionswissenschaft,* die zur Umwerfung der bestehenden Verhältnisse beitragen soll,
- als Kombination von *Sozial- und Moralwissenschaft,* die zur Erneuerung des geistigen und sittlichen Lebens beitragen kann,
- als *Residualwissenschaft,* ohne eigenes, ausschließlich ihr vorbehaltenes Objekt und ohne nur ihr adäquate Methode,
- als *Integrationswissenschaft,* die unter übergreifenden Fragestellungen die Ansätze und Erkenntnisse anderer Disziplinen vereint (auch als „synoptische Wissenschaft" bezeichnet),

– als *kritische Gesellschaftswissenschaft,* die auf kritische Analyse des jeweiligen Zustands des Gemeinwesens ausgerichtet ist und Veränderungsvorschläge entwickelt.

Die möglichen politischen, wissenschaftlichen und wissenschaftstheoretischen Definitionen der Politikwissenschaft erscheinen prinzipiell unbegrenzt, so wie ja auch kein einhelliger Politikbegriff existiert (vgl. LB 1). Im Endergebnis hat jeder Politikwissenschaftler seine Privatdefinition.

In dem bunten Spektrum politikwissenschaftlichen Selbstverständnisses neigen die Verfasser, wie dem Leser sicher nicht verborgen geblieben ist, am ehesten der Position einer kritischen Gesellschaftswissenschaft zu: Es geht darum, immer wieder die gegebenen und sich entwickelnden Strukturen und Prinzipien unseres Gemeinwesens kritisch zu durchleuchten und durch „Vordenken" (*B. de Jouvenel)* über Mögliches und Wünschenswertes auch andere Alternativen in die Diskussion zu bringen.

6. Grundlegende Literatur

Alemann, Ulrich von/Forndran, Erhard: Methodik der Politikwissenschaft. Eine Einführung in Arbeitstechnik und Forschungspraxis, Stuttgart u. a. 1985 (3. Aufl.)

Kammler, Jörg: Gegenstand und Methode der politischen Wissenchaft, in: Einführung in die Politische Wissenschaft, hrsg. von W. Abendroth, Bonn/München 1968, S. 9ff.

Naschold, Frieder: Politische Wissenschaft. Entstehung, Begründung und gesellschaftliche Einwirkung, Freiburg/München 1970

Anhang

Abkürzungsverzeichnis

a. a. O.	am angegebenen Ort
Abb.	Abbildung
Art.	Artikel
Aufl.	Auflage
Bd.	Band
bearb.	bearbeitet
bes.	besonders
BGBl.	Bundesgesetzblatt
BVerfG	Bundesverfassungsgericht
BVerfGE	Entscheidungen des BVerfG
BWahlG	Bundeswahlgesetz
bzw.	beziehungsweise
ca.	circa
CDU	Christlich-Demokratische Union
CSU	Christlich-Soziale Union
dens.	denselben
ders.	derselbe
DGB	Deutscher Gewerkschaftsbund
d. h.	das heißt
d. i.	das ist
dies.	dieselben
DKP	Deutsche Kommunistische Partei
ebd.	ebenda
EG	Europäische Gemeinschaften
einschl.	einschließlich
engl.	englisch
etc.	et cetera
evtl.	eventuell
f.	folgende
ff.	fort folgende
fdGO	freiheitliche demokratische Grundordnung
FDP	Freie Demokratische Partei
GG	Grundgesetz
ggf.	gegebenenfalls
GGO	Gemeinsame Geschäftsordnung
HDS	Hochschulinitiative Demokratischer Sozialismus
HGrG	Haushaltsgrundsätzegesetz
hrsg.	herausgegeben
Hrsg.	Herausgeber
HVerf	Hessische Verfassung
i. d. R.	in der Regel
i. e. S.	im engeren Sinne
IG	Industriegewerkschaft
IGM	Industriegewerkschaft Metall
insbes.	insbesondere
i. w. S.	im weiteren Sinne
KP	Kommunistische Partei
KPD	Kommunistische Partei Deutschlands
KPdSU	Kommunistische Partei der Sowjetunion
LB	Lernblock
lt.	laut
m. a. W.	mit anderen Worten
MEW	Marx-Engels-Werke
Mill.	Million
Mrd.	Milliarde
NPD	Nationaldemokratische Partei Deutschlands
NRW	Nordrhein-Westfalen
o. a.	oben angegeben
p. a.	per anno
PartG	Parteiengesetz

PAS	Politisch-administratives System
PPBS	Planning-Programming-Budgeting-System
RV	Regierung und Verwaltung
s.	siehe
S.	Seite
s. a.	siehe auch
sog.	sogenannte
SPD	Sozialdemokratische Partei Deutschlands
SRG	Gesetz über die Bildung eines Sachverständigenrates zur Begutachtung der gesamtwirtschaftlichen Entwicklung
StabG	Gesetz zur Förderung der Stabilität und des Wachstums der Wirtschaft (Stabilitätsgesetz)
StGB	Strafgesetzbuch
Stamokap	Staatsmonopolistischer Kapitalismus
SVR	Sachverständigenrat (zur Begutachtung der gesamtwirtschaftlichen Entwicklung)
u. a.	und andere bzw. unter anderem
u. ä.	und ähnliche(s)
UdSSR	Union der Sozialistischen Sowjetrepubliken
USA	United States of America
usf.	und so fort
usw.	und so weiter
u. U.	unter Umständen
u. v. a.	und viele andere
V. bzw. Verf.	Verfasser
vgl.	vergleiche
z. B.	zum Beispiel
zit.	zitiert
z. T.	zum Teil
z. Z.	zur Zeit

Literaturverzeichnis

Ergänzungen zum Literaturverzeichnis s. *Nachtrag* (S. 462 f.)

Abendroth, Wolfgang, 1975: Arbeiterklasse, Staat und Verfassung. Materialien zur Verfassungsgeschichte und Verfassungstheorie der Bundesrepublik. Hrsg. und eingeleitet von Joachim Perels, Frankfurt a. M./Köln 1975

Adler-Karlsson, Gunnar, 1973: Funktionaler Sozialismus. Ein schwedisches Glaubensbekenntnis zur modernen Demokratie, Zug 1973 (Original: Malmö 1973)

Agnoli, Johannes, 1968: Die Transformation der Demokratie, in: Die Transformation der Demokratie, hrsg. von ders./Peter Brückner, Frankfurt a. M. 1968

Agnoli, Johannes, 1973: Thesen zur Transformation der Demokratie und zur außerparlamentarischen Opposition (1968), in: Matz (Hrsg.) 1973

Agnoli, Johannes, 1977: Wahlkampf und sozialer Konflikt, in: Narr (Hrsg.) 1977, S. 213 ff.

Aktionsprogramm 1976: Bundesminister des Innern (Hrsg.); Aktionsprogramm zur Dienstrechtsreform, Bonn, Juli 1976

Alber, Jens, 1983: Soziale Solidarität, in: DIE ZEIT vom 21. 7. 1983

Albert, Hans, 1973: Probleme der Wissenschaftslehre in der Sozialforschung, in: König, René (Hrsg.): Handbuch der empirischen Sozialforschung, Stuttgart 1973, Bd. 1, S. 57 ff.

Albrecht, Ernst, 1976: Der Staat – Idee und Wirklichkeit, Stuttgart 1976

Albrow, Martin, 1972: Bürokratie, München 1972 (Original: London 1970)

Alemann, Ulrich von, 1975: Demokratisierung der Gesellschaft, in: aus politik und zeitgeschichte B 7/75

Alemann, Ulrich von, 1985: Der Wandel organisierter Interessen in der Bundesrepublik. Erosion oder Transformation? in: aus politik und zeitgeschichte B 49/85

Alemann, Ulrich von/Forndran, Erhard, 1985: Methodik der Politikwissenschaft. Eine Einführung in Arbeitstechnik und Forschungspraxis, Stuttgart u. a. 1985 (3. Aufl.)

Alemann, Ulrich von/Heinze, Rolf G., 1981: Verbändepolitik und Verbändeforschung in der Bundesrepublik und Auf dem Wege zum liberalen Ständestaat? Einführung in die Korporatismusdiskussion, in: dies. (Hrsg.) 1981, S. 12 ff.

Alemann, Ulrich von (Hrsg.), 1975: Partizipation, Demokratisierung, Mitbestimmung, Opladen 1975

Alemann, Ulrich von (Hrsg.), 1981: Neokorporatismus, Frankfurt a. M./New York 1981

Alemann, Ulrich von/Heinze, Rolf G. (Hrsg.), 1981: Verbände und Staat. Vom Pluralismus zum Korporatismus. Analysen, Positionen, Dokumente, Opladen 1981 (2. Aufl.)

Allensbach/Stern, 1976: Institut für Demoskopie Allensbach: Deutschland, Deutschland über alles? Umfrage im Auftrag des STERN (1976)

Allerbeck, Klaus R./Kaase, Max/Klingenmann, Hans D., 1979/1980: Politische Ideologie, politische Beteiligung und politische Sozialisation, in: PVS 4/1979 und 1/1980

Almond, Gabriel A., 1956: Comparative Political Systems, in: Journal of Politics, 1956

Almond, Gabriel/Verba, Sidney, 1963: The Civic Culture. Political Attitudes and Democracy in Five Nations, Princeton, N. J. 1963

Almond, Gabriel/Verba, Sidney (ed.), 1980: The Civic Culture Revisited, Boston/Toronto 1980

Altmann, Rüdiger, 1972: Späte Nachrichten vom Staat, in: Nuscheler/Steffani (Hrsg.) 1972, S. 133 ff. (Ausschnitt aus ders.: Späte Nachrichten vom Staat, Stuttgart 1968)

Altvater, Elmar, 1972a: Zu einigen Problemen des Staatsinterventionismus, in: Probleme des Klassenkampfs 3/1972, S. 1ff.

Altvater, Elmar, 1972b: Konjunkturtheorie als Analyse von Widersprüchen, in: Kontaktstudium Ökonomie und Gesellschaft, hrsg. von Regina Molitor, Frankfurt a. M. 1972

Altvater, Elmar/Hoffmann, Jürgen/Semmler, Willi, 1978: Produktion und Nachfrage im Konjunktur- und Krisenzyklus, in: WSI-Mitteilungen 7/1978, S. 365ff.

Apostol, Pavel, 1981: Worüber die „Weltmodelle" sprechen und worüber sie schweigen, in: Analysen und Prognosen 1981, S. 18ff.

Arbeitsgruppe Alternativen der Wirtschaftspolitik, 1975: Memoranden zu Alternativen der Wirtschaftspolitik, Köln (jährlich)

Arndt, Adolf, 1962: Notstand – ein Problem des Rechtsstaats, in: Arndt, Adolf/Freund, Michael: Notstandsgesetz – aber wie? Köln 1962, S. 9ff.

Arndt, Helmut, 1977: Wirtschaftliche Macht. Tatsachen und Theorien, München 1977 (2. Aufl.)

Arndt, Helmut, und *Schütz, Walter J.,* 1977: Pressekonzentration, in: Wörterbuch zur politischen Ökonomie, 1977, S. 359ff.

Arnim, Hans Herbert von, 1977: Gemeinwohl und Gruppeninteressen. Die Durchsetzungsschwäche allgemeiner Interessen in der pluralistischen Demokratie. Ein Beitrag zu verfassungsrechtlichen Grundfragen der Wirtschaftsordnung, Frankfurt a. M 1977

Bachrach, Peter, 1970: Die Theorie demokratischer Elitenherrschaft, Frankfurt a. M. 1970

Bachrach, Peter/Baratz, Morton S., 1977: Macht und Armut. Eine theoretisch-empirische Untersuchung. Einleitung von Claus Offe, Frankfurt a. M. 1977 (engl. 1970)

Badura, Peter, 1976: Grundprobleme des Wirtschaftsverfassungsrechts, in: Juristische Schulung, 1976, S. 206

Bagehot, Walter, 1963: The English Constitution, London 1963 (1. Aufl. 1867)

Bahro, Rudolf, 1980 (zuerst 1977): Die Alternative. Zur Kritik des real existierenden Sozialismus, Reinbek 1980

Baisch, H./Berger, J./Brockhaus, C./Buhbe, M./Dückert, T./Eckart, W./Geipel, U./Gerlach, K./de Gijsel, P./Holländer, H./Krafft, A./Schneider, J./Vogt, W./Wagner, H./Wiesner, G., 1977: Die Wirtschaftskrise in der BRD. Eine Auseinandersetzung mit den Analysen des Sachverständigenrates zur Begutachtung der wirtschaftlichen Entwicklung, in: Leviathan 2/1977, S. 162ff.

Bakunin, Michail, 1921: Gesammelte Werke, 3 Bde., Berlin 1921–1923

Ballerstedt, Eike/Glatzer, Wolfgang, unter Mitwirkung von Karl-Ulrich Mayer und Wolfgang Zapf, 1975: Soziologischer Almanach. Handbuch gesellschaftspolitischer Daten und Indikatoren für die Bundesrepublik Deutschland, Frankfurt a. M./New York 1975

Balsen, Werner/Nakielski, Hans/Rössel, Karl/Winkel, Rolf, 1984: Die neue Armut. Ausgrenzung von Arbeitslosen aus der Arbeitslosenunterstützung, Köln 1984

Barnes, Samuel H./Kaase, Max, et al. (Hrsg.), 1979: Political Action. Mass Participation in 5 Western Democracies, Beverly Hills 1979

Bartsch, Günter, 1972: Anarchismus in Deutschland 1945–1965, Hannover 1972

Basisdaten 1974: Zahlen zur sozio-ökonomischen Entwicklung der Bundesrepublik Deutschland, bearb. von Roland Ermrich, Bonn-Bad Godesberg 1974

Becher, Heribert J. (Hrsg.), 1982: Die neue soziale Frage. Zum soziologischen Gehalt eines sozialpolitischen Konzepts, Opladen 1982

Behrmann, Günther C., 1979: Zur Einführung: Politische Sozialisationforschung, politische Kultur und politische Bildung, in: Bundeszentrale für politische Bildung, Bonn (Hrsg.): Politische Sozialisation in entwickelten Industriegesellschaften, Bonn 1979

Bell, Daniel, 1975: Die nachindustrielle Gesellschaft, Frankfurt a. M./New York 1975

Benda, Ernst, 1968: Die Notstandsverfassung, München 1968 (7. Aufl.)

Benda, Ernst, 1983: Politischer Gestaltungswille und Verfassungsauftrag – Die friedenssichernde Aufgabe des Rechts. Vortrag anläßlich der Rechtspolitischen Tagung des Landesarbeitskreises Christlich-Demokratischer Juristen am 22./23. April 1983 in Bremen

Berelson, Bernard B./Lazarsfeld, Paul F./McPhee, William N., 1975: Demokratische Praxis und demokratische Theorie, in: Grube/Richter (Hrsg.) 1975 (aus: dies.: Voting. A Study of Opinion Formation in a Presidential Campaign, Chicago 1954)

Berg-Schlosser, Dirk, 1972: Politische Kultur. Eine neue Dimension politikwissenschaftlicher Analyse, München 1972

Berichte der Enquete-Kommission: Zwischenbericht für Fragen der Verfassungsreform, BT-Drs. VI/3829;
Schlußbericht für Fragen der Verfassungsform BT-Drs. 7/5924

Berlit, Uwe/Dreyer, Horst, 1984: Die legislative Auseinandersetzung mit dem Terrorismus, in: Sack, Fritz/Steinert, Heinz: Protest und Reaktion, Opladen 1984 (Analysen zum Terrorismus, hrsg. vom Bundesminister des Innern, Bd. 4/II)

Bermbach, Udo, 1971: Rätegedanke versus Parlamentarismus? Überlegungen zur aktuellen Diskussion der Neuen Linken, in: Steffani (Hrsg.) 1971

Bermbach, Udo (Hrsg.) 1973: Theorie und Praxis der direkten Demokratie, Opladen 1973

Bermbach, Udo (Hrsg.), 1978: Politische Wissenschaft und politische Praxis, Opladen 1978 (PVS-Sonderheft 9/1978)

Bernstein, Eduard, 1977: Texte zum Revisionismus. Hrsg. von Horst Heimann, Bonn 1977

Beyme, Klaus von, 1976: Die politischen Theorien der Gegenwart. Eine Einführung (3. Aufl., 1. Aufl. 1972), München 1976

Beyme, Klaus von, 1979: Der Neo-Korporatismus und die Politik des begrenzten Pluralismus in der Bundesrepublik, in: Habermas (Hrsg.) 1979, S. 229ff.

Beyme, Klaus von, 1980: Interessengruppen in der Demokratie, München 1980 (5. Aufl.)

Beyme, Klaus von, 1981: Der liberale Korporatismus als Mittel gegen die Unregierbarkeit? in: von Alemann (Hrsg.) 1981

Beyme, Klaus von, 1982a: Parteien in westlichen Demokratien, München 1982

Beyme, Klaus von, 1982b: Krise des Parteienstaats – ein internationales Phänomen? in: Raschke (Hrsg.) 1982, S. 87ff.

Beyme, Klaus von, 1985: Das politische System der Bundesrepublik Deutschland, München 1985 (5. Aufl.)

Biedenkopf, Kurt, 1974: Fortschritt in Freiheit. Umrisse einer politischen Strategie, München 1974

Biedenkopf, Kurt, 1975: Freiheit, Gerechtigkeit und Solidarität: Die Grundlagen christlich-demokratischer Politik, in: Demokratische Gesellschaft. Konsensus und Konflikt, Teil I, München 1975

Biedenkopf, Kurt, 1977: Einführung in die ordnungsproblematische Problematik, in: Biedenkopf/von Voss 1977

Biedenkopf, Kurt H., 1985: Die neue Sicht der Dinge. Plädoyer für eine freiheitliche Wirtschafts- und Gesellschaftsordnung, München/Zürich 1985

Biedenkopf, Kurt/von Voss, Rüdiger, 1977: Staatsführung, Verbandsmacht und innere Souveränität. Von der Rolle der Verbände, Gewerkschaften und Bürgerinitiativen in der Politik, mit Beiträgen von Kurt Biedenkopf u. a., Stuttgart 1977

Bischoff, Joachim, (Hrsg.) 1976: Die Klassenstruktur der Bundesrepublik Deutschland. Ein Handbuch zum sozialen System der BRD, Berlin 1976

Blanke, Bernhard/Jürgens, Ulrich/Kastendiek, Hans, 1975: Kritik der Politischen Wissenschaft, Analysen von Politik und Ökonomie in der bürgerlichen Gesellschaft, 2 Bde., Frankfurt a. M. 1975

Blanke, Bernhard, 1977: Artikel „Staat (aus marxistischer Sicht)", in: Wörterbuch zur politischen Ökonomie 1977

Blankenburg, E./Schmid, G./Treiber, H., 1974: Von der reaktiven zur aktiven Politik? Darstellung und Kritik des Policy Science-Ansatzes, in: Grottian/Murswieck (Hrsg.), 1974, S. 37ff.

Böckels, Lothar/Scharf, Bodo/Widmaier, Hans-Peter, 1976: Machtverteilung im Wohlfahrtsstaat, München 1976

Böckenförde, Ernst-Wolfgang, 1969: Entstehung und Wandel des Rechtsstaatsbegriffs, in: Festschrift für Adolf Arndt, hrsg. von Horst Ehmke/Carlo Schmid/Hans Scharoun, Frankfurt a. M. 1969, S. 53ff.

Böhm, Anton, 1950: Wirtschaftsordnung und Staatsverfassung, Tübingen 1950

Böhret, Carl, 1970: Entscheidungshilfen für die Regierung. Modelle, Instrumente, Probleme, Opladen 1970

Böhret, Carl, 1971: Das Planning-Programming-Budgeting-System als zukunftsorientierte Entscheidungshilfe für die Regierung, in: Ronge/Schmieg (Hrsg.) 1971, S. 158ff.

Böhret, Carl, 1983: Wohin steuern wir? Alternative Zukunftsperspektiven am Ende des 20. Jahrhunderts, in: ders.: Politik und Verwaltung, Opladen 1983, S. 226ff.

Böhret, Carl, 1985: Zum Stand und zur Orientierung der Politikwissenschaft in der Bundesrepublik Deutschland, in: Hartwich (Hrsg.) 1985, S. 216ff.

Böhret, Carl, 1985a: Zum Vollzug von Verwaltungspolitik. Formen, Träger, Widerstände, in: Ellwein/Hesse (Hrsg.) 1985

Böhret, Carl, 1985b: Beratung der öffentlichen Verwaltung, in: Verwaltungslexikon, Baden-Baden, S. 99–102

Böhret, Carl, 1986a: Transindustrielle Gesellschaften, in: Meyer u. a. (Hrsg.) 1986

Böhret, Carl, 1986b: Verständnis für Verständigungsschwierigkeiten – aber . . .?, in: DÖV 1986, S. 360ff.

Böhret, Carl/Hugger, Werner, 1980: Test und Prüfung von Gesetzentwürfen – Anleitung zur Vorabkontrolle und Verbesserung von Rechtsvorschriften, Köln/Bonn 1980 (=Verwaltung und Fortbildung, Sonderheft 5)

Böhret, Carl/Junkers, Marie Therese, 1976: Führungskonzepte für die öffentliche Verwaltung. Darstellung – Kritik – Anwendungsproblem, Stuttgart u. a. 1976

Böhret, Carl (Hrsg.), 1977: Politik und Wirtschaft. Festschrift für Gert von Eynern, Opladen 1977 (PVS-Sonderheft 8/1977)

Böhret, Carl (Hrsg.), 1978: Verwaltungsreformen und Politische Wissenschaft, Baden-Baden 1978

Böhret, Carl/Siedentopf, Heinrich (Hrsg.), 1983: Verwaltung und Verwaltungspolitik, 50. Staatswissenschaftliche Fortbildungstagung der Hochschule für Verwaltungswissenschaften Speyer, Berlin 1983

Bolle, Michael, 1977: Keynesianismus, in: von Eynern//Böhret (Hrsg.) 1977, S. 215ff. (2. Aufl.)

Bolte, Karl Martin, 1979: Leistung und Leistungsprinzip, Opladen 1979

Bolte, Karl Martin, 1985: Nicht immer sind die Werte schuld – sozialwissenschaftliche Argumente zur Diskussion um die Leistungsgesellschaft, in: Kaase, Max/Küchler, Manfred (Hrsg.): Herausforderungen der Empirischen Sozialforschung, Mannheim 1985, S. 33ff.

Bolte, Karl Martin/Hradil, Stefan, 1984: Soziale Ungleichheit in der Bundesrepublik Deutschland, Opladen 1984

Bolte, Karl M./Kappe, Dieter/Neidhart, Friedhelm, 1974: Soziale Ungleichheit, Opladen 1974 (3. Aufl.)

Bonus, Holger, 1982: Ökologische Marktwirtschaft (=Diskussionsbeitrag Nr. 23), Konstanz 1982

Borchardt, Knut, 1974: Dreht sich die Geschichte um? Modelle für Wachstumsschranken, Ebenhausen b. München 1974

Bracher, Karl Dietrich, 1973: Staatsbegriff und Demokratie in Deutschland, in: Greiffenhagen (Hrsg.), 1973 (zuerst in PVS 1968)

Bracher, Karl Dietrich, 1974: Die Kanzlerdemokratie, in: Löwenthal/Schwarz (Hrsg.) 1974

Brandt, Hugo, 1975: Plädoyer für die Gleichheit, in: Die neue Gesellschaft, 1/1975, S. 52ff.

Braybrooke, David/Lindblom, Charles E., 1972: Zur Strategie der unkoordinierten kleinen Schritte (Disjointed Incrementalism), in: Fehl/Fester/Kuhnert 1972, S. 139ff. (Ausschnitt aus: dies.: A Strategy of Decision – Policy Evaluation as a Process, New York 1963)

Briefs, Götz, 1972: Pluralismus als Gefährdung der Einheit, in: Nuscheler/Stefani (Hrsg.) 1972, S. 140ff. (zuerst 1961)

Bruder, Wolfgang, 1980: Sozialwissenschaften und Politikberatung. Zur Nutzung sozialwissenschaftlicher Informationen in der Ministerialorganisation, Opladen 1980

Brück, Gerhard W., 1981: Allgemeine Sozialpolitik. Grundlagen, Zusammenhänge, Leistungen, Köln 1981 (2. Aufl.)

Brüggemann, Heinz/Gerstenberger, Heide/Gottschalck, Wilfried/Preuss, Ulrich K., 1978: Über den Mangel an politischer Kultur in Deutschland, Berlin 1978

Brünneck, Alexander von, 1978: Politische Justiz gegen Kommunisten in der Bundesrepublik Deutschland 1949–1968, Frankfurt a. M. 1978

Brus, Wlodzimierz, 1971: Funktionsprobleme der sozialistischen Wirtschaft, Frankfurt a. M. 1971

Brzezinski, Zbigniew, 1970: Between two Ages. America's Role in the technotronic Era, New York 1970

Bürklin, Wilhelm P., 1981: Die Grünen und die „Neue Politik". Abschied vom Dreiparteiensystem? in: PVS 4/1981, S. 359ff.

Bundesakademie für öffentliche Verwaltung (Hrsg.), 1979: Ziel- und ergebnisorientiertes Verwaltungshandeln. Entwicklung und Perspektiven in Regierung und Verwaltung, Bonn 1979 (=Verwaltung und Fortbildung, Sonderheft 4)

Bundesminister des Innern (Hrsg.), 1976: Aktionsprogramm zur Dienstrechtsreform, Bonn, Juli 1976

Bundesminister für Bildung und Wissenschaft (Hrsg.), 1981: Arbeiterkinder im Bildungssystem, Bad Honnef 1981

Burke, Edmund, 1967: Betrachtungen über die französische Revolution, Frankfurt a. M. 1967, (Original: Reflections on the Revolution in France, erstmals veröffentlicht 1793)

Busch, Eckart, 1983: Parlamentarische Kontrolle. Ausgestaltung und Wirkung, Heidelberg/Hamburg 1983

Buse, Michael J., unter Mitarbeit von Dina von Dewitz 1975: Einführung in die Politische Verwaltung, Stuttgart usw. 1975

Buttler, Friedrich/Kühl, Jürgen/Rahmann, Bernd (Hrsg.), 1985: Staat und Beschäftigung. Angebots- und Nachfragepolitik in Theorie und Praxis, Nürnberg 1985 (Beiträge zur Arbeitsmarkt- und Berufsforschung 88)

Cassel, Dieter/Caspers, Anja, 1984: Was ist Schattenwirtschaft?, in: Wirtschaftswissenschaftliches Studium – WiSt 1/1984, S. 1ff.

Claessens, Dieter/Klönne, Arno/Tschoepe, Armin 1970: Sozialkunde der Bundesrepublik Deutschland, Düsseldorf/Köln 1970

Cogoy, M., 1976: Krisen, in: Grundbegriffe des Marxismus, hrsg. von Iring Fetscher, Hamburg 1976

Cohen, Stephan, 1973: Moderne kapitalistische Planung: Das französische Modell, in: Naschold/Väth (Hrsg.) 1973 (aus: ders.: Modern Capitalist Planning: The French Model, Cambridge Mass. 1969)

Conradt, David P., 1980: Changing German Political Culture, in: Almond/Verba (ed.) 1980

Cormann OP, Gilbert, 1963: Katholische Soziallehre, in: Menschenwürdige Gesellschaft nach Katholischer Soziallehre, Evangelischer Sozialethik, Demokratischem Sozialismus, Liberaler Ordnungslehre, Köln-Braunsfeld 1963, S. 1 ff.

Dahl, Robert A./Lindblom, Charles E., 1975: Polyarchie, in: Grube/Richter (Hrsg.) 1975 (aus: Dahl/Lindblom: Politics, Economics and Welfare, New York 1953)

Dahrendorf, Ralf, 1965: Gesellschaft und Demokratie in Deutschland, München 1965

Dahrendorf, Ralf, 1966: Über den Ursprung der Ungleichheit unter den Menschen, Tübingen 1966 (2. Aufl.) (=Recht und Staat, H. 232).

Dahrendorf, Ralf, 1972: Reflexionen über Freiheit und Gleichheit, in: ders.: Konflikt und Freiheit, München 1972, S. 253 ff.

Dahrendorf, Ralf, 1974: Revolution der Gleichheit – Ende oder Beginn der Freiheit. Referat vor dem Bergedorfer Gesprächskreis zu Fragen der freien industriellen Gesellschaft, 47. Tagung am 4. März 1974, o. O. (1974)

Dahrendorf, Ralf, 1979: Lebenschancen. Anläufe zur sozialen und politischen Theorie, Frankfurt a. M. 1979

Dahrendorf, Ralf, 1983: Die Chance der Krise, Stuttgart 1983

Dammann, Klaus, 1971: Vom „arbeitenden Staat" zur „politischen Verwaltung" I und II, in: Neue Politische Literatur, 2/1971, S. 188–204, 4/1971, S. 457–481

Datenhandbuch, 1983: Datenhandbuch zur Geschichte des Deutschen Bundestages 1949 bis 1982. Verfaßt und bearbeitet von Peter Schindler, Abt. Wissenschaftliche Dokumentation des Deutschen Bundestages, hrsg. vom Presse- und Informationszentrum des Deutschen Bundestages, Bonn 1983 (2. Aufl.)

Datenhandbuch, 1986: Datenhandbuch zur Geschichte des Deutschen Bundestages 1980 bis 1982. (Fortschreibungs- und Ergänzungsband zum Datenhandbuch 1983) Bonn/Baden-Baden 1986

DBB-Dokumente, 1976: DBB-Dokumente 6. Auf dem Weg zur Dienstrechtsreform? Eine Zwischenbilanz, hrsg. von der Bundesleitung des Deutschen Beamtenbundes, Bonn. Bad Godesberg, o. J. (1976)

Denninger, Erhard, 1973: Staatsrecht. Einführung in die Grundprobleme des Verfassungsrechts der Bundesrepublik Deutschland. 1. Die Leitbilder: Leerformeln? Lügen? Legitimationen?, Reinbek 1973

Denninger, Erhard (Hrsg.), 1977: Freiheitliche demokratische Grundordnung. Materialien zum Staatsverständnis und zur Verfassungswirklichkeit in der Bundesrepublik, erster Teil, Frankfurt a. M.

Derlien, Hans Ulrich, 1976: Die Erfolgskontrolle staatlicher Planung, Baden-Baden 1976

Derlien, Hans Ulrich, 1978: Ursachen und Erfolg von Strukturreformen im Bereich der Bundesregierung unter besonderer Berücksichtigung der wissenschaftlichen Beratung, in: Böhret (Hrsg.) 1978

Derlien, Hans Ulrich, 1984: Verwaltungssoziologie, in: von Mutius (Hrsg.) 1984: Handbuch für die öffentliche Verwaltung, Bd. 1, Grundlagen, Neuwied/Darmstadt 1984

Derlien, Hans Ulrich (Hrsg.), 1985: Programmforschung unter den Bedingungen einer Konsolidierungspolitik, München 1985 (=Werkstattbericht 7 der GfP)

Dettling, Warnfried, 1974: Demokratisierung. Wege und Irrwege, Köln 1974

Dettling, Warnfried, 1976: Die gelenkte Gesellschaft. Investitionslenkung und ihre Folgen, München/Wien 1976

Dettling, Warnfried, u. a., 1976: Die Neue Soziale Frage und die Zukunft der Demokratie, Bonn 1976

Dettling, Warnfried, 1980: Ergebnisse – Fragen – Perspektiven, in: ders. (Hrsg.) 1980, S. 313ff.

Dettling, Warnfried, 1982: Zukunftsperspektiven der Sozialen Marktwirtschaft, in: aus politik und zeitgeschichte, B 22/82, S. 3ff.

Dettling, Warnfried, 1985: Jenseits von Markt und Macht. Perspektiven der neuen sozialen Frage, in: Opielka (Hrsg.) 1985, S. 273ff.

Dettling, Warnfried (Hrsg.), 1976: Macht der Verbände – Ohnmacht der Demokratie, München 1976

Dettling, Warnfried (Hrsg.), 1980: Die Zähmung des Leviathan. Neue Wege der Ordnungspolitik, Baden-Baden 1980

Deutsch, Karl W., 1969: Politische Kybernetik. Modelle und Perspektiven, Freiburg 1969

DGB-Bundesvorstand (Hrsg.), 1977: Gewerkschaft und Mitbestimmung, Düsseldorf 1977

DGB-Bundesvorstand (Hrsg.), 1984: Gesamtwirtschaftliche Mitbestimmung – unverzichtbarer Bestandteil einer Politik zur Lösung der wirtschaftlichen und gesellschaftlichen Krise, Düsseldorf 1984 (=DGB-Schriftenreihe Mitbestimmung Nr. 6)

Dieckmann, Rudolf, 1977: Aufgabenkritik in einer Großstadtverwaltung – unter besonderer Berücksichtigung Hamburgs, Berlin 1977 (=Schriftenreihe der Hochschule Speyer, Bd. 65)

Diederich, Werner (Hrsg.), 1974: Beiträge zur diachronischen Wissenschaftstheorie, Frankfurt a. M. 1974

Dittberner, Jürgen, 1973: Die Parteitage von CDU und SPD, in: Dittberner/Ebbighausen (Hrsg.) 1973, S. 82ff.

Dittberner, Jürgen/Ebbighausen, Rolf (Hrsg.), 1973: Parteien in der Legitimationskrise. Studien und Materialien zur Soziologie der Parteien, Opladen 1973

DIW – Deutsches Institut für Wirtschaftsforschung 1985: Zur gesamtwirtschaftlichen Bedeutung öffentlicher Unternehmen, in: DIW-Wochenbericht 11/85, S. 133ff.

Doeker, Günther/Steffani, Winfried (Hrsg.), 1973: Klassenjustiz und Pluralismus, Festschrift für Ernst Fraenkel, Hamburg 1973

Downs, Anthony, 1975: Ökonomische Rationalität und politische Demokratie, in: Grube/Richter (Hrsg.) 1975 (aus: ders.: An Economic Theory of Democracy, New York 1957, dt. 1968)

Dror, Yehezkel, 1964: Muddling Through – „Science" or Inertia?, in: Public Administration Review 1964, pp. 153ff.

Dror, Yehezkel, 1968: Public Policymaking Reexamined, San Francisco 1968

Dror, Yehezkel, 1970: Prolegomenta to the Policy Sciences, in: Policy Sciences, 1970, S. 135ff.

Dror, Yehezkel, 1971: Design for Policy Sciences, New York 1971

Duerr, Hans Peter (Hrsg.), 1981: Versuchungen. Aufsätze zur Philosophie Paul Feyerabends, 1. Bd., Frankfurt a. M. 1981

Duwendag, Dieter, 1972: Die Kontroverse zwischen Fiskalisten und Monetaristen, in: WISU 10/1972, S. 481ff.

Ehmke, Horst, 1973: Planung im Regierungsbereich – Aufgaben und Widerstände, in: Naschold/Väth (Hrsg.) 1973 (zuerst in: Bulletin des Presse- und Informationsamtes der Bundesregierung, Nr. 187 vom 16. 12. 1971)

Eichler, Willi, 1962: Grundwerte und Grundforderungen im Godesberger Grundsatzprogramm der SPD. Hrsg. vom Vorstand der SPD, Bonn 1962

Ellwein, Thomas, 1966: Einführung in die Regierungs- und Verwaltungslehre, Stuttgart 1966

Ellwein, Thomas, 1969: Vier Thesen über Parlamentsreform, in: Zeitschrift für Parlamentsfragen 1969, S. 76ff.

Ellwein, Thomas, 1970: Regierung und Verwaltung. 1. Teil Regierung als politische Führung, Stuttgart u. a. 1970

Ellwein, Thomas, 1976: Regieren und Verwalten. Eine kritische Einführung, Opladen 1976

Ellwein, Thomas, 1982: Verwaltungswissenschaft: Die Herausbildung der Disziplin, in: Hesse (Hrsg.) 1982, S. 34ff.

Ellwein, Thomas, 1983: Das Regierungssystem der Bundesrepublik Deutschland, Opladen 1983 (5. Auflage)

Ellwein, Thomas/Hesse, Joachim Jens (Hrsg.), 1985: Verwaltungsvereinfachung und Verwaltungspolitik, Baden-Baden 1985

Elsner, Wolfram, 1982: Die Alternativen der Alternativbewegung – Bemerkungen zu einigen Denkfehlern einiger Theoretiker der alternativen Ökonomie, in: WSI-Mitteilungen 1/1982, S. 49ff.

Engelen-Kefer, Ursula, 1970: Beschäftigungspolitik. Eine problemorientierte Einführung mit einem Kompendium beschäftigungspolitischer Fachbegriffe, Köln 1980

Engels, Friedrich, 1978: Herrn Eugen Dührings Umwälzung der Wissenschaft (Anti-Dühring), in: MEW Bd. 20, S. 5ff.

Engels, Wolfram, 1972: Soziale Marktwirtschaft. Verschmähte Zukunft? Streitschrift wider falsche Propheten mit Bart und Computer, Stuttgart 1972

Engels, Wolfram, 1976: Bezahlen müssen die anderen, in: Wirtschaftswoche Nr. 22 vom 28. Mai 1976, S. 54ff.

Engels, Wolfram, 1976: Privater Wohlstand – öffentliche Armut?, in: Der Staatssektor in der sozialen Marktwirtschaft, hrsg. von Dieter Duwendag, Berlin 1976, S. 149ff.

Engels, Wolfram, 1982: Diskussionsbeitrag, in: Die Neue Gesellschaft 11/1982, S. 1059ff.

Engels, Wolfram, 1984: Arbeitslosigkeit. Woher sie kommt und wie man sie beheben kann. Hrsg. vom Kronberger Kreis, Bad Homburg 1984

Esser, Josef/Naschold, Frieder/Väth, Werner (Hrsg.), 1972: Gesellschaftsplanung in kapitalistischen und sozialistischen Systemen, Gütersloh 1972

Esser, Josef, 1975: Einführung in die materialistische Staatstheorie, Frankfurt a. M. 1975

Esser, Josef/Fach, Wolfgang, 1981: Korporatistische Krisenregulierung im „Modell Deutschland", in: von Alemann (Hrsg.) 1981, S. 158ff.

Esser, Josef/Hirsch, Joachim, 1982: Materialistische Staatstheorie und Verwaltungswissenschaft, in: Hesse (Hrsg.) 1982, S. 105ff.

Eucken, Walter, 1959: Die Grundlagen der Nationalökonomie, Berlin usw. 1959 (7. Aufl.)

Evangelisches Soziallexikon. Im Auftrag des Deutschen Evangelischen Kirchentages hrsg. von Friedrich Karvenberg, Stuttgart 1963 (4. Aufl.)

Eynern, Gert von, 1965: Tendenzen wirtschaftlicher und politischer Annäherung von Ost und West, in: Wirtschaft und Planung, Berlin 1965

Eynern, Gert von, 1972: Grundriß der Politischen Wirtschaftslehre I, Opladen 1972 (2. Auflage)

Eynern, Gert von/Böhret, Carl (Hrsg.), 1977: Wörterbuch zur politischen Ökonomie, Opladen 1977 (2. Aufl.)

Fach, Wolfgang, 1981: Die konservative Abrechnung mit der Staatsbürokratie, „Beamtendämmerung" in der Bundesrepublik?, in: PVS 1/1981, S. 91ff.

Fach, Wolfgang, 1982: Verwaltungswissenschaft – ein Paradigma und seine Karriere, in: Hesse (Hrsg.) 1982, S. 56ff.

Falter, Jürgen W./Fenner, Christian/Greven, Michael Th. (Hrsg.), 1984: Politische Willensbildung und Interessenvermittlung, Opladen 1984

Fassbinder, Helga, 1972: Bürgerinitiativen und Planungsbeteiligung im Konzept kapitalistischer Regionalpolitik, in: Kursbuch 27, Berlin 1972

Fehl, Gerhard/Fester, Mark/Kuhnert, Nikolaus (Hrsg.), 1972: Planung und Information. Materialien zur Planungsforschung, Gütersloh 1972

Feick, Jürgen/Mayntz, Renate, 1982: Bürger im bürokratischen Staat: Repräsentative Beurteilungen und Handlungseinschätzungen, in: Die Verwaltung, 1982, S. 409 ff.

Fels, Gerhard, 1983: Angebotspolitik aus unserer Sicht, in: Giersch (Hrsg.) 1983, S. 34 ff.

Feser, Klaus, u. a., 1978: Arbeitsgerichtsprotokolle, Neuwied/Darmstadt 1978

Fetscher, Iring, 1970: Die Demokratie, Grundfragen und Erscheinungsformen; Stuttgart usw. 1970

Fetscher, Iring, 1975: Konkrete Demokratie – heute, in: Grube/Richter (Hrsg.) 1975 (aus: von Oertzen, Peter [Hrsg.]: Festschrift für Otto Brenner, Frankfurt/M. 1967)

Fetscher, Iring (Hrsg.), 1976: Grundbegriffe des Marximus. Eine lexikalische Einführung, Hamburg 1976

Feyerabend, Paul, 1976: Wider den Methodenzwang, Frankfurt a. M. 1976

Feyerabend, Paul, 1979: Erkenntnis für freie Menschen, Frankfurt a. M. 1979

Fijalkowski, Jürgen, 1970: Bemerkungen zu Sinn und Grenzen der Rätediskussion, in: Probleme der Demokratie heute (=PVS-Sonderheft 2/1970), Opladen 1971, S. 139 ff.

Filbinger, Hans, 1982: Befindet sich unser Rechts- und Sozialstaat im Zustand der Erosion?, in: Studienzentrum Weikersheim (Hrsg.): Abkehr vom Staat, Mainz, S. 25 ff.

Flatow, Sibylle von/Huisken, Freerk, 1973: Zum Problem der Ableitung des bürgerlichen Staates, in: Probleme des Klassenkampfes, 7/1973

Flechtheim, Ossip K. (Hrsg.), 1958: Grundlegung der Politischen Wissenschaft, Meisenheim am Glan 1958 (zuerst New York 1952)

Flechtheim, Ossip K. (Hrsg.), 1973: Die Parteien der Bundesrepublik Deutschland, Hamburg 1973

Fleischle, Gerhard/Krüper, Manfred (Hrsg.), 1975: Investitionslenkung. Überwindung oder Ergänzung der Marktwirtschaft?, Frankfurt a. M./Köln 1975

Forrester, J. W., 1971: Der teuflische Regelkreis, Stuttgart 1971

Forsthoff, Ernst, 1933: Der totale Staat, Hamburg 1933

Forsthoff, Ernst, 1966: Lehrbuch des Verwaltungsrechts. Erster Band, Allgemeiner Teil, München/Berlin 1966 (9. Aufl.)

Forsthoff, Ernst, 1968: Begriff und Wesen des sozialen Rechtsstaats, in: VVDStRL 12 (1954), wieder abgedruckt in: Forsthoff (Hrsg.) 1968

Forsthoff, Ernst, 1971: Der Staat der Industriegesellschaft, München 1971

Forsthoff, Ernst, 1976: Rechtsstaat im Wandel. Verfassungsrechtliche Abhandlungen, 1954–1973 (2. Aufl., vom Verfasser überarbeitet und nach seinem Tode hrsg. von Klaus Frey) München 1976

Forsthoff, Ernst (Hrsg.), 1968: Rechtsstaatlichkeit und Sozialstaatlichkeit, Darmstadt 1968

Fraenkel, Ernst, 1973: Strukturanalyse der modernen Demokratie (zuerst 1970), aus: ders. Reformismus und Pluralismus, Hamburg 1973

Fraenkel, Ernst, 1974: Deutschland und die westlichen Demokratien, Stuttgart usw. 1974 (6. Auflage)

Friderichs, Hans, 1974: Mut zum Markt. Wirtschaftspolitik ohne Illusionen. Stuttgart 1974 (Reihe Bonn Aktuell)

Friedman, Milton, 1970: Die optimale Geldmenge und andere Essays, München 1970

Friedman, Milton, 1976: Kapitalismus und Freiheit, München 1976

Friedrich, Hannes, 1970: Staatliche Verwaltung und Wissenschaft. Die wissenschaftliche Beratung der Politik aus der Sicht der Ministerialbürokratie. 2 Teile: 1. Das Verhältnis von Wissenschaft und Politik, 2. Die empirische Untersuchung, Frankfurt a. M. 1970

Fromm, Erich, 1976: Haben oder Sein. Die seelischen Grundlagen einer neuen Gesellschaft, Stuttgart 1976

Gabriel, Oscar W., 1987: Demokratiezufriedenheit und demokratische Einstellungen in der Bundesrepublik Deutschland, in: aus politik und zeitgeschichte B 22/87, S. 32 ff.

Galbraith, John Kenneth, 1956: Der amerikanische Kapitalismus im Gleichgewicht der Wirtschaftskräfte, Stuttgart usw. 1956 (engl. 1952)

Galtung, Johan, 1971: Pluralismus und die Zukunft der menschlichen Gesellschaft, in: Kritische Friedensforschung, hrsg. von D. Senghas, Frankfurt a. M. 1971, S. 164–231

Garaudy, Roger, 1973: Die Alternative. Ein neues Modell der Gesellschaft jenseits von Kapitalismus und Kommunismus, Wien/München/Zürich 1973

Gehlen, Arnold, 1976: Die Seele im technischen Zeitalter. Sozialpsychologische Probleme in der industriellen Gesellschaft, Hamburg 1976

Geißler, Heiner, 1976: Die Neue Soziale Frage. Analysen und Dokumente. Freiburg 1976

Gesellschaftliche Daten, 1977: Bundesrepublik Deutschland, hrsg. vom Presse- und Informationsamt der Bundesregierung, Stuttgart 1977

Giersch, Herbert, 1983 a: Beschäftigung, Stabilität, Wachstum – wer trägt die Verantwortung?, in: ders. (Hrsg.) 1983

Giersch, Herbert (Hrsg.), 1983: Wie es zu schaffen ist. Agenda für die deutsche Wirtschaftspolitik, Stuttgart 1983

Gieseke, Hermann/Klönne, Arno/Otten, Dieter, 1976: Gesellschaft und Politik in der Bundesrepublik. Eine Sozialkunde, Frankfurt a. M. 1976

Glass, David V./König, René, 1961: Soziale Schichtung und soziale Mobilität, Köln und Opladen 1961 (Sonderheft 5 der Kölner Zeitschrift für Soziologie und Sozialpsychologie)

Glastetter, Werner/Paulert, Rüdiger/Spörel, Ulrich, 1983: Die wirtschaftliche Entwicklung in der Bundesrepublik Deutschland 1950–1980. Befunde, Aspekte, Hintergründe, Frankfurt a. M. 1983

Glatzer, Wolfgang/Zapf, Wolfgang (Hrsg.), 1984: Lebensqualität in der Bundesrepublik. Objektive Lebensbedingungen und subjektives Wohlbefinden, Frankfurt a. M./New York 1984

Görlitz, Axel, 1972: Politikwissenschaftliche Propädeutik, Reinbek b. Hamburg 1972

Gorz, André, 1980: Abschied vom Proletariat. Jenseits des Sozialismus, Frankfurt a. M. 1980

Gottschalch, Wilfried, 1971: Parlamentarismus und Rätedemokratie. Mit einem Lesebuch. (Texte von Hilferding, Korsch, Loewenstein, Luxemburg, Marx, Trotzki u. a.), Berlin 1971

Graß, Rolf Dieter, 1984: Schattenwirtschaft, in: Mitteilungen aus der Arbeitsmarkt- und Berufsforschung, 2/1984, S. 274 ff., und 3/1984

Grauhan, Rolf-Richard, 1969 a: Zur Struktur der planenden Verwaltung, in: Stadtbauwelt 22, Juni 1969, S. 32 ff.

Grauhan, Rolf-Richard, 1969 b: Modelle politischer Verwaltungsführung, in: PVS 2–3, 1969, S. 269 ff.

Grauhan, Rolf-Richard/Lindner, Wolf, 1974: Politik der Verstädterung, Frankfurt a. M. 1974

Grauhan, Rolf-Richard, 1975: Rationalisierung – Bürokratisierung – Gesellschaftlicher Fortschritt? Zwischenbilanz zur „Dialektik der Aufklärung", in: aus politik und zeitgeschichte, B 3/75

Grauhan, Rolf-Richard, 1977: Der „Staat" des Machiavelli und der moderne Begriff des „Politischen" – Hypothesen für eine erneute Überprüfung, in: Haungs (Hrsg.) 1977, S. 115 ff.

Grauhan, Rolf-Richard/Hickel, Rudolf (Hrsg.), 1978: Krise des Steuerstaats? Widersprüche, Perspektiven, Ausweichstrategien, Opladen 1978 (Leviathan Sonderheft 1/1978)

Grauhan, Rolf-Richard/Lindner, Wolf, 1974: Politik der Verstädterung, Frankfurt a. M. 1974

Grebing, Helga, 1971: Konservative gegen die Demokratie, Frankfurt a. M. 1971

Greiffenhagen, Martin, 1976: Tendenzwende oder Gegenreform? in: Die Neue Gesellschaft, 1976, S. 24 ff.

Greiffenhagen, Martin (Hrsg.), 1973: Demokratisierung in Staat und Gesellschaft, München 1973

Greiffenhagen, Martin und Sylvia, 1979: Ein schwieriges Vaterland. Zur politischen Kultur Deutschlands, München 1979 (Taschenbuchausgabe 1981)

Greiffenhagen, Martin/Greiffenhagen, Sylvia/Prätorius, Rainer (Hrsg.), 1981: Handwörterbuch zur politischen Kultur der Bundesrepublik. Ein Lehr- und Nachschlagewerk, Opladen 1981

Greiffenhagen, Sylvia, 1981: Politische Sozialisation, in: dies./Greiffenhagen/Prätorius (Hrsg.), 1981, S. 334ff.

Groser, Manfred, 1978: Die Neue Soziale Frage, in: aus politik und zeitgeschichte, B 10/78

Gross, Peter, 1982: Die Verheißungen der Dienstleistungsgesellschaft. Soziale Befreiung oder Sozialherrschaft? Opladen 1982

Grosser, Dieter, 1985: Das Verhältnis von Staat und Wirtschaft in der Bundesrepublik Deutschland, in: ders. (Hrsg.): Der Staat in der Wirtschaft der Bundesrepublik, Opladen 1985, S. 13ff.

Grottian, Peter/Murswieck, Axel, 1974: Zur theoretischen und empirischen Bestimmung von politisch-administrativen Handlungsspielräumen, in: dies. (Hrsg.) 1974, S. 15ff.

Grottian, Peter/Murswieck, Axel (Hrsg.), 1974: Handlungsspielräume der Staatsadministration. Beiträge zur politologisch-soziologischen Verwaltungsforschung, Hamburg 1974

Grottian, Peter/Kück, Marlene, 1986: Neue Finanzierung von Arbeitsplätzen im Selbsthilfe- und Alternativsektor, in: Balon, K. H., u. a. (Hrsg.): Arbeitslosigkeit. Wider die Gewöhnung an das Elend, Frankfurt a. M. 1986, S. 139ff.

Grube, Frank/Richter, Gerhard (Hrsg.), 1974: Demokratietheorien, Konzeptionen und Kontroversen, Hamburg 1975

Grunow, Dieter/Hegner, Friedhart, 1977: Von der Bürokratiekritik zur Analyse des Netzes bürokratischer Organisationen, in: Leuenberger/Ruffmann 1977

Günther, Klaus, 1975: Innenpolitik. Eine Einführung, Stuttgart usw. 1975

Guggenberger, Bernd, 1980: Bürgerinitiativen in der Parteiendemokratie. Von der Ökologiebewegung zur Umweltpartei, Stuttgart usw. 1980

Guggenberger, Bernd, 1982: Bürgerinitiativen: Krisensymptom oder Ergänzung des Systems der Volksparteien?, in: Raschke (Hrsg.) 1982

Guggenberger, Bernd/Kempf, Udo (Hrsg.), 1984: Bürgerinitiativen und repräsentatives System, Opladen 1984 (2. Aufl).

Gundlach, Gustav SJ, 1959: Art. „Katholische Soziallehre", in: Staatslexikon Band 4, Freiburg 1959

Gundlach, Gustav SJ, 1962: Artikel „Stand, 2. sozialphilosophisch", in: Staatslexikon, Bd. 7, Freiburg 1962, S. 653 (6. Aufl.)

Gutmann, Gernot (Hrsg.), 1979: Die Wirtschaftsverfassung der Bundesrepublik Deutschland, Stuttgart 1979

Habermas, Jürgen, 1968: Strukturwandel der Öffentlichkeit. Untersuchungen zu einer Kategorie der bürgerlichen Gesellschaft, Neuwied/Berlin 1968 (zuerst 1962)

Habermas, Jürgen, 1973: Legitimationsprobleme im Spätkapitalismus, Frankfurt a. M. 1973

Habermas, Jürgen (Hrsg.), 1979: Stichworte zur „Geistigen Situation der Zeit", Frankfurt a. M. 1979 (2 Bde.)

Hättich, Manfred, 1969: Grundbegriffe der Politikwissenschaft, Darmstadt 1969

Hahn, Alois, 1976: Leistung und soziale Ungleichheit, in: Wirtschaftsdienst V/1976, S. 260–268

Hamer, Eberhard, 1981: Privatisierung als Rationalisierungschance, Minden 1981

Hamm, Walter, 1981: An den Grenzen des Wohlfahrtsstaates, in: ORDO, S. 117ff.

Hamm-Brücher, Hildegard, 1985: Die Krise des Palamentarismus und Chancen zur ihrer Überwindung, in: aus politik und zeitgeschichte, B 6/1985, S. 3ff.

Handbuch des politischen Systems der Bundesrepublik Deutschland, 1977: hrsg. von Kurt Sontheimer/Hans H. Röhrig, München 1977

Handlexikon zur Politikwissenschaft, 1973: hrsg. von Axel Görlitz, 2 Bde., Reinbek 1973

Hannover, Heinrich, 1977: Politische Generalklauseln als Straftatbestand. Auflösung des Tatbestandsstrafrechts in der politischen Justiz, in: Denninger, (Hrsg.) 1977, S. 903ff., (zuerst in: Stimme der Gemeinde, Heft 6/1963, Sp. 167ff.)

Hansmeyer, Karl-Heinrich/Rürup, Bert, 1975: Staatswirtschaftliche Planungsinstrumente, Tübingen/Düsseldorf 1975 (2. Aufl., 1. Aufl. 1973)

Hardach, Gerd/Karras, Dieter, 1975: Sozialistische Wirtschaftstheorie, Darmstadt 1975

Hardach, Karl, 1976: Wirtschaftsgeschichte Deutschlands im 20. Jahrhundert, Göttingen 1976

Hartfiel, Günther (Hrsg.), 1977: Das Leistungsprinzip. Merkmale – Bedingungen – Probleme, Opladen 1977

Hartmann, Jürgen, 1979: Parteienforschung, Darmstadt 1979 (Erträge der Forschung, Bd. 126)

Hartwich, Hans-Hermann, 1970: Sozialstaatspostulat und gesellschaftlicher status quo, Köln, Opladen 1970

Hartwich, Hans-Hermann, 1977: Sozialsstaatspostulat und Reformpolitik, in: Böhret (Hrsg.): 1977

Hartwich, Hans-Hermann (Hrsg.), 1983: Gesellschaftliche Probleme als Anstoß und Folge von Politik, Opladen 1983

Hartwich, Hans-Hermann (Hrsg.), 1985: Policy-Forschung in der Bundesrepublik Deutschland. Ihr Selbstverständnis und ihr Verhältnis zu den Grundfragen der Politikwissenschaft, Opladen 1985

Hauff, Volker/Scharpf, Fritz W., 1975: Modernisierung der Volkswirtschaft. Technologiepolitik als Strukturpolitik, Frankfurt a. M./Köln 1975

Haungs, Peter, 1977: Über politische Parteien in westlichen Demokratien. Bemerkungen zur neueren Literatur, in: Haungs (Hrsg.) 1977, S. 141ff.

Haungs, Peter, 1980: Parteiendemokratie in der Bundesrepublik Deutschland, Berlin 1980

Haungs, Peter (Hrsg.), 1977: Res Publica. Studien zum Verfassungswesen, Dolf Sternberger zum 70. Geburtstag, München 1977

Hauser, Richard/Engel, Bernhard (Hrsg.), 1985: Soziale Sicherung und Einkommensverteilung, Frankfurt a. M./New York 1985

Hayek, Friedrich August von, 1952: Individualismus und wirtschaftliche Ordnung, Erlenbach/Zürich 1952

Hayek, Friedrich A. von, 1971: Die Verfassung der Freiheit, Tübingen 1971

Hayek, Friedrich A. von, 1977: Der Atavismus „soziale Gerechtigkeit“, in: ders.: Drei Vorlesungen über Demokratie, Gerechtigkeit und Sozialismus, Tübingen 1977, S. 23ff.

HDS Autorenteam der Hochschulinitiative Demokratischer Sozialismus (HDS), 1977: Zur Einführung in die Theorie des Demokratischen Sozialismus, Frankfurt a. M. 1977

Hege, Franz, 1982: Rechtspolitik in der Bundesrepublik Deutschland. Liberalität und Rechtsstaat, in: aus politik und zeitgeschichte, B 27/82

Hegel, Georg Wilhelm Friedrich, 1955: Grundlinien der Philosophie des Rechts (Hegels Sämtliche Werke, Bd. XII), Hamburg 1955 (1. Ausgabe 1821)

Heidenheimer, Arnold J., 1986: Politics, Policy and Policey as Concepts in English and Continental Languages: An Attempt to Explain Differences, in: The Review of Politics, S. 3ff.

Heinze, Rolf G., 1981a: Verbändepolitik und „Neokorporatismus“. Zur politischen Soziologie organisierter Interessen, Opladen 1981

Heinze, Rolf G., 1981b: Neokorporatistische Strategien in Politikarenen und die Herausforderung durch neue Konfliktpotentiale, in: von Alemann (Hrsg.) 1981, S. 137ff.

Helfert, Mario, 1974: Zur Kritik des Leistungsprinzips, in: WSI-Mitteilungen, 1/1974, S. 2ff.

Helfert, Mario, 1976: Zum Verhältnis zwischen gesellschaftlicher Privilegierung und Benachteiligung – Überlegungen zu Gleichgewichtsvorstellungen zwischen „Kapital" und „Arbeit", in: WSI-Mitteilungen, August 1976, Sonderheft Gewerkschaftsstaat oder Unternehmerstaat, S. 3ff.

Helfert, Mario, 1982: Gesamtwirtschaftliche Bedingungen und gewerkschaftliche Interessenvertretung. Einige Stichworte zum „Korporatismus", in: WSI-Mitteilungen, S. 402ff.

Heller, Hermann, 1971: Staatslehre, in: ders.: Gesammelte Schriften, hrsg. von Drath, Martin, u. a., Leiden 1971 (zuerst Leiden 1934)

Heller, Hermann, 1976: Rechtsstaat oder Diktatur?, in: Kempen, Otto Ernst (Hrsg.): Sozialstaatsprinzip und Wirtschaftsordnung, Frankfurt a. M. 1976, S. 55 (gek.), zuerst Tübingen 1930

Hellstern, Gerd-Michael/Wollmann, Helmut, 1977: Wirkungsanalysen: Eine neue Variante wissenschaftlicher Politikberatung, in: Planung in öffentlicher Hand (transfer 4), Opladen 1977

Hellstern, Gerd-Michael/Wollmann, Helmut (Hrsg.), 1983. Experimentelle Politik – Reformstrohfeuer oder Lernstrategie? Bestandsaufnahme und Evaluierung, Opladen 1983

Hellstern, Gerd-Michael/Wollmann, Helmut (Hrsg.), 1984: Handbuch zur Evaluierungsforschung, Opladen 1984

Hennis, Wilhelm, 1964: Richtlinienkompetenz und Regierungspolitik, Tübingen 1964

Hennis, Wilhelm, 1965: Aufgaben einer modernen Regierungslehre, in: PVS 4/1965, S. 422ff.

Hennis, Wilhelm, 1973: Die mißverstandene Demokratie. Demokratie – Verfassung – Parlament. Studien zu deutschen Problemen, Freiburg 1973

Hennis, Wilhelm, 1973a: Demokratisierung – Zur Problematik eines Begriffs, in: ders. 1973 (erstmals Köln/Opladen 1970, auch abgedruckt in Greiffenhagen [Hrsg.] 1973)

Hennis, Wilhelm, 1973b: Zur Rechtfertigung und Kritik der Bundestagsarbeit, in: ders.: 1973 (erstmals in: Neue Gesellschaft 1967)

Hennis, Wilhelm, 1974: Die Rolle des Parlaments und die Parteiendemokratie, in: Löwenthal/Schwarz (Hrsg.) 1974

Hennis, Wilhelm, 1977a: Zur Begründung der Fragestellung, in: Hennis/Kielmansegg/Matz (Hrsg.) 1977, S. 9ff.

Hennis, Wilhelm, 1977b: Parteienstruktur und Regierbarkeit, in: Hennis/Kielmansegg/Matz (Hrsg.) 1977, S. 150ff.

Hennis, Wilhelm/Kielmansegg, Peter Graf/Matz, Ulrich (Hrsg.), 1977: Regierbarkeit. Studien zu ihrer Problematisierung, Stuttgart 1977

Herder-Dorneich, Philipp, 1979: Soziale Ordnungspolitik. Mit neuen Strategien gegen Steuerungsdefizite, Stuttgart 1979

Herder-Dorneich, Philipp, 1980: Substitution und Kombination von Ordnungen, in: Dettling (Hrsg.) 1980, S. 107ff.

Herder-Dorneich, Philipp, 1984: Sozialstaatskrise und Soziale Ordnungspolitik, in: ders./Klages, Helmut/Schlotter, Hans Günther (Hrsg.): Überwindung der Sozialstaatskrise. Ordnungspolitische Ansätze, Baden-Baden 1984, S. 13ff.

Herder-Dorneich, Philipp/Groser, Manfred, 1977: Ökonomische Theorie des politischen Wettbewerbs, Göttingen 1977

Hereth, Michael, 1971: Die Reform des Deutschen Bundestages, Opladen 1971

Herzog, Roman, 1977: Art. „Staat", in: CDU-Grundsatzdiskussion, hrsg. von Richard von Weizsäcker, München 1977, S. 225ff.

Hesse, Konrad, 1962: Der Rechtsstaat im Verfassungssystem des Grundgesetzes, in: Staatsverfassung und Kirchenordnung, Festgabe für Rudolf Smend, hrsg. von Konrad Hesse/Siegfried Reicke/Ulrich Scheuner, Tübingen 1962, S. 71ff.

Hesse, Konrad, 1962a: Der unitarische Bundesstaat, Karlsruhe 1962

Hesse, Konrad, 1975: Bemerkungen zur heutigen Problematik und Tragweite der Unterscheidung von Staat und Gesellschaft, in: Die öffentliche Verwaltung, 13/14, Juli 1975, S. 437ff.

Hesse, Konrad, 1984: Grundzüge des Verfassungsrechts der Bundesrepublik Deutschland, Heidelberg/Karlsruhe 1984 (14. Aufl.)

Hesse, Joachim Jens, 1985: Policy-Forschung zwischen Anpassung und Eigenständigkeit. Wider die „Moden" der politikwissenschaftlichen Staats- und Verwaltungsforschung, in: Hartwich (Hrsg.) 1985, S. 30ff.

Hesse, Joachim Jens (Hrsg.), 1982: Politikwissenschaft und Verwaltungswissenschaft, Opladen 1982 (=PVS-Sonderheft 13/1982)

Hickel, Rudolf, 1978: Memorandum '78. Alternativen für Wirtschaftspolitik. Vorgelegt im Namen von 158 Wirtschaftswissenschaftlern auf einer Pressekonferenz am 27. April 1978 in Bonn, in: Blätter für deutsche und internationale Politik, 5/1978, S. 5ff.

Hickel, Rudolf, 1979: „Gegengutachten" – Anstoß und konzeptionelle Entwicklung einer wirtschaftspolitischen Alternative, in: Simmert (Hrsg.), 1979, S. 129ff.

Hickel, Rudolf, 1984: Zur ökonomischen Erklärung der Arbeitslosigkeit – der Ansatz der „Memorandumgruppe" – in: sowi – Sozialwissenschaftliche Informationen für den Unterricht und Studium, 1/1984, S. 23ff.

Hickel, Rudolf, 1985: Programmvorrat als Voraussetzung nachfrageorientierter Arbeitsmarkt- und Beschäftigungspolitik, in: Buttler u. a. (Hrsg.) 1985, S. 337ff.

Hickel, Rudolf/Schui, Herbert, 1983: Kreislaufökonomie in der Krise, in: WSI-Mitteilungen, 5/1983, S. 291ff.

Hill, Hermann, 1982: Einführung in die Gesetzgebungslehre, Heidelberg 1982

Hillmann, Gert, 1986: Verständigungsschwierigkeiten zwischen Sozialwissenschaften und Verwaltungspraxis, in: DÖV, S. 353ff.

Hirsch, Joachim, 1969: Funktionsveränderungen der Staatsverwaltung in spätkapitalistischen Industriegesellschaften, in: Blätter für deutsche und internationale Politik, 2/1969, S. 150–164

Hirsch, Joachim, 1969a: Zur politischen Ökonomie des politischen Systems, in: Kress/Senghaas (Hrsg.) 1969, S. 190ff.

Hirsch, Joachim, 1969b: Ansätze einer Regierungslehre, in: Kress/Senghaas (Hrsg.) 1969, S. 269ff.

Hirsch, Joachim, 1973: Elemente einer materialistischen Staatstheorie, in: Braunmühl/Cogoy/Funken/Hirsch; Probleme einer materialistischen Staatstheorie, Frankfurt a. M. 1973, S. 199ff.

Hirsch, Joachim, 1974: Staatsapparat und Reproduktion des Kapitals, Frankfurt a. M. 1974

Hirsch, Joachim, 1980: Der Sicherheitsstaat. Das „Modell Deutschland", seine Krise und die neuen sozialen Bewegungen, Frankfurt a. M. 1980

Hirschmann, Albert O.: Exit, Voice and Loyalty, Responses to Decline in Firms, Harvard 1980

Hoeffner, Joseph Kardinal, 1983: Christliche Gesellschaftslehre, Kevelaer 1983 (8. Aufl)

Hofmann, Werner, 1969: Grundelemente der Wirtschaftsgesellschaft. Ein Leitfaden für Lehrende, Reinbek bei Hamburg 1969

Hofmann, Werner, 1971: Wert- und Preislehre, Berlin 1971 (2. Aufl.)

Hofmann, Werner, unter Mitwirkung von Abendroth, Wolfgang, 1974: Ideengeschichte der sozialen Bewegung des 19. und 20. Jahrhunderts, Berlin/New York 1974 (5. Aufl.; 1. Aufl. 1962).

Honecker, Martin, 1975: Sozialethik, in: Evangelisches Staatslexikon, 2. Aufl., Stuttgart 1975

Hradil, Stefan, 1977: Soziale Schichtung in der Bundesrepublik, München 1977

Huber, Joseph, 1982: Die verlorene Unschuld der Ökologie. Neue Technologien und superindustrielle Entwicklung, Frankfurt a. M. 1982

Huber, Joseph, 1983: Basisdemokratie und Parlamentarismus. Zum Politikverständnis der Grünen, in: aus politik und zeitgeschichte, B 2/83

Huber, Joseph, 1984: Die zwei Gesichter der Arbeit. Ungenutzte Möglichkeiten der Dualwirtschaft, Frankfurt a. M. 1984

Huffschmid, Jörg, 1970: Die Politik des Kapitals. Konzentration und Wirtschaftspolitik in der Bundesrepublik, Frankfurt a. M. 1970

Hugger, Werner, 1983: Gesetze – Ihre Vorbereitung, Abfassung und Prüfung, Baden-Baden 1983

Imperialismus heute, 1965: Der staatsmonopolistische Kapitalismus in Westdeutschland, hrsg. vom Institut für Gesellschaftswissenschaften beim ZK der SED; Berlin (DDR) 1965

Imperialismus der BRD, 1971: Autorenkollektiv: Der Imperialismus der BRD hrsg. vom Institut für Gesellschaftswissenschaften beim ZK der SED, Frankfurt a. M. 1971

IMSF, 1972: Institut für Marxistische Studien und Forschungen (Hrsg.): Klassen- und Sozialstruktur der BRD 1950–1970, 3 Bde., Frankfurt a. M. 1972ff.

Inglehart, Ronald, 1977: The Silent Revolution, Princeton 1977

Inglehart, Ronald, 1979a: Wertewandel in den westlichen Gesellschaften: Politische Konsequenzen von materialitistischen und postmaterialistischen Prioritäten, in: Klages/Kmieciak 1979 (Hrsg.), S. 279ff.

Inglehart, Ronald, 1979b: Value Priorities and Socio-economic Change, in: Barnes/Kaase et al. (ed.) 1979

Inglehart, Ronald, 1983: Traditionelle politische Trennungslinien und die Entwicklung der neueren Politik in westlichen Gesellschaften, in: PVS 2/1983, S. 139ff.

Institut der deutschen Wirtschaft (Hrsg.), 1974: Auf dem Wege in den Gewerkschaftsstaat, Köln 1974

Isensee, Josef, 1977: Staatshoheit und Bürgeriniativen, in: Biedenkopf/Voss 1977, S. 138ff.

Jäde, Henning, 1984: Leviathan darf nicht sterben, in: Kaltenbrunner, Gerd Klaus (Hrsg.), 1984: Wehe den Machtlosen! Freiburg, S. 67ff.

Jäger, Wolfgang, 1973: Innerparteiliche Demokratie, in: ders. (Hrsg.): Partei und System, Stuttgart 1973, S. 108ff.

Jaeggi, Urs, 1973: Kapital und Arbeit in der Bundesrepublik. Elemente einer gesamtgesellschaftlichen Analyse, Frankfurt a. M. 1973

Jänicke, Martin, 1979: Wie das Industriesystem von seinen Mißständen profitiert, Opladen 1979

Jänicke, Martin, 1983: Ökologische Krise und das Versagen der etablierten politischen Strukturen. 10 Thesen, in: Hartwich (Hrsg.) 1983, S. 171ff.

Jänicke, Martin, 1986: Staatsversagen. Die Ohnmacht der Politik in der Industriegesellschaft, München/Zürich 1986

Jänicke, Martin (Hrsg.), 1973: Herrschaft und Krise. Beiträge zur politikwissenschaftlichen Krisenforschung, Opladen 1973

Jann, Werner, 1981: Kategorien der Policy-Forschung, Speyer 1981 (=Speyerer Arbeitshefte No. 37) (2. Aufl. 1985)

Jann, Werner, 1983: Policy-Forschung – ein sinnvoller Schwerpunkt der Politikwissenschaft?, in: aus politik und zeitgeschichte, B 47/1983

Jann, Werner, 1983a: Staatliche Programme und „Verwaltungskultur". Bekämpfung des Drogenmißbrauchs und der Jugendarbeitslosigkeit in Schweden, Großbritannien und der Bundesrepublik Deutschland im Vergleich, Opladen 1983

Jann, Werner, 1984: Verwaltung im politischen Prozeß, in: Verwaltungsrundschau. Zeitschrift für Verwaltung in Praxis und Wissenschaft, 2/1984, S. 37ff.

Jann, Werner, 1985: Policy-Forschung als angewandte Sozialforschung, in: Klages, Helmut (Hrsg.): Arbeitsperspektiven angewandter Sozialwissenschaft, Opladen 1985

Jesse, Eckhard, 1977: Parteiendemokratie und Parteiensystem der Bundesrepublik Deutschland, Informationen zur politischen Bildung, Heft 171, Bonn 1977

Jesse, Eckhard, 1981: Literaturführer: Parlamentarische Demokratie, Opladen 1981

Jesse, Eckhard, 1985: Wahlrecht zwischen Kontinuität und Reform. Eine Analyse der Wahlsystemdiskussion und der Wahlrechtsänderungen in der Bundesrepublik Deutschland 1949–1983, Düsseldorf 1985

Jesse, Eckhard, 1986: Die Demokratie der Bundesrepublik Deutschland. Eine Einführung in das politische System, Berlin 1986 (7. Aufl.)

Jesse, Eckhard (Hrsg.), 1981: Bundesrepublik Deutschland und Deutsche Demokratische Republik. Die beiden deutschen Staaten im Vergleich, Berlin 1981 (2. Aufl.).

Jonas, Hans, 1986: Das Prinzip Verantwortung. Zur Grundlegung einer Zukunftsethik, in: Meyer/Miller (Hrsg.) 1986, S. 3–14

Joachimsen, Reimut, 1972: Überlegungen zur mittel- und längerfristigen Aufgabenplanung und deren Einfluß auf die Vorbereitung der Haushaltsentscheidungen, in Esser/Naschold/Väth (Hrsg.) 1972, S. 239ff.

Kaack, Heino, 1971: Geschichte und Struktur des deutschen Parteiensystems, Opladen 1971

Kaack, Heino/Roth, Reinhold (Hrsg.), 1980: Handbuch des deutschen Parteiensystems. Struktur und Politik in der Bundesrepublik zur Beginn der achtziger Jahre, Opladen 1980

Kaase, Max, 1982: Partizipatorische Revolution – Ende der Parteien? in: Raschke (Hrsg.) 1982, S. 173ff.

Kaase, Max, 1983: Sinn oder Unsinn des Konzepts „Politische Kultur" für die vergleichende Politikwissenschaft, oder auch: Der Versuch einen Pudding an die Wand zu nageln, in: ders./Klingenmann, Hans Dieter (Hrsg.): Wahlen und politisches System, Opladen 1983

Kahn, Hermann, 1977: Vor uns die guten Jahre. Ein realistisches Modell unserer Zukunft, Wien usw. 1977

Kahn, Hermann/Wiener, Anthony J., 1971: Ihr werdet es erleben. Voraussagen der Wissenschaft bis zum Jahre 2000, Hamburg 1971

Kaiser, Joseph H., 1956: Die Repräsentation organisierter Interessen, Berlin 1956

Kaiser, Joseph H., 1962: Artikel „Ständestaat", in: Staatslexikon, Bd. 7, Freiburg 1962, 6. Aufl., S. 655

Kaiser, Joseph H., 1966: Einleitung. Der Plan als ein Institut des Rechtsstaats und der Marktwirtschaft. Umrisse eines Aktionsmodells, in: ders. (Hrsg.): Planung II. Begriff und Institut des Plans, Baden-Baden 1966, S. 11ff.

Kaiser, Joseph H. (Hrsg.), 1965: Planung I. Recht und Politik der Planung in Wirtschaft und Gesellschaft, Baden-Baden 1965

Kaltefleiter, Werner, 1975: Die Produktivität ist miserabel, in: Wirtschaftswoche Nr. 37 vom 5. 9. 1975, S. 42ff.

Kaltenbrunner, Gerd-Klaus, 1975: Vorwort des Herausgebers, in: ders. (Hrsg.) 1975, S. 7ff.

Kaltenbrunner, Gerd-Klaus (Hrsg.), 1975: Der überforderte schwache Staat. Sind wir noch regierbar? München 1975

Kammler, Jörg, 1968: Gegenstand und Methode der politischen Wissenschaft, in: Einführung in die Politische Wissenschaft, hrsg. von W. Abendroth, Bonn/München 1968, S. 9ff.

Karrenberg, Friedrich, 1963: Sozialethik, in: Evangelisches Soziallexikon, Stuttgart 1963 (4. Aufl.)

Kaufmann, Franz Xaver/Rosewitz, Bernd, 1983: Typisierung und Klassifikation politischer Maßnahmen, in: Mayntz, Renate (Hrsg.), 1983, S. 25ff.

Kelly, Petra, 1983: Um Hoffnung kämpfen. Gewaltfrei in eine grüne Zukunft, Bornheim-Merten 1983

Kern, Lucian (Hrsg.), 1976: Probleme der postindustriellen Gesellschaft, Köln 1976 (=Neue Wissenschaftliche Bibliothek 87)

Ketterer, Karl-Heinz/Simmert, Diethard B., 1973: Moderne Quanitätstheorie und Laissez-faire-Liberalismus – Einige Anmerkungen zu den ordnungspolitischen Funktionsbedingungen des Monetarismus, in: Köhler (Hrsg.) 1973, S. 79ff.

Keynes, John Maynard, 1936: The General Theory of Employment, Interest and Money, London (deutsch: Allgemeine Theorie der Beschäftigung, des Zinses und des Geldes, Berlin 1974)

Kielmansegg, Peter Graf (Hrsg.), 1976: Legitimationsprobleme politischer Systeme (PVS-Sonderheft 7/1976), Opladen 1976

Kielmansegg, Peter Graf, 1977: Demokratieprinzip und Regierbarkeit, in: Hennis/Kielmansegg/Matz (Hrsg.) 1977, S. 118ff.

Kiep, Walther Leisler, 1977: Der Staat hat dafür zu sorgen, daß Leistung auch belohnt wird, in: Frankfurter Rundschau vom 24. 11. 1977, S. 11

Kirchheimer, Otto, 1965: Der Wandel des westeuropäischen Parteiensystems, in: Ziebura (Hrsg.) 1969, S. 341 ff. (zuerst PVS 1/1965)

Kirsch, Guy, 1980: Ordnungspolitik und interkollektive Beziehungen, in: Dettling (Hrsg.) 1980, S. 163ff.

Kirsch, Guy/Mackenscheidt, Klaus/Herder-Dorneich, Philipp/Dettling, Warnfied, 1982: Jenseits von Markt und Macht. Eine Ordnung für den Menschen, Baden-Baden 1982

Klages, Helmut, 1975: Die unruhige Gesellschaft, München 1975

Klages, Helmut, 1978: Wohlfahrtsstaat als Stabilitätsrisiko?, in: Freiheit und Sachzwang, Festschrift für Helmut Schelsky, hrsg. von Horst Baier, Opladen 1978, S. 192ff.

Klages, Helmut, 1981: Überlasteter Staat – verdrossene Bürger? Zu den Dissonanzen der Wohlfahrtsgesellschaft, Frankfurt a. M. 1981

Klages, Helmut, 1983: Wertwandel und Gesellschaftskrise in der sozialistischen Demokratie, in: Matthes, Joachim (Hrsg.): Krise der Arbeitsgesellschaft. Verhandlungen des 21. Deutschen Soziologentages in Bamberg 1982, Frankfurt a. M. 1983, S. 341 ff.

Klages, Helmut, 1984: Wertorientierungen im Wandel, Frankfurt a. M./New York 1984

Klages, Helmut/Herbert, Willi, 1983: Wertorientierungen und Staatsbezug. Untersuchungen zur politischen Kultur in der Bundesrepublik Deutschland, Frankfurt a. M. 1983

Klages, Helmut/Kmieciak, Peter (Hrsg.), 1979: Wertwandel und gesellschaftlicher Wandel, Frankfurt a. M./New York 1979

Klatt, Hartmut, 1976: Parlamentsreform in der Bundesrepublik – eine Bilanz, in: Der Bürger im Staat, 2/1976, S. 115ff.

Klatt, Hartmut, 1980: Die Verbeamtung der Parlamente. Ursachen und Folgen des Übergewichts des öffentlichen Dienstes in Bundestag und Landtagen, in: aus politik und zeitgeschichte, B 44/80, S. 25ff.

Klatt, Hartmut, 1982: Parlamentarisches System und bundesstaatliche Ordnung. Konkurrenzförderalismus als Alternative zum kooperativen Bundesstaat, in: aus politik und zeitgeschichte, B 31/82

Klatt, Hartmut (Hrsg.), 1980: Der Bundestag im Verfassungsgefüge der Bundesrepublik Deutschland. Beiträge zum dreißigjährigen Bestehen des Deutschen Bundestages, Bonn 1980

Klauder, Wolfgang, 1986: Arbeitsmarktperspektive bis 2000, in: Sozialer Fortschritt, 3/1986, S. 49f.

Klauder, Wolfgang/Schnur, Peter/Thon, Manfred, 1985: Arbeitsmarktperspektiven der 80er und 90er Jahre. Neue Modellrechnungen für Potential und Bedarf an Arbeitskräften, in: Mitteilungen aus der Arbeitsmarkt- und Berufsforschung, 1/1985, S. 41 ff.

Klipstein, Michael von/Strümpel, Burkhart (Hrsg.), 1985: Gewandelte Werte – Erstarrte Strukturen, Bonn 1985

Klönne, Arno, 1972: Sozialdemokratie – eine Agentur kapitalistischer Interessen?, in: Kühnl, Reinhard (Hrsg.): Der bürgerliche Staat der Gegenwart, Reinbek bei Hambug 1972

Kluxen, Kurt (Hrsg.), 1967: Parlamentarismus, Köln/Berlin 1967

Kmieciak, Peter, 1976: Wertstrukturen und Wertwandel in der Bundesrepublik Deutschland, Göttingen 1976

Koch, Claus/Senghaas, Dieter (Hrsg.), 1970: Texte zur Technokratiediskussion, Frankfurt a. M. 1970

Köhler, Claus (Hrsg.), 1973: Geldpolitik – kontrovers, Köln 1973

König, Herbert, 1977: Dynamische Verwaltung. Bürokratie zwischen Politik und Kosten, Stuttgart 1977

König, Klaus, 1978: Die Reform des öffentlichen Dienstes als Dilemma von Wissenschaft und Praxis, in: Böhret (Hrsg.) 1978

König, Klaus, 1981: System und Umwelt der öffentlichen Verwaltung, in: ders./von Oertzen/Wagener (Hrsg.) 1981, S. 13ff.

König, Klaus (Hrsg.), 1976: Koordination und integrierte Planung in den Staatskanzleien, Berlin 1976

König, Klaus/Oertzen, Hans Joachim von/Wagener, Frido (Hrsg.), 1981: Öffentliche Verwaltung in der Bundesrepublik Deutschland, Baden-Baden 1981

Kommission für die Finanzreform 1966: Gutachten für die Finanzreform in der Bundesrepublik Deutschland, Stuttgart 1966

Köser, Helmut, 1975: Innovationsprozesse in der SPD. Ergebnisse einer empirischen Untersuchung, in: PVS 1/1975, S. 29ff.

Kohn, Helmut/Latzelsberger, Friedrich, 1977: Steuerungsprobleme in Wirtschaft und Gesellschaft. Zum Gutachten der Kommission für wirtschaftlichen und sozialen Wandel, in: aus politik und zeitgeschichte, B 18/77

Kremendahl, Hans, 1972: Parlamentarismus und marxistische Kritik, in: aus politik und zeitgeschichte, B 32/72

Kremendahl, Hans, 1973: Art. „Pluralismus“, in: Wörterbuch zur politischen Ökonomie, hrsg. von Gert von Eynern, Opladen 1973

Kremendahl, Hans, 1974: Die Bundesrepublik Deutschland: Ein demokratischer und sozialer Bundesstaat?, Berlin 1974 (=Politik kurz und aktuell Nr. 13, hrsg. von der Landeszentrale für politische Bildungsarbeit Berlin)

Kremendahl, Hans, 1975: Pluralismus, Strukturprinzip einer demokratischen Gesellschaft, Berlin 1975 (=Politik kurz und aktuell Nr. 18)

Kremendahl, Hans, 1977: Pluralismustheorie in Deutschland. Entstehung, Kritik, Perspektiven Leverkusen 1977

Kremendahl, Hans/Meyer, Thomas (Hrsg.), 1974: Sozialismus und Grundgesetz, Kronberg 1974

Kress, Gisela/Senghaas, Dieter (Hrsg.), 1969: Politikwissenschaft. Eine Einführung in ihre Probleme, Frankfurt a. M 1969 (Taschenbuchausgabe 1972)

Kriele, Martin, 1975: Einführung in die Staatslehre. Die geschichtlichen Legitimitätsgrundlagen des demokratischen Verfassungsstaates, Reinbek bei Hamburg 1975

Krippendorf, Ekkehardt (Hrsg.), 1966: Political Science. Amerikanische Beiträge zur Politikwissenschaft, Tübingen 1966

Krockow, Christian Graf von, 1969: Zur Analyse autoritärer Parlamentarismuskritik, in: aus politik und zeitgeschichte, B 49/69

Krockow, Christian Graf von, 1974: Das Leistungsprinzip als Strukturelement der Industriegesellschaft, in: Institut der deutschen Wirtschaft (Hrsg.): Das Leistungsprinzip in der Industriegesellschaft, Köln 1974, S. 41ff.

Krockow, Christian Graf von, 1976: Reform als politisches Prinzip, München 1976

Kroppenstedt, Franz, 1973: Der Bericht der Studienkommission für die Reform des öffentlichen Dienstrechts, in: Verwaltung und Fortbildung, 2/1973, S. 63ff.

Krüger, Herbert, 1966: Allgemeine Staatslehre, Stuttgart 1966, 2. Aufl. (1. Aufl. 1964)

Krüger, Herbert, 1977: Von der Staatspflege überhaupt, in: Die Selbstdarstellung des Staates, hrsg. von Helmut Quaritsch, Berlin 1977, S. 21ff.

Krupp, Hans-Jürgen, 1975: Arm und Reich: Wie man Unterschiede mißt, in: transfer 1. Gleiche Chancen im Sozialstaat, Opladen 1975, S. 62ff.

Krupp, Hans-Jürgen, 1982: Neokonservative Wirtschaftspolitik, in: Die Neue Gesellschaft, 11/1982, S. 1010ff.

Küchler, Manfred, 1982: Staats-, Parteien- oder Politikverdrossenheit?, in: Raschke (Hrsg.) 1982, S. 39ff.

Kühl, Jürgen, 1985: Sind Beschäftigungsprogramme wirksam oder nicht?, in: Arbeit und Beruf 11/1985, S. 345ff.

Kühr, Herbert, 1977: Die halbe Macht den Räten?, in: Neue politische Literatur, 1/1977, S. 9ff.

Künzli, Arnold, 1986: Strukturelle Verantwortungslosigkeit, in: Meyer/Miller (Hrsg.) 1986, S. 139ff.

Kuhn, Thomas S., 1967: Die Struktur wissenschaftlicher Revolutionen, Frankfurt a. M. 1967

Kunze, Otto, 1967: Die Verfassung großer Unternehmen als gesellschaftspolitisches Problem, in: Interdependenzen von Politik und Wirtschaft, Festgabe für Gert von Eynern, hrsg. von Carl Böhret und Dieter Grosser, Berlin 1967, S. 189ff.

Lampert, Heinz, 1978: Die Wirtschafts- und Sozialordnung, München/Wien 1978 (6. Aufl.; 1. Aufl. 1965)

Lamprecht, Rolf/Malanowski, Wolfgang, 1979: Richter machen Politik. Auftrag und Anspruch des Bundesverfassungsgerichts, Frankfurt a. M. 1978

Landmann, Oliver, 1976: Keynes in der heutigen Wirtschaftstheorie, in: Bombach, Gottfried, u. a. (Hrsg.): Der Keynesianismus I, Theorie und Praxis Keynesianischer Wirtschaftspolitik. Entwicklung und Stand der Diskussion, Berlin 1976

Lassalle, Ferdinand, 1863: Über Verfassungswesen. Zwei Vorträge, gehalten in Berliner Bürger-Bezirks-Vereinen (1863), hrsg. von Franz Mehring, Hamburg 1908

Lasswell, Harold D., 1951: The Policy Orientation, in: Lerner, Daniel/ders. (ed.): The Policy Sciences, Stanford 1951

Lasswell, Harold D., 1970: The Emerging Conception of the Policy Sciences, in: Policy Sciences, 1970, S. 3ff.

Lasswell, Harold D., 1971: A Pre-view of Policy Sciences, New York 1971

Laux, Eberhard, 1975: Führung und Führungsorganisation in der öffentlichen Verwaltung, Stuttgart 1975

Lehmann, Lutz, 1966: Legal und opportun. Politische Justiz in der Bundesrepublik, Berlin 1966

Lehmbruch, Gerhard, 1970: Einführung in die Politikwissenschaft, Stuttgart usw. 1970 (3. Aufl.)

Lehmbruch, Gerhard, 1976: Parteienwettbewerb im Bundesstaat, Stuttgart usw. 1976

Lehmbruch, Gerhard, 1981: Wandlungen der Interessenpolitik im liberalen Korporatismus, in: von Alemann/Heinze (Hrsg.) 1981, S. 50ff.

Leibholz, Gerhard, 1967: Strukturprobleme der modernen Demokratie, Karlsruhe 1967 (3. Aufl.)

Leis, Günther, 1982: Die Bürokratisierungsdebatte. Der Stand der Auseinandersetzung, in: Hesse (Hrsg.) 1982, S. 168ff.

Leisner, Walter, 1979: Demokratie. Selbstzerstörung einer Staatsform? Berlin 1978

Leisner, Walter, 1982: Die demokratische Anarchie. Verlust der Ordnung als Staatsprinzip? Berlin 1982

Leisner, Walter, 1983: Der Führer. Persönliche Gewalt – Staatsrettung oder Staatsdämmerung, Berlin 1983

Leisner, Walter, 1987: Staatsrenaissance. Die Wiederkehr der „guten Staatsformen“, Berlin 1987

Lenin, Wladimir I., 1917a: Der Imperialismus als höchstes Stadium des Kapitalismus, in: Lenin, Ausgewählte Werke, Bd. I, S. 76ff., Moskau 1946

Lenin, Wladimir I., 1917b: Staat und Revolution, Die Lehre des Marxismus vom Staat und die Aufgaben des Proletariats in der Revolution, in: Lenin, Ausgewählte Werke, Bd. II, Moskau 1946, S. 158ff.

Lenk, Kurt, 1972: Wie demokratisch ist der Parlamentarismus? Grundpositionen einer Kontroverse, Stuttgart usw. 1972

Lepper, Manfred, 1976: Das Ende eines Experiments: Zur Auflösung der Projektgruppe Regierungs- und Verwaltungsreform, in: Die Verwaltung 4/1976, S. 478–499

Leuenberger, Th./Ruffmann, K-H. (Hrsg.), 1977: Bürokratie. Motor oder Bremse der Entwicklung, Bern usw. 1977

Liesegang, Helmuth C. F., 1974: Parlamentsreform in der Bundesrepublik Deutschland. Dokumente zur Reform von Aufgabe und Arbeit des Parlaments und seiner Abgeordneten im parlamentarischen Regierungssystem, Berlin/New York 1974

Lindblom, Charles E., 1975: Inkrementalismus: Die Lehre von „Sich-Durchwursteln", in: Narr/Offe (Hrsg.) 1975, S. 161 ff. (engl. 1959)

Lipp, Ernst Moritz/Pfister, Jürgen, 1984: Zur Stabilisierungspolitischen Konzeption des Sachverständigenrats, in: Sozialwissenschaftliche Informationen für Unterricht und Studium (Sowi) 1/1984, S. 13ff.

Littmann, Konrad, 1975: Die Chancen staatlicher Investitionslenkung, Göttingen 1975 (=Kommission für wirtschaftlichen und sozialen Wandel, Bd. 66)

Loesch, Achim von, 1983: Privatisierung öffentlicher Unternehmen. Ein Überblick über die Argumente, Baden-Baden 1983

Lösche, Peter, 1974: Anarchismus – Versuch einer Definition und historischen Typologie, in: PVS 1/1974, S. 53ff.

Lösche, Peter, 1977a: Räte, Rätesystem, in: Wörterbuch zur politischen Ökonomie, 1977, S. 370ff.

Lösche, Peter, 1977b: Anarchismus (=Erträge der Forschung, Bd. 66), Darmstadt 1977

Lösche, Peter, 1978: Terrorismus und Anarchismus. Internationale und historische Aspekte, in: Gewerkschaftliche Monatshefte 2/1978, S 106ff.

Löw, Konrad, 1977: Unser Staat heute – Rechtsstaat, Demokratie, Sozialstaat, Köln usw. 1977 (2. Aufl.)

Löwenthal, Richard, 1974: Demokratie und Freiheit heute, in: Frank Grube/Gerhard Richter (Hrsg.): Die Utopie der Konservativen, München 1974, S. 13ff.

Löwenthal, Richard/Schwarz, Hans-Peter (Hrsg.), 1974: Die zweite Republik, 25 Jahre Bundesrepublik Deutschland – eine Bilanz, Stuttgart 1974

Lohmar, Ulrich, 1963: Innerparteiliche Demokratie, Stuttgart 1963

Lohmar, Ulrich, 1978: Staatsbürokratie. Das hoheitliche Gewerbe, München 1978

Lombardo-Radice, Lucio, 1972: Pluralismus in einer sozialistischen Gesellschaft, in: Nuscheler/Steffani (Hrsg.) 1972, S. 291 ff. (Original 1966)

Lompe, Klaus, 1966: Wissenschaftliche Beratung der Politik. Ein Beitrag zur Theorie anwendender Sozialwissenschaft, Göttingen 1966

Lompe, Klaus, 1971: Gesellschaftspolitik und Planung, Probleme politischer Planung der sozialstaatlichen Demokratie, Freiburg 1971

Lompe, Klaus, 1975: Möglichkeiten und Grenzen politischer Planung in parlamentarischen Demokratien, hrsg. von der Niedersächsischen Landeszentrale für Politische Bildung, Hannover 1975

Luhmann, Niklas, 1966: Theorie der Verwaltungswissenschaft. Bestandaufnahme und Entwurf, Köln/Berlin 1966

Luhmann, Niklas, 1971: Politische Planung. Aufsätze zur Soziologie von Politik und Verwaltung, Opladen 1971

Luhmann, Niklas, 1972: Soziologische Aufklärung 1, Aufsätze zur Theorie sozialer Systeme, Opladen 1972 (3. Aufl.)

Lutz, Rüdiger, 1984: Die sanfte Wende. Aufbruch ins ökologische Zeitalter, München 1984

Mackenzie, W. J. M., 1969: Politics and Social Science, Harmondsworth 1969

Mackenzie, W. J. M., 1972: Politikwissenschaft. Hauptströmungen der sozialwissenschaftlichen Forschung. Herausgegeben von der Unesco, Frankfurt a. M. usw. 1972 (engl. 1970)

MacPherson, C. B., 1975: Marktwirtschaftliche Begriffe in der Politischen Theorie, in: Grube/Richter (Hrsg.) 1975 (aus: ders.: Democratic Theory, Oxford 1973)

Maier, Hans, 1966: Die ältere deutsche Staats- und Verwaltungslehre (Polizeiwissenschaft): Ein Beitrag zur Geschichte der politischen Wissenschaft in Deutschland, Neuwied 1966 (2. Aufl., Taschenbuchausgabe, München 1986)

Maier-Rigaud, Gerhard, 1987: Umweltpolitik in der offenen Gesellschaft, Opladen 1987

Mandel, Ernest, 1970: Einführung in die marxistische Wirtschaftstheorie, 8. Aufl, Frankfurt a. M. 1970

Mandel, Ernest, 1972: Die deutsche Wirtschaftskrise. Lehren der Rezession 1966/67, Frankfurt a. M. 1972

Mandel, Ernest, 1977: Artikel „Spätkapitalismus", in: Wörterbuch zur politischen Ökonomie 1977, S. 419ff.

Maren-Griesebach, Manon, 1982: Die Philosophie der Grünen, München/Wien 1982

Marktwirtschaftlicher Spezial-Dienst 1976: hrsg. von der Aktionsgemeinschaft Soziale Marktwirtschaft e. V. in Verbindung mit der Alexander-Rüstow-Stiftung, Nr. 19–24/1976

Martini, Winfried, 1954: Das Ende aller Sicherheit, Stuttgart 1954

Marx, Karl, 1844: Zur Kritik der Hegelschen Rechtsphilosophie, in: MEW, Bd. 1, S. 378ff.

Marx, Karl, 1859: Zur Kritik der Politischen Ökonomie (Vorwort), in: MEW, Bd. 13, S. 5ff.

Marx, Karl, 1871: Der Bürgerkrieg in Frankreich. Adresse des Generalrats der Internationalen Arbeitsorganisation, in: MEW, Bd. 17, S. 313ff.

Marx, Karl, 1875: Kritik des Gothaer Programms, in: MEW, Bd. 19, S. 11ff.

Marx, Karl/Engels, Friedrich, 1846: Die deutsche Ideologie, in MEW, Bd. 3, S. 9ff.

Marx, Karl/Engels, Friedrich, 1848: Manifest der Kommunistischen Partei, in: MEW, Bd. 4, S. 459ff.

Marxistisch-Leninistische Staats- und Rechtstheorie. Lehrbuch 1980. Hrsg. von der Akademie der Wissenschaft der DDR, Berlin (Ost) 1980

Maslow, A. H., 1954: Motivation and Personality, New York 1954

Massing, Otwin, 1969: Recht als Korrelat der Macht, in: Schäfer/Nedelmann (Hrsg.) 1969, S. 211–258

Materialien zum Bericht zur Lage der Nation 1974: hrsg. vom Bundesministeriuim für innerdeutsche Beziehungen, Berlin, August 1974

Mattern, Karl-Heinz, 1977: Ziel- und ergebnisorientiertes Verwaltungshandeln (ZEV), in: Verwaltung und Fortbildung, 1/77

Matz, Ulrich (Hrsg.), 1973: Grundprobleme der Demokratie, Darmstadt 1973

Matz, Ulrich, 1985: Bemerkungen zur Lage der Deutschen Politikwissenschaft, in: ZfP, 1/1985, S. 1ff.

Matzner, Egon, 1982: Sozialstaat und Neo-Konservatismus. Perspektiven des Wohlfahrtsstaates, in: Die Neue Gesellschaft, 11/1982, S. 1055ff.

Matzner, Egon, 1984: Überlegungen über die Zukunft des Wohlfahrtsstaates, in: Gewerkschaftliche Monatshefte, 8/1984, S. 453ff.

Maunz, Theodor/Dürig, Günther/Herzog, Roman, 1964: Grundgesetz, Kommentar, München 1964ff.

Mayer, Karl-Ulrich, Soziale Ungleichheit und Mobilität. Ansätze zu einem System sozialer Indikatoren, in: Zapf (Hrsg.) 1978, S. 149ff.

Mayer-Tasch, Peter Cornelius, 1971: Korporatismus und Autoritarismus. Eine Studie zu Theorie und Praxis der berufsständischen Rechts- und Staatsidee, Frankfurt a. M. 1971

Mayer-Tasch, Peter Cornelius, 1981: Die Bürgerinitiativbewegung. Der aktive Bürger als rechts- und politikwissenschaftliches Problem, Hamburg 1981 (4. Aufl.)

Mayntz, Renate, 1959: Parteigruppen in der Großstadt. Untersuchungen in einem Berliner Kreisverband der CDU, Köln/Opladen 1959

Mayntz, Renate, 1977: Die Implementation politischer Programme, in: Die Verwaltung 1977, S. 51ff.

Mayntz, Renate, 1978: Soziologie der öffentlichen Verwaltung, Karlsruhe/Heidelberg 1978

Mayntz, Renate, 1980: Die Entwicklung des analytischen Paradigmas der Implementationsforschung, in: dies. (Hrsg.) 1980, S. 1ff.

Mayntz, Renate, 1982: Problemverarbeitung durch das politisch-administrative System. Zum Stand der Forschung, in: Hesse (Hrsg.) 1982, S. 76ff.

Mayntz, Renate (Hrsg.), 1980: Implementation politischer Programme. Empirische Forschungsberichte, Königstein/Ts. 1980

Mayntz, Renate (Hrsg.), 1983: Implementation politischer Programme II. Ansätze zur Theoriebildung, Opladen 1983

Mayntz, Renate/Scharpf, Fritz W., 1973a: Kriterien, Voraussetzungen und Einschränkungen aktiver Politik, in: dies. (Hrsg.) 1973, S. 115ff.

Mayntz, Renate/Scharpf, Fritz W., 1973b: Vorschläge zur Reform der Ministerialorganisation, in: dies. (Hrsg.) 1973, S. 201ff.

Mayntz, Renate/Scharpf, Fritz W., 1975: Policy Making in the German Federal Bureaucracy, Amsterdam usw. 1975

Mayntz, Renate/Scharpf, Fritz W. (Hrsg.), 1973: Planungsorganisation. Die Diskussion um die Reform von Regierung und Verwaltung, München 1973

Mayo, Henry B., 1975: Charakteristische Merkmale demokratischer Systeme, in: Grube/Richter 1975 (aus: ders. Democratic Theory, New York 1960)

McClelland, D. C., 1966: Die Leistungsgesellschaft, Stuttgart usw. 1966 (engl. 1961)

McKenzie, Robert, 1963: British Political Parties, London 1963

Meadows, Dennis, u. a., 1972: Die Grenzen des Wachstums. Bericht des Club of Rome zur Lage der Menschheit, Stuttgart 1972

Meißner, Werner/Wieczorek, Norbert/Zinn, Karl Georg, 1973: Veränderung der Machtverhältnisse und Verbesserung der Lebensqualität – Überlegungen zum ökonomisch-politischen Orientierungsrahmen, in: Die Neue Gesellschaft 1973

Meißner, Werner, 1974: Investitionslenkung, Frankfurt a. M. 1974

Meißner, Werner/Wieczorek, Norbert/Zinn, Karl Georg, 1974: Kritik der Kritik, in: Die Neue Gesellschaft 1974

Meißner, Werner/Zinn, Karl Georg, 1984: Der neue Wohlstand. Qualitatives Wachstum und Vollbeschäftigung, München 1984

Meltzer, Allan H., 1971: Die Wiederherstellung vernünftiger ökonomischer Rahmenbedingungen, in: Kredit und Kapital, 2/1971, S. 119ff.

Mendner, Jürgen/Sauerborn, Werner, 1983: Privatisierung – Angriff auf den Sozialstaat. Eine Untersuchung über die Folgen für die Arbeitnehmer als Bürger, Beschäftigte und Steuerzahler am Beispiel Niedersachsens, Stuttgart 1983 (Schriftenreihe: Zur Privatisierung öffentlicher Dienstleistungen Nr. 13, hrsg. vom Hauptvorstand der Gewerkschaft öffentlicher Dienst, Transport und Verkehr)

Merklein, Renate, 1982: Die Deutschen werden ärmer – Staatsverschuldung, Geldentwertung, Markteinbußen, Arbeitsplatzverluste, Reinbek 1982

Mesarović, Mihailo/Pestel, Eduard, 1974: Menschheit am Wendepunkt. 2. Bericht an den Club of Rome zur Weltlage, Stuttgart 1974

Messner, Johannes, 1956: Art. Katholische Soziallehre, in: Handwörterbuch der Sozialwissenschaften Bd. 5, Tübingen, Göttingen 1956

Meyer, Thomas, 1982: Demokratischer Sozialismus. Eine Einführung, Bonn 1982

Meyer, Thomas, u. a. (Hrsg.), 1986: Lexikon des Sozialismus, Köln 1986

Meyer, Thomas/Miller, Susanne (Hrsg.), 1986: Zukunftsethik und Zukunftsgesellschaft, München 1986

Michels, Robert, 1957: Zur Soziologie des Parteiwesens in der modernen Demokratie, Stuttgart 1957 (Neudruck der 2. Aufl. von 1925)

Miksch, Leonard, 1947: Wettbewerb als Aufgabe. Grundsätze einer Wettbewerbsordnung, Godesberg 1947 (2. Aufl.)

Mintzel, Alf, 1984: Die Volkspartei. Typus und Wirklichkeit. Ein Lehrbuch, Opladen 1984

Mintzel, Alf/Schmitt, Hermann, 1981: Krise der Parteiendemokratie? Zu Funktionen, Leistungen und Defiziten der Parteien in der parlamentarischen Demokratie, in: Politische Bildung, 2/1981, Probleme des deutschen Parteiensystems, S. 3ff.

Möller, Alex (Hrsg.), 1968: Gesetz zur Förderung der Stabilität und des Wachstums der Wirtschaft und Art. 109 Grundgesetz. Kommentar unter besonderer Berücksichtigung der Entstehungsgeschichte, Hannover 1968

Morsey, Rudolf, 1987: Die Bundesrepublik Deutschland. Entstehung und Entwicklung bis 1969, München 1987

Moths, Eberhard/Wulf-Mathies, Monika, 1973: Des Bürgers teure Diener. Bürokratie ohne Leistungszwang – Eine empirische Untersuchung über die Voraussetzungen für eine Reform von Regierung und Verwaltung, Karlsruhe 1973

Müller, Wolfgang/Neusüss, Christel, 1971: Die Sozialstaatsillusion und der Widerspruch von Lohnarbeit und Kapital, in: Probleme des Klassenkampfs, Sonderheft 1/1971, S. 7ff.

Müller-Armack, Alfred, 1956: Soziale Marktwirtschaft, in: Handwörterbuch der Sozialwissenschaften, Bd. 9, Göttingen 1956, S. 360ff.

Müller-Armack, Alfred, 1966: Wirtschaftsordnung und Wirtschaftspolitik. Studien und Konzepte zur sozialen Marktwirtschaft und zur Europäischen Integration, Freiburg 1966

Müller-Armack, Alfred, 1973: Der humane Gehalt der Sozialen Marktwirtschaft, in: Tuchtfeldt (Hrsg.): Soziale Marktwirtschaft im Wandel, Freiburg 1973, S. 15ff.

Müller-Armack, Alfred, 1981: Genealogie der Sozialen Marktwirtschaft, Bern usw. 1981

Müller-Rommel, Ferdinand, 1983: Die Postmaterialismusdiskussion in der empirischen Sozialforschung: Politisch und wissenschaftlich überlebt oder noch immer zukunftsweisend?, in: PVS 3/1983, S. 218ff.

Münstermann, Jörg/Schacht, Konrad/Young, Michael, 1975: Armut in Deutschland, in: transfer 1. Gleiche Chancen im Sozialstaat, Opladen 1975, S. 27ff.

Murphy, Detlef, u. a., 1981: Haben „links“ und „rechts“ noch eine Zukunft? Zur aktuellen Diskussion über die politischen Richtungsbegriffe, in: PVS 4/1981 S. 398ff.

Naphtali, Fritz, 1966: Wirtschaftsdemokratie. Frankfurt/Main 1966 (1. Ausgabe 1928)

Narr, Wolf-Dieter, 1971: Theoriebegriffe und Systemtheorie, Stuttgart usw. 1971 (2. Aufl.).

Narr, Wolf-Dieter (Hrsg.), 1977: Auf dem Weg zum Einparteienstaat, Opladen 1977

Narr, Wolf-Dieter/Naschold, Frieder, 1971: Theorie der Demokratie, Stuttgart usw. 1971

Narr, Wolf-Dieter/Offe, Claus, 1976: Was heißt hier Strukturpolitik? Neokorporatismus als Rettung aus der Krise?, in: Technologie und Politik, aktuell-Magazin 6/1976, S. 6ff.

Narr, Wolf-Dieter/Offe, Claus (Hrsg.), 1975: Wohlfahrtsstaat und Massenloyalität, Köln 1975

Naschold, Frieder, 1969: Systemsteuerung, Stuttgart 1969

Naschold, Frieder, 1970: Politische Wissenschaft. Entstehung, Begründung und gesellschaftliche Entwicklung, München 1970

Naschold, Frieder, 1971: Anpassungsplanung oder politische Gestaltungsplanung? Zur politischen Planung in der BRD am Beispiel der mehrjährigen Finanzplanung, in Steffani (Hrsg.) 1971, S. 69 ff.

Naschold, Frieder, 1971 a: Probleme der mehrjährigen Finanzplanung des Bundes, in: Ronge/Schmiege (Hrsg.) 1971, S. 170 ff.

Naschold, Frieder, 1972: Zur Politik und Ökonomie von Planungssystemen, in: PVS-Sonderheft 4/1972

Naschold, Frieder, 1973: Gesellschaftsreform und politische Planung, in: Naschold/Väth, (Hrsg.), 1973, S. 59 ff.

Naschold, Frieder/Seuster, Dietrich/Väth, Werner/Zipfer, Oskar, 1973: Thesen zur mehrjährigen Finanzplanung des Bundes, in: Mayntz/Scharpf (Hrsg.) 1973, S. 146 ff.

Naschold, Frieder/Väth, Werner (Hrsg.), 1973: Politische Planungssysteme, Opladen 1973

Nassmacher, Karl Heinz, 1977: Politikwissenschaft, Düsseldorf 1977 (3. Aufl).

Nedelmann, Carl, 1969: Die Gewalt des politischen Staatsschutzes und ihre Instanzen, in: Schäfer/Nedelmann (Hrsg.), 1969, Bd. 1, S. 174 ff.

Nell-Breuning, Oswald von, 1959: Ständischer Gesellschaftsaufbau, in: Handwörterbuch der Sozialwissenschaften, Bd. 10, S. 6 ff., Stuttgart 1959

Nell-Breuning, Oswald von, 1974: Kapitalismus – kritisch betrachtet. Zur Auseinandersetzung um das bessere „System", Freiburg 1974

Nell-Breuning, Oswald von, 1985: Gerechtigkeit und Freiheit. Grundzüge katholischer Soziallehre, München 1985 (2. Aufl.)

Nipperdey, Hans Carl, 1977: Freie Entfaltung der Persönlichkeit, in: Denninger (Hrsg.) 1977, S. 251 ff. (erstmals veröffentlicht in: Bettermann/Nipperdey (Hrsg.): Die Grundrechte, Handbuch der Theorie und Praxis der Grundrechte, Berlin 1962, IV/2, S. 870 ff.)

Noelle-Neumann, Elisabeth/Strümpel, Burkhard, 1984: Macht Arbeit krank? – Macht Arbeit glücklich?, München 1984

Nuscheler, Franz/Steffani, Winfried (Hrsg.), 1972: Pluralismus, Konzeptionen und Kontroversen, München 1972

Oberländer, Erwin (Hrsg.), 1972: Der Anarchismus, Freiburg i. B. 1972

Oberreuter, Heinrich, 1981: Parlamentarisches System – Stärken und Schwächen, in: Jesse (Hrsg.) 1981

Oberreuter, Heinrich (Hrsg.), 1980: Pluralismus. Grundlegung und Diskussion, Opladen 1980

Oberreuter, Heinrich (Hrsg.), 1981: Parlamentsreform. Probleme und Perspektiven in westlichen Demokratien, Passau 1981 (Schriftenreihe der Universität Passau, Reihe Geisteswissenschaften, Bd. 1)

O'Connor, James, 1974: Die Finanzkrise des Staates, Frankfurt a. M. 1974 (Originalausgabe: The Fiscal Crisis of the State, 1973; teilweise abgedruckt in: Narr/Offe [Hrsg.] 1975, S. 104 ff.)

Ökonomisches Lexikon A–Z 1970, Berlin (DDR) 1970 (2. Aufl.)

Oertzen, Peter von, 1973: Freiheitliche demokratische Grundordnung und Rätesystem, in: Bermbach (Hrsg.), Opladen 1973, S. 173–185

Oertzen, Peter von, 1977: Freiheitliche demokratische Grundordnung und Rätesystem, in: Denninger (Hrsg.) 1977, S. 208 ff.; zuerst erschienen in: Politische Bildung, Heft 1/1969, S. 14 ff.; auch abgedruckt in: Bermbach (Hrsg.) 1973, S. 173 ff.

Oertzen, Peter von, 1974 a: Thesen zur Strategie und Taktik des demokratischen Sozialismus in der Bundesrepublik Deutschland, in: ders., Die Aufgabe der Partei. Reden und Aufsätze, Bonn 1974

Oertzen, Peter von, 1974b: Die soziale Funktion des staatsrechtlichen Positivismus, Frankfurt a. M. 1974

Oertzen, Peter von, 1977a: Wir bezweifeln, daß die heutige Marktwirtschaft sozial ist, in: Frankfurter Rundschau vom 24. 11. 1977a, S. 10f.

Offe, Claus, 1969: Politische Herrschaft und Klassenstrukturen, in: Kress/Senghaas (Hrsg.), 1969, S. 155ff.

Offe, Claus, 1971: Bürgerinitiativen und Reproduktion im Spätkapitalismus, in: Grossmann, Heinz (Hrsg.): Bürgerinitiativen. Schritte zur Veränderung, Frankfurt a. M. 1971

Offe, Claus, 1972: Strukturprobleme des kapitalistischen Staates, Frankfurt a. M. 1972

Offe, Claus, 1972a: Klassenherrschaft und politisches System, in: ders. 1972, S. 65ff.

Offe, Claus, 1973: „Krisen des Krisenmanagements": Elemente einer politischen Krisentheorie, in: Jänicke (Hrsg.) 1973

Offe, Claus, 1975: Berufsbildungsreform. Eine Fallstudie über Reformpolitik, Frankfurt a. M. 1975

Offe, Claus/Ronge, Volker, 1976: Thesen zur Begründung des Konzepts des „kapitalistischen Staates" und zur materialistischen Politikforschung, in: Pozzoli, Claudio (Hrsg.), Rahmenbedingungen und Schranken staatlichen Handelns. Zehn Thesen, Frankfurt a. M.

Olson, Mancur, 1968: Die Logik des kollektiven Handelns. Kollektivgüter und die Theorie der Gruppen, Tübingen 1968 (engl. 1965)

Opielka, Michael (Hrsg.), 1985: Die ökosoziale Frage. Alternativen zum Sozialstaat, Frankfurt a. M. 1985

Otto, Bernd, 1971: Gewerkschaftliche Konzeptionen überbetrieblicher Mitbestimmung, Köln 1971

Peisl, Anton/Mohler, Armin (Hrsg.), 1979: Der Ernstfall, Frankfurt a. M./Berlin/Wien 1979 (Bd. 2 der Schriften der Carl Friedrich von Siemens Stiftung)

Pelinka, Anton, 1974: Dynamische Demokratie zwischen konkreter Utopie und gesellschaftlicher Gleichheit, Stuttgart 1974

Perels, Joachim, 1974: Legalität und sozialistische Strategie, Zur verfassungstheoretischen Position Wolfgang Abendroths, in: Kritische Justiz 1974, S. 147ff.

Pestel, Eduard, u. a., 1978: Das Deutschlandmodell, in: Bild der Wissenschaft, Januar 1978, S. 22–23

Philosophisches Wörterbuch 1972: hrsg. von G. Klaus und M. Buhr, Berlin 1972 (2 Bde., 8. Aufl.)

Pilz, Frank, 1973: Die Soziale Marktwirtschaft. Konzeption – Wirklichkeit – Perspektiven, München 1973

Pilz, Frank, 1977: Einführung in das politische System der Bundesrepublik Deutschland. Staatliche, wirtschaftliche und soziale Strukturen und Prozesse, München 1977

Popper, Karl R., 1957: Die offene Gesellschaft und ihre Feinde (2. Bd.), Bern 1957, 1958 (engl. 1945)

Popper, Karl R., 1969: Logik der Forschung, Tübingen 1969 (3. Aufl.)

Preiser, Erich, 1959: Nationalökonomie heute. Eine Einführung in die Volkswirtschaftslehre, München (8. Aufl.)

Preuß, UlrichK., 1973: Legalität und Pluralismus. Beiträge zum Verfassungsrecht der Bundesrepublik Deutschland, Frankfurt a. M. 1973

Privatisierung 1976: Privatisierung öffentlicher Unternehmen – kein Mittel zum Abbau von Haushaltsdefiziten. Stellungnahme des Wissenschaftlichen Beirats der Gesellschaft für öffentliche Wirtschaft und Gemeinwirtschaft e. V. (GÖWG) zum Gutachten des Wissenschaftlichen Beirats beim Bundesministerium der Finanzen zur Lage und Entwicklung der Staatsfinanzen in der Bundesrepublik Deutschland, Berlin 1976 (=Schriftenreihe der Gesellschaft für öffentliche Wirtschaft und Gemeinwirtschaft e. V. Heft 13)

Probleme der Demokratie heute 1971: PVS-Sonderheft 2/1971
prognos-Gutachten 1976: Wolff, Heimried/Schlichting, Jürgen/Zubeil, Gotthold unter Mitarbeit von Browa, Hans und Schröder, Dieter; Politische, soziale sowie wirtschaftliche Risiken und Chancen unterschiedlicher Steuerungsinstrumente zur Lösung der Probleme von Strukturkrisen und längerfristiger Arbeitslosigkeit. Untersuchung der PROGNOS AG im Auftrag des Bundeskanzleramtes, der Niedersächsischen Staatskanzlei und des Hauptvorstandes der IG-Chemie, Papier, Keramik, Basel, November 1976
Projekt Klassenanalyse 1975: Klassen in der BRD. Analysen verschiedener Standpunkte, Berlin 1975
Projekt Klassenanalyse 1977: Der Staat in der BRD. Ökonomische Basis und Entwicklungstendenzen 1950–1976, Hamburg/Berlin 1977
Püttner, Günter/Kretschmer, Gerald, 1978: Die Staatsorganisation, Bd. 1, München 1978
Pütz, Helmuth, 1974: Innerparteiliche Willensbildung, Mainz 1974
Pye, L. W./Verba, S. (Ed.), 1965: Political Culture and Political Development, Princeton, N. J. 1965

Quade, E. S., 1970: Why Policy Sciences, in: Policy Sciences, S. 1ff.
Quaritsch, Helmut, 1977: Probleme der Selbstdarstellung des Staates, Tübingen 1977 (=Recht und Staat, Heft 478/479)
Quaritsch, Helmut (Hrsg.), 1977: Die Selbstdarstellung des Staates, Berlin 1977 (=Schriftenreihe der Hochschule Speyer, Bd. 63).
Quaritsch, Helmut, 1980: Zur Entstehung der Theorie des Pluralismus, in: Der Staat, S. 29ff.

Raschke, Joachim, 1971: Mehrheitswahlrecht – Mittel zur Demokratisierung oder Formierung der Gesellschaft?, in: Steffani (Hrsg.) 1971
Raschke, Joachim, 1980: Politik und Wertwandel in den westlichen Demokratien, in: aus politik und zeitgeschichte B 30/80
Raschke, Joachim, 1982: Einleitung, in: ders. (Hrsg.) 1982
Raschke, Joachim (Hrsg.), 1982: Bürger und Parteien. Ansichten und Analysen einer schwierigen Beziehung, Opladen 1982
Rasehorn, Theo, 1974: Recht und Klassen. Zur Klassenjustiz in der Bundesrepublik, Darmstadt/Neuwied 1974
Rasehorn, Theo, 1985: Das lange Fortleben des NS-Staatsrats Prof. Carl Schmitt, in: Die Neue Gesellschaft/Frankfurter Hefte, 8/1985, S. 741ff.
Rausch, Heinz, 1980: Politische Kultur in der Bundesrepublik Deutschland, Berlin 1980 (=Beiträge zur zeitgeschichte, Bd. 1)
Rauscher, Anton, 1976: Der Machtanspruch der Gewerkschaften, in: Ordnung im sozialen Wandel. Festschrift für Johannes Messner zum 85. Geburtstag, hrsg. v. A. Klose u. a., Berlin 1976, S. 511ff.
Recktenwald, Horst Claus, 1978: Unwirtschaftlichkeit im Staatssektor. Elemente einer Theorie des ökonomischen Staatsverfahrens, in: Hamburger Jahrbuch für Wirtschafts- und Gesellschaftspolitik, Bd. 34, S. 155ff., Tübingen 1978
Reichel, Peter, 1981: Politische Kultur der Bundesrepublik, Opladen 1981
Reinermann, Heinrich, 1975: Programmbudgets in Regierung und Verwaltung. Möglichkeiten und Grenzen von Planungs- und Entscheidungssystemen, Baden-Baden 1975
Riesman, David, 1956: Die einsame Masse. Darmstadt u. a. 1956
Ridder, Helmut, 1975: Die soziale Ordnung des Grundgesetzes. Leitfaden zu den Grundrechten einer demokratischen Verfassung, Opladen 1975
Ritter, Gerhard A., 1969: Der Antiparlamentarismus und Antipluralismus der Rechts- und Linksradikalen, in: aus politik und zeitgeschichte B 34/69

Robinson, Joan/Eatwell, John, 1980: Einführung in die Volkswirtschaftslehre, Frankfurt a. M. 1980

Röpke, Wilhelm, 1958: Jenseits von Angebot und Nachfrage, Erlenbach/Züriich 1958

Röpke, Wilhelm, 1979: Jenseits von Angebot und Nachfrage, Bern 1979 (5. Aufl.)

Rohe, Karl, 1978: Politik. Begriffe und Wirklichkeiten, Stuttgart usw. 1978

Rokeach, Milton, 1969: Beliefs, Attitudes and Values, San Francisco 1969

Ronge, Volker/Schmieg, Günther (Hrsg.), 1971: Politische Planung in Theorie u. Praxis, München 1971

Ronge, Volker/Schmieg, Günter, 1973: Restriktionen politischer Planung, Frankfurt a. M. 1973

Rostow, Walt W., 1960: Stadien des Wirtschaftswachstums, Göttingen 1960

Roth, Roland (Hrsg.), 1980: Parlamentarisches Ritual und politische Alternativen, Frankfurt a. M./New York

Rothschild, Kurt W., 1979: Keynesianische und Post-Keynesianische Beschäftigungstheorie, in: Bombach, Gottfried u. a. (Hrsg.): Neuere Entwicklungen in der Beschäftigungstheorie und -politik, Tübingen 1979, S. 171 ff.

Rudolph, Fritz, 1963: Evangelische Sozialethik, in: Menschenwürdige Gesellschaft, Köln/ Brausfeld 1963, S. 149 ff.

Rudzio, Wolfgang, 1977: Die organisierte Demokratie. Parteien und Verbände in der Bundesrepublik, Stuttgart 1977

Ruge, Rainer, 1978: Ziele und Ergebnisse der Bildungspolitik. Ansätze zu einem System von Bildungsindikatoren, in: Zapf (Hrsg.) 1978, S. 843 ff.

Rupp, Hans Karl, 1978: Politische Geschichte der Bundesrepublik Deutschland, Stuttgart u. a. 1978

Saage, Richard, 1983: Rückkehr zum starken Staat, Frankfurt a. M. 1983

Saage, Richard, 1986: Zur Aktualität des Begriffs „Technischer Staat", in: Gewerkschaftliche Monatshefte 1/1986, S. 39 ff.

Sachverständigenrat 1976: Sachverständigenrat zur Begutachtung der gesamtwirtschaftlichen Entwicklung, Jahresgutachten 1976/77, Zeit zum Investieren, Bonn 1976

Sachverständigenrat 1977: Sachverständigenrat zur Begutachtung der gesamtwirtschaftlichen Entwicklung, Jahresgutachten 1977/78, Mehr Wachstum – mehr Beschäftigung, Bonn 1977

Saladin, Peter, 1984: Verantwortung als Staatsprinzip, Bern/Stuttgart 1984

Sarcinelli, Ulrich, 1980: Etablierte Parteien und „Parteiverdrossenheit" – Reflexionen von Politikern zur Parteiensystemkritik, in: Kaack/Roth (Hrsg.), S. 295 ff.

Schachtschabel, Hans G., 1976: Wirtschaftspolitische Konzeptionen, Stuttgart u. a. 1976 (3. Auf.)

Schäfer, Claus, 1977: Zur gegenwärtigen vermögenspolitischen Diskussion, in: WSI-Mitteilungen, 10/1977, S. 598 ff.

Schäfer, Friedrich, 1980: Vorschläge zu einer Parlamentsreform. Anregungen für den 9. Deutschen Bundestag, in: aus politik und zeitgeschichte, B 44/80

Schäfer, Gert/Nedelmann, Carl (Hrsg.), 1969: Der CDU-Staat, Band 1, Analysen zur Verfassungswirklichkeit der Bundesrepublik, Frankfurt a. M. 1969 (2. Aufl.)

Schäfer, Peter, 1982: Bürgerbefragung Phillipsburg 1980. Ein Beitrag zur kommunalen Befragungsforschung, Speyer 1982 (Speyerer Arbeitshefte No. 39)

Schäfers, Bernhard, 1979: Sozialstruktur und Wandel der Bundesrepublik Deutschland. Ein Studienbuch zu ihrer Soziologie und Sozialgeschichte, Stuttgart 1979 (2. Aufl.)

Scharpf, Fritz W., 1971: Planung als politischer Prozeß, in: Die Verwaltung, 1971, S. 1 ff. (abgedruckt in: ders. 1973)

Scharpf, Fritz W., 1972: Komplexität als Schranke der politsichen Planung, in: PVS-Sonderheft 4/1972, S. 168ff. (abgedruckt in: ders. 1973)

Scharpf, Fritz W., 1973: Planung als politischer Prozeß. Aufsätze zur Theorie der planenden Demokratie, Frankfurt a. M 1973

Scharpf, Fritz W., 1974: Politische Durchsetzbarkeit innerer Reformen (unter Mitarbeit von Lutz Mehwald und Rainer Schmittges), Göttingen 1974 (Schriftenreihe der Kommission für wirtschaftlichen und sozialen Wandel, Band 28)

Scharpf, Fritz W., 1975: Demokratietheorie zwischen Utopie und Anpassung, Kronberg/Ts. 1975 (1. Aufl. Konstanz 1970)

Scharpf, Fritz W., 1976: Theorie der Politikverflechtung, in: Scharpf/Reissert/Schnabel, 1976, S. 13ff.

Scharpf, Fritz W., 1977: Politischer Immobilismus und ökonomische Krise. Aufsätze zu den politischen Restriktionen der Wirtschaftspolitik in der Bundesrepublik, Kronberg/Ts. 1977

Scharpf, Fritz W., 1982: Der Erklärungswert „binnenstruktureller" Faktoren in der Politik- und Verwaltungsforschung, in: Hesse (Hrsg.) 1982, S. 90ff.

Scharpf, Fritz W., 1985: Neue Arbeitsmarktpolitik in einem wirtschaftspolitischen Gesamtkonzept, in: Dierkes/Strümpel (Hrsg.): Wenig Arbeit – aber viel zu tun, Opladen 1985 S. 167ff.

Scharpf, Fritz W., 1985a: Plädoyer für einen aufgeklärten Institutionalismus, in: Hartwich (Hrsg.) 1985, S. 164ff.

Scharpf, Fritz W./Reissert, Bernd/Schnabel, Fritz, 1976: Politikverflechtung: Theorie und Empirie des kooperativen Förderalismus in der Bundesrepublik, Kronberg/Ts. 1976

Scharpf, Fritz W./Reissert, Bernd/Schnabel, Fritz, (Hrsg.), 1977: Politikverflechtung II. Kritik und Berichte aus der Praxis, Kronberg/Ts. 1977

Schattschneider, E. E., 1975: Das halbsouveräne Volk, in: Grube/Richter (Hrsg.) 1975 (aus: ders.: The Semisovereign People. A Realist's View in America, Hindsdale/III. 1960)

Schatz, Heribert, 1973: Auf der Suche nach neuen Problemlösungsstrategien: Die Entwicklung der politischen Planung auf Bundesebene, in: Mayntz/Scharf (Hrsg.) 1973, S. 9ff.

Schatz, Heribert, 1978: Das politische Planungssystem des Bundes – Idee, Entwicklung, Stand, in: Pfohl/Rürup (Hrsg.): Anwendungsprobleme moderner Planungs- und Entscheidungstechniken, Hahnstein 1978, S. 241ff.

Scheer, Hermann, 1979: Parteien kontra Bürger? Die Zukunft der Parteiendemokratie, München 1979

Schellenberg, Ernst, 1969: Sozialpolitik, in: Ehmke, Horst (Hrsg.): Perspektiven. Sozialdemokratische Politik im Übergang zu den 70er Jahren, Reinbek 1969

Schelsky, Helmut, 1963: Der Mensch in der wissenschaftlichen Zivilisation, Köln/Opladen 1963

Schelsky, Helmut, 1973: Systemüberwindung, Demokratisierung und Gewaltenteilung. Grundsatzkonflikte der Bundesrepublik, München 1973

Schelsky, Helmut, 1975: Die Arbeit tun die anderen. Klassenkampf und Priesterherrschaft der Intellektuellen, Opladen 1975

Schelsky, Helmut, 1976: Der selbständige und der betreute Mensch. Politische Schriften und Kommentare, Stuttgart 1976

Schelsky, Helmut, 1977: Mehr Demokratie oder mehr Freiheit?, in: Denninger (Hrsg.) 1977, S. 419ff. (zuerst veröffentlicht in: ders. 1973)

Scherer, Klaus Jürgen/Vilmar, Fritz, 1986: Ökosozialismus? Rot-grüne Bündnispolitik, Berlin 1986

Schick, Allen, 1975: Systempolitik und Systembudgetierung, in: Narr/Offe (Hrsg.) 1975 (engl. 1969)

Schimanke, Dieter, 1985: Verwaltungsvereinfachung als Topos, in: Ellwein/Hesse (Hrsg.) 1985

Schmid, Günther/Treiber, Hubert, 1975: Bürokratie und Politik. Zur Struktur und Funktion der Ministerialbürokratie in der Bundesrepublik Deutschland, München 1975

Schmidt, Manfred G., 1985: Politikwissenschaft, in: Hartwich (Hrsg.) 1985, S. 137ff.

Schmiederer, Ursula/Becker-Panitz, Helmut, 1976: Pepsi oder Coca-Cola? oder: Warum wir gegen eine Wahldiskussion sind, in: Links, Juni 1976, S. 22ff.

Schmieg, Günther, 1972: Artikel „Systemanalyse", in: Handlexikon zur Politikwissenschaft 1972

Schmitt, Carl, 1926: Der Gegensatz von Parlamentarismus und moderner Massendemokratie (1926), in: Zerstörung der deutschen Politik. Dokumente 1871–1933, hrsg. und komm. v. Harry Pross, Frankfurt 1959 (teilweise abgedruckt in: Wasser 1974)

Schmitt, Carl, 1931: Der Hüter der Verfassung; Tübingen 1931 (Teile abgedruckt in: Nuscheler/Steffani [Hrsg.] 1972)

Schmitt, Carl, 1957: Verfassungslehre, Berlin 1957 (3. Aufl.; 1. Auflage 1928)

Schmitt, Carl, 1961: Die geistesgeschichtliche Lage des heutigen Parlamentarismus, Berlin 1961 (3. Aufl.; 1. Aufl. 1923)

Schmitter, Philippe C., 1974: Still the Century of Corporatism?, in: Review of Politics

Schmitter, Philippe C., 1981a: Interessenvermittlung und Regierbarkeit, in: von Alemann/Heinze (Hrsg.) 1981, S. 92ff.

Schmitter, Philippe C., 1981b: Neokorporatismus: Überlegungen zur bisherigen Theorie und zur weiteren Praxis, in: von Alemann (Hrsg.) 1981, S. 62ff.

Schumacher, Ernst Friedrich, 1977: Die Rückkehr zum menschlichen Maß (Small is beautiful). Alternativen für Wirtschaft und Technik, Reinbek 1977

Schumpeter, Joseph A., 1975: Kapitalismus, Sozialismus und Demokratie, München 1975 (4. Aufl.; engl. 1942)

Schuster, Jürgen, 1976: Parlamentarismus in der BRD. Rolle und Funktionen des Bundestages bei der politischen Machtausübung des Imperialismus, Berlin (DDR) 1976

Seifert, Hartmut/Simmert, Diethard B. (Hrsg.), 1977: Arbeitsmarktpolitik in der Krise, Köln 1977

Seifert, Jürgen, 1971: Verrechtlichte Politik und die Dialektik der marxistischen Rechtstheorie, in: Kritische Justiz, 1/1971, S. 185ff.

Seifert, Jürgen, 1977: Grundgesetz und Restauration. Verfassungsrechtliche Analyse und dokumentarische Darstellung des Grundgesetzes mit sämtlichen Änderungen, Neuwied/Darmstadt 1977 (3. Aufl.)

Seiffert, Helmut, 1983a: Einführung in die Wissenschaftstheorie. Bd. 1: Sprachanalyse, Deduktion, Induktion in Natur- und Sozialwissenschaften, München 1983 (10. Aufl.)

Seiffert, Helmut, 1983b: Einführung in die Wissenschaftstheorie. Bd. 2: Phänomenologie, Hermeneutik und historische Methode, Dialektik, München 1983 (8. Aufl.)

Seiffert, Helmut, 1985: Einführung in die Wissenschaftstheorie. Bd. 3: Handlungstheorie, Modallogik, Ethik, Systemtheorie, München 1985

Siedentopf, Heinrich (Hrsg.), 1976: Regierungspolitik und Koordination, Berlin 1976

Sievert, Olaf, 1980: Positionen des Sachverständigenrats, in: DIW-Vierteljahresheft 1/1980, S. 18ff.

Sik, Ota, 1971: Demokratische und sozialistische Plan- und Marktwirtschaft, Zürich 1971

Sik, Ota, 1974: Der dritte Weg. Die marxistisch-leninistische Theorie und die moderne Industriegesellschaft, Hamburg 1974

Simmert, Diethard B. (Hrsg.), 1979: Wirtschaftspolitik – kontrovers, Köln 1979

Simon, Herbert A., 1949: Administrative Behavior, New York 1949 (deutsch: Entscheidungsverhalten in Organisationen, Landsberg a. L. 1981)

Soltwedel, Rüdiger, 1979: Zur Relevanz der neoklassischen Theorie für die Wirtschaftspolitik, in: Simmert (Hrsg.) 1979, S. 27ff.

Soltwedel, Rüdiger, 1981: Krise der Arbeitsmarktpolitik, in: Die Weltwirtschaft, 2/1981, S. 38f.

Sontheimer, Kurt, 1973: Der Pluralismus und seine Kritiker, in: Doeker/Steffani (Hrsg.) 1973

Sontheimer, Kurt, 1976: Das Elend unserer Intellektuellen. Linke Theorie in der Bundesrepublik Deutschland, Hamburg 1976

Sontheimer, Kurt, 1978: Zwischen Leistungsglück und Leistungsdruck, in: IBM-Nachrichten, 28. Jg., Heft 240, April 1978, S. 83ff.

Sontheimer, Kurt, 1980: Grundzüge des politischen Systems der Bundesrepublik Deutschland, München 1980 (8. Aufl.; 1. Aufl. 1971)

Sontheimer, Kurt, 1983: Zeitenwende? Die Bundesrepublik zwischen alter und alternativer Politik, Hamburg 1983

Sozialenzyklika, 1961: Die Sozialenzyklika Papst Johannes' XXIII. Mater et Magistra, Freiburg 1961 (2. Aufl. mit einem ausführlichen Kommentar und einer Einführung in die Soziallehre der Päpste von Leo XIII bis zu Johannes XXIII von Eberhard Welty OP)

Spann, Othmar, 1921: Der wahre Staat. Vorlesungen über Abbruch und Neubau der Gesellschaft, Leipzig 1921

Staat und Politik 1976: hrsg. von Ernst Fraenkel und Karl Dietrich Bracher, Frankfurt a. M. 1976 (3. Aufl.; 1. Aufl. 1957), Fischer Lexikon

Der Staatsmonopolistische Kapitalismus 1972: hrsg. vom ZK der französischen KP, Berlin 1972

Stadler, Peter M., 1984: Die parlamentarische Kontrolle der Bundesregierung, Opladen 1984

Stalin, Josef, 1955: Fragen des Leninismus, Berlin (Ost) 1955

Starn, Randolph, 1973: Historische Aspekte des Krisenbegriffs, in: Jänicke, Martin (Hrsg.): Politische Systemkrisen, Köln 1973, S. 52ff.

Staritz, Dietrich (Hrsg.), 1976: Das Parteiensystem der Bundesrepublik, Opladen 1976

Statistisches Bundesamt (Hrsg.) in Zusammenarbeit mit dem Sonderforschungsbereich 3 der Universitäten Frankfurt und Mannheim 1985: Datenreport 1985. Zahlen und Fakten über die Bundesrepublik Deutschland, Bonn 1985

Steffani, Winfried (Hrsg.), 1971: Parlamentarismus ohne Transparenz, Opladen 1971

Steffani, Winfried, 1980: Pluralistische Demokratie. Studien zur Theorie und Praxis, Opladen 1980

Steffen, Jochen, 1974: Strukturelle Revolution, Hamburg 1974

Steigerwald, Robert, 1986: Marxismuskritik heute. Probleme, Widersprüche, Widerlegungen, Frankfurt a. M. 1986

Steinbuch, Karl, 1985: Unsere manipulierte Demokratie. Müssen wir mit der linken Lüge leben?, Stuttgart/Herford 1985

Stepanjan 1960: Etappen und Fristen, in: Ostprobleme Nr. 21/1960, S. 646–651 (Übersetzung)

Strasser, Johano, 1976: Was ist demokratischer Sozialismus?, in: Forum DS, Zeitschrift für Theorie und Praxis des demokratischen Sozialismus Nr. 1/1976, S. 13ff.

Strasser, Johano, 1983: Grenzen des Sozialstaats?, Köln 1983 (2. Aufl.)

Strasser, Johano, 1986: Ökosozialismus, in: Meyer (Hrsg.) 1986

Strasser, Johano/Traube, Klaus, 1981: Die Zukunft des Fortschritts. Der Sozialismus und die Krise des Industrialismus, Bonn 1981 (2. Aufl.)

Stojanovic, Svetozar, 1970: Kritik und Zukunft des Sozialismus, München 1970

Studienkommission 1973: Studienkommission für die Reform des öffentlichen Dienstrechts. Bericht der Kommission, Baden-Baden 1973

Studienzentrum Weickersheim (Hrsg.), 1982: Abkehr vom Staat, Mainz 1982

Suhren, Heinrich/Walter, Norbert, 1985: Plädoyer für ein neues Wirtschaftswunder, in: Wirtschaftswoche Nr. 16 vom 12. 4. 85

Temming, Gerd, 1972: Abschied von der Rechtsstaatsillusion, in: Kritische Justiz 4/1972, S. 395ff.

Tenbruck, Friedrich H., 1971: Zu einer Theorie der Planung, in: Ronge/Schmieg (Hrsg.) 1971

Thaysen, Uwe, 1972: Parlamentsreform in Theorie und Praxis. Zur institutionellen Lernfähigkeit des parlamentarischen Regierungssystems. Eine empirische Analyse der Parlamentsreform im 5. Deutschen Bundestag, Opladen 1972

Thaysen, Uwe, 1974: Politische Planung in der Bundesrepublik Deutschland. Beitrag zum Podiumgespräch anläßlich der 78. Hochschulwoche für staatswissenschaftliche Fortbildung vom 21. bis 25. Okt. 1974 in Rotenburg a. d. Fulda, hrsg. vom Landespersonalamt Hessen (Wiesbaden 1977)

Thaysen, Uwe, 1976: Parlamentarisches Regierungssystem in der Bundesrepublik Deutschland. Daten – Fakten – Urteile im Grundriß, Opladen 1976 (2. Aufl.)

Thesenstreit, 1973: Der Thesenstreit um „Stamokap". Die Dokumente zur Grundsatzdiskussion der Jungsozialisten, Reinbek 1973

Thränhard, Dietrich/Uppendahl, Herbert (Hrsg.), 1982: Politische Parteien in der Bundesrepublik Deutschland. Entwicklung und Kritik, Sozialwissenschaftliche Materialien, Stuttgart 1982

Tietmeyer, Hans, 1976: „Kapitalistische Akkumulation" und die Unternehmenskonzentration in der Bundesrepublik Deutschland", in: Christian Watrin/Hans Willgerodt (Hrsg.): Widersprüche der Kapitalismuskritik. Festschrift zum 75. Geburtstag von Alfred Müller-Armack, Bonn/Stuttgart 1976 (Veröffentlichung des Instituts für Wirtschaftspolitik an der Universität zu Köln. Wirtschaftspolitische Chronik, 25. Jg., H. 2/3, 1976, S. 75ff.)

Timm, Uwe, 1981: Ein Plädoyer für die Freiheit, in: Mackay Gesellschaft (Hrsg.): Lernziel Anarchie Nr. 16, Freiburg 1981, S. 1ff.

Tofaute, Hartmut, 1977: Die Übertragung öffentlicher Leistungen und Funktionen auf Private (Privatisierung). Eine Darstellung politischer, ökonomischer, gesellschaftlicher und arbeitnehmerorientierter Standpunkte, Stuttgart 1977 (=Schriftenreihe „Zur Privatisierung öffentlicher Dienstleistungen", hrsg. vom Hauptvorstand der Gewerkschaft Öffentliche Dienste, Transport und Verkehr, H. 5)

Trotzki, Leo, 1924: Literatur und Revolution, Wien 1924

Tuchtfeldt, Egon, 1973: Soziale Marktwirtschaft und Globalsteuerung, in: ders. (Hrsg.) 1973, S. 159

Tuchtfeld, Egon (Hrsg.), 1973: Soziale Marktwirtschaft im Wandel, Freiburg 1973

Vaubel, Roland, 1984: Wie Arbeitslose in Arbeit zu bringen wären, in: Der Arbeitgeber 3/36, S. 90ff.

Veen, Hans Joachim, 1982: Einführung: Politikwissenschaft zwischen Selbstliquidation und politischer Integration, in: Bracher, Karl Dietrich, u. a. (Hrsg.): Entwicklungslinien der Politikwissenschaft in der Bundesrepublik Deutschland, Melle 1982 (=Forschungsbericht der Konrad Adenauer Stiftung Nr. 17)

Vesper, Dieter, 1978: Der Rückfall in die Neoklassik und die Folgen, in: Wirtschaftsdienst, 3/1978, S. 134ff.

Vilmar, Fritz, 1973: Strategien der Demokratisierung (2 Bde.) insbes. Bd. 1: Theorie der Praxis, Darmstadt/Neuwied 1973

Vilmar, Fritz, 1975: Wirtschaftsdemokratie. Theoretische und praktische Ansätze entwickelt auf der Basis des gewerkschaftlichen Grundsatzprogramms in der BRD, in: ders. (Hrsg.): Industrielle Demokratie in Westeuropa, Menschenwürde im Betrieb II, Reinbek bei Hamburg 1975

Vilmar, Fritz, 1977: Demokratischer Sozialismus, in: Handbuch des politischen Systems, 1977, S. 170ff.

Vilmar, Fritz/Sattler, Karl-Otto, 1978: Wirtschaftsdemokratie und Humanisierung der Arbeit. Systematische Integration der wichtigsten Konzepte, Köln/Frankfurt a. M. 1978

Vilmar, Fritz/Runge, Brigitte, 1986: Auf dem Wege zur Selbsthilfegesellschaft?, Essen 1986

Voigt, Rüdiger, 1980: Verrechtlichung in Staat und Gesellschaft, in: ders. (Hrsg.) 1980, S. 15ff.

Voigt, Rüdiger (Hrsg.), 1980: Verrechtlichung, Königstein/Taunus 1980

Voigt, Rüdiger (Hrsg.), 1983a: Abschied vom Recht?, Frankfurt a. M. 1983

Voigt, Rüdiger (Hrsg.), 1983b: Gegentendenzen zur Verrechtlichung (Bd. IX des Jahrbuchs für Rechtssoziologie und Rechtstheorie), Opladen 1983

Voigtländer, H., 1975: Investitionslenkung oder Marktsteuerung, Bonn-Bad Godesberg 1975

Wagener, Frido, 1969: Neubau der Verwaltung, Berlin 1969

Wagener, Frido, 1975: System einer integrierten Entwicklungsplanung im Bund, in den Ländern und in den Gemeinden, in: Politikverflechtung zwischen Bund, Ländern und Gemeinden. Vorträge und Diskussionsbeiträge der 42. Staatswissenschaftlichen Fortbildungstagung der Hochschule für Verwaltungswissenschaften Speyer, 1974, Berlin 1975, S. 129ff.

Wagener, Frido, 1979: Der öffentliche Dienst im Staat der Gegenwart, in: Veröffentlichungen der Vereinigung der Deutschen Staatsrechtslehrer (VVDStRL), Heft 37, Berlin/New York 1979

Wallner, Ernst M./Funke-.Schmitt-Rink, M., 1980: Soziale Schichtung und soziale Mobilität, Heidelberg 1980

Wasser, Hartmut, 1974: Parlamentarismuskritik vom Kaiserreich zur Bundesrepublik. Analyse und Dokumentation, Stuttgart-Bad Cannstatt 1974

Wassermann, Rudolf, 1972: Der politische Richter, München 1972

Wassermann, Rudolf, 1972: Die politische Funktion der Justiz, in: ders.: Der politische Richter, München 1972, S. 17

Wassermann, Rudolf, 1974: Zur politischen Funktion der Rechtssprechung, in: aus politik und zeitgeschichte, B 47/74

Wassermann, Rudolf, 1975: Gleicher Rechtsstaat für alle Bürger. Fiktion und Wirklichkeit: Mangelnde Aufklärung und soziale Nachteile führen zu ungleichen Chancen, in: Frankfurter Rundschau vom 10. Juni 1975

Wassermann, Rudolf, 1977: Zwischen Rechtskritik und Rechtsreform, in: Grube, Frank/Richter Gerhard (Hrsg.), Der SPD-Staat, München 1977, S. 155ff.

Wassermann, Rudolf, 1982: Justiz nach Weimar und Hitler, in: aus politik und zeitgeschichte, B 27/82

Weber, Jürgen, 1981: Die Interessengruppen im politischen System der Bundesrepublik Deutschland, Stuttgart usw. 1981 (2. Aufl.)

Weber, Jürgen, 1980: Verbändestaat – oder was sonst?, in: aus politik und zeitgeschichte, B 44/80

Weber, Max, 1956: Staatssoziologie. Mit einer Einführung und Erläuterungen, hrsg. von Johannes Winckelmann, Berlin 1956

Weber, Max, 1966: Soziologische Grundbegriffe, Tübingen 1966 (2. Aufl.; Sonderdruck aus: Weber: Wirtschaft und Gesellschaft, 4. Aufl., besorgt von Johannes Winckelmann, Tübingen 1956, S. 1–30)

Weber, Max, 1968: Soziologie – weltgeschichtliche Analysen – Politik. Mit einer Einleitung von Eduard Baumgarten, hrsg. und erläutert von Johannes Winckelmann, Stuttgart 1968 (4. Aufl.)

Weber, Werner, 1967: Staats- und Selbstverwaltung in der Gegenwart, Göttingen 1967 (2. Aufl.)

Weber, Werner, 1970: Spannungen und Kräfte im westdeutschen Verfassungssystem, Berlin 1970 (3. Aufl.; 1. Aufl. 1951)

Weinberger, Marie-Louise, 1984: Aufbruch zu neuen Ufern. Grün-Alternative zwischen Anspruch und Wirklichkeit, Bonn 1984

Wegener, B., 1984: Gibt es Sozialprestige?, Mannheim 1984 (=ZUMA Arbeitsbericht 8402)

Weiss, Carol (ed.), 1976: Using Social Research in Public Policy Making, Lexington 1976

Weizsäcker, Carl Friedrich von, 1981: Deutlichkeit. Beiträge zu politischen und religiösen Gegenwartsfragen, München 1981

Werner, Rudolf, 1977: Artikel „System", in: Wörterbuch zur politischen Ökonomie 1977, S. 470ff.

Wicke, Lutz, 1985: Die soziale Marktwirtschaft in der umweltpolitischen Bewährungsprobe, in: aus politik und zeitgeschichte, B 32/85

Wicke, Lutz, 1986: Die ökologischen Milliarden. Das kostet die zerstörte Umwelt – so können wir sie retten, München 1986

Wiesendahl, Elmar, 1980: Parteien und Demokratie. Eine soziologische Analyse paradigmatischer Ansätze der Parteienforschung, Opladen 1980

Wiesendahl, Elmar, 1981: Moderne Demokratietheorie. Eine Einführung in ihre Grundlagen, Spielarten und Kontroversen, Frankfurt a. M. 1981

Wildavsky, Aaron, 1984: The Politics of the Budgetary Process, Boston/Toronto (4th ed; zuerst 1964)

Wildenmann, Rudolf, 1977: Wie unzufrieden die Deutschen sind, in: CAPITAL 10/1977, S. 217ff.

Willgerodt, Hans, 1973: Ausgangstatsachen und Ziele der Vermögenspolitik in der Bundesrepublik Deutschland, in: Tuchtfeldt (Hrsg.): Soziale Marktwirtschaft im Wandel, Freiburg 1973, S. 119ff.

Windhoff-Hèretier, Adrienne, 1982: Selbsthilfe-Organisationen. Eine Lösung für die Sozialpolitik der mageren Jahre?, in: Soziale Welt, 1/1982, S. 49ff.

Winkler, J. T., 1976: Corporatism, in: European Journal of Sociology, 1976, S. 100ff.

Wirth, Margaret, 1972: Kapitalismustheorie in der DDR. Entstehung und Entwicklung der Theorie des staatsmonopolistischen Kapitalismus, Frankfurt a. M. 1972

Wirtschaftlicher und sozialer Wandel 1977: Wirtschaftlicher und sozialer Wandel in der Bundesrepublik Deutschland. Gutachten der Kommission für wirtschaftlichen und sozialen Wandel. Veröffentlicht durch die Bundesregierung. Der Bundesminister für Arbeit und Sozialordnung, Göttingen 1977

Wissenschaftlicher Beirat 1975: Wissenschaftlicher Beirat beim Bundesministerium der Finanzen; Gutachten vom 5. Juli 1975 zur Lage und Entwicklung der Staatsfinanzen in der Bundesrepublik Deutschland, in: Bulletin des Presse- und Informationsamtes der Bundesregierung, Nr. 103 vom 16. August 1975, S. 1001–1016

Wissenschaftszentrum Berlin (WZB) 1977: Interaktion von Wissenschaft und Politik. Theoretische und praktische Probleme der anwendungsorientierten Sozialwissenschaften, Frankfurt a. M./New York 1977

Wörterbuch der marxistisch-leninistischen Soziologie 1971: hrsg. v. Wolfgang Eichhorn u. a., Opladen 1971 (2. Aufl.; 1. Aufl. 1969)

Wörterbuch zur politischen Ökonomie, 1977: hrsg. v. Gert von Eynern/Carl Böhret, Opladen 1977 (2. Aufl.)

Wolff, Robert P., 1968: Jenseits der Toleranz, in: Kritik der reinen Toleranz, hrsg. v. ders./Moore/Marcuse, Frankfurt a. M. 1968

Wollmann, Hellmut (Hrsg.), 1979: Politik im Dickicht der Bürokratie. Beiträge zur Implementationsforschung, Opladen 1979 (=Leviathan Sonderheft 3/1979)

WSI-Mitteilungen 1976 und 1977: Gewerkschaftsstaat oder Unternehmerstaat I und II (Sonderhefte)

Wuthe, Gerhard, 1981: Die Lehre von den politischen Systemen. Ein Studienbuch in Frage und Antwort, München 1981 (2. Aufl.)

Zapf, W., 1965: Wandlungen der deutschen Elite, München 1965

Zapf, Wolfgang (Hrsg.), 1978: Lebensbedingungen in der Bundesrepublik. Sozialer Wandel und Wohlfahrtsentwicklung (2. Aufl.), Frankfurt a. M. 1978 (Sozialpolitisches Entscheidungs- und Indikatorensystem für die Bundesrepublik Deutschland. Schriftenreihe Bd. 10)

Zapf, Wolfgang/Wiegand, Erich (Hrsg.), 1982: Wandel der Lebensbedingungen in Deutschland. Wohlfahrtsentwicklung seit der Industrialisierung, Frankfurt a. M./New York 1982

Zapf, Wolfgang/Glatzer, Wolfgang (Hrsg.), 1984: Lebensqualität in der Bundesrepublik. Objektive Lebensbedingungen und subjektives Wohlbefinden, Frankfurt a. M./New York 1984

Zeh, Wolfgang, 1977: Spätföderalismus: Vereinigungs- oder Differenzierungsföderalismus?, in: Zeitschrift für Parlamentsfragen 1977, S. 475 ff.

Zeh, Wolfgang, 1983: Parlamentarismus. Historische Wurzeln – Moderne Entfaltung, Heidelberg 1983 (2. Aufl.)

Zeuner, Bodo, 1970: Innerparteiliche Demokratie. Ergänzte Neuaufl., Berlin 1970 (Zur Politik und Zeitgeschichte, Heft 33/34, Herausgeber und Redaktion: Landeszentrale für politische Bildungsarbeit Berlin in Verbindung mit dem Otto-Suhr-Institut an der Freien Universität Berlin)

Zeuner, Bodo, 1971: Wahlen ohne Auswahl – Die Kandidatenaufstellung zum Bundestag, in: Steffani (Hrsg.) 1971

Ziebura, Gilbert (Hrsg.), 1969: Beiträge zur allgemeinen Parteienlehre. Zur Theorie, Typologie und Vergleichung politischer Parteien, Darmstadt 1969

Zimmerli, Walter C., 1985: Ausstieg aus der Ethik?, in: Der Spiegel, Nr. 24 vom 9. 6. 1986, S. 48 ff.

Zinn, Karl Georg, 1973: Investitionskontrollen und Planung, in: Wirtschaftsdienst, 53. Jg., Heft 6 und Heft 10/1973, S. 301 ff. und S. 519 ff.

Zinn, Karl Georg, 1977: Investitionskontrolle, in: Wörterbuch zur politischen Ökonomie, S. 196 ff.

Zinn, Karl Georg, 1977a: Wirtschaftspolitik in der Krise des Kapitalismus, in: ders. (Hrsg.) 1977, S. 27 ff.

Zinn, Karl Georg (Hrsg.), 1977b: Strategien gegen die Arbeitslosigkeit. Analysen zur wirtschaftlichen Fehlentwicklung und wirtschaftspolitische Handlungsvorschläge, Frankfurt a. M./ Köln 1977

Nachtrag

Bossel, Hartmut, 1978: Bürgerinitiativen entwerfen die Zukunft, Frankfurt a. M. 1978

Elsner, Wolfram, 1982: Die Alternativen der Alternativbewegung – Bemerkungen zu einigen Denkfehlern einiger Theoretiker der alternativen Ökonomie, in: WSI-Mitteilungen Heft 1, 1982

Färber, Gisela, 1984: Das rationale Budget – Voraussetzungen und Konsequenzen für ein funktionsfähiges Haushaltswesen der öffentlichen Hand, Frankfurt a. M./Bern 1984

Gottschling, Ernst, 1978: Demokratie im Zerrspiegel. Zur Kritik bürgerlicher Demokratietheorien, Berlin (Ost) 1978

Illich, Ivan, 1975: Selbstbegrenzung. Eine politische Kritik der Technik, Reinbek 1975

Koniecka, Vera/Kunz, D./Scherer, Klaus Jürgen (Hrsg.), 1984: Sozialismus zwischen Ökonomie und Ökologie, Berlin 1984

Lehner, Franz, 1981: Einführung in die Neue Politische Ökonomie, Königstein 1981

Lompe, Klaus, 1987: Sozialstaat und Krise, Frankfurt a. M. 1987

Michelsen, Gerd/Öko-Institut (Hrsg), 1983: Öko-Politik – aber wie?, Frankfurt a. M. 1983

Richter, H. E. (Hrsg.), 1974: Lernziel Solidarität, Reinbek 1974

Söllner, Alfred, 1982: Arbeitsrecht, 7. Aufl., Berlin u. a. 1981/82

Staff, Ilse, 1980: Lehren vom Staat, Baden-Baden 1980 (81)

Stein, Ekkehart, 1982: Staatsrecht, 8. Aufl., Tübingen 1982

Swoboda, Helmut, 1978: Der Kampf gegen die Zukunft, Frankfurt a. M. 1978

Wenke, Karl Ernst/Zilleßen, Horst (Hrsg.), 1978: Neuer Lebensstil – verzichten oder verändern?, Opladen 1978

Personenregister

Sachregister

Kursive Seitenziffern verweisen auf Definitionen oder ausführlichere Behandlung des Stichworts.

Verfasser

Böhret, Carl, Dipl.-Pol., Dr. rer. pol., Univ.-Prof.; geb. 1933. Seit 1974 Lehrstuhl für Politikwissenschaft an der Hochschule für Verwaltungswissenschaften Speyer; dort zugleich Geschäftsf. Direktor des Forschungsinstituts für öffentliche Verwaltung. 1971–74 o. Prof. für Politische Wissenschaft, insbesondere Politische Wirtschaftslehre an der Freien Universität Berlin.

Jann, Werner, Dipl.-Pol., Dr. rer. publ.; geb. 1950. Hochschulassistent an der Hochschule für Verwaltungswissenschaften Speyer. Studium der Politikwissenschaft in Berlin und Edinburgh. 1976–80 Forschungsreferent am Forschungsinstitut für öffentliche Verwaltung bei der Hochschule für Verwaltungswissenschaften Speyer. 1983–84 Forschungsaufenthalte am amerikanischen Kongreß in Washington D. C. und an der University of California, Berkeley.

Kronenwett, Eva, Dipl.-Verwaltungswiss., Dr. rer. publ.; geb. 1950. 1970–75 Studium der Verwaltungswissenschaft in Konstanz; 1976–79 Forschungsreferentin am Forschungsinstitut für öffentliche Verwaltung bei der Hochschule für Verwaltungswissenschaften Speyer. Seit 1979 bei der Bundesanstalt für Arbeit.